사회복지행정론

| 권승 저 |

SOCIAL WELFARE
ADMINISTRATION

학지사

머리말

우리 사회는 지금 거대한 전환의 물결 속에 있다. 복지 수요를 더욱 복잡하고 정교하게 만드는 다양한 사회적 변화가 동시다발적으로 발생하고 있으며, 이로 인해 사회복지행정이 직면한 환경 또한 근본적인 재구성이 요구되고 있다. 특히 인공지능(AI), 빅데이터, 로봇 기술, 자동화, 디지털 플랫폼 등 첨단 기술의 급속한 확산은 사회복지조직의 운영 방식은 물론, 서비스 제공과 이용자 관계의 양상까지도 혁신적으로 재편하고 있다. 여기에 더해 감염병과 재난에 대한 반복적 위기, 기후 변화로 인한 재난 취약계층의 확대, 저출산 · 고령화 위기, 정신건강 문제의 확산 등은 사회적 위험을 다차원화하고 있다. 이러한 복합적 위기는 전통적인 사회복지행정 체계가 다양한 위기 상황에 기민하게 대응하지 못하는 구조적 한계를 드러내며, 사회복지행정의 기능과 전략 전반에 대한 근본적 재설계를 요구한다.

과거 사회복지행정은 서비스의 뒷받침을 위한 기술적 관리나 보조적 장치로 여겨졌던 시기가 있었다. 그러나 오늘날 사회복지행정은 그 자체로 독립적인 사회복지실천의 장이자, 사회복지정책의 실현을 위한 전략적 구조로 자리매김하고 있다. 예산과 인사, 조직 운영이라는 전통적 기능에 더해, 이제는 환경 변화에의 대응, 네트워크 기반의 협력 구축, 그리고 조직의 비전과 가치를 구현하는 실천적 역량으로 기능하고 있다. 사회복지행정은 시민과 클라이언트, 정책과 현장 사이를 유기적으로 연결하는 매개축이며, 사회복지 시스템이 현실의 문제를 감당할 수 있게 해 주는 핵심 동력이다. 다시 말해, 사회복지행정은 단지 관리의 기술이 아니라 사회복지실천의 구체적인 구현 수단이며, 나아가 사회적 정의와 인간 존엄이라는 핵심 가치를 실현하는 통로이기도 하다.

본서는 이처럼 변화된 사회복지행정의 위상과 역할에 대한 깊은 성찰을 바탕으로 기획되었으며, 이론과 실제를 균형 있게 통합한 교육 및 실천 교재를 지향한다. 전체 구성은 사회복지학을 전공하는 학부생들이 사회복지행정의 구조와 논리를 단계적으로 이해하고, 이후 실천 현장에서 이를 효과적으로 활용할 수 있도록 체계적으로 구성되어 있다.

Part 1. 사회복지행정의 기초와 이론적 기반에서는 사회복지행정의 개념, 발달 과정, 그리고 조직이론 등 주요 이론적 기초를 정리하고, 학생들이 행정에 대한 구조적 이해의 틀을 형성할 수 있도록 구성하였다.

Part 2. 사회복지조직과 전달체계의 이해에서는 사회복지조직의 구조와 유형, 조직 환경, 전달체계의 설계 원칙, 그리고 실제적 운영 전략 등을 중심으로 서술하여, 조직 단위의 실천 역량 향상을 도모하고자 하였다.

Part 3. 사회복지행정의 핵심 기능과 실천기술에서는 기획, 의사결정, 인사, 리더십, 슈퍼비전, 마케팅, 재정관리, 정보관리 등 실제 행정 실무에서 핵심이 되는 기술들을 중심으로 내용을 구성하였다. 각 기능별로 구체적인 사례를 들어 설명하고, 사회복지 현장에서 이를 어떻게 적용할 수 있을지에 대한 실천적 방안을 함께 제시하였다. 이를 통해 이론적 개념에 머무르지 않고, 실제 현장에서 활용 가능한 지식으로 연결되도록 하였다. 이론과 실천 간의 유기적 연계를 도모함으로써, 학습자가 보다 통합적인 시각에서 사회복지행정을 이해할 수 있도록 하였다.

Part 4. 사회복지행정의 가치 실현과 미래 대응에서는 윤리와 책무성, 변화관리, 혁신, 조직문화 등 사회복지조직이 장기적으로 지향해야 할 핵심 가치들을 중심으로, 이들의 구현을 위한 전략을 심층적으로 고찰하였다. 이는 단기적 성과에 집중하는 기존의 접근을 넘어, 조직이 지속 가능하고 책임 있는 방식으로 운영되기 위한 기반을 다지려는 시도라 할 수 있다.

본서의 집필은 단지 학문적 지식의 전달을 넘어서고자 하였다. 저자는 20여 년간 대학에서 사회복지행정론을 강의하며, 많은 학생이 개념과 이론을 이해하는 데 어려움을 겪는 현실을 목격하였다. 특히 행정과 실천 간의 연결고리를 파악하지 못해 이론이 현실과 동떨어진 것처럼 느껴지는 경우가 많았다. 이에 따라 본서에서는 학생들이 쉽게 접근할 수 있도록 개념을 풀어 설명하는 데 중점을 두었으며, 강의 중 학생들과 나눈 질문과 답변, 토론, 과제 피드백 등을 성실히 반영하여 학습자의 이해 수준과 실제 요구를 최대한 반영하고자 하였다.

특히 저자의 오랜 출제위원 경험은 본서의 깊이를 더하는 데 중요한 자산이 되었다. 본서는 사회복지사 1급 자격증 시험은 물론 중앙직 · 지방직 사회복지 공무원 및 국가직 5급 공채 등의 시험을 준비하는 수험생들에게 실질적인 도움을 줄 수 있는 내용을 담고 있어, 시험 준비에 있어 유용한 길잡이가 될 것이다.

또한 본서에는 저자의 10년간의 실천 경험이 고스란히 녹아 있다. 저자는 소속 대학이 위탁 운영한 종합사회복지관의 관장으로서, 그리고 중앙정부 산하기관의 기관장으로서, 여러 조직의 관리와 전략적 변화 과정을 직접 경험하였다. 변화에 대한 저항, 예산의 한계, 인력 간의 갈등, 클라이언트와 지역사회의 기대 사이의 균형 조정 등 수많은 행정적 딜레마와 마주하며 실천 현장에서 겪어 온 고민과 선택의 과정이 본서 곳곳에 담겨 있다.

이론은 때로 추상적으로 느껴지지만, 실제 현장에서 마주하는 갈등과 혼란, 성공과 실패는 대부분 행정적 판단과 결정에서 비롯된다. 프로그램을 기획하고, 예산을 수립하며, 인력을 채용하고 배치하고, 조직문화를 형성하는 모든 과정 속에서 행정은 단순한 관리 기술을 넘어 살아 있는 실천으로 작동한다.

이러한 인식 아래, 본서는 이론적 정밀성과 더불어 현장의 생동감 또한 함께 담아내는 데 주안점을 두었다. 특히 각 장의 구성에 있어서는 다음 세 가지 기준을 일관되게 적용하였다.

첫째, 사회복지조직에 특화된 이론과 국내외 실제 사례를 균형 있게 제시하였다. 둘째, 반복적으로 등장하는 실천 현장의 쟁점에 실질적으로 적용 가능한 전략들을 구체적으로 안내하였다. 셋째, 이론과 현장의 경험이 단절되지 않도록 단계별 서술구조를 일관되게 유지하였다.

본서가 사회복지행정을 배우는 학생들에게는 이론적 길잡이로, 현장에서 활동하는 실천가들에게는 전략적 실천 안내서로, 그리고 행정조직을 이끄는 관리자들에게는 실천과 정책 사이를 연결하는 실행의 지침서로 활용되기를 기대한다. 행정은 단지 기술이 아니다. 행정은 곧 실천이고, 실천은 곧 우리가 지켜야 할 사회복지의 가치이다. 본서가 그 가치를 지켜 가는 데 있어 작지만 의미 있는 디딤돌이 되기를 바란다.

아울러 본서가 세상에 나올 수 있도록 도움을 주신 많은 분께 깊은 감사를 드린다. 기획 단계부터 성실하게 지원을 아끼지 않으신 학지사의 김진환 대표님과 편집진, 그리고 각 분야 전문가들의 조언이 큰 힘이 되었다. 무엇보다도 이 집필 여정을 묵묵히 지켜보며 격려와 응원을 보내 준 사랑하는 가족, 希, 塡, 秀에게 이 자리를 빌려 깊은 감사의 마음을 전한다.

2025년 가을

저자 권승 드림

차례

Part 3
사회복지행정의 핵심 기능과 실천기술

Part 4

사회복지행정의 가치 실현과 미래 대응

Part 1 사회복지행정의 기초와 이론적 기반

제1장

SOCIAL WELFARE ADMINISTRATION

사회복지행정의 이해

우리나라에서 사회복지학을 전공한 졸업생들은 대체로 개인 상담실을 개설하여 운영하기보다는, 사회복지 기관이나 시설에 취업하여 사회복지사로서의 경력을 시작한다. 이들은 클라이언트에게 직접적인 서비스를 제공하는 실천 전문가로 자신을 인식하는 경향이 강하다. 그러나 이러한 인식은 사회복지사 스스로 자신을 행정적 활동과는 무관한 존재로 규정하게 함으로써, 사회복지실천의 전반적인 효과성에 부정적인 영향을 미친다.

실제로 사회복지사가 대부분의 시간을 클라이언트와의 직접 개입에 사용하더라도, 조직의 구조와 자원, 운영 원리에 대한 이해는 필수적이다. 조직에 대한 이해 없이는 개입기술과 이론이 제대로 실현되기 어렵고, 효과적이고 지속 가능한 서비스 제공에도 한계가 생긴다. 특히, 접수부터 종결까지 사회복지사의 활동은 조직의 자원과 운영 정책, 행정 절차와 밀접히 연결되어 있으므로, 이러한 요소에 대한 무지는 역할 수행을 구조적으로 제약한다. 이러한 점에서 사회복지사는 자신이 조직의 관리자나 행정 담당자가 아니더라도, 클라이언트에 대한 효율적이고 효과적인 개입을 위해 조직의 운영체계와 행정적 절차에 대한 높은 이해도를 갖출 필요가 있다.

이에 본 장에서는 사회복지행정의 개념과 특성을 살펴보고, 최근 사회복지행정의 최근 경향과 사회복지행정의 특수성에 따른 관리자의 기능과 책임에 대해 고찰함으로써, 사회복지행정에 대한 기초적 이해를 제고하고자 한다.

1. 행정의 개념과 특성

1) 행정의 개념

행정은 인간이 정치공동체 혹은 국가를 형성하고 조직한 이래로 지속되어 온 기본적인 사회적 기능이다. 일반적으로 '행정'은 '공행정(공공행정; public administration)'을 지칭한다. 하지만 행정의 개념을 정의하는 방식에 따라 행정은 협의의 행정과 광의의 행정으로 구분될 수 있다. 이 구분은 첫째, 공행정 외의 여타 조직에서 수행되는 행정의 포함 여부, 둘째, 정책과 행정의 관계 설정 방식에 따라 결정된다.

(1) 협의의 행정

협의의 행정은 공행정과 사행정(경영)[1]을 명확히 구분하는 관점에 기반한다. 이 관점에 따르면 행정은 주로 정부기관이나 공공조직에서 수행되는 공행정만을 의미하며, 기업에서 수행되는 경영(business administration/management)이나 학교, 병원 등 여타 조직에서 수행되는 행정은 그 개념에서 배제된다. 따라서 협의의 행정은 정부 관료제를 중심으로 조직되고 운영되는 활동으로, 공공의 목적 달성을 위한 기능과 역할로 정의된다.

한편, 협의의 행정은 또 다른 측면에서 접근할 수 있는데, 이는 '정치 · 행정 이원론'에 기초하여 행정을 이해하는 방식이다. 이 이론은 행정을 정치와 분리된 독립적인 관리 영역으로 간주하며, 정책결정은 정치의 영역에, 정책의 집행과 관리는 행정의 영역에 속한다고 본다. 즉, 협의의 행정은 정책 결정 과정에는 관여하지 않고, 이미 수립된 정책을 집행하고 실현하는 관리적 수단으로서의 성격을 강조한다.

(2) 광의의 행정

광의의 행정은 공행정과 사행정 간의 차이보다는 유사성과 공통점을 강조하는 관점에 기반한

1 공행정(公行政, public administration)에 대응하는 용어로 사행정(私行政, private administration) 또는 경영(management)을 들 수 있다. 엄밀히 말해, 사행정은 민간부문(영리 또는 비영리 조직 포함)의 행정 활동을 포괄하고, 경영은 이윤추구를 목적으로 하는 사기업의 행정 활동을 의미한다. 본서에서는 사행정을 영리조직의 행정 활동으로 간주한다.

다. 이 개념은 행정을 공공조직뿐만 아니라 기업 등 다양한 조직에 적용될 수 있는 보편적인 협동 행위의 체계로 보며, 고도의 합리성을 수반한 조직적 노력으로 정의한다. 여기서 '합리성'이란 주어진 목표를 가장 효율적으로 달성하기 위해 최적의 수단을 선택하려는 활동을 의미한다.

이러한 광의적 접근은 '정치 · 행정 일원론'의 입장에 기반한다. 즉, 이 이론은 행정을 단순한 정책집행의 영역으로 한정하지 않고, 정책의 기획, 결정, 실행, 평가 등 정치적 기능 전반을 포함하는 적극적인 조직 운영 행위로 간주한다. 다시 말해, 행정은 정책을 집행하는 기능에만 국한되지 않으며, 정책의 형성 과정 전반을 포함하는 조직의 통합적 활동으로 간주된다.

결론적으로, 광의의 행정 개념에 근거하여 행정을 정의한다면, 행정이란 특정 조직이 설정된 목적을 효과적 · 효율적으로 달성하기 위해 고도의 합리성을 바탕으로 조직을 기획하고 운영하는 총체적 활동이라고 할 수 있다.

2) 공행정과 사행정의 비교

(1) 공행정과 사행정(경영)의 유사점

공행정과 사행정은 그 목적과 환경에는 차이가 있지만, 다음과 같은 측면에서 유사점을 지닌다(Henry, 2016; Stillman, 2010).

① 목표 달성을 위한 조직화된 수단

공행정과 사행정은 서로 추구하는 목적이 다르지만, 양자는 모두 인적 · 물적 자원을 효율적으로 활용하여 각기 추구하는 목표를 달성하기 위한 수단이며, 조직적 노력의 과정을 포함한다. 이 과정에서 동기부여와 직무 만족은 공 · 사행정 모두의 주요 관심사이다(Trecker, 1971).

② 합리적 의사결정을 통한 문제해결 과정

공행정과 사행정은 모두 복잡한 문제 상황에 직면했을 때, 다양한 대안을 비교 · 평가한 후 최적의 결정을 도출하는 합리적인 의사결정 과정을 통해 문제를 해결한다.

③ 지속적이고 동태적인 과정

공행정과 사행정은 모두 한순간에 행해지고 종결되는 일회적 과업이 아니라, 조직이 존속하는 한 지속적으로 반복 · 갱신되는 동태적 과정이다.

④ 조직 구성원의 협동적 행위

조직 구성원 간 협력은 공 · 사행정 모두에서 핵심적인 요소로 작동하며, 이는 조직의 목적을 달성하기 위한 집단적 노력의 형태로 나타난다.

⑤ 효율적 기능 수행의 지원체계

공행정과 사행정은 모두 조직 구성원이 효과적으로 역할을 수행할 수 있도록 다양한 행정적 지원을 제공한다.

⑥ 관료제적 요소 내포

일정 규모 이상으로 성장한 조직은 공 · 사 구분 없이 계층적 구조와 기능적 분업에 기반한 관료제적 특성을 지니게 된다. 이는 효율성과 전문성을 가능하게 하지만, 경직성과 비효율이라는 역기능도 수반한다.

(2) 공행정과 사행정(경영)의 차이점

앞에서 설명한 유사점에도 불구하고 공행정과 사행정 간에는 다음과 같은 차이점이 존재한다.

① 추구하는 목적

공행정은 국민 전체의 복지 증진이라는 공익 실현을 최우선으로 하는 반면, 사행정은 이윤 극대화를 추구한다. 그러나 현대에 들어 공행정도 경영 기법을 도입하여 효율성을 강조하며, 기업 또한 사회적 책임과 공익성을 일정 부분 수용하는 추세이다(Osborne & Gaebler, 1992).

② 법령 제약의 정도

공행정은 공권력 행사로 인해 국민의 기본권과 직접 연결되므로 법률에 의한 엄격한 통제를 받는다. 반면, 사행정도 「근로기준법」, 노동법 등의 법령 적용을 받지만, 상대적으로 법적 구속력이 약하고, 경영자의 재량권이 더 크게 작용한다.

③ 권력적 성격

공행정은 조세 징수, 법 집행 등 법적 강제력을 수반하는 권력성을 지닌다. 반면, 사행정은 자발적 거래를 전제로 하며, 계약과 시장원리에 기반한 교환관계가 중심이 된다.

④ 독점성 및 능률성

공행정은 수도, 전기, 철도 등과 같이 자연독점적 성격을 지닌 공공서비스 분야에서 주로 운영되며, 이로 인해 경쟁 원리가 작동하기 어려운 구조적 한계를 갖는다. 이러한 경쟁의 부재는 자원의 비효율적 배분이나 낮은 서비스 품질로 이어질 가능성을 내포한다. 반면, 사행정은 경쟁 시장 내에서 활동하므로, 조직은 생존과 성장의 필수 조건인 능률성과 수익성을 지속적으로 추구하게 된다.

⑤ 평등의 원칙 적용 여부

공행정은 헌법적 가치인 법 앞의 평등 원칙을 철저히 반영하여 국민 누구에게나 동등한 행정서비스를 제공해야 한다. 반면, 사행정은 고객의 지불 능력이나 수요에 따라 차등적 서비스 제공이 이루어질 수 있다.

3) 행정관리의 원칙과 요소

행정의 효율성과 능률성을 제고하기 위한 고전적 접근으로는 행정관리론(administrative management theory)이 대표적이다. 이 이론은 20세기 초 미국의 고전 공공행정학파에 의해 정립되었으며, 특히 귤릭(Luther Gulick)과 어윅(Lyndall Urwick)은 『행정의 과학에 관한 논문집(Papers on the Science of Administration)』(1937)을 통해 다음과 같은 행정관리의 체계화된 원칙과 기능 요소를 제시하였다.

(1) 행정관리의 3원칙

① 명령과 통일의 원칙(Unity of Command Principle)

조직 내 구성원은 오직 한 명의 직속 상관으로부터 명령을 받고 보고해야 하며, 이는 조직 내 혼란을 방지하고 책임 소재를 명확히 하기 위한 기본 원칙이다.

② 계층제의 원리(Scalar Principle)

조직은 권한과 책임의 정도에 따라 직무를 수직적으로 계층화하고, 각 계층 간에는 명확한 상하 지휘체계가 구축되어야 한다는 원칙이다.

③ **통솔 범위의 원칙**(Span of Control Principle)

한 명의 관리자가 효율적으로 지휘 · 감독할 수 있는 부하의 수에는 한계가 존재한다는 원칙이다. 통솔 범위가 지나치게 넓어지면 관리자와 구성원 간 의사소통이 약화되고, 통제가 어려워져 조직의 효율성이 저하될 수 있다.

(2) 행정관리의 7요소: POSDCoRB

귤릭은 균형 잡힌 행정관리를 위해 최고관리층이 수행해야 할 일곱 가지 기본 기능을 'POSDCoRB'라는 약어로 정리하였다.

① **기획**(Planning)

조직의 목표를 달성하기 위해 미래 과업을 예측하고, 전략과 수단을 사전에 설계하는 기능이다.

② **조직화**(Organizing)[2)]

계획된 과업을 효과적으로 수행하기 위해 업무를 세분화하고 권한을 배분하며, 공식적인 조직구조를 설정하는 기능이다.

③ **인사**(Staffing)

인적자원을 확보하고 유지하기 위한 기능으로, 직원의 채용, 배치, 교육, 훈련 및 근무조건 개선 등을 포함한다.

④ **지휘**(Directing)

조직의 목표 달성을 위해 관리자가 직원에게 명확한 지시를 내리고 동기를 부여하는 리더십 기능이다.

⑤ **조정**(Coordinating)

조직 내 다양한 부서와 구성원 간의 활동을 일관되게 조율하고 통합하는 기능이다. 효과적인

2 조직화를 혹자는 조직으로 일컫기도 한다.

조정을 위해서는 원활한 의사소통 체계와 협력구조가 필수적이다.

⑥ **보고**(Reporting)

조직 활동의 진행 상황과 성과를 상급 관리자에게 체계적으로 전달하는 기능으로, 기록의 유지, 감사, 평가 및 정보 공유를 포함한다.

⑦ **예산**(Budgeting)

조직의 재정자원을 확보·배분·관리하는 기능으로, 예산편성, 지출관리, 회계, 성과 평가 등 재정 운용 전반을 포함한다.

최근에는 POSDCoRB의 일곱 가지 요소에 평가(Evaluating)를 추가하여 'POSDCoRBE'로 확장해 이해하기도 한다. 여기서 평가는 설정된 목표를 기준으로 행정 활동의 성과를 측정하고 개선 방향을 도출하는 기능을 의미하며, 행정의 책무성과 효과성을 제고하는 핵심 활동으로 주목받고 있다.

2. 사회복지행정의 개념과 특성

1) 사회복지행정의 개념

사회복지행정은 사회복지조직이 설정한 목적을 달성하기 위해 수행되는 일련의 조직적·관리적 활동을 의미하며, 사회복지실천을 뒷받침하고 조율하는 핵심 기능을 포함한다. 이 개념은 임상사회복지사(clinical social worker)의 역할과 대비될 때 더 명확히 이해된다. 임상사회복지사는 클라이언트를 대면하며 상담과 치료를 통해 직접적인 서비스를 제공하는 데 초점을 두는 반면, 사회복지행정가는 조직 전체의 기능과 과업이 클라이언트에게 미치는 영향을 고려하며, 조직의 성과와 구조적 환경에 중점을 둔다.

사회복지행정에 대한 주요 학자들의 견해를 살펴보면, 우선 던햄(Dunham, 1939)은 사회복지행정을 "사회복지조직이 직접적인 서비스를 제공하는 데 필요한 활동을 지원하거나 용이하게 하는 과정"으로 정의하였다. 이 정의는 사회복지행정이 단순한 내부 관리가 아니라, 실천 활동을 위한 지원 기능이라는 점을 부각시킨다.

한편, 키드니(Kidneigh, 1950)는 사회복지행정을 "사회복지정책을 구체적인 서비스로 전환시키는 순환적 과정"으로 이해하였다. 그는 정책의 집행 과정에서 클라이언트의 피드백과 현장 경험이 다시 정책 수립에 반영되어야 한다고 보았으며, 이는 사회복지조직을 환경과 상호작용하는 개방체계로 파악하고 정책적 투입과 서비스를 받는 클라이언트의 피드백에 대한 중요성을 강조한다는 점에서 의의가 있다.

반면, 패티(Patti, 1983)는 사회복지행정을 "조직목표를 달성하기 위해 관리자가 수행하는 상호 의존적인 과업, 기능, 활동 등의 체계적이고 개입적인 과정"이라고 주장하면서 사회복지행정을 사회복지실천의 한 방법으로 개념화하였다.

◉ 협의의 사회복지행정과 광의의 사회복지행정

이러한 학자들의 정의들을 바탕으로 사회복지행정은 협의의 개념과 광의의 개념으로 구분할 수 있으며, 각각은 다음과 같은 특징을 지닌다.

협의의 사회복지행정은 패티의 관점을 바탕으로 사회복지조직의 내부 관리와 운영 기능에 초점을 맞춘 개념이다. 이 개념은 조직의 목표 설정, 프로그램 기획, 인사관리, 재정관리, 성과평가 등의 관리 기능을 포함하며, 이 기능들은 사회복지실천을 뒷받침하는 기술적·실천적 관리 도구로 간주된다. 따라서 협의의 사회복지행정은 개별사회사업, 집단사회사업, 지역사회조직사업과 같은 사회복지실천의 한 방법으로 이해된다.

반면, 광의의 사회복지행정은 키드니의 정의에 따라, 사회복지정책을 서비스로 전환하는 데 필요한 조직의 전체적이고 통합적인 노력을 의미한다. 이는 단순한 관리 기능을 넘어서, 클라이언트의 요구와 환경 변화에 대응하기 위한 조직 차원의 조정과 피드백 순환까지 포함하는 동태적인 과정이다. 다시 말해, 광의의 개념에서는 사회복지행정이 정책, 서비스, 조직 환경 간의 상호작용 속에서 이루어지는 조직 전체의 실천구조로 이해된다.

결론적으로, 사회복지행정은 사회복지조직의 목표를 달성하고, 클라이언트에게 효과적·효율적인 서비스를 제공하기 위한 조직 차원의 실천이라고 할 수 있다. 이 실천에는 조직의 방향과 전략을 기획하고, 자원을 확보·배분하며, 조직 구성원을 조정하고 이끄는 리더십을 바탕으로 조직이 나아갈 방향을 설정하고 이를 실행에 옮기는 일련의 과정이 포함된다.

2) 사회복지행정과 공행정의 유사점과 차이점

(1) 사회복지행정과 공행정의 유사점

사회복지행정과 공행정의 유사성에 관한 논의는 오랫동안 지속되어 왔다. 양자는 모두 공공성을 기반으로 하며, 조직의 목적을 효율적으로 달성하기 위해 다음과 같은 공통된 관리 기능을 수행한다.

첫째, 조직의 목표 달성을 위한 수단이자 과정으로서, 조직의 자원과 활동을 체계적으로 조직화한다. 둘째, 문제 상황에서 최적의 대안을 선택하는 합리적인 의사결정과 문제해결 과정을 포함한다. 셋째, 고도의 합리성을 기반으로 한 조직 구성원 간 협동적 행위를 통해 운영된다. 넷째, 조직의 기능을 효과적으로 수행하도록 지원하는 행정적 장치(인사관리, 재정관리, 정보관리 등)를 제공한다.

(2) 사회복지행정과 공행정의 차이점

반면, 사회복지행정은 휴먼서비스 조직으로서 공행정과 다음과 같은 측면에서 구별된다.

첫째, 가치지향성의 차이다. 공행정은 전통적으로 가치중립성 또는 몰가치성[3]의 원리에 기초한다. 이는 개인의 주관적 판단을 배제하고, 법과 규칙에 따라 객관적이고 일관된 행정을 수행하려는 원칙이다. 반면, 사회복지행정은 인간을 대상으로 하는 서비스 제공을 전제로 하며, 서비스의 결과 역시 인간의 삶의 질이나 기능의 향상으로 나타난다. 따라서 사회복지행정은 휴머니즘(humanism)을 기반으로 한 가치지향적 행정원리를 근간으로 하며, 인간 존엄, 정의, 형평성 등의 가치 실현을 목표로 한다.

둘째, 자율성과 유연성의 차이다. 공행정은 법령과 행정지침에 따라 정형화된 절차를 강조하며, 구성원의 자율성은 상대적으로 제한된다. 반면, 사회복지행정은 클라이언트와의 라포 형성과 상황 맞춤형 개입이 중요하며, 일선 사회복지사의 전문적 판단에 따라 서비스 내용이 탄력

3 몰가치성(value freedom/value freeness)은 가치중립성(value neutrality)이라고도 일컬어지는데, 이는 어떤 사물을 대할 때 자신의 가치 또는 주관적 판단을 개입시키지 않고 하나의 사실로서 이해하고 파악하려는 태도를 말한다. 막스 베버(Max Weber)는 관료제가 법규의 지배, 계층제, 문서주의, 비인간적 행동규범 등의 특징을 지니고 있어 조직목표의 달성을 위한 통제와 지배가 용이하다고 주장하였다. 하지만 관료제는 이러한 특징으로 인해 인간을 물건으로 취급하거나 숫자로 인식하고, 인간의 존엄성 및 가치는 고려하지 않는 비인간화와 몰가치성(가치중립성)을 본질로 삼는 한계를 갖는다.

적으로 결정된다. 따라서 역할 수행 과정이 공행정보다 더 유연하고, 구성원에게 부여되는 재량권의 범위가 훨씬 더 넓다. 이러한 특성으로 인해 사회복지행정의 성패는 구성원의 역량과 실천 능력에 크게 의존한다.

셋째, 서비스 제공 방식의 차이다. 공행정은 일반적으로 국민 전체를 대상으로 하며, 직접적인 대면 접촉 없이 행정이 수행되는 경우가 많다. 반면, 사회복지행정은 일선 사회복지사가 클라이언트와 직접 대면하는 관계 중심의 서비스를 제공하며, 이 과정에서 정서적 신뢰와 상호작용의 질이 서비스 효과성에 직접적인 영향을 미친다.

넷째, 서비스 성격의 차이다. 공행정의 서비스는 규칙적이고 지속 가능한 성격을 지닌다. 즉, 세금 고지서 발송, 정기 건강검진처럼 정해진 규칙과 절차에 따라 반복적으로 제공되며, 언제나 제공될 수 있도록 구조와 예산, 인력이 제도적으로 확보되어 있다. 반면, 사회복지조직이 제공하는 서비스는 즉시성, 비축적성, 소멸성이라는 특성을 갖는다. 이는 서비스가 제공되는 순간에만 유효하며, 축적되거나 재고로 저장될 수 없다는 의미이다. 이로 인해 사회복지행정은 일반적인 조직관리 지식만으로는 충분하지 않으며, 심리사회적 개입과 인간행동에 대한 이해를 바탕으로 한 고도의 전문성과 실천적 기술이 요구된다.

3) 사회복지행정의 필요성과 이념

(1) 사회복지행정의 필요성

현대 산업사회는 기술과 사회구조의 복잡화로 인해 다양한 사회문제를 야기하며, 이에 따라 사회복지의 기능도 확대되고 있다. 이러한 기능이 실질적으로 수행되기 위해서는 비공식적 활동을 넘어 제도화된 행정체계를 바탕으로 한 공식적이고 조직화된 개입이 필요하다. 즉, 사회복지서비스가 공공성과 지속성을 지니기 위해서는 행정체계에 기반한 조직적 운영이 필수적이다. 윌렌스키와 르보(Wilensky & Lebeaux, 1965)는 사회복지 활동의 조건으로 비영리성, 사회적 승인과 책임성,[4] 인간 욕구에 대한 통합적 접근,[5] 인간의 소비욕구에 대한 직접적인 관심,[6]

4 사회적 승인과 책임성이란 사회복지 활동이 사회적으로 승인된 목적과 방법으로 수행되어야 하며, 사회적 책임을 지는 공익 활동이라는 의미이다.

5 인간 욕구에 대한 통합적 접근이란 사회복지 활동이 인간 욕구에 대해 단일한 접근이 아니라 사회적 · 경제적 · 심리적 · 정신적 관심을 포함하는 통합적인 접근을 해야 한다는 의미이다.

6 인간의 소비욕구에 대한 직접적 관심이란 사회복지 활동이 배고픈 자에게는 음식을, 거처가 없는 자에게는 숙소를 제공함으로써 개인의 소비자로서의 욕구에 직접적으로 관심을 가져야 한다는 의미이다.

그리고 공식적 조직에 의한 수행을 제시하였다. 이는 사회복지가 제도화된 구조 내에서 수행될 때 비로소 정당성을 가진다는 점을 강조한다.

현대 사회복지의 목적 설정에서부터 클라이언트에게 서비스가 전달되기까지의 모든 과정은 복잡한 조직의 틀 안에서 이루어진다. 이 과정의 효과성과 효율성을 확보하기 위해서는 조직과 행정에 대한 이해와 역량이 필수적이며, 특히 조직 간 협력, 자원의 효율적 관리, 실행구조의 정교함이 전제되어야 한다.

결국 사회복지행정은 서비스의 기획, 실행, 평가 및 수정에 이르는 전 과정을 조직적으로 관리함으로써 사회복지의 목적을 효과적으로 구현하는 역할을 수행한다. 따라서 현대 사회복지에서의 행정적 전문성과 체계적인 관리 능력은 단순한 선택이 아니라, 사회복지의 성패를 좌우하는 핵심적 요건이라 할 수 있다.

(2) 공행정과 사회복지행정의 이념

사회복지행정의 이념은 사회복지행정이 지향하는 핵심 가치로서, 사회복지정책을 구체적인 서비스로 전환하는 행정 과정에서 기준이자 실천의 방향을 제시하는 역할을 한다. 이를 보다 깊이 이해하기 위해서는 먼저 공행정의 이념에 대한 고찰이 선행될 필요가 있다.

① 공행정의 이념

공행정의 이념은 학자에 따라 약간의 차이가 있으나, 일반적으로 합법성, 능률성, 민주성, 효과성, 형평성 등이 주요 가치로 제시된다(정정길, 2003).

첫째, 합법성은 현대 행정의 근간을 이루는 법치행정의 원리에 기반한다. 이는 행정이 시민의 권리를 제약할 경우, 반드시 국회가 제정한 법률에 따라야 하며, 자의적인 권한 행사나 위법한 행위는 결코 허용되어서는 안 된다는 것을 의미한다.

둘째, 능률성은 행정의 비효율성과 예산 낭비에 대한 사회적 비판을 배경으로 강조되기 시작한 개념으로, 최소의 비용과 노력으로 최대의 성과를 달성하는 것을 의미한다.

셋째, 민주성은 기계적이고 비인간적인 능률 중심 행정에 대한 반성으로 제기된 가치이다. 대외적으로는 국민을 위한 행정, 대내적으로는 행정관리의 민주화를 의미한다.

넷째, 효과성은 수립된 목표를 실질적으로 달성할 수 있을 만큼 행정이 유효하게 작동해야 한다는 이념이다. 즉, 투입 대비 결과가 아닌, 목표 대비 결과 중심의 성과 평가 기준이라 할 수 있다.

다섯째, 형평성은 소외되거나 불리한 사회적 위치에 있는 계층에게도 공정하고 차별 없는 행정서비스를 제공해야 한다는 이념이다.

② 사회복지행정의 이념

사회복지행정은 공공행정의 기본적 가치들을 바탕으로 발전해 왔으며, 동시에 사회복지 고유의 목적과 철학을 반영하는 이념을 지향한다. 다음의 일곱 가지 이념은 사회복지행정의 운영 원리로 작용하며, 정책 수립부터 프로그램 설계, 서비스 제공에 이르는 전 과정에 걸쳐 판단 기준이 된다.

첫째, 합법성은 사회복지행정 절차가 법과 제도에 근거해야 함을 의미한다. 이는 자의적 행정으로부터 클라이언트를 보호하고, 조직 운영의 정당성과 투명성을 확보하기 위한 조건이며, 특히 사회복지서비스가 개인의 권리 실현과 직결된다는 점에서 중요하다.

둘째, 효과성은 조직이 설정한 목표를 실질적으로 달성해야 함을 의미한다. 이는 단순한 투입-산출의 관계를 넘어, 클라이언트의 삶의 질 개선, 욕구 충족, 사회통합 등 실질적 변화의 성취 여부를 통해 판단된다.

셋째, 효율성은 주어진 자원을 통해 최대의 성과를 달성해야 함을 의미한다. 사회복지조직은 자원이 제한적이므로 경제적 운영이 필요하지만, 비용 절감 자체가 목적이 되어서는 안 되며, 서비스의 질과 대상자 권익을 침해하지 않는 범위 내에서 효율성이 추구되어야 한다.

넷째, 형평성은 동일한 욕구를 가진 사람에게는 동일한 서비스를 제공(수평적 형평성)해야 하며, 더 큰 욕구를 가진 사람에게는 더 많은 지원을 제공(수직적 형평성)해야 함을 의미한다.

다섯째, 접근성은 사회복지서비스가 필요한 사람이면 누구나 쉽게 이용할 수 있어야 함을 의미한다. 이는 단지 물리적 거리뿐 아니라 정보의 부족, 언어 장벽, 신청 절차의 복잡성, 심리적 저항감 등 다양한 차원의 장애 요인을 제거해야 함을 뜻한다.

여섯째, 책임성은 사회복지조직이 위임받은 공적 기능을 정당하고 효과적으로 수행해야 함을 의미하며, 이는 재정의 투명한 운용, 서비스의 적절한 제공, 그리고 결과에 대한 책임 있는 설명을 포함한다.

일곱째, 자율성은 지역사회나 사회복지조직이 고유의 여건과 주민의 욕구를 반영하여 사회복지서비스를 기획하고 실행할 수 있는 권한이 있어야 함을 의미한다. 이는 중앙 중심의 행정에서 벗어나 지역사회 주도의 사회복지를 실현하기 위한 제도적 기반이 된다.

3. 사회복지행정의 주요 경향

사회복지행정은 사회적 환경의 변화, 정부의 재정 여건, 민간부문의 참여 확대, 클라이언트의 다양하고 복잡한 욕구 변화 등에 따라 과거와는 다른 양상을 보이며 진화하고 있다. 특히 민간 위탁 확대, 공공성과 효율성의 균형 요구, 성과 중심 운영 등은 사회복지행정의 성격과 운영방식 전반에 영향을 미치고 있다. 이러한 맥락에서 최근의 사회복지행정은 다음과 같은 주요 경향을 보인다.

1) 재원 확보를 위한 경쟁 심화

과거 사회복지조직의 수는 제한적이었으며, 이들 간의 관계도 협력과 연대를 중심으로 운영되는 경우가 많았다. 이는 당시 서비스 제공이 국가나 일부 대형 기관 중심으로 이루어졌고, 민간 기관의 수가 적어 재원 경쟁의 필요성 자체가 크지 않았기 때문이다.

그러나 2000년대 이후 민간 복지기관이 급격히 증가하고, 위탁 운영의 확산과 함께 정부의 재정 지원이 선택과 집중 방식으로 변화하면서 상황은 크게 달라졌다. 동일한 서비스를 제공하는 기관들이 늘어나면서, 한정된 공공 재정과 민간 기부금을 둘러싼 경쟁이 불가피해진 것이다.

이제 사회복지기관들은 정부 보조금, 민간 재단의 공모사업, 지역사회 후원, 기업 기부 등 다양한 재원 확보 경로를 경쟁적으로 모색해야 하며, 이를 위해 전문성과 성과를 강조하는 마케팅 전략도 활용하고 있다. 이 과정에서 일부 기관에서는 성과지표에 집중하거나 과도한 경쟁으로 인해 서비스의 본질적 가치가 훼손되는 부작용도 나타나고 있다.

2) 성과 및 서비스의 질 관리 강조

과거 사회복지 실천 현장에서의 전문성은 주로 교육 · 훈련 · 경력 등의 '과정 중심' 평가에 근거하였으나, 1980년대 이후 복지국가 위기와 신공공관리론의 도입은 사회복지조직에 성과 중심의 운영체계를 요구하게 되었다. 특히 공공재정에 대한 책임성 및 성과보고의 중요성이 부각되면서, 프로그램의 결과(outcome)에 대한 평가와 클라이언트의 만족도 · 변화 지표를 관리하는 것이 필수 요소로 자리 잡았다(Hasenfeld, 2010).

그 결과, 오늘날 사회복지조직은 사업 목표 달성 여부를 증명하지 못하면 향후 재정 지원이나 위탁사업 수주에서 불이익을 받을 수 있으며, 이는 곧 조직 존립의 위기와도 직결된다. 또한 서비스의 질에 대한 지속적인 관리와 클라이언트의 피드백 수용, 표준화된 평가도구 활용 등이 점차 강조되고 있다(박태영, 2020; 양옥경 외, 2018).

3) 마케팅 기법의 강화 등 경영마인드 강조

과거 사회복지조직은 주어진 과업을 정해진 프로토콜에 따라 차질 없이 실행해 나가는 역량을 강조해 왔고, 그러한 프로그램 실행력을 보유한 직원을 선발하고 중용해 왔다. 하지만 오늘날 사회복지행정은 단순한 사업 집행 중심에서 벗어나, 사회문제를 해결할 수 있는 창의적 프로그램 개발자이자 전략적 기획자로서의 전문가를 요구하고 있다. 이에 따라 프로그램 실행 능력보다는 자원을 유치하고 서비스를 패키징할 수 있는 기획력이 중시되며, 마케팅 기법이나 브랜딩 전략에 대한 이해 역시 조직의 핵심 역량으로 부상하고 있다. 예를 들어, 클라이언트와 후원자에게 매력적인 사업을 제안하고 지속적으로 가치를 전달하는 능력은 단순한 프로그램 관리 능력을 넘어서는 '기업가적 마인드'를 요구한다.

4) 공적 영역과 사적 영역 간의 경계 모호

민간 비영리조직이 정부나 지자체로부터 공공재정을 지원받아 프로그램을 운영하거나, 공공기관이 민간기관에 서비스를 위탁하는 경우가 증가하면서, 공적 영역과 사적 영역 간의 경계가 점점 불분명해지고 있다. 특히 민간기관이 정부 보조금에 의존하면서도 자율적인 조직 운영권을 유지하는 구조는 양 영역의 정체성을 혼합시키는 현상을 초래하고 있다.

더욱이 사회서비스 시장화와 사회적 기업 및 사회적 경제조직의 제도화는 영리 목적 조직과 비영리 조직 간의 협력(파트너십) 가능성을 더욱 확대시키고 있다. 이러한 변화는 사회복지 영역이 단일한 공공의 장(場)이 아닌 복합적 거버넌스 체계로 재편되고 있음을 시사한다(김태성, 성경륭, 2005).

5) 사회복지조직의 전문화 및 대규모화

정보통신기술의 발달과 복잡한 욕구구조 속에서, 사회복지조직은 단순한 전달기관을 넘어 전문성을 갖춘 조직으로 거듭나야 할 필요성이 커지고 있다. 동시에 기관 간 경쟁이 치열해짐에 따라 소규모 민간기관들의 생존 위기가 가속화되었고, 이에 따라 다수의 조직이 통합·합병을 통해 대규모화되는 양상을 보이고 있다.

특히 민영화와 시장주의에 기반한 신자유주의 복지 환경 속에서는 클라이언트와 사회복지조직 간의 계약관계(예: 바우처 제도, 위수탁 계약 등)가 일반화되면서, 조직의 규모와 재정력, 평가등급이 클라이언트 유치의 핵심 조건이 되는 경우도 늘어나고 있다. 이는 결과적으로 조직의 전문성 강화와 대형화 추세를 동시에 유도하고 있다(임병우, 2019).

4. 사회복지행정의 특수성과 관리자의 역할

사회복지행정은 인간의 삶에 직접 영향을 미치는 활동을 조직적으로 수행한다는 점에서 일반적인 조직의 행정과 구별되는 특수한 성격을 지닌다. 실제로 사회복지조직은 복합적이고 예측하기 어려운 인간 문제를 다루며, 개입의 효과가 정형화되기 어렵고, 조직의 목표나 성과 기준이 모호하거나 가변적인 경우가 많다. 더불어 정책, 재정, 지역사회의 지지 여부에 따라 서비스 환경이 크게 변화하기 때문에 사회복지조직의 관리자에게는 높은 수준의 유연성과 전문성이 요구된다.

이러한 특수한 행정 환경은 사회복지조직의 관리자에게 단순한 운영 관리 기능을 넘어서는 전략적 대응 역량을 요구하며, 이는 자원 배분, 윤리적 의사결정, 이해관계자 조정, 개입기술 개발, 지역사회 설득, 조직 간 협력 등 복합적인 과제를 실천적으로 수행할 수 있는 능력을 포함한다. 따라서 본 절에서는 사회복지행정의 특수성이 어떤 방식으로 관리자에게 전략적 대응을 요구하는지를 살펴보고, 각 특수성에 따른 관리자의 구체적인 대응 전략을 고찰하고자 한다.[7)]

1) 가치지향적 행정에서의 윤리적 리더십과 판단력

사회복지조직은 생명이 없는 사물을 다루는 기업과 달리, 도덕성과 정체성을 지닌 인간을 대상으로 서비스를 제공한다. 따라서 서비스 제공과 행정적 의사결정은 효율성 중심의 판단 기준

7 사회복지조직의 특수성에 따른 관리자의 특수한 역할에 관한 내용은 필자가 2021년 집필한 『사회복지학개론』 9장 사회복지행정의 내용을 수정·보완하였다.

만으로는 정당화되기 어려우며, 반드시 윤리적 정당성과 사회적 가치 실현을 기준으로 삼아야 한다. 이러한 특성으로 인해 사회복지행정은 전통적 관료제 행정의 가치중립성 원리와는 본질적으로 구별된다. 기업이나 일반 공공조직이 자원 배분과 효율성을 우선시한다면, 사회복지조직은 인간 존엄, 자기결정권, 공공성, 정의로운 분배 등의 가치를 중심에 둔다.

이러한 환경에서 사회복지조직의 관리자는 행정 전반에 걸쳐 복합적인 윤리적 갈등에 직면하게 된다. 예를 들어, 긴급한 생계 문제를 겪는 노인에게 급식 지원을 우선적으로 할 것인지, 아니면 장기적 자립을 위한 자활 프로그램에 예산을 우선 투입할 것인지 판단해야 하며, 역량이 부족한 직원에 대해 인사조치를 취할지, 아니면 교육 기회를 줄지도 고민해야 한다. 나아가, 사회복지사에게 위협을 가한 클라이언트의 서비스 이용을 제한할지, 혹은 그 권익을 우선시할지도 결정해야 한다. 이처럼 관리자는 조직 성과와 책임성, 구성원의 보호, 클라이언트의 권익 사이에서 균형을 모색하며 윤리적으로 정당화될 수 있는 결정을 내려야 한다.

결국, 사회복지조직의 관리자는 단순한 성과 관리자가 아니라, 가치지향적 행정원리를 실현하는 중심축으로서 윤리적 판단력과 실천적 감수성을 갖춘 윤리적 리더십을 발휘해야 한다.

2) 이해관계자들의 상충하는 기대에 대한 조정

사회복지조직은 입법기관, 중앙정부와 지방자치단체, 재단과 후원자, 이사회, 지역사회, 전문가 집단, 클라이언트 및 가족 등 다양한 외부 이해관계자의 영향을 받는다. 이들은 각기 다른 기대와 요구를 조직에 제시하며, 종종 상충하는 입장을 취하기도 한다. 예를 들어, 노숙인 시설을 지원하는 지방정부는 거리 노숙 문제가 줄어들고 있다는 근거로 시설 입소율의 감소를 성과로 간주할 수 있다. 그러나 전문가들은 회복률이나 사회복귀율과 같은 지표를 더 중요하게 여기며, 가족은 노숙인의 안전을 위해 오히려 입소율의 증가를 바랄 수 있고, 노숙인 당사자는 자율성과 존중을 더 중시할 수 있다. 이처럼 단일한 목표 설정이 어려운 복잡한 환경 속에서 관리자는 이해갈등을 조정할 능력을 요구받는다.

특히 클라이언트는 비용 지불 주체가 아닌 경우가 많아, 외부 자원 제공자의 결정이 우선시되며 그들의 목소리는 종종 주변화된다. 하지만 사회복지조직의 존재 이유가 클라이언트의 권익 보호에 있다는 점에서, 사회복지조직의 관리자는 이러한 구조적 불균형을 인식하고 클라이언트의 기대가 실질적으로 반영되도록 노력해야 한다.

결론적으로, 사회복지조직의 관리자는 다양한 이해관계자 간의 긴장을 조율하되, 클라이언트 중심의 윤리적 균형감각을 유지해야 한다. 동시에 다수의 이해당사자가 수용할 수 있는 공통의 기준과 대안을 설계하는 전략적 중재자로서의 역할을 수행해야 하며, 힘의 비대칭성과 권력관계에 기반한 갈등이 조직의 방향을 왜곡하지 않도록 통찰력 있는 대응이 요구된다.

3) 조직목표에 대한 가변적인 지역사회의 태도에 대한 지지 확보

사회복지조직은 특정한 사회적 목적을 달성하기 위해 설립된 조직이다. 그러나 그 목적은 인간의 삶의 질 향상, 권리보장, 불평등 해소 등 복합적 이슈와 관련되어 있어 종종 그 목표가 추상적이고 모호하게 나타나기도 한다. 특히 다양한 가치관과 이해관계를 지닌 지역사회는 이러한 목표에 일관된 지지를 보내지 않거나, 때로는 반발하기도 한다. 더욱이 빈곤층, 노숙인, 정신질환자 등 사회적으로 낙인찍힌 집단을 지원하는 조직일수록, 지역사회는 해당 조직의 존재 이유에 회의적이거나 복지정책에 소극적인 태도를 보일 수 있다. 이러한 맥락에서 사회복지조직의 관리자는 지역사회의 복잡한 가치 지형을 파악하고, 조직의 사명을 설득력 있게 전달하는 외부 소통자 역할을 수행해야 한다.

하젠펠트(Hasenfeld, 2010)는 사회복지조직을 '가치 매개 조직(value-mediated organization)'이라 정의하며, 이러한 조직은 도덕적 정당성과 정치적 승인 없이는 제대로 기능할 수 없다고 지적한다. 따라서 사회복지조직은 단순한 서비스 제공을 넘어, 사회적 인식 개선과 정당성 확보를 위한 설득 전략이 필요하다. 지역사회의 지지를 얻지 못한 사회복지조직은 재정 위기뿐 아니라 상징적 정당성(symbolic legitimacy)도 잃게 되며, 이는 직원의 사기 저하, 외부 불신, 클라이언트 감소 등으로 이어진다. 특히 냉대계층 대상 조직일수록 편견과 인식 부족에 따른 정당성 위협이 크다. 따라서 관리자는 조직의 목표를 명확히 제시하고, 클라이언트의 변화 가능성과 사회통합의 가치를 지역사회에 전달해야 한다. 동시에 주민, 자원봉사자, 언론, 지방정부 등과의 연대와 협력을 통해 지역사회의 지지를 제도화할 수 있는 전략적 관계 구축자로 기능해야 한다.

사회복지조직은 특정 서비스를 제공만 하는 기관이 아니라, 사회적 약자의 권리를 옹호하고 사회통합을 지향하는 주체이다. 사회복지조직의 관리자는 이러한 조직의 존재 이유를 '시혜'가 아닌 '정의'로 설명하고, 지역사회가 그 비전과 책임을 공유할 수 있도록 이끄는 윤리적 설득자로서의 역할을 수행해야 한다.

4) 개입기술의 불확실성에 대응하는 과학적 표준화 전략 수립

사회복지조직은 인간을 대상으로 서비스를 제공하기 때문에, 개입기술의 표준화가 어렵고 적용 과정 또한 높은 변동성과 불확실성을 내포한다. 이는 각 클라이언트가 상이한 배경과 복합적 문제를 지니고 있어, 동일한 개입 방식이 상황에 따라 전혀 다른 결과로 이어질 수 있기 때문이다. 이러한 특성은 사회복지실천이 일반 기업의 생산공정처럼 예측 가능하고 반복 가능한 기술로 구성될 수 없음을 의미한다. 같은 접근법이 클라이언트에 따라 다르게 작동한다는 점은 실천의 융통성과 창의성을 보여 주는 동시에, 과학성과 신뢰성 확보에 장애가 되기도 한다. 이에 따라 관리자는 불확실성을 인정하되, 다양한 상황에서 일정한 효과를 낼 수 있는 체계적이고 검증 가능한 개입기술 개발을 지속적으로 추구해야 한다.

트레비틱(Trevithick, 2011)은 사회복지실천 기술이 직관이나 경험에 의존하기보다는 이론적 지식과 실증적 근거에 기반해야 함을 강조하였다. 이는 오늘날 강조되는 근거기반 실천(evidence-based practice)의 흐름과도 부합하며, 조직의 관리자에게는 이를 실천 현장에 제도적으로 정착시키는 역할이 요구된다. 특히 개입기술의 과학화는 사회복지사의 전문성 강화는 물론, 외부 재정 지원 확보와 성과의 객관적 측정 가능성 향상에도 기여한다.

따라서 사회복지조직의 관리자는 실천 과정의 불확실성을 방치하지 않고, 이를 줄이기 위한 개입기술의 개발 및 표준화 전략을 적극적으로 추진해야 하며 실천의 과학화를 통해 조직 전체의 질적 향상을 주도해야 한다.

5) 성과척도의 불확실성에 대응한 평가지표 개발

사회복지조직은 사회적 약자의 삶의 질 향상과 사회정의 실현을 목표로 하지만, 이러한 목표는 본질적으로 추상적이고 다차원적이어서 성과의 기준을 설정하기 어렵다. 또한 사회복지 개입의 결과는 질적인 변화, 장기적 효과, 다양한 시각의 해석이 수반되기 때문에 기업의 수익률 같은 단일 지표로 성과를 측정하기 어렵다.

그럼에도 불구하고 사회복지조직은 정부, 재단, 후원자 등 외부 이해관계자에게 조직의 효과성과 책임성을 객관적으로 입증해야 하는 과제를 안고 있다. 따라서 사회복지조직의 관리자는 조직의 미션을 구체화하고, 측정 가능하며 신뢰도 높은 성과지표를 설계할 책무를 지닌다. 케트너와 그의 동료들(Kettner et al., 2017)은 평가란 단순히 산출(output)의 측정에 그치는 것이 아니라, 클라이언트의 삶의 변화(outcome)와 비용 대비 효과성까지 포괄해야 한다고 강조한다.

특히 성과 측정은 외부 보고뿐 아니라 내부 피드백의 수단이 되어야 하며, 명확한 목표 설정과 실천 개선, 조직 학습의 기제로 기능해야 한다. 이를 통해 조직은 성과 중심의 책임성과 전문성을 강화할 수 있으며, 관리자는 성과 평가 체계 수립을 통해 조직 내외의 신뢰를 구축하는 전략적 촉진자로서의 역할을 수행해야 한다.

6) 구성원 의존적 구조에서의 실천 역량 개발 지원

사회복지조직은 개입기술의 불확실성과 성과 측정의 어려움으로 인해, 조직 성과가 구성원 개개인의 실천 역량에 크게 의존한다. 특히 사회복지사는 다양한 상황에서 자율적 판단과 창의적 개입을 요구받으며, 이는 조직의 신뢰성과 제공하는 서비스 품질에 직접적인 영향을 미친다. 이러한 의존적 구조는 구성원 간 역량 차이, 소진(burnout), 동기 저하가 곧바로 서비스 편차로 이어질 수 있다는 점에서 조직 안정성을 위협할 수 있다. 따라서 관리자는 실천 역량을 체계적으로 개발하고, 전문성 향상과 정서적 지지를 포괄하는 다층적 지원체계를 구축해야 한다.

패티(2000)는 직원 개발과 인적자원 강화 전략을 사회복지조직의 관리자에게 요구되는 핵심 관리 기능으로 제시하며, 이는 단순한 기술교육을 넘어 사회복지사의 전문직 정체성과 윤리적 책무성을 함양하는 장기적 접근이어야 한다고 강조하였다. 특히 금전적 보상보다 조직문화적 지지와 일의 의미 부여가 중요한 환경일수록 내적 동기를 유지하기 위한 리더십의 역할이 더욱 중요하게 요구된다. 따라서 관리자는 구성원 의존적 조직구조의 특수성을 인식하고, 실천 역량을 체계적으로 개발 · 지원함으로써 조직의 성과와 지속 가능성을 동시에 강화해야 한다.

7) 클라이언트 참여 기반 환경에서의 권익 보장을 위한 조직문화 조성

사회복지조직의 핵심적인 활동은 사회복지사와 클라이언트 간의 상호작용으로 이루어지며, 이 관계 속에서 클라이언트의 적극적인 참여는 변화를 위한 필수적인 요소이다. 클라이언트는 단순한 수혜자가 아니라 원조 과정의 공동 책임자이자 변화를 함께 이루는 주체이며, 이들의 적극적 참여는 서비스 성과에 결정적 영향을 미친다(Trevithick, 2011; Tuckett, 2006). 그러므로 관리자는 클라이언트가 서비스 선택과 결과에 어떤 방식으로 관여하고 있는지를 주의 깊게 살피고, 자발적 참여를 촉진하는 환경을 조성해야 한다.

하지만 현실에서는 사회복지조직과 종사자가 상대적으로 우위에 있는 구조가 존재하며, 클라이언트는 자신을 대변할 자원과 기술이 부족한 경우가 많다. 더구나 조직 재원이 제3자로부터 제공되는 구조에서는 클라이언트의 권익이 주변화되기 쉽다(Healy, 2005). 이러한 불균형은 클라이언트를 동등한 파트너가 아닌 수동적 존재로 만들 우려가 있으며, 이는 서비스 성과에 부정적 영향을 미칠 수 있다. 따라서 관리자는 조직 구성원들에게 클라이언트가 변화의 핵심 파트너임을 인식시키고, 자기결정권을 존중하는 조직문화를 형성하도록 지속적으로 교육하고 지원해야 한다.

8) 유사 전문기관 간 경쟁–협력 환경에서의 네트워킹 구축

사회복지조직도 성과 극대화를 위해 다른 기관과의 연계와 협력이 필수적이다. 특히 유사한 서비스를 제공하는 전문기관들과의 협력은 경쟁적 관계 속에서도 공통의 클라이언트를 위해 연대할 수 있는 기반이 되어야 한다(Austin, 2002; Netting et al., 1993).

우리나라처럼 민간조직이 중심이 되는 사회복지 환경에서는 민–관 협력뿐 아니라 민간 간 협력도 매우 중요하다. 그 이유는, 첫째, 고도의 전문성과 자원이 요구되는 사업을 수행하기 위해 필요한 재정적 지원을 확보하는 데 유리하며, 둘째, 컨소시엄 형성을 통한 연대는 사업 경쟁력을 강화할 수 있고, 셋째, 참여 조직 간 정보 및 자원의 공유는 정책 환경의 변화나 지역사회의 요구에 보다 유연하게 대응할 수 있으며, 넷째, 클라이언트 중심의 서비스 효율화를 통해 중복 지출을 줄이고 비용을 절감할 수 있기 때문이다.

물론 공통의 클라이언트를 두고 경쟁하는 기관 간 협력은 쉽지 않으며, 실제로 협력은 서비스 공백 보완 등 제한적인 상황에서만 이루어지는 경우가 많다. 그러나 자원 경쟁이 반드시 적대적 관계로 이어지는 것은 아니며, 협력은 상호 이익을 창출할 수 있다. 따라서 사회복지조직의 관리자는 지역사회 내 유사 기관과의 전략적 네트워킹을 주도하고, 상생 가능한 협력 기반을 구축하는 데 적극적인 노력을 기울여야 한다.

제2장

사회복지행정의 역사와 발전

역사 고찰은 단순한 과거 사실의 나열이 아니라, 현재를 이해하고 미래를 준비하기 위한 분석적 행위이다. 제도, 학문, 실천체계가 형성·발전한 과정을 조망하는 일은 그 배경에 존재하는 사회적 조건과 정책적 동인을 파악함으로써 해당 분야의 정체성과 기능을 재구성하는 데 필수적이다. 이러한 점에서 사회복지행정 또한 역사적 시각에서 접근할 필요가 있다.

오늘날 사회복지행정은 단순한 조직 운영이나 서비스 전달을 넘어 사회복지정책과 사회정의를 실현하는 핵심 기제로 기능하고 있다. 이러한 역할은 사회·경제·정치적 조건과의 상호작용 속에서 점진적으로 확립되어 왔으며, 그 개념과 기능을 올바로 이해하려면 형성과 발전의 역사적 맥락을 면밀히 고찰할 필요가 있다.

본 장에서는 사회복지행정이 하나의 학문이자 실천 영역으로 자리 잡기까지의 발전 과정을 살펴보고자 한다. 먼저, 미국의 역사적 전개 과정을 검토한 뒤, 한국에서의 제도화와 발전 양상을 시기별로 분석할 것이다. 각 시기의 제도 변화, 정치적 사건, 국제적 흐름 등을 중심으로 사회복지행정의 발전 동인과 한계를 조망하고, 향후 발전 방향에 대한 시사점을 제시하고자 한다.

1. 미국 사회복지행정의 발달 과정

미국은 사회복지행정이 가장 먼저 독립된 실천 분야이자 학문 영역으로 정립된 국가로 평가된다. 그러나 초기 미국 사회복지는 국가보다는 개인 책임과 민간 자선에 기반한 잔여적 복지관에 뿌리를 두고 있었으며, 사회복지실천은 오랫동안 개별사회사업 중심으로 이루어졌고, 조직 차원의 행정에 대한 관심은 제한적이었다.

오늘날 사회복지행정은 단순한 기관 운영을 넘어 복지정책을 실현하고, 서비스 전달의 효율성과 형평성을 보장하는 핵심 기제로 자리 잡았다. 이는 제도적·조직적 진화를 통해 형성된 결과로, 역사적 맥락 없이 이를 이해하는 데에는 한계가 있다. 특히 미국에서는 민간 자선조직의 발전, 전문직 양성체계의 확립, 복지국가로의 전환, 연방정부의 역할 확대 등이 사회복지행정의 제도화와 전문화를 이끈 주요 배경이었다.

학자들은 미국 사회복지행정의 전개 양상에 대해 다양한 시기 구분을 제시해 왔다. 패티(Patti, 1983)는 명목상의 인정 단계, 사실상의 인정 단계, 정체의 단계, 발전의 단계라는 4단계와 형성기, 발전기, 확립기로 나누는 3단계 분류를 제안하였다.

본 절에서는 기존 연구를 참고하되, 미국 사회복지행정의 흐름을 형성기, 기초 정립기, 혼돈기, 발전기, 재도약기의 다섯 시기로 구분하여 분석한다. 각 시기별 사회적 맥락과 제도·조직의 등장, 실천 방법론의 변화를 중심으로 고찰함으로써, 사회복지행정이 민간 중심의 조직관리에서 공공정책 도구로 전문화된 과정을 조망하고자 한다.

1) 형성기(1870~1920년대)

19세기 말 미국은 남북전쟁 이후 산업화와 도시화가 급속히 진행되며, 빈곤, 실업, 위생 악화, 범죄 증가 등의 도시 문제가 대두되었다. 당시 연방정부의 개입은 미약했고, 문제해결은 지방정부와 종교단체, 민간 자선조직에 맡겨졌다. 그러나 민간의 구호는 비체계적이었고, 단체 간 협력 부족으로 서비스의 중복과 누락 문제가 발생하면서 효율적 협력과 조정의 필요성이 제기되었다.

이러한 배경 속에서 자선조직협회(Charity Organization Society: COS)가 1869년 영국에서 최초로 설립되었으며, 보산켓(Helen Bosanquet)과 힐(Octavia Hill)이 그 창설에 중심적인 역할을 하였다. 이후, 미국에서는 1877년 스티븐 거틴(Stephen Gurteen) 목사에 의해 뉴욕주 버팔로에 처음 설립되었고, 1894년까지 약 90개의 자선조직협회가 조직되면서 사회복지행정 체계의 효율성과 조직화를 촉진하는 기반이 되었다(Day, 2000).

자선조직협회는 구조조정과 행정의 체계화, 자원의 조직적 분배 등에서 중요한 의의를 지니며, 아모스 워너(Amos Warner)와 에드워드 디바인(Edward Devine) 등 전문 행정가들의 활동으로 사회복지행정의 전문화 가능성을 보여 주었다. 특히 디바인은 1898년 뉴욕하계자선학교를 설립하였고, 이는 뉴욕자선대학원(New York School of Philanthropy)으로 발전한 뒤 컬럼비아 대학교(Columbia University)와의 협력을 통해 미국 최초의 사회복지 석·박사 과정을 제공하는 대학원으로 성장하였다(Wenocur & Reisch, 1989).

한편, 1913년 오하이오주 클리블랜드에서 설립된 지역공동모금회(Community Chest)는 민간기관 간 자원 분배의 비효율을 개선하기 위한 시도로, 오늘날 유나이티드 웨이(United Way)의 전신이다(Sigmund, 2006). 이는 행정 기능의 통합운영 가능성을 보여 준 사례로 평가된다.

1920년대에는 행정 기능이 점차 전문화되며, 행정가와 이사회 간 역할 분리가 이루어졌고(Kirschner, 1986), 사회복지사들은 교육과 실천 경험을 통해 전문 인력으로 충원되기 시작하였다. 또한 1929년 밀포드 회의(Milford Conference)에서 사회복지행정은 사회사업실천의 네 가지 방법론 중 하나로 제시되었지만, 학문적·실천적 관심에서 여전히 주변적 위치에 머물렀다. 이에 따라 패티는 이 시기를 '명목상 인정 단계'로 규정하였다(Patti, 1983).

2) 기초 정립기(1930~1950년대)

이 시기는 1929년 밀포드 회의 이후, 사회복지행정의 학문적·실천적 정체성이 점차 확립된 시기이다. 특히 1935년 「사회보장법(Social Security Act)」의 제정은 공공부문 내 사회복지행정의 역할을 크게 확대하며 제도적 기반을 형성하는 계기가 되었다.

1929년 대공황은 대규모 빈곤과 실업을 초래하며, 자유주의적 복지관에 변화를 불러왔다. 루스벨트(Franklin D. Roosevelt) 정부는 뉴딜(New Deal) 정책의 일환으로 「사회보장법」을 제정했고, 이를 통해 노령연금, 실업보험, 부양아동지원(Aid to Dependent Children: ADC)[1] 등 국가 주도의 사회복지제도가 본격적으로 도입되었다. 이러한 제도적 변화는 공공 사회복지조직의

1 ADC는 1962년 AFDC(Aid to Families with Dependent Children)로 명칭이 변경되었고, 1996년 AFDC는 TANF (Temporary Assistance for Needy Families)로 다시 명칭이 변경되었다.

확대를 촉진하였으며, 연방 및 주정부 차원의 조직 설립과 더불어 사회복지 전문 인력에 대한 수요 역시 급격히 증가시키는 결과를 낳았다(Trattner, 1999).

이 과정에서 미국의 사회복지조직은 민간과 공공 부문으로 분화되었다. 민간조직은 소규모 비영리구조에서 실천 중심 운영이 이루어졌고, 공공조직은 관료제 기반의 행정구조로 퇴역장교 출신 행정가들이 다수 포진하였다(원석조, 2018; Austin, 2000). 이러한 이원화 구조는 공공조직의 절차주의와 민간조직의 유연성 간 차이를 드러내며, 사회복지행정의 실천 방식에 대한 논의를 촉진시켰다.

하지만 1940년대 중반까지도 여전히 사회복지실천의 중심은 개별사회사업(social casework)이었고, 행정은 실천의 부속적 영역으로 인식되었다. 그러나 제2차 세계대전 이후 사회복지 수요의 폭발적 증가와 함께, 사회복지행정 역시 독립적 전문 분야로서의 자율성과 특수성을 갖추어야 한다는 인식이 확산되었다. 특히 사회복지의 핵심 가치, 이론, 기술을 행정에 접목하려는 시도는 사회복지행정의 내재적 정당성을 강화시켰고, 1950년대 후반에는 사회복지행정이 실천의 독립적 방법론으로 자리매김하게 되었다.

한편, 이 시기에는 교육과 연구에서도 사회복지행정의 중요성이 강조되었다. 홀리스와 테일러(Hollis & Taylor, 1951)는 사회복지교육에서 행정, 슈퍼비전, 조사 등의 영역이 강화되어야 함을 주장하였고, 보엠(Boehm, 1959)은 사회복지행정을 개별사회사업, 집단사회사업, 지역사회조직사업, 사회복지조사 등과 함께 5대 실천 방법으로 간주하며, 대학원 교육과정에 반드시 포함되어야 한다고 강조하였다. 이와 같은 교육적 · 학문적 흐름은 이후 사회복지행정을 실천과학의 일부로서 자율적 학문 분야로 발전시키는 기반이 되었다.

결론적으로, 기초 정립기는 미국 사회복지행정이 공공과 민간 부문 모두에서 제도적으로 확장되고, 교육 · 연구를 통해 전문성이 정립된 시기이다. 이 시점부터 행정은 실무지원 기능을 넘어 정책 집행과 조직 운영의 핵심 실천 방법으로 인정받기 시작하였다.

3) 혼돈기(1960년대)

1960년대는 미국 사회복지의 제도적 확대가 본격화되면서, 사회복지행정의 역할 또한 뚜렷하게 부각되기 시작한 시기였다. 그러나 동시에, 정책의 실효성 부족과 사회복지조직의 책임성 결여에 대한 비판이 제기되면서 사회복지행정의 정체성과 실천 방향을 둘러싼 혼란도 함께 표출되었다. 즉, 이 시기는 사회복지행정이 외형적으로는 확장되었으나, 내실 있는 운영체계와 전문직 정체성의 정립에는 한계를 드러낸 과도기적 시기로 평가된다.

1964년 존슨 대통령은 '빈곤과의 전쟁(War on Poverty)'을 선포하며 공공부조 개편과 지역복지관 설립을 장려했고, 사회복지 경력을 갖춘 전문가들이 기관 운영자로 활발히 진출하며, 사회복지행정의 수요가 폭발적으로 증가하였다. 특히 1963년 제정된 「지역사회정신건강센터법(Community Mental Health Centers Act)」은 연방 지원하에 센터 설립을 가능하게 했으며, 이는 사회복지사의 주요 고용처로 부상하였다. 이러한 변화는 기관 운영의 전문성과 관리 역량을 제도적으로 요구하는 계기가 되었다.

그러나 이 시기의 낙관적 기대와 달리 사회복지 프로그램은 빈곤 감소에 대한 실질적 성과를 입증하지 못했고, '빈곤과의 전쟁'은 실패로 평가되었다. 더욱이 베트남 전쟁으로 군비 지출이 확대되면서 사회복지 예산은 축소되었고, 이로 인한 국민의 반감은 사회복지 전반에 대한 불신으로 이어졌다. 이러한 분위기 속에서 사회복지기관들은 클라이언트의 복지보다 조직 생존에 더 주력한다는 비판에 직면하였고, 이는 사회복지행정의 정당성에 대한 근본적인 의문을 제기하는 계기가 되었다.

더욱이 이 시기 사회복지학계 내부에서도 기존의 행정 중심 실천 방식에 회의를 품은 많은 사회복지학도들이 지역사회조직사업(community organization)을 대안적 실천 형태로 주목하기 시작하였다. 지역사회조직사업은 직접적인 사회 변화를 추구하는 실천 방식으로, 사회복지행정의 이론적·실천적 정체성을 약화시키는 요인이 되었다.

이러한 대안 실천의 등장과 사회복지행정에 대한 비판 확산으로 1950년대 후반 이후 독립적 실천 방법으로의 위상을 쌓아 온 사회복지행정은 이 시기 사회 변동에 대한 적극적 대응 능력 부족, 제도적 경직성, 책임성 결여 등의 비판을 받으며 다시 주변 영역으로 밀려나는 상황에 놓이게 되었다. 이에 따라 일부 연구자들은 1960년대를 사회복지행정의 정체기이자 전환기로 간주한다(Patti, 1983).

결론적으로, 1960년대는 사회복지제도의 확장과 전문적 행정 실천의 수요가 본격화된 시기였으나, 동시에 행정의 책임성과 실효성에 대한 도전과 비판으로 사회복지행정의 위기가 병존한 시기였다. 이러한 경험은 사회복지행정이 단순한 관리기술을 넘어서, 정책 변화와 사회구조에 유연하게 대응할 수 있는 실천 영역으로 진화해야 함을 인식시키는 계기를 제공하였다.

4) 발전기(1970~1980년대)

1970년대에 접어들면서 복지국가의 황금기는 석유파동과 세계 경제위기의 여파로 균열되었으나, 이러한 위기는 오히려 사회복지행정의 내실화를 촉진하고, 전문성과 책무성을 재조명하는 계기가 되었다.

1960년대에 팽창한 사회복지 제도와 기관들은 1970년대에 접어들며 그 효과성과 효율성에 대한 본격적인 검증 대상이 되었고, 이에 따라 행정운영의 합리화와 성과관리 체계의 도입이 강조되기 시작하였다. 이러한 변화는 특히 정신보건 영역에서 뚜렷하게 나타났으며, 정신질환자의 탈시설화(deinstitutionalization) 정책은 복합적 욕구를 지닌 대상자들을 지역사회 안에서 통합적으로 지원할 수 있는 새로운 행정적 대응을 요구하였다. 이 같은 배경 속에서 등장한 사례관리(case management)는 사회복지행정이 단순한 조직관리의 기능을 넘어, 실천의 틀을 설계하고 개입의 효과를 보장하는 전략적 실천 방법으로 자리 잡는 중요한 계기가 되었다.

이 시기의 사회복지행정의 발전은 교육과정 개편을 통해 더욱 가속화되었다. 사회복지대학원들은 행정 관련 과목을 적극적으로 편성하기 시작하였으며, 그 결과 사회복지행정 교과과정은 빠른 속도로 확산되었다. 실제로 1975년까지 전체 84개 대학 중 19개교에서 관련 과정을 운영하였고, 1977년에는 35개교로 증가하였다. 또한 성과중심 관리기법(PPBS, PERT, 비용-편익 분석 등)이 도입되면서 사회복지행정은 과학적 관리와 기획 중심의 접근 방식을 본격적으로 추구하게 되었다.

1980년대에 들어 복시국가의 위기를 맞은 로널드 레이건(Ronald Reagan) 정부는 신자유주의(Neoliberalism)에 기반한 '작은 정부'를 표방하며 복지지출을 축소하고, 공공서비스의 민영화를 적극 추진하였다. 이에 따라 민간 사회복지기관의 수적 확대와 경쟁 환경이 조성되었고, 사회복지조직의 행정가는 단순한 관리자를 넘어, 정부 재정 계약의 수주, 성과관리, 기부 유치를 통한 자원 확보 등 전략 기회 역량을 갖춘 전문 행정가로의 전환이 요구되었다.

그러나 당시 많은 행정가는 이러한 변화에 대응할 준비가 되어 있지 않았고, 사회복지기관 역시 조직관리 역량을 갖춘 전문 인력의 부재를 실감하게 되었다. 이러한 현실은 전문 행정가 양성을 위한 중요성을 부각시키는 계기가 되었다.

결론적으로, 1970~1980년대는 사회복지행정이 기관 운영의 기술을 넘어 전략적 실천 방법으로 발전한 시기이다. 성과관리, 자원조정, 사례관리 등이 제도화되며, 사회복지행정은 사회복지 현장의 핵심 영역으로 자리 잡았다. 특히 신자유주의적 전환은 사회복지행정이 경쟁성과 책무성을 갖춘 복합 전문 영역으로 진입하는 전환점이 되었다.

5) 재도약기(1990년대~현재)

1990년대 이후 미국의 사회복지행정은 제도와 기법의 단순한 발전을 넘어, 복지철학과 운영 원리의 구조적 전환을 경험하였다. 특히 사회복지개혁, 민영화, 분권화, 시장화, 하이브리드 모형의 확산 등 다층적 변화가 동시적으로 진행되며, 사회복지행정의 기능과 역할도 확대되었다.

1996년 빌 클린턴(Bill Clinton) 행정부는 「개인책임 및 노동기회 조정법(Personal Responsibility and Work Opportunity Reconciliation Act: PRWORA)」을 제정하였다. 이 법은 복지수급에 대한 '권리' 개념을 철회하고, 노동을 통한 자활과 개인책임을 중심 이념으로 복지제도를 재편하는 것을 골자로 하였다. 이에 따라 기존의 부양아동가족부조(Aid to Families with Dependent Children: AFDC) 제도는 폐지되고, 근로 가능 인구에 대한 한시적이고 조건부 지원체계인 빈곤가족일시부조(Temporary Assistance for Needy Families: TANF) 제도가 도입되었다.

이후, 2006년 조지 W. 부시(George W. Bush) 대통령은 「적자감축법(Deficit Reduction Act: DRA)」을 통해 「개인책임 및 노동기회 조정법」의 재승인을 확정하였다. 이 법은 빈곤가족일시부조(TANF) 제도를 지속하면서도 의료부조(Medicaid) 예산의 삭감 등 복지지출 억제를 골자로 하여, 신자유주의적 국가 전략에 입각한 행정 재구조화를 가속화하였다.

이러한 사회복지개혁 조치들은 지방정부, 비영리 · 영리 조직 등 공급주체를 다양화하였고, 이로 인해 행정적 조정과 통합적 관리 역량의 중요성이 크게 부각되었다. 재정 축소 상황에서 민간사회복지기관은 전략기획, 마케팅, 자원 개발 역량을 강화해야 했고, 사회복지조직의 관리자들에게는 기업경영 수준의 복합적 전문 역량이 요구되기 시작하였다(Grønbjerg, 1994b).

한편, 사회복지기관 간의 통합 및 합병이 가속화되며 조직의 대형화가 본격화되었다. 이는 주로 영세한 기관들이 클라이언트 확보에 취약하다는 현실적 한계를 극복하기 위한 전략적 선택이었다. 또한 조직 내부의 구조 역시 기존의 수직적 계층구조에서 벗어나 팀제, 태스크포스(task force) 등과 같은 수평적 조직구조로 변화하면서, 환경 변화에 대한 적응성과 의사결정의 유연성이 중시되었다.

이러한 흐름 속에서 기존에는 성과 기반의 보상을 강조하는 거래적 리더십(transactional leadership)이 주로 강조되었으나, 창의적 사고와 조직문화의 혁신, 구성원의 자율적 참여를 중시하는 변혁적 리더십(transformational leadership)이 부각되기 시작하였다(Lewis et al., 2001). 이는 사회복지조직이 단순한 서비스 제공자에서 벗어나 학습과 혁신의 주체로 변화하고 있음을 시사한다.

이러한 변화와 함께 1990년대 이후 사회복지 영역에서는 공공기관과 민간기관 간의 경계가 점차 모호해지면서, 두 영역의 특성을 결합한 공사결합형 조직이 등장하였다. 이 같은 조직은 공공의 책무성과 민간의 효율성을 동시에 추구하는 하이브리드(hybrid) 모형[2)]으로 이해되며, 대표적으로 준공공조직이나 준민간조직 등이 그 예에 해당한다(Gibelman, 2000). 이처럼 복합적인 조직구조와 운영체계를 가진 조직의 확산은 사회복지행정이 다원적 행위자들을 연결하고 조정하는 통합적 거버넌스의 조정자로 발전해야 함을 의미한다.

또한 이 시기에는 공공성과 민간성, 공급자 간의 경계가 해체되며, 다양한 기관이 협력하여 서비스를 제공하는 통합적 전달체계의 중요성이 대두되었다. 이러한 체계는 중복 서비스와 사각지대를 해소하고, 클라이언트 중심의 통합적 접근을 가능하게 한다는 점에서 현대 사회복지행정의 핵심 전략으로 자리 잡았다. 더욱이 민간기관에 대한 성과 평가와 회계적 투명성 요구가 강화됨에 따라 책임성(accountability)은 사회복지행정의 절대적 기준으로 기능하게 되었다.

요약하면, 1990년대 이후 미국 사회복지 환경은, 첫째, 중앙정부 중심의 공공복지 전달체계가 기능적으로 축소되고 영향력이 약화되었으며, 둘째, 직접적 서비스 전달에 있어 민간부문의 역할이 확대되었고, 셋째, 민간과 공공 부문의 구분이 모호해졌으며, 넷째, 효과적인 서비스 제공을 위해 서비스 전달체계의 통합이 필요하다는 인식이 확산되었고, 다섯째, 사회복지조직의 책임성을 더욱 강조하는 경향을 보여 왔다.

이러한 변화 속에서 이 시기의 미국 사회복지행정은 정부 중심의 전달체계에서 탈피하여 민간, 지방, 시장 기반의 거버넌스 체계로 이행하였다. 이에 따라 사회복지행정은 계약 관리, 성과 중심 운영, 마케팅 전략, 조직 간 협력, 리더십 혁신 등 새로운 행정 역량을 요구받는 복합적 실천의 장으로 전환되었다. 결국 이 시기는 사회복지행정이 정체성을 재정립하고 실천적 기반을 확장한 재도약기로 평가할 수 있다.

2. 한국 사회복지행정의 발달 과정

우리나라의 사회복지행정은 짧은 역사를 가지고 있으며, 제도화 시점도 비교적 최근에 해당한다. 1980년대 이전까지는 사회복지서비스의 공급 자체가 제한적이었고, 이에 따라 전달체계 운영이나 조정에 대한 행정 수요도 미미하였다. 이로 인해 사회복지행정은 제도 내에서도 독립된 개념이나 기능으로 인식되지 못했으며, 발전 속도 역시 더뎠다.

다만, 민간 사회복지기관의 행정 운영 기원은 1906년 미국 감리교 선교단체가 원산에 설립

2 1990년대 들어 사회복지 영역에서 재정과 기능이 유사해지면서 민간기관과 공공기관의 경계가 모호해지는 현상이 나타났다. 이에 따라 공공기관과 민간기관의 성격이 혼합된 준공공기관과 준민간기관이 나타났는데, 이처럼 공공기관과 민간기관의 성격이 혼합된 것을 하이브리드(hybrid) 모형이라고 한다(Gibelman, 2000).

한 '반열방'과, 1921년 서울 인사동의 '태화여자관'까지 거슬러 올라간다. 이들은 단순한 설교나 자선 활동이 아닌 실제 서비스 프로그램을 운영하며 일정 수준의 행정 기능을 수행한 조직이었다. 또한 1921년 조선총독부 내에 설치된 사회과는 최초의 공적 사회복지행정 전담기구로 평가된다. 그러나 이러한 초기 활동은 시혜적 복지, 전근대적 행정체계, 조직 자율성 부족 등으로 인해 현대적 의미의 사회복지행정과 직접 연계되기는 어렵다. 학술적으로는 광복 이후, 특히 1950년 한국전쟁 이후 복지 수요가 급증하고 국가 개입이 본격화된 시점을 사회복지행정의 실질적인 출발로 보는 것이 타당하다.

여기에서는 우리나라의 사회복지행정의 역사를 형성기(1950~1970년대), 확립기(1980~1990년대), 발전기(2000년~현재)의 3단계로 나누어 설명하고자 한다.

1) 형성기(1950~1970년대)

우리나라에서 근대적 사회복지 제도와 실천이 본격화된 시점은 1950년 한국전쟁 이후이다. 전쟁은 전쟁고아, 실향민, 빈곤층의 급증을 초래하였고, 이에 따라 긴급구호 및 수용 중심 보호사업이 민간기관 중심으로 전개되었다. 이들 기관은 미국 등 외원(외국 민간원조단체)에 전적으로 의존했으며, 1952년에는 외원 단체 연합체인 'KAVA(Korea American Voluntary Agencies)'가 구성되었다.

정부는 외원 활동을 사실상 방임하다가 1963년 「외국민간원조단체에 관한 법률」(2016년 폐지)을 제정하며 형식적 규제를 시작하였다. 외원의 지원은 단순 물자 제공을 넘어, 조직 운영, 구호기술, 서구식 사회사업 개념까지 도입되는 경로가 되었다(김영종, 2016). 하지만 당시 기관 관리자들은 자원 부족 속에서 분배 중심의 업무에 집중할 수밖에 없었고, 체계적인 행정관리나 효율성 인식은 미약하였다(최원규, 1998).

1960년대 정부는 경제개발을 우선시하면서 사회복지는 정책 후순위로 밀렸다. 이에 따라 사회복지기관은 여전히 구호물자 분배와 수용시설 유지에 집중하였고, 사회복지행정의 역할은 단편적 실무에 머물렀다.

전환점은 1970년 「사회복지사업법」 제정이었다. 이는 사회복지사업의 법적 기반을 마련하고, 민간 사회복지조직에 대해 법인격을 부여하는 제도(사회복지법인 제도)를 도입함과 동시에, 국가의 민간 사회복지조직에 대한 행정적 지도·감독 권한을 명문화함으로써 민간 조직의 제도권 편입을 공식화하였다(신복기 외, 2023).

한편, 1947년 이화여자대학교에 최초로 사회사업학과가 설립된 후, 1961년 서울대학교에서 사회복지행정 과목이 처음 교과에 편성되었다. 1970년까지 전국 13개 대학에 사회사업 관련 학과가 설치되었지만, 사회복지행정은 단일 과목 수준에 그쳤고, 그 중요성에 대한 인식이나 연구는 미비하였다(최성재, 남기민, 2000).

결국, 이 시기는 체계적 행정 활동이 미약했으나, 외원 중심의 조직 운영, 자원 분배 방식, 사회복지 관련 초기 입법 등의 시도는 이후 사회복지행정 발전에 중요한 기틀을 제공하였다. 특히 이 시기의 사회복지조직은 자선적 운영 방식, 비공식적 관계망, 정부에 대한 의존, 지역 기반의 결핍 등 고유한 구조와 환경적 특성을 형성하였으며, 이는 이후 조직의 폐쇄성, 외부 의존성, 수용 중심 운영 방식 등으로 구체화되었다.

이 시기의 사회복지조직과 그 환경적 특성은 다음과 같이 정리될 수 있다(김영종, 2016).

(1) 수용보호 중심의 조직기술 문화의 유산과 한계

사회복지행정의 형성기 당시 사회복지기관들은 수용보호 기술에 기반하여 운영되었다. 이는, 첫째, 집단시설 보호가 비용 면에서 효율적이고, 둘째, 외원기관으로부터 자원을 안정적으로 확보할 수 있으며, 셋째, 시설 격리를 통해 사회통제 효과가 커 일반 시민의 지지를 얻는 데 유리했기 때문이다.

이러한 수용 중심 운영은 오늘날에는 퇴조하였으나, 의식주와 같은 기본적 욕구 해결에 일정 효과가 있었다는 인식은 여전히 남아 있다. 그러나 이는 현재 사회복지서비스가 추구하는 고차원적 욕구에 대한 개별화된 접근과는 거리가 있으며, 현대적 복지실천의 흐름과 완전히 부합되지 않는 구조적 한계를 드러낸다.

(2) 공공 의존형 민간 복지체계의 형성과 구조적 한계

6·25 전쟁 직후부터 1960년대까지 한국 사회복지의 자원구조는 절대적 자원 부족과 외원의 의존 속에서 형성되었다. 외원은 공공보다는 민간 조직화를 선호하였고, 이에 다수의 사회복지기관이 외원에 전적으로 의존하는 민간기관 중심 체계로 정착하였다. 이러한 구조는 1970년 「사회복지사업법」 제정과 함께 법인화를 통해 제도적 기반을 갖추었고, 정부는 법인화된 민간 사회복지기관에 재정을 보조함으로써 이들을 사실상 준공공적 성격의 복지자원으로 전환시켜 나갔다. 이러한 공공 의존형 민간 복지체계는 오늘날까지도 한국 복지 전달체계의 핵심 기반으로 작용하고 있다.

우리나라의 사회복지 서비스 전달체계는 정부가 재정을 공급하고 민간이 서비스를 제공하는 협조형(collaborative) 구조로 설계되었으나, 현실에서는 '동반자(partner)'보다는 '대행자

(vendor)'에 가까운 종속적 구조를 띤다. 이 구조는 민간조직의 자율성과 창의성을 제약하고, 결과적으로 복지행정의 적시성과 다양성 확보를 어렵게 만드는 한계를 지닌다.

다만, 민간복지 주체의 자원 동원 능력이 향상되고, 공급자가 다원화되며, 공공 영역의 역할이 재정립될 경우, 이러한 종속적 구조는 점차 완화될 수 있으며, 민–관 간 동반자적 관계로의 전환 가능성도 열릴 수 있다. 이는 향후 사회복지행정이 책임성과 협력성을 갖춘 거버넌스 체계로 발전해 나아가기 위한 핵심 과제로 간주된다.

(3) 사유화된 조직 운영과 폐쇄적 조직문화

1950년대 이후 민간 사회복지 시설과 법인의 증가는 설립자의 헌신적 동기뿐 아니라, 이를 개인사업과 동일시하는 인식에 기반하였다. 많은 설립자는 자신이 창설한 시설을 공공재가 아닌 사유물로 간주했고, 이를 가족에게 세습하는 것도 자연스러운 행위로 여겼다.

이러한 사유화 경향은 조직 운영의 공공성과 투명성을 훼손했고, 설립자의 통제 유지 목적에 따라 폐쇄적 권한구조가 형성되었다. 이로 인해 외부의 참여와 감시가 차단되고, 의사결정 과정도 권위주의적으로 고착되었다.

나아가 이러한 조직문화는 지역사회 기반 복지서비스 체계 구축과 갈등을 빚었다. 본래 사회복지시설은 지역사회의 욕구를 반영하고 자원을 연계해야 하지만, 사유화된 조직들은 지역사회와의 협력에 소극적이거나 배타적인 태도를 보였다. 그 결과, 이는 민주적 운영, 자원 개방성, 서비스 형평성이 저해되었으며, 이는 지역사회 중심 복지 실현에 구조적인 걸림돌로 작용하였다.

(4) 지역사회 기반 결핍과 외부 의존의 구조화

앞서 살펴본 사회복지조직의 사유화 경향은 지역사회 자원의 조직적 동원과 연계를 제약하며, 자생적 복지생태계 형성을 저해하였다. 폐쇄적인 조직구조는 지역사회와의 유기적 관계 형성보다 내부 중심의 생존 논리를 고착화시켰다.

또한 한국전쟁 이후 복지공급을 주도한 외원들은 자선과 선교 중심의 목적에 집중하였고, 지역사회 조직화에는 체계적인 관심을 두지 않았다. 이로 인해 외원에 의해 설립 · 운영된 다수의 민간 복지시설은 지역 연계보다 외부 지원에 대한 의존성을 내면화하게 되었다.

그 결과, 우리나라 민간 사회복지조직들은 주민 참여, 자원봉사, 기부 등 지역 자원보다는 국고보조금, 위탁사업, 지정기탁 등 공공재정에 의존하는 구조로 자리 잡게 되었다. 이로써 사회복지조직은 자율성과 주도권을 갖기보다는 중앙정부 정책에 종속되는 구조로 기능하게 되었다.

따라서 사회복지조직의 외부 환경 의존성은 단순한 재정 문제가 아니라, 사회복지서비스 전달체계의 민주성 · 책임성 · 지속 가능성에 영향을 미치는 구조적 과제로 인식되어야 한다.

2) 확립기(1980~1990년대)

1980년대 들어 우리나라는 경제성장 중심의 정책에서 벗어나, 사회개발을 병행하는 복지국가 기조로 전환하였다. 제5공화국은 정권의 정당성 확보 수단으로 '복지사회 구현'을 국가 목표로 내세우며, 아동 · 노인 · 장애인 대상 서비스 정책을 강화하고, 국가 및 지방정부의 책무성을 확대하였다. 이에 따라 사회복지행정 영역도 본격적으로 확장되었으며, 이는 정책 기획, 제도 설계, 전달체계 구축 등으로 행정적 역할이 전문화되는 계기가 되었다.

이 시기에는 사회복지 관련 법률 제정이 활발히 이루어졌고, 종합사회복지관 등 이용시설 중심 체계가 자리 잡기 시작하였다. 외원 중심의 재정은 공공재원으로 대체되었고, 운영 방식도 개방성과 투명성을 중시하는 공공적 구조로 전환되었다. 특히 국가 또는 지자체가 사회복지시설의 재산권을 갖고 민간에 운영권을 위탁하는 방식이 확산되면서, 민간기관은 자율성과 책임을 동시에 요구받는 행정 환경에 놓이게 되었다. 이에 따라 조직 운영 역량과 행정 전문성의 수요가 증가하였다.

1987년부터는 동사무소에 사회복지전문요원을 배치하는 제도가 시행되었고, 1991년 훈령을 통해 제도적 기반이 마련되었다. 이후 1992년 '사회복지전담공무원'으로 명칭 변경, 1999년에는 일반직 '사회복지직'으로 전환되며 제도적 안정을 이뤘다. 이는 사회복지행정의 전문성과 질 향상에 크게 기여하였다.

1990년대에 들어서면서 사회복지행정에 대한 수요를 촉발시킨 중요한 변화들이 나타났고, 이는 사회복지행정이 제도적으로 정착되는 데 하나의 계기가 되었다. 특히 지방자치제도의 전면 실시, 사회복지시설 평가제도의 도입, 「사회복지공동모금회법」의 제정, 사회복지시설 설치 · 운영에 대한 신고제 전환 등은 사회복지행정을 중앙집중형 구조에서 민주적 · 분권적 체계로 전환시키는 결정적 계기가 되었다. 이로 인해 지방정부와 민간기관 모두에게 정교한 행정역량이 요구되었으며, 사회복지행정의 전문화에 대한 요구도 크게 증대되었다.

(1) 지방자치제도의 전면 시행과 사회복지행정의 분권화 촉발

우리나라에서 지방자치제는 1949년 법 제정과 1952년 지방의회 구성으로 시작되었으나, 1961년 5 · 16 군사정변 이후 장기간 중단되었다. 이후 1987년 헌법 개정, 1991년 지방의회 구성, 1995년 단체장 직선제 시행을 통해 전면적인 지방자치가 본격화되었다.

지방자치제의 전면 시행은 사회복지행정의 기능과 역할에 중대한 영향을 미쳤다. 지방정부의 자율성과 책임성이 확대되면서, 사회복지서비스의 기획, 전달, 평가에 이르는 전 과정이 중앙집중형에서 분권형으로 전환되었다. 이로 인해 지역 주민의 욕구에 부응하는 정책 수립이 가능해졌고, 동시에 지방행정조직의 정책 역량과 관리 능력에 대한 요구도 증대되었다.

결과적으로, 지방자치의 확산은 사회복지행정의 전문성과 과학성 강화를 유도하였고, 지방정부 차원의 행정체계 확립을 촉진하는 계기가 되었다.

(2) 사회복지시설 평가제도 도입과 행정문화 변화

1997년 개정된 「사회복지사업법」은 사회복지시설에 대한 평가제도의 법적 근거를 마련하였다. 이에 따라 1999년 처음으로 사회복지시설 평가가 실시되었고, 이후 통상 3년 주기로 시행되어 왔다.

이 제도의 시행은 단순히 서비스의 질을 판단하는 것을 넘어 사회복지행정 체계 전반에 구조적 변화를 야기하였다. 평가 결과에 따라 재정지원이나 운영 안정성이 달라지면서, 사회복지시설들은 프로그램, 재정, 인사관리 등 행정 전반에 걸쳐 조직 역량 강화를 필수적으로 요구받게 되었다. 특히 평가 대응 과정은 사회복지시설이 단순한 서비스 제공기관에서 벗어나, 성과와 효율, 책무성을 중시하는 조직으로 전환되는 계기가 되었다. 또한 객관적인 지표에 근거한 평가는 조직의 운영상 미비점을 점검하고, 외부의 시각을 반영한 질적 개선을 촉진하는 문화를 확산시켰다.

이러한 변화는 조직의 폐쇄성 완화, 투명성 제고, 책임성 강화라는 긍정적 효과를 낳았으며, 실무자와 관리자 모두에게 성과관리 역량과 행정 전문성의 향상을 요구하는 주요 요인이 되었다. 물론 평가도구의 비타당성, 형식주의 평가에 대한 비판도 있었지만, 사회복지시설에 대한 평가제도는 성과 중심의 사회복지행정 체계로의 전환을 이끈 주요 계기로 평가된다.

(3) 사회복지공동모금회법 제정과 민간주도 행정재정 구조의 전환

기존의 정부 주도형 모금 방식의 비효율성을 개선하기 위해 1997년 「사회복지공동모금회법」이 제정되고, 1998년에는 사회복지공동모금회가 설립되었다. 이 법은 민간 중심의 복지재원 조성과 배분체계를 확립함으로써 창의성과 자율성 기반의 행정운영 환경을 조성하였다.

이 법의 제정은 사회복지행정 전반에 중대한 영향을 미쳤다. 무엇보다 민간부문이 자율적으로 복지재원을 조성하고 이를 지역의 사회복지조직에 직접 배분하는 구조는 기존의 중앙정부 중심의 행정관리 체계를 보완하고 분산된 형태의 협력적 행정운영을 촉진하였다. 특히 지역 내 사회복지조직들은 공동모금회와의 협력관계를 통해 외부 재원을 확보하게 되었으며, 이는 프로그램 설계, 재정관리, 성과 평가에 이르기까지 행정의 전략성과 책임성을 강화하는 결정적 계기가 되었다.

또한 공동모금의 시행은 사회복지기관들이 단순히 사업수행기관의 역할을 넘어서, 외부 이해관계자와의 연계와 소통을 필요로 하는 조직으로 변화하게 하였으며, 이에 따라 행정의 공공성 · 투명성 · 성과책임 원칙이 강조되었다. 특히 공동모금의 배분을 받기 위해서는 명확한 사업계획과 예산 운영 능력, 성과 평가 체계에 대한 역량을 갖추어야 했기에, 사회복지행정 실천현장에서의 전문성 요구 수준도 자연스럽게 높아졌다.

그러나 제도 시행 초기에는 몇 가지 문제점이 제기되기도 하였다. 예컨대, 배분 대상이 「사회복지사업법」 제2조에 규정된 사업에 국한되면서, 자발적 민간단체의 참여제한 문제가 지적되었다. 또한 보건복지부 장관 및 지자체장의 사업계획 승인 절차는 공동모금회의 자율성 침해 우려를 불러일으켰다. 이러한 비판은 1999년 「사회복지공동모금회법」 제정으로 제도적 보완이 이루어지는 계기가 되었다.

결과적으로, 「사회복지공동모금회법」의 제정과 공동모금회의 활동은 한국 사회복지행정의 재정구조와 운영문화를 전환시키는 중요한 계기가 되었다. 즉, 민간 중심의 제3섹터적 행정재정 구조를 정착시키는 데 기여하였으며, 사회복지조직의 전략적 사업계획, 성과기반 예산관리, 외부 커뮤니케이션 역량 강화를 촉진함으로써 사회복지행정의 전문성과 공공성 확대를 견인하였다.

(4) 사회복지시설 설치 · 운영에 대한 신고제 전환과 행정구조의 개방화

1997년 8월 「사회복지사업법」 개정으로, 기존의 허가제가 폐지되고 신고제가 도입되면서, 개인이나 일반 법인도 일정 요건을 갖추면 사회복지시설을 설치 · 운영할 수 있게 되었다. 이는 민간의 복지 참여를 제도적으로 확대하고, 사회복지시설 운영의 자율성과 접근성을 제고한 중대한 제도 변화였다.

이러한 신고제로의 전환은 사회복지서비스 시장의 실질적 개방으로 이어졌고, 다양한 민간 주체의 참여가 활성화되었다. 이로 인해 시설 간 경쟁이 촉진되면서 서비스의 질과 운영 효율성이 제고되었으며, 재원확보, 인력운영, 예산관리 등 행정관리의 전문성과 전략성이 한층 요구되는 계기가 되었다.

실제로 1990년대 후반 이후 다양한 형태의 민간 사회복지조직들이 설립되었고, 이들은 변화된 행정 환경에 대응하기 위해 현대적 조직 운영 기법과 경영관리 전략을 도입하기 시작하였다. 이러한 흐름은 단지 민간 사회복지조직의 양적인 증가에 그치지 않고, 사회복지조직 내부에서 행정의 중요성을 재인식하게 하는 계기를 제공하였으며, 결과적으로 사회복지행정에 대한 관심과 실천의 강화로 이어졌다.

3) 발전기(2000년~현재)

1997년 외환위기 이후, 우리 사회는 사회복지체계에 대한 이중적 요구에 직면하였다. 한편으로는 대규모 구조조정과 실업의 확산으로 인해 사회안전망의 확충이 시급하다는 목소리가 높아졌으며, 다른 한편에서는 신자유주의적 논리에 따라 국가의 역할을 축소하고 시장 기능을 강화해야 한다는 주장이 대두되었다. 정부는 감세정책과 고용 유연성 확대를 통해 기업 활동을 활성화하고자 하였고, 이러한 조치는 외환위기 극복에 일정 부분 기여하였다. 그러나 그 과정에서 비정규직 확대, 사회 양극화 심화 등 심각한 사회문제도 뒤따랐다.

이러한 위기 상황 속에서 우리나라의 사회복지체계는 본격적인 변화를 맞이하게 되었다. 특히 1999년 제정되어 2000년 시행된 「국민기초생활보장법」은 우리나라 사회복지행정에 있어 결정적인 전환점으로 평가된다. 이 법은 1961년부터 시행된 「생활보호법」을 폐지하고, 권리 기반의 공공부조 체계 수립을 위한 제도적 기반을 마련하였다. 무엇보다도 단순한 급여체계의 개편을 넘어, 사회복지서비스 공급주체, 전달 방식, 조직구조에 이르기까지 행정 전반에 걸쳐 구조적 변화를 수반하였다. 특히 이 과정에서 사회복지 전달체계의 전면적인 개편이 이루어졌으며, 읍 · 면 · 동 단위의 주민생활지원서비스 전달체계의 정비는 행정 실천 환경의 변화뿐 아니라, 사회복지조직의 전략성과 운영 방식에도 심대한 영향을 미쳤다.

2000년 이후 정부의 사회복지정책 기조는 민영화와 지방화를 중심으로 재편되었다. 민영화는 사회복지서비스의 공급체계를 공공 중심에서 복지혼합(welfare mix) 구조로 전환시키는 계기가 되었으며, 이에 따라 국가, 민간 비영리조직, 영리 기업, 종교 단체, 지역사회, 가족 등 다양한 주체들이 복지 공급자로서 참여하게 되었다. 이러한 다원화된 공급체계는 행정적으로 복잡한 연계와 조정 과정을 필연적으로 동반하게 되었으며, 결과적으로 사회복지행정이 담당해야 할 역할은 기존보다 훨씬 복잡하고 역동적인 방향으로 확장되었다.

이러한 구조적 전환은 사회복지서비스 제공 수체 간 이해관계의 충돌, 조직문화의 차이, 운영 방식의 불일치를 조정해야 하는 새로운 과제를 안겨 주었다. 이러한 상태를 학자들은 '다선화(多線化)'라고 명명하는데, 이는 단순히 복수의 공급주체가 존재하는 것이 아니라, 이들이 복잡한 네트워크 구조 속에서 상호 얽히고 영향력을 주고받는 상태를 의미한다. 이처럼 복잡하고 다원적인 행정 환경 속에서, 기존의 위계적이고 획일적인 행정 방식으로는 효과적인 대응이 어렵게 되었다.

따라서 2000년대 이후의 사회복지행정은 단순한 양적 팽창을 넘어, 질적 재구조화를 중심으로 변화해 왔다. 특히 다양한 조직 간의 협력 및 조정 능력, 복잡한 네트워크에 대한 이해, 전문적 실천기술의 고도화 등 더욱 확장된 역량이 사회복지행정 실천 현장에 요구되고 있다. 이는 사회복지행정이 단순한 행정절차의 수행을 넘어, 정책조정, 이해관계 조율, 실천 전략 설계 등의 다기능적 수행 주체로 진화하고 있음을 보여 주는 단면이라 할 수 있다.

(1) 민영화

사회복지서비스의 민영화란 전통적으로 공공재 혹은 준공공재로 간주되어 온 사회복지서비스를 민간 영리기업이 제공할 수 있도록 허용한 정책적 전환을 의미한다. 제도적 출발점은 1997년 「사회복지사업법」 개정으로, 사회복지시설의 설치 기준이 허가제에서 신고제로 전환되면서 영리기업의 참여가 가능해졌다.

특히 2007년 도입된 사회서비스 바우처 제도와 2008년 노인장기요양보험은 민영화 흐름을 제도적으로 가속화시켰다. 바우처 제도는 수요자에게 이용권을 지급하고, 이들이 공급기관을 선택하도록 하는 방식으로 운영된다. 이 제도는 보육 · 노인돌봄 · 장애인 지원 등 다양한 영역으로 확대되며, 민간기업의 참여와 서비스 간 경쟁을 촉진하는 기반이 되었다.

이러한 구조는 공급기관 간 경쟁을 유도함으로써 서비스 질 향상에 대한 기대를 높였으나, 동시에 사회복지서비스가 시장 논리에 종속될 수 있다는 우려도 함께 제기되었다. 그럼에도 불구하고 민영화는 사회복지행정의 환경을 변화시켰으며, 조정 능력 · 계약 관리 · 품질평가 등 새로운 행정 역량의 필요성을 부각시키는 계기가 되었다.

(2) 지방화

지방화는 중앙정부의 권한과 기능을 지방정부에 이양하는 것으로, 지방분권화와 유사한 개념이다. 사회복지 분야에서의 지방화는 단순한 권한과 기능 이전을 넘어, 지역사회를 중심으로 한 서비스 전달체계의 재편을 의미한다. 이는 민간과 시민사회 주체가 참여하는 통합적 지역복지를 지향한다.

2000년 이후 추진된 사회복지 분야 지방화의 주요 조치로는 복지사업의 지방이양 및 재정분권, 지역사회복지계획의 수립 및 지역사회복지협의체 설립 · 운영 등을 들 수 있다. 특히 재정과 관련된 지방이양은 단순한 자원의 이동을 넘어서, 사회복지행정의 구조와 운영 방식을 본질적으로 전환시키는 계기가 되었다.

① 복지사업의 지방이양 및 재정분권

노무현 정부는 2003년 정부혁신지방분권위원회를 통해 '지방분권 로드맵'을 마련하고 국고보조사업의 지방이양을 추진하였다. 이는 중앙정부 중심의 경직성과 지방정부에 대한 통제성, 그리고 지방의 재정 자율성 부족을 개선하려는 시도였다(구인회 외, 2009). 그 결과, 2005년 보건복지부 소관 국고보조사업 중 상당수가 지방에 이양되었고, 지방으로 이전된 복지사업에 대해서는 분권교부세를 통해 한시적으로 재정을 지원한 후, 2015년부터는 일부 사업을 제외한 대부분이 보통교부세로 전환되었다. 이러한 조치는 지방의 자율성과 책임성을 확대해 지역맞춤형 복지정책 수립을 가능케 했으며, 제도적 다양성도 촉진했다는 긍정적인 효과가 분명히 있었다.

그러나 이러한 지방분권화 조치는 동시에 여러 문제점을 야기하였다. 첫째, 사회복지에 대한 국가의 책임성이 약화되면서, 사회복지서비스의 전반적 공급 수준 저하와 지역 간 격차 확대 가능성이 커졌다. 둘째, 지방자치단체 간 재정자립도의 격차는 사회복지서비스의 질적 불균형으로 이어졌다. 셋째, 분권교부세 역시 한계가 존재하였다. 즉, 사회복지 수요의 증대 가능성과 무관하게 내국세의 0.83%로 한정된 교부 기준[3]은 지방정부의 장기적 재정 부담을 가중시켰다. 게다가 국고보조금 총액 자체는 오히려 증가하면서, 지방정부의 재정 의존도는 높아지고 자율

더 알아보기 2-1 **분권교부세**

노무현 정부는 당시 지방 이전 재원의 20% 이상을 차지하며 매년 증가하고 있던 국고보조금이 지방재정의 자율성을 심각하게 저해하고 있다고 판단하였다. 이에 일부 보조사업을 지방에 이양하며 재정 보전을 위해 2005년 분권교부세를 도입하였다. 당초 2009년까지 한시적으로 운영한 후 보통교부세로 통합할 계획이었으나, 협의 지연으로 「지방교부세법」 개정을 통해 2014년까지 연장되었고, 2015년부터 보통교부세에 통합되었다.

분권교부세는 목적이 지정된 보조금이 아닌 일반재원으로, 보통교부세와 유사하나 별도 운영되었다. 이는 서울특별시처럼 보통교부세를 받지 않는 불교부단체에도 재원을 교부할 필요가 있었기 때문이다. 만약 이양사업 재원이 보통교부세에 통합되면, 재정력이 높은 자치단체는 지원 대상에서 제외되어 이양사업 추진을 기피할 우려가 있었다. 따라서 분권교부세는 제도 개편의 부작용을 완충하고, 모든 자치단체가 안정적으로 이양사업을 수행할 수 있도록 한 장치였다.

3 분권교부세를 일부 충당하기로 하였던 담배소비세가 예상보다 적게 징수됨으로써 재원부족 현상이 심화되었으며, 2006년부터는 분권교부세율을 0.83%에서 0.94%로 상향조정했으나 지방자치단체의 재원부족 문제를 해결하기에는 역부족이었다.

더 알아보기 2-2 **국고보조금 vs. 지방교부세 vs. 보통교부세 vs. 특별교부세**

지방자치단체는 원칙적으로 각종 사무와 사업 수행에 필요한 재원을 자주재원으로 충당하는 것이 바람직하다. 자주재원이란 지방세(예: 자동차세, 재산세, 주민세, 등록면허세 등)와 세외수입(예: 사용료, 임대료, 과징금 등)처럼 지방자치단체가 자체적으로 확보할 수 있는 수입을 말한다. 그러나 지역 간 경제력 격차로 세원이 편중되어 있어 재정조달 능력에 불균형이 존재한다. 이러한 격차는 조세부담과 공공서비스 수준의 지역 간 차이를 초래할 수 있으므로, 중앙정부는 조세수입의 일부를 지방에 이전하여 재정 형평성을 보완한다. 이때 활용되는 재정지원 방식이 국고보조금과 지방교부세이며, 이들은 지방정부의 의존재원에 해당한다.

국고보조금은 중앙정부가 정책이나 사업을 지정해 지방정부가 수행하도록 하고, 그 경비를 조건부로 지원하는 방식이다. 기초연금, 노인일자리, 장애인 지원 등 우선 추진이 필요한 사업이 여기에 포함되며, 용도는 엄격히 제한된다.

한편, 지방교부세는 내국세의 일정 비율(19.24%)을 재정력이 부족한 지방정부에 이전하는 일반재원으로, 용도 제한 없이 자율적으로 운영할 수 있다. 지방교부세는 보통교부세와 특별교부세로 구분된다, 보통교부세는 수입이 수요에 못 미치는 지자체에 자농 교부되는 일반재원으로, 사치단체의 재정 여건에 따라 배분되며, 용도 제한이 없다. 반면, 특별교부세는 자연재해나 긴급 사업 등 특정 필요에 따라 행정안전부 장관의 재량으로 교부되는 예외적 지원금이다.

성은 오히려 약화되는 역설적 현상도 발생하였다(정홍원 외, 2019).

② 지역사회복지계획의 수립 및 지역사회복지협의체 설치 · 운영

2003년 「사회복지사업법」 개정으로, 지방자치단체는 4년마다 '지역사회복지계획'을 수립해야 하며, 이에 따라 2007년부터 제1기 계획이 시행되었다. 이 계획은 주민의 복지욕구와 지역자원을 반영하여 지역 맞춤형 서비스 체계를 수립하기 위한 전략적 틀이다.

정부는 지역사회복지계획의 실효성을 높이기 위해 2005년부터 민관 협치구조를 제도화하는 방안으로 '지역사회복지협의체'를 도입하였다. 이 협의체는 시 · 도 및 시 · 군 · 구 단위에서 설치 · 운영되어, 지역사회 내 주요 사회복지사업에 대한 심의 및 자문, 건의 기능을 수행하며, 공공과 민간 부문이 함께 참여하는 협력적 구조를 통해 사회복지서비스의 연계성과 효율성 제고를 도모하는 기구이다. 이 협의체는 주민 중심의 복지를 실현하는 대표적 지역사회 거버넌스 기제로 평가되며, 전달체계의 현장성과 참여성을 높이는 데 기여하고 있다(심재호, 2005).

이후 2014년 12월에 제정되어 2015년 7월 1일부터 시행된 「사회보장급여의 이용 · 제공 및 수급권자 발굴에 관한 법률」에 따라 기존의 지역사회복지계획은 '지역사회보장계획'으로, 지역사회복지협의체는 '지역사회보장협의체'로 전환되었다. 이는 단순한 명칭의 변경 차원을 넘어, 사회복지뿐 아니라 보건, 주거, 고용 등 복지 영역 전반의 연계를 강화하고, 복지대상자 발굴과 사각지대 해소를 위한 민관 거버넌스를 제도화한 것이다.

그러나 이 제도는 여전히 몇 가지 한계를 안고 있다. 첫째, 공공과 민간 간에 실질적인 파트너십이 작동되고 있는지에 대한 의문이 제기된다. 둘째, 협의체가 심의 기능에 그치고 의결권이 없다는 구조적 한계 역시 문제로 지적된다. 이러한 요소들은 향후 실행력 확보와 참여적 거버넌스 실현에 장애가 될 수 있다.

(3) 서비스 전달체계 개편

2000년대 이후 한국 사회복지행정은 민영화, 지방화, 공급 주체의 다원화를 넘어, 전달체계 전반에 걸쳐 구조 개편을 겪었다. 중앙정부와 지방정부는 수요자 중심의 맞춤형 복지 실현, 사각지대 해소, 공공성 강화를 목표로 서비스 전달 방식의 근본적 전환을 추진하였다. 이러한 변화는 주민생활지원서비스 전달체계 개편, 희망복지 전달체계 및 사회복지통합관리망(행복e음) 구축, 읍 · 면 · 동 복지허브화, 주민자치형 공공서비스로의 전환, 사회서비스원 설립 등을 통해 구체화되었다.

① 주민생활지원서비스 전달체계 개편

2000년대 중반까지 주민은 다양한 복지욕구 해결을 위해 시 · 군 · 구청 내 여러 부서를 각각 방문해야 했다. 예를 들어, 한 기초생활수급자가 생활지원금, 보육, 구직 정보를 얻으려면 사회복지과, 여성복지과, 지역경제과 등을 모두 찾아야 하였다.

이 문제를 해결하기 위해 2006년부터 행정자치부는 3차에 걸쳐 서비스 전달체계를 개편하였다. 이에 따라 전국 234개 시 · 군 · 구와 3,500여 개 읍 · 면 · 동 행정조직이 복지, 고용, 주거, 건강 등 다양한 기능을 단일 부서로 통합한 '원스톱 서비스' 체계로 재편되었다.

이는 행정 접근성을 크게 개선한 성과였으나, 기획팀에 전문직을 배치하지 않아 기획 기능이 제한적일 수밖에 없었고, 읍 · 면 · 동의 전문직 비중 감소로 제대로 된 사례관리가 어려운 한계도 드러났다.

② 희망복지 전달체계 및 사회복지통합관리망(행복e음) 구축

정부는 복지 사각지대 해소와 통합사례관리 강화를 위해 2010년부터 일부 시 · 군 · 구에 '희망복지지원단'을 설치하였다. 이는 공공과 민간이 협력해 복지대상자를 발굴하고, 수요자 중심의 맞춤형 복지서비스를 제공하기 위한 시도였다. 2012년에는 희망복지지원단이 전국 시·군·구로 확대되며, 제도화된 운영체계로 정착하기 시작하였다.

또한 이를 뒷받침하기 위해 2010년 당시 시·군·구별 업무지원시스템이었던 '새올행정시스템(주민, 지적, 재정, 세정, 복지 등 31개 업무 지원시스템)' 중 복지 분야를 따로 분리하여 '사회복지통합관리망(행복e음)'이라는 정보시스템을 중앙에 구축하였다. 2013년 2월에는 이를 부처 간 정보를 아우르는 '사회보장정보시스템'[4]으로 확대 개편하였다. 일반적으로 사회복지통합관리망 구축과 희망복지지원단 활동을 통한 서비스 전달체계를 총칭하여 '희망복지 전달체계'라 일컫는다.

희망복지지원단은 복합 욕구를 가진 대상자에게 통합사례관리를 제공하고, 지역 자원을 연계하여 통합서비스를 총괄하는 중추적 역할을 수행하였다. 그러나 기존 주민생활 지원체계에 비해 공공의 역할 변화가 뚜렷하지 않다는 점, 효과적인 사례관리가 이루어졌는지에 대한 의문, 사회복지통합관리망이 수요자보다 공급자 중심이라는 비판도 제기되었다.

③ 읍·면·동 복지허브화

2016년 행정자치부와 보건복지부는 주민의 복지 체감도 제고를 위해 '읍면동 복지허브화'를 추진하고, 기존 읍·면·동 주민센터를 '행정복지센터'로 개칭하였다. 이에 따라 기초생활보장 신청, 노인수당, 장애인 등록 등 기존 민원업무 외에, 복지상담·사례관리·자원연계·방문 서비스 등 강화된 복지 기능을 수행하게 되었다.

이 정책의 핵심은 찾아오는 민원 중심에서 벗어나, 복지 사각지대 발굴, 찾아가는 상담, 맞춤형 서비스 제공, 민관 협력 기반의 통합사례관리로 복지 전달을 전환하는 것이었다.

그러나 실행 과정에서는 행정직과 복지직 간 역할 갈등, 전문 인력 부족, 민관 연계 조정 미흡, 관주도형 네트워크에 따른 민간 자율성 제한 등 여러 실천적 한계가 드러났다.

4 사회보장정보시스템은 편리한 복지서비스 제공과 효율적인 서비스 전달체계 마련을 위해 부처별로 분산되어 있는 복지정보의 통합관리를 목적으로 구축된 시스템으로 기존의 사회복지통합관리망을 보건복지부 외 타 부처의 사업까지 확대 개편한 것이다. 사회보장정보시스템은 기존 사회복지통합관리망(행복e음)을 확대한 사회보장정보시스템(행복e음)과 모든 정부 부처 및 정보 보유 기관에서 제공하고 있는 복지사업 정보와 지원 대상자의 자격 정보, 수급 이력 정보를 통합하여 관리하는 사회보장정보시스템(범정부)으로 구성되어 있다.

④ 주민자치형 공공서비스로의 전환

2017년 이후 정부는 주민 주도의 복지자치 실현을 목표로 '주민자치형 공공서비스' 사업을 추진하였다. 이는 '읍면동 복지허브화'를 확장한 형태로, 복지문제 해결에 있어 주민의 주체적 참여를 강조한 점이 핵심이다. 즉, 찾아가는 보건복지서비스를 중심으로 건강 · 복지 · 자치 기능을 통합한 생활밀착형 공공서비스 플랫폼을 읍 · 면 · 동 행정복지센터를 통해 구현하고자 하였다.

이 사업은 행정 중심 체계에서 주민 중심 복지자치 구조로의 전환을 모색한 시도로 평가된다. 주민이 마을 단위에서 복지 의제를 설정하고 해결 과정에 직접 참여함으로써 공동체 기반의 상호 돌봄과 자율적 참여 문화를 회복하려 하였다.

또한 센터의 인력 및 기능을 확충하고, 행정기관 내 부서 간 수평적 협업, 민관 연계체계, 마을 복지계획 수립 · 시행 · 평가 과정을 통합하여 서비스의 중복과 누락을 방지하고자 하였다. 이러한 노력의 결과, 주민자치형 공공서비스는 지역사회 기반 포괄적 돌봄의 실천모델로 자리매김하고 있다.

⑤ 사회서비스원 설립

사회서비스원은 2019년부터 복지서비스의 공공성과 노동 환경 개선을 목표로 설립된 공공기관으로, 요양보호사, 장애인 활동보조인, 보육교사 등 사회서비스 인력을 국가가 직접 고용함으로써 서비스 품질과 종사자 처우를 함께 개선하고자 하였다.

이러한 목적 아래 사회서비스원은 전국적으로 확산되며 제도적 기반을 넓혀 왔다. 2025년 3월 기준, 사회서비스원은 전국 16개 시 · 도에 설치되어 지역 돌봄서비스의 공공적 기반을 구축하고, 민간 제공기관을 보완하는 역할을 수행하고 있다.

그러나 윤석열 정부는 사회서비스 분야의 경쟁성과 효율성을 강조하며 민간 중심 공급체계를 강화하였다. 이에 따라 2024년도 예산안에서는 사회서비스원에 책정된 국고 보조금 148억 원 전액이 삭감되었고, 중앙정부의 재정지원은 중단되었다. 이로 인해 기존의 국가-지자체 공동 부담 구조가 무너지고, 운영비와 인건비 전액을 지자체가 책임지게 되면서 사회서비스원은 제도 존립의 위기에 직면해 있다.

제 3 장

사회복지행정의 이론과 조직관리기법

사회복지행정은 복잡하고 역동적인 사회복지조직의 운영을 다루는 영역으로, 서비스의 기획, 전달, 활용, 평가 등 다양한 기능을 효과적으로 수행하기 위해서는 이론적 기반이 반드시 요구된다. 본 장에서는 앞서 다룬 사회복지행정의 실천적 맥락을 바탕으로, 행정 활동이 수행되는 조직이라는 구조적 틀을 중심으로 관련 이론들을 조망하고자 한다.

사회복지행정이 적용되는 주요 대상은 사회복지조직이므로, 본 장에서 다룰 이론의 중심축은 조직이론이다. 조직이론은 조직의 구조와 작동 원리, 구성원의 동기와 행태, 외부 환경과의 상호작용 등을 설명하며, 이를 통해 조직 내 행정 활동의 타당성과 효과성을 이해할 수 있는 틀을 제공한다. 조직을 완벽히 설명할 수 있는 단일한 통합이론은 존재하지 않지만, 각 이론은 특정 측면에서 조직을 분석하는 도구로 기능하며, 특히 관리자가 어떤 이론을 채택하느냐에 따라 조직 설계, 인적자원관리, 운영 전략이 달라질 수 있다. 이에 본 장에서는 조직이론을 고전 · 신고전 · 현대 이론으로 구분하여, 그 핵심 관점과 사회복지행정에서의 함의를 고찰하고자 한다.

1. 조직이론의 분류와 이론적 관점

1) 조직이론의 시대별 분류

조직이론은 시대적 흐름에 따라 인간관과 조직관, 환경에 대한 이해가 변화해 왔다. 이와 관련하여 왈도(Waldo, 1948)는 『The Administrative State』에서 조직과 행정이론의 전개를 고전적 접근, 신고전적 접근, 현대적 접근으로 구분하는 틀을 제시하였다. 이러한 구분은 이후 학계에서 고전 조직이론, 신고전 조직이론, 현대 조직이론의 흐름으로 정리되어 널리 사용되고 있다.

첫째, 고전 조직이론은 1900년대 초부터 1930년대까지 전개된 이론으로, 과학적 관리론, 행정관리론, 관료제이론 등이 포함된다. 이들은 조직을 폐쇄체계로 간주하고, 인간을 합리적이고 경제적 동기에 의해 움직이는 존재로 인식하며, 구조와 능률을 중시하였다. 그러나 인간의 감정, 동기, 사회적 관계 등은 고려되지 않아 조직 내 실제 행동을 설명하는 데 한계가 있었다.

둘째, 신고전 조직이론은 1930년대부터 1950년대까지의 이론으로, 인간관계론 등이 포함된다. 1930년대 호손 연구를 계기로 인간의 정서적 요인과 비공식적 관계가 조직 성과에 미치는 영향이 주목받았으며, 이러한 배경 속에서 신고전 조직이론은 인간을 사회적 존재로 이해하고, 조직 내 상호작용과 참여의 중요성을 강조하였다. 다만, 이 역시 조직의 외부 환경이나 구조적 요소에 대한 분석은 부족하다는 한계가 있었다.

셋째, 현대 조직이론은 1950년대 이후 등장한 체계이론, 상황이론, 자원의존이론 등으로, 조직을 환경과 상호작용하는 개방체계로 보고 복잡한 가치, 목표, 환경 간의 상호작용을 중시한다. 제2차 세계대전 이후 사회 · 기술 · 경제 환경이 급변하고 조직이 복잡해지면서, 현대 조직이론은 조직을 고정된 구조가 아닌 유기적이고 적응적인 존재로 이해하려는 시각을 제시하였다.

요약하면, 고전 조직이론은 구조와 효율성을 중시한 폐쇄체계적 접근, 신고전 조직이론은 인간 중심의 참여와 관계를 강조한 폐쇄체계적 접근, 현대 조직이론은 환경과의 상호작용을 강조하는 개방체계적 접근으로 정리된다. 이와 같은 구분은 조직이론의 역사적 흐름과 이론 간 관점 변화를 이해하는 데 유용한 틀을 제공한다.

2) 하젠펠트(Hasenfeld)의 조직이론 분류

하젠펠트(Hasenfeld, 1992)는 휴먼서비스 조직을 이해하기 위해 두 가지 분석 차원을 제시하였다. 첫째는 조직과 외부 환경 간 체계적 관계, 즉 체계적 개방성이며, 둘째는 조직이 자율적으로 구조와 방향을 설정할 수 있는 운명 결정력 수준이다.

첫 번째 차원에 따라 조직은 폐쇄체계(closed system) 또는 개방체계(open system)로 구분된다. 폐쇄체계는 조직을 외부로부터 상대적으로 독립된 구조로 보고 내부의 규칙과 절차에 따라 작동한다고 보며, 안정성과 통제를 중시한다. 반면, 개방체계는 조직을 외부 환경과 지속적으로 상호작용하며 변화에 적응하고 구조를 조정할 수 있는 유기체로 본다.

두 번째 차원은 조직이 스스로 목표나 구조를 자율적으로 결정할 수 있는 수준으로, 하젠펠트는 이를 기준으로 조직을 주도적(proactive), 적응적(adaptive), 수동적(passive) 유형으로 구분하였다. 주도적 유형은 조직이 외부 환경에 영향을 미치고 자신의 구조를 능동적으로 설계하는 특성을 가지며, 적응적 유형은 조직이 환경 변화에 유연하게 반응하면서 내부를 조정한다. 반면, 수동적 유형은 조직이 환경에 의해 구조와 기능이 수동적으로 결정되는 특성을 지닌다.

이러한 두 차원을 조합하여 주요 조직이론을 〈표 3-1〉에서 보는 바와 같이 유형화할 수 있다. 과학적 관리론과 관료제이론은 조직을 폐쇄체계로 간주하고, 내부 규칙과 구조를 중심으로 조직의 효율성을 추구하지만, 외부 환경과의 상호작용이나 구조적 자율성을 고려하지 않기 때문에 '폐쇄체계-수동적' 유형에 가깝다. 한편, 인간관계론은 외부 환경보다는 조직 구성원 간의 상호작용에 초점을 두며, 조직이 구성원의 반응에 따라 유연하게 운영된다는 점에서 '폐쇄체계-적응적' 유형으로 분류된다. 이에 반해 전략적 선택이론은 조직을 외부 환경과 지속적으로 상호작용하는 개방체계로 간주하며, 환경에 종속되지 않고, 경영자의 선택에 따라 조직구조가 형성될 수 있다고 보기 때문에 '개방체계-주도적' 유형에 해당한다. 이와 달리, 체계이론은 조직이 피드백을 통해 구조 등을 수정하고 환경 변화에 적응해야 생존할 수 있다고 보는 점에서, 환경에 개방적이면서도 자율성은 제한되는 '개방체계-적응적' 유형에 속한다. 하지만 조직군생태학이론과 제도이론은 조직의 구조와 존속이 환경의 제약 조건이나 제도적 규범에 의해

표 3-1 조직이론 분류

구분		조직의 환경과의 상호작용 방식	
		폐쇄체계	개방체계
조직의 운명 결정 수준	주도적		전략적 선택이론
	적응적	인간관계론	체계이론
	수동적	합리합법모형 (과학적 관리론, 관료제이론)	조직군생태학이론, 제도이론

결정된다고 전제하기 때문에, 조직의 자율성이 낮고 외부 영향에 수동적으로 반응하는 '개방체계-수동적' 유형으로 분류된다.

3) 스콧(Scott)의 조직이론 분류

스콧(Scott, 2003)은 조직을 이해하는 이론적 관점을 합리체계 관점(rational system perspective), 자연체계 관점(natural system perspective), 개방체계 관점(open system perspective)의 세 가지로 제시하였다. 또한 그는 이러한 세 가지의 이론적 관점을 조직의 목적, 조직구조, 조직과 환경 간의 관계라는 세 차원을 통해 구분하였다. 첫째, 조직의 목적 차원에서는 조직이 추구하는 목적이 구체적이고 수단지향적인지, 아니면 생존이나 통합과 같이 내부지향적인지를 구분 기준으로 삼는다. 둘째, 조직구조 차원에서는 공식적·형식화된 구조를 중심으로 작동하는지, 아니면 비공식적 규범과 인간관계에 의해 작동하는 구조인지를 구분 기준으로 삼는다. 셋째, 조직과 환경 간의 관계는 조직을 폐쇄체계로 보는지, 아니면 개방체계로 보는지를 기준으로 한다.

우선, 합리체계 관점은 조직을 명확한 목표 달성을 위해 효율적으로 작동하는 수단으로 보며, 공식적 구조와 위계적 통제를 중시한다. 목표 달성에 적합한 조직구조의 합리적 설계를 강조하며, 계획과 위계구조를 통해 운영된다.

반면, 자연체계 관점은 조직을 구성원의 통합과 생존을 중시하는 공동체로 보고, 인간관계와 조직문화, 내부 결속 같은 요소를 강조한다. 조직은 사회적 유기체로 간주되며, 구성원의 일체감이 중요시된다.

한편, 개방체계 관점은 조직을 외부 환경과 상호작용하는 유기체로 본다. 조직은 환경으로부터 자원과 정보를 받아들이고 내부를 조정하며, 변화와 피드백에 유연하게 대응하는 구조를 지닌다.

스콧의 이러한 세 관점은 후속 연구자들에 의해 폐쇄-합리적, 폐쇄-자연적, 개방-합리적, 개방-자연적 이론으로 세분화되었다.

(1) 폐쇄-합리적 (조직)이론

폐쇄-합리적 이론은 1900년대 초부터 1930년대까지 발전한 조직이론으로, 산업 자본주의 초기 단계에서 기업 경영자들의 관심이 생산성과 능률의 극대화에 집중되던 시기에 등장하였다. 이 이론은 조직을 외부 환경과 단절된 폐쇄체계로 전제하고, 조직 구성원인 인간을 합리적으로 사고하고 행동하는 존재로 간주한다.

이 관점에서 조직은 명확하고 일관된 목표를 지니며, 조직 구조와 운영 절차는 그 목표를 최대한 효율적으로 달성하도록 합리적으로 설계되어야 한다고 본다. 따라서 조직은 하나의 기계적 구조로 이해되며, 구성원은 각 기능을 수행하는 부속품처럼 취급된다.

이러한 조직이론은 흔히 기계적 모형(machine model)으로 불리며, 대표적인 이론으로는 테일러(Taylor)의 과학적 관리론, 귤릭(Luther Gulick)과 어윅(Urwick)의 행정관리론, 베버(Max Weber)의 관료제이론 등이 있다. 이들은 모두 소위 고전적 조직이론에 해당한다.

(2) 폐쇄–자연적 (조직)이론

폐쇄–자연적 이론은 1930년대부터 1960년대까지 전개된 이론으로, 고전적 조직이론이 인간을 비인격적이고 수동적인 존재로 다루었다는 한계에 대한 비판적 반성에서 출발하였다. 특히 호손 연구(Hawthorne Studies) 이후 조직 내 인간의 사회적 · 심리적 측면에 대한 관심이 급증하면서 나타난 변화의 산물이다.

이 이론 역시 조직을 환경과 단절된 폐쇄체계로 간주하지만, 인간에 대해서는 단순히 합리적인 존재가 아니라, 다양한 욕구와 감정을 가진 사회적 존재로 본다. 폐쇄–자연적 조직이론은 이처럼 조직을 자율성과 감수성을 지닌 인간들 간의 사회적 관계망으로 이해한다. 따라서 조직은 공식 구조만으로 작동하지 않으며, 구성원 간의 비공식적 상호작용, 집단 분위기, 소속감 등이 조직 운영에 결정적인 영향을 미친다고 본다.

대표적인 이론으로는 인간관계론(human relations theory), 맥그리거(McGregor)의 XY이론을 포함한 행동과학이론이 있으며, 이들은 모두 신고전적 조직이론으로 분류된다.

(3) 개방–합리적 (조직)이론

개방–합리적 이론은 1960~1970년대에 소비자의 욕구 다양화, 기술 변화, 그리고 국제적 경쟁 심화와 같은 환경 변화에 대한 전략적 대응 필요성을 반영하며 등장하였다.

이 이론은 조직을 외부 환경과 상호작용하는 개방체계로 간주하면서도, 조직 운영의 원리는 공식적 목표 달성과 효율적 수단 선택이라는 합리적 기준에 따라 움직인다고 전제한다.

대표적인 이론으로는 체계이론(system theory)과 상황이론(contingency theory), 특히 그 하위 이론인 구조적 상황이론(structural contingency theory)이 있다. 이들은 조직의 성과나 적합성은 외부 조건에 따라 달라지며, 그 조건에 맞는 적합한 구조를 선택할 때 조직이 가장 효과적으로 기능할 수 있다고 본다.

(4) 개방-자연적 (조직)이론

개방-자연적 이론은 1970년대 이후 등장한 이론으로, 조직을 외부 환경과 지속적으로 상호작용하는 개방체계로 이해하면서, 구성원의 행위가 공식 규칙이나 목표만으로는 설명되지 않는 복잡하고 비합리적인 동기에 의해서도 형성된다고 본다.

이 접근은 조직을 단순히 목표 달성을 위한 합리적 장치가 아니라, 비공식적 관계, 조직문화, 제도적 규범, 상징체계 등 다양한 사회적·심리적 요소에 의해 영향을 받는 유기적 집합체라고 본다. 또한 조직의 궁극적 목적은 명확한 목표 달성보다는 환경 속에서의 생존과 정당성 유지에 있다는 점을 강조한다. 따라서 이 관점에서 조직은 예측 가능하고 통제 가능한 시스템이 아니라, 복잡하고 진화하는 생태적 존재로 간주된다.

대표적인 이론으로는 조직군생태학이론, 자원의존이론, 신제도이론, 학습조직이론 등이 있으며, 이들은 조직이 외부 압력과 환경 변화에 적응하고, 문화적 의미와 학습을 통해 변화해 가는 존재임을 설명한다.

2. 고전 조직이론: 과학성과 합리성의 추구

과학적 관리론, 관료제이론 등 고전 조직이론(이하 고전이론)은 산업화 초기에 형성된 공장제 조직과 관료조직의 특성을 반영하며, 조직을 명확한 구조와 규칙을 갖춘 형식적 체계로 간주한다. 이들은 모두 폐쇄-합리적 조직이론에 해당하며, 조직을 주어진 목적을 가장 효율적으로 달성하기 위한 수단으로 보고, 관리자 중심의 통제와 공식화된 절차, 계층적 구조의 중요성을 강조한다.

고전이론은 효율성 극대화를 위한 구조화된 권한체계와 절차적 통제를 핵심 관리 기제로 보며, 인간은 경제적 동기에 따라 계획되고 통제된 작업을 수행하는 존재로 이해된다. 따라서 조직의 안정성과 예측 가능성이 중시되며, 감정이나 비공식적 상호작용은 분석의 주요 대상이 아니다(Shafritz, Ott, & Jang, 2016).

1) 과학적 관리론(Scientific Management Theory)

과학적 관리론은 테일러(Frederick W. Taylor, 1911)가 제안한 이론으로, 작업 효율성을 극대화하기 위해 과학적 방법을 적용하여 업무를 분석하고 표준화하는 것을 핵심으로 한다. 테일러는 시간 및 동작 연구(time and motion study)를 통해 비효율을 제거하고 표준 절차를 마련함으로써 생산성과 성과 평가의 객관성을 높이고자 하였다.

테일러는 이러한 과학적 관리의 원칙으로, 작업에 대한 과학적 방법의 개발, 근로자의 과학적 선발과 훈련, 관리자와 근로자 간의 협력, 관리와 작업의 책임 분담을 제시했으며, 이를 통해 조직의 효율성과 생산성을 극대화하고자 하였다. 다만, 여기서 관리자와 근로자 간의 협력이란 권한과 책임이 명확히 분리된 위계구조하에서의 협력, 즉 쌍방향적 소통 기반의 민주적이고 수평적인 협력이 아니라, 관리자가 설계한 표준화된 절차에 근로자가 순응하는 방식의 일방향적 협조를 의미한다(Wren & Bedeian, 2009).

과학적 관리론은 다음과 같은 시각을 견지한다.

첫째, 조직은 기계적 시스템이며, 구성원은 그 부속품으로 간주된다. 직무는 관리자가 표준화하고, 근로자는 이에 맞게 선발・훈련된다. 둘째, 인간은 경제적 보상을 추구하는 존재로 이해되며, 사회적・심리적 요인은 고려 대상이 아니다. 셋째, 조직과 개인은 모두 경제적 이익을 추구한다고 전제하며, 따라서 갈등은 발생하지 않는다고 본다. 넷째, 관리자는 계획과 통제를 담당하고, 근로자는 주어진 작업을 수동적으로 수행하는 존재로 인식되며, 위계에 기반한 통제가 가장 효과적이라고 본다.

과학적 관리론은 산업화 초기 대규모 생산조직의 효율성 향상에 기여하였으나, 이를 현대 조직, 특히 사회복지조직에 적용하기에는 다음과 같은 한계가 존재한다.

첫째, 근로자를 기계처럼 간주하여 자율성과 창의성을 억제하고, 사회적・심리적 욕구를 무시한다. 따라서 단순 반복노동에 적합한 과학적 관리론은 심리사회적 역량이 중요한 사회복지 현장에는 적용하기 어렵다.

둘째, 조직을 폐쇄체계로 전제하여 외부 다양한 이해관계자와의 상호작용을 간과한다. 그러나 사회복지조직은 다양한 이해관계자와의 협력과 환경 적응이 필수적이다.

셋째, 구성원 간의 갈등이나 다양한 동기를 무시한 채 경제적 보상만으로 동기부여가 가능하다고 보는 시각은 현실과 괴리가 있다. 실제로 사회복지조직의 구성원은 금전적 보상 외에도 사회적 가치 실현, 직업적 만족감, 공동체 기여 등 다양한 비금전적 요인에 의해 동기화된다.

2) 관료제이론(Bureaucratic Theory)

관료제(bureaucracy)는 현대 대규모 조직, 특히 정부조직을 설명하는 대표적 조직 형태로, 계층적 구조와 합리적・법적 지배가 제도화된 체계를 의미한다. 관료제의 개념을 정립한 독일의 사회학자 막스 베버(Max Weber)는 권위의 정당성 유형에 따라 세 가지 지배 형태를 구분하였다. 즉, 권위는 카리스마적 권위, 전통적 권위, 합리적-법적 권위로 나뉘며, 각 권위는 그에 상응하는 지배 방식, 즉 카리스마적 지배, 전통적 지배, 합리적-법적 지배를 각각 형성한다(Weber, 1978).

카리스마적 권위는 개인의 특별한 자질과 매력에 근거하며, 비이성적 신뢰에 의해 성립된다. 반면, 전통적 권위는 관습과 전통에 기반한 권위로, 군주제 같은 제도에서 흔히 나타난다. 이에 비해 합리적-법적 권위는 성문화된 규칙과 절차에 따라 정당화되며, 지배자와 피지배자 간 관계가 법적으로 규정되는 것이 특징이다. 이는 현대 조직에서 가장 보편적인 지배 형태이며, 베버는 이를 근대 관료제의 핵심 기반으로 보았다.

베버는 관료제를 법적 합리성에 기반한 지배 질서로 이해하고, 근대 사회에서 가장 효율적인 조직 운영 방식으로 간주하였다. 과학적 관리론이 생산기술과 경제적 보상에 집중한 반면, 관료제이론은 인간의 감정보다는 합리적 구조와 절차의 정당성을 중심으로 조직을 설명한다는 점에서 구별된다.

관료제는 다음과 같은 주요 특성을 갖는다.

첫째, 성문화된 규칙에 따른 지배를 특징으로 한다. 관료제는 합법적으로 제정된 법규에 따라 운영되며, 구성원들은 그 규칙에 따라 행동한다. 둘째, 계층제적 권한구조를 특징으로 한다. 관료제에서는 권한과 책임이 직위에 따라 위계적으로 분화되고, 상급자는 하급자에게 지시와 통제를 행사한다. 셋째, 전문성에 기반한 분업을 특징으로 한다. 관료제에서 직무는 고도로 전문화되어 있고, 구성원은 자격과 능력에 따라 선발되어 분업화된 업무를 수행한다. 넷째, 공사 구별을 위한 비정의성을 특징으로 한다. 관료제는 사적 감정이나 친분이 개입되지 않도록 구성원 간 관계는 비정의성(非情誼性)을 기반으로 하며, 이는 공정성과 객관성을 담보한다. 다섯째, 문서주의를 특징으로 한다. 관료제에서 직무 수행은 구두가 아닌 문서를 통해 이루어지며, 기록과 책임의 명확성이 보장된다. 여섯째, 업무 절차의 표준화를 특징으로 한다. 관료제는 업무 절차의 표준화와 규정화를 통해 조직의 안정성과 지속성, 예측 가능성을 확보하려 한다(Scott, 2003).

베버는 이러한 관료제의 특성이 결합될 때, 가장 효율적이고 합리적인 조직 운영이 가능하다고 보았다. 관료제는 다음과 같은 순기능을 가진다.

첫째, 성문화된 법규와 표준화된 절차는 조직의 예측 가능성과 일관성을 보장하며, 구성원 간 공정한 업무 처리를 가능하게 한다. 둘째, 계층적 구조는 명확한 보고체계를 통해 업무의 신속성과 효율성을 높이고, 책임 소재를 분명히 한다. 셋째, 비정의성에 기반한 공사 구별은 감정적 편파나 정실주의를 방지하고 공평한 업무 처리를 가능하게 한다. 넷째, 문서주의는 행정 활

더 알아보기 3-1 **레드 테이프(Red Tape)**

레드 테이프는 관료제의 대표적인 병폐로, 과도하게 복잡한 형식이나 절차가 업무의 비효율을 초래하는 현상을 의미한다. 우리말로는 '번문욕례(繁文縟禮)'로 번역되며, 행정 절차가 과도하게 강조되어 실질적 목적 달성을 방해하는 상황을 지칭한다. 이 용어는 17세기 영국 관청에서 공식 문서를 보관할 때 붉은 끈으로 서류를 묶던 관행에서 유래되었는데, 당시 이러한 문서 관리 방식은 서류 보관과 열람에 오히려 불편을 초래하였음에도 형식적 전통으로 오랫동안 유지되었다(Bozeman, 2000). 관료제는 원칙적으로 공정성과 예측 가능성을 위해 규칙과 절차를 강조하지만, 그것이 경직되거나 목적화되면 신속성과 유연성이 저해되고, 행정서비스의 질도 낮아질 수 있다. 레드 테이프는 바로 이러한 형식주의가 행정의 본래 목적을 압도하는 비합리적 운영의 상징으로 사용된다.

동의 정확성과 공식성, 책임성을 확보하는 수단이 된다.

앞에서 언급한 관료제가 지닌 특성은 때로 조직의 경직성과 비효율을 초래하여 다음과 같은 역기능을 수반하기도 한다.

첫째, 과도한 규칙 준수로 인해 동조과잉과 목적전치의 문제가 발생할 수 있다. 동조과잉(overconformity)은 구성원이 자율적 판단 없이 규칙 준수 자체에 몰두해 경직된 행동을 보이는 현상으로, 위기 상황에 대한 유연한 대응을 어렵게 만든다. 한편, 목적전치(goal displacement)는 조직이 본래의 목적을 달성하기 위해 설정한 수단이 시간이 지나면서 오히려 조직 운영의 중심 목표로 바뀌는 현상을 의미한다. 이로 인해 조직의 존재 이유는 흐려지고 수단이 조직행동을 지배하게 되어 결과적으로 조직의 정체성과 기능이 왜곡될 수 있다(Merton, 1957).

둘째, 관료제의 계층제적 권한구조는 조직 내 권력과 의사결정을 상층부에 집중시켜 하급자의 참여를 제한하고, 자율성과 책임감을 저해할 수 있다.

셋째, 문서주의는 책임성과 공식성을 확보하는 데 기여하지만, 과도한 서식과 절차로 인해 형식주의(formalism)를 낳아 긴급 상황에서의 대응을 지연시킬 수 있다.

넷째, 관료제는 보수적 성향으로 인해 변화에 저항하는 경향이 있으며, 환경 변화에 대한 적응력을 떨어뜨리고 혁신성을 저해할 수 있다(Crozier, 1964).

다섯째, 관료제에서는 구성원들이 자신이 속한 부서의 이익이나 권한만을 중시하고, 타 부서와의 협조를 기피하는 할거주의(sectionalism) 경향이 농후하게 나타나는데, 이러한 할거주의는 부서 간 협조를 저해하고, 부서 이기주의로 인해 조직 전체의 통합성과 효과성을 약화시킨다.

여섯째, 관료제에서는 조직 구성원이 자율성과 적극성을 발휘하기보다 상급자의 지시와 규

더 알아보기 3-2 피터의 원리(Peter Principle)

피터의 원리는 무능력이 개인의 자질 문제가 아니라, 위계적 조직의 승진구조에서 비롯된다는 점을 강조한 이론으로, 로렌스 J. 피터(Laurence J. Peter)와 레이먼드 헐(Raymond Hull)이 제시하였다. 이들은 구성원이 자신의 능력을 초과하는 직위에 도달하면서 직무 수행에 실패하는 경향을 분석했고, 그 원인을 조직의 병리적 승진 구조에서 찾았다(Peter & Hull, 1969).

피터의 원리의 핵심은 구성원이 현재 직위에서의 성과를 기준으로 반복 승진하지만, 상위 직책에 필요한 자질을 충분히 고려하지 않으면 결국 능력 한계를 초과하는 직위에 이르게 된다는 것이다. 그 결과, 무능력한 인물이 핵심 직책을 맡게 되고, 조직 전체의 기능이 저하되는 구조적 문제가 발생한다. 피터와 헐은 이를 "모든 구성원은 결국 무능력이 드러나는 직위까지 승진한다."라고 요약하였다.

정에만 맹목적으로 따르려는 무사안일주의나 보신주의가 확산되는 경향이 있다. 이로 인해 구성원은 규정과 지시에 의존하게 되어 창의성과 책임감이 약화되고, 변화에 대한 회피 성향이 강해진다(Downs, 1967).

일곱째, 관료제에서 연공 중심의 승진 관행은 피터의 원리(Peter Principle)를 초래해, 개인의

더 알아보기 3-3 엽관주의(spoils system)

엽관주의는 19세기 미국에서 확립된 인사 제도로, 공직 임용 시 능력보다 정당에 대한 충성도와 기여도를 기준으로 삼는 정치적 인사 방식이다. '엽관(spoils)'은 전쟁의 전리품에 비유되며, 선거에서 승리한 정당이 공직을 분배할 권리가 있다는 인식에서 비롯되었다. 1828년 앤드루 잭슨(Andrew Jackson) 대통령이 이를 대규모로 채택하며 제도화하였고, 이후 확산되었다(Van Riper, 1958).

엽관주의는 오늘날의 '실적주의(merit system)' 또는 능력주의 기반의 인사 원칙과 대비되는 개념으로, 행정 경험이나 전문성과 무관하게 충성도가 임용 기준이 되었다. 이러한 점에서 엽관주의는 때때로 '정실주의(nepotism 또는 cronyism)'와 유사해 보일 수 있으나, 정실주의는 임용권자 개인의 학연, 지연, 혈연 등 사적 연고관계를 기준으로 공직을 배분하는 반면, 엽관주의는 정당에 대한 공적 충성에 근거한다는 점에서 구별된다.

당초 엽관주의는 귀족적 관료제에 대한 대안으로, 시민에게 공직 진출 기회를 확대하고 민주주의 이상을 실현하려는 취지를 담고 있었다. 그러나 시간이 지나며 정치적 중립성과 행정의 안정성이 훼손되고, 정권 교체 때마다 대규모 인사가 반복되며 전문성과 효율성이 약화되었다. 결국 1883년 미국은 「펜들턴법(Pendleton Act)」을 제정하여 실적주의 인사제도를 도입하였고, 오늘날에는 능력과 성과 중심의 임용 원칙으로 전환되었다(Rosenbloom, Kravchuk, & Clerkin, 2015).

역량을 초과하는 직위로의 승진이 반복되며 조직 내 무능을 유발할 수 있다(Peter & Hull, 1969).

3. 신고전 조직이론: 인간 중심의 조직 이해

신고전 조직이론(이하 신고전이론)은 스콧의 조직이론 분류에서 소개했던 폐쇄-자연적 이론 유형에 해당하는 이론이다. 신고전이론은 기본적으로 고전이론과 마찬가지로 조직을 폐쇄체계로 전제하지만, 조직 구성원을 단순한 경제적 존재나 수동적 기계 부속품으로 보았던 고전이론과 달리, 인간을 정서적이고 사회적 동기를 지닌 비합리적 존재로 이해한다. 이러한 관점은 조직 내 비공식적 관계와 감정, 태도, 동기부여, 집단역학과 같은 인간적 요소들이 조직의 성과와 효율성에 중대한 영향을 미친다는 점을 강조한다. 신고전이론에 속하는 대표적인 이론으로는 인간관계론, 맥그리거의 XY이론 등이 있다.

1) 인간관계론(Human Relations Theory)

인간관계론은 과학적 관리론이 인간의 감정과 사회적 요인을 무시했다는 비판에서 등장한 이론으로, 조직의 능률성과 생산성 향상을 목표로 삼되, 조직 구성원의 인간적 특성과 비공식 구조에 주목하는 폐쇄-자연체계 모형에 해당한다.

이 이론의 출발점은 1924~1932년 웨스턴 일렉트릭 호손 공장에서 엘튼 메이요(Elton Mayo)와 동료들이 수행한 호손 연구(Hawthorne Studies)이다. 이 연구는 근로자의 감정, 의사소통, 비공식 집단이 생산성에 영향을 미친다는 점을 밝혔으며, 특히 근로자가 조직 내에서 중요하게 인식된다고 느낄 때 생산성이 향상된다는 '호손 효과(Hawthorne Effect)'가 주목받았다.

인간관계론의 주요 내용은 다음과 같다.

첫째, 사회심리적 요인의 중요성으로, 근로자의 생산성은 금전적 보상보다 소속감, 인정(認定) 등의 사회적 상호작용에 더 큰 영향을 받는다. 둘째, 비공식 집단의 영향력으로, 이러한 집단의 규범과 관계는 근로자의 태도와 행동 및 생산성에 영향을 미친다. 셋째, 관리자의 역할 변화로, 관리자는 단순한 지시자가 아니라 구성원의 사회적 욕구를 이해하고 민주적 소통을 이끄는 존재로 인식된다. 이는 인간을 수단이 아닌 목적으로 보는 사회복지의 이념과도 연결된다.

인간관계론은 조직 내 인간적 요소의 중요성을 강조함으로써 관리이론에 새로운 시각을 제공하였지만, 다음과 같은 한계점이 있다.

첫째, 과도한 이상주의로, 인간관계 개선만으로 조직 문제를 해결할 수 있다는 낙관주의에 치우쳤다. 둘째, 경제적 요인의 간과로, 임금이나 고용 안정성 등 물질적 요인을 충분히 반영하지 못하였다. 셋째, 공식 구조의 무시로, 조직의 규칙과 제도보다는 비공식 관계에만 집중하였다. 넷째, 과학적 검증의 부족으로, 호손 연구는 통제집단 및 무작위 배정의 결여, 연구자의 편향성, 표본의 대표성 부족 등 실험 설계에서 방법론적 한계를 지닌다. 다섯째, 관리자 중심의 시각으로, 인간 중심의 진정한 접근이라기보다 생산성 향상을 위한 수단으로 인간관계를 활용한 측면이 있다.

2) XY이론

XY이론은 더글라스 맥그리거(Douglas McGregor, 1960)가 『기업의 인간적 측면(The Human Side of Enterprise)』에서 제시한 이론으로, 조직 내 인간행동에 대한 상반된 두 가지 가정, 즉 X이론과 Y이론을 통해 관리자의 인간관이 조직 운영 방식에 결정적인 영향을 미친다는 점을 강조하였다.

우선, X이론은 인간을 본질적으로 일하기 싫어하고 책임을 회피하는 존재로 보며, 외부의 강제와 통제가 필요하다고 본다. 이에 따라 관리자는 구성원을 엄격하게 감독하고, 명령과 처벌을 통해 목표를 달성해야 한다고 믿는다.

X이론의 주요 가정은 다음과 같다.

첫째, 대부분의 인간은 본질적으로 일을 싫어하며, 가능하면 피하려 한다. 둘째, 인간은 지시받기를 원하며, 책임을 회피하고 안전을 추구한다. 셋째, 조직의 목표를 달성하기 위해서는 강제, 통제, 지시, 처벌의 위협이 필요하다.

이러한 관점은 전통적인 관리 방식으로, 구성원을 수동적이고 의존적인 존재로 간주하며, 엄격한 규칙과 절차를 통해 조직을 운영한다.

반면, Y이론은 인간을 본질적으로 일에 자발적이며, 자기지시와 자기통제를 통해 조직의 목표를 달성할 수 있는 존재로 본다. 이러한 관점에서 관리자는 구성원의 자율성과 창의성을 존중하고, 참여적·민주적 방식으로 조직을 운영해야 한다.

Y이론의 주요 가정은 다음과 같다.

첫째, 일은 인간에게 자연스러운 활동이며, 적절한 조건이 주어지면 일을 즐긴다. 둘째, 인간은 자기지시와 자기통제를 통해 조직의 목표를 달성할 수 있다. 셋째, 적절한 조건에서는 책임을 수용하고, 문제해결을 위해 상상력과 창의력을 발휘한다. 넷째, 구성원에게 자율성과 참여

더 알아보기 3-4 Z이론

Z이론은 XY이론의 연장선상에서 발전된 이론으로, 조직관리를 보다 유연하고 통합적으로 이해하고자 하는 접근이다. 대표적으로 윌리엄 오우치(William G. Ouchi)의 Z이론, 스벤 룬트슈테트(Sven Lundstedt)의 Z이론이 있다.

1. 윌리엄 오우치의 Z이론

오우치의 Z이론은 1970~1980년대 일본 기업의 성공에 주목하며 등장한 이론으로, 미국식 경영(A형)과 일본식 경영(J형)의 장점을 결합한 Z형 조직을 제안하였다. 그는 1981년 저서 『Z이론(Theory Z)』에서 장기 고용, 집단 의사결정, 느린 평가와 승진, 포괄적 직원 관심 등을 강조하며, 충성심과 생산성 강화를 중시하였다. 오우치의 Z이론은 규범과 신뢰, 조직문화를 기반으로 운영되는 체계를 지향하며, 구성원 간 심리적 유대와 환경 변화에 대한 적응력을 중시하는 개방-자연적 조직이론에 해당한다.

2. 스벤 룬트슈테트의 Z이론

룬트슈테트의 Z이론은 맥그리거의 XY이론에 대한 비판적 검토에서 출발한 이론으로, 이분법적인 인간관만으로는 자율성과 창의성이 높은 전문직 종사자의 행동을 충분히 설명할 수 없다는 인식에서 비롯되었다. 그는 연구원, 교수 등 내적 동기가 강한 조직 구성원들은 외부 통제 없이도 스스로 동기화되어 행동할 수 있다고 보며, 관리자 역할은 구성원이 자유의지에 따라 자율적으로 사고하고 행동할 수 있도록 조직 분위기를 조성하는 데 국한되어야 한다고 주장하였다.

기회를 제공하면 생산성을 극대화할 수 있다.

맥그리거는 Y이론에 기반한 관리 방식이 구성원의 자아실현 욕구를 충족시키고, 조직의 생산성과 창의성을 높일 수 있다고 주장하였다. 이러한 접근은 구성원을 조직의 목표 달성을 위한 수단이 아닌, 목적 그 자체로 인식하는 사회복지의 이념과도 일치한다.

4. 현대 조직이론: 환경과 복잡성에 대한 통합적 이해

현대 조직이론은 조직을 외부 환경과의 상호작용 속에서 이해하려는 관점에서 출발한다. 스콧(2003)은 조직이론을 합리적, 자연적, 개방체계 관점으로 구분하였으며, 이 중 개방체계 관점은 조직을 환경에 반응하며 적응하는 역동적 체계로 본다. 이 관점은 카를 루드비히 폰 베르탈란피(Karl Ludwig on Bertalanffy)의 일반체계이론에 영향을 받아 조직을 고정된 구조가 아닌, 변화에 적응하는 살아 있는 유기체로 이해하게 하였으며, 이는 조직이론의 새로운 이해 방식으로의 전환을 의미하였다.

현대 조직이론은 개방체계 관점을 수용하면서, 합리성과 자연적 속성을 아우르는 다양한 이론으로 분화되었다. 개방-합리적 조직이론에는 체계이론, 상황이론, 전략적 선택이론이 포함되며, 개방-자연적 조직이론에는 조직군생태학이론, 자원의존이론, 신제도이론이 대표적이다.

본 장에서는 이러한 이론들을 고찰하며, 사회복지조직이 환경에 적응하고 성과를 극대화할 수 있는 이론적 기반을 탐색하고자 한다.

1) 체계이론(Systems Theory)

체계이론은 조직을 외부 환경과 지속적으로 상호작용하는 개방체계로 보고, 목표 달성을 위한 구조화된 기능과 역할을 강조하는 개방-합리적 조직이론에 해당한다. 이 이론은 베르탈란피의 일반체계이론에 기초하며, 카츠와 칸(Katz & Kahn, 1978)은 이를 조직이론에 적용하여, 조직을 에너지의 투입-변환-산출-피드백이 순환되는 체계로 설명하였다.

체계이론의 관점에서 조직은 다음과 같은 다섯 가지 주요 하위체계로 구성된다(Katz & Kahn, 1978; Neugeboren, 1985).

(1) 생산하위체계(production subsystem)

생산하위체계는 조직의 주요 산출물을 생성하는 기능을 담당한다. 사회복지조직에서는 클라이언트에게 서비스를 제공하는 영역이 이에 해당한다. 특히 사회복지조직의 생산하위체계에서는 서비스의 대상과 방식에 따라 업무를 세분화하는 전문화가 중요한 원리로 작용한다. 이러한 전문화는 각 부서나 인력이 수행해야 할 과업과 책임을 명확히 하여, 조직 내 역할 분담과 기능 수행의 효율성을 높이는 기반이 된다.

(2) 유지하위체계(maintenance subsystem)

유지하위체계는 조직과 구성원 간의 관계를 조율하여 조직 목표에 개인 목표를 통합하는 기능을 수행한다. 이 체계는 신규 구성원의 사회화, 훈련, 보상체계, 규칙화된 절차 수립 등을 통해 조직의 안정성과 지속성을 유지하며, 동시에 조직과 구성원 간의 욕구를 둘러싼 갈등을 중재하고 해결한다. 하지만 유지하위체계의 기능이 과도해지면 구성원의 욕구 충족 중심으로 기울어 클라이언트의 욕구 충족이라는 사회복지조직의 본래 목적이 흐려질 수 있으므로 균형 유지가 중요하다.

(3) 경계하위체계(boundary subsystem)

경계하위체계는 조직과 외부 환경 간의 경계를 관리하며, 외부 환경에서 일어나는 변화를 파악하고 적절히 대응하는 역할을 담당한다. 사회복지조직의 경계하위체계는 생산지지체계와 제도적 체계의 두 체계로 구분할 수 있다. 우선, 생산지지체계(production-supportive system)는 서비스 제공에 필요한 자원과 후원을 외부 조직으로부터 확보하기 위해 이들과의 관계를 발전시키고 자원 연계를 위한 협력체계를 유지하는 역할을 한다. 반면, 제도적 체계(institutional system)는 해당 조직이 지역사회로부터 지지와 정당성을 얻기 위해 조직의 목표와 활동 및 성과를 지역사회에 알리고 긍정적 평판을 형성하는 역할을 한다.

실제 사회복지조직의 운영 현장에서는 생산지지체계와 제도적 체계가 엄격하게 분리되어 기능하기보다는, 서로 영향을 주고받으며 동시에 작동하는 경우가 많다. 예를 들어, 지역 언론에 긍정적인 이미지로 보도되는 것은 조직의 사회적 신뢰를 높이는 제도적 체계의 역할이지만, 동시에 자원봉사자 모집이나 후원 유치라는 생산지지체계의 성과로도 이어질 수 있다. 따라서 어느 체계에 중점을 둘지는 조직의 상황과 목표에 따라 달라질 수 있으며, 전략적으로 두 체계의 기능을 통합해 운영하는 방식도 필요하다.

(4) 적응하위체계(adaptive subsystem)

적응하위체계는 연구와 계획 기능을 담당하며, 업무 수행 능력에 대한 평가와 외부 환경에 대한 모니터링을 통해 조직이 추구해야 할 변화 방향을 제시하고 관리층에 건의하는 조직의 지적 기능을 수행한다. 이를 통해 조직은 변화하는 외부 요구에 효과적으로 대응할 수 있다. 하지만 사회복지조직이 이해관계자들의 새로운 요구에 적절히 대응하지 못하거나 변화에 둔감하고 적응에 실패할 경우, 조직의 존립 기반은 위협받게 된다.

(5) 관리하위체계(managerial subsystem)

관리하위체계는 앞서 언급한 네 가지 하위체계들을 통합하고 조정하는 리더십 기능을 수행한다. 즉, 관리하위체계는 내부 부서 간의 갈등을 조정하고, 자원 배분과 의사결정을 통해 조직의 통합성을 유지하고 방향성을 제시한다. 이 체계는 단순한 감독을 넘어서 조직 전략의 수립과 구조조정까지 포함하는 핵심 기능을 수행한다.

이처럼 체계이론은 조직을 환경과 상호작용하면서, 목표 달성을 위해 구성원 간 기능과 역할이 체계적으로 연결된 유기적 구조로 간주한다. 특히 이 이론은 외부 환경에 민감하게 대응하고 다양한 이해관계자와 협력해야 하는 사회복지조직에 이론적 토대는 물론 실천적 통찰까지 제공한다.

2) 상황이론(Contingency Theory)

상황이론, 특히 구조적 상황이론[1]은 조직을 외부 환경의 영향을 받으며, 환경 조건에 적합한 구조를 선택함으로써 목표를 효율적으로 달성하려는 존재로 보는 개방-합리적 조직이론이다.

상황이론은 보편론[2]에 입각한 고전이론이 갖는 한계에 대한 인식에서 출발한 이론이다. 다시 말해, 상황이론은 비결정론적 관점, 즉 하나의 원인이 여러 개의 서로 다른 결과를 가져올 수 있고, 하나의 결과는 서로 다른 원인에서 비롯될 수 있다는 전제를 바탕으로 한다. 이러한 전제가 바로 어떤 상황에서나 보편적으로 적용되는 유일한 조직관리 방법 또는 목표 달성 방법의 존재를 부인하고, 상황에 따라 최선의 방법이 달라진다는 상황이론적 관점을 뒷받침한다.

상황이론은 조직을 개방체계로 보고, 환경의 중요성을 강조하며, 다음과 같은 기본 관점을 제시한다. 첫째, 조직이 처한 환경이나 상황에 따라 적합한 조직구조는 달라진다. 둘째, 어느 상황에서도 통용되는 유일한 운영 방식은 없다. 셋째, 효과적인 조직의 형태는 다양할 수 있다. 넷째, 조직의 특성과 환경의 적합성이 조직 성과를 좌우한다. 다섯째, 조직의 목적, 과업, 기술, 규모에 따라 적합한 구조는 다르게 나타난다.

한편, 상황이론은 크게 행태적 상황이론과 구조적 상황이론으로 구분된다. 전자는 조직 내 인간행동과 상호작용에 주목하고, 후자는 조직의 구조 자체에 초점을 둔다. 여기서는 구조적 상황이론을 중심으로 번스와 스토커, 우드워드, 로렌스와 로쉬의 세 가지 주요 연구를 소개한다.

1 상황이론이 조직구조, 전략, 리더십 등은 조직이 처한 상황에 따라 달라져야 한다는 일반적 주장을 펼치는 반면, 구조적 상황이론(structural contingency theory)은 조직구조 그 자체가 환경 · 전략 · 기술 등의 상황 요인에 적합할 때 조직의 효과성이 극대화된다는 이론이다.

2 보편론이란 변수 사이의 인과관계가 시간과 공간을 초월하여 적용된다는 관점이다. 이는 하나의 원인에 대해 단 하나의 결과가 존재하며, 반대로 하나의 결과에 대해서도 반드시 하나의 원인이 존재한다는 결정론적 관점을 바탕으로 한다.

(1) 번스와 스토커의 연구

번스와 스토커(Burns & Stalker, 1961)는 영국과 스코틀랜드의 20개 산업조직을 분석하여, 환경 조건에 따라 조직구조와 관리 행태가 어떻게 달라지는지를 규명하였다. 연구 결과, 안정적인 환경에서는 문서화된 규칙과 집권적 의사결정을 특징으로 하는 기계적 구조(mechanistic structure)가 나타났고, 동태적인 환경에서는 비공식적 의사소통, 분권화된 의사결정, 그리고 유연한 대응이 가능한 유기적 구조(organic structure)가 형성됨을 확인하였다.

번스와 스토커는 두 구조 중 어느 하나가 항상 더 우수하다고 본 것이 아니라, 환경과의 적합성에 따라 모두 효과적일 수 있다고 주장하였다. 즉, 기계적 구조는 환경이 안정적이고 과업이 반복적 · 규칙적이며 기술이 단순할 때 적합하고, 반대로 유기적 구조는 환경이 불확실하고 과업이 다양하며 변화와 혁신이 중요한 경우에 적합하다고 보았다. 이 연구는 조직구조의 효과성이 환경과의 적합성에 달려 있다는 상황이론의 핵심 원리를 잘 보여 준다.

(2) 우드워드의 연구

우드워드(Woodward, 1965)의 연구는 조직이 사용하는 생산기술의 복잡성을 기준으로, 기술 복잡성이 낮은 순서대로 단위생산, 대량생산, 연속생산의 세 가지 기술 유형으로 분류하고, 각각의 기술 유형이 조직구조에 미치는 영향을 분석하였다.

연구 결과, 첫째, 기술의 복잡성이 높아질수록 합의제적 의사결정 구조를 갖는 경향이 크며, 둘째, 기술의 복잡성이 매우 낮거나 높은 조직은 유기적 구조의 속성을 갖는 반면, 기술의 복잡성이 중간 수준의 조직은 기계적 구조의 속성을 갖는다는 사실이 밝혀졌다. 이는 조직구조가 기술 유형에 따라 다르게 설계되어야 함을 시사한다.

(3) 로렌스와 로쉬의 연구

로렌스와 로쉬(Lawrence & Lorsche, 1967)는 시로 다른 환경적 특성을 지닌 세 산업, 즉 플라스틱(복잡하고 불안정한 환경), 식료품(중간 수준 환경), 컨테이너(안정적인 환경) 산업에 종사하는 10개 기업을 대상으로 조직의 환경적 상황과 조직 내부의 특성(수평적 분화, 수직적 통합) 간의 상관관계를 연구하였다.

연구 결과, 환경적 특성이 복잡하고 불안정한 플라스틱 산업은 내부적 분화(수평적 분화) 수준이 높은 반면, 환경이 안정적인 컨테이너 산업은 내부적 분화 수준이 낮은 경향을 보였다. 즉, 환경의 변화가 극심하고 동태적이며 다양할수록 조직의 분화 정도도 증가하게 된다.

결론적으로, 구조적 상황이론의 핵심 결론은 모든 상황에서 효과적인 단일 조직 유형은 존재하지 않으며, 조직의 구조는 환경의 안정성, 기술의 복잡성, 조직 규모 등 상황 요인에 따라 달라져야 한다는 것이다. 일반적으로 환경이 안정적일 때는 집권화와 공식화된 구조가 조직 운영에 효과적이지만, 환경이 급변할 경우에는 분권화와 비공식적 구조가 변화에 유연하게 대응할 수 있어 더 효과적이다. 또한 대규모 조직은 공식화가 효율적일 수 있지만, 소규모 조직에는 오히려 비효율을 초래할 수 있다.

사회복지조직은 클라이언트의 특성, 서비스의 성격, 조직 규모와 위치, 재정구조, 정책 환경 등 다양한 요인의 영향을 받기 때문에, 조직 형태와 운영 방식도 이에 따라 달라질 수밖에 없다. 이러한 점에서 상황이론은 관리자에게 정형화된 규범보다는 환경에 따라 유연하게 조직을 설계하고 운영할 필요성을 강조하는 실천적 지침을 제공한다.

다만, 상황이론은 어떤 환경에 어떤 조직구조가 최적인지에 대한 구체적 기준을 제시하지 못한다는 한계가 있다. '상황에 따라 다르다'는 설명은 설득력은 있으나, 실제로 적용 가능한 매뉴얼이나 기준이 부족해 현장 적용에 어려움이 있다는 한계도 지적된다.

3) 전략적 선택이론(Strategic Choice Thcory)

전략적 선택이론은 조직과 환경의 상호작용을 전제로 하며, 조직이 성과나 생존을 위해 구조와 전략을 의도적으로 선택한다고 보는 개방-합리적 조직이론이다. 이 이론은 환경이 조직구조를 결정한다는 결정론적 관점의 상황이론을 비판하고, 조직이 환경에 종속되는 것이 아니라, 경영자의 전략적 판단과 선택에 따라 조직구조가 형성될 수 있다고 주장한다.

전략적 선택이론의 핵심은 환경이 조직에 영향을 미치더라도 그것은 고정된 실체가 아니라, 경영자의 인식과 해석에 따라 정의되는 유동적인 조건이라는 점이다. 즉, 환경은 단순히 주어지는 것이 아니라 전략적 판단을 통해 구성되며, 그에 따른 대응 방식도 달라질 수 있다. 이는 조직이 환경에 수동적으로 반응하기보다는 능동적으로 해석하고 조정할 수 있다는 임의론적(voluntaristic) 관점[3]을 반영한다. 예를 들어, '복지 재정 축소'라는 동일한 환경 조건에 대해, 한

3 임의론(voluntarism)적 관점이란 조직행동이 환경에 의해 결정되는 것이 아니라 조직이 환경을 변화시키거나 환경에 적극적으로 대응한다는 관점이다. 이러한 임의론적 관점을 견지하는 이론에는 전략적 선택이론, 자원의존이론, 공동체 생태학이론 등이 있다. 반면에 임의론적 관점에 상대되는 용어는 결정론(determinism)적 관점인데, 여기서

기관은 서비스 축소를 선택할 수 있고, 다른 기관은 민간 자원 확보나 새로운 서비스 모델을 통해 조직구조를 재설계할 수 있다. 이처럼 같은 환경에서도 관리자의 전략적 선택에 따라 환경에 대한 해석, 대응 방식, 구조가 상이하게 나타날 수 있다.

차일드(Child, 1972)는 전략적 선택이론을 체계화하면서 조직구조는 경영자의 전략적 선택에 따라 결정되며, 이러한 선택은 환경뿐 아니라 권력, 목표, 이해관계 등의 요소에 의해 조정될 수 있다고 보았다. 결국 전략적 선택이론은 환경 요인을 고려하면서도 조직 내부의 리더십, 권력관계, 전략적 의도가 조직구조에 결정적 영향을 미친다는 점을 강조한다. 이는 조직을 환경에 수동적으로 반응하는 존재로 보는 구조적 상황이론과는 명확히 구분되는 관점이다.

이러한 점에서 전략적 선택이론은 상황이론과 다음과 같은 공통점과 차이점을 지닌다. 공통점은 두 이론 모두 개별 조직을 분석 단위로 삼고, 조직구조에 영향을 미치는 다양한 변수를 고려한다는 점이다. 하지만 상황이론은 환경을 주어진 조건으로 간주하는 결정론적 관점을 취하는 반면, 전략적 선택이론은 조직이 환경을 인식하고 해석하며 능동적으로 대응할 수 있다는 임의론적 관점을 취한다. 즉, 상황이론은 환경을 조직 외부에 존재하는 실체로 보는 반면, 전략적 선택이론은 환경을 조직에 의해 구성되고 선택되는 사회적 산물로 간주한다는 점에서 명확히 구분된다.

4) 정치경제이론(Political Economy Theory)

정치경제이론은 조직이 환경과 맺는 관계 속에서 정치적 자원과 경제적 자원의 확보 여부가 조직의 생존과 성과에 결정적인 영향을 미친다고 본다. 이 이론은 조직을 단순한 기술적 생산 단위가 아니라, 권력과 자원에 의해 제약을 받으며, 이를 확보하기 위해 전략적으로 행동하는 존재로 이해한다. 또한 조직의 구조와 행동은 합리성뿐 아니라 권력, 이해관계, 갈등, 자원 확보 등 정치·사회적 역학에 의해 형성된다고 보며, 이러한 관점에서 정치경제이론은 개방-자연적 조직이론에 속한다.

정치경제이론에서 언급하는 정치적 자원이란 합법성과 권력을 의미한다. 조직의 합법성은 그 설립 기반과 모든 활동의 정당성이 부여되는 중요한 요소이며, 권력은 외부 자원에 대한 접

말하는 결정론이란 조직행동이 환경에 의해 결정된다는 의미이다. 이러한 결정론적 관점을 견지하는 이론에는 상황론, 조직경제학, 조직군생태학이론 등이 있다.

근, 영향력 행사, 정책 연계 등을 가능하게 하고, 조직이 목표를 효과적으로 추진하는 데 필수적인 요소로 간주된다. 반면, 경제적 자원이란 서비스 생산과 제공에 필요한 재정, 인력, 물적 기반 등을 의미한다.

한편, 정치경제이론은 과업 환경(task environment)의 중요성을 특히 강조한다. 과업 환경이란 조직이 직접 상호작용하며 자원을 획득하거나 영향을 받는 환경으로, 정부 기관, 후원자, 클라이언트, 규제 기관 등 조직의 주요 이해관계자가 이에 해당한다(Hasenfeld, 1992). 과업 환경은 조직이 필요로 하는 중요한 자원(예: 재원, 클라이언트, 정당성 등)을 통제하며, 동시에 조직을 통해 자신들의 이해관계를 실현하고자 한다. 이에 따라 조직은 권력과 자원을 확보하기 위해 이해관계자와의 지속적인 협상과 전략적 적응을 요구받는다.

하지만 정치경제이론은 사회복지조직의 가치지향성을 충분히 반영하지 못한다는 한계가 있다. 사회복지조직은 단순히 정치·경제적 효율성만이 아니라 공익, 인권, 정의, 돌봄 등의 가치를 중심으로 운영되는데, 정치경제이론은 자원과 권력 논리에 집중함으로써 이러한 가치의 영향을 간과하기 때문이다.

5) 자원의존이론(Resource Dependence Theory)

자원의존이론은 조직을 환경과 지속적으로 상호작용하는 유기체로 간주하며, 조직의 구조와 전략이 기술적 합리성보다는 권력관계, 정치적 협상, 의존관계의 불균형 등 비합리적·비공식적 요인에 따라 결정된다고 본다. 이 이론은 임의론적 관점을 취하고, 조직의 궁극적인 목표가 과업 성과의 극대화가 아니라 생존 그 자체에 있다는 점을 강조하기에, 개방–자연적 조직이론에 속한다. 특히 자원의존이론은 조직을 자급자족할 수 있는 존재가 아니라 자원 획득을 위해 환경에 의존하는 수동적 존재로 간주하지만, 동시에 외부 환경에 대해 자율성과 독립성을 유지하기 위하여 전략적으로 개입하고 영향력을 행사하려는 능동적인 주체로 본다(Pfeffer & Salancik, 1978).

페퍼와 샐런칙(Pfeffer & Salancik, 1978)은 조직이 환경의 불확실성을 줄이고 외부 의존을 완화하기 위해 다양한 전략을 활용한다고 보았으며, 환경의 구조를 설명하는 다음과 같은 세 가지 속성을 제시하였다. 첫째, 집중도(density)는 자원이 소수 행위자에게 집중되어 있는 정도로, 집중도가 높을수록 조직의 외부 의존은 심화된다. 둘째, 충분성(generosity)은 자원의 풍부함 정도를 의미하는데, 자원이 희소할수록 조직은 외부 환경에 대한 의존이 심화된다. 셋째, 상호 의존성(interdependence)은 조직 간 연결관계의 수와 구조를 나타내며, 조직 간 연결의 수가 적고, 자원에 접근하는 방식이 복잡하거나 명확하지 않아 상호작용이 원활하지 않은 경우, 조직은 외부 환경에 대한 의존도가 높아지게 된다. 예를 들어, 한 사회복지기관이 정부 보조금 외에는 자금 조달 통로가 없고, 이마저도 복잡한 행정절차나 제한된 정보 공개로 인해 접근이 어렵다면, 해당 기관은 특정 정부 부처나 지자체에 매우 높은 수준으로 의존할 수밖에 없다. 이러한 상황에서 조직은 환경에 수동적으로 반응하기보다는 능동적으로 대응함으로써 생존 가능성을 높이려 한다는 것이 자원의존이론의 핵심이다(Pfeffer & Salancik, 1978).

6) 조직군생태학이론(Population Ecology Theory)

조직군생태학이론은 조직의 생존과 변화가 내부의 전략적 선택이 아니라, 환경에 의한 선택과 경쟁, 도태 등에 의해 결정된다고 본다. 이러한 관점에서 조직군생태학이론은 개방-자연적 조직이론에 속한다. 이 이론은 다윈의 자연선택 개념을 조직에 적용한 것으로, 조직을 능동적 행위자라기보다 환경의 선택에 따라 생존이 좌우되는 수동적 존재로 본다(Aldrich, 1979).

이 이론은 분석 단위를 개별 조직이 아닌, '조직군'으로 설정한다. 조직군은 유사한 자원을 활용하고, 유사한 산출물을 제공하며, 유사한 구조를 갖춘 조직들의 집합을 의미하며(Hannan & Freeman, 1977), 이들은 동일한 자원과 고객을 두고 환경 내에서 경쟁한다. 조직군생태학이론은 조직군을 둘러싼 환경적 욕구에 부합하는 조직만이 선택되어 생존하게 된다고 주장하면서, 조직군의 변동(생존과 도태) 과정을 변이, 선택, 보존의 세 단계로 설명한다.

첫째, 변이(variation)는 새로운 형태의 조직이 등장하는 과정이며, 이는 환경의 변화에 대응해 나타난다. 둘째, 선택(selection)은 환경에 가장 적합한 조직 형태만이 생존하는 과정으로, 조직은 적소(niche)라 불리는 자원 기반을 확보할 때 생존 가능성이 높아진다. 적소란 특정 조직이 생존에 필요한 자원을 얻을 수 있는 환경적 공간으로, 일종의 자원거점(resource base)이라 할 수 있다(Zammuto, 1988). 셋째, 보존(retention)은 환경의 선택을 받은 조직 형태가 지속적으로 제도화되고 조직군 내에 정착되어 유지되는 과정을 의미한다. 그러나 보존된 조직이라 하더라도 변화하는 환경에 적응하지 못할 경우 결국 도태된다.

조직군생태학이론의 주요 학문적 기여는 조직 분석의 단위를 개별 조직에서 조직군 수준으로 확장하였다는 점과, 조직의 생존과 도태를 진화론적 논리로 설명하였다는 점에 있다. 그러나 이 이론은 조직이 환경에 단순히 적응만 하는 것이 아니라, 환경을 주도적으로 형성하거나 변화시킬 수도 있다는 점을 간과하였으며, 조직군의 경계와 정의가 모호하다는 한계를 지닌다.

7) 신제도이론(Neo-Institutional Theory)

신제도이론은 조직의 구조와 행동을 설명할 때 기술적 효율성보다 제도적 환경에서의 정당성 확보를 핵심 가치로 보는 개방-자연적 조직이론이다. 기존의 고전적 제도이론이 조직 내부의 규범과 안정성을 강조했다면, 신제도이론은 조직이 외부의 규범, 규칙, 가치에 순응함으로써 형식적 구조를 수용하고, 이를 통해 사회적 정당성을 획득하는 과정에 주목한다(DiMaggio & Powell, 1983).

신제도이론에 따르면, 조직은 생존과 자원 확보를 위해 제도적 기대에 순응하며, 기술적 효율성과 상관없이 특정 구조나 관행을 형식적으로 수용하는 경향이 있다(Meyer & Rowan, 1977). 그 결과, 환경이 다르더라도 유사한 제도 환경에 속한 조직 간에는 비슷한 구조가 나타나는 '제도적 동형화(institutional isomorphism)' 현상이 나타난다.

디마지오와 파월(DiMaggio & Powell, 1983)은 이러한 제도적 동형화를 다음의 세 가지 유형으로 구분하였다.

첫째, 강압적 동형화(coercive isomorphism)로, 이는 법률, 제도, 정책 등 외부 권위에 의해 조직이 특정 구조나 제도를 강제로 수용하는 과정이다. 예를 들어, 정부의 법령에 따라 모든 사회복지시설이 같은 형태의 회계처리 시스템이나 운영지침을 도입하게 되는 현상이 이에 해당한다.

둘째, 모방적 동형화(mimetic isomorphism)로, 이는 환경의 불확실성이 높을 때 다른 조직의 성공 사례를 모방함으로써 정당성과 안전성을 확보하려는 과정이다. 예컨대, 자원이 제한되고 급변하는 환경에서 어떤 사회복지기관이 지역 내에서 높은 성과를 낸 조직의 프로그램 운영 방식을 모방하는 경우가 여기에 속한다.

셋째, 규범적 동형화(normative isomorphism)로, 이는 전문직의 기준이나 교육과정, 자격 기준 등을 통해 형성된 규범적 기대에 따라 조직이 특정한 구조나 행태를 수용하는 경우이다. 예를 들어, 사회복지전문가 집단이 근거기반 실천(evidence-based practice)의 중요성을 강조함에 따라 사회복지기관들이 이를 자발적으로 채택하는 경우가 이에 해당한다.

결국 신제도이론은 조직을 합리적인 성과지향 행위자라기보다, 사회적 정당성을 확보하기 위해 제도적 환경에 순응하는 존재로 본다. 따라서 조직의 구조는 '무엇이 효과적인가'보다는 '무엇이 정당한가'에 따라 형성되며, 조직의 생존 여부 역시 기능적 성과보다는 외부의 승인과 인정에 달려 있다는 점을 신제도이론은 강조한다(Meyer & Rowan, 1977).

8) 학습조직이론(Learnning Organization Theory)

학습조직이론은 조직을 외부 환경의 자극과 피드백을 수용하며, 자율적으로 학습하고 변화하는 존재로 이해하는 개방-자연적 조직이론이다. 피터 센게(Peter Senge, 2006)는 학습조직을 "구성원들이 바라는 결과를 지속적으로 창출하고, 새로운 사고방식을 육성하며, 공유된 비전을 바탕으로 집단 학습을 실천하는 조직"으로 정의하였다. 즉, 학습조직은 자기조직화(self-organizing)를 통해 지속적으로 진화하는 조직이다.

이러한 학습조직은 다음과 같은 특성을 갖는다.

첫째, 구성원의 역량 강화를 기반으로 한 권한부여를 강조한다. 둘째, 실수와 실패를 학습의 자원으로 보는 위험 감수와 실험적 태도를 장려한다. 셋째, 개인 · 집단 · 조직 수준에서의 끊임없는 다층적 학습을 중시한다. 넷째, 모든 구성원의 참여와 학습을 촉진하는 조직문화를 지향한다. 다섯째, 학습결과를 조직의 실제 행동과 시스템 변화에 반영하는 실행력을 강조한다. 여섯째, 일상적 경험과 상호작용을 통한 비공식적 학습을 중시한다. 일곱째, 분권적 구조와 수평적 의사소통을 통해 조직 내 협력을 촉진한다.

학습조직이론은 구성원 간 지식 공유와 공동의 문제해결을 통해 조직 전체의 학습 역량을 강화하고 환경 변화에 적응화도록 지원하는 중요한 조직이론적 접근이다. 특히 사회복지조직에서는 학습조직의 개념이 문제해결력과 서비스 질 향상에 매우 유용하게 적용될 수 있다. 예를 들어, 아동학대 사례를 처리하는 사회복지기관에서 개별 사회복지사의 경험이 조직 전체에 공유되고, 그 경험을 바탕으로 새로운 대응 매뉴얼이 개발되는 구조는 학습조직의 대표적인 예라 할 수 있다.

그러나 이러한 학습조직의 개념을 실제 조직에 적용하는 데는 여러 한계도 존재한다. 첫째, 학습조직 구축은 문화적 전환과 제도적 유연성, 리더십, 자원 확보 등 다양한 조건이 필요하기 때문에 인력과 예산이 부족한 사회복지조직에서는 실행이 어렵다. 둘째, 학습조직의 효과성을 평가할 수 있는 체계적인 방법론이 미비하다는 점은 실증적 확산을 제약한다(Goh, 2003). 셋째, 구성원 간 신뢰나 학습에 대한 조직적 보상이 뒷받침되지 않는 경우, 학습조직은 형식에 그칠 수 있다.

이처럼 학습조직이론은 이상적인 조직 역량 강화 모델이긴 하지만, 사회복지현장에서는 현실적 제약을 고려한 점진적 접근과 조직문화 기반 조성이 병행되어야 한다.

더 알아보기 3-5 애드호크러시, 벤치마킹, 다운사이징, 리스트럭처링

첫째, 애드호크러시(adhocracy)는 급변하는 환경에서 복잡하고 창의적인 문제를 해결하기 위해 형성된 일시적이고 유연한 조직 형태를 의미한다. 이 개념은 앨빈 토플러(Alvin Toffler, 1970)가 『미래의 충격』에서 대중화하였고, 이후 헨리 민츠버그(Henry Mintzberg, 1979)가 조직이론의 틀 내에서 '혁신 조직(innovative organization)'으로 정교화하였다. 민츠버그에 따르면 애드호크라시는 기계적 관료제나 단순 구조와는 달리, 기능 간 경계를 넘나드는 전문가 중심의 유기적 팀 구조로, 고도의 지식과 기술을 지닌 인력들이 과업 중심으로 임시 결집하는 형태이다. 수평적 협업, 비공식적 의사결정, 권한 위임이 강조되며, 전통적 위계보다 네트워크 기반의 업무 방식이 중심이 된다. 이러한 구조는 기술 중심 기업, 연구개발 조직, 사회혁신 조직 등 변화 대응이 중요한 조직에서 자주 활용되며, 문제해결 중심의 유연성과 창의성을 가능케 한다. 그러나 동시에, 높은 전문성과 자율성이 요구되므로, 역할 모호성, 조정 비용 증가, 구성원 간 혼란과 같은 운영상의 한계도 동반할 수 있다.

둘째, 벤치마킹(Benchmarking)은 조직의 성과와 과정을 개선하기 위해, 동종 또는 타 분야의 우수한 사례나 관행을 비교·분석하고 이를 자조직에 적용하는 혁신 기법이다(Camp, 1989). 단순한 모방이 아니라, 우수 조직의 성공 요인을 체계적으로 분석한 뒤 핵심 원리를 내재화하고, 조직에 적합하게 변형 · 구현하는 전략적 학습 과정이다. 이 과정은 결과 중심의 비교뿐 아니라, 절차적 요소에 대한 학습과 성찰도 포함한다. 사회복지조직에서는 선도기관의 서비스 운영, 사례관리 체계, 평가도구, 클라이언트 만족도 향상 전략 등을 벤치마킹하여 자율적 혁신에 활용할 수 있다. 예를 들어, 한 지역사회복지관이 우수 복지관의 통합사례관리 프로토콜을 참고해 자체 프로세스를 개선하는 방식이 그 대표적 사례이다.

셋째, 다운사이징(downsizing)은 조직의 효율성을 높이고 비용 절감을 위해 조직 규모를 의도적으로 축소하는 전략으로, 주로 인력 감축, 부서 통합, 지원부서 축소, 계층구조의 단순화 등의 방식으로 수행된다(Cameron, 1994). 이는 이익 감소, 구조조정, 환경 변화 등에 대응하기 위한 조직 개편 전략의 일환으로 사용되며, 단기적으로는 비용 절감 효과가 있지만, 장기적으로는 조직 역량의 약화를 초래할 수 있어 신중한 접근이 요구된다.

넷째, 리스트럭처링(restructuring)은 조직의 성과 향상과 경쟁력 강화를 위해 기존의 사업구조나 조직구조를 근본적으로 재설계하는 구조개혁 전략이다(Bowman & Singh, 1993). 이는 불필요한 기능의 축소, 비효율적 조직 단위의 통폐합, 사업 포트폴리오의 조정, 인력 감축 등을 포함하며, 조직의 전략적 재정렬과 비용 효율성 제고를 목적으로 수행된다. 리스트럭처링의 주요 방식에는 성장성이 낮은 사업의 축소 또는 철수, 중복되는 기능의 통합, 관리계층 간소화, 인원 감축 등이 있다. 이러한 조치는 단기적 위기 대응뿐 아니라 장기적 조직 재도약을 위한 전략적 변환으로 활용될 수 있다.

5. 현대 조직관리기법의 이론적 배경과 실천적 적용

앞에서 살펴본 것처럼 조직의 구조나 환경과의 관계를 설명하는 다양한 조직이론이 존재하는 한편, 조직 내부의 성과 향상과 운영 효율을 목적으로 설계된 실천 중심의 관리 기법들도 존재한다. 이러한 기법들은 조직의 전략적 목표를 효과적으로 달성하고, 변화에 신속히 대응하며, 구성원의 참여와 책임성을 높이기 위한 실행 수단으로 기능한다. 본 절에서는 그중에서도 대표적인 두 가지 관리 기법, 즉 목표관리(MBO)와 총체적 품질관리(TQM)를 중심으로 조직의 실행 역량을 강화하기 위한 접근 방식을 살펴보고자 한다.

1) 목표관리이론(Management by Objectives: MBO)

목표관리이론(이하 MBO)[4]은 피터 드러커(Peter Drucker)가 그의 저서 『경영의 실제(The Practice of Management)』(1954)에서 처음 제안한 개념으로, 관리자와 구성원이 공동으로 목표를 설정하고, 성과 평가를 통해 조직 성과를 향상시키는 체계적 경영 기법이다(Drucker, 2007). MBO는 조직의 전략과 연계된 목표를 부서·팀·개인 단위로 구체화하며, 상향식·하향식 소통을 통해 참여 기반의 목표 설정을 강조한다. 이로써 목표 설정–실행–성과 평가–보상까지 연계된 관리 시스템을 형성한다.

MBO의 핵심은 구성원의 적극적 참여와 협의, 그리고 구체적 목표 설정 → 실행 → 피드백 반복을 통한 자기조직화와 성과문화의 정착이다. 목표는 개인 과업 수준을 넘어서 조직의 비전 및 중장기 전략과 유기적으로 연결되어야 하며, 목표 설정의 질이 성과 평가의 공정성과 효과성을 좌우한다. 이를 위해 많은 조직이 'SMART 원칙'에 입각하여 목표를 수립한다. SMART는 목표 설정의 다섯 가지 기준을 의미하는 약어로, Specific, Measurable, Attainable, Relevant, Time-bound의 다섯 가지 요소로 구성된다. 이 개념은 1981년 조지 도란(George T. Doran)이 처음 제시한 이후, 여러 학자에 의해 변형된 SMART가 제시되었다. 여기에서는 루빈(Rubin, 2002) 교수가 제시한 가장 보편적인 SMART의 의미를 소개하고자 하다.[5]

---

4 MBO는 흔히 목표관리제로 일컬어진다.

5 'SMART'란 용어를 처음 사용한 도란(George T. Doran)이 제시한 'SMART'의 의미는 Specific(달성해야 할 특정한 목표, 또는 개선되어야 할 특정한 분야나 영역 등이 구체적으로 명시되어야 함), Measurable(양적으로 측정 가능해야

첫째, 목표는 추상적이거나 애매하지 않게 구체적(Specific)이고 명확히 설정해야 한다. 명확한 목표는 무엇을, 어떻게 해야 하는지를 분명히 하여 실행력을 높인다.

둘째, 목표는 정량적으로 측정 가능하게(Measurable) 설정해야 한다. 이를 통해 과업의 진행 상황을 추적하고 동기부여와 집중력을 유지할 수 있다.

셋째, 목표는 달성할 수 있도록(Attainable) 설정되어야 한다. 즉, 목표는 도전적으로 설정하되, 현실적이며 달성할 수 있는 수준이어야 한다. 비현실적이거나 외부 요인에 지나치게 의존하는 목표는 오히려 동기를 저하시킬 수 있다.

넷째, 목표는 상위의 목표나 목적과 관련성 있게(Relevant) 설정되어야 한다. 즉, 달성하려는 목표는 더 넓은 조직의 관점 또는 조직 전체의 목표와 일관성을 가져야 하며, 상위 목적과의 연계성을 고려해 설정해야 한다.

다섯째, 목표는 명확한 기한(Time-bound)이 설정되어야 하며, 이는 목표 달성에 대한 책임성과 추진력을 높이는 데 기여한다.

MBO가 조직에 성공적으로 정착되면, 성과 기반의 인사관리, 의사소통의 투명성, 권한과 책임의 명확화가 가능해지며, 구성원의 동기와 자율성도 향상된다. 특히 목표를 협의 과정을 통해 설정할 경우, 구성원들은 조직의 선략에 대한 이해와 성과에 내한 책임감을 높이게 된다.

그러나 MBO에는 몇 가지 한계도 존재한다. 첫째, 구성원 간 신뢰와 소통 기반이 약할 경우, 목표 설정 과정에서 갈등이 발생할 수 있다. 둘째, 지나치게 높은 목표는 심리적 부담과 소진을 유발할 수 있다. 셋째, 사회복지조직에서는 정량적 성과 측정이 어렵고, 목표 기준이 추상적 · 복합적이기 때문에 MBO의 적용에 제약이 있다. 특히 단기성과 중심의 접근은 사회복지의 가치나 장기적 클라이언트 변화와 상충될 수 있다(Liket & Maas, 2015).

2) 총체적 품질관리(Total Quality Management: TQM)

총체적 품질관리(이하 TQM)는 조직 전체가 참여하여 제품이나 서비스의 품질을 지속적으로 향상시키고 고객 만족을 추구하는 통합적 관리 전략이다(Deming, 1986). '전사적 품질관리' '총

함), Assignable(누가 그 과업을 수행하는지를 명확히 적시해야 함), Realistic(주어진 자원하에서 현실적으로 달성할 수 있어야 함), Time-related(과업완수를 언제까지 해야 하는지에 대한 시간을 명시해야 함)이었다. 그 후, 로버트 루빈(Robert S. Rubin) 교수는 웹사이트에 나와 있는 모든 'SMART'에 관한 조사를 통해 가장 보편적인 SMART의 의미를 제시하였다.

괄 품질경영' 등으로도 불리며, 고객 중심 사고, 전(全) 구성원의 참여, 프로세스 개선이 핵심 원칙이다.

TQM은 단순한 품질 통제나 생산성 관리의 수준을 넘어, 조직 전체가 서비스의 기획, 실행, 평가에 이르는 전(全) 과정에서 품질 향상과 고객 가치의 극대화를 중심으로 재구성되는 방식을 지향한다. 특히 서비스 조직에 있어서 TQM은 가시적 성과뿐 아니라 신뢰, 만족, 관계 형성 등 비정량적 가치 창출까지 포함하는 포괄적 품질 개념을 전제로 한다.

스위스(Swiss, 1992)는 TQM의 주요 원리를 다음과 같이 제시하고 있다.

첫째, 고객이 서비스의 질을 최종적으로 판단한다. 둘째, 서비스의 질은 계획 단계에서부터 고려되어야 한다. 셋째, 서비스의 변이 가능성을 사전에 예방하는 것이 고품질의 서비스 산출에 중요하다. 넷째, 서비스의 질은 개인 성과가 아닌 조직 구성원의 협력적 활동 결과이다. 다섯째, 지속적인 개선 활동이 품질 우위를 만든다. 여섯째, 전(全) 구성원의 참여와 몰입이 품질 향상의 전제 조건이다. 일곱째, 조직의 사명감과 가치 공유가 품질문화 정착의 기반이다.

TQM은 고객 요구를 반영한 목표 설정, 서비스 과정 분석과 피드백 기반 개선, 책임성과 대응력 강화 등을 통해 조직 전반의 성과를 향상시킨다. 이러한 접근은 사회복지조직의 클라이언트 중심 서비스, 협업, 투명성 중시 문화와 높은 친화성을 가진다. 예를 들어, 사회복지기관이 만족도 조사를 바탕으로 사례관리 과정을 개선하는 실천은 TQM적 운영의 예이다.

그러나 TQM의 적용에는 한계도 존재한다. 사회복지서비스는 성과나 품질을 정량화하기 어렵고, 관계 중심의 특성상 질 향상을 실증적으로 입증하기 어렵다(Milakovich, 1991). 또한 단기 성과에 치중하면 인간 중심성과 사회적 가치 추구가 위협받을 우려도 존재한다.

Part 2 사회복지조직과 전달체계의 이해

사회복지조직의 구조, 유형 및 환경

이미 앞서 살펴본 바와 같이 사회복지실천은 조직적 요인과 불가분의 관계에 있다. 따라서 사회복지사는 자신이 속한 사회복지조직은 물론, 해당 조직에 영향을 미치는 내외부 환경에 대한 충분한 이해를 갖추어야 한다. 또한 조직이라는 구조적 틀을 단지 관료주의의 부정적 속성으로 환원하여 인식하는 태도는 지양해야 한다. 실제로 사회복지행정 이론에서 살펴본 바와 같이, 관리자의 조직에 대한 인식과 설계 방식에 따라 조직구조는 다양한 형태로 변모할 수 있으며, 그에 따라 조직 내부의 상하관계, 부서 간 조정, 동료 간 역동성 또한 다르게 작동할 수 있다.

이러한 점에서 사회복지학도들은 사회복지조직의 구조적 특성과 기능적 속성에 대해 정확히 이해할 필요가 있다. 따라서 본 장에서는 먼저 조직 일반에 대한 개념적 기초를 살펴본 후, 사회복지행정이 실제로 작동하는 사회복지조직의 구조, 유형, 환경적 특성에 대해 고찰하고자 한다.

1. 조직과 조직화의 이해

1) 조직의 개념과 특성

조직(organization)은 특정한 목적을 달성하기 위해 복수의 구성원이 체계적으로 결합한 구조적 단위이다. 에치오니(Etzioni, 1967)는 조직을 “목표 달성을 위해 일정한 구조를 갖춘 사회적 단위"로 정의하며, 이는 조직이 목적지향적이며 구조화된 상호작용 체계임을 강조한다.

조직의 일반적 특성은 공동의 목표, 분업, 조정, 권한체계의 네 가지로 요약된다(Hall, 1991; Robbins, 1990). 첫째, 공동의 목표(common goal)는 구성원들이 공유하는 목적을 통해 활동이 통합되고 동기화되는 기반이다. 둘째, 분업(division of labor)은 과업을 기능별로 나누어 전문성과 효율성을 높이는 원리이며, 현대 조직 운영의 핵심이다. 셋째, 조정(coordination)은 분화된 기능 간에 발생할 수 있는 단절을 방지하고, 조직 목표 달성을 위해 상호 연계된 과업을 통합하는 메커니즘이다. 넷째, 권한체계(hierarchy of authority)는 공식적 권한과 책임이 위계적으로 분화된 지휘·감독 구조를 의미한다. 이러한 조직의 구성 원리는 사회복지조직에도 적용되며, 조직구조 이해와 실천 조건 분석의 이론적 기반이 된다.

2) 조직화의 개념

조직은 단지 결과물로서의 조직체(organization)를 의미할 뿐만 아니라, 그 조직체를 형성해 가는 과정, 즉 '조직화의 과정(process of organizing)'을 포함하는 개념이다. 이처럼 조직은 정적인 조직체와 동적인 조직화의 두 차원으로 설명될 수 있다. 전자는 구조적 결과물로서의 안정성에, 후자는 사람과 자원을 결합해 목표를 달성하는 역동적 실천 과정에 초점을 둔다.

최성재와 남기민(2016)은 조직화를 "일정한 요소를 모아 전체 체계를 형성해 가는 계획적이고 기능적인 조정 활동"으로 정의한다. 즉, 조직화는 조직이 하나의 통합된 체계를 갖추기 위해 수행하는 계획적이고 기능적인 핵심 과정이라 할 수 있다. 특히 조직화는 조직의 목표를 효과적으로 달성하기 위해 구성원의 직무와 이들 간의 관계를 규정하고 조정하는 핵심 기능으로 간주된다. 이에 대해 알렌(Allen, 1958)은 조직화를 "조직의 목표를 달성하기 위해 조직 구성원들이 가장 효과적으로 협력할 수 있도록, 과업 내용을 명확히 하고, 직무 수행에 필요한 권한과 책임을 설정하여 이를 적절히 위임함으로써 구성원의 협력을 유도하는 과정"으로 설명한다. 이는 조직화가 단순한 인력 배치가 아니라 효과적인 협력 구조를 구축하는 전략적 활동임을 강조한다.

2. 조직 설계와 조직구조

조직화는 조직 설계 및 조직구조와 밀접한 연관이 있다. 마치 집을 짓기 전에 방의 개수, 위치, 창문의 모양과 크기 등을 사전에 계획하는 것처럼, 조직 설계란 조직이 어떤 방식으로 기능해야 하는지를 체계적으로 계획하는 행위이다. 이러한 설계를 바탕으로 실제로 구현된 구조가 바로 조직구조에 해당한다. 즉, 조직 설계가 설계도라면 조직구조는 그 도면에 따라 세워진 실제 건물의 골격이라 할 수 있다.

1) 조직 설계

사회복지조직은 변화하는 환경과 클라이언트 요구에 민감하게 반응해야 하며, 이를 위해 전략적 재편성을 지속적으로 고려해야 한다. 조직 설계(organizational design)는 새로운 조직을 만들거나 기존 구조를 재구성하여, 보다 효율적이고 목표지향적인 조직으로 전환하려는 계획적이고 의도적인 관리 활동이다. 이 과정은 단순히 조직도를 재구성하는 차원을 넘어, 조직의 사명과 전략을 효과적으로 구현할 수 있도록 구조를 재정렬하는 전략적 과정으로 이해되어야 한다(Bolman & Deal, 2017). 또한 조직설계는 구성원이 어떤 방식으로 역할을 수행하고, 자원과 정보가 조직 내에서 어떻게 흐를지를 결정짓는 중요한 수단이다. 이러한 조직설계를 통해 조직은 목표 달성을 위한 구조적 틀을 갖추고, 운영을 효과적으로 조정・통제할 수 있다. 특히 조직구조의 변화는 과거 방식과의 단절을 상징하며, 조직이 새로운 전략과 방향으로 나아가고 있음을 나타내는 중요한 신호가 될 수 있다(Dees & Anderson, 2003).

효과적인 조직 설계를 위해 관리자는 다음의 여섯 가지 핵심 요소를 고려해야 한다(Daft, 2016).

첫째, 업무 전문화(work specialization)로, 이는 구성원이 제한된 특정 과업을 반복 수행하도록 직무를 세분화하는 것이며, 숙련도와 생산성을 높여 조직 효율성에 기여한다.

둘째, 부서화/부문화(departmentalization)로, 이는 유사하거나 관련된 직무를 기능, 제품, 지역, 고객 등의 기준에 따라 하나의 단위로 묶어 조직화하는 것을 의미한다. 이를 통해 조정이 용이해지고 책임 소재가 명확해지며, 전문성이 강화된다.

셋째, 명령보고 체계(chain of command)로, 이는 조직 내 권한과 책임의 위계적 연결을 명시하는 체계로서 지휘・보고 관계를 명확히 하여 정당한 권한 행사와 공식적 의사소통을 가능하게 한다.

넷째, 통제의 범위(span of control)로, 이는 한 명의 관리자가 직접 감독할 수 있는 부하 직원의 수를 의미한다. 이 범위가 지나치게 넓으면 의사소통에 혼선이 생기며, 관리자의 업무 부담이 과도해질 수 있다. 반대로 너무 좁으면 관리비용이 증가하고 비효율이 초래될 수 있다.

다섯째, 집권화(centralization)와 분권화(decentralization)로, 이는 조직 내 의사결정 권한이 상위 계층에 집중되어 있는지, 혹은 하위 계층에 위임되어 있는지를 나타내는 조직 설계상의 핵심 개념이다. 집권화는 주요 의사결정이 조직의 상위 계층에서 이루어지는 구조로, 일관된 정책 집행과 효율적인 자원 관리를 가능하게 한다. 반면, 분권화는 결정 권한이 하위 계층이나 일선 관리자에게 위임되는 방식으로, 변화에 대한 민감한 대응과 업무의 자율성을 높이는 데 유리하다.

여섯째, 공식화(formalization)로, 이는 조직 내 업무 방식이나 절차가 얼마나 체계적으로 규정되고 문서화되어 있는지를 의미한다. 공식화 수준이 높은 조직에서는 직무 수행이 세부 규정이나 표준 절차에 따라 엄격히 수행되며, 이를 통해 구성원의 행동을 통제하고 조직 운영의 일관성과 예측 가능성을 확보할 수 있다. 반대로, 공식화 수준이 낮은 조직은 구성원에게 많은 자율성과 재량권을 부여하지만, 그만큼 업무의 일관성과 책임 소재가 모호해질 수 있다.

2) 조직구조

(1) 조직구조의 개념

구조는 일반적으로 건축물이나 기계의 뼈대를 지칭하지만, 조직구조(organizational structure)는 단순한 물리적 형태가 아닌 구성원 간 관계, 역할 · 권한 배분, 업무 방식 등을 포함한 사회적 체계로 이해되어야 한다. 조직은 사람 간 상호작용에 기반한 사회적 실체이기 때문에, 인간적 요소 없이 조직구조를 논의할 수 없다.

이러한 맥락에서 조직구조란 조직의 목표 달성을 위해 자원 배열, 역할 · 권한 배분, 의사결정과 통제 방식을 공식적으로 설계한 체계를 의미한다(Daft, 2016). 이는 단순한 조직도가 아니라, 조직 운영과 전략적 조정을 가능하게 하는 토대로 기능한다.

홀(Hall, 1991)은 조직구조의 기능으로 세 가지를 제시하였다. 첫째, 조직이 산출물을 생산하고 목적을 달성할 수 있는 운영 기반을 제공하는 것, 둘째, 역할 명확화, 조정 메커니즘 제공 등을 통해 구성원 간 갈등을 완화하는 것, 셋째, 의사결정과 실제 활동이 이루어지는 장으로 기능하는 것이다.

일반적으로 조직구조는 조직도의 형태로 시각화되며, 이를 통해 조직 내 부서 간의 관계, 계층 간 명령체계, 권한 분포를 파악할 수 있다. 그러나 실제 조직구조의 핵심은 업무의 분화, 통제의 메커니즘, 조정 방식, 권한의 흐름 등이 왜 이렇게 설계되어 있는지에 대한 내적 구조설계 논리에 있으며, 이 구조는 환경과의 상호작용 속에서 그 의미가 드러난다.

(2) 조직구조의 변수

조직구조는 다양한 요인의 영향을 받으며, 이러한 요인들은 조직의 효율성과 효과성에 결정적인 영향을 미친다. 일반적으로 이러한 요인들은 상황변수(contingency variables)와 구조변수(structural variables)로 구분된다(Donaldson, 2001; Hall, 1991). 상황변수는 조직이 처한 외부 및 내부의 조건을 의미하며, 대표적으로 조직의 환경, 기술, 규모, 전략 등이 이에 해당한다. 이들 상황변수는 조직이 어떤 구조를 갖추어야 하는지를 결정짓는 기준이 된다. 반면, 구조변수는 조직의 실제 구조적 특성을 지칭하는 개념으로, 복잡성, 공식성, 집권성 등이 대표적인 요소이다.[1] 조직이 어떻게 설계되어 있는지를 파악하려면 이러한 구조변수들이 어떻게 조합되어 있는지를 분석할 필요가 있다. 다음은 구조변수에 대한 설명이다.

① 복잡성(complexity)

복잡성은 조직 내 구조적 분화(differentiation)의 정도를 의미하며, 인적 · 물적 자원의 배분과 업무 및 권한의 세분화 수준을 나타낸다(Jones, 2010). 조직의 분화는 수평적 분화, 수직적 분화, 공간적 분화의 세 차원으로 나뉜다(Sun & Pan, 2011).

첫째, 수직적 분화(vertical differentiation)는 조직 내 위계 수준을 의미하며, 이는 계층 수와 각 층 간 권한과 책임의 분배 양상을 보여 준다. 계층의 수가 많을수록 수직적 분화 수준이 높아지며, 이는 의사결정의 신속성과 효율성에 영향을 미칠 수 있다(Leavitt, Dill & Eyring, 1973).

둘째, 수평적 분화(horizontal differentiation)는 조직 내 직무의 분화 정도, 즉 분업의 정도와 개인의 전문화 수준을 의미하며, 단위부서 간의 횡적 분리 양상을 보여 준다. 부서의 수가 많을수록 수평적 분화 수준이 높아진다.

셋째, 공간적 분화(spatial differentiation)는 지리적 분화라고도 불리며, 조직이 지리적으로 얼마나 넓은 범위에 걸쳐 분포되어 있는지를 나타낸다. 예를 들어, 조직의 지사, 공장, 사무소 등이 여러 지역에 분포되어 있을수록 공간적 분화의 정도는 높아지며, 대학의 분교체제가 공간적 분화의 적절한 사례라 할 수 있다.

조직 내 수직적 · 수평적 · 지리적 분화 수준이 높을수록 조직의 복잡성은 높아진다. 대체로

1 일반적으로 조직구조에 영향을 미치는 요인은 구조변수와 상황변수로 구분된다(Daft, 2016; Donaldson, 2001). 하지만 일부 국내 문헌에서는 조직구조에 영향을 미치는 요인을 구조변수로 통칭하고, 이를 상황변수와 기본변수로 구분하는 경우도 있다. 본서에서는 혼란을 방지하기 위해 외국 문헌의 용례에 따라 조직구조에 영향을 주는 요인을 구조변수와 상황변수로 구분하여 서술한다.

조직의 규모가 커질수록 복잡성은 높아지는 경향을 보인다. 하지만 규모가 커지더라도 계층의 수가 증가하지 않거나 부서의 수가 증가하지 않을 수도 있다. 한편, 환경에 대한 의존성과 불확실성이 높은 조직은 일반적으로 복잡성이 낮다. 또한 조직이 사용하는 기술이 자동화 내지 표준화된 일상적인 기술일수록 복잡성은 높은 반면, 사회복지조직의 기술처럼 비일상적인 기술일수록 복잡성은 낮다.

복잡성 정도가 낮은 조직은 의사소통 · 조정 · 통제 장치의 필요성이 그만큼 줄어들지만, 관리 계층이 많고 조직시설과 인력이 광범위한 지역에 분산되어 복잡성 정도가 높은 조직의 경우에는 의사소통 및 조정장치의 필요성이 매우 높아지므로 관리자의 각별한 주의와 설계 전략이 요구된다.

② 공식성(formalization)

공식성은 직무나 과업의 수행 방식이 어느 정도 명문화되고 표준화되어 있는지를 의미한다. 공식화된 직무는 수행자가 정해진 규칙에 따라 업무를 수행하도록 하며, 그만큼 자율성과 재량권은 제한된다. 규칙, 절차, 역할 규정, 직무명세서 등이 명확히 설정되고 엄격히 준수될수록 공식성의 정도는 높아진다. 따라서 공식성은 조직 구성원의 행동이 갖는 일정성 · 규칙성 · 몰인격성[2]의 수준을 나타낸다.

일반적으로 공식성이 높은 조직은 다음과 같은 장점을 가진다. 첫째, 업무 수행 방식이 표준화되어 있어 일관성과 예측 가능성이 확보된다. 둘째, 규칙과 절차에 따라 업무가 수행되므로 공정성이 확보되며, 구성원 간 업무 처리 방식이나 자의적 판단의 차이를 줄일 수 있다. 셋째, 업무가 정형화되어 있어 효율적인 업무 수행이 가능하다. 하지만 공식성이 지나치게 높으면, 조직 구성원들의 자율성과 재량권이 위축되어 융통성이 저하되고 창의성이 저해될 수 있다.

공식성의 정도는 다음과 같은 요인에 의해 영향을 받는다.

첫째, 조직 규모이다. 일반적으로 조직의 규모가 클수록 규칙과 절차에 의존하는 정도가 높아져 공식성이 증가한다. 둘째, 조직기술의 유형이다. 일반적으로 조직기술이 일상적이고 표준화된 기술일수록 공식성이 높고, 사회복지조직처럼 비일상적이고 비표준화된 기술을 사용

2 몰인격성(impersonality)이란 인간이 가지고 있는 특성 중 감정적, 정서적 측면을 배제한 이성적인 부분을 의미한다. 다시 말해, 베버(Weber)가 제시한 관료제의 특징 중의 하나인 몰인격성은 과업이 사전적으로 정해진 규정에 따라 어떠한 임의성이나 편애 없이 불편부당하게 수행되고 각각의 활동(transaction)이 문서화된 형태로 보존되는 것을 의미한다(Beetham, 1987).

하는 경우에는 공식성이 낮다. 셋째, 조직 환경의 안정성이다. 일반적으로 조직 환경이 안정적일수록 업무가 반복적이거나 정형화되기 쉬우므로 공식성은 높다. 넷째, 업무의 표준화 정도이다. 구성원의 역할이나 업무 절차에 대한 표준화의 정도가 높을수록 공식성은 높다. 다섯째, 업무의 단순성과 반복성이다. 업무가 단순, 반복적이며 정형화되어 있을수록 공식성은 높다. 여섯째, 조직문화의 강도이다. 조직문화가 강할수록 구성원의 행동이 조직의 가치와 규범에 의해 지배되므로 공식성이 높아진다.

③ 집권성(centralization)

집권성은 조직 내 의사결정 권한이 상층부에 집중되어 있는 정도를 의미한다. 의사결정 권한이 상층부에 집중되어 있으면 집권성이 높은 것이고, 하층부까지 분산되어 있으면 분권화(decentralization)가 높은 것이다.

더 알아보기 4-1 조직구조의 구조변수와 환경변수의 관계

조직구조를 구성하는 구조변수인 복잡성, 공식성, 집권성은 조직의 외적 · 내적 환경을 구성하는 다양한 상황변수와 밀접하게 연관되어 있다. 특히 조직의 규모, 사용기술, 환경 특성은 구조적 설계의 방향을 결정짓는 중요한 요인으로 작용한다. 구조변수와 상황변수 간의 일반적인 관계는 다음 표에서 보는 바와 같다.

구분	복잡성	공식성	집권성
조직 규모	• 조직 규모가 커질수록 일정 수준까지는 조직의 복잡성이 증대하지만, 그 이후부터는 속도와 정도가 감소한다. • 소규모 조직에서는 조직 규모와 복잡성 간의 상관관계가 높으나, 대규모 조직에서는 그 관계가 낮다. • 조직 규모가 커질수록 조직 규모와 지역적 분산은 상관관계가 높다.	• 조직 규모가 커질수록 조직의 공식화 정도는 높아진다.	• 조직 규모와 조직의 집권성 간에는 강한 역의 관계가 존재한다. 즉, 조직 규모가 커질수록 분권화된다.
조직기술	• 조직기술이 일상적인 기술일수록 조직의 복잡성은 높다.	• 조직기술이 일상적인 기술일수록 조직의 공식성은 높다.	• 조직기술과 조직의 집권성 정도 간에는 일정한 관계가 없다.
조직 환경	• 조직 환경의 불확실성이 높을수록 조직의 복잡성은 낮아진다.	• 조직 환경의 불확실성이 높을수록 조직의 공식성은 낮아진다.	• 조직 환경의 불확실성이 높을수록 조직의 집권성은 낮아지며, 분권화된다.

일반적으로 조직의 규모가 커질수록 의사결정 권한을 하위 계층에 위임하는 경향이 강해져 분권화가 촉진된다. 반면, 소규모 조직에서는 집권성이 유지되는 경향이 있다. 또한 환경의 안정성과 확실성이 높을수록 조직구조는 집권화하는 경향이 크다. 한편, 조직기술과 집권성 간에는 일정한 관계가 없다. 다만, 일상적이고 표준화된 기술을 사용하는 조직에서는 업무 절차가 명확하므로 집권화가 효과적일 수 있다. 반면, 비일상적이고 복잡한 기술을 사용하는 조직에서는 하위 계층의 전문성이 중요하므로 분권화가 더 적합하다.

(3) 조직구조의 분류

조직구조를 분류하는 방식은 다양하지만, 본서에서는 이를 체계적으로 이해하기 위해 세 가지 기준에 따라 구분한다. 첫째, 외부 환경에 대한 적응 방식에 따라 '기계적 구조'와 '유기적 구조'로 나눈 고전적 분류, 둘째, 조직 내 권한의 흐름과 계층구조에 따라 '수직적 구조'와 '수평적 구조'의 비교 틀, 셋째, 실제 조직 설계에 활용되는 다양한 조직구조 유형에 주목하여 '기능식', '사업부제', '매트릭스', '네트워크', '팀' 구조 등 현대적 조직구조 유형을 중심으로 조직 설계의 실천적 다양성을 고찰하고자 한다.

① 기계적 구조(mechanistic structure) vs. 유기적 구조(organic structure)

조직구조의 대표적 분류 기준 중 하나는 톰 번즈(Tom Burns)와 G.M. 스토커(G. M. Stalker)가 제시한 기계적 구조와 유기적 구조의 이분법이다. 두 학자는 영국과 스코틀랜드 산업조직을 분석하여, 조직 외부 환경의 안정성 여부에 따라 조직의 구조적 특성이 달라진다는 사실을 밝혀냈다(Burns & Stalker, 1961). 즉, 안정적인 환경에서는 기계적 구조가, 동태적인 환경에서는 유기적 구조가 나타난다.

기계적 구조는 〈표 4-1〉에서 볼 수 있듯이 엄격한 규칙, 절차, 계층적 명령체계를 중심으로 운영된다. 권한은 상위 관리자에게 집중되며, 공식 문서와 절차에 따라 업무가 수행된다. 부서 간 역할이 명확하고 통솔 범위가 좁아 효율적인 통제가 가능하다. 이 구조는 대규모 관료적 조직에서 유리하나, 환경 변화에 대한 적응력이 낮고, 하향식 의사결정 구조로 인해 업무의 민첩성이 제한되며, 경직성, 부서 간 갈등의 한계가 존재한다.

반면, 유기적 구조는 권한이 분산되고, 유연한 의사소통과 협업이 중시된다. 규칙보다는 과업 중심의 상호 조율에 의해 업무가 수행되며, 부서 간 경계도 유동적이다. 이러한 구조는 혁신성과 적응력을 높이고 창의적 문제해결에 효과적이나, 명확하게 규정된 역할 및 절차가 부족하여 역할 중복, 책임 불명확성이 나타나기 쉬우며, 다수의 자율적인 팀이 존재함으로써 목표 충

표 4-1 기계적 구조와 유기적 구조 비교

구분	기계적 구조	유기적 구조
의사결정 구조	• 집권화	• 분권화
규칙과 절차	• 구체적, 성문화, 많음	• 일반적, 비성문화, 적음
부서 간 협업	• 독립적	• 상호 의존적
관리(통제)의 범위	• 좁음	• 넓음
공식성	• 높음	• 낮음
조직구조의 유연성	• 경직 (고정된 틀 유지)	• 유연 (환경 변화에 탄력으로 적응)
적합한 환경	• 안정적이고 단순하며 불확실성이 적은 환경에 적합	• 불안정하고 복잡하며 급변하는 환경에 적합
과업의 표준화	• 높음	• 낮음
의사소통	• 수직적, 명령과 보고	• 양방향, 조언과 자문
갈등해결 방식	• 상급자의 의사결정	• 토론 또는 기타 상호작용
구성원 간 관계	• 몰인간적 대면관계	• 의사소통을 통한 정보 공유
장점	• 내적 통제력 강화로 내부 관리의 효율성 • 표준화된 통제에 따른 예측 가능성 • 업무의 계속성, 안정성	• 환경 변화에 대한 대응성 높음 • 조직의 자기 혁신에 강점 • 내적 동기부여
단점	• 환경 대응 능력 부족 • 부서 간 조정 어려움	• 팀 간 목표 불일치 가능성 • 성과에 대한 평가 어려움
해당 조직	• 고전적 관료제 조직	• 학습조직 • 애드호크라시(임시조직) • 매트릭스 조직(행렬조직) • 네트워크 조직

돌, 성과 평가의 어려움 등의 한계도 존재한다(Morgan, 2006).

② **수직적 구조**(vertical structure) vs. **수평적 구조**(horizontal structure)

조직구조는 권한과 책임의 분포 방식에 따라 수직적 구조와 수평적 구조로 구분된다. 두 구조는 의사결정 방식, 업무 분장, 계층 간 상호작용 등에서 차이를 보인다.

수직적 구조는 계층구조(hierarchical structure)로도 불리며, 상하 간 권한체계가 뚜렷하고 각 계층이 명확한 역할과 책임을 지닌다(Daft, 2016). 일반적으로 피라미드 형태를 띠며, 최고 관리자에게 권한이 집중된 하향식(top-down) 통제를 특징으로 한다. 계층이 많을수록 보고체계가 정형화되어 질서 유지와 통제력 강화, 책임 소재의 명확화에 효과적이다.

이러한 수직적 구조는 〈표 4-2〉에서 보는 바와 같이 각 계층의 권한과 책임이 명확히 구분되어 있어, 업무 프로세스가 효율적으로 진행되며 생산성을 높일 수 있다는 장점이 있다. 또한 관리자가 업무 진행 상황을 명확히 파악하고 감독할 수 있다. 따라서 업무가 표준화되어 있고 절차적 일관성이 요구되는 공공조직이나 대규모 기업 등에 적합한 구조로 평가된다. 하지만 수직적 구조는 변화 대응력이 떨어지고, 계층을 따라 승인 절차를 거쳐야 하므로 의사결정이 지연되기 쉬우며, 창의성 저하, 하급자의 참여 기회 축소 등 유연성 부족의 한계가 존재한다.

반면, 수평적 구조는 계층 수를 최소화하고 협업과 자율성을 강조한다. 팀 기반의 작업 방식이 일반화되어 구성원은 공동으로 의사결정에 참여하고 상호 존중의 문화를 형성한다(Mintzberg, 1979). 수평적 구조는 분권화와 개방적 의사소통을 특징으로 하며, 창의성과 신속한 정보 공유, 유연한 협업을 촉진한다.

이러한 수평적 구조는 빠르게 변화하는 환경이나 창의성이 요구되는 조직에서 효과적이며, 구성원의 책임감과 몰입도 향상에 기여한다. 그러나 권한 분산으로 인해 합의 과정에서 의사결정이 느려질 수 있고, 업무의 경계가 불분명할 경우 역할 중복, 책임 회피, 무임승차(free-riding) 등의 문제가 발생할 수 있다.

따라서 조직은 전략, 환경 변화 수준, 구성원 역량 등을 종합적으로 고려해 구조를 선택해야 하며, 필요에 따라 두 구조를 절충한 하이브리드 형태를 적용하기도 한다.

표 4-2 수직적 구조와 수평적 구조의 장단점 비교

구분	수직적 구조	수평적 구조
장점	• 명확한 권한과 책임 • 통제와 감독 용이성	• 창의성과 혁신성 증진 • 팀의 자율성 보장 • 민주적인 의사결정 • 동태적 상황에 대한 신속한 대응 • 구성원 간 활발한 상호작용
단점	• 관리자의 권위적 행동 및 독단적 의사결정 • 유연성과 창의성 저하 • 엄격한 계층구조에 따른 의사소통 어려움 • 관리자에게 과도한 의존으로 빠른 의사결정 어려움	• 업무 참여나 보수에 대한 갈등 (무임승차자 발생 시 업무공동화) • 의사결정권 분산에 따른 결정 지연 • 업무 범위의 불명확으로 중복 업무 발생 • 책임 소재 모호로 인한 업무 효율성 저하

③ 현대적 조직구조 유형

㉮ 기능식 구조(functional structure)

기능식 구조는 유사한 기능이나 직무를 수행하는 인력을 동일 부서로 편성하는 구조로, 직능별 구조 또는 U-form(unity form) 구조라고도 한다. [그림 4-1]처럼 최고경영자(CEO) 아래에 재무, 인사, 생산, 마케팅 등 기능별 부서가 수평적으로 배치되며(Daft, 2016), 사회복지조직에서는 총무팀, 사례관리팀, 서비스제공팀, 지역조직화팀 등으로 구성될 수 있다.

이 구조의 장점은 기능의 전문화와 자원 공유를 통한 효율성 향상이다. 유사 업무를 하나의 부서에서 수행함으로써 전문기술의 축적과 업무 표준화가 촉진되고, 중복된 자원 사용을 줄여 비용을 절감할 수 있다. 또한 전문 지식과 경험을 갖춘 기능별 리더십은 업무 품질의 일관성 유지에 기여한다(Mintzberg, 1979).

하지만 기능식 구조는 부서 간 협업이 어렵고, 전체 목표에 대한 조망이 부족해 부서 이기주의가 발생할 수 있다. 또한 과업 결과가 여러 기능에 걸칠 경우, 책임이 분산되며 성과 관리에 어려움이 생긴다. 특히 환경 변화가 빈번한 상황에서는 구조의 경직성으로 인해 유연한 대응이 어렵다(Daft, 2016).

따라서 기능식 구조는 안정적이고 표준화가 가능한 조직에는 효과적이나, 변화와 조정이 요구되는 환경에서는 보완이 필요하다.

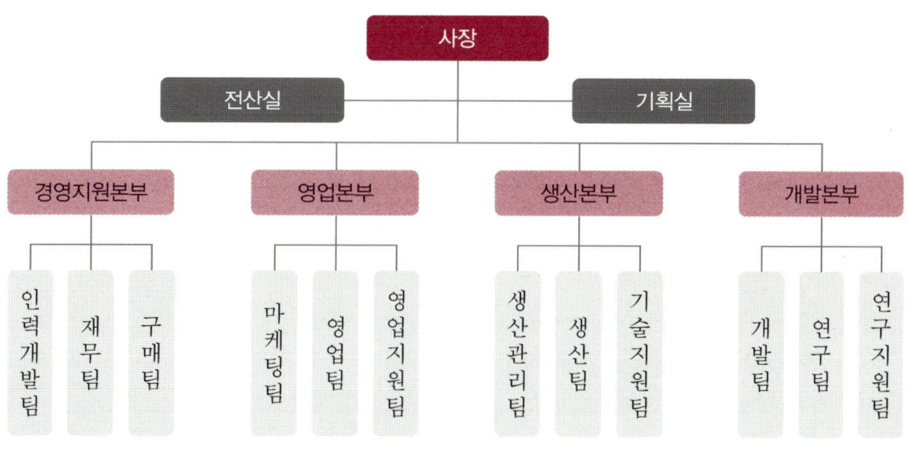

[그림 4-1] 기능식 구조

㉯ 사업부제 구조(divisional structure)

사업부제 구조는 조직을 산출물, 지역, 고객 등 특정 기준에 따라 독립된 사업 단위(divisions)로 구분하고, 각 단위가 자체적인 기능별 하위 구조를 갖는 형태이다. M-form(multidivisional form) 또는 부문별 구조로도 불리며, 각 사업부는 일정한 자율성과 책임을 가지고 독립적으로 운영된다(Chandler, 1962).

예컨대, [그림 4-2]에서 보는 바와 같이, 한 기업이 제품 A, B, C를 생산하는 경우, 각 제품별 사업부가 생산 · 판매 · 연구개발 등 기능 부서를 자체적으로 포함하는 형태를 띤다. 사회복지조직에서는 아동복지팀, 청소년복지팀, 노인복지팀 등 대상 집단 중심의 팀이 자체적으로 기획부터 평가까지 전 과정을 수행하는 방식이 이에 해당한다.

사업부제 구조의 가장 큰 강점은 분권화를 통한 신속하고 유연한 의사결정이 가능하다는 점이다. 각 사업부는 고유 시장 환경에 빠르게 반응하며, 내부 기능 간 조정을 통해 의사결정과 실행 간의 간극이 줄어들고 책임 소재도 명확해진다(Daft, 2016). 또한 자체적으로 성과를 관리함으로써 책임성 강화, 성과 기반 보상, 관리자 육성에도 효과적이다.

그러나 각 사업부가 유사 기능을 중복으로 보유함에 따라 규모의 경제를 실현하기 어렵고, 부문 간 경쟁이나 갈등, 기술 표준화 어려움 등 비효율성이 발생할 수 있다. 따라서 중앙 관리 기능의 전략적 조율이 중요해진다(Mintzberg, 1979).

결국 사업부제 구조는 제품이나 고객군이 뚜렷하고, 부문별 자율성과 책임 위임이 가능한 조직에서 효과적이며, 환경 변화에 민감하고 시장 중심성이 요구되는 복잡한 조직에 적합하다.

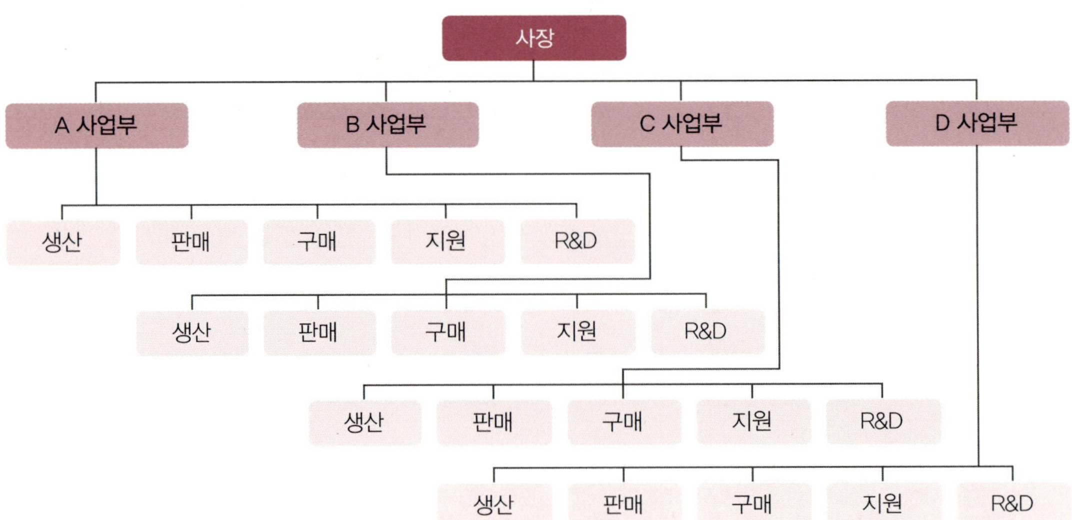

[그림 4-2] 사업부제 구조

㉰ 매트릭스 구조(matrix structure)

매트릭스 구조는 [그림 4-3]에서 보듯이 기능별 구조와 사업부제 구조의 장점을 결합한 이중 조직 형태로, 특히 프로젝트 중심의 과업에 효과적이다. 기능식 구조가 전문성과 효율성에, 사업부제 구조가 환경 대응력과 책임 경영에 강점이 있는 반면, 매트릭스 구조는 두 요소를 동시에 포함하며 기능 단위와 프로젝트 단위가 교차 결합된 형태를 띤다(Daft, 2016).

매트릭스 구조에서는 구성원이 기능 관리자와 프로젝트 매니저, 두 명의 상관에게 동시에 보고하는 이원적 권한체계를 따른다. 예컨대, 한 직원이 인사팀장과 정책개발 프로젝트 책임자 모두의 지시를 받는다. 이러한 구조는 기술 상호 의존성이 높고 환경 변화가 빠르며 복잡한 일시적 과업에 특히 효과적이다(Mintzberg, 1979).

매트릭스 구조의 장점은 다음과 같다. 첫째, 기능 간 협업으로 자원 활용을 극대화할 수 있다. 둘째, 창의성과 전문성, 유연성이 동시에 요구되는 과업에 적합하다. 셋째, 프로젝트 중심의 운영 방식은 구성원의 책임감과 참여의식을 높이며, 급변하는 환경에 보다 신속하게 대응할 수 있도록 한다.

그러나 이 구조는 구조적 복잡성과 이중 보고 체계로 인한 지시체계의 혼란을 초래할 수 있다는 단점을 가진다. 상반된 지시로 인한 갈등, 관리자 간 조정 실패에 따른 책임 회피, 그리고 잦은 회의로 인한 비효율은 피로감을 유발할 수 있다. 따라서 효과적 운영을 위해서는 고도의 관리 역량과 명확한 역할 조정 시스템이 필수적이다.

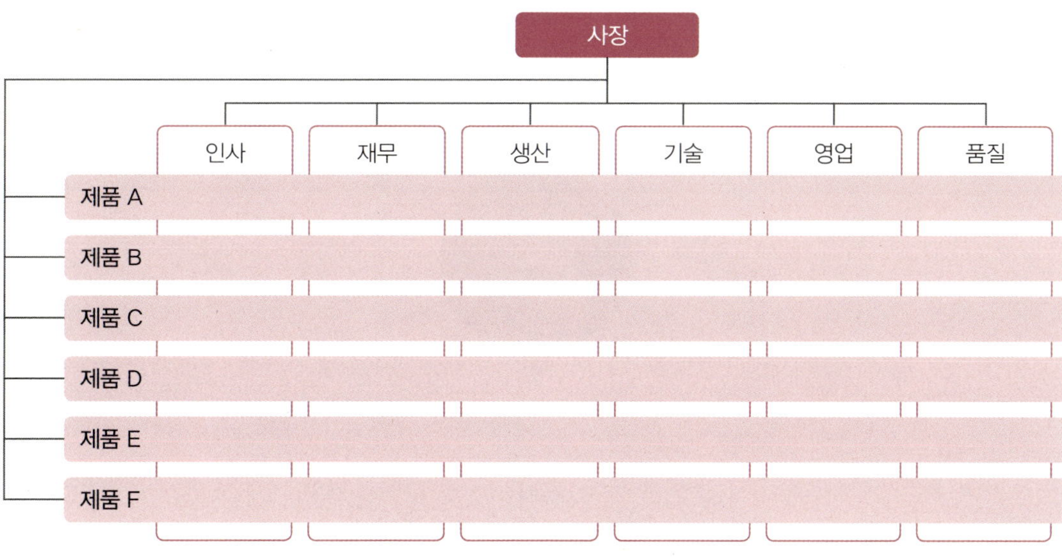

[그림 4-3] 매트릭스 구조

㉣ 네트워크 구조(network structure)

네트워크 구조는 [그림 4-4]에서 보는 바와 같이 조직이 핵심 기능만 내부에서 수행하고, 나머지 기능은 외부 기관이나 파트너와의 계약 또는 전략적 제휴를 통해 수행하는 방식이다. 이 구조는 정보통신기술의 발전과 글로벌 환경 속에서 유연성과 민첩성을 중시하는 조직들 사이에서 확산되었으며, 핵심 역량에 집중하면서 물리적 자산 없이 다양한 기능을 수행할 수 있다는 점에서 주목받고 있다(Daft, 2016).

네트워크 구조는 조직이 독립적으로 기능을 수행하기보다는 외부 조직과의 신뢰를 기반으로 한 협력을 통해 자원을 확보하고 과업을 수행하는 것이 특징이다. 독립 조직들은 수평적이고 상호 보완적으로 연결되며, 각 조직은 상대 조직의 자원을 내부 자원처럼 활용하여 공동의 목표를 추구한다(Miles & Snow, 1986). 이는 전통적인 수직적 통제 방식보다 협력적이고 유연한 분산형 지휘체계를 중시하는 방식이다.

네트워크 구조의 주요 강점은 다음과 같다. 첫째, 핵심 역량에 집중하여 전략적 민첩성과 효율성이 향상된다. 둘째, 외부 전문 조직과의 협력을 통해 기술력과 시장 접근성을 확보할 수 있다. 셋째, 고정비용을 줄일 수 있다. 넷째, 변화에 빠르게 대응할 수 있는 유연성이 크다.

반면, 네트워크 구조의 가장 큰 단점은 통제력의 약화이다. 외부 기관과의 계약은 조직의 직접 통제가 어려운 영역을 확대시키고, 외부 파트너의 역량과 신뢰도에 따라 조직 전체의 성과

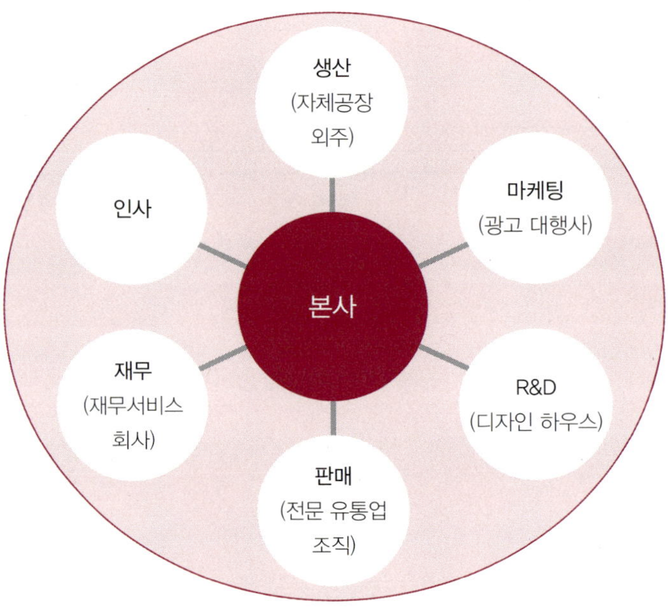

[그림 4-4] 네트워크 구조

더 알아보기 4-2 가상조직 vs. 네트워크 조직

'가상조직(virtual organization)'에서 '가상(假想)'은 실제로 존재하지 않지만 정보기술을 통해 외부 자원을 내부 자산처럼 활용하는 방식을 의미한다. 골드만과 동료들(Goldman, Nagel, & Preiss, 1995)은 가상조직을 시장 기회를 포착하기 위해 여러 조직이 일시적으로 제휴하고 정보기술을 활용해 과업을 수행하는 조직 형태로 개념화하였다. 한편, 디생티스와 몬지(DeSanctis & Monge, 1999)는 가상조직을 지리적 · 문화적으로 분산된 사람들이 전자적 방식으로 연결된 집단으로 설명하였다. 즉, 가상조직은 독립된 조직들이 정보기술을 매개로 각자의 역량을 결합해 빠르게 시장 기회를 공유하려는 조직 모델이다(박원우, 2014).

가상조직과 네트워크 조직은 모두 정보통신기술을 통해 물리적 제약 없이 협업하고, 핵심 역량은 내부에 두고 나머지 기능은 외부와 협력해 수행하면서, 이를 통해 자원을 전략적으로 재배치하고 경쟁력을 제고할 수 있다는 공통점이 있다.

하지만 차이점도 있다. 네트워크 조직은 자사의 핵심 기능을 중심으로 외부와 협력하는 구조이며, 기능 분업이 명확하다. 반면, 가상조직은 독립된 조직 간의 핵심 역량을 통합해 공동 과업을 수행하는 경계가 모호한 구조로, 더 높은 정보기술 의존성과 유연성, 그리고 일시적 · 비공식적 특성을 가진다.

가 크게 영향 받을 수 있다. 또한 구성원 간의 소속감이나 충성심이 약화되기 쉬우며, 응집력 있는 조직문화 형성의 어려움, 책임 소재의 모호성, 갈등 조정의 복잡성 등도 주요 단점으로 지적된다.

㉮ 팀 구조(team structure)

팀 구조는 조직 내 여러 팀이 기능 간 경계를 넘어서 공통의 목표를 중심으로 자율적이고 협력적으로 운영되는 구조로, 팀 기반 구조(team-based structure) 또는 팀제 조직구조라고도 한다(Daft, 2016). [그림 4-5]와 같이 전통적 부서 중심의 구조가 아니라, 소규모 전문 인력으로 구성된 팀이 과업에 따라 유연하게 편성 · 운영된다.

팀 구조에서는 부서 간 경계와 계층구조가 약화되어 상향식 의사소통과 팀 단위의 자율성이 강화된다. 하지만 팀 기반 구조라고 해서 모든 계층구조가 폐지되는 것은 아니며, 기본적인 경영진 틀은 유지하되, 의사결정의 수평화와 정보 개방을 통해 참여 중심의 운영이 이루어진다(Mintzberg, 1979).

팀 구조의 장점은 외부 환경 변화에 대한 민첩한 대응, 내부 협업의 용이성, 구성원의 참여와 동기부여 촉진 등이다. 다양한 인력이 팀 단위로 문제를 공동 해결함으로써 정보 흐름과 의사

[그림 4-5] 팀 구조

결정 속도가 향상되며, 창의성과 혁신 역량도 극대화된다.

그러나 팀 구조는 역할 불명확성과 무임승차 현상으로 인한 책임 회피의 문제가 상존한다. 또한 팀 간 의사결정의 일관성이 부족할 경우, 전체 조직 차원의 전략적 통합이 어렵고, 중복된 의사결정 구조로 인해 불필요한 시간과 자원이 소모될 수도 있다. 특히 명확한 위계가 부재한 상황에서는 조정 기제가 부족하여 팀 간 갈등이 장기화될 가능성도 있다.

결론적으로, 팀 구조는 혁신과 민첩성이 요구되는 환경에 적합하나, 자율성과 책임 간 균형을 유지하기 위한 체계적인 관리 역량이 뒷받침되어야 한다.

3. 조직 유형

조직의 유형은 조직구조와 밀접하게 연관되어 있으며, 조직이 어떤 구조를 채택하느냐에 따라 그 성격과 운영 방식이 달라진다. 예컨대, 기계적 구조를 갖춘 조직은 일반적으로 기계적 조직으로 분류되고, 유기적 구조를 기반으로 한 조직은 유기적 조직에 해당한다. 이처럼 구조는 조직 유형을 형성하는 기반이 되며, 공식조직과 비공식조직의 구분 또한 각각 공식적·비공식적 구조에 기반한 조직 형태로 간주된다. 그러나 조직 유형은 단순히 구조적 기준에 의해서만 구분되지 않는다. 조직의 목적, 기능, 구성원 간의 상호작용, 권력구조 및 환경과의 관계 등에 따라 보다 다양한 기준과 방식으로 유형화가 이루어져 왔다. 이에 본 절에서는 조직을 공식성과 자생성에 따라 구분한 공식조직과 비공식조직을 시작으로, 주요 학자들의 이론적 기준에 따른 조직 유형 분류 방식들을 살펴보고자 한다.

1) 공식조직과 비공식조직

조직은 공식성 여부에 따라 공식조직과 비공식조직으로 구분된다.

(1) 공식조직(formal organization)

공식조직은 조직의 목적을 달성하기 위해 법률, 규칙, 직제 등에 따라 인위적으로 설계된 명문화된 조직이다. 조직도나 규정집 등을 통해 확인할 수 있는 이 조직은 명시된 과업과 권한·책임에 따라 기능이 분화되며, 공식적인 의사소통 경로와 권한 계통을 중심으로 구조화된다. 공식조직은 기능적 분업과 계층제 원리에 따라 조직의 질서를 유지하고, 효율성과 예측 가능성을 확보하는 데 중점을 둔다.

공식조직의 주요 특징은 다음과 같다.

첫째, 구성원 간의 자발적 관계가 아니라, 법률과 규정에 따라 의도적으로 구성된다. 둘째, 조직도나 규정과 같은 명문화된 문서를 통해 구조와 운영 방식이 분명히 드러난다. 셋째, 능률성과 합리성이 조직 운영의 중심원리로 작용한다. 넷째, 위계적인 체계를 바탕으로 조직 질서를 유지한다. 다섯째, 상층부에서 하층부로 권한이 위임되는 계층적 구조를 가진다.

(2) 비공식조직(informal organizatioln)

비공식조직은 공식조직과 대비되는 개념으로, 구성원 간의 상호작용, 감정적 유대, 자발적 관계망 등을 통해 자연스럽게 형성되는 조직이다. 자생조직 또는 자연발생적 조직이라고도 하며, 공식조직이 충족하지 못하는 구성원의 심리적·사회적 욕구를 보완한다(Scott & Davis, 2007). 비공식조직은 일반적으로 학연, 지연, 취미나 가치 공유를 바탕으로 형성되며, 조직 내에서 공식조직과 병존한다.

비공식조직의 순기능은 다음과 같다.

첫째, 자유로운 의사소통과 협조를 촉진해 집단 응집력을 높인다. 둘째, 소속감과 정서적 안정을 제공하여 구성원의 사기를 향상시킨다. 셋째, 공식조직의 경직성을 완화하며 조직 안정화에 기여한다. 넷째, 공식조직의 한계를 보완하고 유연성을 제고한다.

그러나 비공식조직은 다음과 같은 역기능도 수반할 수 있다.

첫째, 집단이익을 우선시할 경우, 파벌 형성이나 갈등이 발생할 수 있다. 둘째, 정실행위가 조장되면 비합리적인 의사결정과 공정성 저해를 초래한다. 셋째, 공식조직과 비공식조직 간 규범 충돌 시, 목적전치나 목표 불일치를 유발할 수 있다. 넷째, 정보의 왜곡은 구성원 간 불신을 유발하고 사기를 저하시킬 수 있다.

결론적으로, 공식조직이 체계성과 안정성을 제공한다면, 비공식조직은 융통성과 유연성을 보완한다. 두 조직이 조화를 이루며 작동할 때 조직의 활력과 기능 효율이 극대화되며, 반대로 충돌 시에는 조직 전체의 기능과 성과에 부정적인 영향을 미칠 수 있다.

2) 계선조직과 참모조직

조직은 수행하는 기능에 따라 계선조직과 참모조직으로 구분할 수 있다. 이러한 구분은 조직 내 권한과 책임의 흐름, 의사결정 구조, 전문성 활용 방식 등을 이해하는 데 중요한 틀을 제공한다.

(1) 계선조직(line organization)

계선조직은 조직의 기본적인 기능을 수행하는 수직적 조직구조로, 위계에 따라 명령과 복종의 관계가 형성된다. 상위 관리자는 하위 구성원에게 직접 명령을 내리고, 하위자는 이를 수행하는 체계를 통해 운영된다. 예컨대, 정부 부처에서는 장관 → 차관 → 국장 → 과장 → 계장 → 계원으로 이어지는 명령체계가 계선조직에 해당한다.

계선조직의 장점은 다음과 같다.

첫째, 권한과 책임이 명확히 분배되어 의사결정이 신속하게 이루어진다. 둘째, 강력한 통솔력을 통해 구성원의 행동을 효과적으로 조정할 수 있다. 셋째, 위계적 구조를 통해 조직의 안정성과 질서 유지에 유리하다.

반면, 계선조직은 다음과 같은 단점을 수반할 수 있다.

첫째, 의사결정 권한이 상위에 집중되어 상위 관리자의 업무 부담이 과중될 수 있다. 둘째, 상층부의 독단적 결정이 발생할 수 있다. 셋째, 수직적 구조가 강조되면서 부서 간 조정이 어려워 조직 경직성을 유발할 수 있다. 넷째, 하위 구성원의 전문 지식이나 경험이 충분히 반영되지 못할 우려가 있다.

(2) 참모조직(staff organization)

참모조직은 일반적으로 수평적인 조직구조를 이루며, 자문, 권고, 연구, 조정 등의 기능을 수행하면서 계선조직이 본래의 기능을 원활히 수행할 수 있도록 지원한다. 직접적인 명령권이나 집행권이 없으며, 전문적인 지식과 경험을 바탕으로 계선조직에 조언을 제공하는 것이 주된 역할이다. 참모조직은 막료조직, 스태프조직이라고도 불린다.

참모조직은 전문성을 바탕으로 계선조직의 의사결정을 지원할 수 있고, 수평적 협조체계를 통해 조직의 융통성과 신축성을 높일 수 있다는 장점을 지닌다.

그러나 참모조직은 계선조직과의 갈등이나 대립이 발생할 수 있으며, 권한과 책임의 불명확으로 인해 책임 전가의 소지가 있다. 또한 의사전달 경로의 혼란과 정책결정의 지연을 초래할 수 있으며, 조직장의 통솔 범위가 확대됨에 따라 중앙집권화의 우려도 제기된다.

결론적으로, 계선조직과 참모조직은 상호 보완적인 관계에 있다. 계선조직이 조직의 기본적인 기능을 수행하는 데 중점을 둔다면, 참모조직은 전문적인 지식과 조언을 통해 이를 지원한다. 두 조직이 조화를 이루어 운영될 때, 조직의 효율성과 효과성은 극대화될 수 있다.

더 알아보기 4-3 라인 앤드 스태프 조직(line and staff organization)

라인 앤드 스태프 조직(계선-참모 조직)은 조직 규모의 확대와 관리 기능의 복잡성 증가로 인해, 관리자가 모든 문제를 단독으로 처리하기 어려운 상황에서 등장한 구조로, 명령 · 집행 기능을 수행하는 라인(line) 조직과 전문적 조언을 제공하는 스태프(staff) 조직을 결합한 형태이다. 이 구조는 라인의 지휘체계를 유지하면서 스태프의 전문성을 활용해 효율성과 전문성을 동시에 추구한다. 라인 조직은 명령권과 집행권을 보유하며 조직 목표 달성에 직접 책임을 지는 반면, 스태프 조직은 명령권 없이 조언과 지원을 통해 라인 기능을 보완한다.

이 조직의 장점은, 첫째, 스태프의 전문 지식으로 의사결정을 지원할 수 있으며, 둘째, 라인은 핵심 업무에 집중할 수 있어 생산성이 향상되고, 셋째, 복잡한 조직 문제를 더 효과적으로 관리할 수 있다는 것이다. 하지만 다음과 같은 한계도 존재한다. 첫째, 라인과 스태프 간 권한 · 책임 경계가 모호하면 의사결정에 혼란이 발생하고, 둘째, 상호 역할에 대한 이해 부족 등으로 갈등 유발 시 조직의 통합성과 효율성이 저하될 수 있으며, 셋째, 스태프 운영에 따른 추가 비용이 발생할 수 있다.

결론적으로, 이 조직은 명확한 역할 분담과 원활한 협력이 이루어질 때 라인의 통제력과 스태프의 전문성을 효과적으로 결합해 조직 성과를 극대화할 수 있다.

3) 학자별 조직 유형 분류

(1) 에치오니의 조직 유형 분류: 권력과 관여의 형태에 따른 분류

에치오니(Etzioni, 1961)는 조직의 유형을 분류하기 위해 두 가지 기준, 즉 조직이 구성원에게 행사하는 권력(power)과 구성원이 조직에 대해 갖고 있는 심리적 태도인 관여(involvement)를 제시하였다. 에치오니에 따르면, 조직의 맥락에서 권력이란 특정 행위자(예: 지도자나 권위자)가 다른 사람들로 하여금 원래는 하지 않았을 행동을 하도록 영향력을 행사하는 능력을 의미한다. 한편, 관여란 조직 구성원이 조직의 목표와 가치에 대해 헌신(동의)하거나 또는 소외(반발)되고 있는 정도를 나타내는 심리적 태도 유형을 말한다. 에치오니는 구성원의 이러한 관여의 유형에 따라 구성원이 조직이 행사하는 권력에 대한 복종(compliance)의 형태가 달라진다고 보았다.

⊙ 권력의 유형

조직이 구성원에게 행사하는 권력은 다음 세 가지로 구분된다.

첫째, 강제적 권력(coercive power)으로, 이는 위협, 처벌, 신체적 제재 등 물리적 강제 수단을 통해 구성원을 통제하는 권력이다. 둘째, 보상적 권력(remunerative power)으로, 이는 금전적 보상이나 물질적 혜택을 통해 구성원의 행동을 유도하는 권력이다. 셋째, 규범적 권력(normative power)으로, 이는 가치, 신념, 도덕적 기준 등을 통해 구성원의 자발적 순응을 이끌어 내는 권력이다.

⊙ 관여의 유형

구성원이 조직의 권력에 반응하는 방식은 그들이 조직의 목표와 가치에 대해 갖는 심리적 태도인 관여(involvement)의 유형에 따라 달라진다. 관여는 다음의 세 가지로 구분된다.

첫째, 소외적 관여(alienative involvement)는 구성원이 조직의 가치나 목표에 대해 거부감과 반감을 가지는 상태로, 이 경우 구성원은 조직이 행사하는 권력에 대해 억지로 따르거나 수동적으로 복종하는 경향을 보인다.

둘째, 타산적 관여(calculative involvement)는 구성원이 조직과의 관계를 이익과 손익의 관점에서 조건적으로 받아들이는 태도를 말하며, 이에 따라 구성원은 보상의 유무에 따라 복종하는 경향을 보인다.

셋째, 도덕적 관여(moral involvement)는 구성원이 조직의 가치와 목표에 깊이 공감하고 헌신하는 상태로, 이 경우 구성원은 조직이 행사하는 권력에 대해 자발적으로 복종하려는 경향을 보인다.

⊙ 권력과 관여 조합에 따른 조직 유형

에치오니는 권력 유형과 관여 수준을 조합하여 〈표 4-3〉에서 볼 수 있는 바와 같이 총 아홉 가지의 조직 유형을 제시하고, 그중 의미 있는 세 가지 조직의 대표적인 조직을 도출하였다.

① 강제적 조직(coercive organization)은 강제적 권력과 소외적 관여가 결합된 조직 유형이다. 즉, 조직은 폭력이나 위협 등 강제적 권력을 사용하여 구성원을 통제하고, 구성원은 조직의 가치와 목표에 대하여 강한 반감을 가지고 억지로 복종하는 특징을 보인다. 이러한 유형에 해당하는 조직으로는 교도소, 군대, 강제수용소 등이 있다.

② 공리적 조직(utilitarian organization)은 보상적 권력과 타산적 관여가 결합된 조직 유형이다. 이 조직은 구성원을 유인하거나 통제하기 위해 보수, 승진, 근무조건 등 물질적 보상에 기초를 둔 보상적 권력을 사용하며, 구성원은 보상 수준에 따라 행동하고 조직과의 관계를 이해타산적으로 계산하는 경향을 보인다. 이러한 유형에 해당하는 조직으로는 기업, 이익단체 등이 있다.

③ 규범적 조직(normative organization)은 규범적 권력과 도덕적 관여가 결합된 조직 유형이다. 이 조직은 구성원에게 가치나 도덕적 기준을 통해 영향력을 행사하며, 구성원은 조직의 가치와 목표에 깊이 공감하고 자발적으로 헌신하는 특징을 가진다. 이러한 유형에 해당하는 조직으로는 종교단체, 자선활동조직, 시민단체 등이 있다.

표 4-3 권력과 관여의 조합에 따른 조직 유형

관여(복종) / 권력	소외적	타산적	도덕적
강제적	★(강제적 조직)		
보상적		★(공리적 조직)	
규범적			★(규범적 조직)

(2) 블라우와 스콧의 조직유형 분류: 주(主) 수혜자에 따른 분류

블라우와 스콧(Blau & Scott, 1962)은 조직의 주된 수혜자를 기준으로 조직을 호혜적 조직, 사업조직, 봉사조직, 공익조직 등 네 가지 유형으로 분류하였다. 이러한 분류는 조직의 주요 수혜

자가 누구인지에 따라 조직의 성격과 운영 방식이 달라질 수 있음을 시사한다.

① **호혜적 조직**(mutual-benefit associations)

호혜적 조직은 상호 수혜조직이라고도 불리며, 조직의 주된 수혜자가 구성원 자신인 조직 유형이다. 이 유형의 조직은 구성원 상호 간의 공통 이익과 권익 보호를 목적으로 하며, 구성원의 참여와 민주적 운영 절차를 중시한다. 이 유형에 해당하는 조직으로는 정당, 노동조합, 멤버십 클럽, 전문직업단체 등이 있다.

② **사업조직**(business concerns)

사업조직은 기업조직이라고도 일컫는다. 이 유형의 조직은 조직의 소유자나 주주가 주된 수혜자이며, 운영의 효율성을 높여 최대의 이윤을 창출하는 것을 핵심 과제로 삼는다. 이 유형에 해당하는 조직으로는 사기업, 경제 단체 등이 있다.

③ **봉사조직**(service organizations)

봉사조직은 조직이 제공하는 서비스의 수혜자인 고객이 주된 수혜자인 조직이다. 이 조직은 전문적 서비스를 통해 고객의 욕구를 충족시키는 것을 목표로 하며, 사회복지기관, 병원, 학교, 법률상담소 등이 이에 해당한다.

④ **공익조직**(commonweal organizations)

공익조직은 일반 대중이 주된 수혜자인 조직으로, 공공의 복리 증진과 질서 유지를 목적으로 한다. 이 조직은 다수의 시민을 대상으로 서비스를 제공하며, 일반행정기관, 군대, 경찰 등이 이에 해당한다.

(3) 스미스의 조직 유형 분류: 업무의 통제성에 따른 분류

길버트 스미스(Gilbert Smith, 1979)는 조직을 업무의 통제성에 따라 관료조직, 일선 조직, 전면적 통제조직, 투과성 조직 등 네 가지 유형으로 분류하였다. 이는 조직 내 권한의 분산 정도와 구성원의 자율성 수준에 따라 조직의 구조와 운영 방식이 달라질 수 있음을 강조한다.

① **관료조직**(bureaucratic organization)

관료조직은 공식적인 위계질서와 규칙에 의해 운영되는 조직 유형으로, 명확한 권한 구조와 업무 분담이 특징이다. 이 조직은 문서화된 절차와 비인격적인 관계를 통해 효율성과 예측 가능성을 추구한다. 정부기관, 공공기관이 이에 해당한다.

② **일선조직**(frontline organization)

일선조직은 조직의 주도권이 일선 업무 단위에 있는 조직 유형으로, 행정 집행이 일반적으로 분권화되어 있는 특징을 지닌다. 각 업무 단위가 독립적으로 업무를 수행하며, 최고관리층의 직접적인 감독이나 통제가 어렵다. 사회복지기관, 자원봉사단체, 거택시설 등이 이에 해당한다.

③ **전면적 통제조직**(total institution)

전면적 통제조직은 구성원의 생활 전반을 조직이 통제하는 조직 유형으로, 구성원은 외부 사회와 격리된 채 조직의 규칙에 따라 생활한다. 이 조직은 구성원의 자율성을 제한하고 조직의 규범을 내면화시키는 것을 목표로 한다. 군대, 교도소, 정신병원 등이 이에 해당한다(Goffman, 1961).

④ **투과성 조직**(permeable organization)

투과성 조직은 조직 경계가 유연하고 구성원의 자발성과 외부와의 상호작용이 활발한 조직 유형으로, 자원봉사조직, 지역사회 기반 조직 등이 이에 해당한다.

투과성 조직은 다음과 같은 특징을 지닌다.

첫째, 자발적 참여와 탈퇴가 가능하다. 구성원은 자신의 의지에 따라 조직 활동에 참여하거나 탈퇴할 수 있으며, 개인의 삶의 영역과 조직의 활동이 비교적 명확히 구분된다(Smith, 1979). 다만, 모든 투과성 조직이 사생활을 절대적으로 보장하는 것은 아니며, 조직문화나 비공식 규범에 따라 그 경계는 달라질 수 있다.

둘째, 역할구조가 유연하다. 구성원은 고정된 역할에만 국한되지 않고, 필요에 따라 다양한 역할을 수행할 수 있어 자율성과 조직 적응력이 높다.

셋째, 외부와의 상호작용이 활발하다. 이 유형의 조직은 외부 환경 변화에 민감하게 반응하며, 다양한 외부 주체와의 관계를 통해 조직 내외 활동 간 경계가 복잡하게 얽혀 있다.

넷째, 조직 내 공간, 규율, 문화 등에 대한 제도적 장벽이 약해 외부인의 접근이 용이하고, 조직 활동이 사회와 유기적으로 연결된다. 이러한 특성은 변화에 유연하게 대응하는 개방성을 반영한다.

(4) 하젠펠트의 조직 유형 분류: 클라이언트의 상태와 조직기술에 따른 분류

하젠펠트(Hasenfeld, 1983)는 인간봉사조직(human service organization)의 유형을 클라이언트의 기능 상태와 조직이 사용하는 기술의 유형을 기준으로 여섯 가지로 분류하였다. 또한 그는 인간봉사조직기술(human service organizational technology)을 클라이언트를 현재의 상태(status)에서 바람직한 상태로 이동시키기 위해 사용하는 제도화된 절차로 정의하며, 다음과 같이 세 가지로 구분하였다.

첫째, 인간식별기술(people-processing technology)은 '인간배치기술'이라고도 하는데, 이는 클라이언트의 자격이나 상태를 분류하여 외부 자원과 연계하거나 사례를 종결하는 데 초점을 둔다. 대학 입학사무실이나 취업알선 사무소와 같은 조직이 이 기술을 사용한다.

둘째, 인간유지기술(people-sustaining technology)은 주기적인 개입을 통해 클라이언트의 사회적 기능 저하를 예방하거나 현재 상태를 유지하는 데 초점을 둔다. 예컨대, 노인의 건강 악화를 방지하기 위한 보호 서비스나 기초생활 수급자에게 생계비를 지급하는 것 등이 이에 해당한다. 이 기술은 주로 요양시설이나 공적부조 사무소 등에서 활용된다.

셋째, 인간변화기술(people-changing technology)은 클라이언트의 심리적 · 사회적 · 신체적 특성을 직접적으로 변화시키는 기술로 상담, 교육, 의료 치료 등을 통해 긍정적이고 바람직한 방향으로 변화시키는 데 목적을 둔다(Vinter, 1963a; Willis, 1977). 이 기술은 학교나 병원 같은 조직에서 주로 사용된다.

한편, 클라이언트의 기능 상태는 정상 기능과 비정상 기능으로 구분된다. 전자는 사회적으로 용인되는 수준의 기능을 수행하는 상태이며, 후자는 병리적이거나 일탈적 행동으로 인해 사회적 역기능을 나타내는 상태를 의미한다.

표 4-4 인간봉사조직의 분류

사용기술 / 클라이언트 유형	사용기술 유형		
	인간식별기술	인간유지기술	인간변화기술
정상 기능	유형 I 대학 입학사무실 취업알선 사무소	유형 III 국민연금관리공단 건강보험공단	유형 V 국 · 공립학교 YMCA
비정상 기능	유형 II 진료소 소년법원	유형 IV 공적부조 제공기관 요양시설	유형 VI 병원 수용치료센터

출처: Hasenfeld (1983) 수정.

하젠펠트는 이러한 클라이언트 기능 상태와 세 가지 조직기술을 교차 조합하여, 앞의 〈표 4-4〉에서 보는 바와 같이 총 여섯 가지 유형의 인간봉사조직을 도출하였다.

① 유형 I

이 유형의 조직은 정상 기능을 수행하는 클라이언트를 대상으로 하며, 이들의 상태를 일정한 기준에 따라 식별 · 분류하여 적절히 배치하는 인간식별기술을 활용한다. 대표적인 예로는 대학 입학사무실이나 취업알선 사무소 등이 있다.

② 유형 II

이 유형의 조직도 유형 I과 마찬가지로 인간식별기술을 사용하지만, 비정상 기능을 수행하는 클라이언트를 대상으로 한다는 점에서 차이가 있다. 대표적인 예로는 진료소(diagnostic clinic), 소년법원 등이 있다.

③ 유형 III

이 유형의 조직은 정상 기능을 수행하는 클라이언트를 대상으로 하며, 그들의 현재 상태를 유지하는 것을 목표로 인간유지기술을 활용한다. 국민연금관리공단, 건강보험공단 등이 이 유형에 해당한다.

④ 유형 IV

이 유형의 조직도 유형 III과 마찬가지로 인간유지기술을 활용하지만, 비정상 기능을 수행하는 클라이언트를 대상으로 한다는 점에서 구별된다. 공적부조 제공기관, 요양시설 등이 이에 해당한다.

⑤ 유형 V

이 유형의 조직은 정상 기능을 수행하는 클라이언트를 대상으로 하며, 심리적 · 사회적 · 신체적 특성의 긍정적 변화를 유도하는 인간변화기술을 활용한다. 국 · 공립학교, YMCA와 같은 사회교육기관이 이 유형에 해당한다.

⑥ 유형 VI

이 유형의 조직은 인간변화기술을 활용하며, 비정상 기능을 수행하는 클라이언트를 대상으로 한다. 병원, 수용치료센터 등이 이에 해당한다.

하젠펠트의 이러한 조직 유형 분류를 사회복지조직에 적용하면, 각 조직이 수행하는 기능과 제공하는 서비스 성격에 따라 유형별로 분류할 수 있다. 일반적으로 사회복지조직은 사회적 보호가 필요한 취약계층을 대상으로 하며, 이들 대부분은 심리적 · 신체적 · 사회적 기능이 저하된 '비정상 기능(malfunctioning)' 클라이언트에 해당한다. 하젠펠트가 말하는 이 범주에는 경제적 빈곤, 실업, 사회적 배제 등으로 인해 정상적으로 사회 기능을 수행하지 못하는 상태가 포함된다.

사회복지조직은 대체로 클라이언트의 기능 저하를 예방하거나, 심리적 · 사회적 특성에 긍정적인 변화를 유도하는 것을 주요 목적으로 한다. 기능 유지에 초점을 둔 조직은 인간유지기술을 사용하는 유형 IV에 해당하며, 대표적인 예로는 노인요양시설, 공공부조 제공기관 등이 있다. 반면, 기능 변화를 목적으로 하는 조직은 인간변화기술을 사용하는 유형 VI으로, 정신재활시설, 중독 치료기관, 직업재활시설 등이 이에 속한다.

한편, 클라이언트의 속성을 직접 변화시키기보다는 자격 요건이나 상태를 판정하여 서비스 수급의 적격성을 판단하는 식별 중심 조직도 있다. 이들은 인간식별기술을 사용하며, 클라이언트의 기능 상태에 따라 유형 I 또는 유형 II로 구분된다. 예를 들어, 아이돌봄 사회서비스 바우처 자격을 판단하는 행정 접수 창구는 정상 기능을 가진 클라이언트를 대상으로 하므로 유형 I에 해당한다. 반면, 지역자활센터에서 자활 참여 대상자를 선별하는 과정은 기능이 저하된 클라이언트를 대상으로 하며, 유형 II의 특성을 보인다.

또한 일부 사회복지조직은 기능 유지와 변화를 동시에 추구하는 복합적 목표를 지니기도 한다. 예를 들어, 정상 기능을 수행하는 클라이언트를 대상으로 건강정보교육이나 정기 건강상담과 같은 인간유지기술을 활용하는 경우는 유형 III에 해당한다. 한편, 자기계발 및 역량 향상을 위한 평생교육 프로그램, 지역주민 역량 강화 활동처럼 인간변화기술을 사용하는 경우는 유형 V로 분류된다.

4. 사회복지조직의 조직모형과 부문화 전략

1) 사회복지조직의 조직모형

사회복지조직은 클라이언트의 삶을 개선하고 사회문제를 해결하기 위한 조직으로, 제공하는 서비스의 성격에 따라 생산일선조직, 연계조직, 고객서비스조직 등 세 가지 조직모형으로 구분된다(최성재, 남기민, 2000; Weinbach, 1990).

(1) 생산일선조직(production line organization)

생산일선조직은 제조업에서 생산라인을 기준으로 작업이 일관된 절차에 따라 진행되는 것처럼, 표준화된 절차대로 업무를 수행하는 조직 유형이다. 이 조직모형은 정해진 절차에 따라 업무를 수행함으로써 일정한 서비스 산출을 가능하게 하며, 주로 국민연금공단, 건강보험공단처럼 사회보험을 관리 · 운영하는 공공기관에서 활용된다. 하지만 사회복지 영역에서는 클라이언트의 개별성과 윤리적 판단이 요구되기 때문에, 이 모형의 적용에는 일정한 한계가 있다.

(2) 연계조직(linkage organization)

연계조직은 클라이언트에게 적절한 서비스 자원을 연계 · 제공하는 기능을 수행하는 조직 유형을 의미한다. 이 조직은 지역사회의 자원에 대한 정보를 체계적으로 수집하고, 기관 간 협력체계를 구축하며, 클라이언트에게 적절한 서비스 제공기관을 안내하거나 연결해 주는 역할을 담당한다. 예를 들어, 입양기관, 푸드뱅크(food bank)등과 같은 기관이 이에 해당한다.

(3) 고객서비스조직(client service organization)

고객서비스조직은 클라이언트의 개별적 욕구와 문제 상황에 따라 맞춤형 통합서비스를 제공하는 조직 유형으로, 사회복지조직 가운데 가장 보편적이고 전형적인 조직 유형이다. 종합사회복지관, 정신보건센터, 장애인복지관 등이 고객서비스조직의 대표적인 예라 할 수 있다.

2) 사회복지조직의 부문화

부문화는 유사한 성격의 직무를 일정한 기준에 따라 묶어 부서를 구분하는 과정으로, 조직설계의 핵심 요소 중 하나이다. 이는 조정과 협업을 용이하게 하여 조직의 효율성과 목표 달성 가능성을 높인다. 특히 부문화는 단순한 구조의 분할을 넘어 조직의 전략, 업무의 특성, 클라이언트의 속성 등을 반영하는 조직화의 원리로 이해된다.

바인바흐(Weinbach, 1990)는 인간서비스조직에 적용 가능한 대표적 부문화 기준으로 수, 시간, 기능, 지리, 서비스, 고객, 서비스 접근통로의 일곱 가지를 제시하였다.

첫째, 수(數) 기준 부문화는 동일한 역할을 수행하는 일정 수의 인력을 한 명의 상급자 밑에 배치하는 방식이다. 이 방식은 관리의 효율성을 제고하는 데 유리하나, 인력의 능력 차이나 업무 복잡성 등을 고려하지 않기 때문에 융통성이 떨어진다는 한계가 있다.

둘째, 시간 기준 부문화는 근무시간을 기준으로 업무를 분할하는 방식이다. 노인요양시설, 병원 등에서는 2교대 또는 3교대 근무형태로 운영되는 경우가 많다. 이 방식은 업무 연속성을 보장하는 데 유리하지만, 야간 및 주말 근무 인력 확보의 어려움이나 교대자 간 정보 단절 문제가 발생할 수 있다.

셋째, 기능 기준 부문화는 전문 분야별로 부서를 구분하는 방식으로, 예컨대 종합사회복지관에서 총무팀, 사례관리팀, 지역조직팀 등으로 나누는 경우이다. 전문성과 규모의 경제를 달성하는 데 효과적이지만, 부서 간 협력 부족이 나타날 수 있다는 단점이 있다.

넷째, 지리적 영역 기준 부문화는 클라이언트의 거주지를 기준으로 업무를 배분하는 방식으로, 서비스의 효율성을 높이고 책임 소재를 분명히 할 수 있다는 장점이 있다. 하지만 지역 간 업무량의 불균형이 심할 경우, 업무량이 많은 지역의 담당자는 불만이나 소진이 발생할 수 있다.

다섯째, 서비스 기준 부문화는 사회복지 실천 방법, 즉 개별사회사업, 집단사회사업, 지역사회조직사업에 따라 부문화하는 방법이다. 이러한 방식의 부문화는 전문화를 촉진할 수 있지만, 클라이언트의 복합적 문제의 해결에는 한계가 있다는 단점이 있다.

여섯째, 고객 기준 부문화는 클라이언트의 인구학적 특성이나 문제 유형에 따라 부문화하는 방식이다. 예를 들면, 클라이언트를 아동, 청소년, 노인, 장애인 등에 따라 구분하는 것이다. 이러한 방식의 부문화는 대상별 전문성은 확보되지만 한 클라이언트가 다양한 문제를 동시에 지닌 경우, 통합서비스 제공에 제약이 있다는 단점이 있다.

일곱째, 서비스 접근통로 기준 부문화는 클라이언트가 서비스를 접촉하는 경로를 기준으로 업무를 구분하는 방식이다. 예를 들어, 병원, 학교, 노인정, 대중매체 등 다양한 접근 수단에 따라 부서를 편성할 수 있다. 그러나 접근 경로가 불명확하거나 복수인 경우 혼선이 발생할 수 있어, 실제 활용 빈도는 낮은 편이다.

이와 같은 부문화 방식은 사회복지조직의 목적, 환경, 서비스 성격에 따라 전략적으로 선택되어야 하며, 조직 효율성과 서비스 질 사이의 균형을 고려한 적용이 필요하다.

5. 사회복지조직의 환경

조직 환경이란 조직의 운영과 생존에 실제적 또는 잠재적으로 영향을 미치는 외부의 모든 조건을 의미한다(Hawley, 1968). 사회복지조직도 일반 조직과 마찬가지로 외부 환경의 변화에 크게 영향을 받으며, 이에 신속하고 적절히 대응하지 못할 경우 조직의 지속 가능성이 위협받을 수 있다. 따라서 사회복지조직은 외부 환경의 변화를 면밀히 감지하고, 그 영향을 분석하여 전략적으로 반영할 필요가 있다.

조직 환경은 일반적으로 일반 환경과 과업 환경으로 구분되는데, 여기서는 그 개념과 각 환경의 주요 요소들에 대해 살펴본다.

1) 일반 환경(general environment)

일반 환경은 조직 외부의 거시적 조건으로, 특정 조직만이 아닌 사회 전반의 조직에 영향을 미치는 구조적 요인을 의미한다(Hawley, 1968). 일반적으로 조직이 직접 통제하기 어려우며, 정치적 · 경제적 · 법적 · 문화적 · 인구사회학적 · 기술적 요소들이 이에 포함된다.

(1) 경제적 환경

경제적 환경은 조직의 자원 확보와 복지 수요에 직접적인 영향을 미친다. 예를 들어, 경기 침체는 재정 지원 감소를 초래하는 동시에 복지 수요는 증가시키며, 이에 따라 조직은 한정된 자원 속에서 효율적인 배분과 서비스의 우선순위 설정을 요구받는다.

(2) 정치적 환경

정치권의 이념 성향과 복지정책에 대한 태도는 예산지원, 규제, 입법 등에서 사회복지조직에 큰 영향을 미친다. 일반적으로 보수 정권은 민간 중심, 진보 정권은 공공 중심의 복지를 선호하는 경향이 있으며, 정치적 불확실성은 조직 운영의 예측 가능성을 떨어뜨린다.

(3) 법적 환경

법적 환경은 사회복지조직이 활동할 수 있는 근거를 제공하는 동시에 그 범위를 제한하기도 한다. 예를 들어, 「사회복지사업법」, 「아동복지법」 등 관련 법령은 조직의 설립 기준, 인력 요건, 서비스 제공 조건 등을 명시하고 있어, 조직의 운영 기준과 한계를 설정한다. 법적 기준을 준수하지 못할 경우 행정적 제재는 물론, 조직의 사회적 신뢰도 또한 훼손될 수 있다.

(4) 인구 · 사회학적 환경

인구 · 사회학적 환경은 사회복지 수요의 양과 질에 큰 영향을 미친다. 저출산, 고령화, 이주노동자 증가, 1인 가구 확산 등은 새로운 복지 수요를 창출하며, 이에 따라 사회복지조직은 새로운 클라이언트 집단의 욕구를 반영한 서비스 설계와 전달체계의 재편을 요구받는다.

(5) 문화적 환경

문화적 환경은 사회 구성원이 공유하는 가치, 신념, 규범 등을 포함하며, 사회복지에 대한 사회적 인식과 태도 형성에 영향을 미친다. 빈곤, 알코올 중독, 이혼, 정신질환 등에 대한 사회적 낙인 수준이나 책임 귀인 방식(예: 개인적 결함 vs. 사회구조적 문제)은 사회복지조직의 정체성과 목표 설정에 중요한 기준이 된다. 예컨대, 빈곤을 개인의 책임으로 인식하는 사회문화적 환경에서는 빈곤층에 대한 복지 확대에 소극적인 태도를 보일 수 있으며, 이는 조직의 서비스 방향에 제약을 줄 수 있다(Gal & Weiss-Gal, 2015).

(6) 기술적 환경

기술적 환경은 정보기술, 의학기술, 커뮤니케이션 기술 등 사회 전반의 기술 발전 수준을 반영하며, 사회복지조직의 서비스 전달 방식, 정보관리 시스템, 평가 방법 등에 영향을 미친다. 예를 들어, 클라이언트의 데이터베이스 구축, 비대면 상담, 온라인 사례관리 시스템의 도입 등은 조직의 효율성과 접근성을 크게 향상시키는 요인이 된다.

2) 과업 환경(task environment)

과업 환경은 특정 조직과 직접 상호작용하며, 조직의 목적 달성과 생존에 실질적인 영향을 미치는 외부 주체나 조직 집단을 의미한다. 딜(Dill, 1958)은 이 개념을 처음 제시하면서, 과업 환경을 구성하는 요소로 경쟁자, 고객(클라이언트), 이해 집단, 정부조직, 압력단체, 관련 전문직

단체, 노동조합 등을 포함시켰다. 이후 톰슨(Thompson, 1967)은 과업 환경을 "조직이 필요로 하는 자원에 대해 실질적인 접근·통제력을 가진 외부 주체"로 정의하였다. 즉, 과업 환경은 조직의 자원 확보 및 합법성 부여에 결정적인 영향을 미치는 외부 환경으로, 일반 환경에 비해 상대적으로 조직이 직접 대응하고 관리할 수 있는 영역이라 할 수 있다(Hasenfeld, 1983).

사회복지조직의 과업 환경은 매우 복합적이며, 다음과 같은 주요 요소들로 구성된다.

(1) 재원 제공자

재원 제공자는 사회복지조직의 운영에 필요한 재정을 공급하는 주체를 말한다. 국가와 지방자치단체는 예산 보조나 복지 바우처 등을 통해 직·간접적으로 재정을 지원하며, 이러한 재정 지원 방식은 공공부문에서 가장 핵심적인 방식이다. 또한 공동모금회, 기업재단, 종교단체, 개인 후원자 등도 주요 민간 재원 제공자로서 자발적 기부를 통해 조직의 재정 기반을 뒷받침한다. 최근에는 서비스의 민영화와 시장화에 따라 유료 서비스를 이용하는 클라이언트가 새로운 재원 제공자로 부상하고 있으며, 이는 조직의 재정구조에 수익자 부담 원칙이 반영되고 있음을 보여 준다.

(2) 합법성/권위의 제공자

사회복지조직은 법적 정당성과 사회적 신뢰를 바탕으로 운영되며, 이를 가능하게 하는 외부 주체가 바로 합법성과 권위를 부여하는 존재들이다. 예를 들어, 「사회복지사업법」에 따라 사회복지조직의 설치를 허가하거나 감독하는 중앙정부와 지자체, 공모사업 선정 등을 통해 조직의 사회적 인지도를 높이는 사회복지공동모금회, 시민단체 및 협의기구 등이 이에 해당한다. 또한 운영 법인의 평판, 구성원의 전문성과 사회적 권위, 클라이언트의 신뢰 수준도 조직이 사회적 정당성을 획득하는 데 중요한 요인으로 작용한다.

(3) 클라이언트 공급자

클라이언트 공급자는 사회복지조직의 서비스를 필요로 하는 클라이언트를 사회복지조직에 연결해 주는 외부 주체를 의미한다. 가족이나 지자체 담당자, 병원 및 타 기관의 전문가, 그리고 클라이언트 본인까지도 주요한 클라이언트 공급자가 될 수 있다. 클라이언트의 특성에 따라 공급자의 범위는 경찰, 학교, 종교단체 등으로도 확대될 수 있으며, 최근에는 클라이언트가 스스로 정보를 탐색하고 직접 서비스를 이용하는 사례가 증가하고 있다. 이러한 변화는 복지 수요의 측면에서 클라이언트의 주체성이 점차 강화되고 있음을 보여 준다.

(4) 경쟁조직

경쟁조직이란 동일한 자원, 특히 재정 지원이나 클라이언트를 확보하기 위해 경쟁하는 유사한 성격의 조직을 말한다. 정부 보조금, 공모사업, 민간 후원금 등의 배분 과정에서 경쟁조직의 수가 늘어날수록 개별 조직이 자원을 확보할 가능성은 자연히 낮아질 수밖에 없다. 나아가 바우처 제도와 시장 기반의 복지 시스템이 확산되면서, 클라이언트 확보를 위한 조직 간 경쟁은 더욱 심화되고 있다. 이러한 상황에서 사회복지조직은 전략적 대응 역량을 강화하고, 서비스의 차별성과 전문성을 확보하는 것이 중요한 과제로 부상하고 있다(Gal & Weiss-Gal, 2015).

(5) 조직산출물의 소비자 및 인수자

사회복지조직의 산출물은 단순한 서비스 제공을 넘어, 서비스를 통해 변화된 클라이언트 자체를 포함한다. 이때 조직 산출물의 소비자는 서비스를 직접 이용하는 클라이언트를 의미하며, 인수자는 변화된 클라이언트를 수용하거나 클라이언트로부터 영향을 받는 가족, 지역사회, 기업, 국가 등 외부의 사회 주체를 의미한다. 이러한 구분은 사회복지조직이 개인 차원의 개입을 넘어, 클라이언트의 사회적 기능 회복과 통합을 통해 사회 전체에 영향을 미치는 조직임을 보여 준다. 따라서 서비스의 직접 수혜자인 클라이언트뿐 아니라, 그 변화된 결과를 받아들이는 사회 역시 사회복지조직의 핵심 과업 환경에 해당한다.

(6) 보완적 서비스 제공자

보완적 서비스 제공자란 사회복지조직이 자체적으로 제공하기 어려운 서비스나 지원을 대신 수행하거나 협력하여 제공하는 외부 기관을 의미한다. 예를 들어, 법률적 지원이 필요할 경우에는 법률구조공단, 의료적 지원이 필요한 경우에는 보건소나 병원 등과 협력하게 되며, 이러한 기관들이 보완적 서비스 제공자에 해당한다. 클라이언트의 욕구는 복합적이고 다차원적이기 때문에 사회복지조직은 단일 기관만으로는 이를 모두 충족하기 어렵다. 따라서 외부 협력체계를 구축하는 것은 서비스의 통합성과 지속 가능성을 높이는 핵심 전략 중 하나이다.

제5장

사회복지서비스 전달체계의 이해

사회복지행정은 사회복지정책이 형식적 선언에 머무르지 않고, 실제적인 서비스로 구현되어 사회 구성원의 삶에 영향을 미치도록 하는 기능을 수행한다. 이를 위해서는 추상적인 정책이 구체적인 프로그램으로 전환되고, 다시 그 프로그램이 필요한 사람들에게 적절하게 도달하는 체계적 경로가 마련되어야 한다. 이러한 경로를 가능케 하는 핵심 구조가 바로 사회복지서비스 전달체계(social welfare service delivery system)이다. 즉, 사회복지서비스 전달체계는 정책의 실행성과 접근 가능성을 결정짓는 핵심 요소로서, 사회복지행정의 실질적 작동 기반이라 할 수 있다.

사회복지서비스 전달체계는 단순한 서비스 제공 기관들의 집합이 아니라, 서비스 기획에서부터 집행, 평가에 이르는 전 과정에서 다양한 행위자 간의 유기적 상호작용을 통해 형성되는 동태적 네트워크이다. 따라서 전달체계를 효과적으로 구축하고 운영하는 일은 곧 사회복지의 질적 수준과 형평성을 결정짓는 핵심 과제로 작용한다.

본 장에서는 사회복지서비스 전달체계의 개념을 정의한 후, 전달체계 구축의 원칙과 운영상의 개선 전략, 활용도를 높이기 위한 실천적 방안, 그리고 공공과 민간부문 간의 역할 분담 구조 등을 중심으로 전달체계의 전반을 다각도로 고찰하고자 한다.

1. 사회복지서비스 전달체계의 개념 및 구분

1) 사회복지서비스 전달체계의 개념

사회복지행정은 사회복지정책을 구체적인 사회복지서비스로 전환하여, 이를 실제로 필요한 대상에게 전달하는 일련의 과정을 포괄한다. 스키드모어(Skidmore, 1990)는 사회복지행정을 "정책을 프로그램으로, 프로그램을 서비스로 전환하여 이를 클라이언트에게 전달하는 과정에 관한 활동"으로 정의하였다. 이러한 전달 과정은 단순한 서비스 제공이 아니라, 다양한 조직과 인력의 상호작용을 기반으로 작동하는 하나의 체계로 이해될 필요가 있다. 결국, 사회복지서비스가 실질적으로 기능하기 위해서는 이를 뒷받침하는 전달체계의 적절한 구축과 운영이 전제되어야 한다.

사회복지서비스 전달체계란 사회복지서비스가 기획되어 클라이언트에게 전달되기까지의 모든 과정에 관여하는 조직들 간의 유기적 연계와 구조를 의미한다. 게이츠(Gates, 1980)는 사회복지서비스 전달체계를 "서비스 공급자 간의 조직적 연계와 공급자-소비자 간의 조직적 연결구조"로 정의하며, 체계 간 관계성에 주목하였다. 프리드랜더와 앱테(Friedlander & Apte, 1980) 또한 이를 "수혜자를 둘러싼 모든 공적 및 사적 복지기관과 이들 간의 서비스 전달망"이라고 규정하였다. 국내에서는 성규탁(1993)이 사회복지서비스 전달체계를 "사회복지서비스를 수혜자에게 전달하기 위해 구성된 사회적 조직체"로 정의하였다.

이러한 정의들을 종합하면, 사회복지서비스 전달체계란 단일 기관이나 경로가 아닌, 복수의 조직과 주체들이 유기적으로 상호작용하여 사회복지서비스가 클라이언트에게 실질적으로 도달하도록 하는 네트워크라고 할 수 있다. 다시 말해, 이는 국가나 지역사회 차원에서 사회복지서비스가 기획되고 최종 수혜자에게 도달하기까지의 서비스 제공 조직 간 및 공급자-소비자 간의 연계망을 의미한다.

⊙ 협의의 사회복지서비스 전달체계 vs. 광의의 사회복지서비스 전달체계

사회복지서비스 전달체계는 그 범위에 따라 협의와 광의의 개념으로 구분할 수 있다. 협의의 사회복지서비스 전달체계란 사회복지사가 클라이언트와 직접 접촉하여 서비스가 제공되는 현장(setting)에서, 실제로 서비스 전달 업무를 수행하는 조직과 활동체계를 가리킨다. 이는 사회복지실천 현장에서 서비스를 실행하는 제일선의 기능적 구조를 의미한다.

반면, 광의의 사회복지서비스 전달체계는 이러한 집행체계를 포함함과 동시에, 그 집행을 기획하고 지시하며, 재원을 조달하고 평가 · 감독하는 행정적 상위체계까지를 포괄하는 개념이다. 즉, 정책 수립과 지원, 법적 규제, 프로그램 관리 등의 상위 행정 기능과 실무 전달체계가 유기적으로 연결되어 있는 구조 전체를 의미한다.

2) 사회복지서비스 전달체계의 구분

사회복지서비스 전달체계는 특정한 고정된 구조로 규정되는 것이 아니라, 그 구조와 운영 방식, 그리고 서비스 수요자의 특성에 따라 다양한 방식으로 유형화될 수 있다. 일반적으로는 구조 · 기능, 운영 주체, 서비스 종류 등 세 가지 기준에 따라 전달체계를 구분한다(천정웅 외, 2015).

(1) 구조 · 기능적 구분

구조 · 기능적 구분이란 사회복지서비스를 전달하는 주체들 간의 조직적 구조와 기능의 역할 분담에 초점을 두고 전달체계를 구분하는 방식이다. 이 관점에서 사회복지서비스 전달체계는 앞에서 설명한 행정체계와 집행체계로 구분된다(성규탁, 1988). 행정체계는 정책 및 서비스의 기획, 지시, 자원 지원, 감독 등을 담당하는 상위 체계를 의미하며, 집행체계는 클라이언트와의 직접적 접촉을 통해 서비스를 실제로 제공하는 실천 현장의 조직을 말한다. 예를 들어, 국민기초생활보장제도의 전달체계의 경우, 보건복지부 → 시 · 도 → 시 · 군 · 구로 이어지는 구조가 행정체계에 해당하며, 읍 · 면 · 동을 거쳐 기초생활보장 수급자에게 서비스가 전달되는 단계는 집행체계로 볼 수 있다. 이러한 구분은 행정적 지시와 현장 실천 간의 연계구조를 이해하는 데 핵심적인 분석 틀을 제공한다.

(2) 운영 주체적 구분

운영 주체적 구분은 사회복지서비스 전달체계를 직접 운영하고 관리하는 주체의 성격을 기준으로 분류하는 방식이다. 이 기준에 따르면 전달체계는 공적 전달체계와 사적(민간) 전달체계로 나뉜다. 공적 전달체계는 중앙정부, 지방자치단체, 공공기관 등 국가 또는 공공부문이 직접 운영하는 체계를 말하며, 대표적으로 보건복지부와 그 산하기관이 이에 해당한다. 반면, 사적 전달체계는 민간 복지재단, 사회복지법인, 종교기관, 자원봉사단체 등 비영리 민간 조직이나 단체가 운영하는 체계를 의미한다.

그러나 우리나라의 현실에서는 이러한 구분이 이론처럼 명확하게 나뉘지 않는다. 대부분의 사회복지서비스는 공공부문이 기획 · 재정지원을 담당하고, 민간기관이 위탁받아 실행하는 방식으로 운영되고 있기 때문이다. 이에 따라 많은 민간 사회복지기관은 형식적으로는 사적 전달체계에 속하면서도, 실제로는 공공 전달체계의 하위 집행구조로서 기능하는 경우가 많다. 이처럼 공공과 민간의 구분은 운영 주체와 재정 책임, 실천 자율성 등 여러 측면에서 복합적으로 연계되어 있다.

(3) 서비스 종류별 구분

앞의 두 기준이 제공자 중심의 분류라면, 서비스 종류별 구분은 수요자의 욕구 및 대상자 특성을 중심으로 전달체계를 유형화하는 방식이다. 이러한 접근은 서비스의 파편화를 극복하고, 통합적이며 수요자 맞춤형 전달체계를 구축하기 위한 시도로 평가된다. 이 기준에 따르면 사회복지서비스 전달체계는 다음과 같은 분야별 네트워크 체계로 구분될 수 있다.

예를 들어, 아동복지서비스 전달체계에는 보육시설, 지역아동센터, 아동상담소, 아동복지관, 특수학교 등이 포함되며, 노인복지서비스 전달체계에는 주간보호소, 양로원, 재가노인복지센터, 치매안심센터 등이 포함된다. 또한 정신보건서비스 전달체계는 정신건강복지센터, 정신병원, 요양시설, 장애인복지관 등의 기관들로 구성된다. 이처럼 수요자 중심의 전달체계 구분은 특정 인구 집단의 욕구에 맞춘 서비스 통합과 접근성 향상을 도모한다는 점에서 중요한 의미를 갖는다.

2. 사회복지서비스 전달체계의 구축 원칙

사회복지서비스 전달체계는 사회복지정책의 실행력을 결정짓는 핵심 기반으로, 그 설계와 운영의 적절성 여부에 따라 정책의 성패가 좌우된다고 해도 과언이 아니다. 아무리 우수한 서비스나 프로그램이 개발되었더라도, 이를 실행에 옮길 체계적이고 효과적인 전달체계가 구축되어 있지 않다면, 서비스의 중복 제공이나 누락, 비효율적 자원 배분 등 다양한 문제가 발생하게 되며, 궁극적으로 정책 목표의 달성도 어려워진다.

이러한 중요성에도 불구하고, 우리나라의 사회복지서비스 전달체계는 여전히 구조적 한계를 안고 있다. 1980년대 초반 처음으로 체계 개편에 대한 본격적인 논의가 시작된 이후, 정부는 여러 차례 전달체계의 재구성을 시도해 왔다. 그러나 그 결과에 대한 국민의 체감도와 복지지출의 효율성에 대한 신뢰도는 여전히 낮은 수준에 머물고 있다. 이는 단지 행정구조나 조직 개편의 문제만이 아니라, 전달체계 구축의 기본 원칙이 충분히 고려되지 않은 채 개편이 추진된 데에서 비롯된 측면도 크다.

사회복지서비스 전달체계의 적절한 설계를 위해 고려되어야 할 원칙에 대해서는 그동안 국내외 다양한 학자들이 여러 견해를 제시해 왔다. 하지만 각 학자 간 의견이 일치하지 않으며, 동일한 원칙도 번역상의 차이 혹은 개념 해석의 자의성으로 인해 다르게 정의되는 경우도 있다.

이에 본 절에서는 지금까지 논의된 주요 원칙들을 종합하여, 사회복지서비스 전달체계의 구축 시 핵심적으로 고려되어야 할 전문성, 적절성, 포괄성, 통합성, 연속성, 평등성, 책임성, 접근성의 원칙들을 중심으로 그 개념과 의의를 정리하고자 한다.

1) 전문성의 원칙

전문성의 원칙은 사회복지서비스의 제공 과정에서 핵심적인 업무는 반드시 공인된 자격을 갖춘 전문가에 의해 수행되어야 한다는 원칙이다. 여기서 말하는 전문가는 국가 자격시험이나 전문직업단체의 심사를 통해 자격과 전문성이 검증되고, 해당 업무에 대한 자율성과 책임성을 동시에 갖추고 있는 사람을 의미한다. 사회복지실천 분야에서는 일반적으로 전문가(professional), 준전문가(para-professional), 비전문가(non-professional)로 분류되며, 1급 사회복지사 자격을 취득한 사회복지사는 대표적인 전문가로 간주된다.

전문성의 원칙은 자원의 효율적 배분과 서비스 질적 향상을 위해 업무의 성격에 따라 적절한 인력을 배치해야 한다는 점을 강조한다. 이에 따라 고도의 전문성이 요구되는 업무는 전문가가, 상대적으로 반복적이거나 전문성이 낮은 업무는 준전문가가, 비숙련 업무나 전문성을 요하지 않는 보조 업무는 자원봉사자 등 비전문가가 담당하는 방식으로 전달체계를 구성하는 것이 바람직하다.

2) 적절성(충분성)의 원칙

적절성(또는 충분성)의 원칙은 사회복지서비스가 수혜자의 욕구를 실질적으로 충족하고, 궁극적으로 서비스 목표를 달성하기 위해 요구되는 적절한 질, 충분한 양, 그리고 적정한 제공 기간을 갖추고 있어야 한다는 원칙이다. 예를 들어, 소득보장 급여가 최저생활을 보장하기에 지나치게 낮거나, 서비스 제공 기간이 문제해결에 충분하지 않을 경우, 적절성의 원칙은 충족되지 못한 것이다. 또한 충분한 인적 · 물적 자원이 확보되지 않거나, 자격 미달 인력에 의해 서비스가 제공되는 경우도 적절성의 원칙에 위배된다. 이 원칙은 사회복지서비스의 실효성을 확보하는 데 필요한 기본 조건으로 이해된다.

3) 포괄성의 원칙

포괄성의 원칙이란 클라이언트가 지닌 다양한 문제와 복합적인 욕구를 해결하기 위해 다각적이고 다차원적인 서비스가 동시에 또는 순차적으로 제공되어야 한다는 원칙이다. 이는 클라이언트의 삶을 총체적으로 이해하고 접근하려는 관점에서 출발하며, 클라이언트 중심의 종합적 서비스 제공을 강조한다. 궁극적으로 서비스 간 분절로 인한 사각지대를 최소화하고, 클라이언트의 욕구를 충족시키기 위한 전략적 서비스 체계를 구축하는 데 목적이 있다.

이러한 포괄성의 원칙을 달성하기 위한 접근 방법으로 일반화 접근법(generalist approach), 전문화 접근법(specialist approach), 팀 접근법(team approach), 사례관리 접근법(case management approach) 등이 있다. 각각의 방식은 조직의 자원 수준, 인력 구성, 클라이언트의 욕구 특성에 따라 선택적으로 적용될 수 있으며, 각각 고유한 장단점을 가진다. 특히 사례관리 접근은 복합적이고 다차원적인 욕구에 효과적으로 대응할 수 있는 방식으로 주목받고 있으며, 정신건강 노인복지 등의 분야에서 그 활용이 점차 확대되고 있다.

4) 통합성의 원칙

통합성의 원칙은 클라이언트의 복합적인 문제를 해결하기 위해 여러 기관 또는 부서가 제공하는 사회복지서비스가 단절되지 않고 연계 · 조정되어 통합적으로 구성되어야 한다는 원칙이다. 이는 클라이언트의 복합적인 문제들이 개별 기관 단위에서 단절되어 처리되는 '파편화(fragmentation)'의 문제를 방지하고, 서비스의 연속성과 효율성을 확보하기 위함이다. 사회복지서비스의 파편성은 서비스 간 시간 · 공간 · 조직적 단절을 초래하여, 결과적으로 클라이언트의 서비스 접근성과 참여를 저해한다. 이러한 문제를 해소하고 통합성의 원칙이 구현되는 사회복지서비스 전달체계를 구축하기 위해서는 기관 간 지리적 근접성 확보, 정보 공유 시스템 정비, 그리고 유기적인 연계 메커니즘 마련과 같은 다차원적인 기반이 함께 갖추어져야 한다.

이처럼 사회복지서비스의 유기적인 연계를 통한 제공을 강조하는 통합성의 원칙은 앞서 설명한 클라이언트의 여러 문제를 해결하기 위해 다양한 서비스가 제공되도록 전달체계를 구축

더 알아보기 5-1 사회복지서비스 전달체계의 통합성 증진 방안

사회복지서비스 전달체계의 통합성을 증진하기 위한 주요 전략(방안)으로는 사례관리, 종합서비스센터 운영, 접수(intake) 단일화, 종합적인 정보 및 의뢰 시스템 구축, 트레킹 등이 있다(Rubin & Babbie, 2016).

첫째, 사례관리(case management)란 한 명의 사례관리자(case manager)가 클라이언트의 다양한 욕구를 종합적으로 사정하고, 이에 부합하는 서비스를 지역사회 내 다양한 기관들과의 연계를 통해 적절히 제공하도록 조정 · 관리하는 방식이다. 이는 특히 서비스가 분산된 전달체계에서 통합성을 유지하는 핵심적 수단으로 간주된다.

둘째, 종합서비스센터는 특정 영역에 국한된 서비스를 제공하는 기존 기관과 달리, 클라이언트의 욕구를 중심으로 관련 서비스를 한 장소에서 통합적으로 제공하는 조직 모델이다. 예컨대, 가족복지, 정신건강, 재활 등의 서비스가 동일 공간 내에서 제공됨으로써 접근성과 서비스 이용의 효율성이 향상된다.

셋째, 접수의 단일화란 지역사회 내 여러 기관이 개별적으로 수행하던 초기 접수 기능을 하나의 공동 창구로 통합하는 방식으로, 이를 통해 클라이언트의 초기 상황을 더 입체적으로 파악하고, 통합적인 서비스 계획을 수립하는 데 기여할 수 있다.

넷째, 종합적인 정보 및 의뢰 시스템(Information & Referral System: I&R system) 구축은 서비스 제공기관 간의 독립성을 보장하면서도 협력적 네트워크를 형성하여, 클라이언트가 필요한 기관으로 신속하고 정확하게 연계되도록 지원하는 시스템을 마련하는 것을 말한다. 이는 정보 공유 및 자원 매핑(mapping)을 통한 합리적인 자원 배분에도 유용하다.

다섯째, 트래킹(tracking)이란 클라이언트가 과거에 어떤 기관에서 어떤 서비스를 받았는지를 전산정보 시스템을 통해 파악할 수 있도록 하는 기능이다. 이는 서비스 중복이나 단절을 방지하고, 지속적인 사례관리와 후속서비스 설계에 필수적인 도구로 활용된다.

해야 한다는 포괄성의 원칙과 뚜렷이 구분된다.

5) 연속성의 원칙

연속성의 원칙은 클라이언트의 문제해결 과정에서 필요한 서비스들이 중단 없이 시간의 흐름에 따라 자연스럽게 연결되어 제공되어야 한다는 원칙이다. 이 원칙은 단순히 특정 서비스를 장기간 제공해야 한다는 개념이 아니라, 클라이언트의 욕구 변화에 따라 서비스의 내용과 방식이 유기적으로 전환되어야 함을 의미한다. 예를 들어, 한 실업자가 직업훈련을 받기 이전에는 재정지원이 우선 제공되고, 직업훈련 프로그램 제공 후에는 직업알선과 사후 지원 서비스

(follow up service)가 연계되어 제공되어야 한다. 이를 통해 클라이언트는 서비스 간 간극으로 인한 단절이나 공백 없이 문제해결의 전 과정에 걸쳐 지원을 단계적으로 받을 수 있다.

6) 평등성의 원칙

평등성의 원칙은 사회복지서비스가 성별, 연령, 소득, 종교, 지위 등 개인적 특성과 관계없이 동등한 접근과 제공을 보장받아야 한다는 원칙이다. 이 원칙은 보편주의적 복지 이념에 기초하여, 소외 계층의 배제를 방지하고, 기회의 평등과 결과의 형평성을 동시에 추구한다. 다만, 일부 서비스는 제도적으로 선별적 제공이 불가피한 경우도 있으므로, 평등성의 원칙은 보편적 접근성을 기본 전제로 하되, 정책 목적이나 기능적 필요에 따른 예외를 유연하게 수용하는 방식으로 이해되어야 한다.

7) 책임성의 원칙

책임성의 원칙은 사회복지조직이 공적 자원을 사용하여 서비스를 제공하는 만큼, 그 과정과 결과에 대해 외부적으로 설명 가능하고 평가 가능한 구조를 갖추어야 한다는 원칙이다. 이는 도덕적 책임은 물론, 행정적 · 재정적 책임성과 투명성까지 포함하는 개념이다. 따라서 사회복지조직은 자신이 제공한 서비스가 얼마나 효과적이고, 클라이언트의 욕구에 적절히 대응했으며, 자원을 얼마나 효율적으로 활용했는지를 입증할 책임이 있다. 또한 클라이언트의 불만이나 제안이 서비스 개선에 반영될 수 있도록 제도적 장치를 마련하는 것도 책임성 실현의 중요한 요소이다.

8) 접근성의 원칙

접근성의 원칙 또는 접근 용이성의 원칙이란 사회복지서비스는 그것을 필요로 하는 사람이면 누구나 쉽고 편리하게 이용할 수 있도록 접근 가능해야 한다는 원칙이다. 클라이언트가 서비스에 접근하는 과정에서 마주치는 장애 요인은 다음과 같은 다섯 가지가 있다.

첫째, 정보 부족 장애는 서비스 제공 기관의 홍보 부족이나 안내체계의 미비로 인해 클라이언트가 필요한 정보를 얻지 못해 발생하는 접근성의 장애를 의미한다. 둘째, 지리적 장애는 서비스 제공기관이 너무 멀리 위치해 있거나, 교통수단이 부족하여 물리적 접근이 어려울 때 발생하는 접근성의 장애를 의미한다. 셋째, 심리적 장애란 자신의 문제를 타인에게 노출하는 데 따른 클라이언트의 수치심과 불안감, 라포 형성이 제대로 이루어지지 않아 사회복지사와의 심리적 거리감 등으로 인해 발생하는 접근성의 장애를 말한다. 넷째, 선정 절차상의 장애란 수혜자 선정 절차의 복잡함, 수급권자 선정 기준의 엄격함 등으로 인해 발생하는 서비스 접근성의 장애를 의미한다. 다섯째, 자원부족 장애란 클라이언트에게 제공되어야 할 급여나 서비스 인력 등의 부족으로 필요한 사회복지서비스를 제때 이용하지 못해 발생하는 접근성의 장애를 의미한다.

결국 이러한 장애 요인을 체계적으로 제거함으로써 클라이언트가 실제로 서비스에 접근할 수 있도록 전달체계가 구축되어야 한다.

3. 사회복지서비스 배분 전략과 전달체계의 공정성

1) 서비스 배분 전략의 개념과 중요성

사회복지서비스 전달체계는 단순한 자원의 이동 경로를 넘어, 공공성과 형평성, 효율성과 권리의 실현이라는 당면적 가치를 동시에 추구하는 구조이다. 이 전달체계 안에서 서비스 배분 전략은 매우 핵심적인 기능을 수행하는데, 이는 사회복지 자원이 언제, 누구에게, 어떤 방식으로, 그리고 어떤 우선순위에 따라 분배될지를 결정짓는 전략적 판단이기 때문이다. 자원의 희소성이 불가피한 조건으로 주어지는 사회복지 환경에서 서비스 배분은 단순한 기술적 선택이 아니라 윤리적이고 정치적인 결정이며, 이 과정에서 사회 구성원 간의 권리 보장 수준이 달라질 수 있다(Gilbert & Terrell, 2004).

특히 서비스 배분 전략은 서비스 접근성에 대한 구조적 통제 수단으로 작동하면서, 자원의 효율적 운영이라는 명분 아래 실질적으로는 복지 수급자의 선택지를 제한하거나, 비가시적 배제를 초래할 수 있는 구조로 기능해 왔다. 따라서 사회복지서비스 전달체계를 운영하는 조직은 이러한 전략이 사회복지의 신뢰성과 지속 가능성에 어떤 영향을 주는지를 면밀히 분석하고 조율해야 한다.

2) 주요 배분 전략 유형

사회복지서비스 배분 전략은 크게 공급억제 전략과 수요억제 전략으로 구분할 수 있다.

(1) 공급억제 전략

공급억제 전략은 자원 자체의 투입을 줄이거나 서비스의 질과 양을 낮추어 전체 이용자 수를 조절하려는 방식이다. 이는 흔히 '수급자격 요건의 강화'와 '서비스 희석화'의 두 형태로 나타난다.

① 수급자격 요건의 강화

수급자격 요건의 강화는 복지서비스의 대상 범위를 축소하기 위해 자격 기준을 상향하는 전략이다. 예컨대, 소득 요건을 더 엄격히 적용하거나 재산 요건을 강화하는 경우가 이에 해당한다. 이러한 조치는 표면적으로는 '대상자의 선별적 집중'이라는 합리적 기준처럼 보일 수 있으나, 실제로는 서비스 이용이 절실한 사람들 중 상당수가 제도 밖으로 배제되는 상황을 초래한다. 이로 인해 복지의 사각지대가 확대되고, 비공식적 돌봄에의 의존이나 빈곤의 세습과 같은 부정적 결과로 이어질 수 있다.

② 서비스 희석화

서비스 희석화는 자격 요건은 그대로 유지하되, 개별 클라이언트에게 제공되는 서비스의 질이나 양을 줄이는 방식이다. 이는 상담 회기 수 감소, 실무자의 업무 과중에 따른 시간 축소, 전문 인력의 비전문 인력 대체 등으로 나타난다. 서비스 희석화는 단기적으로는 예산 절감과 행정 효율성 확보에 기여할 수 있으나, 장기적으로는 서비스 품질 저하, 이용자 신뢰 하락, 서비스 이용 감소 등의 부작용을 수반한다.

(2) 수요억제 전략

수요억제 전략은 서비스 자체를 줄이기보다는 클라이언트의 서비스 접근을 어렵게 만들어 이용을 포기하게 만드는 방식이다. 물리적 · 시간적 장벽을 활용하여 수요를 간접적으로 억제하는 이 전략은 종종 서비스에 대한 사회적 수요를 관리하려는 의도로 나타난다(Rubin & Babbie, 2016).

① 물리적 장벽에 의한 수요억제 전략

물리적 장벽에 의한 수요억제 전략은 서비스 기관의 위치를 교통이 불편한 곳에 두거나 건물의 접근성을 낮추어 클라이언트의 실제 방문을 어렵게 만드는 방식이다. 또한 정보 제공이 부족하거나 접근 수단이 온라인으로만 제한될 경우, 이는 특히 고령자, 장애인, 정보취약계층에게 심각한 이용 장벽이 될 수 있다.

② 시간적 · 행정적 장벽에 의한 수요억제 전략

시간적 · 행정적 장벽에는 과도한 신청서류, 복잡한 절차, 긴 대기시간, 근무시간과 겹치는 운영시간 등이 해당하는데, 이러한 장벽은 클라이언트가 서비스 이용을 포기하게 만드는 주요 원인이다. 또한 대기자 명단 운영 방식이나 반복적인 자격 재심사 제도는 서비스의 지속성과 안정성을 저해하는 구조적 문제로 작용한다.

3) 서비스 억제 전략의 효과와 위험

서비스 억제 전략은 조직 입장에서 자원의 효율적 사용과 행정력 강화를 가능케 하는 유용한 수단처럼 보일 수 있다. 특히 재정이 제한된 상황에서 공급과 수요를 관리하는 장치는 단기적으로 행정적 안정성과 예산 균형을 유지하는 데 기여할 수 있다. 공급억제를 통해 제공 범위를 줄이거나 수요억제를 통해 접근을 간접적으로 차단함으로써, 표면상으로는 복지체계가 과도한 수요에 의해 과부하되는 것을 방지할 수 있다. 그러나 이러한 전략은 단기적 효율성만을 고려한 결과로, 궁극적으로 사회복지의 핵심 가치인 보편성, 형평성, 적시성을 훼손할 수 있는 구조적 위험을 내포하고 있다.

우선, 서비스 억제 전략은 클라이언트 간의 기회 불균등을 심화시킨다. 같은 지역, 같은 자격 기준을 가진 이용자라 하더라도 정보 접근력, 시간적 여유, 언어 능력, 제도 이해도 등에 따라 서비스 접근 가능성은 크게 달라진다. 이는 결과적으로, 제도는 열려 있으나 실질적으로 닿지 않는 '보이지 않는 장벽'을 형성하게 되고, 절차적 형평성을 침해하게 된다. 특히 고령자, 이주민, 장애인, 정신건강 문제가 있는 이들은 서비스 억제 구조에 가장 먼저, 가장 강하게 영향을 받는다.

또한 서비스 억제 전략은 사회적 낙인(stigma)을 강화하는 효과를 동반할 수 있다. 복잡한 서류 요구나 반복적인 자격 심사는 클라이언트에게 '당신은 검증 대상'이라는 인식을 심어 주며, 이는 수치심과 자책감을 유발하게 된다. 이로 인해 많은 이용자는 제도 안으로 진입하기를 회피하거나, 한 번의 실패 경험 이후 사회복지체계 전반에 대한 부정적 인식을 갖게 된다. 이런 현상은 서비스 회피로 이어지며, 결국 종교기관, 가족, 비제도 민간자원 등 비공식 네트워크에 대한 의존을 확대시키는 구조로 이어진다.

더 나아가, 서비스 억제 전략이 지속되면 제도 자체의 정당성 위기로 확장될 수 있다. 사회복지 전달체계가 존재함에도 불구하고 실제 도움이 필요한 사람들에게 닿지 않는다면, 그것은 단순한 비효율의 문제가 아니라 권리 기반 접근이 결여된 정책설계의 결함으로 간주될 수 있다. 이로 인해 정책 전반에 대한 시민들의 신뢰도는 약화되며, 사회복지 확대 정책에 대한 정치적 지지도 역시 저하될 수 있다.

4) 서비스 배분 전략의 새로운 접근 방법

사회복지서비스 전달체계는 대상자들을 줄 세워 단순히 자원을 분배하는 기능에 머물지 않는다. 전달체계는 복지국가의 정체성을 반영하고, 구성원 간의 사회적 연대와 공동 책임을 실현하는 수단으로 기능해야 한다. 이러한 측면에서, 억제 중심의 서비스 배분 전략은 오늘날의 복지 패러다임에 더 이상 적합하지 않은 구시대적 접근이라 할 수 있다. 사회 구성원의 권리를 실질적으로 보장하고, 전달체계가 그 본연의 역할을 수행하기 위해서는 다음과 같은 구조적 전환이 요구된다.

첫째, 이용자 중심의 접근성 확대 전략이 필요하다. 이는 물리적 · 시간적 장벽을 제거하는 것을 넘어, 클라이언트의 복잡한 삶의 맥락을 이해하고, 다양한 경로를 통해 서비스를 제공하려는 노력이 수반되어야 한다. 예컨대, 모바일 접근성 강화, 행정 절차 간소화, 방문형 사례관리 확대, 다언어 정보 제공 등은 이용자 중심성을 강화하는 구체적인 방안이 될 수 있다.

둘째, 정보의 비대칭성을 해소하는 것은 서비스 접근 공정성을 높이는 필수적인 기반이다. 많은 복지제도가 존재하지만, 정작 대상자는 그 내용을 모르거나, 접근 방법을 몰라서 이용하지 못하는 경우가 많다. 이를 해결하기 위해서는 공공 캠페인, 정보 매핑(mapping), 지역사회 중간지원조직[1)]의 활성화 등이 필요하다.

셋째, 우선순위 설정에 있어 윤리적 기준의 명확화가 필요하다. 자원은 언제나 제한되어 있

1 지역사회 중간지원조직은 정보를 전달하고, 이용자와 제도를 연결하며, 때로는 정책적 의견을 수렴하고 현장 피드백을 상향 전파하는 기능을 수행하는 조직으로, 지역복지협의체, 복지관과 주민센터 간 연계 플랫폼, 사회적경제지원센터 등이 해당한다.

기 때문에, 모든 사람에게 동시에 모든 서비스를 제공하는 것은 불가능하다. 그러나 그 한정된 자원을 어떻게 분배할 것인가의 기준은 가치 판단을 반영해야 하며, 특히 취약계층 우선 접근 원칙과 사회적 위험의 중첩성 고려 등 윤리적 기준이 분명히 설정되어야 한다.

마지막으로, 실무자는 단순한 프로그램 집행자가 아니라, 전달체계의 윤리 감시자이자 판단자로 기능해야 한다. 특히 억제 전략이 무비판적으로 도입되는 것을 감시하고, 현장에서 그 부작용을 상향적으로 보고하며, 이용자의 권리 실현이라는 기준 아래 정책을 재설계하는 역할을 수행할 수 있어야 한다. 이 과정에서 현장 피드백 수렴 메커니즘, 내부 고충 처리 시스템, 참여형 제도 설계 절차 등도 병행적으로 강화되어야 한다.

4. 사회복지서비스의 활용 제고 전략

사회복지서비스는 일정한 법적 기준과 자격 요건을 갖춘 대상자에게 수급권을 보장하는 제도로 설계되어 있다. 그러나 제도적으로 수혜 자격이 부여되었다 하더라도, 모든 대상자가 실제로 서비스를 이용하는 것은 아니다. 동일한 욕구와 수급 자격 요건을 충족한 집단 내에서도 개인적 특성과 환경적 요인에 따라 서비스 활용의 정도에는 뚜렷한 차이가 발생한다. 이러한 격차는 단순한 정보 부족이나 무관심만으로 설명되지 않으며, 서비스 접근성의 구조적 한계와 밀접한 관련이 있다.

따라서 사회복지서비스의 실효성을 높이기 위해서는 제도적 수급권 보장을 넘어서, 실제 이용자의 접근을 촉진하고 활용도를 제고하는 전략적 접근이 요구된다. 법적으로 열려 있는 서비스의 문이 실질적으로 통과될 수 있도록, 다양한 실천적 장치와 행정적 조정이 뒷받침되어야 한다.

이러한 목적을 달성하기 위한 대표적 전략으로는 아웃리치, 정보 및 의뢰, 홍보, 서비스 조직의 구조 개선, 클라이언트와의 신뢰 구축 등이 있으며, 각 전략은 다양한 실천기술과 행정 전략을 포함한다(김영종, 2023).

1) 아웃리치

아웃리치(outreach)는 클라이언트의 자발적 방문을 기다리는 전통적 방식에서 벗어나, 사회복지서비스 제공자가 먼저 지역사회로 나아가 서비스를 적극적으로 알리고 클라이언트를 발굴하는 전략이다. 이는 특히 정보취약계층이나 사회적 고립 집단 등 서비스 접근성이 낮은 대상자에게 서비스 접근 기회를 높이기 위해 활용되는 전략이다.

이 전략은 단순한 정보 제공을 넘어 욕구 사정, 접수(intake) 지원, 서비스 계획 수립, 종결 후 후속 확인(follow-up)까지 다양한 실천 기능을 포함한다. 최근에는 정보통신기술(ICT)을 활용한 온라인 기반 아웃리치가 활성화되면서, 대면 방식과 결합한 혼합형 접근 방식(hybrid outreach)으로 발전하고 있다.

아웃리치는 서비스 제공자에게 더 많은 노력과 자원을 요구하지만, 접근에 소극적인 클라이언트에게 효과적으로 개입할 수 있는 수단으로, 서비스의 실질적 형평성과 접근성 강화를 가능하게 한다.

2) 정보 및 의뢰

정보 및 의뢰(Information and Referral, 이하 I&R)란 사회복지서비스 기관이 클라이언트에게 필요한 정보를 제공하고, 직접 서비스 제공이 어려운 경우에는 적절한 외부 기관으로 연결하는 실천 전략이다. 이는 단순한 안내를 넘어 시비스 이용의 첫 관문 역할올 하며, 접근성과 전달체계의 효율성을 동시에 높이는 중요한 기제이다(Patti, 1983).

정보 및 의뢰가 효과적으로 작동하기 위해서는 다음 조건이 필수적이다. 첫째, 지역 내 서비스 기관에 대한 체계적 정보(명단, 운영 방식 등)를 확보해야 하며, 둘째, 각 기관의 서비스 내용과 범위, 수급 자격요건 등에 대한 정확한 이해와 지속적 업데이트가 필요하고, 셋째, 의뢰의 실효성을 높이기 위해서는 기관 간 정보 공유와 협력체계가 구축되어야 하며, 이를 통해 단순 전달을 넘어 책임 있는 서비스 연계 체계로 기능해야 한다.

특히 다기능적 욕구를 가진 클라이언트에게 정보 및 의뢰는 복합 서비스를 연결하는 허브로 작용하며, 사회복지 전달체계의 실효성을 강화하는 핵심 전략이 된다.

3) 홍보

홍보(advertising)란 사회복지서비스의 존재나 이용 방법을 알지 못해 접근하지 못하는 잠재적 이용자에게 서비스의 내용과 조건을 체계적으로 전달하는 활동이다(Katz et al., 1975; Patti, 1983). 이는 단순한 광고를 넘어 정보 격차로 인한 비자발적 배제를 방지하고, 서비스 접근의 형평성을 높이는 전략적 수단이다. 특히 정보취약계층이나 사회적 소외 집단에게는 서비스 정보 제공이 복지권 실현의 출발점이 된다.

홍보 방법으로는 TV · 라디오 · 신문 등의 대중매체, 리플렛과 전단지, 주민설명회나 공개행사, 기관 웹사이트와 온라인 포털, 지역 공공게시판, 기관 견학 프로그램 등이 있으며, 아웃리치 활동과 연계한 현장 중심 홍보도 효과적이다.

4) 서비스 조직의 개선

서비스 조직의 개선이란 서비스 이용자의 접근성과 활용도를 높이기 위해, 기관의 운영 절차, 실무 방식, 조직문화, 클라이언트 응대 태도 등을 이용자 중심으로 재구성하는 조직적 노력이다. 이는 단순한 자원 배분이 아니라, 클라이언트의 실질적 만족과 참여를 가능케 하는 구조를 만드는 과정이다.

이러한 구조 개선은 몇 가지 핵심 영역에서의 다음과 같은 조직적 조치를 필요로 한다.

첫째, 절차적 측면에서는 서비스 흐름을 사용자 관점에서 점검하고, 신청 절차의 간소화, 부서 간 연계 강화, 문서 부담 최소화, 친화적 응대 방식 등을 통해 접근 장벽을 낮출 필요가 있다.

둘째, 조직문화 차원에서는 클라이언트를 행정 대상이 아닌 권리 주체로 인식하고, 구성원을 대상으로 하는 정기 교육, 감수성 훈련, 피드백 체계 구축 등을 통해 차별 없는 서비스 환경을 조성해야 한다.

셋째, 성과 평가 방식 역시 개선이 필요하다. 사회복지조직이 실적 중심의 평가나 자원 효율성만을 강조하게 되면, 서비스 접근성보다 행정적 성과 관리가 우선되는 경향이 나타날 수 있다. 예컨대, 성공 가능성이 높은 이용자만 선별하는 '크리밍(creaming)', 또는 이용자 수를 맞추기 위한 '활용 수준의 조작(manipulation)' 등은 성과 중심의 운영이 초래될 수 있는 대표적인 병폐이다. 따라서 형평성과 질 중심 평가, 이용자 의견 반영 등을 통합하여 책무성을 기반으로 한 성과체계로의 전환이 요구된다.

더 알아보기 5-2 **크리밍(creaming)**

크리밍 또는 크리밍 현상이란 실적 중심의 관료제 조직에서 나타나는 문제로서, 사회복지조직에서도 나타나는 대표적인 관료제적 병폐 중 하나이다. 크리밍 현상은 서비스 제공조직이 접근성 메커니즘을 조정하여 비교적 프로그램의 성공 가능성이 높은 대상자를 선별적으로 모집하여 참여시키고, 반대로 자원의 소모가 많고 프로그램의 성공 가능성이 낮으며 비협조적일 것으로 예상되는 대상자를 의도적으로 배척하는 경향이나 현상을 뜻한다(Lipsky, 2010).

이러한 경향은 조직이 외부 환경과의 관계 속에서 생존 가능성을 극대화하는 전략일 수 있다. 즉, 조직의 입장에서는 제한된 예산 내에서 조직이 제공하는 서비스나 프로그램의 효과성을 극대화하기 위해 성공 가능성이 높은 사례를 선택하는 것이 서비스에 대한 사회적 책임성을 가시화하는 데 훨씬 더 유리하기 때문이다. 하지만 사회복지적 관점에서 이는 분명히 극복해야 할 병폐이다. 왜냐하면 성공 가능성이 낮은 대상들이 사실상 더 많은 고통과 어려움에 처해 있기에 이들을 의도적으로 배척하는 것은 사회복지의 가치와 상충되는 행위이기 때문이다.

결국, 서비스 조직의 개선은 기술적 조정보다 이용자 중심성과 사회적 책무성을 핵심 가치로 확립하는 과정이다. 이는 클라이언트와의 신뢰 형성뿐만 아니라 조직의 존재 이유를 강화하는 전략적 기반이 된다.

5. 공공 및 민간 사회복지서비스 전달체계의 비교

사회복지서비스의 제공 및 전달 주체는 일반적으로 공공부문과 민간부문으로 구분된다. 우선, 공공 전달체계는 중앙정부, 지방자치단체, 산하 공공기관이 정책 수립과 조정, 일부 직접적 서비스 제공 및 민간 전달체계의 관리·감독 역할을 수행하는 체계를 말한다. 우리나라의 경우 보건복지부를 중심으로 중앙정부와 지방정부 간 위계구조가 형성되어 있으며, 국민기초생활보장제도, 장애인복지서비스, 노인장기요양보험 등은 이러한 체계를 통해 운영된다.

반면, 민간 전달체계는 사회복지법인, 종교단체, 자원봉사조직, 기업의 사회공헌 조직, 비영리민간단체(NGO) 등 다양한 주체들이 중심이 되어 민간자원을 동원하고 자발적 참여를 기반으로 서비스를 제공하는 구조이다. 이들은 특히 취약계층을 대상으로 하는 인적 서비스에서 중요한 역할을 하며, 지역사회 중심의 돌봄, 상담, 사례관리를 통해 공공 전달체계의 보완적 기능을 수행한다.

1) 공공 및 민간 부문의 역할

공공부문은 시장기제로 해결되지 않는 사회적 위험이나 욕구에 대응하여, 국민에게 기본적인 사회복지서비스를 제공하는 기능을 수행한다. 동시에 지역 내 복지자원의 연계와 조정, 민간 영역의 촉진 및 관리, 전달체계의 표준화와 제도화 등 정책 기반 조성의 역할도 맡는다.

우선, 중앙정부는 복지정책 방향 설정, 법 · 제도 제정과 개정, 표준 서비스 모델 개발, 시범사업 추진, 지방정부 및 민간기관의 지도 · 감독 등의 기능을 수행한다. 이에 비해, 지방정부는 지역 내 복지 수요를 반영한 정책 기획과 실행, 자원 배분, 민간기관과의 협력 조정 등 서비스 제공의 기반을 조성하는 역할을 담당한다.

반면, 민간부문은 공공부문보다 더 유연하고 수요자 중심적인 접근을 통해 현장에서 직접 서비스를 제공한다. 특히 정부가 신속히 대응하기 어려운 영역이나 새롭게 부상한 복지수요에 대해 민간은 민첩하고 선도적인 실천 역량을 바탕으로 공공부문을 보완하는 역할을 수행한다.

2) 공공부문과 민간부문 간의 파트너십 유형

우리나라 사회복지서비스 공급체계의 특징은 공공이 직접 서비스를 제공하기보다는 민간 비영리기관과의 협력을 통해 서비스 공급을 위탁하거나 재정을 지원하는 방식이 일반화되어 있다는 점이다. 이는 민간이 정부의 정책과 예산을 바탕으로 사회복지서비스의 공급을 대행하는 구조로, 공공서비스의 대행자 역할을 수행하는 형태로 나타난다(백종만, 2005).

이와 같은 민-관 협력은 사실상 단순한 위 · 수탁 관계를 넘어 다양한 협력 유형으로 구체화된다. 사회복지서비스를 전달하는 과정에 이루어지는 민(民)과 관(官) 간의 협력 유형은 병행보완모형, 병행보충모형, 협동대리모형, 협동동반모형 등 네 가지로 분류할 수 있으며, 그 특징은 〈표 5-1〉에서 보는 바와 같다(이인재, 변재관, 2010).

(1) 병행보완모형(parallel supplement model)

병행보완모형은 공공과 민간이 각자 재원을 조달하고, 서로 다른 수요집단을 대상으로 서비스를 제공하는 방식이다. 공공은 법정 수급자에게 서비스를 제공하고, 민간은 공공급여에서 소외된 사각지대 수요자를 지원함으로써 보완적 역할을 수행한다. 이 모형에서 양자의 협력은 수급자 선정 또는 분담 과정에서 주로 이루어진다.

(2) 병행보충모형(parallel complement model)

병행보충모형은 공공과 민간이 각각 별도의 재원을 조달하지만, 동일한 대상에게 다른 서비스를 제공하는 방식이다. 예를 들면, 동일한 대상에게 민간은 상담, 교육 등의 인적서비스를 제공하고, 공공은 생계급여나 주거급여 등과 같은 현금급여를 주로 제공한다. 결국, 병행보충모형에서 공공과 민간 간의 협력은 급여 내용의 조정과 역할 분담을 중심으로 이루어진다.

(3) 협동대리모형(collaborative vendor model)

협동대리모형은 공공이 재원을 조달하고, 민간이 공공의 위탁을 받아 서비스를 제공하는 구조로, 협력보다는 위임과 감독의 관계에 가깝다. 민간기관은 공공의 지침에 따라 프로그램을 수행하고, 자율성은 제한된다. 정책 방향과 재정 통제권 및 평가는 공공이, 실행은 민간이 담당하는 비대칭 협력구조로, 민간이 정부의 사업을 대행하는 주체로 기능하는 것이 특징이다.

(4) 협동동반모형(collaborative partnership model)

협동동반모형은 기본적으로 공공이 재원을 조달하고, 민간이 서비스 제공을 담당한다는 점에서 협동대리모형과 구조적으로 유사하다. 그러나 양자의 관계는 단순한 위임이나 대리하는 일방적 관계가 아니라 상호 협력적이고 대등한 동반자 관계를 전제로 한다는 점에서 본질적인 차이를 가진다. 이 모형에서 민간은 공공의 지침을 수동적으로 이행하는 단순한 집행자나 대리인이 아니라, 기획 · 실행 · 평가 과정에 능동적으로 참여하고, 일정한 재량권과 정책 영향력을 갖는다. 이 모형은 전문성과 자율성을 바탕으로 공동 목표를 향해 조율하는 협력적 구조를 지향한다(이인재, 변재관, 2010).

표 5-1 공공과 민간의 파트너십 관계

<table>
<tr><th>구분</th><th>병행보완모형</th><th>병행보충모형</th><th>협동대리모형</th><th>협동동반모형</th></tr>
<tr><td>재원조달 책임</td><td colspan="2">공공 & 민간</td><td colspan="2">공공</td></tr>
<tr><td>급여제공 책임</td><td colspan="2">공공 & 민간</td><td colspan="2">민간</td></tr>
<tr><td>급여 대상</td><td>다름
(공공: 법정대상
민간: 사각지대)</td><td>동일</td><td colspan="2">–</td></tr>
<tr><td>공공과 민간의
급여 내용</td><td>동일</td><td>다름
(공공: 현금급여 등
민간: 서비스)</td><td colspan="2">–</td></tr>
<tr><td>공공과 민간의
관계</td><td>급여 대상에 대해
상호 보완적</td><td>급여 내용에 있어
상호 보완적</td><td>민간은 정부의
대리인</td><td>상호 간 영향</td></tr>
</table>

3) 공공과 민간 사회복지서비스 전달체계의 역할 및 필요성

(1) 공공 사회복지서비스 전달체계의 필요성

공공 사회복지서비스 전달체계가 필요한 이유는 다음과 같다.

첫째, 공공부문은 사회복지서비스 제공의 법적 기반을 갖추고 있어 재원의 안정적 확보가 가능하다. 이는 사회복지서비스의 지속적이고 안정적인 공급을 가능하게 하며, 적절한 통제와 조정을 용이하게 한다.

둘째, 사회복지서비스와 같은 공공재의 경우, 시장기구에 의해 적절히 공급되기 어려운 특성이 있다. 따라서 시장실패로 인한 자원 배분의 비효율성과 분배상의 불평등을 보완하기 위해 공공부문을 통한 서비스 제공이 필요하다.

셋째, 모든 국민을 대상으로 평등의 가치를 구현하고 사회적 공공성을 강화하기 위한 보편적 서비스의 제공은 공공부문이 담당하는 것이 타당하다. 이는 사회복지서비스의 형평성과 접근성을 보장하는 데 기여한다.

(2) 민간 사회복지서비스 전달체계의 필요성

일반적으로 민간 사회복지서비스 전달체계는 공공부문의 사회복지 제공을 보완하며, 다음과 같은 이유로 그 필요성이 강조된다.

첫째, 민간부문은 공공부문에서 제공하는 사회복지서비스의 수혜 대상이 되지 못하는 비수혜자에게 서비스를 제공할 수 있다. 공공부문은 대부분 소득이나 자산 등의 경제적 수준을 기준으로 선별적으로 서비스를 제공하기에, 자격 기준을 조금 벗어난 사람들은 서비스를 제공받지 못한다. 민간부문은 이러한 사각지대에 놓인 이들을 대상으로 서비스를 제공함으로써 사회복지의 보편성을 확대한다.

둘째, 민간부문은 다양한 서비스를 제공함으로써 공공부문이 충족시키기 어려운 다양한 욕구에 대응할 수 있다. 정부는 국민의 기본적이고 일차적인 문제해결이나 욕구 충족에 우선적인 목표를 두기에, 개인의 높아지고 다양해진 복지욕구를 모두 충족시키기 어렵다. 민간부문은 이러한 욕구에 대응하여 새로운 서비스나 프로그램을 개발하고 제공할 수 있다.

셋째, 민간부문은 이용자에게 서비스 선택의 기회를 확대해 준다. 민간부문은 공공부문에서 제공하는 것과 유사한 서비스를 제공함으로써 클라이언트에게 그들의 기호나 여건에 맞는 서비스를 선택할 기회를 제공한다. 특히 이 과정에서 공공과 민간부문 간의 경쟁을 통해 서비스의 질이 개선되는 효과를 기대할 수 있다.

넷째, 민간부문은 사회복지서비스의 개발 및 보급에 있어 선도적 역할을 수행할 수 있다. 실제로 민간부문은 공공부문보다 행정적 융통성이 더 크고 환경 변화와 클라이언트 욕구에 더 민감하게 대응할 수 있기 때문에 새로운 사회복지 서비스나 프로그램을 개발하고 보급하는 데 유리하다.

다섯째, 민간부문은 사회 구성원의 사회복지 참여 욕구를 실현할 수 있는 장(場)으로 기능한다. 공공 전달체계는 주로 수요자에게 서비스를 제공하는 구조로 설계되어 있어, 구성원의 자발적 참여 욕구를 반영하기 어렵다. 반면, 민간부문은 자원봉사, 재정 후원, 조직 운영 등 다양한 형태의 참여를 가능하게 하며, 이로써 시민의 사회적 책임과 연대 의식을 구체화하는 통로가 된다.

여섯째, 민간부문은 정부의 복지 활동을 감시하고 정책적 대안을 제시함으로써 공공부문의 책무성을 제고하는 역할을 수행할 수 있다. 이는 사회복지서비스의 질적 향상과 공급의 다양성 확대에 기여한다.

일곱째, 민간부문은 정부의 사회복지 비용 부담을 경감하는 데 기여할 수 있다. 현대사회에서 사회복지의 일차적 책임은 국가에 있지만, 국민의 복지 수요가 다양화·고도화됨에 따라 공공 재정의 부담은 점점 커지고 있다. 이러한 상황에서 민간부문의 사회복지 활동은 공공의 재정 지출을 보완하고, 일부 서비스를 대체하거나 예방적 기능을 수행함으로써 간접적인 비용 절감 효과를 가져올 수 있다.

4) 공공과 민간 사회복지서비스 전달체계의 문제점

(1) 공공 사회복지서비스 전달체계의 문제점

공공 사회복지서비스 전달체계는 다음과 같은 문제점을 안고 있다.

첫째, 수직적이고 경직된 행정조직 구조로 인해 관료주의적 성격이 여전하다. 서비스 표준화와 절차 중심 행정은 일관성과 질 관리를 위한 필수 요소이지만, 지나치게 엄격하게 적용될 경우 현장 사회복지사의 자율성과 전문적 판단을 제약한다. 이는 클라이언트의 다양한 욕구에 유연하게 대응하지 못하게 하며, 창의적 실천을 방해하는 요인이 될 수 있다. 일부 지자체에서 자율성 확대를 시도하고 있으나, 제도화된 조직문화의 변화에는 시간이 필요하다는 한계가 있다.

둘째, 중앙집권적 전달체계는 지역의 다양한 복지 수요를 반영하는 데 구조적 한계를 지닌다. 지역별 인구구조나 자원의 차이가 큼에도 불구하고 중앙정부의 지침이 획일적으로 적용되어 지역 맞춤형 정책 수립이 어렵다는 비판이 제기된다. 정부는 '지역사회 통합돌봄' 정책을 통해 분권화를 추진하고 있으나, 지자체 간 역량 차이와 실행의 일관성 부족으로 인해 구조적 과제가 여전히 존재한다.

셋째, 사회복지서비스가 읍·면·동과 시·군·구 등 다양한 행정단위와 여러 부처에 분산되어 있어 통합적이고 연계된 서비스 제공에 어려움이 있다. 이를 개선하기 위해 '희망복지지원단'과 '지역사회보장협의체' 등이 운영되고 있으나, 기능 통합은 미흡하여 서비스 중복, 정보 공유의 비효율, 연계 부족 등의 문제가 지속되고 있다.

넷째, 복지 수요의 지속적 증가에도 불구하고 사회복지 공무원의 충원은 더디며, 업무 과중으로 인한 소진 문제가 만연하다. 정부는 배치 기준 개선과 인력 확충을 추진 중이나, 현장에서는 여전히 '1인 다역' 구조가 일반화되어 있어, 체계적인 인력 운영의 개선이 필요하다.

다섯째, 인력의 부족과 함께 전문성 결여도 문제로 지적된다. 자격 소지자 우선 채용과 보수교육이 확대되었으나, 일부 지자체에서는 여전히 행정직 공무원이 복지 업무를 겸임하고 있다. 이로 인해 사례관리에서 전문성이 부족할 수 있으며, 슈퍼비전 체계 또한 형식적으로 운영되는 경우가 많다. 따라서 실무 중심의 전문성 강화와 지속적인 교육체계 정착이 요구된다.

(2) 민간 사회복지서비스 전달체계의 문제점

민간 사회복지서비스 전달체계는 자율성과 다양성, 수요자 중심 접근이라는 강점을 가지나, 다음과 같은 한계가 존재한다.

첫째, 대부분의 민간 사회복지기관은 운영 재정을 정부 보조금에 의존하고 있어, 정부 지침과 규정에 예속되는 경향이 강하다. 이로 인해 지역사회 특성이나 이용자 욕구를 반영한 창의적인 프로그램 운영이 제한된다. 최근 '사회서비스원' 등 공공기관과의 협력 모델이 시도되고 있으나, 제도적 기반과 예산 확보의 한계로 전국적 확산에는 어려움이 따른다.

둘째, 시설의 종별·지역별 분포가 불균형하여 서비스 사각지대가 존재하고, 유사 기능을 수행하는 소규모 시설이 중복 운영되면서 행정적·재정적 비효율성이 발생한다. 정부는 '지역사회 통합돌봄' 정책을 통해 지역 내 서비스 재편과 협력체계 구축을 추진 중이나, 시설 간 기능 조정과 연계는 여전히 미흡한 상태이다.

셋째, 종사자들은 열악한 근무 환경과 낮은 처우로 인해 직무 만족도가 낮고 장기근속이 어렵다. 특히 생활시설의 인력 기피 현상과 이용시설의 높은 이직률은 서비스의 지속성과 전문성 확보에 부정적 영향을 미친다. 정부는 처우 개선을 위한 제도적 장치를 마련하고 있으나, 현장에서는 실효성이 낮다는 지적이 제기된다.

넷째, 민간 협의기구들 간의 기능 중복, 역할 불명확성, 정부 보조금 의존 구조는 협의체의 독립성과 정책 수행력을 저해한다. 그 결과, 서비스의 중복, 누락, 부족 등 전달체계의 비효율성이 발생하며, 민간의 자율성과 전문성 강화를 위한 제도 개선이 요구된다.

Part 3 사회복지행정의 핵심 기능과 실천기술

기획과 의사결정

사회복지조직의 재원은 대부분 국민이 납부하는 세금이나 민간 후원금으로 구성되므로 그 운영과 사업 전개에 있어 공공성, 책무성, 형평성을 확보해야 할 책임이 있다. 따라서 조직의 모든 활동은 명확한 목표와 전략에 기반하여 체계적인 방식으로 운영되어야 하며, 이러한 과정을 뒷받침할 기획체계의 구축이 필수적이다. 특히 사회복지조직은 불확실성과 복잡성이 높은 환경에 놓여 있기에, 정책 변화, 인구 고령화, 지역사회 수요의 다변화 등 다양한 외부 요인에 민감하게 대응해야 한다. 즉, 미래를 예측하고 이에 대응할 전략을 수립하는 기획 역량 없이는 지속 가능한 조직 운영이 어렵다. 이러한 차원에서 기획은 단순한 사전 계획을 넘어서, 조직의 생존과 성장에 직결되는 전략적 활동으로 이해되며, 이는 곧 문제를 정의하고 대안을 탐색하며 최선의 방안을 결정하는 일련의 의사결정 과정과 밀접하게 연관된다. 의사결정은 기획의 핵심 구성요소로서, 양자는 상호 보완적 관계를 이루며 조직의 목표 달성을 지원한다.

이에 본 장에서는 사회복지조직의 기획과 일정관리 기법을 살펴보고, 사회복지 프로그램 기획의 개념과 과정을 알아보며, 효과적인 의사결정의 개념과 유형, 과정에 대해 고찰함으로써 조직 운영의 전략적 기반을 이해하는 데 목적을 두고자 한다.

1. 사회복지조직의 기획

1) 기획의 개념

(1) 기획관

기획(planning)에 대한 관점은 크게 전통적 기획관과 현대적 기획관으로 구분된다.

전통적 기획관은 정치 · 행정 이원론에 기반하여, 기획을 관리 기능의 한 단계로 간주하는 입장이다. 즉, 행정은 정치에서 수립된 정책을 효율적으로 집행하는 기능만을 갖는다는 시각에서, 기획 역시 관리능률 향상을 위한 수단으로 이해된다. 루터 귤릭(Gulick & Urwick, 1937)은 이러한 관점을 대표하며, 기획을 "조직 목표 달성을 위한 수단과 절차를 사전에 설계하는 활동"으로 정의하였다. 이는 선형적이고 기계적인 조직구조에 적합한 접근이다.

반면, 현대적 기획관은 기획을 단순한 관리 기능이 아니라 환경 변화에 대응하고 이해관계자의 요구를 반영하는 전략적 · 정책적 기능으로 본다. 민츠버그(Henry Mintzberg, 1979)는 기획을 정형화된 질차가 아닌, 환경에 적응하는 학습 과정으로 이해할 것을 제인하며, 이를 동적인 정책 형성 과정의 일부로 강조하였다. 이러한 관점은 복잡하고 불확실한 환경 속에서 운영되는 사회복지조직에 특히 적합하다.

(2) 기획의 정의

기획은 조직이 달성하고자 하는 목표를 실현하기 위해, 미래를 예측하고 대응 전략을 수립하는 체계적이고 의도적인 활동이다. 이는 목표 설정, 문제 진단, 대안 도출, 자원 배분, 실행 계획 수립 등 일련의 과정을 포함하며, 조직 운영 전반에 걸쳐 적용된다. 특히 사회복지조직의 기획은 공공재를 기반으로 하기에, 성과에 대한 책임성과 운영의 투명성이 함께 요구된다.

길버트와 스펙트(Gilbert & Specht, 1977)는 기획을 문제해결이나 미래 사건 전개를 통제하기 위한 의식적인 시도로 정의하며, 예견, 정보 수집, 가치 판단, 체계적 사고 등을 포함한 의사결정 중심의 전략 활동으로 보았다. 이는 곧 기획이 단순한 절차가 아닌, 의사결정의 연속이자 그 기반이라는 점을 보여 준다.

2) 기획의 특성 및 필요성

(1) 기획의 특성

기획은 다음과 같은 특성을 지닌다.

첫째, 기획은 미래지향적이다. 기획은 조직이 달성하고자 하는 목적을 설정하고, 이를 실현하기 위한 행동을 사전에 준비하는 활동으로, 불확실한 환경에서도 명확한 방향성을 제시한다. 둘째, 기획은 과정지향적이다. 기획은 한번 수립되어 끝나는 것이 아니라, 상황 변화에 따라 지속적으로 수정·보완되는 반복적이고 순환적인 과정이다. 셋째, 기획은 환경 적응적이다. 기획은 급변하는 환경에 대응하는 전략 수립의 기능을 수행한다. 넷째, 기획은 목표지향적이다. 모든 기획은 명확한 목표 설정을 전제로, 그 목표를 달성하기 위한 수단을 탐색하고 선택하는 의사결정 과정을 포함한다. 다섯째, 기획은 행동지향적이다. 기획은 단지 사고의 틀에 머무르지 않고, 실행 가능한 계획으로 구체화되어 실제 행동으로 이어진다.

따라서 기획은 사회복지조직이 변화하는 환경 속에서 안정성과 예측 가능성을 확보하고, 자원을 효율적으로 활용하여 조직의 목표를 달성하는 데 핵심적인 역할을 수행한다.

(2) 기획의 필요성

기획이 필요한 이유는 다음과 같다.

첫째, 기획은 환경 변화에 대응하고 미래의 불확실성을 줄이기 위해 필요하다. 사회복지조직은 정책 변화, 재정 불안정, 서비스 수요의 다양화 등 여러 환경 변화에 민감하게 반응해야 하며, 기획은 이러한 변화에 대비하고 운영의 예측 가능성을 높여 준다.

둘째, 기획은 조직의 합리성을 높이기 위해 필요하다. 조직의 합리성이란 목표 달성을 위해 가장 적절한 수단을 선택할 수 있는 능력을 의미하며, 기획은 다양한 대안 중 최선의 방안을 논리적으로 선택하고 정당화하는 데 기여한다. 특히 자원이 제한된 사회복지조직에서 기획은 의사결정의 타당성과 정당성을 확보하는 핵심 수단이다.

셋째, 기획은 조직의 효율성과 효과성을 향상시키기 위해 필요하다. 이는 한정된 자원을 활용해 중복과 낭비를 줄이고, 사업의 우선순위를 정해 자원을 전략적으로 배분함으로써 성과 중심의 운영을 가능하게 한다.

넷째, 기획은 책임성 확보를 위해 필요하다. 기획은 명확한 목표와 실행 기준, 일정 및 평가지표를 설정함으로써 조직 활동에 대한 평가와 설명 책임을 가능하게 한다.

다섯째, 기획은 구성원의 사기를 진작시키기 위해 필요하다. 실무자가 기획 과정에 참여하면 조직 목표를 공유하게 되며, 기여 의식을 통해 소속감과 업무 만족도를 높인다.

3) 기획의 유형

(1) 조직의 위계 수준에 따른 유형

기획은 조직의 계층구조에 따라 그 성격과 범위가 달라지며, 일반적으로 전략적 기획, 전술적 기획, 운영적 기획으로 구분된다. 이들은 각각 조직 내 위계 수준에 따라 수립 주체와 기능이 다르다.

우선, 최고관리층이 수행하는 전략적 기획은 조직 전체의 방향성과 장기 비전을 설정하는 활동이다. 이는 미션과 핵심 목표를 중심으로 조직의 정체성을 확립하고, 외부 환경 변화에 대응할 수 있는 거시적 전략을 제시한다.

한편, 중간관리층의 전술적 기획은 프로그램이나 사업 단위의 운영 전략을 수립하는 것으로, 상위 목표를 실현하기 위한 세부 전략, 부서 간 협업, 자원 배분 등을 포함한다.

마지막으로, 관리실무자의 운영적 기획은 일상적 과업 수행을 위한 구체적 실행계획으로, 서비스 절차, 일정, 자원 활용 등의 계획을 포함하며 조직 운영의 실효성을 높이는 데 기여한다.

이러한 기획의 위계 수준별 구분은 조직 내 역할에 따라 기획의 범위와 초점이 달라짐을 보여 주며, 전체 조직의 전략이 일관되게 실현되기 위해서는 각 수준 간의 연계성과 조정이 필수적이다.

더 알아보기 6-1 **기획의 그레샴의 법칙(Gresham's Law of Planning)**

기획의 그레샴의 법칙이란 기획 수립자들이 쇄신적이고 창조적인 활동을 등한시한 채, 일상적이고 반복적인 업무에 과도하게 몰두함으로써 결국 창의적이고 쇄신적인 기획 활동이 일상적인 업무에 의해 밀려나는 현상을 의미한다.

(2) 시간 차원에 따른 유형

기획은 그 영향이 미치는 시간적 범위에 따라 장기 기획, 중기 기획, 단기 기획으로 구분된다. 이는 기획의 지속 기간, 적용 범위, 구체성 수준 등을 기준으로 한 분류로, 조직의 시간 계획을 전략적으로 수립하는 데 활용된다.

우선, 장기 기획은 5년 또는 10년 이상을 내다보는 기획으로, 조직의 비전과 장기 목표, 외부 환경 변화에 대한 대응 전략을 포함한다. 이는 조직의 방향성을 설정하고 미래 환경을 예측하여 전략적 대응을 마련하는 데 중점을 둔다.

다음으로, 중기 기획은 2~5년을 대상으로 하며, 장기 목표 실현을 위한 중간 단계의 전략이다. 구체적인 사업계획, 자원 배분, 실행 일정 등이 중심을 이룬다.

마지막으로, 단기 기획은 1년 이내를 대상으로 하며, 조직의 일상적 운영과 관련된다. 단위사업 실행, 월별 · 분기별 계획, 일일 작업 지침 등으로 구성되며, 가장 구체적이고 실무 중심적이다.

이처럼 시간 차원에 따른 기획 구분은 예측 범위와 전략 수립 수준에 따라 적절히 적용되어야 하며, 각 기획 간의 계층적 연계와 조정은 조직 전략의 일관성을 유지하는 데 핵심적인 역할을 한다.

(3) 속성에 따른 유형

기획은 그 내용, 목적, 적용 범위에 따라 운영기획과 전략적 기획으로 구분된다. 이는 과업의 성격과 조직 내 적용 수준에 따른 분류이며, 특히 전략적 기획은 현대 사회복지조직에서 중요성이 더욱 강조되고 있다.

우선, 운영기획(operational planning)은 관리운영기획이라고도 하며, 조직의 일상적 활동과 자원 관리를 중심으로 수립된다. 인력, 예산, 시간 등 가용 자원을 효과적으로 배분하여 목표를 달성하는 실무 중심의 기획으로, 연간 예산 편성, 인력 배치, 월별 사업계획 수립 등이 여기에 해당한다. 운영기획은 단기적이고 구체적인 계획으로, 실행 가능성과 성과 관리에 중점을 둔다.

한편, 전략적 기획(strategic planning)은 조직의 방향성과 미래의 생존 전략을 설정하는 데 초

더 알아보기 6-2 **SWOT분석(SWOT ANALYSIS)**

SWOT 분석은 조직이 처한 내부 · 외부 환경을 체계적으로 진단하고, 이를 바탕으로 전략적 대응 방향을 모색하는 데 널리 활용되는 고전적인 기획 도구이다. 이 분석 기법은 조직 환경을 구성하는 핵심적인 네 가지 요소, 즉 강점(Strength), 약점(Weakness), 기회(Opportunity), 위협(Threat)을 구분하여 검토한다(Hill & Westbrook, 1997).

이 가운데 강점과 약점은 조직 내부에서 통제 가능한 요인들로, 인적 자원의 역량, 조직의 인지도, 재정 건전성, 시설 및 프로그램의 질 등이 이에 해당한다. 반면, 기회와 위협은 조직 외부에서 발생하며, 직접 통제하기 어려운 환경적 변수에 해당한다. 예를 들어, 정부 정책의 변화, 지역사회 수요의 증가, 경쟁기관의 등장, 후원자 기반의 축소 등이 여기에 포함된다(Saloner, Wherry, & Bandara, 2022).

SWOT 분석의 핵심은 이 네 가지 요소를 단순히 나열하는 데 그치지 않고, 이들 간의 전략적 조합을 통해 조직이 취할 수 있는 실천 전략을 도출하는 데에 있다. 일반적으로는 다음과 같은 네 가지 전략 유형이 구성된다(Gürel & Tat, 2017).

첫째, S-O 전략은 조직의 내부 강점을 활용하여 외부의 기회를 극대화하는 전략이다. 예컨대, 조직이 우수한 전문 인력을 보유하고 있다는 강점을 바탕으로, 정부 보조금 확대라는 외부 기회를 활용하여 새로운 사업을 유치하는 전략이 여기에 해당한다.

둘째, W-O 전략은 내부의 약점을 보완하여 외부의 기회를 활용하고자 하는 접근이다. 예를 들어, 노후화된 시설이라는 약점을 개선함으로써, 지역사회에서 증가하는 서비스 수요라는 외부 기회를 서비스 확대로 전환하는 전략을 구상할 수 있다.

셋째, S-T 전략은 내부의 강점을 활용하여 외부의 위협에 적극 대응하는 방식이다. 예를 들어, 조직이 지역사회에서 높은 신뢰를 얻고 있는 경우, 유사 경쟁기관의 증가라는 외부 위협에 맞서 차별화된 이미지를 강화하거나 핵심 서비스를 집중하는 전략을 채택할 수 있다.

넷째, W-T 전략은 조직의 내부 약점을 보완하고 외부 위협을 회피하거나 최소화하려는 방어적 전략이다. 예컨대, 시설의 노후화와 경쟁기관 증가라는 이중의 리스크로 인해 특정 서비스의 경쟁력이 현저히 낮아진 경우, 해당 서비스를 구조조정하거나 단계적으로 축소하여 보다 효율적인 영역에 집중하는 전략이 이에 해당한다. 특히 단기간 내 개선이 어려운 약점이라면, 일부 기능을 전략적으로 철수하는 선택도 고려될 수 있다.

이처럼 SWOT 분석은 사회복지조직이 직면한 환경을 다각도로 이해하고, 이에 적합한 전략적 대응을 수립하는 데 효과적인 분석 기법이다. 특히 자원이 제한적이고 외부 환경 변화에 민감한 사회복지조직에 있어, SWOT 분석은 실현 가능하고 적절한 전략 설계의 기반이 된다.

점을 둔다. 이는 일상 관리 수준을 넘어, 조직의 사명과 목표를 재정의하고, 환경 변화 분석과 미래 대응 전략 수립을 통해 조직의 변화를 유도하는 기능을 수행한다.

전략적 기획은 1980년대 이후 미국 사회복지 환경의 급변 속에서 기존의 장기 기획의 한계를 보완하려는 흐름 속에서 등장하였으며, 석유파동, 경기 침체, 복지 재정 축소 등 외부 변화에 효과적으로 대응하기 위한 유연한 기획 방식으로 부각되었다.

전략적 기획은 기존 기획과 다음과 같은 측면에서 구별된다.

첫째, 기존 기획이 현상 유지에 초점을 두었다면, 전략적 기획은 변화를 전제로 하며 환경 변화에 따라 조직을 재편하고 혁신하는 데 중점을 둔다. 둘째, 경쟁을 인식하고 활용한다. 조직 간 경쟁을 회피할 요소가 아니라 전략적으로 활용하고 대응해야 할 요소로 본다. 셋째, 환경 분석을 중시하여 SWOT 분석, PEST 분석 등 다양한 도구를 활용하여 외부의 기회와 위협, 내부의 강점과 약점을 체계적으로 분석하고 이를 전략 수립의 기초로 삼는다.

결과적으로, 전략적 기획은 환경 적응성과 혁신지향성을 핵심으로 하며, 급변하는 사회 속에서 조직의 생존 가능성을 높이는 데 기여한다.

4) 일정관리 기법

일정관리 기법은 프로젝트나 프로그램 수행과 관련하여, 다양한 활동을 시간의 흐름에 따라 체계적으로 계획하고 조정하기 위한 방법을 말한다. 이 기법은 특히 사회복지조직이 복합적인 서비스를 운영하거나 다수의 이해관계자와 협력해야 하는 상황에서, 활동의 시기와 순서를 명확히 조율할 필요가 있을 때 유용하게 활용된다(Meredith & Mantel, 2017). 대표적인 일정관리 기법에는 시간별 활동계획 도표, 프로그램 평가검토 기법(PERT), 월별활동계획카드, 방침관리기획 등이 있다.

(1) 시간별 활동계획 도표: 간트 도표(간트 도표: Gantt Chart)

시간별 활동계획 도표는 대표적인 일정관리 도구로, 일반적으로 간트 도표 또는 간트 차트로

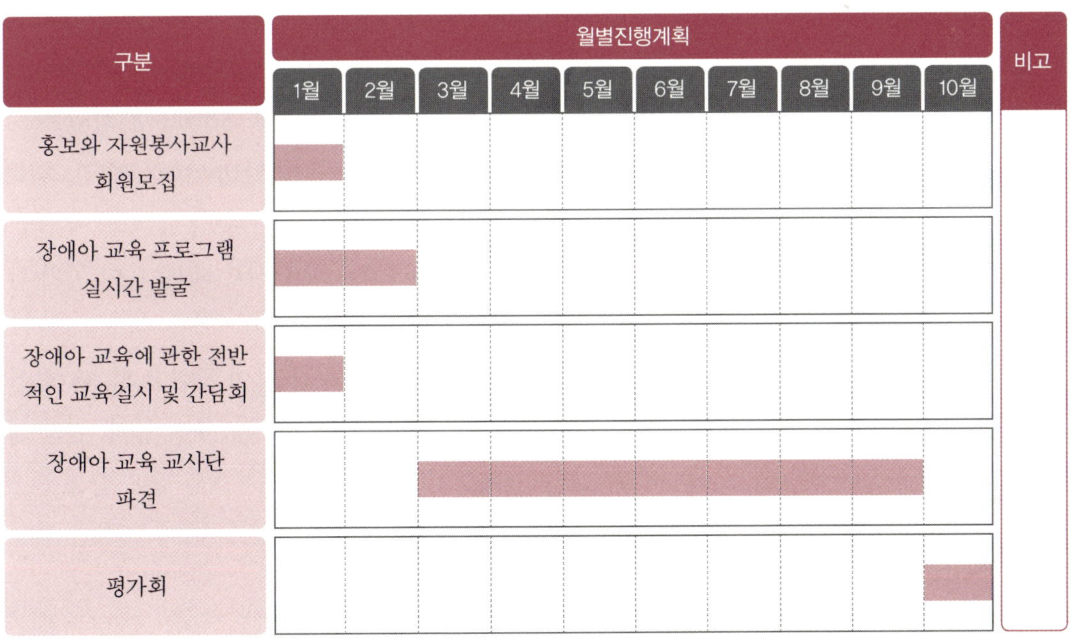

[그림 6-1] 시간별 활동계획 도표(간트 도표) 예시

불린다. 이는 1910년경 미국 산업공학자 헨리 간트(Henry Gantt)에 의해 개발된 도구로, 작업의 시작과 종료, 진행 상태를 시간의 흐름에 따라 시각적으로 표현하기 위해 고안되었다(Wilson, 2003).

이 도표는 세로축에 과업이나 활동명을, 가로축에 일 · 주 · 월 등의 시간 단위를 배열하고, 각 과업의 수행 기간을 막대 형태로 시각화하여 표현한다. 각 막대는 해당 활동의 시작일과 종료일을 나타내며, 길이는 소요 기간을 의미한다. 이를 통해 전체 일정과 개별 과업의 진행 상태를 직관적으로 파악할 수 있다.

간트 도표는 작성이 간편하고 이해하기 쉬우며, 일정 흐름과 주요 활동의 시작 · 완료 시점을 한눈에 파악할 수 있다는 장점이 있다. 또한 실무 현장에서 일정 조정이나 진행 점검 시 유용하게 활용된다.

다만, 활동 간의 논리적 선후관계나 상호 의존성을 표현하는 데에는 한계가 있으며, 복잡한 프로젝트에서는 보완 기법이 함께 필요하다(Meredith & Mantel, 2017).

(2) 프로그램 평가검토 기법(Program Evaluation and Review Technique: PERT)

프로그램 평가검토 기법(이하 PERT)은 1950년대 후반, 미국 해군이 전략 핵잠수함 '폴라리스(Polaris)' 개발을 위해 도입한 일정관리 기법이다. 이 기법은 복잡한 프로젝트의 활동 간 선후관계, 소요 시간, 전체 일정 흐름을 시각적으로 구조화함으로써 전체 과정을 효과적으로 파악할 수 있도록 돕는다(Meredith & Mantel, 2017).

PERT는 전통적으로 AOA(Activity on Arrow) 방식[1]을 사용하며, 각 활동(Activity)은 화살표로, 활동이 시작되거나 종료되는 이벤트(Event)는 노드(Node, 원)로 표현한다(Kerzner, 2017). 화살표 위에는 해당 활동이 시작되어 종료되기까지의 예상 소요 시간이 표시되며, 각 노드(원)에는 조기 착수 시점(Earliest Time: TE), 최종 착수 시점(Latest Time: TL), 여유 시간(Slack: S)이 함께 산출된다.

예를 들어, [그림 6-2]는 종합복지관 설립 프로젝트의 공정 일부를 보여 준다고 할 때, 화살표 위의 a~g는 모두 활동(activity)을 나타낸다. 즉 a, b, c는 각각 입지 조사, 부지 협의, 현장 실측과 같은 활동(activity)을, d, e, f는 각각 요구조건 정리, 기본설계, 구조설계와 같은 활동을, g는 시공계약 체결이라는 활동으로 해석할 수 있다. 각 활동 옆에 표시된 숫자(예: c=5)는 해당

1 AOA 방식은 [그림 6-1]과 [더 알아보기 6-3]을 참조하기 바란다.

더 알아보기 6-3 **AOA vs. AON 방식 비교**

PERT나 CPM과 같은 프로젝트 일정관리 기법을 이해할 때 반드시 구분해야 할 개념 중 하나가 바로 AOA(Activity on Arrow) 방식과 AON(Activity on Node) 방식이다.

AOA 방식은 활동을 화살표로, 활동의 시작과 끝을 나타내는 이벤트(시점)를 원형 노드로 표현하는 방식이며, 이는 PERT 기법에서 전통적으로 사용된다. 반면, AON 방식은 각 활동 자체를 사각형이나 원형 노드 안에 배치하고, 활동 간의 선후관계를 연결선으로 표현하는 방식으로, 오늘날 CPM 기법에서 주로 사용된다.

정리하면, AOA 방식은 PERT의 표현구조이고, AON 방식은 CPM에서 주로 사용되는 표현 방식으로 각각의 장단점이 있으므로, 사용하는 기법의 특성과 목적에 따라 적절한 방식을 선택하는 것이 중요하다.

활동의 소요 기간을 의미하며, 단위가 '일(day)'이라면 활동 c, 즉 현장 실측 활동은 5일이 걸린다는 뜻이다. 한편, 노드(1~6)는 이벤트(event)로서, 각 작업의 시작과 완료 시점(예: 프로젝트 시작, 현장 실측 완료, 건축설계 도면 작성 완료 등)을 나타낸다. 즉, 1은 '프로젝트 시작'을, 2는 활동 a, 즉 입지조사 활동 이후의 '초기 입지 타당성 조사 완료'를, 3은 활동 b, 즉 부지 협의 활동 이후의 '부지 확보 협의 완료'를, 4는 현장 실측 완료를, 5는 건축설계 도면 작성 완료를, 6은 시공 계약 체결 완료를 나타낸다.

한편, [그림 6-2]에서 'TE(Earliest Event Time 또는 Earliest Time of an Event)'는 해당 이벤트(노드)가 가장 이르게 발생(완료)할 수 있는 시점으로, 그 이벤트로 들어오는 모든 선행(先行) 활동이 완료되는 시점 중 가장 늦은 값이다. 예를 들어, 그림에서 노드 5는 3개의 활동 d, e, f가 모

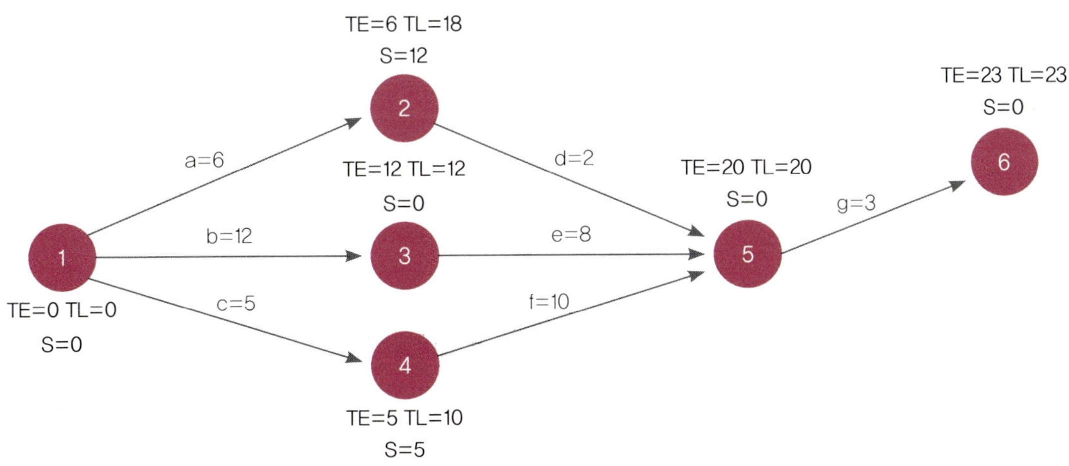

[그림 6-2] 프로그램 평가검토 기법(PERT) 예시

두 끝나야 최종적으로 발생(완료)할 수 있는 이벤트이다. 각 활동의 소요 기간은 d=2일, e=8일, f=10일이며, 이들 각각의 선행 활동은 다음과 같다:

- 활동 d는 활동 a(6일) 이후 시작되며, 총 소요 시간은 a+d=6+2=8일,
- 활동 e는 활동 b(12일) 이후 시작되며, 총 소요 시간은 b+e=12+8=20일,
- 활동 f는 활동 c(5일) 이후 시작되며, 총 소요 시간은 c+f=5+10=15일이다.

이처럼, 프로젝트 시작점(노드 1)에서 출발하여 노드 5에 도달하는 모든 경로의 소요 시간을 살펴보면, 각각 8일, 20일, 15일이 걸리는 것을 알 수 있다. 따라서 노드 5는 모든 선행 활동이 완료되는 가장 늦은 시점, 즉 아무리 빨라도 20일이 지나야 발생(완료)할 수 있으므로, TE(노드 5)=20이 된다.

다만, 선행 활동이 단 하나만 존재하는 노드의 경우에는 TE 계산이 훨씬 간단하다. 예를 들어, 노드 2, 3, 4는 각각 활동 a(6일), b(12일), c(5일)만을 선행 활동으로 가지고 있으며, 이 활동들이 프로젝트 시작 직후에 바로 착수된다고 가정하면, 해당 활동이 완료되는 시점이 곧 그 노드의 TE가 된다. 즉, 노드 2의 TE=6(활동 a의 소요 기간), 노드 3의 TE=12(활동 b의 소요 기간), 노드 4의 TE=5(활동 c의 소요 기간)이다.

마지막으로, 'S'는 Slack(여유 시간)을 뜻하는데, 특정 노드가 가장 늦게 발생(완료)해도 되는 시간(TL)과 가장 이르게 발생(완료)할 수 있는 시간(TE) 간의 차이, 즉 (TL−TE)를 의미한다. 따라서 [그림 6−2]에서 노드 2, 4의 S는 각각 18−6=12, 10−5=5로 여유 시간이 그만큼 존재한다. 하지만 노드 3은 TE=12, TL=12로, S=0이다. 이처럼 TL과 TE 차이가 0, 즉 S=0일 경우, 해당 노드는 한 치의 일정 지연도 허용되지 않는 임계경로(Critical Path)상에 있다는 것을 의미한다.

[그림 6−2]에서 노드 1, 3, 5, 6의 S는 모두 0이므로, 이들 노드를 연결하는 ①→③→⑤→⑥은 임계경로에 해당한다. 이 임계경로상에 있는 활동 중 어느 하나라도 지연되면 전체 프로젝트 일정도 함께 지연되므로, 특별한 관리가 필요한 핵심 경로라 할 수 있다. 프로젝트 전체가 완료되기 위해서는 [그림 6−2]에 있는 모든 활동이 수행되어야 하지만, 그중에서도 임계경로상에 있는 활동들—b(12일), e(8일), g(3일)—은 완료되는 데 총 23일이 걸리며, 이는 전체 경로 중 가장 긴 소요 시간에 해당한다. 결국, 임계경로란 프로젝트가 정상적으로 완료되기 위해 반드시 확보되어야 하는 최소한의 시간으로 구성된 경로이며, 이 경로에 포함된 활동들이 모두 완료되어야만 프로젝트 전체가 완성될 수 있다.

⊙ 소요 시간 산정

한편, [그림 6−2]에서 보는 바와 같이 화살표상에 표시되는 시간은 각 활동이 시작되어 마칠 때까지 소요될 것으로 예상되는 시간, 즉 기대 시간(Te)을 의미한다. 기대 시간(Te)은 상황이 가장 좋을 때 소요되는 낙관적인 시간(To), 반복했을 때 가장 빈번히 걸리는 최빈시간(Tm), 상황이 가장 좋지 않을 때 소요되는 비관적인 시간(Tp)을 통해 다음과 같이 구한다.[2)]

$$Te = \frac{To + 4Tm + Tp}{6}$$

따라서 만약 A라는 활동의 기대 시간을 구하는 데 있어, To가 3일, Tm이 4일, Tp가 5일이라면, 기대 시간 $Te = \frac{3+4\times4+5}{6}$ =4일이 된다.

이상의 논의를 통해 프로그램 평가검토 기법을 작성하기 위해서는 기본적으로 다음의 세 가지 정보, 즉 첫째, 사업의 세부 활동(과업), 둘째, 활동 간의 선후관계, 셋째, 각 활동을 달성하는 데 소요되는 시간(기간)이 파악되어야 한다는 사실을 알 수 있다.

더 알아보기 6-4 PERT와 CPM의 차이

PERT와 CPM은 다음과 같은 중요한 차이가 있다.

첫째, 표현 방식의 차이다. 전술한 바와 같이 PERT는 AOA 방식을, CPM은 AON 방식을 사용한다.

둘째, 시간 추정 방식의 차이다. PERT는 활동 시간에 대해 낙관적 시간, 가장 가능성 있는 시간, 비관적 시간의 세 가지 추정치를 사용하여 기대 시간을 계산하는 확률적 기법이다. 반면, CPM은 각 활동의 소요 시간을 하나의 확정된 값으로 산정하여 전체 일정을 계산하는 결정론적 기법이다.

셋째, 적용 분야의 차이다. PERT는 연구개발과 같이 불확실성이 큰 프로젝트에 적합하도록 설계된 기법이다. 반면, CPM은 건설, 제조, 공공 인프라 사업 등과 같이 반복성과 예측 가능성이 높은 프로젝트에 적합한 기법이다.

2 Te(expectative time): 기대 시간, To(optimistic time): 낙관 시간, Tm(most likely time): 최빈 시간, Tp(pessimistic time): 비관 시간

(3) 월별활동계획카드

월별활동계획카드(Shed–U Graph)는 미국의 레밍톤 랜드(Remington–Rand)사에서 개발한 시각적 일정관리 도구로, 프로젝트나 사업 수행 과정에서 개별 활동을 시간의 흐름에 따라 계획하고 점검할 수 있도록 고안된 기법이다. 이 방법은 [그림 6–3]에서 보듯이, 활동 내용을 간단히 요약한 작은 카드를 작성하여, 월 단위로 구성된 계획판의 해당 월 칸에 부착하여 사용한다. 카드에는 업무명, 책임자, 수행 기간 등이 기입되며, 실제 진행 상황에 따라 카드의 위치를 옮기거나 카드 내용 자체를 수정할 수 있어 일정 조정에 유연하게 대응할 수 있다. 특히 월별 과업 진행 상황을 한눈에 파악할 수 있어 직관적이며, 일정 변경 시 카드의 이동이나 수정이 간편해 실용성이 높다. 하지만 월별활동계획카드는 활동 간의 선후관계나 상호 의존성 등의 논리구조를 명확히 표현하기는 어려워, 복잡한 프로젝트에서는 간트 도표나 PERT와 병행해 사용하는 것이 더 효과적이다.

활동명	1월	2월	3월	4월
과업 A	[카드]			
과업 B		[카드]	[카드]	
과업 C			[카드]	[카드]

[그림 6–3] 월별활동계획카드 예시

(4) 방침관리기획

방침관리기획(breakthrough planning)은 조직이 직면한 핵심 문제를 해결하고 중장기 목표를 체계적으로 달성하기 위해, 구성원의 노력을 하나의 방향으로 통합하도록 설계된 전략적 기획 방식이다. [그림 6–4]에서 보듯이, 이 기법은 일본에서 발전한 전략 실행 방법론인 '호신칸리(Hoshin Kanri: 방침관리)'에 기반하며, PDCA 사이클을 중심으로 기획의 전 과정을 관리한다(Akao, 1991; Mizuno & Akao, 1994).

이 기획 방식의 핵심은 문제해결을 위한 '방침(breakingthrough plan)'을 명확히 설정하고, 조직의 인력과 자원을 목표에 맞게 정렬시켜 집중 실행을 유도하는 데 있다. 이는 단순한 하향식 지시체계가 아니라, 공동의 목표를 전 구성원이 공유하고 행동을 조정하는 참여적 운영 원리에 가깝다.

PDCA 사이클은 Plan(계획)–Do(실행)–Check(점검 또는 평가)–Act(조치, 개선 또는 조정)의 4단

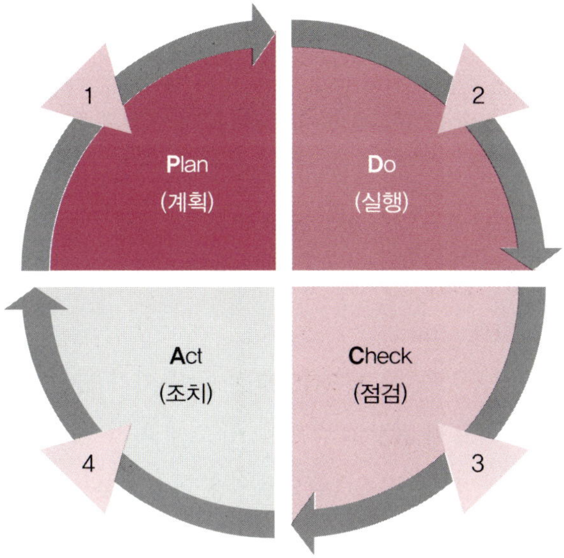

[그림 6-4] PDCA 사이클

계로 구성되는데, 이는 데밍(Deming, 1986)이 제시한 반복적 품질개선 개념에서 유래하였다. 이 과정을 통해 조직은 계획(Plan)을 수립한 후, 이를 실행(Do)하고, 그 결과나 실행 중 문제를 점검(Check)하여, 즉각적으로 필요한 조치(Act)를 반복함으로써 실천력 있는 전략 실행을 가능하게 한다.

방침관리기획은 예외 상황이 언제든 발생할 수 있다는 전제하에, 유기적인 계획-실행-점검-조치의 순환체계를 강조하며, 정책 수립과 전략 실행을 하나의 흐름으로 통합함으로써 복잡한 프로그램을 단계적으로 추진할 수 있도록 돕는다.

2. 사회복지 프로그램 기획

1) 사회복지 프로그램의 개념과 구조

(1) 사회복지 프로그램의 개념

프로그램(program)은 앞으로 수행할 일을 계획적으로 정리한 실천 목록으로, 활동의 순서와 실행 절차를 포함한다(우수명, 2005). 이러한 개념에 기초할 때, 사회복지 프로그램은 사회복지 조직이 사회문제나 클라이언트의 욕구에 대응하기 위해 설계하고 수행하는 체계적 실천 활동으로 정의할 수 있다. 이는 단순한 서비스의 나열이 아닌, 목표 중심의 구조화된 개입체계로 이해되어야 한다.

케트너와 그의 동료들(Kettner et al., 2017)은 사회복지 프로그램을 “사회문제를 해결하거나 예방하기 위해 의도적으로 고안된 조직화된 활동 집합”이라 정의하며, 목표지향성과 평가 가능성을 핵심 요소로 강조하였다. 박용순(2023) 역시 이를 “사회복지조직이 사회적 욕구에 대응하고자 일정한 절차와 체계 속에서 수행하는 실천 전략”으로 설명하며, 실천가의 전문성과 조직 전략이 내재되어 있다고 보았다.

사회복지 프로그램은 목적, 규모, 기간, 접근 방식 등에 따라 다양한 형태로 분류된다. 목적에 따라 예방적 프로그램과 치료적 프로그램으로, 규모에 따라 개별 중심과 집단 중심 프로그램으로, 기간에 따라 단기 또는 장기 프로그램으로 구분할 수 있다. 또한 접근 방식에 따라 보편적 혹은 선별적 프로그램으로 구분된다(강욱모, 2023).

이처럼 사회복지 프로그램은 문제의 성격, 대상자의 조건, 자원과 정책 환경에 따라 다양하게 설계되며, 단순한 경험이나 직관이 아닌 이론에 기반한 체계적 설계가 요구된다. 즉, 과학적 기획을 통해 투입, 활동, 산출, 효과 간의 논리적 관계가 설명되어야 한다.

사회복지 프로그램은 단지 실행 항목의 나열이 아니라, 목표를 달성하기 위한 전략적 개입 설계이며, 왜 특정한 투입이 필요하며, 어떤 활동을 통해 어떤 성과를 도출하는지를 설명할 수 있어야 한다. 이러한 설명력은 곧 프로그램의 '내부 논리'를 구성하며, 같은 목적을 지닌 프로그램일지라도 적용되는 이론적 기반에 따라 구성이나 실행 방식, 평가 전략이 달라질 수 있는 이유이기도 하다. 결론적으로, 사회복지실천 현장에서의 프로그램 기획은 이론에 근거하여 체계적으로 설계되어야 하며, 타당성과 평가 가능성을 확보하기 위해서도 이론적 구조화는 필수적인 요소이다(김영종, 2023).

(2) 사회복지 프로그램의 구조: 논리모델을 중심으로

전술한 바와 같이 사회복지 프로그램은 단순한 서비스의 나열이 아니며, 명확한 목적 달성을 위한 구조적 설계체계를 갖추어야 한다. 이때 프로그램 구성의 정합성과 실현 가능성을 검증하기 위해 가장 널리 활용되는 틀이 바로 논리모델(logic model)이다. 논리모델은 프로그램 내의 실행 요소 간의 관계를 도식화하여, 해당 프로그램이 어떻게 작동하며 어떤 성과로 이어지는지를 체계적으로 설명한다. 특히 사회복지 현장은 문제 상황이 복잡하고 이해관계자가 다양하기 때문에, 논리모델은 프로그램이 얼마나 논리적이고 실현 가능하게 구성되었는지를 보여 주는 효과적인 분석 도구로 작용한다(김영종, 2023).

논리모델은 기본적으로 네 가지 핵심 요소, 즉 투입(input), 활동(activity), 산출(output), 성과(outcome)로 구성되며, 이들 요소는 시간 순서의 나열이 아닌 인과적 흐름에 따라 연결된다. 다시 말해, (if) 특정한 자원이 투입되면, (then) 특정 활동이 가능해지고, (if) 그 활동이 실행되면, (then) 산출이 발생하며, (if) 산출이 축적되면, (then) 성과로 이어진다는 식의 논리구조를 갖는다. 이러한 "if-then"의 구조는 프로그램이 논리적인 전개를 갖추었는지를 검토하는 핵심 틀로 활용된다.

① 투입

투입(input)은 프로그램 활동에 필요한 인적 · 물적 자원의 내용과 양을 의미한다. 즉, 예산, 시설 공간, 장비와 같은 물적자원뿐 아니라, 사회복지사나 자원봉사자와 같은 인적자원도 포함된다. 사회복지 프로그램에서는 여기에 더해 클라이언트의 특성과 관련된 정보, 즉 클라이언트의 연령, 문제 유형, 서비스 수급 자격, 개입에 도움을 줄 수 있는 외부 환경 자원 등도 투입 요소로 간주될 수 있다. 투입은 활동을 가능하게 하는 기초이므로, 어떤 자원을 준비하고 어떻게 활용할 것인지에 대한 전략적 판단이 선행되어야 한다.

② 활동

활동(activity)은 투입된 자원을 바탕으로 실제 실행되는 프로그램의 내용이다. 사회복지사가 수행하는 상담, 교육, 사례관리, 치료 등은 모두 활동에 해당하며, 이들 활동은 프로그램의 핵심 개입 전략을 구성하는 요소이며, 동시에 프로그램의 질과 효과를 결정짓는 요인이 되기도 한다. 따라서 활동 계획은 클라이언트와의 상호작용, 개입 수단의 유형과 강도, 실행 환경 등을 모두 고려하여 프로그램의 목표에 부합되도록 설계되어야 한다.

③ 산출

산출(output)이란 활동의 총량이나 종료 상태, 즉 활동이 이루어진 결과로서, 주로 수치적으로 측정 가능한 서비스 제공 실적을 의미한다. 예를 들어, 몇 명이 교육에 참여했는지, 몇 회기의 상담이 진행되었는지, 사례관리가 몇 건 완료되었는지 등을 나타낸다. 논리모델에서는 이러한 산출이 이루어지면 성과가 나타날 것으로 예상한다.

산출을 측정하는 기준, 즉 산출척도로는 '서비스 단위'와 '서비스 질' 등이 활용된다.[3)]

우선, 서비스 단위(unit of service)에는 클라이언트 수(client count: 프로그램의 수혜자 또는 이용자 수), 사건(event: 인터뷰, 사례 상담 등 사회복지사의 구체적인 활동 건수), 클라이언트의 지위 변화(change of status: 서비스의 투입으로 변화된 클라이언트의 상태 또는 지위의 변화),[4] 에피소드(episode: 서비스가 종료된 사례 수),[5] 시간(time: 서비스 활동에 투입된 사회복지사의 시간) 등이 있다.

한편, 서비스 질(quality)은 일반적으로 서비스 제공 전 미리 정해 놓은 실행 기준이나 목표 수준 또는 이용자의 주관적 평가(만족도) 등을 통해 판단할 수 있다. 예컨대, 전문 인력 투입 비율이나 수행 방식에 대한 내·외부 지침은 서비스 질을 판단하는 기준이 될 수 있다.

④ 성과

성과(outcome)란 산출 이후 클라이언트에게 나타나는 구체적인 변화로서, 프로그램이 의도한 목표의 실현 정도를 반영한다. 따라서 앞에서 설명한 산출이 일반적으로 '무엇을 얼마나 했는지'를 나타내는 것인 반면, 성과는 '그 결과 클라이언트에게 어떠한 변화가 있었는지', 즉 '프로그램이 클라이언트에게 어떤 실질적인 영향을 미쳤는지'를 판단하는 지표이다. 예컨대, 교육 프로그램의 산출이 '10명의 참여자'라면, 성과는 '10명 중 7명의 지식 수준 향상'이라는 결과로 이어지는 것이다. 실제 사회복지 프로그램 평가에서는 산출보다 성과가 훨씬 더 중요하게 다루어지며, 이는 프로그램의 실효성과 목적 달성도를 판단하는 핵심 기준이 된다.

2) 사회복지 프로그램 기획 과정

사회복지 프로그램 기획은 클라이언트의 복잡한 욕구를 분석하고, 변화 가능한 개입 전략을 수립하며, 실행과 평가가 가능하도록 구체화하는 전략적 실천 설계 과정이다. 이러한 기획 과정은 사회복지조직이 외부 환경과 내부 자원, 대상자의 특성을 유기적으로 통합하여 실천적 개입을 구상하는 복합적 판단체계이기도 하다.

일반적으로 사회복지 프로그램 기획은 문제 및 욕구 확인 → 목적과 목표 설정 → 프로그래밍 → 실행 → 평가의 5단계로 전개된다. 이러한 단계는 선형적으로 배열되어 있으나, 실제 실천 현장에서는 비선형적으로 반복되거나 순환되며, 각 단계는 서로 영향을 주고받는 상호작용

3 일부에서는 '서비스 종료'도 산출척도로 제시하지만, 서비스 종료는 서비스 단위(service unit)의 하위 항목(에피소드: 서비스가 종료된 사례 수)으로 보는 것이 적절하다.

4 '클라이언트의 지위(상태) 변화'란, 예를 들어 장애인 취업에 있어 취업신청 상태 → 심사 상태 → 취업승낙 상태 → 완전취업 상태의 절차를 거친다고 할 때, 클라이언트가 어느 특정 단계에서 다음 단계로 전환된 경우를 말한다.

5 '에피소드'란, 예를 들어 입양이 종료된 아동 수, 취업이 완료된 장애인 수 등 서비스가 종료된 사례의 수를 의미한다.

구조를 보인다.

(1) 문제 및 욕구 확인

사회복지 프로그램 기획의 출발점은 해결해야 할 문제의 본질과 클라이언트의 욕구를 파악하는 것이다. 먼저, 문제 확인이란 해당 프로그램이 다루게 될 사회문제의 원인, 특성, 피해 범위, 심각성 등을 구조적 시각에서 규정하는 과정이다. 이때의 문제는 단순한 개인의 어려움이 아니라, 사회구조적 요인과 환경적 제약이 복합된 상태로 이해되어야 한다.

다음으로, 욕구 확인은 클라이언트 집단이 실제로 필요로 하는 서비스가 무엇인지 파악하는 절차를 의미한다. 욕구는 표면적으로 드러나는 희망이나 요구가 아니라, 삶의 질 향상에 필요한 조건으로 접근해야 한다.

이러한 문제 및 욕구의 분석은 프로그램의 목적과 목표, 실행 전략을 도출하는 기초 자료가 되며, 일반적으로 문제분석과 욕구조사의 방법을 통해 이루어진다.

① 문제분석(problem analysis)

문제분석이란 프로그램이 해결하고자 하는 사회문제를 다각도로 구조화하여 정의하는 작업이다. 요크(York, 1982)는 프로그램 기획에 필요한 핵심 분석 틀로 열 가지 질문을 제시했는데, 이는 개입의 정당성과 방향성을 정립하는 데 중요한 기초를 제공한다.

첫째, 해결되어야 할 바람직하지 않은 상황은 무엇인가? 이는 프로그램을 통해 해결하려는 문제의 본질을 규명하는 작업이다.

둘째, 누가 그 문제로 인해 고통받고 있는가? 이는 문제의 영향을 받는 주요 대상과 그들의 고통의 범위 및 심각성을 확인하는 것이다.

셋째, 그 문제로 인해 오히려 이득을 얻는 집단은 누구인가? 이는 문제 상황에서 반사적 이익을 얻는 집단이나 이해관계자를 파악하는 것이다. 예를 들면, 재개발로 인해 거주할 곳을 잃게 되는 사람들도 발생하지만, 반대로 지가 상승에 따른 이득을 보는 집단도 존재한다.

넷째, 누가 그 문제를 문제로 규정하는가? 이는 해당 문제에 대한 사회적 인식과 개입의 정당성을 부여하는 주체를 확인하는 것이다.

다섯째, 누가 그 문제를 문제로 규정하지 않는가? 이는 문제의 존재를 부정하거나 축소하는 집단이나 시선을 식별하는 것이다. 예를 들어, 직장 내 성희롱의 경우, 조직 내 상급자나 관리자, 혹은 동료들이 문제를 부정하거나 축소함으로써 피해자가 겪는 고통이 공식적으로는 존재하지 않는 문제로 취급되는 상황이 벌어질 수 있다.

여섯째, 문제의 원인은 무엇인가? 이는 프로그램 개입의 대상, 시기, 방식 등 핵심 전략을 결정하는 기준이 되며, 프로그램 설계 전반의 타당성을 뒷받침한다. 예를 들어, 모자가족의 빈곤 문제가 여성 가장의 미취업과 연관되어 있다면, 그 미취업의 구체적 원인이 기술이나 자격의 부족 때문인지, 구인 정보에 대한 접근의 어려움 때문인지, 어린 자녀의 보육 문제 때문인지, 혹은 알코올 중독과 같은 개인적 문제 때문인지에 따라, 설정해야 할 프로그램의 목적, 활동, 평가지표는 달라지게 된다.

일곱째, 현재 해당 문제를 다루고 있는 프로그램은 무엇인가? 이는 기존 프로그램의 유무, 내용, 효과성 등을 분석함으로써 새로운 프로그램의 차별성과 필요성을 확보하려는 것이다.

여덟째, 이 프로그램을 중단할 경우, 예상되는 결과는 무엇인가? 이는 프로그램의 실효성을 역으로 검토함으로써 개입의 필요성과 지속성을 정당화하는 것이다.

아홉째, 사회 변화의 목표는 무엇인가? 이는 프로그램이 개인 수준을 넘어 사회구조적 변화를 유도할 수 있는지를 검토하는 것이다. 예를 들어, 청소년 쉼터에서 자립 준비 프로그램을 설계할 때, 이 프로그램의 직접적인 목적은 청소년이 직업기술을 익히고 사회에 안정적으로 진입하는 것일 수 있다. 그러나 이 프로그램이 추구하는 사회 변화의 목표는 청소년 보호 종료 이후의 빈곤과 노숙을 줄이는 것, 가정 밖 청소년에 대한 사회적 편견을 완화하고, 인식 개선을 유도하는 것 등 구조적 문제의 개선에 닿아 있도록 설계할 수 있다.

열째, 욕구와 자원 간의 격차를 줄이는 데 도움이 되거나 장애가 되는 것은 무엇인가? 이는 클라이언트의 욕구와 조직의 자원 사이의 간극을 메우거나 방해하는 요인을 파악하는 것이다.

② 욕구조사(needs assessment)

욕구조사는 클라이언트 집단이 어떤 서비스를 필요로 하는지를 실증적으로 확인하는 과정으로, 사회복지 프로그램 기획의 핵심 단계이다. 이는 대상자의 실제 욕구를 파악함으로써 프로그램의 우선순위를 설정하고, 자원의 배분 및 예산 편성의 기준을 마련하는 데 중요한 근거가 된다(최성재, 남기민, 2000).

욕구조사의 자료 수집 방법은 크게 직접 관찰법, 사례조사법, 간접 증거자료 조사법으로 구분된다(우종모 외, 2004).

첫째, 직접 관찰법은 클라이언트 집단이나 현장을 직접 접촉하여 자료를 수집하는 방식이다. 대표적으로 서베이 조사,[6] 델파이 기법, 관찰법, 심층면접법,[7] 직접경험법,[8] 공청회 등이 있다.

둘째, 대상자와의 직접 접촉뿐 아니라 관련 제3자를 통해 욕구를 파악하는 방법이다. 대표적으로 서비스 제공자 대상 조사, 지역사회 주요 정보제공자 조사,[9] 서비스 이용 통계 분석[10] 등이 있다.

셋째, 간접 증거자료 조사법은 기존의 문서나 통계, 행정자료 등 기록 기반의 자료를 분석하여 욕구를 추정하는 방법이다. 사회지표 분석, 행정자료 조사, 비활동 자료분석[11] 등은 간접 증거자료 조사법에 해당하며, 이들은 객관적 자료에 기반하므로 정책 연계성이 높은 장점이 있다.

한편, 일반적으로 사회복지기관에서 실시하는 욕구조사는 다음의 다섯 가지 단계를 거쳐 진행된다(황성철, 2005).

첫째, 욕구조사의 목적과 활용 가능한 자원을 확인하는 단계로, 프로그램 기획자는 욕구조사의 목적을 분명히 하고, 욕구조사에 투입할 수 있는 예산, 인력, 시간 등을 파악해야 한다.

둘째, 필요한 정보 및 자료를 확인하는 단계로, 표적 집단의 특성과 문제의 성격에 따라 어떤 정보와 자료가 필요한지를 판단하고, 그 수집 가능성도 함께 검토한다.

셋째, 조사설계 단계로, 조사 방법과 도구를 선정하며, 서베이의 경우 설문지의 타당도와 신뢰도 검토, 표본 추출 방식 등을 결정한다.

넷째, 자료 수집 및 분석 단계로, 현장 조사를 실시하여 필요한 자료를 수집하고, 양적 또는 질적 분석 기법을 통해 결과를 해석한다.

다섯째, 조사보고서 작성 단계로, 조사 목적, 절차, 주요 발견, 결론 및 제언 등을 담은 결과 보고서를 체계적으로 정리하여 제출한다.

(2) 목적과 목표 설정

문제와 욕구가 확인되면, 이에 기초하여 프로그램의 목적과 목표를 설정하게 된다. 이는 전체 프로그램 설계의 방향성과 실행 기준을 명확히 정립하는 단계이다.

6 서베이 조사는 일반 인구를 대상으로 하는 조사와 표적 인구를 대상으로 하는 조사로 구분할 수 있다. 전자는 해당 지역 내 주민들 가운데서 추출된 표본을 대상으로 하는 조사이며, 후자는 일반 인구 가운데 어떤 특성을 가진 표적 집단을 대상으로 하는 조사를 의미한다. 표적 집단(target population)은 일반 집단 중 소득, 연령, 성별, 직업 또는 서비스 이용 수준 등을 기준으로 층화하여 구분한 집단을 말한다.

7 심층면접법은 조사대상자 중 주요 정보를 제공해 줄 것으로 기대되는 사람들을 10명 내외로 뽑아 심층적으로 면접하는 것이다.

8 직접경험법은 조사자가 조사하려는 대상자들의 실제 생활 속으로 들어가 조사하는 것이다.

9 주요 정보제공자란 프로그램 운영이나 서비스 제공에 직접 참여하지 않지만, 대상자의 사정을 잘 알고 대변할 수 있는 공직자, 지역 유지, 선출직 공무원, 관련 전문가 등을 말한다.

10 서비스 이용 통계 분석이란 기존 서비스 기관에서 제공하는 클라이언트의 서비스 이용 통계자료를 분석하는 것을 말한다.

11 비활동 자료 분석이란 과거의 행동을 조사하는 물리적 흔적이나 기록물 등을 분석하는 것을 말한다.

① 목적(goal) 설정

목적이란 프로그램이 장기적으로 달성하고자 하는 바람직한 미래 상태를 의미하며, 일반적으로 포괄적이고 추상적이며 가치 중심적인 방향성을 담고 있다.

목적 기술 시에는 다음과 같은 사항에 유의해야 한다.

첫째, 성과지향적이어야 하며, 기관의 과업이 아닌 클라이언트의 변화에 초점을 맞추는 것이 바람직하다. 둘째, 긍정적인 표현을 사용해야 한다. 셋째, 클라이언트 집단이 명확히 드러나도록 진술해야 한다. 넷째, 명료하고, 이해하기 쉬운 문장으로 기술하는 것이 바람직하다.

② 목표(objective) 설정

목표란 주어진 시간 내에 프로그램이 성취하고자 하는 구체적인 결과와 영향을 기술한 것이다. 일반적으로 하나의 목적은 여러 개의 하위 목표로 세분화될 수 있다. 목표 설정 시에는 'SMART' 원칙을 따르는 것이 바람직하다.[12)]

③ 목표 유형

사회복지 프로그램의 목표는 다양한 방식으로 구분될 수 있으나, 기능적 위계에 따라 일반적으로 영향 목표, 성취 목표, 활동 목표, 이용자 목표의 네 가지로 분류된다.

첫째, 영향 목표(impact objective)는 프로그램이 문제 지표(problem indicators)에 미치는 실질적 변화를 수치화한 목표이다. 예를 들어, "2025년 12월까지 ○○시 노숙자 수를 20% 감소시킨다."와 같이 사회문제의 최종 변화 수준을 제시한다.

둘째, 성취 목표(achievement objective)는 표적 집단이 프로그램을 통해 어떤 구체적인 변화를 경험하는지를 표현한 목표이다. 단순히 표적 집단 몇명에게 서비스를 주겠다가 아니라, "가정복귀 프로그램 제공을 통해 노숙자 150명을 가정에 복귀시킨다."처럼 성과 중심의 결과를 강조한다.

셋째, 활동 목표(activity objective)는 성취 목표의 달성을 위해 얼마나 많은 서비스를 제공(투입)할 것인지를 나타내는 실행 단위 중심의 목표이다. 예를 들면, "2025년 한 해 동안 노숙자들에게 300시간의 가정복귀 프로그램을 제공하겠다."는 식으로 표현한다.

넷째, 이용자 목표(consumer objective)는 서비스를 받게 될 이용자 수를 명시한 목표로, 프로

12 SMART 원칙은 제3장 사회복지행정 이론의 목표관리이론(MBO)을 참조하기 바란다.

그램의 수혜 규모를 구체화한 목표이다. 예를 들면, "2025년 한 해 동안 150명의 독거노인이 취업훈련 서비스를 제공받도록 하겠다."는 식으로 표현한다.

(3) 프로그래밍(programming)[13]

프로그래밍은 프로그램의 목적과 목표에 부합하는 서비스 내용과 절차를 구체화하는 과정으로, '어떤 서비스를 누구에게 어떻게 제공할 것인가'에 대한 실행계획(action plan)을 수립하는 단계이다. 이 과정에서 서비스 우선순위 설정, 클라이언트 수 추정, 예산 기초정보 확보 등이 함께 이루어진다.

① 클라이언트 인구 추정: 깔때기 모형

프로그래밍 과정에서 가장 기본이 되는 작업 중 하나는 서비스 대상자의 규모 추정이다. 이때 유용하게 활용되는 것이 [그림 6-5]에서 보는 바와 같은 깔때기 모형(funnel model)이다. 이 모형은 일반 인구에서 실제 참여자 집단까지 단계적으로 좁혀 가며 클라이언트의 수와 자원 요구량을 예측하는 방식이다(Rapp & Poertner, 1992).

예를 들어, A복지관에서 저소득 장애인을 위한 직업훈련 프로그램을 기획할 경우, 인구는 다

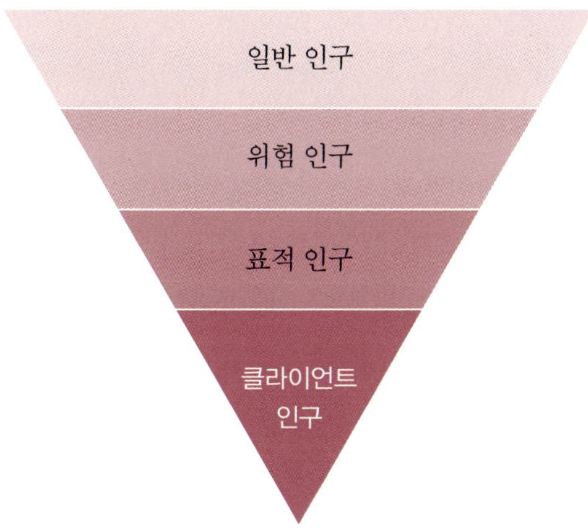

[그림 6-5] 프로그램 대상자 결정을 위한 깔때기 모형

출처: Rapp Poertner (1992).

13 프로그래밍에 관해서는 주로 김영종(2023)을 참조하였다.

음과 같이 구분된다.

첫째, 일반 인구(general population)는 프로그램 목적과 관련된 일반적인 인구 집단의 규모를 의미한다. 앞의 예시에서 해당 지역의 전체 등록장애인 수가 일반 인구에 해당할 수 있다.

둘째, 위험 인구(at-risk population)는 일반인구 중 해당 문제에 특히 노출 위험이 큰 취약 집단을 의미한다. 앞의 예시에서 일반 인구 중 취업 연령대인 20세 이상 60세 이하의 저소득 장애인의 수가 위험 인구에 해당할 수 있다.

셋째, 표적 인구(target population)는 위험 인구 중 우선적인 서비스 제공이 필요한 집단으로, 실행하고자 하는 프로그램이 직접 표적 대상으로 삼는 인구 집단을 의미한다. 앞의 예시에서, 위험 인구 중 직업 활동이 가능한 경증 장애인으로서 해당 프로그램에 관심을 갖는 장애인의 수가 표적 인구에 해당된다.

넷째, 클라이언트 인구(client population)는 표적 인구 중 해당 프로그램이 실시될 때, 실제로 그 프로그램에 참여할 것으로 예상되는 집단을 의미한다. 사실상 자격 기준이 되고 프로그램에 관심을 보인다고 해도, 실제로 서비스 접근성 등의 문제로 클라이언트 인구로 전환되지 않는 경우가 적지 않다. 따라서 클라이언트 인구는 시간적 · 공간적 접근이 가능하고 서비스 이용 의사를 밝힌 장애인이 해당된다.

이 깔때기 모형을 통해 프로그램 설계 시 현실적 참여자 수, 필요 자원, 예산 규모 등을 정밀하게 추정할 수 있다.

② 프로그램의 활동 및 절차 설계

프로그램의 활동 및 절차 설계는 전체 기획의 핵심 단계로, 실행계획(action plan)을 구체화하는 과정이다. 여기서 '활동'은 프로그램 내에서 수행될 개별 서비스를 의미하며, 이는 목표 달성에 부합하도록 구조화되고 시간적 · 절차적으로 배열된다. 이때 대안은 전체 프로그램 목적을 달성하기 위한 실행 방안이며, 활동은 그 대안을 구성하는 구체적인 서비스 단위로 이해된다. 복수의 대안을 먼저 구성하고, 그에 따라 활동과 절차를 구조화하는 것이 일반적이다.

③ 프로그램 실행 대안의 선택

프로그램 목적을 달성하기 위한 복수의 실행 대안에 대해 활동과 절차가 구체화되고 비용 분석이 완료되면, 그중 가장 적절한 대안을 선택하는 의사결정 단계에 들어간다. 이 선택은 단순한 기술 조합이 아닌, 목표를 가장 효과적 · 효율적으로 실현할 수 있는 전략 판단 과정이다. 일반적으로 최선의 대안을 결정할 때는 두 가지 기준이 활용되는데, 바로 '소망성'과 '실행 가능성'이다.

㉮ 소망성(desirability)

소망성은 선택된 대안이 초래할 결과의 바람직한 정도를 평가하는 기준으로, 일반적으로 효과성, 효율성, 형평성의 세 측면에서 판단한다.

• 효과성

효과성(effectiveness)은 목표 달성에 기여한 성과의 총량을 기준으로 대안을 평가하며, 비용과 무관하게 성과가 클수록 더 바람직한 것으로 본다. 예를 들어, 학교사회복지사 신규 채용과 기존 상담교사 재교육 중 비용을 고려하지 않고, 어느 쪽이 학생의 비행 예방에 더 효과적인지 비교하여 선택한다면, 이는 효과성을 기준으로 대안을 선택한 것이다.

• 효율성

효율성(efficiency)은 투입 대비 산출의 비율을 중시하는 기준으로, 동일한 성과를 더 적은 비용으로 달성한 대안이 우선된다. 앞의 사례에서 두 방안 중 비용 대비 성과가 더 높은 방법을 택하는 것이 효율성을 기준으로 대안을 선택한 것이다.

• 형평성

형평성(equity)은 대안이 클라이언트의 성별, 연령, 지역, 소득, 지위 등과 무관하게 공정하게 제공되는지를 평가하는 기준이다. 예를 들어, 모든 학교에 사회복지사를 균등 배치하는 방안보다 학급 수나 취약 집단 비율을 고려한 차등 배치가 형평성 측면에서는 더 적절한 대안으로 간주될 수 있다.

㉯ 실행 가능성(feasibility)

실행 가능성이란 선택된 대안이 실제 현장에서 실행될 수 있는 현실적 가능성을 평가하는 기준이다. 이는 단순히 바람직하냐의 여부가 아니라 기술적 · 경제적 · 사회윤리적 · 정치적 요인을 포괄적으로 고려하여 실현 가능성을 판단하는 데 중점을 둔다.

• 기술적 실행 가능성

기술적 실행 가능성이란 대안이 기술적으로 실현 가능한지를 평가하는 기준으로, 해당 대안의 수행에 필요한 전문 인력, 기술, 장비, 경험이 실제로 확보 가능한지를 판단하는 기준이다. 예를 들어, 비행청소년 예방 프로그램을 실행하려 할 때, 신규 학교사회복지사를 채용하려 한다면,

임상경험을 갖춘 전문 인력이 실제로 충분히 존재하는지를 고려해야 하며, 기존 비전문 상담교사를 재교육하는 대안을 선택한다면, 재교육을 통해 충분한 역량을 갖출 수 있는지가 중요한 판단 요소가 된다.

- 경제적 실행 가능성

경제적 실행 가능성이란 해당 대안의 실행에 필요한 재정적 자원을 감당할 수 있는지를 판단하는 기준이다. 예를 들어, 사회복지사를 새로 채용하는 경우 지불해야 할 인건비를 예산 내에서 충당할 수 있는지, 혹은 기존 교사의 재교육 비용이 감당할 수 있는 범위인지를 검토해야 한다.

- 사회 · 윤리적 실행 가능성

사회 · 윤리적 실행 가능성이란 대안이 사회적으로 수용 가능하고 윤리적 기준에 부합하는지를 평가하는 기준이다. 예를 들어, 학생들의 흡연 문제를 해결하기 위해 교내에 흡연실을 설치하겠다는 대안은, 실행은 가능하더라도 사회적 통념이나 윤리 기준에는 부합하지 않으므로 채택되기 어렵다.

- 정치적 실행 가능성

정치적 실행 가능성이란 해당 대안이 이해관계자들의 지지를 받을 수 있는지, 또는 강한 저항을 초래할 가능성은 없는지를 평가하는 기준이다. 예컨대, 학군 단위가 아닌 학교별로 학교사회복지사를 배치하겠다는 대안은 기존 상담교사들의 반발을 초래할 수 있어, 정치적 실행 가능성이 낮다고 평가될 수 있다.

(4) 실행

프로그램 기획이 예산 확보나 행정적 승인을 마치면 실행 단계로 진입한다. 실행은 계획된 활동을 절차에 따라 수행하여 실제 클라이언트에게 프로그램을 제공하고, 이를 통해 프로그램의 목표를 실현하는 과정을 의미한다.

그러나 실행은 단순한 계획 이행만을 의미하지 않는다. 현장에서는 예상치 못한 변화나 돌발변수가 자주 발생하며, 이에 대응하기 위해 전략적 사고와 유연성이 요구된다. 특히 계획 고수 자체를 목적화하는 목적전치의 오류를 경계해야 한다. 계획은 목표 달성을 위한 수단이지, 그 자체가 목적이 될 수 없다(오세영, 2017).

또한 실행 과정에서는 계획 수립 당시 반영되지 않았던 현장의 맥락과 반응이 영향을 미친다. 예를 들어, 클라이언트의 피드백, 협력 기관과의 조정, 서비스 효과에 대한 반응 등은 실행 전반에 걸쳐 중요하게 작용한다. 따라서 실행자는 변화에 민감하게 반응하고, 필요시 계획을 조정할 수 있는 실천 역량을 갖춰야 한다. 이러한 민감성과 조정 가능성은 프로그램 성패를 가르는 핵심 요소이다.

(5) 평가

프로그램 기획의 마지막 단계는 평가이다. 평가는 실행된 프로그램의 활동을 체계적으로 분석하고 판단하여, 성과를 검토하고 개선 방향을 도출하는 과정이다. 이는 단순한 결과 확인을 넘어 프로그램의 효과성과 정당성 입증, 그리고 향후 기획의 출발점이 되는 피드백 기능을 수행한다. 특히 사회복지조직에서 평가는 지속적 학습과 진화의 핵심 메커니즘이다.

사회복지 프로그램 평가가 필요한 이유는 다음과 같다.

첫째, 평가는 프로그램이 실제로 설정한 목표를 달성했는지를 판단할 수 있는 객관적 근거를 제공한다. 이는 정책 결정자, 후원자, 지역사회 등 이해관계자에게 프로그램의 정당성과 효과를 입증하는 데 중요한 논거가 된다(Hudson, 1990; McDavid, Huse, & Hawthorn, 2019).

둘째, 평가는 사회복지사의 실천 지식과 개입기술을 이론적으로 체계화하는 데 기여한다. 실증적 평가 결과는 실천의 표준화와 이론적 정립의 기초가 되며, 유관 기관과의 협력 강화 및 사회복지 분야 전체의 집단 역량 제고로 이어질 수 있다(Hudson, 1990).

셋째, 평가는 조직의 지속적 학습과 개선을 위한 전략적 도구이다. 프로그램의 강점과 한계를 발견하고, 이를 기반으로 유효한 개입 전략과 실천 전술 수립이 가능해진다(Rossi, Lipsey, & Freeman, 2004). 이는 향후 기획의 정교화뿐 아니라, 조직 내 학습문화 조성과 질적 향상에도 기여한다.

결국 평가는 단지 성과를 측정하는 기술적 절차가 아니라, 사회복지조직의 정체성과 역량을 강화하는 전략적 활동이며, 실천과 이론을 연결하는 다리 역할을 수행한다.

한편, 프로그램 평가는 그 목적, 시점, 수행 주체, 평가 대상, 자료수집 방식에 따라 다양한 유형으로 구분된다. 일반적으로는 평가 주체에 따라 내부평가와 외부평가, 평가 대상에 따라 기관 평가와 프로그램 평가, 시점에 따라 형성평가(formative evaluation)와 총괄평가(summative evaluation), 단계에 따라 사전 · 과정 · 사후 평가, 자료수집 방식에 따라 양적 평가와 질적 평가로 나눌 수 있다(정무성, 2005). 이러한 유형들은 상호 보완적으로 활용되며, 평가 전략 수립의 기초가 된다.

이 중 형성평가와 총괄평가는 시점을 기준으로 가장 널리 활용되는 구분이다. 형성평가는 프로그램 실행 중에 시행되는 평가로, 프로그램이 계획대로 운영되고 있는지 점검하며, 중간 조정을 통해 질적 향상을 도모한다(Scriven, 1991). 이 과정에서 자원 투입의 효율성, 부작용 여부, 실행 조건 등을 검토한다. 반면, 총괄평가는 프로그램 종료 후 효과성과 영향력을 검토하는 평가로, 목표 달성 수준을 실증적으로 판단하고 향후 정책 및 유사 프로그램 설계의 근거를 제공한다(Rossi, Lipsey, & Freeman, 2004).

결국 평가 유형은 목적과 맥락에 따라 적절히 선택되어야 하며, 이는 단순한 기술적 절차를 넘어, 프로그램 품질관리와 실천 전략 수립의 기반이 된다.

3. 의사결정의 개념과 이론적 체계

1) 의사결정의 개념 및 방법

(1) 의사결정의 개념

의사결정(decision making)은 조직이나 개인이 복수의 대안 중 하나를 선택하는 행위로, 가장 적절한 해답을 찾는 포괄적 과정이라 할 수 있다. 그러나 의사결정은 단순한 선택 행위를 넘어 문제를 인식하고, 가능한 대안을 탐색하며, 그 효과성을 비교·평가한 뒤, 최선의 대안을 선택하는 일련의 과정이다(윤재풍, 2014). 특히 사회복지행정에서는 이러한 의사결정 과정이 다양한 이해관계, 불확실한 정보 가치의 충돌 등을 동반하기 때문에, 더욱 신중하고 복합적인 판단이 요구된다.

의사결정은 기획의 핵심 요소 중 하나로 간주되며, 이 둘은 밀접하게 연관되어 있다. 기획은 다양한 목표를 달성하기 위한 수단과 경로를 사전에 설계하는 활동이며, 그 과정은 수많은 의사결정의 연속으로 구성된다. 다만, 기획은 단순히 대안을 선택하는 차원을 넘어, 자원의 배분, 활동의 통제, 구성원의 동기화 등 다양한 행정 기능을 포함하므로, 의사결정보다 더 포괄적인 개념이라 할 수 있다(최성재, 남기민, 2000).

(2) 의사결정의 방법

의사결정의 방식은 상황의 특성, 정보의 수준, 결정자의 역량 등에 따라 달라지며, 이에 따라 직관적 방법, 판단적 방법, 문제해결 중심 방법으로 구분된다.

첫째, 직관적 방법은 경험이나 분석 없이 의사결정자의 직감이나 내적 확신에 따라 대안을 선택하는 방식으로, 시간이나 정보가 부족한 상황에서 유용하지만 주관적 편향과 오류의 위험이 크다(Simon, 1987).

둘째, 판단적 방법이란 과거의 경험과 축적된 지식을 바탕으로 하여 비교적 체계적이지만 경험 기반의 추론에 의존하는 의사결정 방식이다.

셋째, 문제해결 중심 방법은 정보 수집과 대안 비교를 포함한 합리적 · 체계적 분석을 통해 최선의 대안을 선택하려는 방식으로, 과학적 의사결정이라고도 하며, 공공성과 투명성이 요구되는 사회복지조직에 적합한 의사결정 방법이다(Dunn, 2017).

이러한 방법들은 상황에 따라 병행적으로 활용되며, 조직 특성과 결정자의 전략적 판단에 따라 선택되어야 한다.

2) 의사결정의 유형

의사결정은 다양한 기준에 따라 유형화될 수 있으며, 이러한 유형화 작업은 조직 내 문제 상황과 환경에 적합한 결정 방식을 선택하는 데 중요한 근거를 제공한다. 일반적으로 의사결정은, 첫째, 주체에 따라 개인적 의사결정과 집단적 의사결정으로, 둘째, 목적과 범위에 따라 전략적 의사결정과 전술적 의사결정으로, 셋째, 문제의 구조화 수준에 따라 정형적 의사결정과 비정형적 의사결정으로 구분된다.

(1) 개인적 의사결정과 집단적 의사결정

바나드(Barnard, 1938)는 의사결정을 개인 단위와 집단 단위로 나누어 설명하였다. 개인적 의사결정(individual decision making)은 특정 조직 구성원, 예컨대 관리자가 독자적으로 문제를 인식하고 대안을 선택하는 방식이다. 이는 조직 규모가 작거나, 신속한 결정을 요하거나, 의사결정권자가 직원의 역량을 신뢰하지 못하는 경우에 주로 나타난다. 이 방식은 책임 소재가 명확하고 빠른 실행이 가능하다는 장점이 있으나, 판단의 객관성과 다양성이 결여될 수 있으며, 경험이나 직관에 과도하게 의존할 우려가 있다.

반면, 집단적 의사결정(group decision making/collective decision making)은 복수의 구성원이 공동으로 대안을 검토하고 선택하는 방식으로, 사안이 복잡하거나 다양한 전문성이 요구되는 경우, 특히 조직의 민주적 참여와 운영을 촉진하고자 할 때 활용된다. 집단적 의사결정은 여러 사람의 다양한 경험, 지식, 아이디어가 교환되는 과정을 통해 개인적 의사결정보다 좀 더 창의적이고 객관적인 결론을 도출할 수 있으며, 결정에 대한 조직 구성원들의 수용성과 정당성을 높이는 효과도 있다. 대표적인 집단적 의사결정 기법에는 브레인스토밍, 명목집단기법, 델파이 기법, 포커스 그룹 인터뷰 등이 있다.

① **브레인스토밍**(brainstorming)

브레인스토밍은 오스본(Osborn, 1963)에 의해 창안된 기법으로, 아이디어의 양을 극대화함으로써 창의적이고 독창적인 해결 방안을 도출하려는 데 목적이 있다. 문제에 대한 명확한 설명이 이루어진 뒤, 참여자들은 비판 없이 자유롭게 아이디어를 제시하며, 이러한 아이디어는 모두 기록되어 이후 분류와 평가의 대상이 된다. 핵심 원칙은 비판을 금지하고, 기발하거나 미완성된 생각도 환영하며, 다른 사람의 아이디어를 발전시키는 것이다. 이 기법은 아이디어 창출 초기 단계에서 특히 유효하며, 창의적 사고를 자극하고 자발적인 참여를 유도한다는 장점이 있다. 반면, 아이디어의 질적 수준은 보장되지 않으며, 구조화된 논의가 없기 때문에 실질적 의사결정으로 연결되기까지 추가 과정이 필요하다.

② **명목집단기법**(Nominal Group Technique: NGT)

델베크(Delbecq) 등이 1975년에 고안한 명목집단기법은 비교적 구조화된 절차에 따라 집단 내 다양한 의견을 수렴하고 집단의 합의를 이끌어 내는 방식이다.

명목집단기법은 다음과 같은 과정에 따라 진행된다. 우선, 6~10명의 참여자를 한자리에 모은 후, 진행자는 참여자들에게 해결을 요하는 문제가 무엇인지를 설명한다. 참여자들은 의사소통이나 상호작용이 제한된 상태에서 해당 문제에 대해 자신의 아이디어를 조용히 개별적으로 기록하고, 이후 돌아가며 한 사람씩 아이디어를 발표하면 진행자가 이를 칠판 등에 요약하여 전체에 공유한다. 이어지는 토의에서는 아이디어에 대한 설명과 명확화가 이루어지고, 마지막으로 비공개 투표를 통해 가장 선호되는 아이디어를 선정하게 된다.

이 방식은 겉으로는 집단 토의의 형식을 띠고 있지만, 아이디어 생성 단계에서는 구성원 간 상호작용을 최소화하여 권력관계나 사회적 압력으로부터 벗어난 자유로운 발언을 유도하는 것이 핵심이다. 그만큼 내성적인 성향의 참여자도 적극적으로 의사표현을 할 수 있으며, 구성원 간 영향력이 최소화된다는 장점이 있다. 다만, 상호작용이 제한되기 때문에 아이디어의 발전 가능성이 낮고, 창의적 시너지를 내기에는 다소 한계가 있다.

③ **델파이 기법**(Delphi technique)

델파이 기법은 미국의 랜드(RAND) 연구소에서 정책 연구 및 미래 예측을 목적으로 개발된 구조화된 전문가 합의 기법으로, 사회복지 정책 개발이나 복잡한 쟁점에 대한 전문가 의견 수렴에 매우 효과적인 방식이다(Bowonder et al., 1997).

이 기법의 핵심은 '비대면' '익명성' '반복성'이라는 세 가지 원칙에 있다. 참여자들은 동일한 공간에 모이지 않고, 대부분 서면이나 전자 우편 등을 통해 개별적으로 질문지를 받게 되며, 자신이 알고 있는 전문지식과 판단을 바탕으로 의견을 작성해 제출한다. 연구자는 이를 통합 · 요약한 결과를 다시 전체 참여자에게 피드백 형태로 제공하고, 이에 대한 수정 의견을 다시 요청한다. 이 과정은 보통 2~4회 반복되며, 의견의 수렴 또는 분산 양상을 확인하고, 일정 수준 이상의 합의가 도출되면 종료된다.

이처럼 델파이 기법은 구성원 간의 직접 대면을 피하면서도 집단적 판단을 체계적으로 이끌어 낼 수 있는 구조를 갖추고 있으며, 위계적 영향 없이 독립적이고 솔직한 의견을 수렴할 수 있다는 점에서 높은 신뢰성과 타당성을 지닌다. 또한 지리적으로 분산된 전문가들도 참여할 수 있어 폭넓은 의견 수렴이 가능하다. 그러나 설문지 설계와 요약, 피드백, 재조사 등 복잡한 과정을 반복적으로 거쳐야 하므로 시간과 비용이 많이 소요되며, 중도에 이탈자가 발생할 수 있다는 한계가 존재한다. 또한 설문 응답의 지속성 확보와 자료 분석 과정에서 연구자의 중재 능력이 중요하다.

④ 포커스 그룹 인터뷰(focus group interview)

포커스 그룹 인터뷰(초점집단면접)는 모건(Morgan, 1997)에 의해 체계화된 질적 조사 기법으로, 특정 주제에 대한 심층적 의견을 수렴하기 위해 6~10명 내외의 참여자들이 한자리에 모여 대면적 상호작용을 통해 자유롭게 의견을 교환하는 방식이다. 일반적인 설문지 방식과 달리, 참여자 간 토론을 통해 주제가 어떻게 해석되고 반응되는지를 관찰하고 기록하는 데 중점을 둔다. 인터뷰는 보통 전문 진행자(moderator)에 의해 조율되는데, 이 과정에서 진행자는 주제 제시와 토론 유도, 발언 균형 유지 등 복잡한 집단 역학을 관리하는 역할을 수행한다.

이 기법은 특히 사회복지서비스 이용자나 실천 현장의 실무자들로부터 실제 경험에 기반한 정서적 · 맥락적 반응을 수집할 수 있어 정책 또는 프로그램 개발에 매우 유용하다. 개방적이고 자연스러운 토론 분위기 속에서 아이디어가 다듬어지고 발전될 수 있다는 장점이 있지만, 소수 인물의 발언 독점이나 사회적 바람직성에 따라 의견이 왜곡될 수 있다는 단점도 함께 존재한다. 또한 수집된 발언을 해석하고 분석하는 과정에서 진행자의 역량과 주관적 편향이 영향을 미칠 수 있으므로 높은 전문성이 요구된다.

(2) 전략적 의사결정과 전술적 의사결정

조직 내 의사결정은 선택의 초점이 조직의 목적 자체에 있는지, 아니면 그 목적을 달성하기 위한 수단에 있는지에 따라 전략적 의사결정과 전술적 의사결정으로 구분할 수 있다. 이 구분은 조직 운영의 전반적인 구조와 위계, 결정의 범위 및 영향력 등을 이해하는 데 중요한 기준이 된다.

우선, 전략(strategy)은 조직이 지향하는 장기적 목표와 방향을 설정하고, 그 목표를 달성하기 위한 행동 경로를 결정하며, 이에 필요한 자원을 배분하는 과정을 의미한다. 이러한 맥락에서 전략적 의사결정(strategic decision making)은 조직의 기본적인 목적, 방향, 핵심 목표 등을 설정하고, 이를 실현하는 데 필요한 핵심 자원과 정책적 선택을 결정하는 행위이다(Chandler, 1962).

전략적 의사결정은 일반적으로 다음과 같은 특징을 가진다. 첫째, 조직 전체의 존립 목적과 중장기 방향성에 직접적인 영향을 미치는 고차원적 결정이다. 둘째, 주로 최고관리층에 의해 이루어진다. 셋째, 2년 이상 길게는 5년 또는 그 이상의 장기적 전망을 수반한다. 넷째, 비일상적이고 복합적인 문제해결을 전제로 하므로, 표준화된 절차보다는 고도의 분석력과 판단력, 창의성, 통찰력이 요구되는 비정형적 의사결정(nonprogrammed decision making)의 성격을 갖는다(윤재풍, 2014).

반면, 전술(tactics)은 전략을 구체적으로 실행하기 위한 세부적이고 실천적인 행동계획이라 할 수 있다. 전술적 의사결정(tactical decision making)은 상위에서 설정된 전략적 목표를 실현하기 위해 하위 부서나 기능 단위에서 세부 목표를 설정하고, 그에 따라 실행계획을 수립하며, 제한된 자원을 효율적으로 배분하는 과정이다.

전술적 의사결정은 대체로 중간관리자 또는 실무 관리자층에서 담당하며, 단기적인 계획이나 일상 운영을 중심으로 구성된다. 또한 정해진 절차와 지침에 따라 비교적 규칙적으로 이루어지는 경향이 있으므로, 정형적 의사결정(programmed decision making)의 성격을 강하게 띤다. 따라서 전략적 의사결정이 조직의 '무엇을 할 것인가'에 대한 질문에 답하는 것이라면, 전술적 의사결정은 '그것을 어떻게 할 것인가'에 대한 구체적 실행방안을 다루는 결정이라 할 수 있다.

(3) 정형적 의사결정과 비정형적 의사결정

사이먼(Simon, 1960)은 문제의 성격과 복잡성, 해결의 예측 가능성, 조직 내 적용 방식 등 의사결정 상황의 구조적 특성에 따라, 의사결정을 정형적 의사결정과 비정형적 의사결정으로 구분하였다. 우선, 정형적 의사결정은 조직 내에서 반복적으로 발생하는 일상적 문제를 해결하기 위한 결정으로, 이미 마련된 지침이나 절차, 규정, 경험 등에 근거하여 비교적 자동적이고 기계적으로 수행된다. 예를 들어, 사회복지기관에서 서비스 접수 절차나 예산 집행의 승인 방식 등은 명확한 규범과 기준에 따라 반복적으로 처리되므로 정형적 의사결정에 해당한다. 이러한 의사결정은 주로 조직의 하위 계층이나 실무 부서에서 담당하며, 효율성과 신속성이 중시되는 상황에서 효과적으로 작동한다.

반면, 비정형적 의사결정은 조직이 직면한 새로운 문제나 위기 또는 전략적 전환과 같은 복합적 상황에서 이루어지는 결정으로, 선례나 매뉴얼이 존재하지 않기 때문에 창의적 사고와 종합적 판단이 요구된다. 이러한 비정형적 의사결정은, 예컨대 새로운 복지정책의 도입, 지역사회 내 복합위기 대응체계 구축, 대규모 조직 개편 등과 같이, 조직 전반의 미래 방향과 밀접한 관련이 있으며, 주로 고위 관리자나 정책 결정자에 의해 수행된다. 이때 결정자는 다양한 불확실성과 갈등 요인 속에서도 가치 판단과 사회적 책임, 공공성을 고려한 통합적인 해법을 도출해야 한다.

3) 의사결정 과정

의사결정은 단순한 판단의 결과가 아니라, 문제를 인식하고 최적의 해결 방안을 선택하기까지 일련의 인지적·분석적 과정을 포함하는 활동이다. 사이먼(Simon, 1960)은 의사결정 과정을 정보 활동(intelligence activity), 설계 활동(design activity), 선택 활동(choice activity)의 세 단계로 설명한 바 있다. 정보 활동은 문제를 감지하고 관련 정보를 수집하는 단계이며, 설계 활동은 가능한 대안을 도출하여 이를 체계화하는 단계이고, 선택 활동은 제시된 대안 중 가장 적절한 것을 결정하는 단계이다. 이러한 모형은 의사결정의 본질이 단일 행위가 아니라 복합적 활동의 연속이라는 점을 보여 준다.

그러나 학자마다 의사결정 과정을 제시하는 방식은 다소 차이가 있으며, 절대적인 통일된 견해가 존재하지는 않는다. 여기에서는 의사결정 과정을 조금 더 실천적으로 설명하기 위해 문제 확인 및 정의 → 목표 설정 → 대안 개발 및 분석 → 대안 선택 및 실행의 네 단계로 정리하여 제시한다.

(1) 문제 확인 및 정의

의사결정은 문제 상황의 인지에서 출발한다. 즉, 의사결정자는 어떤 이탈 현상이나 과업 수행상의 지연, 외부의 압력 등으로부터 문제 발생의 신호를 감지하고 이를 문제로 인식하게 된다. 문제의 인지는 일반적으로 정보의 수집과 분석을 통해 이루어지며, 이러한 정보는 조직 내부에서 생성된 실적자료나 보고서 같은 내적 정보뿐 아니라 시민, 언론, 이익단체 등 외부 이해관계자들로부터 제기되는 의견, 요구, 비판과 같은 외적 정보도 포함한다. 문제를 효과적으로 확인하고 정의하기 위해서는 문제의 원인, 규모, 영향 범위, 시급성 등에 대한 체계적 분석이 요구된다. 이 단계는 이후의 목표 설정과 대안 선택을 위한 기초를 제공하는 중요한 출발점이라 할 수 있다.

(2) 목표 설정

문제가 명확히 규정되면, 해당 문제를 어떤 상태로 변화시킬 것인지에 대한 목표를 설정하는 단계로 이어진다. 목표는 단순히 이상적인 상태를 기술하는 것이 아니라, 조직이 실제로 달성할 수 있는 구체적이고 측정 가능한 상태를 지향해야 한다. 이때 목표는 조직의 핵심 가치 및 정책 방향과 조화를 이루어야 하며, 설정된 목표에 따라 가능한 대안의 범위와 방향이 달라지므로 신중한 접근이 필요하다. 사회복지조직의 경우, 목표는 서비스 수혜자의 복지 향상이라는 가치지향을 반영하되, 동시에 그러한 가치지향을 행정적으로 실행 가능한 수준에서 구체화하고, SMART 원칙에 부합하도록 수립해야 한다. 이는 목표 달성 여부를 평가하고 효과적인 대안을 선택하기 위한 전제가 된다.

(3) 대안 개발 및 분석

목표가 설정된 후에는 그 목표를 실현할 수 있는 다양한 구체적인 수단들을 모색하는 과정이 필요하다. 이를 대안 개발 및 분석 단계라 하는데, 대안은 두 가지 이상이 개발되어 제시되어야 한다. 대안 개발을 위해 해결할 문제와 관련된 조직 구성원, 외부 전문가 및 이해관계자를 참여시키는 것이 바람직하다.

개발된 대안들은 장·단점과 함께 상대적 가치에 대한 분석이 이루어져야 한다. 제시된 모든 대안은 이러한 분석 과정을 통해 문제해결을 위한 적절한 수단인지, 설정한 목표를 달성하는 데 얼마나 유용한지, 기대되는 성과 및 효과는 무엇인지, 실행 가능성은 있는지 등에 대한 면밀한 검토가 이루어져야 한다. 대안의 분석과 평가를 위해서는 통계적 방법, 비용-편익 분석, 체계분석, 실험적 방법 등이 활용된다.

(4) 대안 선택 및 실행

면밀한 분석을 거쳐 각 대안의 타당성과 효과가 비교되면, 그중에서 가장 적합한 하나를 선택하게 된다. 이 최종 선택이 곧 의사결정이며, 이는 단순히 계산적으로 가장 우월한 대안을 고르는 행위라기보다는 조직의 가치, 이해관계자의 수용 가능성, 외부 환경 등을 종합적으로 고려한 전략적 판단의 결과이다. 선택된 대안은 실행 가능성을 높이기 위해 구체적인 실행계획과 일정, 책임자 배정, 필요한 자원 확보 등의 실천 계획 수립 단계를 거쳐 실행으로 이행된다. 이러한 실행 단계까지 이행되어야 비로소 의사결정은 실질적인 조직행동으로 완결된다.

4) 의사결정모형[14]

(1) 합리모형(rational model)

합리모형은 인간이 이성과 논리를 통해 최선의 결정을 내릴 수 있다는 전제에 기초한 고전적 의사결정모형으로, '포괄적 합리모형(comprehensive rational model)'이라고도 불린다. 이 모형은 명확한 목표 설정 → 모든 대안 탐색 → 비용–편익 분석 → 최적 대안 선택이라는 절차를 이상적 의사결정 과정으로 간주한다.

합리모형이 작동하려면 다음의 전제가 충족되어야 한다. 첫째, 문제에 대한 완전한 정보 확보, 둘째, 모든 가능한 대안 제시, 셋째, 각 대안의 완벽한 비용–편익 분석, 넷째, 결과의 예측 가능성이 그것이다.

그러나 현실에서는 정보의 불완전성, 자원 제약, 인간의 인지 한계 등으로 인해 이러한 전제를 모두 충족하기 어렵다. 허버트 사이먼(Herbert A. Simon, 1960)은 이러한 한계로 인해 합리모형이 지나치게 이상적이라며, 실제 조직 환경과의 괴리를 지적하였다. 그럼에도 불구하고 합리모형은 조직이 더 나은 결정을 위한 기준틀을 제공하고, 의사결정의 체계적 분석과 합리성 제고 노력을 촉진한다는 점에서 여전히 중요한 이론적 기반으로 기능한다.

(2) 제한적 합리모형(bounded rational model)

제임스 마치(James G. March)와 허버트 사이먼(Herbert A. Simon)이 제시(1958)한 제한적 합리모형은 고전적 합리모형이 현실을 지나치게 이상화한다는 비판에서 출발한다. 이 모형은 인간이 정보, 시간, 인지 능력 등에서 현실적 제약을 받는다는 점에 주목하며, '제한된 합리성(bounded rationality)'에 기반해 '충분히 만족할 만한' 대안을 선택하는 것이 실제적 합리성이라 본다. 이 때문에 제한적 합리모형은 '만족모형(satisficing model)'이라고도 불린다.

14 의사결정모형은 권승(2024)을 발췌하여 일부 수정하였다.

이 모형의 의사결정 과정은 다음과 같은 특징을 가진다. 첫째, 의사결정자는 복잡한 목표를 단순화해 인식하고, 둘째, 모든 대안을 탐색하기보다는 유력한 몇 개의 대안만 검토하며, 셋째, 대안 평가 기준은 고정되지 않고 상황적 요인에 따라 유동적으로 작용하고, 넷째, 일정 수준 이상의 만족할 만한 대안이 발견되면 그 즉시 선택하여 결정이 마무리된다.

그러나 이 모형도 한계를 갖는다. 특히 '만족할 만한 수준'의 기준이 주관적이며, 충분한 대안 탐색 없이 의사결정이 조기에 종결될 경우, 결과의 질이 낮아질 수 있다는 점에서 비판을 받는다. 그럼에도 불구하고 제한적 합리모형은 정보와 자원이 제한된 사회복지조직의 현실에 적합하며, 복잡하고 긴급한 상황에서 신속하고 실행 가능한 결정을 내릴 수 있는 실용적 모델로 평가된다.

(3) 점증모형(incremental model)

린드블롬(Lindblom, 1959)이 제시한 점증모형은 기존 합리모형이 전제하는 완전한 정보 수집과 대안 분석이 현실적으로 불가능하다는 점에 착안하여, 기존 정책이나 결정에 소폭의 수정을 가해 점진적으로 개선해 나가는 현실적 접근을 제안한다. 이는 최적의 대안을 찾기보다는 현재의 결정을 기반으로 실현 가능한 범위 내에서 점진적 변화를 추구하는 방식이다.

점증모형은 특히 다음과 같은 조건에서 효과적이다. 첫째, 정책 현안은 다양한 이해관계자의 타협 결과인 경우가 많아, 급격한 변화는 정치적 저항을 유발하기 쉽다. 점진적 접근은 이러한 저항을 줄이고 합의를 도출하는 데 유리하다. 둘째, 의사결정자가 충분한 정보나 확신이 없을 때 기존 결정을 유지하면서 미세한 조정을 하는 전략이 상대적으로 안전하다. 이러한 특성 때문에 점증모형은 이상적 합리성보다는 현실적 정치성과 실행 가능성을 중시하는 모형으로 평가된다.

하지만 이 모형은 몇 가지 한계를 지닌다. 첫째, 기존 구조에 기반하므로 보수주의적 성향을 띠며 기득권 이익을 고착화할 우려가 있다. 둘째, 과거 결정의 오류가 있을 경우 그 위에 쌓이는 점진적 변화는 정책 방향의 왜곡을 초래할 수 있다. 셋째, 급격한 사회변동이나 위기 상황에서는 신속하고 근본적인 대응이 어려운 한계를 드러낸다.

그럼에도 불구하고 점증모형은 이해관계자 간 갈등이 복잡하게 얽힌 사회복지조직에서 정치적 안정성과 실행 가능성을 확보하는 유용한 전략으로 활용될 수 있다. 특히 자원과 권한이 제약된 환경에서는 현실적 대안 선택의 틀로 의미 있는 함의를 제공한다.

(4) 혼합주사모형(Mixed-Scanning Model)

에치오니(Etzioni, 1967)가 제안한 혼합주사모형은 합리모형과 점증모형의 한계를 보완하기 위해 두 접근을 절충한 의사결정 이론이다. '주사(走査)'는 영어의 '스캐닝(scanning)'에 해당하며, 넓은 범위의 탐색과 세부적인 검토를 결합한 방식을 뜻한다.

이 모형은 의사결정을 근본적 결정과 세부적 결정으로 구분한다. 근본적 결정은 조직의 방향과 정책의 틀을 정하는 것으로, 합리모형을 적용해 다양한 대안을 개괄적으로 탐색하되, 세부 분석보다는 방향 설정에 초점을 둔다. 반면, 세부적 결정은 설정된 방향에 따라 실천 방안을 구체화하는 과정으로, 소수 유력 대안을 중심으로 점진적 수정과 보완을 반복하는 점증모형의 특징을 따른다.

혼합주사모형의 장점은 거시적 기획과 미시적 실행의 통합에 있으며, 특히 전략적 사고와 실행 가능성을 함께 요구하는 사회복지조직에 적합하다. 대규모 정책 방향 설정과 소규모 프로그램 집행이 동시에 이루어지는 환경에서는 이 모형이 의사결정의 실용성과 유연성을 제공할 수 있다.

다만, 근본적 결정과 세부적 결정의 구분 기준이 모호하고, 두 이론의 병렬적 결합에 불과하다는 비판이 존재한다. 또한 실제 적용을 위한 구체적 실행 지침이 부족하다는 점은 실천적 한계로 지적된다. 그럼에도 이 모형은 불확실성과 복잡성이 공존하는 조직 환경에서, 이론과 실행의 균형을 도모할 수 있는 의사결정 전략으로 주목받는다.

(5) 최적모형(optimal model)

예허즈켈 드로(Yehhezkel Dror, 1971)가 제시한 최적모형은 조직의 의사결정 능력이 경험 축적과 제도 개선을 통해 최적의 수준까지 발전 가능하다는 전제에 기초한다. 이 모형은 단순한 선택 행위가 아닌, 체계적 정책 설계 역량의 최적화를 지향하며, 효율성뿐 아니라 가치 판단, 창의성, 도덕성까지 포함하는 총체적 합리성을 강조한다.

드로는 의사결정 과정을 상위 의사결정 단계(meta-decision stage), 의사결정 단계(decision-making stage), 의사결정 이후 단계(post-decision stage)의 세 국면으로 구분하였다. 첫째, 상위 의사결정 단계는 문제의 성격, 목표, 판단 기준을 설정하는 사전 준비 단계이며, 둘째, 의사결정 단계는 대안의 탐색, 비교, 선택이 이루어지는 핵심 수행 단계이고, 셋째, 의사결정 이후 단계는 실행, 환류, 평가 등을 통해 의사결정의 결과를 점검하고, 향후 더 나은 의사결정을 위한 학습의 기초를 마련하는 단계이다.

이 모형은 합리모형의 체계를 계승하면서도, 단순한 분석 기법을 넘어 직관, 통찰, 도덕성 등

초합리적 요소의 중요성도 함께 강조한다. 즉, 단순한 최적화가 아닌, 전략적이고 가치지향적인 의사결정 능력이 요구된다. 특히 환류 메커니즘은 의사결정 결과를 점검하고 이후 과정에 반영함으로써, 조직의 정책 결정력을 개선하는 데 기여한다.

그러나 최적모형 역시 현실적 한계를 지닌다. 복잡한 정치 · 사회적 변수나 이해관계자의 갈등을 완전히 반영하기 어렵고, 이론상의 다단계 결정 체계를 실제 행정조직에 정교하게 적용하는 데에도 실천적 제약이 따른다.

(6) 쓰레기통 모형(garbage can model)

쓰레기통 모형은 마이클 코헨(Michael D. Cohen), 제임스 마치(James G. March), 요한 올센(Johan P. Olsen)이 제시한 이론으로, 전통적 합리모형으로 설명하기 어려운 불확실한 조직 환경에서의 의사결정을 설명하고자 고안되었다. 특히 이 모형은 구성원의 응집력이나 조직구조가 약한, '조직화된 무정부 상태(organized anarchy)'를 전제로 의사결정 과정을 설명한다. 즉, 쓰레기통 모형은 조직화된 무정부 상태에서는 정책결정이 일정한 분석 절차나 논리에 따라 이루어지기보다는 불연속적이고 우연적인 요소들의 상호작용을 통해 이루어진다고 본다.

이 모형에 따르면 조직 내에서는 문제(problem), 해결책(solution), 참여자(participant), 선택기회(choice opportunity)라는 네 가지 요소가 하나의 '쓰레기통'에 임의로 뒤섞인 채 존재한다. 이 요소들이 우연히 동시에 모이는 특정 시점에 의사결정이 이루어지며, 따라서 결정은 분석적 절차가 아닌 우발성과 불연속성에 의해 발생한다. 예컨대, 해결책이 문제보다 먼저 존재하거나, 참여자가 불명확한 상태에서도 결정이 내려질 수 있다.

이러한 설명은 이후 존 킹돈(John W. Kingdon, 1984)의 '정책의 창(policy window)' 개념으로 확장되었다. 킹돈에 따르면 정책결정은 세 가지 상이한 흐름(stream)이 우연히 맞물릴 때 비로소 가능해진다. 첫째, 정책문제의 흐름(policy problem stream)은 언론 보도, 통계자료, 사회적 요구 등으로 인해 특정 문제가 공론화되는 과정을 의미하며, 둘째, 정책대안의 흐름(policy alternative stream)은 관료, 학자, 전문가 집단 등이 정책대안을 준비하고 있는 흐름이다. 셋째, 정치의 흐름(political stream)은 정당의 이해, 이익 집단의 압력, 선거 결과 등 정치 환경과 관련된 흐름이다.

각 흐름은 서로 독립적으로 작동하지만, 이 세 가지 흐름이 특정 시점에서 하나로 수렴할 경우 정책의 창이 열린다. 이 창은 문제에 대한 사회적 관심이 고조되고, 적절한 대안이 존재하며, 정치적으로도 추진 동력이 확보된 순간을 의미한다. 이때 정책 참여자들은 자신이 선호하는 대안을 정책 아젠다로 끌어올리기 위해 적극적으로 개입하며, 새로운 정책이 수립되거나 기존 정책이 수정되는 변화를 유도하게 된다.

쓰레기통 모형은 전통적인 계획 및 분석 중심의 의사결정 모델로는 설명하기 어려운 현실의 비합리성과 불규칙성을 잘 포착한다. 특히 이 모형은 사회복지조직이나 공공기관처럼 다양한 이해관계자와 복잡한 환경에서 작동하는 조직의 의사결정 메커니즘을 이해하는 데 유용한 이론적 틀을 제공한다.

제 7 장

SOCIAL WELFARE ADMINISTRATION

사회복지조직의 인적자원관리

사회복지조직의 궁극적 목적은 클라이언트에게 전문적이고 효과적인 서비스를 제공하여 긍정적 변화를 이끌어 내는 데 있다. 이러한 서비스는 주로 일선 사회복지사에 의해 제공되며, 그 서비스의 질은 이들의 지식, 기술, 태도 및 경험에 크게 좌우된다. 특히 사회복지사의 개입기술은 정형화되어 있지 않아, 제공자의 숙련도와 창의성에 따라 효과가 달라진다. 결국 조직 성과는 구성원의 역량에 의해 결정되며, 이를 뒷받침하는 인적자원의 확보, 개발, 유지, 동기부여 등의 전 과정은 조직의 성패를 좌우하는 핵심 요인이 된다. 이에 따라 인적자원관리는 조직 목표 달성을 위한 전략적 기능이며, 관리자에게 부여된 중요한 책무 중 하나이다. 본 장에서는 사회복지조직의 인적자원관리 개념과 주요 과정을 살펴보고, 구성원의 소진과 동기부여에 관한 주요 이론 및 쟁점도 함께 고찰하고자 한다.

1. 인적자원관리의 개념과 목적

1) 인적자원관리의 개념

전통적인 인사관리는 조직이 필요로 하는 인력을 채용·배치하고, 일정 기준에 따라 관리와 통제를 수행하는 실무 중심의 활동으로 전개되어 왔다. 이 접근은 구성원을 통제의 대상으로 간주하며, 기계적이고 표준화된 방식으로 직무를 정의하고 이에 따라 채용, 성과 평가, 보상 기능을 수행하는 데 초점을 두었다. 그러나 지식기반사회로의 이행, 노동시장의 유연화, 조직 환경의 복잡성 증가는 조직 인력에 대한 접근 방식을 변화시켰고, 인력을 전략적 자원으로 간주하는 인적자원관리(human resource management)의 개념이 부각되었다(Noe et al., 2019).

사회복지 분야에서도 이러한 변화가 반영되었으며, 피코라와 오스틴(Pecora & Austin, 1987)은 인사관리가 조직의 철학과 가치를 반영하고, 인력 개발과 서비스의 질 향상에 기여하는 전략적 기능으로 재정립되어야 함을 강조하였다.

인적자원관리는 구성원의 잠재력을 전략적으로 육성하고, 조직 내 지속 가능성을 높이기 위한 계획적이고 통합적인 활동이다. 이는 조직 목표와 개인 발전을 조화롭게 고려하며, 직무 만족, 조직몰입, 성과 향상 등을 포함하는 포괄적 개념이다. 플리포(Flippo, 1984)는 이를 "개인, 조직, 지역사회의 목표 달성을 위해 인적자원의 확보, 개발, 보상, 통합, 유지, 종료를 계획·조직·지휘·통제하는 활동"으로 정의하면서, 인적자원관리가 단순한 절차가 아닌 전략적 성과 달성을 위한 역동적 과정임을 강조하였다.

2) 인적자원관리의 목적

인적자원관리는 전략적 목표 달성을 위해 인적자원을 효과적으로 확보·개발·유지하는 데 목적이 있다. 이는 단순한 행정 기능을 넘어, 인적자원의 전략적 가치를 극대화하는 방향으로 발전해 왔다. 암스트롱과 테일러(Armstrong & Taylor, 2014)는 인적자원관리의 주요 목적을 다섯 가지로 제시한다.

첫째, 조직의 핵심 목표 달성을 위한 전략적 인사관리 체계를 확립하고, 둘째, 성과를 촉진하는 조직문화 형성에 기여하며, 셋째, 유능한 인재를 확보·유지하고, 넷째, 투명한 의사소통과 공정한 평가 및 보상체계의 구축을 통해 관리자와 직원 간의 신뢰를 형성하며, 다섯째, 윤리적이고 책임 있는 경영 관행의 정착을 지원하는 것이다.

이처럼 인적자원관리는 조직의 지속 가능성과 경쟁력 확보를 위한 전략적 기능이며, 특히 인적 의존도가 높은 사회복지조직에서는 그 중요성이 더욱 강조된다.

2. 인적자원관리의 과정

인적자원관리는 조직 인력에 대한 모집과 선발에서부터 유지, 개발, 평가에 이르기까지의 일련의 과정을 포괄하는 연속적인 관리 활동이라 할 수 있다(French, 1987). 일반적으로 인적자원관리는 인사계획 → 모집 및 선발 → 교육훈련 및 개발 → 업무(성과) 평가 → 보상관리 → 인력유지관리의 단계로 구성된다. 이러한 각 단계는 독립적으로 기능하기보다는 상호 유기적으로 연결되어 조직의 전략적 목표 달성에 기여하는 시스템을 구성한다.

1) 인사계획(Human Resource Planning)

인사계획(인력계획)은 조직 목표 달성에 필요한 인적자원의 수요와 공급을 예측하고, 이를 충족하기 위한 전략을 수립하는 과정이다. 이는 어떤 역량을 갖춘 인력이 언제, 얼마만큼, 어떤 방식으로 확보되어야 하는지를 분석하고 결정하는 과정으로, 모집과 선발에 선행하며 이를 포괄하는 상위 개념으로 간주되기도 한다.

인사계획을 수립하기 위해서는 먼저 조직의 현재 인적 구성에 대한 체계적인 진단이 필요하다. 구체적으로는 현재 인력이 적절한 수를 유지하고 있는지, 해당 인력이 직무와 관련된 필수 역량을 보유하고 있는지, 적절한 직무 배치를 통해 능력을 최대한 발휘하고 있는지, 그리고 실제로 기대되는 수준의 업무를 수행하고 있는지 등에 대한 분석이 선행되어야 한다. 이러한 판단의 근거가 되는 핵심 도구가 바로 직무분석이다.

(1) 직무분석(job analysis)

우선, 직무의 개념을 파악하기 위해 업무를 가장 작은 단위부터 큰 단위로 구분하면, 요소(element), 과업(task), 책무(duty), 직무(job), 직렬(sub job family), 직군(job family)의 순으로 구분할 수 있다. 요소는 전화를 받는 것, 문자를 받고 회신하는 것, 문서를 정리하는 것 등의 가장 작은 단위의 업무를 의미한다. 과업은 이러한 요소의 집합이며, 일정한 목적을 가지고 있으면서 분업이 가능한 단위의 업무를 말한다. 책무는 과업의 집합이며, 직무는 목적이나 수준이 유사한 책무의 집합을 의미한다.

직무분석은 특정 직무의 목적, 과업, 책임, 필요 역량 등을 체계적으로 파악하고 문서화하는 과정을 의미한다(French, 1987). 이는 직무 수행에 요구되는 지식, 기술, 능력, 태도 등을 구체화함으로써 인력 선발, 교육훈련, 평가, 보상 등 인사관리 전반의 기초자료로 활용된다(Dessler, 2020).

직무분석을 통해 얻을 수 있는 이점은 다음과 같다. 첫째, 직원들에게 직무가 기대하는 바를 명확히 인식할 수 있도록 해 주고, 둘째, 업무에 대한 명확한 정보를 담고 있어 성과 평가 기준을 제공하며, 셋째, 인력이 교체되더라도 직무지속성을 확보할 수 있고, 넷째, 추가적인 인력 지원을 요구하기 위한 정보로 활용될 수 있으며, 다섯째, 인적자원관리에 합리성과 공정성을 확보할 수 있는 기반이 되고, 여섯째, 직무급, 성과급 등 성과 중심의 인적자원관리를 실현하기 위한 기초가 된다.

이러한 직무분석을 통해 생성되는 대표적 결과물이 바로 직무기술서와 직무명세서이다.

(2) 직무기술서(job description)

직무기술서는 특정 직무의 명칭, 소속 부서, 직무 개요, 수행 절차, 주요 책임, 사용 장비, 작업 환경, 다른 직무와의 연계성 등 직무 전반의 특성과 내용을 체계적으로 정리한 문서이다. 이는 직무 자체의 고유한 특성에 초점을 맞추며, 인력 충원이나 신규 인력 배치 시 참고자료로 활용된다.

그러나 일부 조직에서는 직무기술서가 모호한 용어나 지나치게 일반적인 표현으로 인해 실효성이 떨어지는 경우가 있다. 여기서 일반적인 표현이란 직무의 실제 수행 맥락이나 구체적 과업이 충분히 반영되지 않고, 추상적 표현 위주로 작성되어 직무 간 차별성이 드러나지 않는 경우를 말한다. 또한 이러한 문서가 작성 이후 현장에 적용되지 않거나 지속적으로 갱신되지 않으면, 관리자나 구성원이 실제 업무와의 관련성을 느끼지 못하게 되어 문서가 단순한 형식적 요건으로 전락하게 된다.

(3) 직무명세서(job specification)

직무명세서는 해당 직무를 수행하기 위해 요구되는 인적 요건을 기술한 문서로, 학력, 전공, 경력, 자격증, 신체 능력, 성격 특성, 가치관 등의 내용을 포함한다. 즉, 직무기술서가 "무엇을 하는가"를 설명하는 문서라면, 직무명세서는 "어떤 사람이 그 일을 수행할 수 있는가"를 제시하는 문서라고 할 수 있다. 직무명세서는 직무기술서와 함께 조직에 적합한 인력 선발과 배치, 경력 개발 및 교육훈련 설계에 필요한 기초자료로 활용된다.

2) 모집 및 선발(Recruitment and Selection)

인력의 모집 및 선발은 유능한 인재를 외부 또는 내부에서 모집하고, 그중 적합한 사람을 채용하는 과정이다. 이는 인적자원관리에서 핵심적인 실무 과정으로, 기관장이나 인사담당위원회가 이를 담당한다. 심사자는 직무분석에 기반한 전문적인 판단 능력과 함께 성별 · 연령 · 장애 차별 금지 등 고용 관련 법률에 대한 이해와 더불어 효과적인 대인관계 기술을 갖추어야 한다. 특히 면접 시 무례하거나 차별적인 질문은 조직 신뢰를 저하시킬 수 있으므로, 정중하면서도 구조화된 면접 기법을 갖추는 것이 중요하다.

모집과 선발은 일반적으로 다음과 같은 절차를 따른다. 먼저, 직무기술서를 기반으로 최소 자격요건을 명시한 채용공고를 작성하고, 이어 지원서, 이력서 등의 서류심사를 통해 지원자를 평가한다. 이후 필기시험과 면접 등의 절차를 거쳐 최종 선발과 결과 통보가 이루어진다.

(1) 모집

모집은 조직이 필요로 하는 인재를 확보하기 위한 사전 활동으로, 잠재적 지원자에게 직무 정보를 제공하고 자발적 지원을 유도하는 과정이다. 이에 영향을 미치는 요인으로는 직무의 매력도, 조직 이미지, 인사 및 복지 정책 등이 있다. 직무의 도전성, 성장 가능성, 사회적 기여도는 직무 매력도를 높이며, 조직의 사회적 책임이나 신뢰도, 리더십은 조직 이미지 형성에 기여한다. 또한 근무조건, 워라밸, 승진 및 보상 체계 등 제도적 요인도 지원 여부에 중요한 영향을 미친다.

① 모집의 종류

모집은 일반적으로 내부모집과 외부모집으로 구분된다.

내부모집은 조직 내부 인력을 대상으로 하며, 교육과 훈련을 중시하는 방식이다. 조직문화에 익숙해 적응 기간이 짧고, 성과 창출이 빠르며, 승진 기회를 제공해 동기를 부여할 수 있다. 또한 시간과 비용 면에서도 효율적이다. 그러나 한정된 인재풀에 의존하다 보니 새로운 시각의 유입이 제한적이고, 내부 경쟁 심화나 폐쇄성 우려가 존재한다.

반면, 외부모집은 다양한 배경과 역량을 지닌 인재를 채용해 새로운 아이디어를 유입할 수 있으며, 특히 혁신과 전문성이 요구되는 분야에 효과적이다. 다만, 조직문화에 대한 이해 부족으로 적응에 시간이 걸리고, 채용 과정에서 더 많은 시간과 비용이 소요된다.

② 모집공고

모집공고는 직무명(직무내용, 성격), 근무조건, 자격요건, 임금 수준, 근무 지역, 시험 및 면접 일정, 지원 절차, 마감 기한, 합격자 통보 요령 등의 내용을 명확하고 간결하게 담아야 한다. 또한 이를 게재할 매체와 게시 장소, 예를 들면 채용 포털, 기관 홈페이지, 학회 게시판, 대학 취업 지원센터 등도 사전에 전략적으로 선정되어야 한다.

(2) 선발

선발은 모집된 지원자를 심사하여 조직의 요구에 가장 부합하는 인재를 결정하는 과정으로, 일반적으로 채용이라는 용어와 유사하게 사용된다. 선발 과정은 일반적으로 서류전형 → 선발시험 → 경력조회 → 신체검사 → 선발 결정의 절차를 거친다.

우선, 서류전형은 입사원서, 이력서 및 각종 지원서류(학 · 경력 증명서, 주민등록등본, 자기소개서, 추천서 등)를 심사하여 최소한의 자격요건을 갖추지 못한 지원자를 선별해 내기 위한 과정이라 할 수 있다.

한편, 선발시험은 일반적으로 필기시험, 실기시험, 면접시험으로 구성되며, 공정성과 정확성을 확보하기 위해 객관도, 타당도, 신뢰도를 확보해야 한다. 필기시험은 대개 표준화된 방식으로 관리가 용이하고, 시간과 비용 절감에 유리하다. 객관식 문항은 채점이 편리하고 객관도와 신뢰도가 높지만, 사고력 평가에는 한계가 있다. 주관식 문항은 통찰력과 판단력 평가에 적합하지만, 채점의 객관성과 효율성은 떨어진다. 실기시험은 직무 관련 능력을 평가하는 데 타당도가 높으나, 채점의 일관성이 낮아 신뢰도 확보에 어려움이 있다. 면접시험은 인성, 가치관, 대인관계 능력 평가에 효과적이나, 질문의 일관성 부족과 면접관의 편향 가능성으로 신뢰도가 낮을 수 있다. 이를 보완하기 위해 질문과 평가 기준을 사전에 설정해 편향을 줄이는 구조화된 면접 방식이 요구된다.

시험 종료 후에는 시험 성적과 자격 정보를 반영한 임용후보자 명부가 작성되며, 이는 일정 기간 유효하여 공석 발생 시 재시험 없이 활용할 수 있다. 인사 부서는 이를 기반으로 복수의 후보자를 추천하고, 임명권자가 최종 선발한다. 최종 선발자에게는 직무, 급여, 인사정책 등 정보를 충분히 제공해 조직에 원활히 적응할 수 있도록 하는 것이 중요하다.

3) 교육훈련 및 개발(Training and Development)

교육훈련 및 개발은 직원의 직무수행 능력 향상과 경력 개발을 위해 체계적인 교육과 학습 기회를 제공하는 과정이다. 신입 직원은 새로운 직무 환경에 효과적으로 적응하기 위해 기본적인 지식과 기술을 습득하는 초기 교육이 필요하다. 동시에 기존 직원도 정책 변화, 직무 재배치, 새로운 서비스 기술의 도입 등 변화된 업무 환경에 지속적으로 대응할 수 있어야 한다. 실제로 외부 환경의 변화와 지역사회 및 이용자의 요구가 다양해지는 상황에 적절히 대처하지 못할 경우, 조직의 지속 가능성과 성장 가능성은 심각한 위협을 받을 수 있다. 이러한 위험을 예방하고 조직의 역량을 유지 · 강화하기 위해서는 체계적인 교육훈련과 직원 개발이 필수적이다. 따라서 신입 직원을 위한 오리엔테이션을 포함한 정기적인 교육훈련은 조직 구성원 전체를 위한 전략적이고도 핵심적인 인적자원관리 수단이라 할 수 있다.

일부 학자들은 교육훈련과 개발을 구분한다. 교육훈련은 현재 직무 수행 능력 향상에 초점을 두고, 개발은 향후 책임 확대에 대비한 잠재력 강화에 중점을 둔다(Gómez-Mejía, Balkin, & Cardy, 2016). 그러나 실제 현장에서는 이들이 상호 보완적으로 작용하며, 교육훈련은 직원 개발의 주요 수단이며, 구성원의 자질과 적응력을 높여 조직 성과 향상에 기여하는 전략적 활동이다. 직원 개발은 구성원이 직무를 효과적으로 수행하고 변화에 유연하게 대응할 수 있도록 조직이 계획적으로 수행하는 활동이다. 이는 공식적인 교육과 훈련을 통해 인적자원의 질을 높이고, 나아가 서비스 품질 향상에 기여한다.

(1) 직원 개발의 과정

직원 개발은 일반적으로 계획, 실행, 평가의 3단계로 구성된다.

첫째, 계획 단계에서는 직원 개발의 필요성을 분석하고 구체적인 목표를 설정한다. 이를 위해 기관 차원에서는 외부 환경 변화에 대한 분석이 이루어지고, 직무 수준에서는 새로운 업무의 필요성이 검토되며, 개인 수준에서는 성장 욕구나 경력 목표가 반영된다.

둘째, 실행 단계에서는 교육의 내용과 방법, 대상자 및 강사를 선정한 후, 전체 과정을 체계적인 프로그램으로 구성하여 실제로 운영한다.

셋째, 평가 단계에서는 교육훈련 프로그램이 실제로 어떤 효과를 거두었는지를 분석한다. 평가는 학습 효과 평가와 적응 효과 평가로 구분되며, 전자는 참가자가 어느 정도 지식을 습득했는지를, 후자는 프로그램이 실제 업무에 얼마나 도움이 되었는지를 확인하는 것이다(Kirkpatrick & Kirkpatrick, 2006).

(2) 교육훈련의 유형

직원 개발을 위한 교육훈련은 대상, 장소 등에 따라 다음과 같이 구분할 수 있다. 우선, 대상에 따라 신입직원 훈련, 일반직원 훈련, 감독자 훈련, 관리자 훈련 등으로 구분할 수 있다.

첫째, 신입직원 훈련은 기관의 철학, 조직문화, 내규, 업무 내용, 지역사회 현황 등을 개괄적으로 이해하도록 돕는 오리엔테이션 과정이다. 이는 조직에 대한 긍정적인 첫인상을 형성하고, 초기 이직률을 낮추는 데 기여한다. 대부분의 신입직원은 기관의 실질적 프로그램이나 운영 절차에 대해 피상적인 이해만을 지닌 채 입사하기 때문에, 통합적이고 체계적인 오리엔테이션은 필수적이다. 둘째, 일반직원 훈련은 기존 직원이 직무 수행에 필요한 새로운 지식과 기술을 습득하도록 돕는 교육이다. 강의, 시청각 자료, 컴퓨터 학습, 실습 등 다양한 교수법이 활용된다. 셋째, 감독자 훈련은 부하 직원을 관리・지도하는 슈퍼바이저를 대상으로 하며, 커뮤니케이션, 팀 리딩, 문제해결 능력 향상에 중점을 둔다. 넷째, 관리자 훈련은 조직의 전략 수립과 정책 결정을 담당하는 관리자에게 필요한 기획, 의사결정, 리더십 역량을 강화하는 데 목적이 있다.

한편, 교육훈련은 장소에 따라 직장 내 교육훈련과 직장 외 교육훈련으로 구분할 수 있다.

우선, 직장 내 교육훈련(On the Job Training: OJT)은 직무 수행 과정 중 선임자나 슈퍼바이저의 지도 아래 실시간으로 이루어지는 교육 방식이다. 입사 전의 사전지식만으로는 실무 역량을 충분히 갖추기 어려운 경우가 많기 때문에, 실제 업무를 수행하면서 역량을 향상시키는 형태가 일반적이다. 이 방식은 직무순환, 코칭, 도세제도 등의 방법으로 운영된다.

반면, 직장 외 교육훈련(Off the Job Training: Off-JT)은 실제 업무 현장을 벗어나 별도의 장소나 외부 교육기관에서 이루어지며, 강의, 시뮬레이션, 워크숍 등의 기법이 활용된다. 이 방식은 집중적인 학습 환경을 제공하고, 실무에서 한걸음 떨어져 직무를 재조명할 수 있는 기회를 제공한다.

(3) 교육훈련 기법

직원 개발을 위한 교육훈련 기법에는 코칭, 사례연구, 역할연기 등 다양한 방식이 있다. 첫째, 코칭(coaching)은 훈련 실시자가 훈련 참가자의 실제 직무 수행을 관찰하고, 개별적인 피드백을 통해 행동 개선과 역량 향상을 유도하는 방식이다. 둘째, 사례연구(case study)는 실제 사건이나 클라이언트 사례를 제시하고, 원인 분석, 개입 대안 등을 논의함으로써 문제해결 능력과 비판적 사고를 향상시키는 기법이다. 이때 적절한 사례 선정이 효과성을 결정짓는 핵심 요소이다. 셋째, 역할연기(role play)는 훈련 참가자들이 현실과 유사한 상황에서 특정 역할을 수행해 보는 훈련 기법이다. 이를 통해 감정이입, 상호 이해, 커뮤니케이션 능력 등을 향상시킬 수 있다. 넷째, 교류분석법(transactional analysis method)은 대인관계에서의 대화와 행동을 분석해 자기인식과 관계기술을 높이는 심리학 기반의 기법이다. 다섯째, 대역법(understudy)은 장차 상위 직책을 맡을 인재가 실제 상사의 업무에 함께 참여하며 실무를 익히고 준비하는 훈련 방식이다. 여섯째, 인바스켓 훈련(in-basket training)은 훈련 참가자에게 가상의 조직자료와 과제를 제공하고 이를 처리하게 하여, 문제해결력과 업무 우선순위 설정 능력을 기르는 기법이다. 일곱째, 시뮬레이션(simulation) 훈련은 실제와 유사한 환경에서 반복 연습을 통해 복잡한 상황 대응력을 높이는 방식으로, 실전 감각을 강화하는 데 유용하다.

4) 업무평가(Performance Appraisal)

업무평가(성과 평가)는 직원의 직무에 대한 기대 수준을 설정하고, 실제 수행 결과가 그 기대에 얼마나 부합하는지를 체계적으로 측정하여, 이를 통해 배치, 보상 등의 인사결정에 반영하는 과정이다. 이는 단발적인 사건이 아니라 지속적인 관리 활동이며, 단순한 오류 지적이나 처벌이 아니라 강점과 약점을 함께 조명하고 향후 개선 방향을 설정하는 데 목적이 있다. 효과적인 평가는 관찰 가능한 자료에 기반하여 직원의 행동이 직무성과에 미친 영향을 분석하고, 이를 토대로 성과 향상을 도모해야 한다.

패티와 그의 동료들(Patti et al., 1989)은 사회복지조직의 업무평가 기준으로 생산성, 효과성, 효율성, 서비스의 질 등 네 가지를 제시하였다.

첫째, 생산성은 서비스 제공의 총량, 즉 산출(output)을 중심으로 측정된다. 사회복지실천 현장에서 산출은 클라이언트 수, 개입 건수, 프로그램 지원자 수, 면담 시행 횟수 등과 같은 정량적 지표를 기준으로 한다.[1] 하지만 이러한 산출 중심의 평가는 단순히 서비스를 얼마나 많이 제공했다는 양적 성과만을 보여 줄 뿐, 그것이 과연 클라이언트의 변화를 이끌었는지와 같은 성과(outcome)를 보장하지는 않는다.

둘째, 효과성은 조직이 설정한 목적의 달성 정도를 평가하는 성과중심 지표로, 비용은 고려하지 않는다. 예를 들어, 자립 프로그램의 경우 실제 자립 성공 여부가 판단 기준이 된다(Gómez-Mejía, Balkin, & Cardy, 2016).

셋째, 효율성은 효과성과 달리, 비용 대비 성과를 강조한다. 동일한 성과를 적은 투입으로 달성하거나, 동일한 자원으로 더 많은 성과를 낼 경우 효율성이 높다고 평가된다.

1 이에 관해서는 '제6장 기획과 의사결정, 2. 사회복지 프로그램 기획, 2) 사회복지 프로그램 기획 과정'에 설명되어 있는 서비스 단위를 참조하기 바란다.

넷째, 서비스의 질은 단순히 제공 절차의 준수 여부를 넘어, 이용자의 만족과 신뢰를 중심으로, 서비스가 얼마나 전문적이며 민감하게(클라이언트의 감정이나 상황에 세심하게 대응하며) 제공되었는지를 평가한다. 자이타멀과 동료들(Zeithaml et al., 1990)은 서비스 질을 이용자의 관점에서 정의하면서, 접근성, 응답성, 전문성, 공감성, 신뢰성 등의 하위 요소로 구분하였다.

(1) 업무평가의 필요성과 문제점

업무평가는 단순한 성과 측정을 넘어, 조직 내 문제 진단과 개입 전략 수립을 위한 기초자료로 기능한다. 이를 통해 문제의 원인이 시스템 차원의 구조적 요인인지, 또는 직원의 역량 강화로 해결 가능한 개인 차원의 문제인지를 구분할 수 있다. 또한 승진, 보상, 해고, 직무 재배치 등 인사결정의 객관적 근거가 되며, 중장기적 인재육성과 직무배치의 합리화를 위한 전략 자료로 활용된다(Gómez-Mejía, Balkin, & Cardy, 2016).

그러나 실제 사회복지조직에서는 다음과 같은 제약으로 인해 공정하고 효과적인 업무평가가 어려운 실정이다.

첫째, 평가의 공정성을 확보하려면 정확한 직무분석과 명확한 평가 기준이 필요하지만, 대부분의 경우, 직무분석이 미흡하거나 형식적으로만 존재하고, 성과 기준도 명확하지 않다.

둘째, 대부분의 기관은 전문 인사부서가 부재하여 평가 책임이 슈퍼바이저에게 집중된다. 하지만 일선 관리자들의 평가도구나 원칙에 대한 이해 부족은 공정성과 신뢰도를 저해하며, 특히 OJT 과정에서 슈퍼바이저의 역량 부족은 평가 결과의 왜곡을 초래하는 주요 요인이다.

셋째, 성과관리제도의 확산에도 불구하고 성과계획과 책임 설정이 모호하며, 사업별 성과지표나 전략이 추상적으로 제시되는 경우가 많아, 평가가 형식적으로 흐르고 인사 및 조직 개선에 실질적으로 연결되지 못한다.

(2) 업무평가의 원칙

업무평가가 조직 구성원의 신뢰를 얻고, 인사 및 조직 운영에 효과적으로 활용되기 위해서는 첫째, 평가 결과의 수용성과 평가 과정의 투명성을 높이기 위해 평가 대상자가 수동적인 평가의 객체가 아니라 능동적으로 참여하는 주체가 되어야 하며, 둘째, 평가는 임의적인 기준 적용이 아니라, 일관된 기준과 방법에 따라 공정하게 적용되어야 하고, 셋째, 평가는 일회성이 아닌 지속적 피드백 과정으로 이루어져야 하며, 넷째, 평가의 초점은 피평가자의 성격이나 태도가 아니라, 업무 성과에 있어야 하고, 다섯째, 평가는 단순한 지적이 아니라 문제해결과 역량 강화, 조직 목표 달성을 위한 성장지향적 과정이어야 한다.

(3) 업무평가의 방법

업무평가는 평가 주체 또는 평가 방식에 따라 구분되며, 각각의 장단점이 뚜렷하므로 사회복지조직의 특성과 문화, 구성원의 수용성을 고려해 적절히 선택해야 한다.

우선, 평가 주체에 따른 업무평가의 방법에는 자기 평가법, 동료 평가법, 감독자 평가법, 하급자 평가법 등이 있다.

- 자기 평가법(self-evaluation)은 피평가자가 자신의 성과를 스스로 평가하는 방식으로, 자기 성찰과 자율성 향상에 효과적이다. 그러나 자기 관대성이 작용하여 객관성이 낮아질 수 있으므로, 다른 평가 방식과 병행하는 것이 바람직하다.
- 동료 평가법(peer evaluation)은 동료 집단이 평가를 수행하는 방식으로, 실제 업무 수행에 대한 정확한 판단이 가능하고, 협업 촉진에도 긍정적이다. 하지만 인간관계나 감정에 따라 평가가 왜곡될 수 있으며, 신뢰가 약한 조직에서는 갈등의 원인이 될 수 있다.
- 감독자 평가법(supervisor evaluation)은 일반적으로 가장 널리 사용되는 방식으로, 피평가자의 업무를 직접 관찰할 수 있는 상급자가 수행하는 평가이다. 이는 조직의 위계구조에 부합하는 평가 방법이며, 관찰에 기반한 평가가 가능하다. 하지만 편견이나 권위적인 조직 문화에서는 평가가 왜곡될 위험이 있다.
- 하급자 평가법(subordinate evaluation)은 부하 직원이 상사의 리더십, 공정성, 소통 능력 등을 평가하는 방식이다. 하지만 상사의 전체 업무를 충분히 파악하기 어렵고, 심리적 거리나 평가에 대한 부담으로 인해 단독 활용에는 한계가 있다.

한편, 평가 유형에 따른 업무평가의 방법으로는 다음과 같은 것들이 있다.

- 도표식 평가척도법(graphic rating scale method)은 업무지식, 책임성, 대인관계 등 평가 요소를 세로축에, 각 요소에 대한 평가 수준, 즉 매우 불만족~매우 우수를 가로축에 설정한 후 점수를 표시하는 방식이다. 이 평가 방식은 작성이 간단하고 많은 인원의 평정에 용이하며 평정 결과가 점수로 환산되어 나오기 때문에 상대적 비교가 쉽다는 장점이 있다. 그러나 평가 기준이 모호하고 연쇄효과(halo effect)[2)]에 따른 오류 가능성이 높다는 단점이 있다.

2 연쇄효과란 첫 번째 평정 요소에 대한 평가가 그다음 평정 요소에까지 파급되어 영향을 미치는 효과를 의미한다.

- 개조서열법(alternation ranking method)은 각 직원에 대해 업무성과를 기준으로 순위를 부여하는 방식이다. 직원 간 비교가 직관적으로 가능하지만, 평가 대상자가 많은 경우 평가자의 부담이 크고, 불필요한 경쟁심이나 갈등을 유발할 수 있다.
- 이분비교법(paired comparison method)은 각 피평가자를 유사한 직위에 있는 동료와 1:1로 비교하여, 평가자가 누구를 더 우수하다고 판단하는지를 반복적으로 결정한 후 최종 서열을 산출하는 방식이다. 이 방법은 상대평가를 통한 차별화에 유리하지만, 피평가자 수가 많을 경우 평가자의 부담이 매우 크다는 단점이 있다.
- 강제배분법(forced distribution method)은 등급별 인원 비율을 사전에 설정하고 그에 맞춰 인원을 강제로 분배하는 방식이다. 예를 들면, A등급 30%, B등급 40%, C, D, E등급을 합하여 30%로 배분하는 식이다. 이 방법은 등급 간의 불균형을 제거할 수 있고, 집중화나 관대화의 경향에 따른 평정오류를 방지할 수 있다는 장점이 있다. 반면에 탁월한 사람이 없는데도 억지로 최상위 등급을 부여해야하거나, 다수의 구성원이 비슷하게 높은 역량을 갖춘 조직에서는 일부가 부당하게 하위 등급을 받게 되는 문제가 발생할 수 있다.
- 중요사건기록법(critical incident method)은 피평가자의 직무 수행 중 성과 혹은 실패에 결정적인 영향을 준 사건을 중심으로 평가하는 방식이다. 이는 행동 중심의 평가에 적합하고 피드백 제공에 효과적이지만, 사건 기록이 누락되거나 관찰자의 주관이 개입될 위험이 있다.
- 행동기준평가법(Behaviorally Anchored Rating Scales: BARS)은 행동기준평정척도법, 행동계류평정식 등으로도 불리며, 스미스와 켄달(Smith & Kendall, 1963)에 의해 개발된 기법이다. 이 방식은 직무와 관련된 피평가자의 구체적인 행동을 평가 기준으로 삼는 평가 방법으로, 도표식 평가법의 구조적 단순성과 중요사건기록법의 행동 중심 논리를 통합한 형태이다. 즉, 직무 수행에 필요한 구체적이고 관찰 가능한 행동을 등급별로 제시하여 평가의 객관성과 신뢰성을 높인다. 단순히 '우수함' 또는 '불량함'과 같은 추상적 등급이 아니라, '이러한 행동을 보였다면 ○등급'과 같은 행동 예시를 기준으로 평가함으로써, 평가자의 주관성을 줄이고 정확성과 신뢰성을 향상시킨다.

5) 보상관리(Compensation Management)

보상관리는 직원의 기여도, 직무 가치 등을 고려하여 임금, 인센티브, 복리후생 등을 공정하게 설계하고 운영하는 과정이다. 보상은 피고용자가 제공한 노동력의 대가로 받는 금전적 · 비금전적 급부를 의미한다. 금전적 보상은 급여 중심이며, 비금전적 보상은 복리후생, 지위 상승,

심리적 만족 등으로 구성된다. 보상은 경제적 생활을 유지하는 수단이자, 동기부여와 조직 몰입을 유도하는 핵심 요소이다(Gómez-Mejía, Balkin, & Cardy, 2016).

사회복지조직에서 제공되는 보상은 다음과 같은 유형으로 구분할 수 있다. 우선, 금전적 보상에는 기본급, 초과수당, 근속수당, 인센티브 등이 포함된다. 기본급은 정기적으로 지급되는 고정 급여이며, 초과수당은 야간 · 주말 · 공휴일 근무 등 규정된 시간 외 노동에 대한 대가를 의미한다. 근속수당은 일정 기간 이상 근무한 직원에게 근속 연수에 비례하여 제공되는 금전적 보상이다. 또한 인센티브는 성과 목표 달성 정도에 따라 차등 지급되는 변동급으로, 직원의 적극적 과업 수행을 유도하는 데 활용된다(Sharma & Sharma, 2024).

한편, 비금전적 보상에는 복리후생과 승진이 포함된다. 복리후생은 급여 외에 제공되는 다양한 혜택으로, 연차휴가, 퇴직금, 교육비, 사택, 주택자금 대출 등이 있으며, 직원의 삶의 질과 조직문화에 긍정적 영향을 미친다(Armstrong & Brown, 2006). 특히 승진은 복리후생과는 구별되는 대표적인 비금전적 보상으로, 조직 구성원이 높은 직위와 책임을 부여받음으로써 직무 권한, 상징적 지위, 사회적 명성 등을 동시에 획득하는 인사이동이다. 이는 내재적 동기와 장기적인 경력 성장을 유도하는 주요 수단으로 기능한다. 조직은 승진을 공정하고 명확한 기준에 따라 집행해야 신뢰를 유지할 수 있다(DeVaro, 2020).

조직 입장에서 보상은 단지 비용이 아니라, 성과 향상을 위한 전략적 수단이다. 체계적으로 설계된 보상체계는 동기부여, 이직률 감소, 조직몰입을 강화하는 데 기여한다. 따라서 보상은 단순한 항목 나열이 아닌 조직 목표 달성에 기여하는 방식으로 설계되어야 한다(Martocchio, 2020).

한편, 보상은 고용자와 피고용자 간 이해관계의 충돌이 발생하기 쉬운 영역이다. 이를 조정하기 위해서는 보상의 적절성, 공정성, 합리성이 확보되어야 하며, 신뢰할 수 있는 기준과 일관된 집행을 통해 공정한 보상관체 체계를 정착시켜야 한다(Martocchio, 2020).

6) 인력유지관리(Employee Retention Management)

인력유지관리는 유능한 인재의 이직을 방지하고 지속적인 고용관계 유지를 통해 조직의 안정성과 경쟁력을 높이기 위한 종합적인 관리 활동이다. 사회복지조직에서 인력 유지는 단순히 이직률을 낮추는 기술적 수단이 아니라, 조직의 사명과 성과를 지속 가능하게 실현하기 위한 전략적 핵심 과제로 이해되어야 한다. 일반적으로 인력 유지는 우수 인재를 조직에 장기적으로 유지시키기 위한 계획적이고 체계적인 노력을 의미하며(McConnell, 2011), 구성원의 직무 만족과 조직 소속감을 높이고 지속적 헌신을 유도하는 포괄적 활동이다.

특히 사회복지 분야는 정서노동, 직무 스트레스, 제한된 자원과 보상 등으로 이직률이 높은 특성이 있다. 따라서 인력 유지는 클라이언트에게 안정적이고 지속적인 서비스를 제공하기 위한 필수 기반이 된다.

인력 유지는 다음과 같은 측면에서 그 중요성이 강조된다. 첫째, 유능한 직원의 퇴사는 채용·선발·훈련 과정에 상당한 시간과 비용을 초래하며, 이는 조직의 직접적인 재정적 부담으로 이어진다. 둘째, 고성과자의 이탈은 남은 인력의 과중한 업무 부담을 초래하고, 이는 육체적·정서적 탈진을 유발하여 조직 전체의 생산성과 효율성을 저하시킨다(Hom et al., 2017). 셋째, 이직률이 높아지면 조직 내 인적 안정성이 약화되고, 이는 구성원 간 신뢰와 소속감을 떨어뜨려 사기 저하로 연결된다. 넷째, 직원 유지 실패는 서비스 품질의 저하로 이어지며, 클라이언트의 만족도와 삶의 질에 부정적인 영향을 미친다(Biron et al., 2020). 결국, 인력유지관리는 지속 가능한 조직 운영, 고품질 서비스 제공, 구성원 만족과 심리적 건강 증진을 실현하기 위한 핵심 전략이며, 이에 대한 체계적 접근은 사회복지행정의 성과와 직결된다.

인력 유지의 실패는 단지 보상 부족만의 문제가 아니라, 조직 내 심리사회적 요인과 직무 환경 전반에 걸친 복합적 요인에서 비롯된다. 직원들이 조직을 떠나는 흔한 이유는 급여와 복리후생에 대한 불만이며, 특히 공공·비영리 부문의 낮은 보상 수준과 맞물려 사회복지조직에서도 주요 이직 요인으로 작용한다(Bernier, 2022). 그러나 실증 연구들은 보상이 퇴직의 단일 요인이 아니며, 감정적 애착과 조직문화가 조직 잔류를 설명하는 핵심 요인임을 보여 준다(Meyer & Allen, 1997). 즉, 직원은 존중, 공정한 대우, 업무의 의미를 느낄 때 더 높은 조직몰입과 직무 만족을 보인다.

한편, 인력 유지를 저해하는 심리적 요인으로는 무능하거나 권위적인 관리자, 불공정한 평가, 정체된 승진체계, 직무 자율성 부족, 단조롭고 반복적인 업무 등이 지적된다(Kiazad et al., 2015). 여기에 더해 사회복지조직의 소진과 업무 스트레스는 이직 의도와 실제 퇴직 간의 관계를 강화하는 촉매 역할을 한다(Lee & Ashforth, 1996). 결국 인력 유지의 실패는 개인의 선택을 넘어 조직의 구조와 문화가 교차하는 지점에서 발생하는 문제이며, 이를 간과하면 효과적인 대응 전략을 수립할 수 없다.

사회복지조직에서도 인력 유지를 실현하기 위해서는 보상, 직무 환경, 리더십 등 조직문화 전반에 걸친 통합적 접근이 필요하다. 특히 정서노동과 외부 자원 의존도가 높은 이 분야에서는 물리적 조건뿐 아니라 심리사회적 만족을 충족시키는 전략이 요구된다. 이러한 특수성을 고려할 때, 인력 유지를 위한 전략은 단순한 조건 개선을 넘어 구조적·심리사회적 요인을 통합적으로 반영해야 한다. 다음은 이를 위한 주요 전략이다(Mor Barak et al., 2006).

첫째, 공정하고 경쟁력 있는 보상체계 확립이 기본 전략이다. 이는 급여 수준뿐 아니라, 평가 기준과 성과 보상의 공정성과 투명성까지 포함해야 한다.

둘째, 생애주기와 욕구를 반영한 복리후생제도가 필요하다. 특히 유연근무제도 등 일과 가정의 양립(work-family balance)을 위한 제도의 도입 및 실행은 장기근속을 유도하는 중요한 요인이다.

셋째, 전문성 개발을 위한 기회 제공은 직원에게 성장 가능성을 인식하게 하며, 교육, 경력개발, 멘토링 제도 등은 조직에 대한 애착을 높인다.

넷째, 일선 관리자의 역할은 인사 감독을 넘어 구성원의 정서적 안정과 몰입 형성까지 확장되어야 하며, 감정노동에 대한 이해와 대응 역량 강화를 위한 체계적 교육이 필요하다.

다섯째, 투명하고 일관된 커뮤니케이션은 신뢰 형성의 핵심이며, 절차 · 보상 · 상호작용의 공정성 등 조직 정의(organizational justice)에 대한 인식은 장기적 조직 잔류에 긍정적 영향을 준다.

여섯째, 인정과 존중, 공정한 대우는 감정적 유대와 조직몰입의 기반이며, 특히 사회복지조직의 가치지향적 업무 환경에서는 그 중요성이 더욱 크다.

일곱째, 협력과 상호 지지가 촉진되는 공동체적 문화는 조직 정체성과 소속감을 강화하고, 심리적 안정감을 높이는 데 기여한다.

여덟째, 스트레스와 소진 예방을 위한 조직 차원의 프로그램 운영도 중요하다. 감정노동 관리 워크숍, 상담 서비스, 회복지향적 복지제도는 장기 인력 유지를 지원한다.

결국, 인력 유지는 복합적 요인의 상호작용 속에서 성립되는 과업이며, 사회복지조직은 이에 대해 정교하고 다차원적인 전략을 설계할 필요가 있다.

3. 사회복지 종사자의 소진과 대응 전략

1) 소진의 개념과 특징

소진(burnout)은 업무에 과도하게 몰입한 결과, 정서적 · 신체적 에너지가 고갈되고 업무에 대한 흥미와 열정을 상실한 채 무기력한 상태에 이르게 되는 심리적 탈진 현상을 의미한다. 특히 클라이언트와의 지속적인 상호작용이 요구되는 사회복지조직과 같은 휴먼서비스 조직에서는 이러한 정서적 탈진이 반복적으로 발생할 위험이 크다.

소진 개념을 학문적으로 처음 정립한 마슬라크와 잭슨(Maslach & Jackson, 1981)은 소진을 "사람을 대상으로 서비스를 제공하는 상황에서 발생하는 정서적 고갈(emotional exhaustion), 비인격화(depersonalization), 개인적 성취감의 저하(diminished personal accomplishment)라는 세 가지 차원으로 구성된 증후군"이라 정의하였다. 이 정의는 이후 수많은 연구의 기초가 되어 소진을 다차원적 개념으로 이해하게 하는 기준점을 제시하였다. 프리드먼(Friedman, 2000)도 소진을 "감정노동이 반복되는 상황에 장기간 노출될 경우 나타나는 신체적 · 정신적 에너지의 고갈 상태"로 규정하면서, 특히 클라이언트를 향한 관심이 무감각하고 냉소적으로 변모하는 현상에 주목하였다. 미콜라이작과 동료들(Mikolajczak, & Luminet, Menil, 2007)은 소진을 "높은 수준의 서비스를 요구받는 환경에서 장기적으로 누적되는 만성적 스트레스의 결과"라고 보았으며, 이는 사회복지사의 업무 특성과 밀접히 관련된다.

결국, 소진은 한때 열정과 헌신으로 업무에 임하던 종사자가 직무 스트레스와 정서적 압박의 누적으로 인해 업무의 의미를 상실하고 점차 정서적 탈진 상태에 이르는 과정이다. 특히 사회복지조직에서는 소진의 증상이 감정적 고갈, 클라이언트에 대한 거리감, 조직에 대한 냉소적 인식으로 나타나며, 이는 곧 서비스의 질 저하로 이어지는 심각한 조직적 문제로 이어진다.

2) 소진의 주요 증상

소진은 일반적인 피로감과는 차별화되는 다차원적 증상을 동반하는 심리적 탈진 상태이며, 이 중 대표적인 세 가지 증상은 마슬라크와 잭슨(1981)이 제시한 정서적 고갈, 비인격화, 개인적 성취감의 저하이다.

첫째, 정서적 고갈(emotional exhaustion)은 정서적 에너지가 고갈되어 업무 의욕이 저하되고 피로, 무기력, 죄책감 등의 정서가 동반되는 상태이다. 사회복지사는 클라이언트의 반복적 요구에 노출되면서, 긴장, 분노, 좌절, 회피 등의 정서를 겪게 되고, 이는 직무 수행을 방해한다.

둘째, 비인격화(depersonalization)는 클라이언트를 문제의 집합체로 인식하거나 정서적 거리를 두려는 자기방어기제이다. 이는 정서적 고갈에 대한 자기보호 전략이지만 시간이 지나며 냉소, 공감 상실, 자기부정으로 이어질 수 있다(Maslach et al., 2001). 인간 중심적 가치가 중요한 사회복지 직무에서 이는 업무의 질과 신뢰를 심각히 저해한다.

셋째, 개인적 성취감의 저하(diminished personal accomplishment)는 자신의 업무 성과와 전문성에 대한 회의감과 무력감을 경험하며, 낮은 자기효능감으로 연결된다. 이는 좌절의 반복, 피드백 부족, 인정 결핍 등 조직 요인에 의해 심화된다(Noone, 2018).

이러한 증상 외에도 코틀러(Kottler, 1993)는 소진의 징후로 상담 취소에 대한 안도, 도피적 공상, 알코올 · 담배 · 약물 의존, 업무에 대한 열의 감소 등을 지적하였다. 또한 업무 지연, 사회관계 악화, 자기문제에 대한 무력감 역시 전형적인 반응으로 나타난다(김정희, 2001에서 재인용).

결국 이러한 증상들은 독립적으로 발생하기보다 상호 연계되어 악순환을 형성하며, 적절한 시점에 개입되지 않으면 직무 포기, 신체 질환, 정서장애로 이어질 수 있다.

3) 소진의 단계와 진행

소진은 어느 날 갑자기 심리적 · 신체적으로 붕괴하는 형태로 나타나는 단일 사건이 아니라, 정서적 탈진이 점진적으로 심화되는 심리적 진행 과정이다. 에델위치와 브로드스키(Edelwich & Brodsky, 1980)는 소진이 일정한 단계를 거쳐 악화된다고 보았으며, 이를 열성, 침체, 좌절, 무관심의 네 단계로 구분하였다.

첫 번째 단계인 열성(enthusiasm)은 직무 초기 사회복지사가 높은 이상과 사명감을 갖고 업무에 몰입하는 시기로, 때로는 클라이언트와 자신을 동일시하거나 일상을 희생하며 과도한 헌신을 보이기도 한다. 그러나 이러한 몰입은 이후 소진을 촉진하는 요인이 될 수 있다.

두 번째 단계인 침체(stagnation)는 이상과 현실의 괴리를 인식하며 열정이 감소하는 시기로, 직무 외적 보상에 대한 관심이 증가하고, 반복되는 일상으로 정서적 동기부여가 약화된다. 즉, 업무의 의미보다는 개인적 욕구가 앞서며, 직무에 대한 주도성이 떨어진다.

세 번째 단계인 좌절(frustration)은 노력 대비 성과에 대한 회의와 무력감이 커지는 시기이다. 클라이언트나 업무 환경에 부정적인 감정을 느끼며, 분노, 불만, 무가치감이 누적된다. 두통, 신경과민, 약물 의존 등 신체적 증상도 함께 나타날 수 있다.

마지막 단계인 무관심(apathy)은 정서적 탈진이 극에 달한 상태로, 사회복지사는 업무나 클라이언트에 대한 연결감을 상실하고 냉담해진다. 절망과 우울이 지속되며, 조직에 대한 기대나 변화의 희망도 사라진다. 이 단계에서 이직이나 '심리적 퇴사'가 발생하기 쉽고, 클라이언트에 대한 무관심은 서비스의 질 저하로 이어진다. 에델위치와 브로드스키는 이러한 무관심 상태를 소진의 완성 단계로 보았다.

결국 소진은 일회적 감정 반응이 아니라, 직무에 대한 헌신이 서서히 정서적 탈진과 직무 이탈로 전환되는 과정이므로 특히 휴먼서비스 종사자는 이 진행과정을 조기에 인식하고 대응하는 것이 중요하다.

4) 소진의 원인

사회복지사의 소진은 다양한 원인에 의해 발생하며, 이는 개인적 요인, 클라이언트 요인, 업무 환경적 요인으로 구분할 수 있다.

우선, 개인의 생물학적 특성과 심리적 성향은 소진에 중요한 영향을 미친다. 스트레스 상황이 지속되면 교감신경이 과도하게 활성화되고, 부교감신경 기능이 저하되어 아드레날린 분비 증가, 혈압 상승, 긴장 상태의 지속 등이 나타난다(Orosz et al., 2017; Siegrist, 2017). 심리적으로는 걱정이 많고 예민한 성향, 지나친 업무 몰입, 완벽주의적 사고방식이 정서적 탈진을 유발하는 위험 요인으로 작용한다(Bianchi, 2018).

한편, 사회복지사와 클라이언트 간의 관계는 보람과 긴장의 이중적 특성을 지닌다. 클라이언트가 복합적 문제를 지닌 경우, 사회복지사는 헌신하지만 변화가 나타나지 않으면 지속적인 좌절을 경험하게 된다. 이는 전문성과 인간성에 대한 회의로 이어지며, 자존감 저하와 무력감을 유발할 수 있다.

마지막으로, 과중한 업무, 역할 모호성 및 역할 갈등, 낮은 보상, 슈퍼비전 부족, 인간관계 갈등, 자율성 결핍 등은 대표적인 소진 유발 요인이다(Arvidsson et al., 2019; Saijo et al., 2014; Jayaratne & Chess, 1979). 이러한 환경적 요인은 사회복지사의 통제감 상실과 정서적 자원 고갈을 초래한다.

4. 사회복지조직의 동기이론과 적용

1) 동기부여의 개념 및 전략

동기(motivation)란 개인이 특정 목표를 향해 행동하도록 유도하고 지속하게 만드는 내적 상태이자 심리적 기제이다. 이는 행동의 방향, 강도, 지속성을 결정하는 핵심 요인이며, 조직에서는 이러한 동기를 체계적으로 유도·조절하는 활동을 동기부여라 한다(Steers, Mowday, & Shapiro, 2004).

조직에서의 동기부여는 일회성 자극이 아닌, 구성원이 자발적·지속적으로 목표 달성에 기여하도록 이끄는 전략적 관리 활동이다. 특히 사회복지조직은 비영리성과 가치지향성으로 인해 물질적 보상만으로는 구성원의 헌신을 이끌기 어렵기에, 정서적·사회적·관계적 요인을 포괄하는 다차원적 접근이 필요하다(Perry & Hondeghem, 2008).

동기부여의 전략은 일반적으로 다음과 같이 네 가지 측면에서 고려할 수 있다. 첫째, 업무 자체에서의 동기부여로, 권한 위임과 자율성 부여를 통해 책임감과 성취감을 높이고, 과업의 사회적 가치에 대한 인식 제고와 명확한 피드백 제공이 중요하다. 둘째, 과업 환경 요인으로, 긍정적 조직문화와 쾌적한 물리적 환경 조성, 자원 · 정보시스템, 휴게공간 등 지원체계의 구축이 필요하다. 존중받는 환경은 몰입과 성과를 촉진한다. 셋째, 인사관리 측면에서는 공정한 보상, 승진과 휴가 제도 운영, 적합한 업무 배치가 동기를 유발한다. 특히 사회복지조직은 사명감 중심 운영이 많아, 세심하고 정교한 인사 전략이 더욱 중요하다. 넷째, 개인적 특성 기반 동기부여로, 구성원의 욕구를 반영한 유연한 제도 운영이 필요하다. 예를 들어, 자기계발과 일-가정 양립 보장은 지속 가능한 직무몰입을 가능케 하며, 소진 예방에도 효과적이다.

결국 동기부여는 제도나 보상만으로 해결되지 않으며, 구성원의 심리 특성과 조직 환경, 리더십, 직무설계가 유기적으로 작용하는 종합적 관리영역이다.

2) 동기이론

동기이론(motivation theory)은 인간이 특정한 행동을 선택하고 이를 지속하는 이유와 과정을 설명하는 이론적 틀이다. 이 이론은 일반적으로 동기를 유발하는 요인에 초점을 맞춘 '내용이론(content theory)'과 동기가 유발되는 인지적 과정을 설명하는 '과정이론(process theory)'으로 구분된다.

(1) 내용이론

내용이론은 인간행동의 배후에 있는 내적 동기 요인을 중심으로, 동기가 어떻게 발생하고 유지되는지를 설명하고자 한다. 주요 관심은 무엇이 인간의 행동을 유발하는지를 밝히는 데 있으며, 주로 인간의 욕구, 유인, 성취 동기 등이 주요 변인으로 다루어진다. 대표적인 내용이론에는 매슬로의 욕구위계이론, 허츠버그의 동기-위생이론, 알더퍼의 ERG이론, 맥클리랜드의 성취동기이론, 그리고 맥그리거의 X-Y이론[3]이 포함된다.

3 맥그리거의 X-Y이론은 '제3장 사회복지행정의 이론과 조직관리기법, 3. 신고전 조직이론'에서 설명하고 있는 X-Y이론을 참조하기 바란다.

① 매슬로의 욕구위계이론[4)]

매슬로(Abraham Maslow)는 그의 초기 연구(1954)에서 인간의 욕구가 특정한 순서와 구조를 따라 위계적으로 배열된다고 보았으며, 이를 '욕구위계이론(hierarchy of needs theory)'으로 제시하였다. 그는 인간의 동기는 다섯 가지 기본 욕구가 순차적으로 충족됨에 따라 점진적으로 상위 욕구로 전이된다고 주장하였다. 이 다섯 가지 욕구는 [그림 7-1]에서 볼 수 있는 바와 같이 생리적 욕구, 안전의 욕구, 사랑과 소속의 욕구, 존중의 욕구, 자아실현의 욕구로 구성된다.

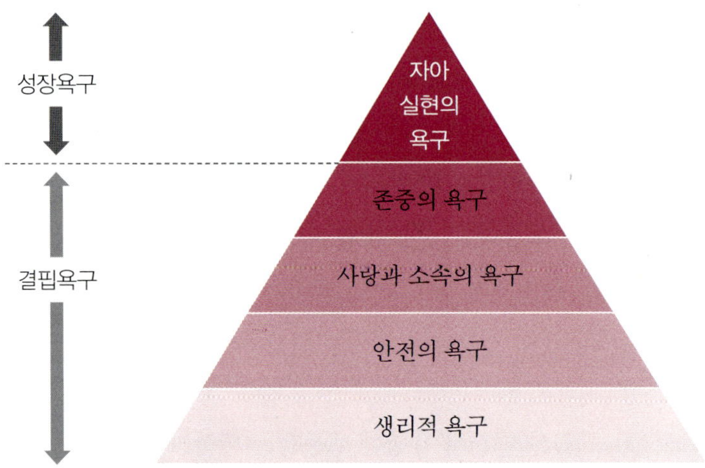

[그림 7-1] 매슬로의 욕구위계(5단계)

한편, 욕구는 성장욕구와 결핍욕구로도 구분된다. 성장욕구(growth needs)는 인간으로서 성장하고 발전하고자 하는 열망으로부터 발생하는데, 결핍욕구와는 달리 충족된 이후에도 지속적으로 욕구가 발생하며 오히려 더 강해지기도 한다. 5단계 욕구 중 자아실현의 욕구가 성장욕구에 해당한다. 반면, 나머지 4개의 욕구는 일단 충족되면 다시 결핍될 때까지는 더 이상의 욕구가 발생하지 않는 결핍욕구에 해당한다.

이러한 5단계 모델은 이후 매슬로의 후기 연구에서 확장되었다. 그는 [그림 7-2]에서 볼 수 있는 바와 같이 인지적 욕구(cognitive needs)와 심미적 욕구(aesthetic needs), 그리고 초월욕구(transcendence needs)를 추가로 제시함으로써 욕구의 범위를 포괄적으로 확장하였다(Maslow, 1970a, 1970b). 인지적 욕구는 지식에 대한 탐구와 이해의 욕구를 의미하며, 심미적 욕구는 미적

4 본 내용은 권승(2024). 사회복지학개론(제2판)에서 인용하였다.

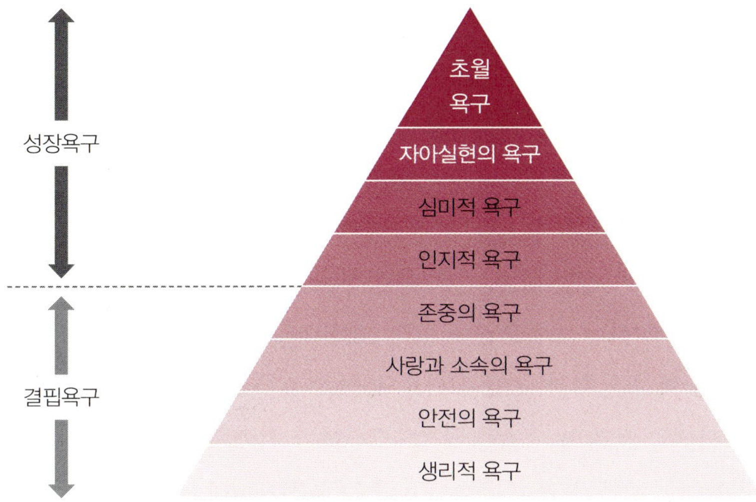

[그림 7-2] 매슬로의 욕구위계(8단계)

조화와 아름다움에 대한 감수성을 나타낸다. 초월욕구는 자아실현을 넘어서 타인의 성장과 발전에 기여하고자 하는 동기를 포함한다. 매슬로는 자아실현의 욕구뿐 아니라 인지적 욕구, 심미적 욕구, 초월욕구까지 포함하여 모두 성장욕구(growth needs)로 분류하였다.

한편, 매슬로는 후기 연구에서 욕구의 위계가 고정적이지 않으며, 절대적인 순서를 따르는 구조는 아님을 인정하였다. 즉, 개인의 성격 특성이나 외부 환경에 따라 욕구 충족의 순서나 상대적 중요도는 달라질 수 있으며, 하나의 행동은 단일한 욕구에 의해 유발되기보다는 복합적인 욕구가 상호작용한 결과일 수 있음을 시사하였다(Maslow, 1970a).

② 허츠버그의 동기-위생이론(motivator-hygiene theory)[5)]

허츠버그(Frederick Herzberg)의 '동기-위생이론'은 '2요인 이론(two-factor theory)'이라고도 불린다. 대부분의 동기이론이 '만족(satisfaction)'과 '불만족(dissatisfaction)'을 동일한 연속선상의 개념으로 보는 것과는 달리, 이 이론에서는 두 개념을 서로 독립적인 차원으로 간주하고 있다는 점에서 중요한 차이가 있다. 다시 말해, 허츠버그는 '직무 만족(job satisfaction)'의 반대가 곧 '직무 불만족(job dis-satisfaction)'이 아니라 '직무 만족이 되지 않은 상태(NO job satisfaction)'이며, '직무 불만족(job dissatisfaction)'의 반대 개념은 '직무 만족(job satisfaction)'이 아니라 '직무 불만족이

5 본 내용은 권승(2024). 사회복지학개론(제2판)에서 인용하였다.

발생하지 않은 상태(NO job dissatisfaction)'라고 주장한다(Herzberg, 1968; Herzberg et al., 1959).

허츠버그가 제시한 두 가지 요인 중 동기 요인(motivators)은 성취감, 인정, 직무 그 자체, 책임, 성장과 발전의 기회 등과 관련된 요인으로, 이들이 충족될 경우 직무 만족을 유발한다. 이 때문에 동기 요인은 종종 만족 요인(satisfiers)이라고 불린다. 반면, 위생 요인(hygiene factors)은 조직의 정책, 감독, 급여, 대인관계, 근무 환경, 직무 안정성 등과 같이 불만족을 방지하기 위한 요인으로, 이들은 충족되지 않을 경우 직무 불만족을 초래하지만, 충족된다고 해서 직무 만족으로 이어지지는 않는다. 위생 요인은 흔히 불만 요인(dissatisfiers)이라 불리기도 한다.

동기-위생이론의 핵심은 위생 요인이 직무 불만족 요인을 제거하는 데에는 효과가 있지만 직무 만족을 유도하지는 못하며, 직무 만족을 증진하기 위해서는 결국 동기 요인의 충족이 필수적이라는 점이다. 즉, 직무 성취, 인정, 책임 등의 동기 요인이 충족되어야 직무에 대한 만족도가 향상되고, 이는 결과적으로 조직의 성과 향상으로 이어진다(Herzberg, 1968; Herzberg et al., 1959). 결론적으로, 허츠버그는 조직이 지속 가능한 성과를 도출하고자 한다면, 구성원에게 내재적 동기를 부여할 수 있는 직무설계와 환경을 제공해야 하며, 이를 위해 동기 요인의 체계적 강화가 핵심 전략이 되어야 한다고 보았다.

③ 알더퍼의 ERG 이론[6]

알더퍼(Clayton Alderfer, 1969)는 매슬로의 욕구위계이론을 재해석하여, 인간의 욕구를 보다 간결하고 경험적 적용 가능성이 높은 세 가지 범주로 구분한 'ERG 이론(ERG theory of motivation)'을 제시하였다. 이 이론에서 인간의 욕구는 존재욕구(Existence needs: E), 관계욕구(Relatedness needs: R), 성장욕구(Growth needs: G)의 세 가지 유형으로 구분된다.

첫째, 존재욕구는 생존을 위한 기본적인 물리적·물질적 욕구를 의미하며, 음식, 물, 공기, 주거와 같은 생리적 욕구뿐 아니라 임금, 복리후생, 작업조건 등 안전과 관련된 외재적 욕구도 포함한다. 이는 [그림 7-3]에서 보는 바와 같이 매슬로의 욕구 구분 중 생리적 욕구와 안전의 욕구 일부에 해당한다.

둘째, 관계욕구는 개인이 주변의 중요 인물들과 맺는 사회적 관계 및 상호작용에 대한 욕구로, 소속감, 존중, 상호 인정에 대한 요구를 포함한다. 이는 매슬로의 사랑과 소속의 욕구 및 존중의 욕구 중 타인으로부터 존경받고자 하는 욕구에 해당한다.

6 본 내용은 권승(2024). 사회복지학개론(제2판)에서 인용하였다.

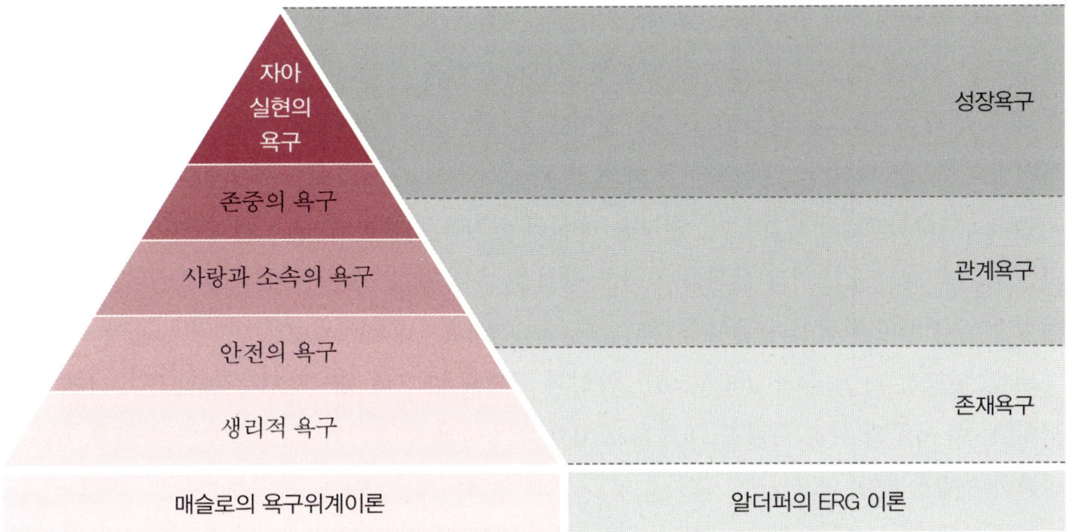

[그림 7-3] 욕구위계이론과 ERG 이론 비교

셋째, 성장욕구는 개인의 능력 발휘와 자기실현, 창의성과 성취를 포함해 내적 성장에 대한 욕구를 의미한다. 이는 매슬로의 욕구 구분 중 자기존중의 욕구와 자아실현의 욕구에 해당한다(Alderfer, 1969).

ERG 이론은 욕구의 위계에 따른 단계적 충족을 주장한 매슬로의 이론과 유사한 측면이 있으나, 알더퍼는 욕구 간 위계가 절대적이지 않으며, 상위 욕구가 좌절될 경우 하위 욕구에 대한 동기가 오히려 강화될 수 있다고 보았다. 이러한 관점을 그는 '좌절–퇴행 메커니즘(frustration-regression mechanism)'으로 설명하였다. 예를 들어, 개인이 성장욕구를 충족시키지 못할 경우, 관계욕구나 존재욕구 충족에 더 큰 동기를 느끼고 행동을 강화할 수 있다는 것이다. 또한 알더퍼는 인간의 동기는 단일한 욕구에 의해 좌우되기보다는 복수의 욕구가 동시에 작용하는 경우가 많다고 보았다. 이러한 측면에서 ERG 이론은 욕구위계이론보다 현실적인 인간행동 설명에 적합하며, 조직 내 동기부여 전략 수립에 유연성을 제공하는 이론으로 평가된다.

④ 맥클리랜드의 성취동기이론(achievement motivation theory)

맥클리랜드(David McClelland, 1961)는 인간의 동기가 특정 사회적 욕구에 의해 형성된다고 보았으며, 이를 바탕으로 '성취동기이론'을 제시하였다. 이 이론은 행동을 유발하고 방향을 결정짓는 내적 동기로 성취욕구, 권력욕구, 친교욕구의 세 가지를 중심으로 설명한다.

첫째, 성취욕구(need for achievement)는 도전적인 목표를 설정하고 이를 달성함으로써 만족과 보람을 느끼려는 욕구이다. 성취욕구가 높은 사람은 지나치게 쉽거나 어려운 과제보다 적절한 수준의 도전을 선호하며, 결과에 대한 명확한 피드백과 책임감을 중요시한다.

둘째, 권력욕구(need for power)는 타인이나 환경에 영향을 미치고 이를 통제하려는 욕구를 의미한다. 맥클리랜드는 권력욕구를 개인적 권력욕구(personalized power)와 사회적 권력욕구(socialized power)로 구분하였다. 전자는 자신의 이익을 위해 타인을 통제하려는 성향이고, 후자는 타인의 성장과 조직의 발전을 위해 영향력을 행사하려는 동기이다. 사회적 권력욕구는 리더십 발휘나 공공적 책임 수행에서 나타난다(McClelland & Burnham, 1976).

셋째, 친교욕구(need for affiliation)는 타인과 긍정적 관계를 형성하고 소속감을 느끼려는 욕구이다. 이 욕구가 높은 사람은 조화롭고 협력적인 관계를 중시하며, 비판보다 칭찬과 격려에 민감하게 반응한다.

맥클리랜드는 이들 욕구가 선천적이기보다 사회화 과정을 통해 학습된다고 보았으며, 특히 높은 성취욕구는 조직의 성과와 밀접한 연관이 있다고 강조하였다. 조직 구성원 중 성취욕구가 높은 인재가 많을수록 조직의 혁신성과 생산성이 높아진다.

(2) 과정이론

과정이론은 동기유발의 요인에 주목하는 내용이론과 달리, 개인이 특정한 행동을 선택하고 지속하는 과정에 초점을 둔다. 즉, 사람들이 왜 특정한 행동을 택하고, 그 선택을 어떻게 유지하는지를 설명하는 심리적 · 인지적 과정을 중심으로 동기부여를 설명하려는 접근이다. 대표적인 과정이론으로는 공정성 이론, 기대이론, 목표 설정 이론 등이 있다.

① 아담스의 공정성 이론(equity theory of motivation)

공정성(형평성) 이론은 1963년 조직심리학자 스테이시 아담스(J. Stacy Adams)가 제안한 이론으로, 개인은 타인과의 사회적 비교를 통해 자신의 투입과 산출의 비율이 공정한지를 판단하며, 이러한 공정성 인식이 동기부여에 결정적인 영향을 미친다고 본다(Adams, 1963).

공정성 이론의 핵심은 인간이 조직 내에서 자신의 노력, 역량, 시간, 헌신 등의 투입에 대해 임금, 승진, 인정, 보상 등으로 나타나는 산출이 공정하게 이루어졌는지를 타인의 사례와 비교하여 평가한다는 점이다. 여기서 비교 대상은 동료, 타 부서 직원, 혹은 유사한 직무를 수행하는 외부 인물 등이 될 수 있다.

개인은 다음 두 가지 차원에서 공정성을 인식한다. 첫째, 자신의 투입–산출 비율이 적절한가에 대한 평가이다. 둘째, 자신의 투입–산출 비율이 타인의 그것과 비교해 공정한가에 대한 평가이다.

만약 이 비교를 통해 불공정하다는 인식이 형성되면, 개인은 심리적 긴장 상태를 경험하게 되며, 이를 해소하기 위해 행동 또는 인지의 조정을 시도한다. 예를 들면, 자신의 투입을 줄이거나(노력 감소), 산출을 높이려 하거나(보상 요구), 타인의 투입 · 산출을 재해석하거나, 궁극적으로는 조직을 이탈할 수도 있다(Adams, 1965).

따라서 공정성 이론은 단순히 보상의 절대 수준이 아니라, 타인과의 상대적 비교를 통한 지각된 공정성이 동기부여의 중요한 요인이라는 점을 강조한다. 이 이론은 실제 조직 내 임금 체계, 평가 보상체계, 직무 만족과 이직 행동 분석에 매우 널리 활용되고 있다.

② **브룸의 기대이론**(expectancy theory)

빅터 브룸(Victor Vroom)이 제시한 기대이론은 인간이 특정 행동을 선택하고 지속하는 데 있어, 그 행동이 가져올 결과에 대한 기대와 그 결과의 가치 평가가 동기부여의 수준에 결정적인 영향을 미친다는 점에 주목한다. 즉, 개인은 "이 행동을 통해 성과를 낼 수 있을까?" "성과가 보상으로 이어질까?" "그 보상이 내게 가치 있는 것일까?"라는 일련의 인지적 판단을 통해 행동을 선택하며, 이 판단이 곧 동기의 강도를 좌우하게 된다(Vroom, 1964).

브룸은 이 과정을 기대감, 수단성, 유의성이라는 세 가지 심리적 요소로 설명하였다.

- 기대감(expectancy): 기대감은 특정 행동이나 노력의 결과로 성과가 발생할 것이라는 믿음을 의미한다. 즉, 개인이 과업 수행에 노력을 기울이면 그 노력이 실제로 성과 달성에 기여할 것이라는 인식의 정도를 뜻한다. 기대감은 개인의 지식, 기술, 자원, 업무 환경, 자율성 등에 의해 영향을 받으며, 자신이 목표를 성취할 수 있다고 확신할수록 기대 수준은 높아진다. 기대감은 0(노력 → 성과 없음)에서 1(노력 → 성과 확실함)의 연속선상에서 측정된다. 기대치가 0에 가까우면 개인은 어떤 노력을 기울이더라도 효과가 없다고 판단하고, 기대치가 1에 가까울수록 높은 성과 가능성을 인식하여 더 노력을 기울이며 적극적으로 행동에 나서게 된다.
- 수단성(instrumentality): 수단성은 개인이 특정 성과를 달성했을 때, 그 성과가 보상으로 이어질 가능성에 대한 믿음을 의미한다. 다시 말해, 개인이 과업에서 좋은 성과를 내면, 그것이 실제로 조직으로부터 보상을 받거나 긍정적 결과로 이어질 것에 대한 신념이다. 따라서 개인이 뛰어난 성과를 냈을 때 조직이 충분한 보상을 지급할 것이라는 확신이 클수록, 그는 더 높은 수단성을 느끼게 된다. 수단성은 주로 조직의 보상체계의 일관성, 성과 평가의

공정성, 관리자와의 신뢰 수준 등에 따라 결정된다. 수단성 역시 0(성과 → 보상 없음)에서 1(성과 → 보상 확실함)의 범위 내에서 측정되며, 개인은 성과가 보상으로 이어질 것이라는 확신이 클수록 더 큰 동기를 가지게 된다.

- 유의성(Valence): 유의성은 보상 그 자체가 개인에게 얼마나 의미 있고 바람직한지를 나타내는 주관적 가치 판단이다. 동일한 보상일지라도, 개인의 욕구, 가치관, 목표에 따라 그 보상의 유의성은 달라질 수 있다. 예컨대, 어떤 직원에게는 금전적 인센티브가 높은 가치를 가지는 반면, 다른 직원은 휴가나 자율근무권 같은 비금전적 보상에 더 큰 가치를 둘 수 있다. 유의성은 −1(보상에 대한 강한 거부감)에서 1(보상에 대한 강한 선호)의 값을 가지며, 0은 해당 보상에 대해 중립적 태도나 무관심을 의미한다.

이러한 세 요소는 서로 곱셈의 관계로 작용하며, 다음과 같은 간단한 수식으로 표현된다.

동기(motivation)=기대감(expectancy)×수단성(instrumentality)×유의성(valence)

이 식의 의미는 다음과 같다. 세 가지 요소 중 어느 하나라도 '0'이 되면 전반적인 동기 수준은 '0'이 되며, 세 요소의 값이 모두 높을수록 더욱 강력한 동기부여가 가능하다. 예컨대, 열심히 일하면 성과가 날 것이라는 믿음(높은 기대감), 성과가 인정되어 보상으로 이어질 것이라는 신뢰(높은 수단성), 그리고 그 보상이 자신에게 중요하다고 느낄 때(높은 유의성), 개인은 세 요소의 시너지를 통해 최대 수준의 동기를 경험하게 된다.

이러한 브룸의 기대이론은 실무 현장에서 조직 구성원의 동기부여 수준을 진단하고 향상시키는 전략 수립에 매우 유용한 틀을 제공한다. 관리자는 각 요소를 강화하기 위해, 첫째, 기대감을 높이기 위해 직원에게 충분한 교육, 훈련, 자원을 제공하고, 실현 가능한 과업 목표를 설정하며, 개인의 역량에 적합한 과제를 부여한다. 둘째, 수단성을 높이기 위해 성과와 보상 간의 명확한 연결고리를 설정하고, 일관성 있는 보상 정책을 운영함으로써 조직의 신뢰성을 제고한다. 셋째, 유의성을 강화하기 위해 구성원 개인이 선호하는 보상 유형을 파악하고, 그에 부합하는 보상을 설계·제공하거나 개인이 선택할 수 있는 맞춤형 보상체계를 도입해야 한다.

③ 로크의 목표 설정 이론(goal setting theory)

목표 설정 이론은 1968년 미국 심리학자 에드윈 로크(Edwin Locke)가 제안한 이론으로, 구체적이며 도전적인 목표가 동기부여와 성과 향상에 긍정적인 영향을 미친다고 보았다(Locke, 1968). 그는 모호한 목표보다 명확하고 측정 가능한 목표가 더 큰 노력과 과업에 대한 집중을 유도한다고 주장하였다.

이후 로크는 라담(Gary Latham)과의 공동 연구를 통해 이론을 정교화하였으며, 1990년 저서에서 목표 설정의 다섯 가지 핵심 원칙, 즉 명확성, 도전성, 헌신, 피드백, 과업 복잡성을 제시하였다(Locke & Latham, 1990). 첫째, 명확성(clarity)은 구체적 목표일수록 과업 집중과 동기 수준이 높아진다는 원칙이다. 예컨대, '성과 향상'보다 '보고서 제출 기한을 3일 앞당긴다'는 목표가 더 효과적이다. 둘째, 도전성(challenge)은 목표가 개인의 능력과 잠재력을 자극할 정도로 적절히 도전적일 때 동기부여가 극대화된다는 원칙이다. 너무 쉬운 목표는 의미를 주지 못하고, 과도한 목표는 좌절을 초래할 수 있다. 셋째, 헌신(commitment)은 자발적으로 수용한 목표일수록 몰입과 집중도가 높아진다는 원칙이다. 구성원이 목표를 자신의 가치와 연결할 때 헌신이 강화되며, 설정 과정에서의 참여가 중요한 전략으로 작용한다. 넷째, 피드백(feedback)은 자신의 진척 정도와 개선점에 대한 정보를 받을 때 동기유발이 지속된다는 원칙이다. 피드백은 시기적절하고 구체적이며 사실에 기반해야 효과를 발휘한다. 다섯째, 과업 복잡성(task complexity)은 목표가 구조적으로 복잡하거나, 세부 절차가 과도하게 많을 경우, 성과에 부정적인 영향을 미칠 수 있으므로 적절한 조정이 필요하다는 원칙이다. 복잡한 과업의 경우, 목표를 하위 목표로 세분화하거나, 목표 달성에 필요한 시간과 자원을 충분히 제공하는 등의 지원이 요구된다.

3) 사회복지조직에서의 적용과 시사점

사회복지조직은 공공성과 윤리성, 인간중심적 가치에 기반한 활동을 수행하며, 감정노동의 강도는 높고 자원과 보상은 상대적으로 제한적이다. 그럼에도 종사자들이 직무를 지속하는 이유는 외재적 보상보다 내재적 동기에 의한 유인이 크기 때문이다. 따라서 사회복지조직에서는 동기부여 이론을 기계적으로 적용하기보다, 조직의 특수성과 구성원의 심리적 맥락을 반영한 통합적 접근이 필요하다.

여러 동기이론은 사회복지조직에 다양한 시사점을 제공한다. 구성원의 직무 몰입이나 이직의도는 단일 요인이 아니라 가치관, 조직문화, 업무 의미 등 복합적 요소가 상호작용한 결과로 나타나므로 맥락적 분석이 요구된다. 특히 사회복지사는 자신의 업무가 클라이언트의 삶에 미치는 영향을 자각할 때 동기가 유지되며, 이는 자아실현이나 성장욕구를 강조하는 내용이론 관점에서 설명될 수 있다. 또한 상대적 박탈감과 소진은 공정성 인식과 신뢰 부족에서 비롯되므로, 피드백의 질과 절차적 공정성 확보는 동기 지속에 실질적으로 기여하는 핵심 요인 중 하나로 작용할 수 있다.

동기부여의 측면에서 특히 주목할 만한 것은 동일한 동기이론일지라도 그것이 실천적으로 발현되는 방식은 사회복지조직의 구조와 문화, 그리고 리더십 스타일에 따라 달라질 수 있다는 점이다. 예를 들어, 목표 설정 이론의 도전적 목표는 자율성과 학습자원이 뒷받침될 때 효과를 발휘하지만, 폐쇄적 의사결정 구조나 정형화된 과업 환경에서는 오히려 소외감과 무기력을 유발할 수 있다. 따라서 동기 전략은 구성원의 역량, 과업 복잡성, 리더십 관계를 종합적으로 고려해 설계되어야 한다.

궁극적으로, 사회복지조직은 조직의 사명과 구성원의 개인적 가치가 공유되고 조화를 이루는 환경 조성을 통해 보다 의미 있는 동기부여가 가능하도록 해야 한다. 이를 위해 조직은 일률적인 보상체계를 넘어, 구성원 각자가 중요하게 여기는 보상의 형태와 의미를 파악하고, 이에 상응하는 유의성 있는 보상을 제공할 수 있어야 한다. 실제로 일부 구성원에게는 직무의 자율성이, 또 다른 구성원에게는 전문성 개발의 기회나 인정의 경험이 더 중요한 동기요소가 될 수 있다. 이처럼 동기부여는 단순한 보상 메커니즘이 아닌, 구성원의 정체성과 조직의 가치가 만나는 지점을 설계해 나가는 과정이어야 한다.

사회복지조직의 리더십과 슈퍼비전

사회복지조직은 다양한 전문가가 협업하며 클라이언트를 지원하는 실천의 장이자, 복잡한 행정과 관리가 동시에 작동하는 조직체이다. 이처럼 복잡성과 인간중심성을 함께 지닌 조직에서는 단순한 명령 · 통제 중심의 관리 방식만으로는 구성원의 역량을 효과적으로 발휘하기 어렵다. 따라서 조직의 방향을 제시하고, 구성원들이 자발성과 책임감을 가지고 역할을 수행할 수 있도록 이끄는 리더십의 중요성이 강조된다. 특히 사회복지조직에서의 리더십은 권위적 지시보다는 신뢰, 소통, 참여를 기반으로 하여, 조직의 가치와 윤리적 책무를 실천으로 전환하는 중추적 기능을 수행한다.

한편, 전문성과 윤리성을 동시에 요구받는 사회복지실천의 특성상 구성원 개개인의 역량을 체계적으로 개발하고 지지하는 슈퍼비전의 기능 또한 필수적이다. 슈퍼비전은 단순한 관리 기법이 아닌, 교육적 · 지지적 · 행정적 기능을 포괄하는 전문 활동으로서, 조직의 질적 수준을 향상시키고 클라이언트에게 제공되는 서비스의 일관성과 신뢰성을 확보하는 데 기여한다.

본 장에서는 사회복지조직에 적합한 리더십 이론을 유형별로 고찰하고, 실천 현장에서 요구되는 리더의 역할과 역량을 구체화한다. 또한 슈퍼비전의 개념과 기능, 실시 방식, 조직적 조건 등을 체계적으로 탐색함으로써 리더십과 슈퍼비전이 어떻게 조직 구성원과 클라이언트를 연결하는 다리 역할을 수행하는지를 명확히 하고자 한다.

1. 사회복지조직의 리더십 이론과 적용

1) 리더십의 개념

조직의 성과는 리더의 역할에 크게 좌우된다. 리더는 구성원을 결속시켜 조직의 목표를 향해 나아가도록 영향력을 발휘하는 존재이며, 이러한 역량을 일반적으로 리더십(leadership)이라 한다. 이는 지도력, 통솔력, 지휘력 등의 개념과 밀접하게 연관되며, 구성원의 행동과 조직 성과를 잇는 핵심 요소로 간주된다.

리더십의 정의는 다양하지만, 공통적으로 "목표 달성을 위한 영향력의 행사"라는 핵심 요소를 포함한다. 예를 들어, 트렉커(Trecker, 1971)는 "공동 목표 달성을 위해 사람들을 협동하게 만드는 능력", 플레쉬맨(Fleishman, 1973)은 "의사소통을 통해 영향력을 행사하여 목표를 지향하게 하는 시도", 스톡딜(Stogdill, 1974)은 "구성원을 특정 목표로 이끄는 영향력"으로 정의하였다. 로빈스(Robbins, 2003) 역시 "집단이 목표에 매진하게 하는 영향력"이라 설명하였다. 이처럼 리더십은 단순한 지시가 아닌, 구성원의 자발성을 유도하는 심리적 · 사회적 작용으로 이해된다.

초기 사회심리학은 리더의 일방적 영향력에 주목했으나, 이후 연구들은 리더와 구성원의 상호작용에 주목하였다. 구성원의 수용이나 반응도 리더십의 핵심 요소로 간주되며, '상호 교환적 리더십(mutual leadership)'의 개념이 강조된다. 구성원의 수용 없이 행사되는 영향력은 리더십이 아니라 단순한 직권력(headship)에 불과하다. 이에 카츠와 칸(Katz & Kahn, 1978)은 진정한 리더십은 "구성원이 요구 수준을 넘는 성과를 자발적으로 이루도록 하는 영향력"이라 정의하며, 단순한 명령이 아닌 자발성과 헌신을 유도하는 질적 작용임을 강조하였다.

2) 리더십 이론

리더십은 조직 성과의 핵심 요인으로 인식되어 왔으며, 이에 따라 리더십의 본질과 작동 원리를 설명하려는 다양한 이론이 발전하였다. 이들 이론은 무엇이 효과적인 리더를 만드는가라는 질문에서 출발하여, 리더의 특성, 행동, 상황, 관계, 상호작용 등 다양한 요인을 중심으로 리더십의 영향력을 구조적으로 분석하고자 하였다.

20세기 중반까지의 리더십 연구는 리더 개인의 속성이나 행동 양식에 집중하였으며, 이 시기의 특성이론, 행동이론, 상황이론 등은 일반적으로 '전통적 리더십 이론'으로 분류된다. 그러나

1980년대 이후 등장한 현대적 리더십 이론은 조직 환경 변화와 구성원의 자율성, 가치 다양성에 주목하며 기존 이론의 한계를 보완하고자 하였다. 현대적 리더십 이론은 리더십을 단순한 영향력 행사가 아니라 공동의 비전 형성과 구성원의 내적 동기유발의 과정으로 이해하며, 대표적으로 변혁적 리더십, 서번트 리더십, 카리스마 리더십, 경쟁적 가치 리더십 등이 이에 포함된다. 본 절에서는 전통적 리더십 이론과 현대적 리더십 이론을 구분하여, 각 이론의 핵심 개념과 학문적 의의, 그리고 사회복지조직에 주는 시사점을 살펴보고자 한다.

(1) 전통적 리더십 이론

① 리더십 특성이론(trait theory)

리더십 특성이론은 1930~1940년대에 주목받은 리더십 초기 이론으로, 효과적인 리더는 선천적으로 특정 자질을 타고난다는 관점을 따른다. "리더는 만들어지는 것이 아니라 태어나는 것이다."라는 전제에서 출발하며, 리더십의 효과성은 개인의 고유한 특성에 의해 좌우된다고 본다. 스톡딜(1948)은 1904~1947년 사이에 발표된 124편의 연구를 분석해 성공적 리더의 공통 특성으로 상황 적응력, 성취지향성, 결단력, 자신감, 대인관계 기술 등을 제시하였다.

하지만 이 이론은 모든 리더에게 적용 가능한 보편적 특성 도출 실패, 특성과 효과성 간 연계 부족, 구성원 특성 미고려, 상황적 요인 배제 등 여러 한계를 드러냈다. 이후 스톡딜(1974)은 후속 연구를 통해 리더의 개인적 특성이 여전히 리더십 효과성에 기여할 수 있으나, 이는 상황적 요인을 함께 고려할 때 의미가 있다는 점을 강조하였다. 1990년대 이후에는 정교한 심리측정과 통계 기법을 통해 특성이론이 과학적으로 재해석되었으며, 오늘날에도 도덕성, 감성 지능, 신뢰 형성 등 리더 개인의 특성은 주요한 연구 주제로 남아 있다.

② 리더십 행동이론(behavior theory)

리더십 행동이론은 1940년대 후반부터 등장해 1960년대 후반까지 논의된 접근으로, 리더의 선천적 자질에 집중한 특성 이론의 한계를 보완하고자 하였다. 이 이론은 "효과적인 리더는 만들어진다."는 전제 아래, 리더의 실제 행동과 그 영향에 주목하며, 효과적인 리더의 공통된 행동을 모방 가능하고 훈련 가능한 기술로 전환하는 데 목적을 두었다.

리더십 행동이론은 일반적으로 리더십을 과업 중심(task-oriented) 행동과 관계 중심(relationship-oriented) 행동으로 구분한다. 전자는 역할 구조화, 명확한 지시, 목표 달성 촉진에 초점을 두는 반면, 후자는 신뢰 형성, 정서적 지지, 팀워크 중시 등 대인관계에 중점을 둔다(Blake & Mouton,

1964; Hemphill & Coons, 1957).

리더십 행동이론은 첫째, 관찰 가능한 행동에 초점을 맞춤으로써 리더십 연구의 과학성과 실증성을 높였고, 둘째, 리더십 행동이 학습 가능하다는 점에서 조직 교육과 개발 프로그램의 이론적 기반이 되었다. 그러나 특정 행동 유형이 모든 상황에 효과적일 수 없다는 점에서 보편성에 한계를 드러냈으며, 리더의 행동에만 집중하여 구성원의 반응이나 상호작용 과정을 충분히 설명하지 못한다는 비판을 받는다(Fiedler, 1967).

행동이론의 대표적 연구로는 르윈(Kurt Lewin)의 아이오와 대학교 연구, 오하이오 주립대학교 연구, 미시간 대학교 연구, 그리고 블레이크와 무튼(Blake & Mouton, 1964)의 관리격자 이론 등이 있다. 이들 연구는 리더의 행동을 일차원적(과업-관계 대립적 유형) 또는 이차원적(두 행동 유형의 조합) 방식으로 분류하였으며, 조직 환경에 따라 효과적인 리더십 행동의 유형이 달라질 수 있다는 함의를 남겼다.

㉮ 일차원 모형

리더십 행동이론 중 일차원 모형에 해당하는 대표적 연구로는 르윈의 아이오와 대학교 연구와 미시간 대학교의 연구가 있다. 이들 연구는 리더의 행동 유형을 하나의 연속선상에 놓고 구분하며, 특정 리더십 행동이 구성원의 태도와 성과에 어떤 영향을 미치는지를 실험적으로 규명하고자 하였다.

• 르윈의 이론(아이오와 대학교 연구)

아이오와 대학교의 사회심리학자 쿠르트 르윈(Kurt Lewin)과 그의 동료들인 리피트(R. Lippitt), 화이트(R. K. White)는 지능과 사회배경이 유사한 10세 소년들로 구성된 소집단을 대상으로 세 가지 리더십 유형(권위형, 민주형, 자유방임형)이 구성원에게 미치는 영향을 실험적으로 분석하였다(Lewin, Lippitt, & White, 1939). 각 리더십 유형에 따라 구성원의 만족감, 좌절감, 응집력, 과업 지속성 등에서 차이가 있는 것으로 확인되었다.

이 연구에서 권위형 리더십(autocratic leadership)은 리더가 모든 결정을 독점하고 구성원에게 명령 · 지시만을 내리는 형태로, 구성원과의 상호작용을 최소화하며 통제를 강조하는 리더십이다. 민주형 리더십(democratic leadership)은 집단 내 토론과 공동결정을 중시하고, 구성원의 의견을 존중하며 참여를 유도하는 유형이다. 반면, 자유방임형 리더십(laissez-faire leadership)은 리더의 개입 없이 구성원에게 자율권을 전적으로 위임하는 형태이다.

연구 결과, 민주형 리더십은 높은 집단 만족도와 응집력을 이끌었고, 리더의 부재 상황에서도 구성원들 스스로 과업을 지속하였다. 반면, 권위형에서는 구성원이 좌절과 공격성을 보였고, 리더가 없을 때 작업 수행이 급감하였다. 다만, 생산성 측면에서는 민주형과 권위형 리더십 간에 유의미한 차이가 나타나지 않았다. 자유방임형 리더십의 경우, 집단 내 무질서와 책임 회피가 나타났으며, 생산성도 가장 낮았다.

• 미시간 대학교 연구

미시간 대학교의 사회연구소에서는 1940년대 말부터 1950년대 초까지 리더의 행동 유형과 집단 성과 간의 관계를 분석하였다. 이 연구에서는 리더십을 직무 중심적(job-centered) 리더십과 종업원 중심적(employee-centered) 리더십으로 구분하였다. 직무 중심적 리더는 생산성과 기술적 과업 수행에 초점을 두며 규칙과 통제를 강조하는 반면, 종업원 중심적 리더는 구성원의 감정과 복지에 관심을 기울이며 자율성과 지지적 관계를 중시한다(Katz, Maccoby, & Morse, 1950).

연구 결과, 직무 중심적 리더십은 철도 작업반처럼 구조화된 과업에서는 높은 생산성을 이끌었지만, 보험회사와 같은 비구조화된 업무 환경에서는 오히려 부정적인 영향을 미쳤다. 한편, 종업원 중심적 리더십은 구성원의 만족도와 조직 충성도 측면에서 일관되게 긍정적인 효과를 보였으며, 장기적인 성과에도 더 효과적인 유형으로 평가되었다.

일차원 모형 연구는 리더 행동이 집단 성과에 영향을 미침을 보여 주었으나, 어느 한 유형이 항상 효과적이지는 않다는 점에서 이후 상황이론의 등장을 촉진하였다.

㈏ 다차원 모형

다차원 모형은 리더의 행동을 과업 중심과 관계 중심의 독립된 두 가지 차원으로 구분하고, 이들의 조합을 통해 다양한 리더십 유형을 도출하려는 접근이다. 이는 리더십의 복합성과 맥락성을 반영하며, 효과성과의 관계를 좀 더 정밀하게 설명할 수 있다는 점에서 의의가 있다. 대표적 사례로는 오하이오 주립대학교 연구와 블레이크와 무튼의 관리격자 이론이 있다.

• 오하이오 주립대학교 연구

오하이오 주립대학교의 경영연구소는 1945년부터 스톡딜의 이론을 토대로 리더 행동 기술 설문지(Leader Behavior Description Questionnaire: LBDQ)를 개발해 리더의 행동을 구조 주도(initiating structure)와 배려(consideration)라는 두 차원으로 분류하였다(Hemphill & Coons, 1957). 구조 주도는 구성원의 역할 명확화, 업무 계획 및 감독 등 과업 효율성을 강조하는 행동이고, 배려는 감정과 복지를 고려하며 신뢰와 존중을 중시하는 관계 중심 행동이다.

오하이오 주립대학교의 연구는 이 두 가지 행동 차원의 결합을 통해 [그림 8-1]에서 보는 바와 같이 (고)배려-(고)구조 주도, (고)배려-(저)구조 주도, (저)배려-(고)구조 주도, (저)배려-(저)구조 주도의 네 가지 리더십 유형을 도출하였다. 이러한 분류는 리더가 과업 중심성과 관계 중심성을 동시에 가질 수 있음을 시사하며, 양 차원이 상호 보완적으로 작용할 수 있음을 이론적으로 보여 주었다.

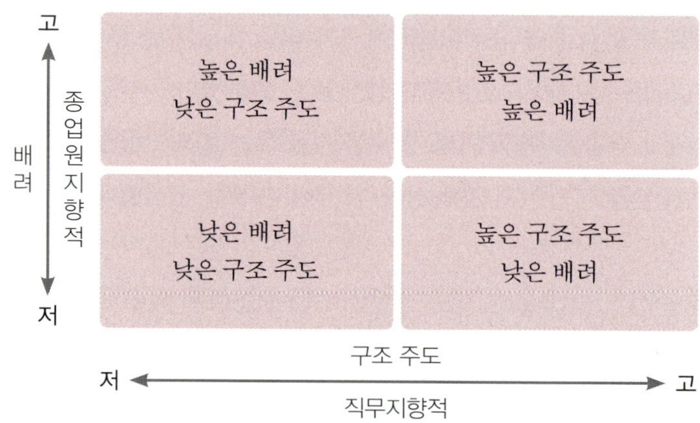

[그림 8-1] 오하이오 주립대학교 리더십 유형

연구 결과, 배려 행동이 높은 리더는 구성원의 전직률과 결근률이 낮았으며, 구조주도 행동이 높은 리더는 과업 성과의 향상을 이끄는 경향을 보였다. 특히 구성원 만족도에서는 배려 행동의 효과가 일관되게 긍정적으로 나타났고, 이에 따라 많은 학자가 (고)배려-(고)구조 주도형을 이상적인 리더십으로 간주하였다(Stogdill, 1974).

- 관리격자 이론(managerial grid theory)

블레이크와 무튼의 관리격자 이론은 리더십 행동을 '인간에 대한 관심'과 '생산에 대한 관심'이라는 두 가지 독립된 차원으로 설명하며, 이들의 조합을 통해 다양한 리더십 유형을 도출하였다. 이는 리더십을 단순 이분법이 아닌 다차원적 관점에서 체계적으로 분석한 초기 시도 중 하나로 평가된다.

이 이론은 [그림 8-2]에서 보는 바와 같이 수직축에 인간에 대한 관심(concern for people), 수평축에 생산에 대한 관심(concern for production)을 배치하고 각 축을 1~9 척도로 나누어 총 81가지 유형을 도식화하였다. 이 중 핵심적으로 다음과 같은 다섯 가지 기본 유형이 제시된다.

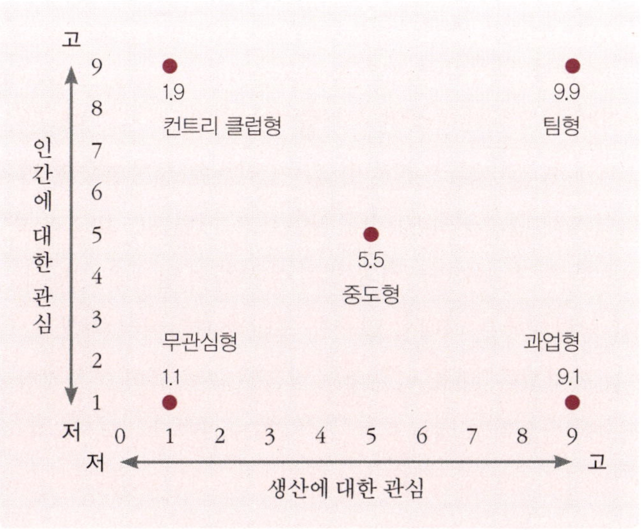

[그림 8-2] 관리격자와 리더 행동 유형

첫째, 무관심형(1,1: impoverished style)이다. 이는 생산성과 인간관계 모두에 낮은 관심을 보이며, 리더십 개입이 최소화된 소극적 유형이다. 둘째, 컨트리 클럽형(1,9: country club style)으로, 호인형으로도 불린다. 이는 인간관계에만 높은 관심을 두며, 성과에 대한 관심은 낮은 리더 유형이다. 셋째, 중도형(5,5: middle road)이다. 이는 생산성과 인간관계의 균형을 지향하되, 어느 한쪽도 적극적으로 추구하지 않는 절충적 리더십 유형이다. 구성원에게는 리더십의 방향성이 모호하게 인식될 수 있는 문제가 있다. 넷째, 과업형(9,1: Task Style)이다. 이는 생산성에 대한 관심이 극대화되고, 인간에 대한 관심은 낮은 리더 유형이다. 리더는 철저한 계획과 통제, 명령 중심의 방식으로 과업 수행을 지시하며, 구성원은 수단화되는 경향이 있다. 다섯째, 팀형(9,9: Team Style)이다. 이는 생산성과 인간관계 모두에 높은 관심을 보이며, 구성원의 몰입과 자율성을 유도하는 가장 이상적인 리더십 유형이다.

블레이크와 무튼은 이 중에서 팀형 리더십을 가장 바람직한 유형으로 간주하며, 리더는 인간적 존중과 생산성 향상을 동시에 달성해야 한다고 강조하였다.

③ 상황이론

상황이론은 1960년대 후반에 등장하여 1980년대 초까지 조직행동 분야의 주류 이론으로 자리 잡았으며, 리더십의 효과성이 상황적 요인에 따라 달라진다는 점에 주목하였다. 이는 특정 리더십 유형이 모든 상황에서 동일하게 효과적일 수 없다는 전제에 기반하며, 효과적인 리더십은 리더의 행동보다도 조직구조, 과업 특성, 구성원 관계, 하급자의 성숙도와 수용성 등 다양한 상황변수와의 적합성에 의해 결정된다고 본다.

이러한 관점은 리더십을 고정된 특성이나 기술이 아니라, 상황에 따라 유연하게 조정되어야 하는 행동 양식으로 이해하려는 접근이다. 다만, 이 이론은 상황변수의 범위가 지나치게 넓고, 변수 간 상호작용이 복잡해 일관된 측정이나 일반화가 어렵다는 비판을 받는다. 또한 일부 상황이론은 측정 도구나 분류 기준의 명확성과 일관성 부족의 한계를 지닌다.

그럼에도 불구하고 상황이론은 리더십 연구를 정태적 관점에서 동태적·맥락적 시각으로 전환시키며 중요한 진전을 이뤘다. 대표 이론에는 피들러(Fiedler)의 상황적합이론, 허시와 블랜차드(Hersey & Blanchard)의 상황적 리더십 이론, 하우스(House)의 경로-목표 이론 등이 있다.

㉮ 피들러의 상황적합이론(contingency theory of leadership effectiveness)

피들러(Fiedler, 1967)는 효과적인 리더십은 리더의 행동 특성과 상황의 적합성 간 상호작용에 의해 결정된다고 보고, 상황적합이론을 제시하였다. 효과적인 리더십은 리더의 성격이나 행동 방식만으로는 설명될 수 없으며, 리더의 특성과 주어진 상황이 얼마나 잘 맞는지에 따라 결정된다고 보았다.

피들러는 리더십 스타일을 측정하기 위한 도구로 LPC(Least Preferred Co-worker) 척도를 개발하였다. 이는 리더가 과거에 함께 일한 사람 중 가장 일하기 싫었던 동료를 떠올리게 하고, 그 사람을 다양한 형용사의 쌍(예: 유쾌한-불쾌한, 협조적인-비협조적인 등)으로 평가하게 함으로써, 리더의 성향이 과업 중심적인지 혹은 관계 중심적인지를 파악하고자 한 것이다. LPC 점수가 높게 나타난다면, 그 리더는 비교적 부정적인 동료에 대해서도 긍정적으로 평가하는 경향이 있다는 것이므로, 관계지향적(relationship-oriented) 리더로 분류된다. 반면, LPC 점수가 낮을수록 해당 리더는 과업 수행과 목표 달성을 우선시하는 과업지향적(task-oriented) 리더로 간주된다.

한편, 피들러는 [그림 8-3]에서 볼 수 있는 바와 같이 리더십 유효성을 조절하는 세 가지 상황 요인을 제시하였다. 첫째, 리더-구성원 관계는 구성원이 리더를 신뢰하고 리더의 지시를 기꺼이 따르는 정도를 나타낸다. 둘째, 과업구조는 과업 목표, 달성 방법, 성과 기준 등이 명확히 정의되고 절차가 표준화되어 있는 정도를 의미한다. 셋째, 직위권력은 리더가 보상이나 처벌을 행사할 수 있는 공식적 권한의 수준을 말한다.

연구 결과, LPC 점수가 낮은 과업지향적 리더는 상황이 매우 유리하거나 매우 불리한 조건, 즉 리더-구성원 관계 정도, 과업구조 정도 및 리더의 직위권력 정도가 매우 높거나 낮은 경우

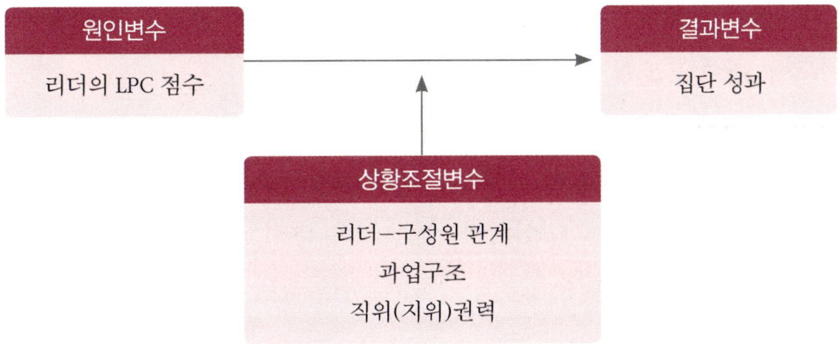

[그림 8-3] 피들러의 리더십 상황적합 모형

에 더 효과적인 반면, LPC 점수가 높은 관계지향적 리더는 중간 정도로 통제력이 부여된 상황에서 더 효과적인 것으로 나타났다(Fiedler, 1978). 이는 곧 어떤 리더십 스타일도 모든 상황에 항상 효과적인 것은 아니며, 상황적 적합성이 핵심이라는 점을 명확히 보여 준다.

㈏ 허시와 블랜차드의 상황적 리더십 이론(situational leadership theory)

허시와 블랜차드는 "가장 이상적인 단 하나의 리더십 유형은 존재하지 않는다."고 주장하며, 상황에 따라 효과적인 리더십의 유형이 달라진다는 점을 강조하였다. 이들은 1969년, 하급자의 성숙도에 따라 효과적인 리더십 유형은 달라진다는 내용을 담은 '리더십 수명주기 이론(Life Cycle Theory of Leadership)'을 발표하였는데(Hersey & Blanchard, 1969a), 이후 1970년대 중반에 이르러 해당 이론은 좀 더 일반화된 '상황적 리더십 이론(situational leadership theory)'이라는 이름으로 재정립되었다(Hersey & Blanchard, 1982). 1980년대에 접어들면서 두 저자는 각자의 관점에서 이론을 발전시켜, 허시는 '상황적 리더십 모델(situational leadership model)', 블랜차드는 '상황적 리더십 II(Situational Leadership II: SLII)'라는 별도 모델로 발전시켰다(Blanchard et al., 1985).

핵심적으로 이 이론은 리더의 행동을 '과업행동'과 '관계행동'의 두 축으로 구분하고, 이 둘의 조합을 바탕으로 다음과 같은 네 가지 리더십 유형을 도출하였다.

첫째, 'S1'-말하기형(telling) 혹은 지시형(directing) 리더십이다. 이 유형의 리더십은 높은 과업행동-낮은 관계행동 유형을 특징으로 하며, 일방적인 의사소통과 직접적인 명령 · 감독 중심의 리더십 유형이다. 이러한 리더십을 보이는 리더의 주요 목표는 시간 내에 작업을 완료하는 것이다.

둘째, 'S2'-설득형/판매형(selling) 혹은 코치형(coaching) 리더십이다. 이 유형의 리더십은 높은 과업행동–높은 관계행동 유형을 특징으로 하며, 과업 수행에 필요한 명확한 지시와 함께 정서적 지지, 피드백, 참여 유도를 강조한다.

셋째, 'S3'–참여형(participating) 혹은 지원형(supporting) 리더십이다. 이는 낮은 과업행동–높은 관계행동 유형을 특징으로 하며, 구성원의 자율성과 참여를 장려하면서 동기부여한다.

넷째, 'S4'–위임형(delegating) 리더십이다. 이는 낮은 과업행동–낮은 관계행동 유형을 특징으로 하며, 구성원에 대한 통제 활동을 최소화하고, 직무 수행 방법의 결정과 직무 책임을 구성원에게 위임한다.

허시와 블랜차드는 이러한 네 가지 리더십 유형의 유효성을 높일 수 있는 상황조절변수로 하급자의 성숙도(maturity)를 들고 있다. 성숙도는 직무상의 성숙도와 심리상의 성숙도로 구분할 수 있다. 우선, 직무상의 성숙도는 직무와 관련된 지식, 경험 및 기술 등 능력(ability) 차원의 성숙도를 의미한다. 반면에, 심리상의 성숙도는 동기, 자신감, 헌신 등 의지(willingness) 차원의 성숙도를 의미한다.

허시와 블랜차드는 이러한 직무상의 성숙도와 심리상의 성숙도를 조합하여 하급자의 성숙도를 [그림 8–4]와 같이 M1~M4의 4단계로 나눈다.

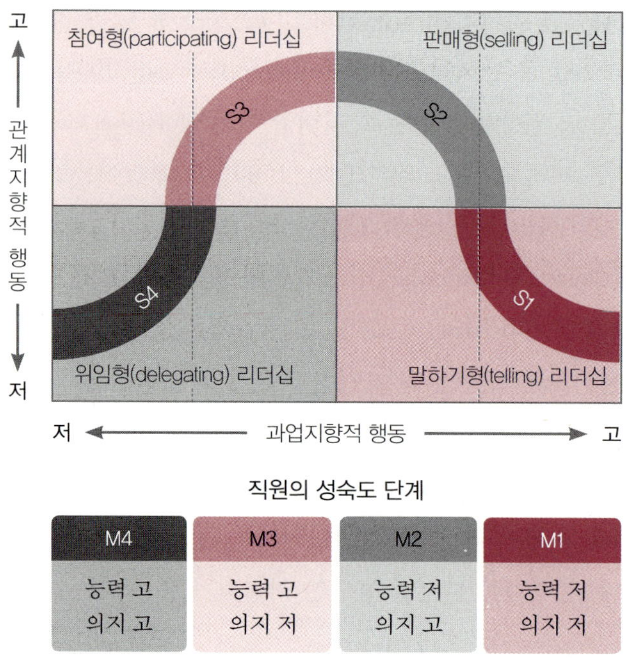

[그림 8–4] 허시와 블랜차드의 상황적 리더십 모형

첫째, M1은 낮은 성숙도(low maturity)로서, 직무에 대한 지식, 기술, 자신감 등 능력이 부족하며, 일을 수행하려는 의지도 없는 수준의 성숙도를 말한다. 둘째, M2는 중간 이하의 성숙도(moderate low)로서, 직무를 수행할 능력이 부족하지만 일을 하려는 의지는 있는 수준의 성숙도를 말한다. 셋째, M3는 중간 이상의 성숙도(moderate high)로서, 직무를 수행할 능력은 있지만, 의지가 부족한 수준의 성숙도를 말한다. 넷째, M4는 높은 성숙도(high maturity)로서, 직무를 수행할 능력과 의지가 모두 높은 수준의 성숙도를 말한다.

결론적으로, 허시와 블랜차드는 [그림 8-4]에서 보는 바와 같이 하급자의 성숙도가 M1인 경우에는 S1(말하기형/지시형) 리더십이, M2인 경우에는 S2(판매형/설득형/코치형) 리더십이, M3인 경우에는 S3(참여형/지원형) 리더십이, M4인 경우에는 S4(위임형) 리더십이 효과적이라 주장하였다(Hersey & Blanchard, 1982). 이는 리더가 자신의 행동을 구성원의 준비 상태에 따라 탄력적으로 조정해야 한다는 점을 이론화한 최초의 대표적 시도로 평가받는다.

㉰ 하우스의 경로-목표 이론(path-goal theory)

로버트 하우스(Robert House, 1971)의 경로-목표 이론은 빅터 브룸(Victor Vroom)의 기대이론(expectancy theory)의 영향을 받아 발전된 리더십 이론이다. 경로-목표 이론의 핵심 전제는 리더가 구성원의 목표 달성에 실질적인 도움을 준다고 인식될 때, 구성원은 리더의 영향력을 기꺼이 수용한다는 것이다. 하우스는 리더의 주요 역할은 구성원이 목표를 달성할 수 있도록 과업 수행의 경로를 명확히 제시하고, 필요한 자원을 지원하며, 장애물을 제거하는 것이라고 설명하였다(House, 1971).

경로-목표 이론은 다음의 네 가지 리더십 유형을 제시한다(House & Mitchell, 1975).

첫째, 지시적(directive) 리더십이다. 이는 과업 목표와 수행 방법을 명확히 제시하는 리더십 유형으로, 과업이 구조화되어 있지 않거나 구성원 역량이 낮은 상황에 적합하다.

둘째, 지원적(supportive, 후원적) 리더십이다. 이는 구성원에게 정서적 안정과 인간적 지지를 제공하는 리더십 유형으로, 스트레스가 높은 업무나 구성원의 자신감이 부족할 때 유효하다.

셋째, 참여적(participative) 리더십이다. 이는 구성원의 의견을 의사결정 과정에 반영하며, 공동 참여를 장려하는 리더십 유형으로, 구성원이 내재적 통제 성향(스스로 문제를 해결할 수 있다고 믿고 자신의 판단이나 의견을 중요하게 여기는 성향)이 강한 경우, 또는 높은 자율성과 전문지식을 갖춘 경우에 효과적이다.

넷째, 성취지향적(achievement-oriented) 리더십이다. 이는 높은 성과 기준을 제시하고 도전적인 목표 설정을 통해 구성원의 성취욕구를 자극하는 리더십 유형으로, 과업이 비구조적이며, 구성원이 성취욕구가 강하고 도전을 선호하는 경우에 적합하다.

하우스는 [그림 8-5]에서 보는 바와 같이 리더십 효과성을 좌우하는 두 가지 핵심 상황변수로 하급자의 특성 및 과업 환경 특성을 제시하였다.

우선, 하급자의 특성 변수에는 과업 능력, 통제 위치, 욕구 유형이 있다.

첫째, 과업 능력이란 하급자 자신의 업무 수행 능력에 대한 주관적 평가를 의미한다. 즉, 하급자 자신이 과업을 효과적으로 완수할 능력이 있다고 인지하는 수준(self-perceived level of task ability)이 높을수록 지시적 리더십의 효과는 낮아진다.

둘째, 통제 위치란 자신의 상황을 스스로 통제하고 결정할 수 있다고 믿는 정도로서, 내적 통제와 외적 통제로 구분한다. 즉, 자신의 주변 환경을 스스로 통제할 수 있다고 생각하고 자신에게 발생하는 일들이 자신의 행동 때문이라고 믿는 사람은 내적 통제 위치(성향)를 지닌 사람이다. 반대로, 자신에게 발생하는 일들이 자신의 통제 범위 밖에 있고 행운이나 운명 또는 외적인 원인 때문이라 믿는 사람들은 외적 통제 위치(성향)를 지닌 사람이다. 통제 위치가 내재적인 경우에는 참여적 리더십 유형이, 외재적인 경우에는 지시적 리더십 유형이 더 효과적이다.

셋째, 욕구 유형이란 하급자의 내면을 지배하는 욕구를 의미하는데, 안전욕구, 보상욕구, 성

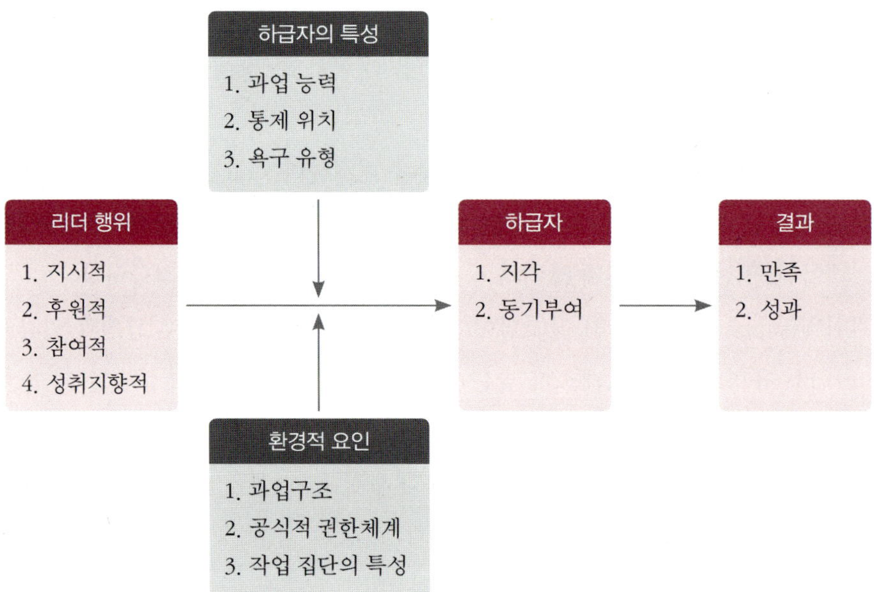

[그림 8-5] 하우스의 경로-목표 이론

취욕구, 자아실현욕구 등 다양하다. 만약 하급자가 안전의 욕구나 보상욕구가 강하면 지시적 리더십이 유효하다. 하지만 성취욕구가 강하면 지원적 리더십 또는 성취지향적 리더십 유형이 효과적이다.

한편, 과업 환경 특성 변수에는 과업구조, 공식적 권한체계, 과업 집단의 특성이 있다.

첫째, 과업구조란 과업이 단순반복적인지 아니면 복잡한지, 일상적인지 아니면 비일상적인지, 예견 가능하지 아니면 불확실한지, 구조화되어 있는지 아니면 비구조화되어 있는지 등을 의미한다. 과업이 단순하고 구조화되어 있다면 지원적 리더십이 효과적이다. 반면, 과업이 비구조적일 경우에는 참여적 또는 지시적 리더십이 더 효과적이다.

둘째, 공식적 권한체계는 조직의 규칙, 절차 등이 조직 구성원의 작업 활동을 제한하거나 조절하는 정도를 의미한다. 공식화 정도가 높은 조직에서는 지시적 리더십 유형이 효과가 없지만, 시간적 압박감이 큰 상황에서는 효과를 발휘할 수 있다.

셋째, 작업 집단의 특성은 집단 규범, 집단 응집력을 의미한다. 집단의 응집력이 낮을 때는 지원적 리더십 유형이 유효하지만, 집단 규범이 성과를 강조하는 경우에는 지시적 리더십 유형 또는 성취지향적 리더십 유형이 더 유효하다. 또한 집단의 형성 초기에는 지시적 리더십 유형이 효과적이지만, 집단이 안정되어 확고한 규범이 갖추어진 상황에서는 지원적 리더십 유형이나 참여적 리더십 유형이 더 효과적이다.

결론적으로, 하우스의 경로-목표 이론은 리더가 상황에 따라 적절한 리더십 유형을 전략적으로 선택해야 한다는 점을 강조하며, 구성원의 특성과 조직 환경을 반영한 유연한 리더십 전략 수립의 이론적 기반을 제공한다.

(2) 현대적 리더십 이론

① 거래적 리더십 vs. 변혁적 리더십

번즈(James MacGregor Burns, 1978)는 리더십을 거래적 리더십과 변혁적 리더십으로 구분하였으며, 이후 바스(Bernard M. Bass, 1985)는 이 개념을 조직 환경에 적용 가능한 모델로 정교화하였다.

㉮ 거래적 리더십(transactional leadership)

거래적 리더십은 변혁적 리더십과 함께 1970년대 후반 이후 새롭게 주목받기 시작한 이론으로, 기본적으로 보상과 처벌이라는 외재적 동기를 기반으로 구성원의 행동을 조절하는 데 중점을 둔다. 이러한 방식은 과거의 고전적 리더십과 유사해 보일 수 있으나, 목표 설정과 성과 관리 중심의 구조화된 운영을 통해 현대 조직에서도 유효한 리더십 형태로 간주된다.

바스(1985)는 거래적 리더십의 두 가지 핵심 요소로 '조건적 보상(contingent reward)'과 '예외에 의한 관리(management by exception)'를 제시한다. 첫째, 조건적 보상은 리더가 명확한 목표를 제시하고, 구성원이 이를 달성했을 때 예측 가능한 보상을 제공함으로써 구성원의 신뢰와 성과를 유도하는 방식이다. 둘째, 예외에 의한 관리는 리더가 문제가 발생하지 않은 정상 상태에는 개입하지 않되, 예외적 상황, 즉 구성원의 성과 저하, 오류 발생 등이 예상되거나 실제로 발생했을 때 개입하는 리더십 방식이다. 이 방식은 다시 '적극적 예외관리'와 '소극적 예외관리'로 구분된다. 적극적 예외관리는 문제가 발생하기 전에 리더가 경고 신호나 오류를 모니터링하고 선제적으로 개입하는 방식이다. 반면, 소극적 예외관리는 문제가 실제로 발생한 이후에 리더가 개입하여 조치를 취하는 방식이다(이호선, 윤종우, 2011).

이러한 거래적 리더십은 구성원이 과업을 제대로 수행하려면, 명확한 지시와 감독이 필요하다고 가정한다. 이에 따라 구성원은 일반적으로 미리 정해진 성과 기준에 따라 평가와 피드백을 받는다. 또한 거래적 리더십에서는 구성원이 스스로 동기를 부여하지 않으며, 현재 수행하는 과업에 대해 혁신적 사고를 할 것이라 기대되지 않는다. 따라서 거래적 리더십은 과업이 구조화되어 있고, 결과가 정량적으로 측정될 수 있는 환경에서는 효과적이지만, 변화와 혁신이 요구되는 상황에서는 한계를 보인다.

㉯ 변혁적 리더십(transformational leadership)

변혁적 리더십은 구성원의 현재 욕구나 이익에 기반한 단순한 보상 중심의 교환관계를 넘어, 구성원의 동기와 가치관을 보다 높은 차원으로 끌어올리는 것을 목표로 하는 리더십 방식이다(Burns, 1978). 리더는 단순한 과업 지시자가 아니라, 구성원에게 비전을 제시하고 자발적인 헌신을 유도하는 영감의 원천으로서 작용한다.

번즈(1978)는 변혁적 리더십을 "리더와 추종자가 서로를 더 높은 수준의 동기와 도덕성으로 끌어올리는 과정"이라고 정의하였다. 이러한 관점에서 리더는 단순한 지시자나 관리자가 아니라, 구성원의 내면에 영향을 미치는 교육자이자 변화 촉진자 역할을 수행한다.

이후 바스(1985)는 이 개념을 조직관리 영역으로 확장하고, 변혁적 리더십의 네 가지 핵심 요소를 다음과 같이 제시하였다(Bass & Avolio, 1994). 첫째, 이상적 영향력(idealized influence)이다. 이는 구성원이 리더를 자발적으로 따르게 만드는 요소로, 리더가 윤리성과 책임 있는 행동을 통해 구성원의 신뢰를 획득할 때 나타난다. 둘째, 영감적 동기부여(inspirational motivation)이다. 이는 리더가 설득력 있는 비전과 기대를 제시함으로써 구성원의 목표 의식을 고취하는 요소이다. 셋째, 개별적 고려(individualized consideration)이다. 이는 리더가 구성원의 개별적인 욕구에 주의를 기울이고, 민감하게 반응하며, 이를 배려함으로써 구성원이 잠재력을 실현하고 성장할 수 있도록 지원하는 요소이다. 넷째, 지적 자극(intellectual stimulation)이다. 이는 구성원으로 하여금 기존의 사고방식이나 문제해결 방식을 비판적으로 검토하고, 보다 창의적이고 혁신적인 접근을 시도하도록 격려하는 요소이다.

이처럼 변혁적 리더십은 구성원의 내면적 성장을 자극하며, 조직 전체의 역동성과 혁신 역량을 높이는 데 기여한다. 특히 변화 대응이 중요한 환경이나 가치 중심의 조직, 예컨대 사회복지조직에서 매우 유의미한 리더십으로 평가된다(Bass & Riggio, 2006).

② 카리스마 리더십(charismatic leadership)

카리스마 리더십은 리더의 비범한 개인적 특성과, 이를 따르려는 구성원의 자발적인 믿음에서 비롯되는 리더십 유형이다. 독일의 사회학자 막스 베버(Max Weber)는 1920년대 초 '카리스마'를 지배 형태 중 하나로 규정하며, 사람들의 복종은 단순한 강압이 아닌 정당성에 대한 믿음, 즉 '권위(authority)'에서 비롯된다고 보았다. 그는 권위가 정당성을 획득하는 방식에 따라 전통적, 법적-합리적, 카리스마적 권위의 세 가지 유형으로 구분하였다.

전통적 권위(traditional authority)는 역사적 관습이나 사회의 유산에 기반을 두며, 세습 군주제나 가부장적 구조에서 흔히 나타난다. 법적-합리적 권위(legal-rational authority)는 법률과 제도 같은 공식 규범에서 정당성을 얻으며, 관료제와 같은 조직에 적용된다. 반면 카리스마적 권위(charismatic authority)는 특정 개인의 초인적 능력에 대한 구성원의 존경과 헌신에서 비롯되며, 구성원이 리더에게 정서적으로 몰입할 때 나타난다.

베버는 전통적·법적 권위가 인간의 자유나 창의성을 억누를 수 있다고 보았고, 이에 대항하는 권위로 카리스마적 권위를 강조하였다. 이후 콘거와 카눈고(Conger & Kanungo, 1987, 1998)는 카리스마 리더십을 단순한 리더 특성이 아닌, 리더와 구성원 간의 상호작용적 사회심리 과정으로 보았다. 이들은 카리스마 리더의 전형적인 행동으로 다음과 같은 특징을 제시하였다. 우선, 리더는 이상적이고 도전적인 비전을 제시하며, 이를 실현하기 위해 자기희생을 감수하고, 기존 규범을 뛰어넘는 방식으로 행동하면서 높은 전문성을 드러낸다. 동시에 구성원에게는 강한 감정적 호소를 하고, 자신감 있는 태도로 신뢰를 형성한다. 이러한 특성은 카리스마 리더가 일상적 관리 차원을 넘어 변화를 주도하고 새로운 질서를 창출하는 데 중점을 둔다는 점을 잘 보여 준다.

그러나 카리스마 리더십은 단지 리더 개인의 자질만으로 형성되는 것이 아니라, 리더를 받아들이는 추종자의 인식과 상황적 조건에 따라 결정되는 상호작용적 결과이다(House, 1977; Shamir et al., 1993). 예컨대, 경제적 불안정, 조직 위기와 같은 어려운 상황에서 사람들은 자신들을 구원할 수 있는 강력한 리더를 갈망하게 되며, 이때 카리스마 리더십이 발현될 가능성이 높다. 이러한 상황에서 구성원은 리더의 가치와 신념을 내면화하고, 리더에 대한 동일시와 몰입을 통해 더 강력한 추종 행동을 보이게 된다.

③ 서번트 리더십(servant leadership)

서번트 리더십은 리더십의 목적과 본질에 대한 기존의 관점을 근본적으로 전환한 이론이다. 이 개념은 1970년 로버트 그린리프(Robert K. Greenleaf)가 그의 에세이 『서번트 리더십(The Servant as Leader)』에서 처음 제시하였으며, 그는 "진정한 리더는 먼저 섬기는 자로 존재하고, 그 섬김의 자세에서 리더십이 비롯된다."고 주장하였다(Greenleaf, 1977). 그린리프는 리더십을 권력의 행사나 목표 달성의 도구가 아니라, 타인의 성장과 공동체의 복지를 우선하는 도덕적 책임 행위로 이해하였다.

서번트 리더십은 기존의 거래적 리더십, 권위주의적 리더십처럼 위계에 기반한 통제 중심의 리더십과는 달리, 리더가 자기 자신보다 타인을 우선시하고, 구성원의 잠재력 실현과 삶의 질 향상을 추구하려는 내적 동기에 기반을 둔 리더십이다(Graham, 1991). 따라서 서번트 리더는 비전과 전략을 제시하지만, 그 바탕에는 언제나 구성원의 욕구에 귀 기울이고 조직의 의미와 목적을 함께 나누려는 태도가 깔려 있다. 또한 서번트 리더십은 윤리적 리더십의 한 형태로 분류되며, 단순한 행동 스타일이나 통솔기술이 아니라 리더십의 정당성, 도덕성, 공동체적 가치에 대한 신념체계에 기반한 통합적 패러다임으로 간주된다.

이러한 서번트 리더십은 사회복지조직, 교육기관, 비영리조직처럼 인간 중심의 가치를 중시하는 조직에서 특히 효과적인 리더십으로 평가된다. 즉, 사회복지조직과 같이 구성원의 자율성, 도덕성, 관계성이 조직의 성과와 직결되는 환경에서 서번트 리더는 조직의 신뢰와 헌신 문화를 창출하는 핵심적 역할을 수행할 수 있다.

다만, 서번트 리더십이 현실 조직에서 항상 이상적으로 작동하는 것은 아니다. 지나치게 헌신적인 리더의 태도는 역할 경계의 모호함, 조직 책임성의 희석, 성과 압력과의 긴장을 유발할 수 있으며, 이러한 한계는 서번트 리더십의 전략적 균형에 대한 고민을 요구한다.

④ **경쟁적 가치 리더십**(competing values leadership)

기존의 리더십 이론들은 리더의 특성이나 행동, 또는 상황적 조건에 따라 어떤 리더십이 효과적인지를 밝히는 데 주력해 왔다. 그러나 로버트 퀸(Robert Quinn)은 이러한 접근만으로는 실제 조직 현장의 복합성과 역동성을 충분히 설명하기 어렵다고 보았다. 그는 리더십 스타일마다 고유한 가치가 있으며, 이들이 서로 경쟁적 관계 속에서 균형을 이루어야 한다는 관점에서 경쟁적 가치 리더십 모델을 제시하였다(Quinn et al., 1996).

퀸은 리더십의 효과가 특정 스타일의 우위에 의해 결정되는 것이 아니라, 서로 다른 리더십 가치들이 얼마나 균형 있게 발휘되느냐에 달려 있다고 보았다. 그는 조직 내에서 발생하는 다양한 요구와 긴장을 경쟁가치 모형(competing values model)으로 설명하며, 이를 통해 조직 리더십의 균형구조를 시각화하였다(Quinn et al., 1996). [그림 8-6]은 경쟁가치 모형에 기반하여 조직의 리더십 균형을 도식화한 것이다.

이 모형은 조직 내부에서 발생하는 다양한 요구와 긴장 관계를 2개의 주요 교차 축으로 시각화한다. 이 중 세로축은 집권화의 정도, 즉 통제에 대해 어떤 가치를 지향하는지에 따라 '유연성(flexibility) 대(對) 통제(control)'로 나타내는데, 이는 조직의 리더가 의사결정 과정에 부하직원을 포함시키는 정도로 파악한다. 반면, 가로축은 관리의 시각을 조직의 내부와 외부 중 어디에 둘 것인지에 따라 '내부지향(internal focus) 대(對) 외부지향(external focus)'으로 나타내는데, 이는 리더의 관심이 조직의 내부와 외부 중 어디에 있는지로 파악한다.

이를 바탕으로 리더십 역할을 2×2 형태로 구분하며, 다음과 같이 총 4개의 리더십 기술 영역이 형성된다(Quinn et al., 1996; [그림 8-6] 참조).

첫째, 유연성-내부지향 영역은 구성원 중심의 관계 형성을 중시하며, 여기에 해당하는 리더십 기술은 인간관계(human relations)이다. 이 영역의 리더는 멘토(mento)와 촉진자(facilitator)의 역할을 수행한다. 멘토는 구성원을 보살피고 관심을 기울이는 공감적 태도를 지니며, 촉진자는 상호작용과 팀워크를 증진시키는 데 주력한다. 이들에게 적합한 리더십 스타일은 관심과 지지, 협력과 개방성 중심의 유형이다.

둘째, 유연성-외부지향 영역은 외부 환경 변화에 대한 대응과 혁신을 중시하는 영역으로, 경계 잇기(boundary spanning) 기술이 요구된다. 이 영역에서는 중재자(broker)와 혁신가(innovator)의 역할이 강조되며, 리더는 자원을 유치하고 창의적 대안을 제시하는 데 능숙해야 한다. 적합한 리더십 스타일은 발명가적이고 위험 감수형이다.

셋째, 통제-외부지향 영역은 명확한 목표 설정과 실행을 중시하는 영역으로, 지휘(directing) 기술이 요구된다. 리더는 생산자(producer)와 지시자(director)의 역할을 수행하며, 결과 중심의 성과 창출에 집중한다. 이때 리더는 목표지향성, 지시적 태도, 책임 중심의 스타일을 요구받는다.

넷째, 통제-내부지향 영역은 체계 유지와 일관성을 중시하며, 조정(coordinating) 기술이 핵심이다. 이 영역의 리더는 감시자(monitor)와 조정자(coordinator)로서 조직 내부의 규칙, 절차, 성과관리 등을 통해 안정성을 확보한다. 보수적이고 조심스러운 스타일이 선호된다.

이러한 네 영역의 리더십 역할은 서로 보완적이지만 동시에 경쟁적 가치를 갖는다. 예를 들어, 인간관계 영역의 '관심 · 지지' 스타일은 통제 중심의 '목표지향 · 지시' 스타일과 성격상 충돌할 수 있다. 마찬가지로, 외부지향의 창의적 리더십은 내부 통제적 리더십과 긴장관계에 놓일 수 있다.

따라서 퀸의 경쟁적 가치 리더십은 단일한 리더상이나 스타일을 제시하지 않는다. 진정으로 효과적인 리더십은 서로 대립하거나 상충할 수 있는 다양한 가치와 역할 사이에서 유연하게 균형을 이루는 데 있다. 특정 리더십 영역에만 치우칠 경우, 조직 내 갈등과 비효율이 발생할 수

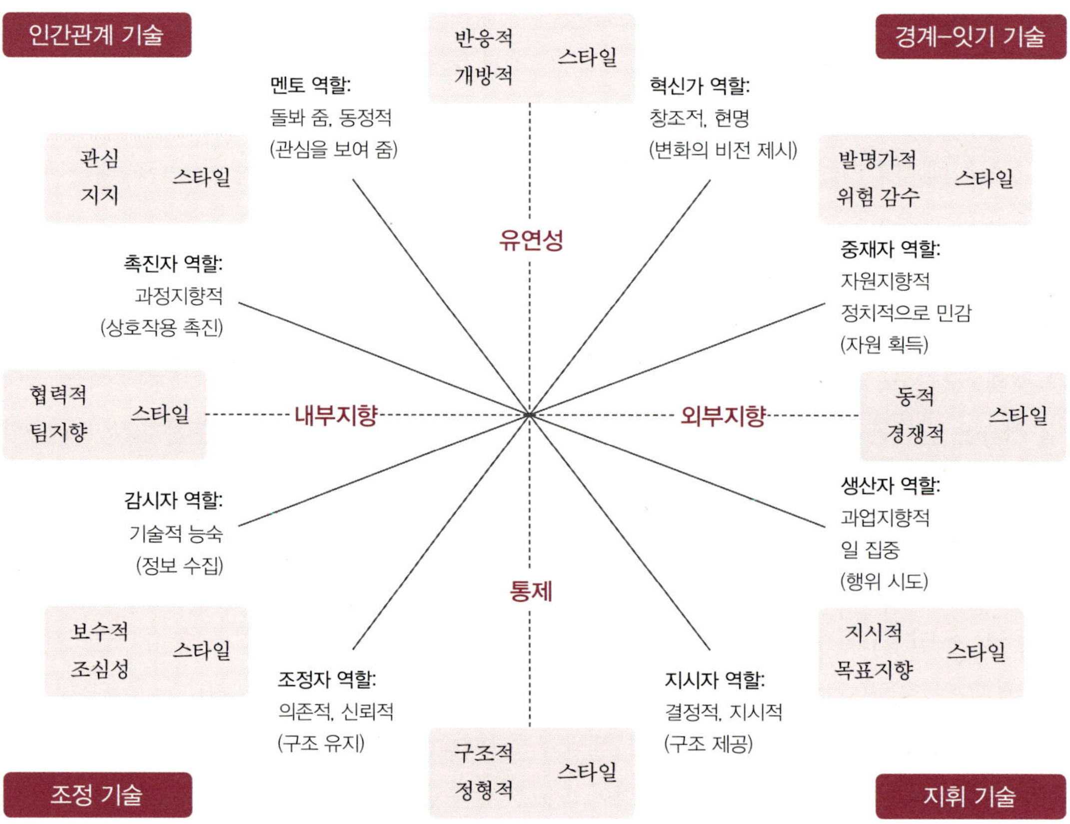

[그림 8-6] 퀸의 경쟁적 가치 리더십

출처: Quinn (1988); Edwards & Austin (1991). In Edwards & Yankey (Eds.): 김영종(2016), p. 191에서 재참고.

있으며, 오히려 복합적인 요구를 충족하지 못하게 된다(Cameron & Quinn, 2006). 이 이론은 복잡한 사회복지조직이나 다원적 이해관계가 존재하는 조직 환경에서 다차원적 리더십의 통합적 적용 가능성을 제시한다는 점에서 유의미하다.

2. 사회복지실천에서의 슈퍼비전 기능과 접근

사회복지조직은 대부분의 서비스가 사회복지사와 클라이언트 간의 직접적인 접촉을 통해 이루어지기 때문에, 일선 사회복지사의 역량은 조직 전체의 서비스 품질과 직결된다. 따라서 일선 실무자의 지식과 기술을 증진시키고, 전문적 가치와 사명을 고취하며, 그들의 개별적 욕구와 과업 수행상의 어려움에 적절히 대응하는 과정은 매우 중요하다. 이러한 맥락에서 슈퍼비전(supervision)은 사회복지 실천과 행정 전반에 걸쳐 전문성과 효율성을 제고하기 위해 슈퍼바이저(supervisor)와 일선 사회복지사 간에 수행되는 지도, 교육, 지지의 과정이라 할 수 있다.

1) 슈퍼비전의 개념

슈퍼비전은 일반적으로 상급자가 하급자의 업무 수행을 지도하고 감독하는 행위로 이해된다. 그러나 사회복지조직에서의 슈퍼비전은 단순한 지시나 통제를 넘어, 전문성 향상과 심리적 지지, 행정적 효율성 확보를 위한 전문적 상호작용 과정으로 정의된다. 이는 위계적 구조 속에서도 협력적 관계를 바탕으로 이루어지며, 일선 사회복지사와 중간 관리자 간의 업무지도, 관계조정, 정서적 지원 등을 포함하는 복합적인 기능을 수행한다.

초기의 정의에서 로빈슨(Robinson, 1936)은 슈퍼비전을 "지식과 기술을 갖춘 사람이 그렇지 못한 사람을 훈련시키는 교육과정"으로 보았고, 타웰(Towel, 1963)은 직원 개발에 중점을 둔 행정 과정으로 설명하였다. 이후 카두신(Kadushin, 1992)은 슈퍼비전을 "사회복지사가 클라이언트에게 최선의 서비스를 제공할 수 있도록, 슈퍼바이저와의 상호작용을 통해 교육적 · 행정적 · 지지적 기능을 수행하는 과정"으로 정의하며 슈퍼비전의 현대적 의미를 정립하였다.

2) 슈퍼비전의 기능

카두신(1992)은 슈퍼비전의 기능을 교육적 · 행정적 · 지지적 기능으로 구분하고, 다음과 같이 설명하였다.

(1) 교육적(educational) 기능

교육적 슈퍼비전은 사회복지사의 전문지식과 실천기술 향상을 통한 역량 개발을 목표로 한다. 슈퍼바이저는 교육자로서 사회문제와 인간행동, 개입 기법 등에 대해 설명하고, 복잡한 사례를 통해 문제해결 능력을 길러 준다. 이 과정은 사회복지사가 자율성과 전문성을 갖춘 실천가로 성장하는 데 기여한다.

(2) 행정적(administrative) 기능

행정적 슈퍼비전은 기관의 정책과 절차에 맞춰 사회복지사가 효과적으로 서비스를 제공하고 업무를 수행하도록 작업 환경을 마련해 주며, 필요한 자원을 활용할 수 있게 지원하는 기능을 수행한다. 행정적 슈퍼비전에서 슈퍼바이저는 업무를 적절히 배분하고, 자원 활용을 지원하며, 서비스의 질 평가, 규정 준수 등도 함께 관리한다. 이는 단순한 통제를 넘어서, 조직 운영의 효율성과 실무자의 업무 만족을 동시에 고려하는 관리 전략이다.

(3) 지지적(supportive) 기능

지지적 슈퍼비전은 실무자가 경험하는 감정적 부담과 스트레스를 완화하고, 정서적 안정과 회복을 도모하는 데 목적을 둔다. 사회복지실천은 감정노동의 성격이 강하기 때문에, 슈퍼바이저는 정서적 지지자이자 심리적 동반자로서 신뢰와 공감의 자세를 유지해야 한다. 지지적 슈퍼비전은 직무 만족도 향상, 자아 존중감 고취, 회복력 강화, 팀워크 증진 등 긍정적 효과를 유도하며, 이를 위해 피드백 제공, 성공 사례 강조, 스트레스 관리 전략 공유 등이 활용된다.

3) 슈퍼바이저의 역할 및 자질

슈퍼비전의 세 가지 핵심 기능(교육적 · 행정적 · 지지적 기능)은 서로 긴밀히 연관되어 있으며, 슈퍼바이저는 이들 기능을 균형 있게 수행함으로써 조직의 효율성과 사회복지사의 전문성 향상에 기여해야 한다. 특정 기능에 편중되면 문제가 발생할 수 있는데, 예를 들어 행정적 기능에 지나치게 집중하면 사회복지사의 자율성과 실천동기를 약화시킬 수 있으며, 반대로 지지적 기능만 강조되면 업무와 사적 문제의 경계가 흐려져 조직 운영에 혼선을 줄 수 있다(Kadushin & Harkness, 2014).

슈퍼바이저는 조직 내에서 중간관리자로서 경영진과 실무자 간의 연결고리 역할을 수행하며, 단순한 행정 감독을 넘어 관계 조정, 변화 관리, 심리적 지지, 실천 지도 등의 복합적인 과업을 담당한다. 번커와 바인버그(Bunker & Wijnberg, 1988)는 일선 슈퍼바이저가 담당해야 할 구체적 역할로 조직 내 · 부서 간 조정, 전략 기획 참여, 성과 보고 및 외부 연계, 과업 총괄과 팀워크 강화, 직원 개발 및 실천 모델 혁신, 문제해결 역량 강화와 과업 목표 설정 등을 제시하였다. 이처럼 슈퍼바이저는 조직 운영과 사회복지실천의 질적 수준을 동시에 책임지는 다기능적 전문 관리자로서의 역할을 수행해야 한다.

이러한 복합적인 역할을 충실히 수행하기 위해 슈퍼바이저는 다음과 같은 자질을 갖추어야 한다. 첫째, 조직 운영과 사회복지실천 전반에 대한 깊은 전문지식을 갖추어야 하며, 둘째, 풍부한 실무 경험을 바탕으로 하급자의 실천을 지도할 수 있어야 하고, 셋째, 하급자가 쉽게 접근하고 소통할 수 있는 개방성과 수용성을 지녀야 하며, 넷째, 진정성 있는 태도와 사명감을 바탕으로 지속적인 관심과 지원을 제공해야 하고, 다섯째, 자신의 실수나 부족함을 인정할 줄 아는 솔직함과 겸손을 갖추어야 하며, 여섯째, 긍정적 피드백과 진심 어린 인정과 존중을 통해 동기를 부여할 수 있어야 한다.

4) 슈퍼비전 방법

슈퍼비전은 제공 방식에 따라 가장 기본적으로 개인 슈퍼비전과 집단 슈퍼비전으로 구분된다. 개인 슈퍼비전은 슈퍼바이저와 업무담당자가 1:1로 만나 개별화된 피드백과 지도를 받는 방식이다. 반면, 집단 슈퍼비전은 한 명의 슈퍼바이저가 여러 명의 사회복지사를 동시에 지도하거나, 경우에 따라 여러 명의 슈퍼바이저가 특정 사회복지사에게 공동으로 슈퍼비전을 제공하는 구조를 포함한다. 일반적으로는 슈퍼바이저 한 명이 여러 실무자에게 동시에 슈퍼비전을 제공하는 집단 슈퍼비전 형태가 가장 널리 활용되는데, 집단 슈퍼비전의 장점은 다음과 같다.

첫째, 여럿에게 제공할 슈퍼비전을 한번에 제공할 수 있어 시간과 노력을 절약할 수 있다. 둘째, 개인 슈퍼비전에서 활용하기 어려운 외부 전문가의 강연, 역할극, 영상자료 등 다양한 교육기법을 활용할 수 있어 학습의 폭을 넓힐 수 있다. 셋째, 실무자 간 경험 공유를 통해 문제해결 방안에 대한 학습 효과가 증대된다. 넷째, 실무자 간의 정서적 지지를 통해 소속감과 연대감을 강화할 수 있다. 다섯째, 개인 슈퍼비전에 비해 긴장감이 덜하고 심리적으로 안정감을 느낄 수 있다.

하지만 집단 슈퍼비전은 다음과 같은 단점도 함께 내포하고 있다. 첫째, 실무자의 개별적인 욕구를 충분히 반영하기 어려울 수 있고, 둘째, 집단 내 동료들 간에 경쟁심이나 라이벌 의식이 형성될 가능성이 있으며, 셋째, 개인이 문제해결에 책임을 다하지 않거나 수동적인 태도를 보일 우려가 있고, 넷째, 실수를 공개해야 하는 상황에서 부정적 평가에 대한 두려움이 커질 수 있으며, 다섯째, 실무자 간의 복잡한 상호작용으로 인해 의사소통의 혼란이나 갈등이 발생할 소지가 크고, 여섯째, 슈퍼바이저가 집단을 효과적으로 통제하지 못할 경우, 조직화된 반발이나 저항이 나타날 수 있다.

이와 같이 슈퍼비전은 일반적으로 슈퍼바이저와 슈퍼비전 대상 간의 구성 인원수를 기준으로, 개인 슈퍼비전과 집단 슈퍼비전으로 구분된다. 그러나 일부 학자들은 슈퍼비전의 실제 운영 방식과 상호작용 구조에 주목하여, 더 다양한 슈퍼비전 유형을 제시해 왔다. 그중에서도 왓슨(Watson, 1973)은 슈퍼비전의 실천 형태에 따라 여섯 가지 유형을 제시하였고, 이는 오늘날 사회복지실천 현장에서 슈퍼비전 방식의 다양성과 유연성을 이해하는 데 유용한 틀을 제공한다.

첫째는 개인교사 모형(tutorial model)으로, 이는 슈퍼바이저와 슈퍼비전 대상자가 일대일(1:1) 관계를 형성하여 이루어지는 전통적인 형태의 슈퍼비전이다. 이 모형은 주로 경험이 부족한 초보 사회복지사에게 효과적인데, 밀도 높은 피드백과 개별적 지도가 가능하다는 장점이 있다. 슈퍼바이저는 이 과정에서 지도자이자 멘토의 역할을 수행하게 된다.

둘째는 사례 자문(case consultation)으로, 이는 사회복지사가 현재 담당하고 있는 특정 사례(case)에 대해 슈퍼바이저의 자문을 통해 문제를 탐색하고 해결 방안을 모색하는 방식이다. 이 모형은 '상담'이라는 용어보다는 '자문' 또는 '컨설테이션(consultation)'이라는 용어가 더 적절하며, 슈퍼바이저는 직접적인 지도보다는 지식과 통찰을 공유하는 자문자의 역할에 가깝다(Rankine, 2017).

셋째는 슈퍼비전 집단(supervisory group)으로, 한 명의 슈퍼바이저가 여러 명의 사회복지사를 대상으로 집단 형태로 슈퍼비전을 제공하는 방식이다. 이 경우 슈퍼바이저는 집단 내 모든 구성원에게 동일한 정보를 제공하면서, 상호작용을 유도하여 다양한 사례의 공통 쟁점을 학습할 수 있도록 돕는다. 집단 구성원 간의 상호 학습효과가 기대되며, 기관의 자원 효율성을 제고하는 데도 기여할 수 있다.

넷째는 동료 집단 슈퍼비전(peer-group supervision)이다. 이 유형은 공식적인 슈퍼바이저가 존재하지 않고, 구성원들이 동등한 입장에서 서로의 실천을 점검하고 조언하는 집단 자율형 슈퍼비전이다. 이는 상호 존중과 신뢰를 기반으로 운영되며, 자율성과 전문성의 상호 강화라는 점에서 성숙한 조직문화에서 특히 효과적이다. 단, 일정 수준 이상의 전문성과 참여 규칙이 전제되어야 원활하게 운영될 수 있다(Sewell, 2009).

다섯째는 직렬 슈퍼비전(tandem supervision)으로, 이는 동료집단 슈퍼비전과 유사해 보이지만 구성원이 둘로 제한된 형태로, 두 명의 사회복지사가 서로에게 슈퍼바이저 역할을 수행하는 상호 교환적 슈퍼비전 방식이다. 이때 역할이 순차적으로 교대되며 명확히 구분되므로, 참여 인원수와 역할 수행 방식에서 동료집단 슈퍼비전과 차이가 있다. 직렬 슈퍼비전은 상호 책임성과 심리적 안정감이 중요한 관계 기반 실천 환경에서 유용하며, 특히 긴밀한 협력이 필요한 실천 현장에서 활용될 수 있다.

여섯째는 팀 슈퍼비전(team supervision)으로, 이는 다양한 직무 또는 전문성을 가진 구성원들이 팀을 구성하여, 사전에 정해진 안건을 중심으로 사례를 분석하고 결론을 도출하는 협력적 형태의 슈퍼비전이다. 슈퍼비전의 목표가 단순한 사례 해결을 넘어서, 집단 내 전문성을 통합하고 조직 차원의 대응 전략을 수립하는 방향으로 확대되는 경우에 특히 적합하다. 팀 슈퍼비전은 복잡한 사례나 다학제적 접근이 필요한 사회복지 분야에서 점차 그 활용도가 높아지고 있다(Hawkins & Shohet, 2012).

이처럼 슈퍼비전은 그 목적, 대상, 운영 방식에 따라 다양한 유형으로 구분되며, 사회복지실천 현장에서는 이러한 유형들을 실천 맥락에 맞게 유연하게 선택하고 적용하는 것이 중요하다.

제 9 장

SOCIAL WELFARE ADMINISTRATION

사회복지조직의 마케팅 이해

사회복지조직은 지역사회 내 다양한 이해관계자와 긴밀히 소통하며, 한정된 자원을 효과적으로 활용해 공공의 이익을 실현해 나가는 기관이다. 그러나 오늘날과 같이 복지 수요가 급증하고 서비스 공급 주체 간 경쟁이 치열해진 환경 속에서는 조직이 지닌 사명과 가치를 보다 전략적으로 전달하고, 대상자 및 후원자와의 관계를 지속적으로 강화하는 노력이 절실히 요구된다. 이러한 맥락에서 사회복지 마케팅은 단지 후원이나 홍보 수단이 아니라, 조직의 목표 달성과 지속 가능성을 확보하기 위한 핵심 경영 전략으로 주목받고 있다.

본 장에서는 먼저 마케팅의 개념과 사회복지 영역으로의 개념 확장 과정을 고찰하고, 사회복지조직에 적합한 마케팅의 목적과 접근 방법을 정리한다. 이어서 4P 중심의 마케팅 믹스 전략을 사회복지조직의 특수성에 맞추어 분석하고, 실제 마케팅 과정에서 요구되는 환경 분석, 표적시장 설정, 전략 수립의 구체적 절차를 제시한다. 특히 사회복지조직의 자원 개발 및 관계 기반 운영에서 마케팅이 어떻게 어떤 방식으로 통합적으로 작동할 수 있는지를 살펴보고, 이를 통해 사회복지조직의 종사자들이 마케팅을 윤리적이고 전문적인 실천 도구로 이해하고 활용할 수 있는 기반을 마련하고자 한다.

1. 사회복지 마케팅의 개념과 특성

1) 마케팅의 개념

마케팅(marketing)은 전통적으로 기업이 제품이나 서비스를 소비자에게 판매하기 위해 수행하는 일련의 활동을 의미한다. 이는 단순한 판매기술을 넘어, 소비자의 욕구를 파악하고 이를 충족시키기 위한 제품이나 서비스를 창출하고 전달하는 전략적 과정이다. 마케팅은 표적시장(target market)의 요구에 맞춰 가치 있는 제품과 서비스를 개발하고, 적절한 가격에 제공하며, 유통 및 촉진 전략을 통해 소비자에게 전달하는 종합적인 활동이다(Weihrich & Koontz, 1993). 이를 통해 기업은 고객 만족, 소비의 극대화, 선택의 다양성 보장, 생활의 질 향상, 이윤 증대 등을 달성하고자 한다.

시어도어 레빗(Theodore Levitt, 1960)은 마케팅을 고객 욕구를 이해하고 이에 부응하는 가치 창출의 과정으로 보았으며, 고객지향성(customer orientation)을 마케팅의 핵심으로 강조하였다. 즉, 마케팅은 기업이 원하는 것을 파는 것이 아니라, 소비자가 원하는 것을 제공하는 활동이라는 점을 분명히 한 것이다. 필립 코틀러와 케빈 켈러(Kotler & Keller, 2016)는 마케팅을 가치 있는 제품과 서비스를 창출하고, 소통하며, 전달하는 사회적 · 관리적 과정으로 정의하며, 마케팅이 소비자와의 지속적인 관계 형성과 전략적인 가치 제공을 중심으로 이루어져야 함을 강조하였다.

2) 사회마케팅의 개념과 특성

1960년대 후반부터 마케팅 개념은 비영리조직과 공공기관으로 확장되었다. 코틀러와 레비(Kotler & Levy, 1969)는 마케팅이 단지 상업적 거래에 국한되지 않고, 비영리조직도 마케팅 문제를 다룬다고 주장하였다. 미국마케팅협회(American Marketing Association, 2017)도 마케팅을 "기업이나 비영리기관, 정부조직이 고객 및 사회와 관계를 형성하고, 해당 욕구에 부합하는 가치, 제품, 서비스, 아이디어를 개발 · 소통 · 전달하여 지속 가능한 교환을 창출하는 활동"으로 정의하였다.

이처럼 확장된 개념의 마케팅은 오늘날 사회마케팅(social marketing) 또는 사회적 마케팅이라는 이름으로 불리며, 이는 상업적 마케팅의 기법을 응용하되, 그 목적을 공공선과 사회적 이익에 둔다는 특징이 있다. 이러한 차원에서 코틀러와 그의 동료들(Kotler et al., 2006)은 사회마케팅을 "개인과 사회에 유익한 행동 변화를 유도하기 위해 마케팅의 원칙과 기법을 적용하여 가치를 창출하고, 전달하며, 지속 가능한 변화를 도모하는 전략"으로 정의하였다.

사회복지 영역에서 수행되는 사회마케팅은 단순히 서비스 이용자를 늘리는 활동이 아니라, 조직의 사명과 가치를 대중과 공유하고, 공익 캠페인을 통해 사회적 인식과 행동 변화를 유도하며, 후원자 및 자원봉사자의 참여를 촉진하는 방식으로 전개된다.

하지만 사회마케팅은 대중에게 불편을 수반하는 행동 변화를 요청하는 경우가 많아 상업 마케팅보다 더 높은 저항을 마주할 수 있다. 예컨대, 금연, 금주 등과 같이 중독성이 있는 행위를 금지시키거나, 자원 재활용, 에너지 절약처럼 일상에서 번거로움을 가져다주는 개인의 습관 변화를 유도하는 일이기 때문에 행동심리학적 이해와 장기적 설계가 필요하다. 이런 점에서 사회마케팅은 더 높은 수준의 설득 전략과 가치 기반 접근을 요구한다.

3) 사회복지 마케팅의 개념

사회복지조직은 효율성과 효과성 제고를 위해 전략적 기획, 목표관리기법(MBO), PERT 등 다양한 조직관리기법을 도입해 왔다. 그러나 마케팅은 본래 상업주의적 속성을 지니고 있어 공익 실현을 지향하는 사회복지조직과는 긴장관계를 형성해 왔고, 이에 따라 오랫동안 구조적 거부감이 존재해 왔다. 또한 과거에는 재원 확보 경쟁이 덜해 마케팅의 필요성이 절박하지 않았다.

하지만 1960년대 이후, 서구 사회에서는 사회복지 환경의 변화로 인해 마케팅에 대한 인식 전환이 이루어졌다. 서비스 제공 비용의 증가, 책임성과 투명성에 대한 요구, 그리고 조직 간 경쟁 심화는 마케팅을 실천 전략으로 받아들이게 한 주요 요인이었다. 이에 따라 사회복지조직은 활동과 성과를 홍보하고, 후원자 참여를 유도하는 수단으로 마케팅을 활용하게 되었으며, 이는 자원의 확보 전략으로 기능하게 되었다(정무성, 2000).

바커(Barker, 1993)는 비영리조직이나 공공기관이 수행하는 마케팅을 사회마케팅으로 지칭하고, 이를 클라이언트, 후원자, 규제기관, 지역사회 등 다양한 이해관계자의 관심과 반응을 유도하기 위한 활동으로 정의하였다. 이러한 관점에서 사회복지 마케팅은 사회복지조직이 수행하는 사회마케팅의 하위 유형으로 간주되며, 조직의 목적 달성을 위해 마케팅 기법을 전략적으로 활용하는 실천적 접근이다. 실제로 서비스 개발, 홍보, 후원자 및 자원봉사자 확보 등 조직의 주요 활동 전반에 걸쳐 마케팅 전략이 적용된다. 특히 사회복지조직은 기부금 확보와 관련하여 지역사회의 인식을 제고하고, 참여를 촉진하며, 지속 가능한 재정 기반을 구축하기 위한 전략으로 마케팅을 활용한다.

(1) 사회복지 마케팅의 특징

사회복지 마케팅은 전통적 상업 마케팅과는 달리 사회문제 해결과 공익 실현을 주요 목적으로 한다. 이는 마케팅 활동의 목표가 이윤이 아니라 사회적 가치 창출이라는 점에서 본질적인 차이를 가진다.

사회복지 마케팅의 특징은 다음과 같다(Burnett, 2002; Sargeant & Shang, 2010). 첫째, 클라이언트의 구체적이고 개별화된 욕구를 정확히 파악하고, 이를 충족시키는 데 중점을 둔다. 둘째, 사회문제에 대한 대중 인식을 제고하고 공감대를 형성함으로써, 주민 참여를 유도하는 핵심적 매개 역할을 수행한다. 셋째, 사회복지조직은 정부 보조금, 민간 기부, 기업 협찬 등 외부 자원에 의존하므로 자원의 안정적 확보는 조직 운영의 지속 가능성을 좌우하는 핵심 요소이다. 따라서 사회복지 마케팅은 후원자에게 조직의 미션, 핵심 가치, 프로그램 성과 등을 효과적으로 전달하고, 정기적인 소통을 통해 그들의 관심과 후원을 유지・확대하는 데 주력해야 한다. 넷째, 사회복지조직의 대외적 평판은 신뢰성, 투명성, 사회적 책임성과 밀접한 관련이 있으며, 이는 후원자의 참여 여부에 중대한 영향을 미친다. 따라서 사회복지조직은 기관 활동과 성과에 대해 명확하고 투명한 정보를 지속적으로 제공함으로써 책임성과 신뢰성을 확보해야 한다. 특히 서비스 제공의 효과성, 기부금의 집행 내역 등은 이해관계자들에게 정기적으로 공유되어야 하며, 이는 조직의 지속 가능성 및 공공성과 직결되는 핵심 과제라 할 수 있다.

(2) 사회복지조직의 마케팅 도입 필요성

사회복지조직은 지속 가능성과 사회적 책무 이행을 위해 마케팅을 전략적으로 도입할 필요가 있으며, 이는 다음 네 측면에서 특히 요구된다.

첫째, 책임성의 측면에서 사회복지조직은 공공재원이나 기부금 등 외부 자원을 활용하여 서비스를 제공하는 조직으로서, 그 활동과 성과 전반에 걸쳐 정당성과 투명성을 확보해야 할 책임이 있다. 특히 서비스의 기획, 실행, 평가에 이르는 전 과정에서 이용자와 지역사회에게 명확한 설명과 설득력 있는 커뮤니케이션이 필요하다. 이때 마케팅은 단순한 홍보를 넘어, 조직의 미션과 서비스의 성과를 효과적으로 알리고 외부의 공감과 신뢰를 이끌어 내는 전략적 수단이 된다. 이를 통해 조직은 책임성을 강화하고 사회적 지지를 확보할 수 있다.

둘째, 이해관계자 관리의 측면에서 사회복지조직은 클라이언트, 후원자, 자원봉사자, 지역주민, 정부기관 등 다양한 이해관계자와 관계를 맺고 있다. 이들의 욕구와 기대는 서로 다르기 때문에, 세분화된 욕구 분석과 표적화된 대응 전략이 필수적이다. 마케팅은 바로 이러한 이해관계자 기반 분석을 가능하게 하며, 이를 통해 조직은 각 집단의 특성과 요구에 적합한 방식으로 접근함으로써 참여를 유도하고 만족도를 높일 수 있는 기회를 확보하게 된다.

셋째, 서비스 개발의 측면에서 정치 · 경제 · 사회 · 문화적 환경의 변화는 사회복지조직의 서비스 내용과 방식에도 영향을 미친다. 새로운 복지 수요를 예측하고 이에 효과적으로 대응하기 위해서는 외부 환경을 분석하고 목표 대상을 명확히 설정할 수 있는 마케팅적 시각과 분석 기법이 요구된다. 이를 통해 조직은 시대적 흐름과 수요자 특성에 부합하는 혁신적인 서비스 개발과 조정이 가능해지며, 사회적 가치 실현 능력 또한 제고된다.

넷째, 재정 확보의 측면에서 사회복지조직은 조직의 목적을 효과적으로 달성하기 위해 재정 자원의 확보, 효율적 집행, 책임 있는 관리가 전제되어야 한다. 하지만 민간 기부나 공공 지원금은 점차 경쟁적으로 변화하고 있기 때문에, 조직은 후원자 확보와 모금 활동에 있어 전략적 접근이 요구된다. 마케팅은 모금시장 분석, 후원자 세분화, 메시지 개발, 홍보 전략 수립 등의 과정에서 효과적인 방법론을 제공하며, 이를 통해 조직의 가치를 알리고 참여를 이끌어 내는 실질적인 도구로 기능한다.

4) 교환의 과정

마케팅의 핵심 원리 중 하나는 '교환(exchange)'이다. 코틀러는 마케팅을 단순한 판매나 전달 행위가 아닌, 상호 간에 가치 있는 것을 주고받는 교환의 과정으로 보았다. 예를 들어, 기업은 제품을 제공하고 소비자는 그에 상응하는 금전을 지불하며, 공공기관은 서비스를 제공하고 세금을 받는다. 사회복지조직도 예외는 아니다. 사회복지조직은 국가보조금이나 민간 후원을 받아 서비스를 제공하지만, 이는 단순한 일방적 수혜가 아니라, 후원자와의 가치교환이 이루어지는 상호적인 관계이다. 즉, 후원자는 사회복지조직을 통해 공익 실현 욕구를 간접적으로 충족하며, 심리적 보람이나 만족감을 얻는다. 이로써 금전적 기부와 심리적 보상이 상호 교환되는 구조가 형성된다(Ebaugh et al., 2005; Hughes & Luksetich, 2004).

과거 사회복지조직은 후원 요청을 위해 후원이 얼마나 가치 있는 일인지를 알리는 데 초점을 두었다. 그러나 현재는 후원금의 구체적인 성과, 즉 후원금을 통해 제공된 서비스의 실제 효과성을 중심으로 홍보하며, 사회복지조직이 후원자의 선의와 가치를 실현해 줄 수 있는 실행력을 가진 기관임을 강조한다. 또한 과거에는 열악한 현실을 강조해 동정심을 자극하며 사회복지기관이 겪는 재정적 어려움을 부각하는 데 초점을 맞추었으나, 오늘날에는 전문성과 공공 책임성을 바탕으로 후원자에게 신뢰를 제공하고, 기부를 사회적 가치 실현의 수단으로 인식하게 하는 방향으로 전환되고 있다. 이러한 흐름은 사회복지조직과 후원자 간 관계를 양방향의 '심리적 교환'으로 재정립하고 있다는 점에서 중요한 전환을 의미한다(Kotler & Andreasen, 1987: 신준섭, 최은미, 2004에서 재인용).

2. 마케팅 믹스의 구성과 적용

1) 마케팅 믹스 4P

마케팅 믹스(marketing mix)란 기업이 표적시장으로부터 원하는 반응을 이끌어 내기 위해 사용하는 통제 가능한 마케팅 수단들의 조합을 의미한다. 이 개념은 1953년 미국마케팅학회(American Marketing Association)에서 닐 보든(Neil Borden)이 처음 제시한 것으로, 그는 마케팅 믹스를 "시장에서 특정 반응을 유도하기 위한 요소들의 전략적 혼합"으로 정의하였다(Borden, 1964). 이후 제롬 맥카시(Jerome McCarthy, 1960)가 마케팅 믹스의 대표적 구성요소로 제품(product), 가격(price), 유통(place),[1] 촉진(promotion)이라는 네 가지 변수, 이른바 '4P 모델'을 체계화하면서 널리 확산되었다.

이 네 가지 구성요소는 기업과 고객 간의 교환이 성공적으로 이루어지기 위한 핵심 조건을 제공한다. 즉, 기업은 고객의 욕구를 충족시킬 수 있는 '제품'을 공급하고, 그 대가로 이익을 확보할 수 있는 적절한 '가격'을 설정하여야 한다. 또한 기업은 자사의 제품이 제공하는 가치와 혜택을 고객에게 효과적으로 알리고 구매를 유도해야 하는데, 이를 '촉진'이라 한다. 나아가 기업은 고객이 제품을 실제로 접할 수 있도록 효율적인 전달체계를 갖추는 것도 필수적인데, 이를 '유통'이라 한다. 이러한 네 가지 요소는 마케팅 전략 수립의 기본이자 중심축으로 기능하며, 이를 통합적으로 고려하는 것이 마케팅 믹스의 핵심이다(Kotler & Keller, 2016).

한편, 1980년대 이후에는 서비스 산업의 확장과 함께 기존의 4P에 '사람(People)', '유형적 단서(Physical evidence: 물리적 환경)', '과정(Process)'이 더해진 7P 모델이 등장하였고, 1990년대에는 기존의 기업 중심의 접근에서 소비자 중심의 접근을 강조한 4C(Customer solution, Cost, Convenience, Communication) 모델로 발전되었다(Lauterborn, 1990). 본 절에서는 마케팅 4P 요

1 사실상 '유통'을 뜻하는 영어 단어는 'distribution'이다. 그런데 유통을 생산자와 소비자 사이의 장소의 격차를 메꿔주는 것이라고 본다면, distribution 대신에 'place'로 쓸 수 있으므로, 마케팅 믹스에서는 '유통'을 'place'로 표현한다.

소를 포함하여 확장된 마케팅 믹스 모델들을 논의하고자 한다.

(1) 제품(Product)

제품은 소비자의 욕구를 충족시키는 물리적 재화나 서비스로서, 그 품질, 성능, 디자인, 스타일, 브랜드, 이미지 등의 속성이 모두 포함된 종합적 개념이다. 즉, 단순한 기능적 속성을 넘어, 소비자에게 전달하는 총체적 가치를 포괄하는 것이다(Kotler & Armstrong, 2022). 기업은 제품 전략을 통해 이러한 속성들을 조율하며, 이를 바탕으로 시장에서의 경쟁력을 확보하고, 브랜드 정체성을 형성하며, 수익 창출을 도모한다. 이러한 제품 전략은 소비자의 요구를 만족시키는 것은 물론, 경쟁 제품과의 차별화를 실현하는 데에도 핵심적인 역할을 하며, 시장 변화와 소비자 트렌드에 따라 지속적으로 조정되어야 한다.

⊙ 사회복지 마케팅에서의 제품

사회복지조직의 마케팅에서 '제품'은 일반 기업의 물리적 상품과는 전혀 다른 속성을 지닌다. 사회복지조직이 제공하는 것은 주로 서비스나 프로그램, 또는 후원자가 참여할 수 있는 사회적 가치 창출 활동이므로, 제품은 무형의 서비스나 프로그램으로 간주된다(Andreasen & Kotler, 2008). 따라서 디자인이나 스타일보다 서비스의 질, 효과성, 이미지, 상징적 가치 등이 제품의 주요 속성이 된다. 특히 사회복지조직에서 제공하는 서비스는 클라이언트의 삶의 질 향상, 사회적 통합, 욕구 충족 등의 기능을 수행할 수 있는 것들로 개발·제공되어야 하며, 그 가치가 후원자나 지역사회에 의해 인식될 수 있도록 구성되어야 한다.

이에 따라 제품(서비스) 기획과 운영 관리에서 다음과 같은 요소들이 요구된다. 첫째, 클라이언트의 욕구를 정확하게 파악하고, 이를 충족시킬 수 있는 욕구 기반의 프로그램 설계가 필요하며, 둘째, 정기적인 만족도 조사 및 질 평가를 통해 서비스의 효과성과 질적 수준을 지속적으로 향상시켜야 하고, 셋째, 서비스의 브랜딩 전략을 통해 고유한 특성과 메시지를 강조함으로써, 타 기관과의 차별성을 확보하고 후원자와의 소통을 원활하게 해야 하며, 넷째, 다양한 서비스 포트폴리오를 구축하여 클라이언트의 선택권을 확대하고, 민관협력이나 지역사회 자원과의 연계를 통해 서비스의 다각화를 꾀해야 한다.

이처럼 사회복지 마케팅에서의 '제품' 전략은 단순히 서비스 제공에 그치지 않고, 기관의 사명과 사회적 가치 창출이라는 목적을 실현하는 수단으로 기능하여야 하며, 후원자에게는 의미 있는 변화를 제공할 수 있는 수단으로 인식될 수 있도록 설계되어야 한다.

(2) 가격(Price)

가격은 소비자가 상품이나 서비스를 구매하기 위해 지불하는 금액을 의미하며, 단순한 숫자 이상의 경제적 · 심리적 가치를 포함하는 개념이다. 마케팅에서 가격은 소비자가 제품이나 서비스로부터 얻을 수 있다고 인식하는 가치에 비례하여 형성되며, 기업 입장에서는 수익 창출과 시장 경쟁력 확보의 핵심 변수로 작용한다(Kotler & Keller, 2016).

일반적으로 제품의 적절한 가격 책정은 매출과 이익에 직접적인 영향을 미치며, 소비자의 구매 의사결정 과정에서 중요한 판단 기준이 된다. 가격 결정에 영향을 미치는 주요 요인으로는 제품 생산 및 유통 과정에서 발생하는 원가(직접비와 간접비 포함), 제품에 대한 시장의 수요와 소비자의 가격민감도, 경쟁자의 가격 정책 등이 있으며, 이들 요소는 복합적으로 작용하여 가격 전략의 형태를 결정한다(Nagle & Müller, 2018).

⊙ 사회복지 마케팅에서의 가격

사회복지조직의 경우, 가격은 클라이언트가 서비스를 이용하는 대가로 지불하는 금액만을 의미하지 않는다. 대부분의 사회복지서비스는 무료이거나 극히 저렴한 이용료만을 요구하며, 주요 재원은 정부 보조금, 민간 후원금, 그리고 공모사업 등의 외부 자금으로 충당된다. 특히 정부 지원금은 인건비와 시설 운영비 등 기본적인 운영을 위한 최소한의 재정만을 지원하기 때문에, 프로그램의 질적 향상과 다양화, 클라이언트의 복합적 욕구 충족을 위해서는 민간 후원금의 확보가 필수적이다(Andreasen & Kotler, 2008).

이와 같은 맥락에서 사회복지조직이 설정하는 가격은 경제적 비용만이 아니라 후원자가 감수해야 할 심리적 · 정서적 · 시간적 비용까지 포함한 확장된 개념으로 이해된다. 즉, 후원자는 단순히 금전적인 기부뿐 아니라, 신뢰, 관심, 정서적 지지, 나아가 자발적인 사회적 연대의 표현으로서 기부를 한다. 따라서 사회복지 마케팅의 가격 전략은 후원자의 이러한 심리적 장벽을 낮추는 방식으로 설계되어야 하며, 구체적으로는 소액 정기기부 시스템의 도입, 기부금의 사용 내역에 대한 투명한 공개, 세제 혜택 등의 제도적 보완이 포함된다(Monroe, 2003).

결국 사회복지 마케팅에서의 가격 전략은 단순한 수익 창출이 아닌, 사회적 가치 실현을 위한 관계 기반의 전략으로 자리매김해야 하며, 후원자 및 클라이언트 양자 간의 신뢰를 축적하는 장기적 관점에서 수립되어야 한다.

(3) 유통(Place)

유통은 제품이나 서비스가 생산자로부터 최종 소비자에게 전달되기까지의 모든 과정을 의미하며, 이는 단순히 상품을 이동시키는 물리적 활동에 그치지 않는다. 유통에는 제품의 소유권 이전, 정보 전달, 운송, 보관, 재고 관리 등 다양한 기능이 포함되며, 이러한 활동들이 유기적으로 결합되어 고객이 원하는 시간과 장소에서 제품이나 서비스를 사용할 수 있도록 한다. 이처럼 유통 전반을 담당하는 구조적 경로를 마케팅 채널(marketing channel)이라 하며, 이는 생산자와 소비자 간의 시간적 · 공간적 · 소유적 · 정보적 간극을 해소함으로써 교환의 효율성과 접근성을 높이는 데 중요한 역할을 수행한다(Ballou, 2007).

특히 유통 과정에서는 제품의 실제 이동과 관련된 물류 활동이 핵심적이다. 물류는 제품을 효과적으로 전달하기 위해 필요한 운송, 보관, 재고관리, 창고 운영 등의 구체적인 절차를 포함하며, 이들의 효율성은 곧 소비자의 만족도와 기업의 수익성에 직결된다. 따라서 유통 전략은 단순한 채널의 설계가 아니라, 가치 전달의 효율성을 극대화하기 위한 통합적 관리 활동이라 할 수 있다(Ballou, 2007).

⊙ 사회복지 마케팅에서의 유통

사회복지 마케팅에서의 유통은 무형 서비스 제공의 특성상, 재화 중심의 전통적 물류 개념은 적용되지 않는다. 대신 유통의 초점은 제품 전달 그 자체보다는 서비스에 대한 접근성 확보에 초점이 맞춰져 있으며, 클라이언트가 원하는 시점과 상황에서 필요한 서비스를 원활히 이용할 수 있도록 접근 경로를 설계하고 운영하는 것이 핵심이다(Andreasen & Kotler, 2008).

사회복지조직의 유통 전략은 다음과 같은 다양한 접근 장애 요인을 인식하고 이를 제거하거나 최소화하는 데 주력해야 한다. 대표적인 장애 요인으로는, 첫째, 서비스 기관과 클라이언트 간의 지리적 거리 또는 교통 문제, 둘째, 서비스에 대한 정보 부족이나 오해와 같은 인지적 · 정보적 장애, 셋째, 낙인감이나 불편한 대우에 대한 우려에서 비롯되는 심리적 장벽, 넷째, 서비스 신청 과정에서의 복잡한 절차나 자격 요건으로 인한 행정적 장벽 등이 있다. 이러한 장애 요인을 해결하기 위해 사회복지조직은 클라이언트의 입장에서 접근 경로를 설계하고, 이용의 용이성과 절차적 간소화를 우선시하는 방식으로 유통 전략을 수립할 필요가 있다.

이러한 사회복지 마케팅에서의 유통 개념은 클라이언트에게 서비스를 제공하는 과정에만 국한되지 않는다. 이는 후원자의 유치와 유지 활동에도 유사하게 적용될 수 있으며, 마케팅 전략의 핵심 요소로 기능한다. 즉, 후원 마케팅에서의 유통 전략은 후원자가 기부라는 '참여 행동'을 보다 쉽고 자발적으로 할 수 있도록 하는 접근성의 확보가 핵심 전략이 된다. 특히 디지털 기술의 발전은 후원 유통경로의 다변화를 가능하게 하였으며, 이를 통해 사회복지조직은 후원 진입장벽을 효과적으로 낮출 수 있게 되었다.

대표적인 전략으로는 소셜미디어 링크, 이메일 마케팅, 모바일 기부 애플리케이션과 같은 디지털 플랫폼의 활용이 있다. 이들은 정보 접근성을 제고하고, 기부 참여를 위한 절차를 간소화함으로써 후원 행동을 유도하는 데 효과적인 채널로 평가된다(Berry, Lefkowith, & Asch, 2002). 나아가 빅데이터 기반의 후원자 분석 및 맞춤형 커뮤니케이션 전략은 후원자와의 장기적 관계 구축을 가능케 한다. 예컨대, 후원자의 과거 행동 데이터를 분석하여 개인 맞춤형 메시지를 전달하거나, 자동화된 감사 메시지 전송 시스템, 정기적인 후원 내역 리포트 제공 등의 전략은 후원자의 신뢰와 충성도를 높이는 유통적 접근이라 할 수 있다.

이 외에도 조직이 수동적으로 후원자의 참여를 기다리는 것이 아니라, 공세적 접근 전략을 통해 잠재적 후원자를 직접 선제적으로 발굴하고 접촉하는 방식은 유통 전략의 적극적 실천 예라 할 수 있다. 이러한 전략은 후원 기반을 다변화하고, 사회복지조직의 지속 가능한 자원 확보 체계를 구축하는 데 크게 기여할 수 있다.

(4) 촉진(Promotion)

마케팅이 성공하기 위해서는 단순히 고객의 욕구를 충족시키는 제품을 개발하고 적절한 가격을 책정하는 것만으로는 충분하지 않다. 고객이 해당 제품이나 서비스의 존재를 인지하고, 그것이 자신에게 가치 있는 선택임을 이해하여 구매로 이어지도록 유도하는 커뮤니케이션 활동이 병행되어야 한다. 이 과정에서 다양한 인센티브와 정보 제공은 고객의 관심을 환기하고 행동을 촉진하는 핵심 전략으로 기능한다.

이러한 맥락에서 촉진은 제품이나 서비스에 대한 정보를 소비자에게 효과적으로 전달하고, 그 가치를 설득력 있게 제시하여 구매 행동을 유도하는 일련의 커뮤니케이션 활동을 의미한다(Kotler & Keller, 2016). 마케팅 믹스 요소 중 촉진은 단일 수단만으로 효과를 거두기 어려우므로, 일반적으로 광고(advertising), 홍보(Public Relations: PR), 직접 마케팅(direct marketing), 판매촉진(sales promotion), 인적판매(personal selling) 등의 다섯 가지 수단이 복합적으로 활용되는데, 이를 촉진 믹스(promotion mix)라 부른다.

이처럼 촉진 전략은 단순한 정보 전달을 넘어서, 소비자가 제품이나 서비스의 존재와 가치를 인식하도록 하고, 제품에 대해 긍정적인 감정을 갖도록 유도하여 구매 욕구를 자극하며, 최종적으로 소비자가 제품을 구매하도록 설득하는 중요한 역할을 수행한다.

⊙ 사회복지 마케팅에서의 촉진

사회복지 마케팅에서의 촉진은 상업 마케팅과 유사한 방식으로 기능하지만, 목적은 후원자나 지역사회의 관심을 유도하고, 기부 행동이나 참여를 증대시키는 것에 있다. 촉진은 사회복지조직이 제공하는 서비스의 효과성과 사회적 가치를 널리 알리고, 기관의 신뢰성과 긍정적인 이미지를 구축하며, 후원자의 참여를 이끌어 내는 핵심적인 전략이다(Andreasen & Kotler, 2008).

사회복지 마케팅에서 활용할 수 있는 촉진 전략으로는 광고 전략, 홍보(PR) 전략, 직접 마케팅(direct marketing) 전략, 스토리텔링 전략, 행사 전략 등이 있다. 우선, 광고 전략은 신문, TV, 라디오, 인터넷 등 다양한 매체를 통해 대중에게 서비스를 알리고, 후원을 유도하는 비대면적인 유료 커뮤니케이션 수단을 말한다. 반면, 홍보 전략은 보도자료, 언론 인터뷰, 사회공헌 활동 등의 방식으로 조직의 긍정적인 이미지를 구축하고 신뢰를 제고하는 활동이다. 일반적으로 광고에 비해 신뢰성이 높지만, 메시지의 통제력이 낮다는 특성이 있다. 다음으로, 직접 마케팅은 우편, 전화, 이메일, 문자 메시지 등 개인화된 매체를 통해 개별 후원자에게 직접 접근함으로써 후원을 유도하는 방식으로, 반응률을 측정하고 피드백을 받을 수 있다는 장점이 있다. 스토리텔링 전략은 사회복지조직의 효과적인 촉진 전략 중 하나로, 이용자의 성공 사례나 후원자의 감동 사례를 공유하여 대중의 공감을 유도하고, 후원 참여를 자연스럽게 이끌어 내는 전략이다. 마지막으로, 행사 전략은 사업 설명회, 후원자 감사의 날 행사 등 다양한 행사 개최를 통해 후원자와의 관계를 심화시키고, 새로운 후원자 유입을 유도하는 방식이다. 이는 상업 마케팅의 인적판매와 유사한 방법이라 할 수 있다. 이와 같은 촉진 전략은 사회복지조직의 장기적 자원 확보의 기반을 마련하는 수단이 된다.

2) 마케팅 믹스 7P

전통적인 마케팅 믹스가 제품, 가격, 유통, 촉진이라는 네 가지 요소로 구성되어 있었던 반면, 붐즈와 비트너(Booms & Bitner, 1981)는 기존의 4P 구성만으로는 서비스 산업의 특성을 충분히 반영하기 어렵다고 보고, 서비스의 무형성과 고객 경험 중심성을 강조한 7P 모형을 새롭게 확장 · 제시하였다. 이들은 서비스가 본질적으로 무형이며, 고객과의 상호작용을 통해 소비되는 과정 중심적 경험이라는 점에 주목하여, 기존의 4P에 사람(People), 과정(Process), 유형적 단서(Physical evidence)라는 세 가지 요소를 추가할 필요성을 주장하였다. 이러한 확장은 단순한 제품 중심의 마케팅 개념을 넘어서, 서비스의 품질과 고객 경험 전반을 한층 더 포괄적인 방식으로 설명하는 틀로 자리매김하였다.

서비스 산업에 특화된 이 7P 접근은 사회복지를 비롯하여 의료, 교육, 금융 등 무형의 가치가 핵심인 공공 및 민간 서비스 분야에서 특히 유용하게 적용된다. 사회복지조직 역시 이러한 특성을 지니고 있으므로, 마케팅 전략 수립 시 7P 요소 전반을 고려하는 것이 중요하다.

(1) 사람(People)

'사람'은 서비스 제공 과정에 관여하며 서비스의 인식과 품질에 영향을 미치는 모든 인간 주체를 포함한다. 구체적으로는 조직 내부의 서비스 제공자인 사회복지사뿐 아니라, 서비스를 받고 상호작용하는 클라이언트 역시 해당한다(Zeithaml et al., 2018).

사회복지조직의 맥락에서는 특히 사회복지사와 클라이언트 간의 상호작용관계가 서비스의 질을 결정짓는 핵심 요소이며, 이러한 관계의 질이 서비스의 만족도와 신뢰성, 나아가 기관의 이미지 형성에까지 영향을 미친다. 이러한 맥락에서 서비스 제공자의 전문성, 태도, 윤리성, 감정노동의 질은 서비스 품질의 중요한 결정요소이며, 동시에 클라이언트의 참여 의지와 피드백 역시 서비스 과정의 효과성을 높이는 데 중요한 역할을 한다.

따라서 사회복지조직의 마케팅 전략에서 '사람'은 단지 서비스 전달의 매개자가 아니라, 서비스 경험을 공동으로 구성하는 핵심 요소로 간주되어야 하며, 제공자와 수혜자 모두를 아우르는 총체적 접근이 요구된다.

(2) 과정(Process)

'과정'은 서비스가 기획되고 전달되는 전체적인 절차, 흐름, 시스템을 의미하며, 클라이언트가 서비스를 이용하는 전반적인 경험을 구성하는 핵심 요소이다. 서비스는 그 특성상 결과뿐 아니라 제공되는 방식 자체가 품질평가의 중요한 기준이 되기 때문에, '과정'은 서비스 마케팅에서 매우 중요한 전략적 영역으로 간주된다(Zeithaml et al., 2018).

사회복지조직의 경우, 클라이언트가 서비스를 신청하고 이용하며, 피드백을 제공하기까지의 모든 단계가 '과정'에 포함된다. 예를 들어, 복지급여 신청 절차, 사례관리 회기 진행 방식, 이용자 등록 시스템, 서비스 종료 후 평가 방식 등은 모두 '과정' 설계의 일환이다. 이 '과정'에서 일관성(consistency)과 투명성(transparency)은 클라이언트의 신뢰 형성과 서비스 만족도에 직접적인 영향을 미친다.

한편, 서비스 '과정' 설계에서는 표준화와 유연성의 균형이 중요하다. 표준화는 서비스의 안정성과 효율성을 보장하지만, 지나치게 경직될 경우 개별 클라이언트의 욕구에 민감하게 대응하지 못할 수 있다. 따라서 사회복지조직은 기본적인 서비스 절차와 기준은 유지하되, 클라이언트 특성을 반영할 수 있는 탄력적 운영 시스템을 병행해야 한다. 또한 서비스 과정에서 이루어지는 클라이언트와의 상호작용은 서비스의 체감 품질과 감정적 만족을 좌우하는 요인이므로, '과정' 설계 시 관계적 요소도 적극 고려해야 한다. 결국 '과정'은 단순한 절차적 흐름이 아니라, 클라이언트의 서비스 이용 경험의 질을 결정짓는 서비스 전달의 내적 구조이자, 전략적 차원의 마케팅 변수라 할 수 있다.

(3) 유형적 단서(Physical Evidence)

'유형적 단서'는 본질적으로 무형의 서비스를 보완하고, 소비자로 하여금 서비스의 존재와 품질을 직관적으로 인식할 수 있게 해 주는 다양한 가시적 요소를 의미한다. 서비스는 구매 이전에 완전히 경험할 수 없으므로, 소비자는 서비스를 제공하는 유형적 단서, 즉 물리적 환경을 통해 서비스 품질을 간접적으로 평가하게 된다(Zeithaml et al., 2018).

사회복지조직에서는 클라이언트나 후원자, 지역사회 구성원이 기관을 방문하거나 접촉할 때 마주하게 되는 모든 환경 요소가 유형적 단서에 해당한다. 예를 들어, 건물의 외관과 접근성, 대기 공간의 청결도, 인테리어 분위기, 사무실 구조, 직원의 복장과 태도, 기관의 로고 디자인, 인쇄물의 품질, 웹사이트와 SNS 페이지의 구성 등은 모두 클라이언트의 심리적 신뢰와 인지에 영향을 미치는 중요한 단서들이다.

이러한 유형적 단서는 기관의 신뢰성, 전문성, 따뜻함, 접근 가능성을 직관적으로 전달할 수 있기 때문에, 단순한 배경 요소가 아니라 의도적이고 전략적으로 설계되어야 할 마케팅 자산이라 할 수 있다. 특히 후원자 확보와 유지, 지역사회 내 평판 형성 측면에서 이러한 물리적 환경 요소들은 조직의 브랜드 이미지를 형성하는 실질적 지표로 작용한다.

3) 마케팅 믹스 4C

마케팅 이론은 고객 중심적 사고의 확대와 함께 기업 중심의 전략 모델이 가진 한계를 비판적으로 성찰하고, 이를 보완하기 위해 다양한 시도를 이어 왔다. 이러한 흐름 속에서 로버트 라우터번(Lauterborn, 1990)은 기존의 마케팅 믹스 4P에 대응하여, 소비자의 관점에서 재구성한 4C(Consumer Value, Cost, Convenience, Communication) 모형을 제안하였다. 이 모형은 기업의 내부적 시각이 아닌, 고객의 경험과 인식 중심의 마케팅 접근을 강조한다는 점에서 중요한 전환점을 이룬다(Lauterborn, 1990).

(1) 고객 가치(Consumer Value)

고객 가치는 4P 모형의 제품에 대응되는 개념이며, 단순한 제품의 기능적 속성이나 물리적 품질을 넘어, 소비자가 해당 제품이나 서비스를 통해 경험하는 심리적·기능적 효용의 총합을 의미한다(Lovelock & Wirtz, 2011). 이는 고객이 제품을 선택하는 과정에서 느끼는 만족, 기쁨, 자기표현의 수단 등 다양한 정성적 가치를 포함하며, 특히 현대 마케팅에서는 고객 중심적 가치 창출이 전략 수립의 출발점이 된다. 따라서 소비자의 욕구와 기대를 정확히 파악하고, 이를 제품 설계와 서비스 운영에 충실히 반영하는 것이 필수적이다(Kotler & Keller, 2016).

(2) 비용(Cost)

비용은 4P 모형의 가격에 대응되며, 이를 소비자의 관점에서 재해석한 개념이다. 여기서의 비용은 단순한 금전적 지불액을 넘어서, 제품이나 서비스를 구매하고 사용하는 과정에서 발생하는 시간, 노력, 심리적 스트레스 등 모든 형태의 비경제적 비용을 포함하는 개념이다(Monroe, 2003). 소비자는 이 모든 비용을 종합적으로 고려하여 제품의 지각된 가치(perceived value)를 판단하며, 특히 정보 탐색이 복잡하고 구매 결정에 신중을 요하는 고관여 제품의 경우 이러한 요소들이 구매에 미치는 영향은 더욱 크다.

(3) 편리성(Convenience)

편리성은 4P 모형의 유통에 대응되며, 이를 소비자의 관점에서 재해석한 개념이다. 편리성은 제품이나 서비스에 대한 접근성과 이용의 용이성을 포괄하는 개념으로, 고객이 원하는 시점에 원하는 방식으로 상품을 탐색하고 구매할 수 있도록 하는 전반적인 구매 환경을 의미한다(Berry et al., 2002). 즉, 이는 물리적 위치의 접근성뿐 아니라, 구매 시점의 유연성, 구매 방식의 다양성, 거래의 간편함 등을 모두 포함한다. 예를 들어, 오프라인 매장의 지리적 위치, 운영 시간, 고객 동선의 효율성뿐만 아니라, 온라인 쇼핑 플랫폼, 모바일 앱, 간편 결제 시스템, 신속한 배송 서비스 등 디지털 편의 요소도 중요한 고려 대상이 된다(Berry et al., 2002). 소비자는 자신이 가장 수월하다고 느끼는 방식으로 접근 가능한 제품이나 서비스를 선호하므로 편리성은 서비스 채널의 설계에 전략적으로 반영되어야 한다.

(4) 의사소통(Communication)

의사소통은 4P 모형에서 촉진에 대응되는 개념이며, 일방향적인 정보 전달 중심의 전통적 광고 전략에서 벗어나, 쌍방향적이고 상호작용적인 의사소통을 강조한다. 이는 단순히 정보를 전달하는 데 그치지 않고, 고객과의 실시간 소통, 피드백 수렴, 신뢰 구축 등을 포함하는 개념이다. 특히 디지털 미디어와 SNS의 발달은 기업과 소비자 간의 경계를 허물고, 고객이 브랜드와 직접 연결될 수 있는 창구를 확대하였다(Duncan & Moriarty, 1998; Mangold & Faulds, 2009). 이와 같은 쌍방향 의사소통은 고객의 참여도(engagement)를 높이고, 장기적인 관계 구축에 기여하는 전략적 자산으로 간주된다.

더 알아보기 9-1 **사회복지서비스의 특성**

사회복지조직의 산물인 사회복지서비스의 특성으로는 무형성, 생산과 소비의 동시성, 다양성, 소멸성을 들 수 있다.

첫째, 무형성(intangibility)은 비유형성이라고도 일컬어지는데, 이는 유형의 제품과는 달리 서비스는 형체가 없어 눈에 보이지 않는 특성을 의미한다. 이러한 이유로 사회복지서비스는 실제로 구매하여 이용하기 전까지는 서비스에 대한 생산자(서비스 제공자)의 주장을 확인하는 데 한계가 있다. 따라서 이용한 이후에야 평가가 가능한 사회복지서비스는 구매를 유도하기 위한 마케팅의 어려움이 제품보다 상대적으로 더 크다.

둘째, 생산과 소비의 불가분성(inseparability), 즉 생산과 소비의 동시성이다. 이는 생산되고 난 이후 고객에 의해 구매되는 물질적 재화와 달리 사회복지서비스는 생산과 동시에 소비가 이루어지며, 이런 관점에서 생산과 소비는 분리될 수 없고 생산자와 클라이언트의 상호작용이 매우 중요하다.

셋째, 다양성(variability)으로, 이는 비표준성이라고도 일컬어진다. 일반적으로 유형의 제품을 구매하는 소비자는 눈으로 보는 것과 동일한 제품을 구매할 것으로 기대한다. 하지만 서비스는 대량생산이 안 되며, 일관되고 표준화된 서비스의 제공이 어렵다. 즉, 서비스는 누가, 언제, 어디서, 어떻게 제공하느냐에 따라 그 질이 조금씩은 달라질 수밖에 없다.

넷째, 소멸성(perishability)이다. 서비스는 소비자가 제공받음과 동시에 소멸하며, 유형의 제품처럼 쌓아 두거나 저장할 수 없고, 반환하거나 되팔 수도 없다는 속성을 가진다.

3. 사회복지 마케팅 과정

사회복지조직이 효과적인 마케팅 전략을 수립하기 위해서는 환경 분석에서 시작하여 목표 설정, 전략 개발, 실행, 평가에 이르는 일련의 체계적인 과정을 거쳐야 한다. 상업 마케팅 이론에서는 이 과정을 시장조사(market research) → 표적시장 설정(STP) → 마케팅 믹스 개발(MM)

→ 실행(implementation) → 통제(control)의 다섯 단계로 요약한다(Kotler & Keller, 2016). 이러한 모형은 사회복지 분야에서도 유용하게 적용될 수 있으나, 공익성과 비영리성이라는 사회복지조직의 특수성을 반영하여 다소 변형된 형태로 전개된다.

본서에서는 사회복지 마케팅 과정을 기관 환경 분석, 마케팅 목표 설정, 표적시장 마케팅 전략 수립, 마케팅 믹스 전략 수립, 마케팅 실행, 그리고 마케팅 평가의 6단계로 설정하고, 차례대로 살펴보고자 한다.

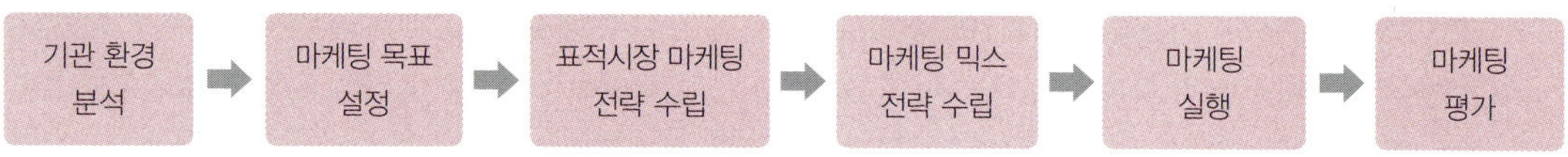

[그림 9-1] 사회복지 마케팅 과정

1) 기관 환경 분석

기관 환경 분석은 사회복지조직이 마케팅 활동, 특히 후원 모금 마케팅 전략을 수립함에 있어 가장 먼저 수행해야 하는 기초 작업이다. 이 과정에서는 조직 내부의 자원과 역량(강점과 약점), 외부의 기회와 위협 요인을 통합적으로 파악하여, 마케팅 전략 수립에 필요한 정보를 확보하게 된다. 대표적인 분석 도구로는 제6장에서 설명한 SWOT 분석을 비롯하여, 설문조사 및 심층면접 등의 1차 자료 수집, 정부 및 연구기관의 보고서와 같은 2차 자료 분석이 활용된다(Andreasen & Kotler, 2008).

(1) 내부 환경 분석

기관의 내부 환경 분석은 조직이 보유한 인적·물적 자원을 포괄적으로 검토하고, 후원 모금과 같은 마케팅 목적에 부합하는 조직의 역량과 제약 요인을 진단하는 과정을 의미한다. 일반적으로 서비스 및 프로그램의 성과(효과성), 후원 모금 경험 및 전문 인력의 확보 여부, 기관장의 자원 개발에 대한 관심 및 지원 수준, 기관의 인지도 및 대외 신뢰도, 후원자들의 규모 및 기관과의 관계 견고성, 후원 모금을 위한 인프라(전산시스템, 온라인 플랫폼) 구축 여부 등이 기관의 내부 환경 분석 대상이 된다. 이러한 분석은 단순한 자원 보유 현황에 대한 파악을 넘어, 자원 개발과 후원 유치에 있어 조직이 어떠한 비교우위를 가지고 있으며, 어떤 부분에서 개선이 필요한지를 구조적으로 도출하는 데 목적이 있다.

(2) 외부 환경 분석

기관의 외부 환경 분석은 자원 개발에 영향을 미치는 다양한 외부 요인을 파악하는 과정이다. 일반적으로 외부 환경 분석의 영역은 〈표 9-1〉에서 볼 수 있듯이 후원 시장의 전반적인 동향, (잠재적) 후원자의 특성, 경쟁기관의 활동, 그리고 거시적 환경 요인 등 네 가지 영역으로 크게 나누어 볼 수 있다.

우선, 후원 시장의 전반적 동향 분석에는 후원 시장의 규모, 성장 가능성, 주요 후원 방식, 그리고 후원 광고·촉진 활동의 수준 등이 포함된다. 다음으로, (잠재적) 후원자 분석은 인구통계학적 특성을 비롯하여, 기부 결정 과정, 기부 결정 기준과 선호 영역, 후원 방식과 시기 등을 포괄하며, 특히 세분시장별 분석이 요구된다. 한편, 경쟁기관 분석은 유사 기관의 마케팅 전략, 후원 모금 실적, 강점과 약점 등을 비교·분석함으로써 자사의 상대적 위치를 파악하는 데 활용된다. 마지막으로, 거시 환경 분석은 인구통계학적 변화, 경제적 상황, 사회·문화적 동향, 기술 발전, 법률 및 제도 변화 등 외부 환경 요소들이 후원 여건에 미치는 영향을 검토하는 과정이다.

이와 같은 기관 환경 분석은 전통적인 상업 마케팅의 시장조사(market research) 단계와 유사하며, 실제로 사회복지조직이 후원자 중심의 수요를 이해하고 전략적으로 대응하는 데 있어 핵

표 9-1 사회복지기관의 외부 환경 분석 영역

영역	내용
후원 시장의 전반적 동향	• 후원 시장의 규모 • 후원 시장의 성장률 • 후원 광고 및 촉진 활동의 수준
(잠재적) 후원자	• 후원자: 후원 의사 결정 과정 • 잠재적 후원자: 기부 주저 이유, 해당 기관에 대한 인식(인지도, 신뢰도 등) • 후원 세분시장별 상대적 크기, 후원 결정 기준, 선호 영역(대상), 후원 규모, 후원 방법, 후원 시기, 기타 인구학적 통계
경쟁기관	• 후원 모금 관련 마케팅 목표, 전략 및 성과, 강점 및 약점
거시 환경	• 인구통계학적 환경: 인구증가율, 연령대별 인구, 지역별 인구, 가구 수 변화, 교육 수준의 변화 • 경제적 환경: 경기 동향, 저축률, 기타 거시경제지표 • 사회·문화적 환경: 기부 경향, 기부에 대한 가치관 변화, 특정 사회문제에 대한 사회적 가치관 변화 • 기술적 환경: 디지털 마케팅 도구 변화, 데이터 분석 기술 발전 • 법률적 환경: 제도 및 법규의 변화, 정부의 지원 및 규제 변화

심적인 기능을 수행한다. 예컨대, 상업 마케팅에서 시장조사의 주요 질문 항목으로 제시되는 "시장 내에 해당 상품에 대한 욕구가 존재하는가?" "욕구를 지닌 소비자가 실제 구매할 의향이 있는가?" "이들이 구매를 위한 경제적 여력을 갖추고 있는가?" "구매 행동으로 이어질 의지를 보유하고 있는가?" 등의 질문은, 사회복지조직의 후원자 분석에 있어 "잠재 후원자가 존재하는가?" "기부에 대한 욕구와 경제적 여건이 충족되는가?" "후원 실천의지가 존재하는가?"라는 질문으로 변형되어 적용될 수 있다. 나아가 이러한 기관 환경 분석은 육하원칙(Who, What, When, Where, How, Why)에 따라 정리될 수 있다. 다시 말해, 누가(who) 후원하려 하는가, 무엇(what)을 후원하려 하는가(예: 돈, 상품, 주식, 건물 등), 언제(when) 후원하려 하는가, 어디(where)에 후원하려 하는가(특정 분야 또는 대상), 어떻게(how) 후원하려 하는가(후원 방식), 왜(why) 후원하려 하는가 등의 질문을 통해 후원자의 행동 특성과 동기를 구체적으로 파악할 수 있다. 이는 단순한 데이터 수집을 넘어, 자원 개발 전략을 후원자 중심으로 정교화하고, 장기적이고 안정적인 관계를 구축하는 데 핵심적인 기반이 된다.

2) 마케팅 목표 설정

사회복지 영역에서 후원 모금을 위한 마케팅 과정을 설계함에 있어 두 번째 단계는 마케팅 목표의 설정이다. 이를 위해서는 무엇보다도 기관의 존재 이유와 방향성을 담은 사명(mission)을 선행적으로 검토하는 과정이 필수적이다. 일반적으로 목적(goal)과 목표(objective)는 서로 구분되는데, 사회복지기관의 목적은 사명 선언문(mission statement)의 형태로 나타나 조직의 정체성과 미래 지향점을 제시한다(황성철 외, 2014). 이러한 사명은 기관의 프로그램과 자원 개발 전략의 방향을 설정하는 기준이 되며, 마케팅 목표 역시 이 사명에 부합하는 방향으로 수립되어야 한다(고재욱 외, 2016).

마케팅 목표는 주로 문제의 성격, 표적 집단의 특성과 규모, 기관의 정책적 방향 등에 따라 그 범위와 우선순위가 결정된다. 특히 사회복지기관의 마케팅 목표는 기관 환경 분석 결과로부터 도출되기도 하지만, 대부분은 상위의 조직 목표나 개별 사업 단위의 목표에서 유도되는 경향이 있다. 후원 마케팅의 경우, 목표는 기관이 특정 연도에 설정한 총 모금액이나 특정 프로그램의 운영 및 개발을 위한 재정적 수요를 기준으로 설정되는 경우가 많다. 따라서 마케팅 목표는 조직의 전략적 계획과 어떻게 연계되는지를 고려하여 수립될 필요가 있다(Andreasen & Kotler, 2008).

이러한 후원 모금을 위한 마케팅의 목표는 대개 재무적인 수치로 표현되며, 세부 목표들은 중요도와 우선순위에 따라 분류되어야 한다. 특히 세부 목표 설정 시에는 SMART 원칙에 근거하여 수립하는 것이 권장된다.

3) 표적시장 마케팅 전략 수립

사회복지기관이 후원 모금을 위한 마케팅에서 수행하는 세 번째 단계는 표적시장 마케팅 전략, 즉 STP(Segmentation, Targeting, Positioning) 전략의 수립이다. STP 전략은 전체 시장을 서로 다른 특성을 지닌 세분시장(market segment)으로 나누고, 그중 하나 또는 일부를 표적시장(target market)으로 선정한 후, 해당 시장에 맞춤화된 마케팅 자원을 집중하여 포지셔닝(positioning)을 도모하는 전략적 접근이다(Armstrong & Kotler, 2017).

이러한 STP 전략은 크게 세 가지 단계, 즉 시장세분화(segmentation), 표적시장 선정(targeting), 포지셔닝(positioning)의 연속적 과정으로 구성되며, 각 단계는 서로 긴밀하게 연계되어 자원 개발의 효율성과 효과성을 제고한다.

(1) 시장세분화(market segmentation)

상업 마케팅 이론에서 시장세분화는 전체 시장을 일정한 기준에 따라 유사한 성향이나 요구를 지닌 소비자 집단으로 나누는 과정으로 정의된다. 이 개념은 비영리조직 마케팅에서도 그대로 확장 적용될 수 있으며, 사회복지기관의 경우에는 후원자 집단을 다양한 기준에 따라 분류하여 그 특성과 욕구에 적합한 전략을 개발하는 데 활용된다(Andreasen & Kotler, 2008). 특히 자원 개발을 위한 세분화는 기관이 접근 가능한 후원자 집단을 한층 더 체계적으로 이해하고, 전략적 마케팅 수단을 차별화할 수 있도록 한다.

시장세분화를 위한 대표적인 기준은 다음과 같이 네 가지로 구분된다.

첫째, 지리적 기준 세분화(geographic segmentation)는 소비자의 물리적 위치, 즉 국가, 지역, 도시 규모, 기후 등 공간적 특성에 따라 시장을 구분하는 방식이다.

사회복지기관의 후원 마케팅에서는 지리적 기준에 따라 지역별 후원자의 특성을 고려한 전략적 접근이 가능하다. 예를 들어, 서울과 지방 거주자는 사회참여 성향이나 기부 참여 방식에서 서로 다른 양상을 보일 수 있으며, 이러한 차이는 지역별 후원 전략을 차별화하는 데 있어 중요한 기준이 된다. 이는 지리적 세분화를 통해 각 지역의 사회적 분위기나 기부 문화에 적합한 맞춤형 마케팅 전략을 수립할 수 있음을 의미한다.

둘째, 인구통계학적 기준 세분화(demographic segmentation)는 소비자의 연령, 성별, 소득, 직업, 학력, 가족 구성 등과 같은 인구통계학적 특성에 따라 시장을 구분하는 방식이다. 이러한 기준은 상대적으로 자료 수집이 더 용이하고 비교적 안정된 변수에 근거하기 때문에, 세분화 기준 중 가장 널리 활용되는 유형 중 하나이다(Solomon et al., 2012).

사회복지기관의 후원 마케팅에서는 이 기준을 적용하여, 예를 들어 고소득 전문직에 종사하는 중장년층이나 고학력의 사회참여 의식이 높은 계층을 표적 집단으로 설정할 수 있으며, 해당 집단의 특성과 기대에 맞춘 맞춤형 후원 유인 전략을 설계할 수 있다. 특히 인구통계학적 요인은 기부 여력뿐 아니라 후원 지속 가능성이나 후원 동기의 차별화를 가능하게 하므로, 자원개발의 효율성을 높이는 데 유효한 분석 틀로 작용한다.

셋째, 심리적 기준 세분화(psychographic segmentation)는 소비자의 가치관, 성격, 라이프스타일, 태도 등 심리적 특성을 중심으로 시장을 세분화하는 방식이다.

사회복지기관의 후원 마케팅에서는 이와 같은 기준을 적용하여, 예컨대 사회적 책임에 대한 인식 수준, 나눔 문화에 대한 수용 태도, 그리고 기부 동기(사회적 기여, 자기실현, 네트워크 형성 등)를 기준으로 후원자 집단을 구분할 수 있다. 이러한 심리적 기준 세분화는 후원자의 내면적 가치와 동기 구조를 반영하여 정서적 공감대를 형성하고, 후원자의 신념과 일치하는 가치 기반 소통 전략을 가능하게 한다. 결과적으로, 이는 후원자와의 장기적 관계 형성뿐 아니라 후원의 지속성과 충성도를 높이는 데에도 핵심적인 기반이 된다.

넷째, 행동적 기준 세분화(behavioral segmentation)는 소비자의 실제 행동에 기초하여 시장을 구분하는 방식으로, 일반적으로 구매 빈도, 브랜드 충성도, 구매 계기, 가격 민감도 등이 주요 세분화 요소로 활용된다.

사회복지기관의 후원 마케팅에 이 기준을 적용할 경우, 후원자의 기부 참여 빈도(정기 후원과 일회성 후원), 기부 방식(현금, 물품, 부동산, 재능 기부 등), 그리고 관심 분야(아동복지, 노인복지, 장애인복지 등)에 따라 후원자 집단을 구분할 수 있다. 이러한 세분화는 후원자의 행동 특성을 정밀하게 반영함으로써 실제 참여 가능성과 후원 지속성에 기반한 전략 수립을 가능하게 하며, 마케팅 자원의 효율적 분배와 성과 중심 기획에도 유용하게 작용한다. 특히 행동에 근거한 분류는 후원자의 이탈이나 무관심을 사전에 예측하고 대응할 수 있는 실천적 장점이 있어, 자원개발의 유지·확대 전략을 설계하는 데 핵심적인 정보로 기능한다.

(2) 표적시장 선정(targeting)

표적시장 선정은 시장세분화 과정을 통해 도출된 다양한 세분시장 가운데, 마케팅 활동의 집중 대상이 될 특정 시장을 전략적으로 선택하는 과정이다. 이는 조직이 제한된 자원을 가장 효율적으로 활용하여 마케팅 효과를 극대화하고, 목표한 성과를 달성하기 위한 핵심 단계로 간주된다. 이때 조직의 사명과 목표, 내부 자원, 시장 규모와 성장 가능성, 그리고 경쟁 환경 등 다양한 요인을 종합적으로 고려하여 표적시장을 결정하게 된다.

표적시장 선정 시, 제품과 시장의 조합 방식에 따라 마케팅 전략은 다음과 같이 분류할 수 있다.

첫째, 단일 구획 집중화(single-segment concentration) 전략이다. 이는 하나의 세분시장을 선택하여 모든 마케팅 자원을 집중하는 방식이다. 이 전략은 특정 고객층의 욕구를 잘 이해하고 있고, 전문성을 보유한 조직이 주로 활용하며, 자원이 제한된 조직에게도 적합한 방식이다.

둘째, 선별적 전문화(selective specialization) 전략이다. 이는 조직의 자원과 목표에 부합하는 복수의 세분시장을 표적으로 설정하고, 각 세분시장에 차별화된 마케팅 전략을 개별적으로 수립하는 방식이다. 서로 다른 시장에 맞춤형 접근이 가능하다는 장점이 있으나, 관리의 복잡성과 자원 분산의 부담이 존재한다.

셋째, 제품 전문화(product specialization) 전략이다. 이는 하나의 특정 제품을 다양한 세분시장에 제공하는 방식이다. 이 전략은 제품 중심의 전문성을 바탕으로 여러 시장에서 경쟁우위를 확보하려는 경우에 유효하다. 다만, 시장 변화에 따른 위험이 집중될 수 있다는 점에서 단일 제품 의존의 리스크가 존재한다.

넷째, 시장 전문화(market specialization) 전략이다. 특정 고객층을 중심으로, 그들이 요구하는 다양한 제품을 제공함으로써 장기적인 관계 형성과 고객 충성도를 강화하려는 접근이다. 예를 들어, 대학이라는 특정 고객층을 대상으로 설비와 기자재 등 관련된 여러 제품군을 공급하는 것이 이에 해당한다.

다섯째, 전체 시장 포괄(full market coverage) 전략이다. 이는 가능한 모든 세분시장과 다양한 고객 욕구를 충족시키기 위해 각 시장에 필요한 제품을 다양하게 생산하고 마케팅하는 방식이다. 일반적으로 대규모 자원과 생산 능력을 보유한 조직이 취하는 전략으로, 높은 시장점유율 확보를 목표로 한다.

한편, 사회복지기관이 자원 개발 마케팅 과정에서 표적시장을 선정하는 과정 역시 상업 마케팅과 유사한 원리를 따르지만, 공공성, 사회적 가치, 비영리성이라는 고유의 특성을 함께 반영하여 조정된다. 기관은 잠재 후원자들을 다양한 기준으로 세분화한 후, 기관의 사명, 비전, 자원 상황, 그리고 지역적 특성을 고려하여 가장 전략적으로 부합하는 세분시장을 표적으로 선택한다. 예컨대, 후원시장을 개인 기부자, 기업 후원자, 공공기관 등으로 나눈 뒤, 기관의 특성과 연계성이 높은 특정 집단, 즉 지역 내 중장년층 개인 후원자, 의료 전문직 종사자, 지역 기업 등을 우선적으로 선정할 수 있다.

이러한 표적시장 선정 시 사회복지기관이 일반적으로 고려하는 기준은 다음과 같다. 첫째, 해당 세분시장이 기관의 자원 개발 목표 및 미션과 부합하는지 여부, 둘째, 시장 규모, 즉 후원자 수, 평균 기부액 등, 셋째, 성장 가능성, 즉 기존 후원자를 기반으로 한 증액 또는 신규 유입 가능성 등, 넷째, 경쟁 환경, 즉 유사기관의 존재, 지역 내 경쟁 강도 등, 다섯째, 표적 후원자의 심리·정서적 요인, 즉 공익 참여 태도, 사회적 책임의식 등이다.

이와 같은 전략적 접근은 제한된 자원을 효율적으로 배분하고, 표적 후원자와의 관계를 장기적으로 안정화하는 데 기여한다. 나아가, 사회복지기관이 공공성과 지속 가능성이라는 두 핵심 가치를 균형 있게 실현하는 데 필수적인 마케팅 과정으로 기능한다.

(3) 포지셔닝(positioning) 단계

포지셔닝은 마케팅 전략의 핵심 요소로서 목표 소비자의 인식 속에 자사의 제품이나 브랜드가 경쟁 제품과 명확히 구별되는 고유한 위치를 차지하도록 설계하는 일련의 전략적 과정을 의미한다. 즉, 소비자의 마음속에 자사 브랜드의 상대적 위치를 구체적으로 정의하고, 그것이 긍정적이며 차별화된 이미지로 인식되도록 만드는 것이 그 주요 목적이다.

포지셔닝 전략은 단순히 제품의 기능이나 특징을 전달하는 데 그치지 않고, 소비자의 인식에 영향을 미치는 다양한 속성, 예컨대 가격, 품질, 이미지, 상징성 등을 종합적으로 반영하여 브랜드의 정체성을 형성하는 데 결정적인 역할을 한다(Armstrong & Kotler, 2017). 따라서 소비자가 중요하게 여기는 가치 기준을 파악하고, 경쟁 제품과의 비교를 통해 자사 브랜드가 지닌 독특한 강점을 부각시키는 것이 효과적인 포지셔닝 전략 수립의 핵심이라 할 수 있다.

일반적으로 기업에서 활용하는 포지셔닝 전략으로는 제품 속성 기반 포지셔닝(attribute-based positioning), 효익(혜택) 기반 포지셔닝(benefit-based positioning), 사용자 기반 포지셔닝(user-based positioning), 경쟁자 기반 포지셔닝(competitor-based positioning), 가격 및 품질 기반 포지셔닝(price and quality positioning) 등이 있다.

한편, 사회복지기관의 자원 개발을 위한 마케팅 활동에서 포지셔닝은 클라이언트, 후원자, 지역사회 등 이해관계자의 인식 속에 해당 기관이 경쟁 기관과 비교하여 어떤 차별적 가치를 제공하는지를 명확히 규정하는 과정이라 할 수 있다. 이때 고려해야 할 주요 요소로는 기관의 사명과 핵심 가치, 제공하는 서비스의 전문성과 고유성, 표적 후원자 집단이 기대하는 사회적 가치, 경쟁 기관과의 비교우위 등이 있다(Kotler & Andreasen, 1987). 이러한 요소들은 기관의 대외 이미지 및 정체성 구축에 결정적인 영향을 미치며, 포지셔닝 전략의 토대를 이룬다.

사회복지기관이 활용할 수 있는 포지셔닝 전략에는 다음과 같은 것들이 있다.

첫째, 문제 기반 포지셔닝(problem-based positioning)은 기관이 특정 사회문제 해결을 핵심 사명으로 삼고 있다는 점을 부각하는 전략으로, 해당 문제에 관심을 갖고 있는 후원자의 공감을 이끌어 낼 수 있다.

둘째, 서비스 기반 포지셔닝(service-based positioning)은 기관이 제공하는 서비스의 전문성, 지속성 및 질적 우수성을 강조함으로써 후원자의 신뢰를 제고하는 전략이다.

셋째, 책임성 기반 포지셔닝(accountability-based positioning)은 사업 성과의 가시성과 기부금의 투명한 집행 등을 강조하는 전략으로, 윤리성과 신뢰성을 중시하는 후원자에게 효과적이다.

넷째, 경쟁기관 기반 포지셔닝(competitor-based positioning)은 동일 지역 내 유사 서비스를 제공하는 기관과의 차별성, 즉 통합 서비스 제공, 연계 프로그램 운영 등을 강조함으로써 후원자의 선택을 유도한다.

이러한 포지셔닝 전략은 단순한 커뮤니케이션 전략을 넘어, 기관의 사명, 정체성, 핵심 역량을 외부 이해관계자에게 명확히 전달하고, 지속적인 관계 구축을 통해 후원자의 신뢰와 참여를 강화하는 데 기여할 수 있어야 한다.

4) 마케팅 믹스 전략 수립

마케팅 믹스(Marketing Mix) 전략 수립이란, 조직이 설정한 표적시장과 포지셔닝을 바탕으로 제품(Product), 가격(Price), 유통(Place), 촉진(Promotion)이라는 네 가지 핵심 마케팅 요소를 가장 적절한 방식으로 조합하고, 이를 실행 가능한 계획으로 전환하는 일련의 과정을 말한다. 이 전략은 단순히 4P 요소를 독립적으로 선택하는 작업이 아니라, 목표 대상의 특성과 조직의 자원을 종합적으로 고려하여 상호 유기적으로 구성하는 실행 설계이며, 효과적인 마케팅을 위한 실제적 전략 수립 단계라 할 수 있다(Kotler & Keller, 2016).

사회복지조직의 맥락에서 마케팅 믹스 전략 수립은 목적과 방향에서 상업 마케팅 믹스 전략과 본질적으로 구분된다. 기업이 수익 극대화를 중심으로 마케팅 전략을 수립하는 반면, 사회복지조직은 공공성과 사회적 가치 실현을 목적으로 하며, 자원 개발의 측면에서는 후원자, 자원봉사자, 지역사회 등 다양한 이해관계자를 대상으로 신뢰를 구축하고 지속 가능한 참여를 유도하는 데 중심을 둔다. 따라서 사회복지조직에서 마케팅 믹스 전략 수립은 '무엇을 팔 것인가'가 아니라 '어떤 방식으로 사회적 지지를 조직하고, 지속 가능한 후원을 유도할 것인가'에 대한 실행 전략이라 할 수 있다.

이러한 의미에서 사회복지조직에서의 모금 마케팅 믹스 전략 수립은 곧 자원 개발 도구 설정 전략과 궤를 같이한다. 이는 표적시장 분석과 포지셔닝을 기반으로, 어떤 후원 유치 방식을 적용할 것인지, 즉 어떤 도구를 사용할 것인지를 결정하는 과정이며, 후원자의 유형, 후원 목표 금액, 조직의 브랜드 이미지, 의사소통 수단 등의 다양한 요소를 고려한 전략적 조합의 결과물이라 할 수 있다. 결국, 마케팅 믹스 전략 수립은 조직이 제한된 자원을 가장 효율적으로 배분하여 최대의 자원 개발 효과를 거두기 위한 전술적 수단이자, 후원자와의 관계를 장기적 관점에서 구축하기 위한 실행 로드맵이다.

(1) 사회복지조직의 마케팅 믹스와 자원 개발 도구 간의 연계

사회복지조직이 후원자와의 관계 형성을 위한 자원 개발 전략을 수립하는 데 있어, 마케팅 믹스의 네 가지 구성요소는 각기 중요한 전략 결정 기준으로 작용한다. 단순히 개념적으로 4P를 분류하는 것이 아니라, 각 요소가 현실에서 어떤 방식으로 적용되고 조합되는지를 전략적으로 해석해야 한다. 이러한 전략적 해석은 단순히 마케팅 구성요소를 분류하는 데 그치지 않고, 실제 자원 개발 현장에서 각 요소가 어떻게 유기적으로 조합되어 하나의 실행 전략으로 작동하는지를 살펴보는 데에서 의미를 갖는다. 예컨대, 한 지역 아동복지기관이 겨울방학 기간 동안 결식아동을 위한 식사지원 캠페인을 기획한다고 가정해 보자. 이 캠페인의 핵심 목표는 지역주민의 정기기부를 확대하고, 장기적인 후원 기반을 구축하는 것이다.

이 목표를 달성하기 위해 조직은 먼저 아동의 결식 문제를 '하루 한 끼가 아이의 미래를 바꾼다'는 메시지로 정리하여, 단순한 식사지원이 아닌 사회적 가치와 감정적 공감이 녹아든 캠페인 주제를 설정하였다. 이는 단순한 '제품' 제시가 아니라, 후원자가 기부를 통해 사회문제 해결에 동참할 수 있다는 정체성을 부여하는 기획이다. 이후 조직은 3천 원이면 한 끼, 9만 원이면 한 달의 식사를 지원할 수 있다는 구체적인 수치를 제시하며 후원금 수준을 현실적으로 설계하였다. 이 과정에서 단순히 가격을 결정하는 것이 아니라, 기부자의 수용 가능성과 부담 수준, 그리고 기부금 사용에 대한 신뢰도를 함께 고려하여 정서적 저항감을 최소화하는 전략이 함께 수립된다. 여기에 더해, 접근성과 편의성을 높이기 위한 디지털 유통 전략이 병행된다. SNS 광고를 통해 노출된 후원자는 모바일 웹페이지나 간편결제 시스템을 통해 손쉽게 기부를 완료할 수 있으며, 기관 방문이나 전화상담을 통해서도 참여가 가능하도록 복수의 채널이 설계된다. 이러한 다중 채널 전략은 후원자의 연령대, 기술 활용도, 접근 환경을 분석한 결과에 기반한다. 마지막으로, 캠페인의 홍보는 아동의 실제 사례 영상, 카드뉴스, 기부자 인터뷰 등 감성적 요소와 정보 제공을 결합한 방식으로 구성되며, 이는 단기적인 기부 유도와 더불어 장기적 신뢰 형성에도 기여한다.

이처럼 각 요소는 독립적으로 존재하지 않고, 후원자의 심리와 행동을 통합적으로 분석하고 조직의 자원을 효율적으로 배분하는 전략하에서 유기적으로 설계된다. 결과적으로, 마케팅 믹스 전략의 수립은 각 요소의 조합을 통해 하나의 실행 가능한 자원 개발 계획으로 완성되는 과정이며, 이는 사회복지조직이 한정된 자원 속에서도 최대의 공공성과 효과성을 추구하는 전략적 사고를 반영하는 것이다.

(2) 후원 마케팅 전략 수립: 연중모금과 자본모금 전략의 실행

사회복지조직의 마케팅 믹스는 각 요소의 조합을 통해 실제 자원 개발 전략으로 전환되며, 특히 후원자와의 관계 형성을 핵심으로 삼아 실행되는 다양한 후원 전략으로 구체화된다. 이 전략들은 그 목적과 구조에 따라 다음과 같이 연중모금과 자본모금의 형태로 나뉜다.

① 연중모금(annual fundraising) 전략

㉮ 연중모금 개념 및 목적

연중모금 전략은 특정 시기나 일회성 캠페인이 아니라, 연중 내내 지속적으로 진행되는 모금 활동으로, 사회복지조직의 안정적인 재정 운영과 후원 기반 확대를 위한 핵심적인 자원 개발 방식이다. 이는 조직의 전반적인 운영을 지탱하는 지속적이고 반복적인 기부구조를 지향하며, 다양한 후원자 유형에 맞춘 다채로운 실행 방식으로 구성된다.

연중모금의 핵심 목적은 세 가지로 정리할 수 있다. 첫째, 새로운 후원자의 유입을 촉진하는 것, 둘째, 기존 후원자의 기부를 갱신하도록 유도하는 것, 셋째, 기부자의 기부 수준을 점진적으로 향상시키는 것이다. 이 세 가지 목표는 후원자의 기부 생애주기를 고려한 전략적 접근으로 통합되어야 하며, 조직의 마케팅 믹스 전략 수립이 바로 그 실행의 기초가 된다.

㉯ 연중모금 유형

연중모금의 유형은 크게 소액기부, 자본기부, 재산기부 등으로 구분되며, 이는 비영리조직의 자원 개발 전략에서 다양한 기부 형태를 포괄한다(Grasty & Sheinkopf, 1982).

첫째, 소액기부(small gift)는 1만 원 또는 3만 원 정도의 소액을 월별, 분기별 등으로 후원을 받는 방식으로, 대부분 자동이체나 카드 결제를 통해 정기적으로 입금된다. 소액기부는 개별 후원자로부터 소액의 후원금을 받지만, 다른 유형의 연중모금에 비해 참여자의 수가 많아 누적 기부금이 크기 때문에 기관 프로그램의 유지 및 활동을 위해 매우 중요한 형태의 모금이라 할 수 있다. 또한 소액기부는 지속성이 있으며, 후원자의 참여 장벽이 낮고, 기관의 재정 안정성과 예측성을 향상하는 데 기여한다.

둘째, 자본기부(capital gift)는 기관의 시설 건립이나 인프라 구축을 위한 목적으로 이루어지는 기부이다. 자본기부는 일회성 고액 기부가 일반적이며, 주로 자본모금 전략과 연계된다. 자본기부의 경우에는 기부자 이름을 딴 시설 명명권(naming rights)을 부여하는 경우가 많고, 조직의 장기적인 발전과 성장을 위한 기반을 마련하는 데 중요한 역할을 한다.

셋째, 재산기부(property gift)는 극소수의 사람들에 의한 거액의 재산을 기부하는 형태를 말한다. 일반적으로 현금이 아닌 부동산, 주식, 유가증권, 미술품 등 자산 형태로 기부하는 방식이 주를 이룬다. 따라서 자산의 관리와 매각, 활용방안에 대한 기관의 전문성이 요구되는 기부 유형이다.

㉰ 기부자 분석: LAI 원칙

연중모금 전략을 체계적으로 수립하기 위해서는 우선 기부자의 특성과 기부 전환 가능성을 분석하는 선행 작업이 필요하다. 이를 위해 널리 활용되는 기준이 바로 LAI 원칙이다. LAI란 Linkage(연결성), Ability(기부 여력), Interest(관심도)의 세 가지 기준으로 구성된 평가 틀로서, 개인이 실제로 기부자로 전환될 가능성을 입체적으로 분석하기 위한 실천적 도구로 활용된다(Rosso, 1991; Tempel et al., 2016).

먼저, 연결성(Linkage)은 특정 개인이 기관과 맺고 있는 관계의 깊이를 의미한다. 이는 기부 대상자가 해당 기관의 전·현직 종사자, 자원봉사자, 프로그램 수혜자의 가족, 또는 조직이 속한 지역 네트워크의 구성원일 가능성을 포함한다. 연결성이 높을수록 기관의 미션과 활동에 대한 정서적 거리감이 줄어들며, 기부 요청에 대한 심리적 저항도 낮아지고, 기부 전환 가능성은 높아진다.

다음으로, 기부 여력(Ability)은 개인의 경제적 자원과 기부에 대한 자기결정 권한을 포괄하는 요소로, 기부를 실질적으로 실행할 수 있는 재정적 능력을 의미한다. 이는 직업, 소득, 자산 구성 등 외형적 경제 정보는 물론, 그 자산에 대한 통제력과 기부에 대한 의사결정 권한이 있는지 여부도 함께 고려되어야 한다. 특히 고액 기부 캠페인에서는 이 요소의 중요성이 더욱 강조된다.

마지막으로, 관심도(Interest)는 기부자가 조직의 비전, 사명, 활동 분야 등에 대해 얼마나 공감하고 관심을 갖고 있는지를 나타낸다. 예를 들어, 아동복지에 관심이 높은 후원자는 결식 아동 지원 사업에 높은 반응을 보일 가능성이 크며, 이는 기부자의 가치관과 조직의 정체성이 얼마나 맞닿아 있는지를 보여 주는 지표이다. 관심도가 높을수록 기부로의 전환 가능성 역시 높다고 볼 수 있다.

LAI 원칙은 단순한 이론적 모형이 아니라, 실제 현장에서 기부자를 선별하고 접근 전략을 설계하는 데 활용되는 실천적 도구이다. 조직은 이를 기반으로 '기부 가능자(potential donor)'를 식별한 뒤, 이들을 '기부 예상자(prospective donor)'로 전환시키고, 궁극적으로 '실질적 기부자(donor)'로 이끄는 전략적 기획을 수립하게 된다. 이러한 LAI 기반의 기부자 분석은 조직의 자원개발 활동에서 효율성과 효과성을 높이는 데 기여하는 중요한 이론적 기반이자 실행 틀이다.

㉣ 연중모금의 방법

연중모금의 실행을 위한 방법에는 직접우편 모금, 전화모금, 온라인 및 디지털 모금, 급여 공제 모금, 회원제 모금, 특별 이벤트 기반 모금, 매칭 기부, 개별 방문 요청, ARS 모금 등 다양한 전략이 활용된다. 이러한 방법들은 기부자의 성향과 선호 방식에 따라 선택적으로 활용되며, 연중모금의 효과를 높이는 데 중요한 역할을 한다(Tempel, Seiler, & Dwight, 2016).

첫째, 직접우편 모금(direct mail fundraising)은 기존 또는 잠재적 기부자에게 우편을 통해 기부를 요청하는 전통적 방식으로, 여전히 효과적인 모금 전략으로 평가된다. 특히 수신자의 이름, 기부 이력, 관심 분야 등을 반영한 맞춤형 메시지를 통해 높은 응답률을 기대할 수 있으며, 신뢰 형성을 위한 의사소통 수단으로도 기능한다. 중장년층에서 효과가 높고, 기관의 정체성과 신뢰성을 전달하는 데 유리하지만, 우편 비용과 시간 부담, 디지털 세대와의 낮은 접촉력 등의 한계도 존재한다. 따라서 직접우편모금의 성공적인 실행을 위해서는 정확한 데이터 관리와 타깃 전략, 메시지의 일관성이 필수적이다(Tempel et al., 2016).

표 9-2 직접우편 모금 vs. 일반우편 모금

구분	직접우편(direct mail) 모금	일반우편(mass postal mail) 모금
개인화 여부	있음(수신인 이름, 기부 이력, 관심사 반영)	없음(일괄 발송, 다수에게 동일 내용 전달)
심리적 효과	'나를 위한 편지'라는 관계지향적 인상	'광고성 전단'과 유사한 느낌
기부 전환율	상대적으로 높음(개별화된 메시지 효과)	낮음(무관심, 즉시 폐기 가능성 높음)
내용 구성	정중하고 스토리 중심, 기부 제안, 회신용 봉투 동봉	일반 브로셔 또는 전단 형태로 간단
활용 목적	기존 기부자 유지, 고액 기부자에 접근	불특정 다수 대상
비용 대비 효과	반응률 비교적 높음	반응률 낮음

둘째, 전화모금(telephone fundraising)은 기부자 또는 잠재 기부자에게 직접 전화를 걸어 기부를 요청하거나 관계를 유지하는 전략적 방식이다. 실시간 상호작용을 통해 기부 의향과 관심사를 즉각 파악할 수 있어 맞춤형 접근이 가능하며, 재기부 유도, 금액 증액, 신규 참여 등에서 효과적이다. 특히 집중 전화 모금 행사인 '폰어톤(Phonathon)'[2]과 같은 조직적 캠페인은 높은 반응률과 정서적 유대를 동시에 이끌어내는 고전적이면서도 여전히 유효한 도구로 평가된다(Tempel et al., 2016). 다만, 발신자의 표현력과 시기, 빈도에 따라 기부자의 피로감이나 거부감이 발생할 수 있어, 철저한 사전 기획과 교육, 사후 관리가 필수적이다.

셋째, 온라인 및 디지털 모금(online and digital fundraising)은 웹사이트, 이메일, 소셜미디어 등 디지털 채널을 통해 비대면으로 기부를 요청하는 방식으로, 시간과 공간의 제약 없이 높은 접근성과 편의성을 제공한다. 이메일 뉴스레터, 크라우드펀딩, 소셜 광고 등을 통해 맞춤형 메시지 전달과 기부자 세분화가 가능해 다양한 연령층의 참여를 유도할 수 있다. 특히 젊은 세대, 긴급 상황, 소액 다수 기부 전략에 효과적이지만, 장기적 관계 형성의 한계, 정보보호 문제, 기술 접근성 격차 등의 과제도 존재한다. 따라서 기술 효율성과 관계 중심 전략 간의 균형 있는 운영이 요구된다.

넷째, 급여 공제 모금(payroll deduction giving)은 구성원이 정기적으로 약정한 금액을 급여에서 자동 공제하여 기부하는 방식으로, 지속 가능하고 안정적인 모금 수단이다. 기업이나 공공기관 내에서 운영될 경우, 조직의 사회공헌활동(Corporate Social Responsibility: CSR)과 개인 기부 참여를 동시에 촉진하며, 공동체 의식과 조직의 공익 이미지를 강화하는 효과가 있다. 정기성과 자동성 덕분에 기부 이탈률이 낮고 생애 기부 가치를 높이는 전략적 도구로 작용하지만(Tempel et al., 2016), 자발성 보장과 함께 투명한 정보 제공 및 정기 피드백이 병행되어야 장기적 신뢰와 참여를 유지할 수 있다.

다섯째, 회원제 모금(membership campaigns)은 일정 금액 이상의 기부를 유도하고, 그 대가로 일정 기간의 회원 자격과 비금전적 혜택을 제공하는 전략적 모금 방식이다. 이를 통해 기부자는 기관의 '외부 지지자'가 아닌 '내부 구성원'으로 소속감을 갖게 되며, 뉴스레터, 행사 초청, 콘텐츠 접근 등 다양한 특전을 통해 관계 유지와 충성도가 강화된다. 이 방식은 특히 문화 · 예술기관, 환경단체, 교육기관 등에서 활발하며, 기부금의 다양화와 증액 전략에도 유리하다. 다만,

2 폰어톤은 '전화(Phone) + 마라톤(Marathon)'의 합성어로, 비영리기관이나 대학 등에서 기부금 유치를 위해 정해진 기간 동안 조직적으로 진행하는 캠페인형 전화모금 활동을 의미한다.

혜택 중심 운영만으로는 기부 지속성을 담보하기 어렵기에, 미션 공유와 정서적 교감 기반의 커뮤니케이션이 함께 필요하다.

여섯째, 특별 이벤트 기반 모금(special days and events fundraising)은 기념일이나 자선행사 등 상징적인 시점이나 사회적 관심이 집중되는 계기를 활용해 기부를 유도하는 전략이다. 'Giving Tuesday(전 세계적인 기부 캠페인 날)', 'World AIDS Day', 기관 창립기념일 등은 주목을 모으는 기회가 되며, 자선콘서트나 만찬, 경매 같은 참여형 이벤트는 기부자에게 의미 있는 경험을 제공하여 사회적 연대와 긍정적 기부 태도를 촉진한다. 이 방식은 브랜드 인지도 향상과 신규 기부자 유치에 효과적이지만, 비용 부담이 크고, 일회성에 그치기 쉬운 한계가 있다.

일곱째, 매칭 기부(matching gifts)는 개인 기부금에 대해 기업이나 재단 등 제3자가 동일하거나 일정 비율의 금액을 추가 기부하는 방식으로, 기부자의 재정적 영향력을 배가시키는 전략적 모금 기법이다. 특히 기업 사회공헌활동의 일환으로 임직원 기부를 매칭하는 사례가 일반적이며, 이를 통해 기부 참여율과 평균 기부금액이 증가하고, 비영리기관은 안정적 재원을 확보할 수 있다. "두 배의 기여"라는 메시지는 심리적 동기를 유발하고 캠페인 반응률을 높이는 데 효과적이다. 다만, 매칭 조건과 기간의 명확한 안내, 성과 보고 및 기부자에 대한 고마움의 표현이 뒤따라야 지속적 신뢰 형성이 가능하다.

여덟째, 개별 방문 요청(personal solicitation)은 모금 담당자가 기부자를 직접 만나 맞춤형 제안을 제시하고 신뢰를 구축하는 가장 효과적인 대면 모금 전략 중 하나이다. 특히 고액 기부, 계획 기부, 자산 기부와 같은 전략적 기부 유치에 적합하며, 비언어적 소통과 실시간 피드백이 가능해 심층적 관계 형성에 효과적이다. 템펠과 동료들(Tempel et al., 2016)은 이를 기부자 중심 모금의 핵심 방식으로 평가하며, 성공적 실행을 위해서는 담당자의 전문성, 설득력, 기획력이 필수적임을 강조한다. 또한 방문 이후에는 감사, 후속보고, 관계 유지 전략을 통해 기부자의 충성도를 지속적으로 높여야 한다고 제시한다.

아홉째, ARS 모금(Automated Response System Fundraising)은 기부자가 특정 번호로 전화를 걸면 음성 안내에 따라 자동으로 기부가 이루어지는 소액 다수 기부 방식으로, 방송 캠페인이나 재난 구호 상황에서 널리 활용된다. 간편성과 즉시성이 장점이며, 기부금은 통신요금에 합산되어 별도 결제 없이 처리된다. 템펠과 동료들(Tempel et al., 2016)은 이 방식이 기부 참여 장벽을 낮추고 대중의 즉각적 반응을 이끌어 내는 데 효과적이라 평가한다. 다만, 수수료 공제 및 기부자 정보 부재로 인해 장기적 관계 형성에는 한계가 있어, 보완 전략이 필요하다.

㉮ 모금 이후의 기부자 관리 활동

모금이 완료된 후의 기부자 관리 활동은 단순한 행정 절차가 아니라, 장기적 신뢰 형성과 지속적 참여를 유도하는 전략적 단계로 간주된다. 이러한 기부자 관리 활동은 기부자 데이터베이스의 체계적 구축 단계와 기부자 충성도 강화를 위한 관계 유지 활동 단계로 구분된다(Tempel et al., 2016).

우선, 기부자 데이터베이스 구축은 기부자의 인적 정보, 기부 이력, LAI 기준(연결성, 기부 여력, 관심도) 등 정량·정성 정보를 통합해 맞춤형 전략과 예측 모델링에 활용되는 핵심 자산이다(Hall, 2012). 한편, 기부자 충성도 강화를 위한 관계 유지 활동으로는 감사 편지와 답례품 제공, 정기적 소식지 발송, 기부금 사용 보고, 후원자 명단 공개 등이 있다.

이러한 활동은 기부자의 소속감과 신뢰를 높이고 재기부를 유도한다. 나아가 기부자를 단순한 후원자가 아닌 조직 미션의 동반자로 인식하게 함으로써, 생애 기부 가치를 극대화하고 지속 가능한 자원 개발 기반을 구축하는 데 기여한다(Breeze, 2013).

② 자본모금(capital funding) 전략

㉮ 자본모금의 의미와 목적

자본모금은 비영리조직이 일정 기간 내에 대규모 자금을 집중적으로 조달하여, 조직의 물리적 인프라 확충, 건물 신축, 부동산 취득, 장기적 설비 투자, 혹은 기금 조성을 목적으로 추진하는 전략적 모금 활동이다. 이는 운영비 중심의 연중모금과 달리, 조직의 지속 가능한 성장을 위한 자산 기반 확대와 재정적 안정성 확보를 위한 일시적이고 집중적인 캠페인이라는 점에서 구별된다(Tempel et al., 2016).

㉯ 자본모금의 특징

자본모금은 연중모금과 구별되는 전략으로, 수억~수십억 원 규모의 고액 재원을 확보하기 위한 목표 중심적 캠페인이다. 일반적으로 건물 신축, 시설 확충, 기금 조성 등 자금 사용의 용도가 사전에 지정되며, 명확한 시작과 종료 시점을 갖는 단기 집중형 모금으로 추진된다. 이 캠페인은 철저한 사전조사와 기부자 분석, 마케팅 전략을 기반으로 하며, 조직 외부에는 비전과 신뢰성을, 내부에는 소속감과 결속력을 동시에 강화하는 효과를 갖는다(Greenfield, 2007). 또한 기부자에게는 명명권(naming rights)과 같은 상징적 보상을 제공함으로써, 기여를 공식적으로 인정하고 역사에 남기는 방식을 활용한다(Worth, 2016).

㉰ 자본모금의 전략

자본모금의 전략으로는 대표적으로 순차적 모금(sequential solicitation)과 내부에서 외부로의 모금(inside-out solicitation)이 있다. 이 두 방식은 상호 보완적이면서도 전략적 초점이 다른 접근법이다.

우선, 순차적 모금은 리더 기부자로부터 일반 기부자로 모금을 확장하는 '위에서 아래로' 방식으로, 초기 단계에서 목표금액의 상당 부분(50~70%)을 선점하여 후속 기부자의 신뢰와 참여를 유도한다(Rosso, 1991). 반면, 내부에서 외부로의 모금은 이사회나 임직원 등 조직의 내부 이해관계자의 선(先)기부를 통해 조직의 진정성과 공신력을 전달하는 전략으로, 외부 기부자에게 긍정적 신호와 신뢰감을 제공한다(Greenfield, 2007; Worth, 2016). 이 두 전략은 목적은 다르지만 상호 보완적으로 통합해 운영되어야 하며, 특히 초기 리더 기부자의 확보와 내부 참여율의 제고는 자본모금의 성패를 좌우하는 핵심 요인이다.

5) 마케팅 실행

(1) 마케팅 실행의 의미

마케팅 실행 단계는 조직이 수립한 자원 개발 전략을 구체적 활동으로 전환하여, 실제적인 모금 성과를 도출하는 실천 중심의 핵심 단계이다. 이 과정은 단순한 계획 이행을 넘어, 조직의 실행력, 자원 조정 능력, 성과관리 역량 등이 복합적으로 작용하는 종합적 운영 과정이며, 궁극적으로는 전체 마케팅 전략의 성패를 결정짓는 실질적 시험대라 할 수 있다. 따라서 실행 단계는 전략 수립과는 명확히 구별되며, 전사적 협업체계, 유기적 커뮤니케이션, 실행조건의 윤리성 확보 등이 병행되어야 한다(Andreasen & Kotler, 2008).

(2) 마케팅 실행 과정의 주요 단계

마케팅 실행은 일반적으로 실행계획 수립 및 자원배분, 팀 구성 및 역할 분담, 마케팅 도구의 실행, 의사소통 체계 구축 및 조정 등 네 가지 핵심 단계로 구성된다.

① 실행계획 수립 및 자원 배분

마케팅 실행의 출발점은 전략 수립 단계에서 도출된 목표와 방향성을 토대로, 구체적인 실행계획(action plan)을 수립하는 것이다. 이 계획에는 표적 기부자 집단에 따른 메시지 설계, 촉진 활동 일정 수립, 마케팅 도구별 역할과 시점 명시, 필요 자원(인력, 예산, 물적 자산 등)의 배분 내용이 포함된다. 특히 사회복지조직에서는 제한된 자원을 효율적으로 재배치하여 실행의 지속 가능성과 실행 가능성을 동시에 확보하는 것이 핵심 과제로 제시된다.

② 팀 구성 및 역할 분담

마케팅 실행의 두 번째 단계는 실행의 효율성을 높이기 위해 마케팅 활동을 실제로 수행할 전담팀 구성과 명확한 역할 분장이다. 실행조직은 내부 실무자뿐 아니라, 필요시 외부 마케팅 전문가, 콘텐츠 제작자, 디지털 전략가 등과의 협업체계를 포함할 수 있다. 또한 각 담당자 간의 책임 명확화, 커뮤니케이션 라인 설정, 의사결정권 위임이 중요하며, 이는 실행 혼선을 줄이고 대응 속도를 높이는 데 기여한다. 특히 사회복지조직에서는 직원의 자발적 참여와 공감, 조직 가치에 대한 내적 몰입이 실행 효율성과 직접적으로 연결된다(Herman & Renz, 2008).

③ 마케팅 도구의 실행

마케팅 실행의 세 번째 단계는 사전에 수립된 마케팅 믹스 전략을 구체적 활동으로 전환하는 과정이다. 특히 촉진 믹스(promotion mix)의 요소인 광고, 홍보(PR), 직접 마케팅 등이 주요 수단으로 활용된다. 이때 핵심은 단순히 도구를 사용하는 데 그치지 않고, 기부자 세분화에 맞는 다이밍과 메시지의 일관성을 기반으로 전략적 실행을 하는 것이다. 예를 들어, 소액 정기기부자에게는 이메일 뉴스레터를 활용한 감성적 스토리텔링 캠페인이, 고액 기부자에게는 개별 방문이나 명명권(naming right)을 포함한 맞춤형 제안이 적합할 수 있다(Andreasen & Kotler, 2008).

이 과정에서 마케팅 실행의 성공을 위해서는 브랜드 이미지의 일관된 유지, 후원자와의 정서적 연결 형성, 기부 행동 유인을 위한 명확한 행동 유도 메시지 전달, 성과 분석을 위한 피드백 체계 마련 등이 필수적이다.

④ 의사소통 체계 구축 및 조정

마케팅 실행의 마지막 단계는 조직 내·외부 간의 효과적인 커뮤니케이션 체계를 구축하고, 전체 실행 과정을 유기적으로 조정(coordination)하는 것이다. 특히 사회복지조직은 다양한 이해관계자와의 협력을 토대로 활동이 전개되므로, 수평적 커뮤니케이션 구조와 실시간 정보 공유 체계가 핵심이 된다(Mintzberg, 1983). 이 과정에서는, 첫째, 예산, 일정, 인력 등 자원의 변동에 유연하게 대응할 수 있는 민첩한 의사결정 체계의 구축이 필요하며, 둘째, 내부 구성원 간 정보의 원활한 공유와 공통 목표에 대한 이해를 토대로 실행력 제고가 요구되고, 셋째, 커뮤니케이션 오류로 인한 실행 실패를 방지하기 위한 명확한 지시체계와 피드백 고리(feedback loop)가 수립되어야 한다(Andreasen & Kotler, 2008).

6) 마케팅 평가

(1) 마케팅 평가의 의미

사회복지기관의 모금 마케팅 과정에서 마지막 단계인 마케팅 평가는 마케팅 실행 이후 전체 활동의 효과성과 효율성을 체계적으로 측정하고 분석하는 과정을 의미한다. 이는 단순한 성과 측정에 그치지 않고, 기관의 사명 실현 여부, 자원 개발 전략의 적절성, 기부자 관계의 질적 향상 등을 포괄적으로 점검함으로써 조직의 전략적 방향성과 지속 가능성 확보에 기여한다(Kaplan & Norton, 1996).

특히 마케팅 평가는 종결점이 아닌 시작점으로 이해되어야 한다. 즉, 평가 결과는 단지 성과를 판단하기 위한 도구가 아니라, 이후 환경 분석 → 전략 재수립 → 실행 → 평가로 이어지는 피드백 고리를 형성하여, 조직이 학습하고 진화할 수 있는 동적 구조의 핵심 고리로 기능해야 한다(Ebrahim & Rangan, 2014). 이를 통해 사회복지조직의 마케팅은 정적인 절차가 아닌 순환적 반복의 실천체계로 자리매김한다.

(2) 마케팅 평가의 목적

마케팅 평가는 다음 네 가지 목적에서 그 의미를 갖는다. 첫째, 실증적 성과자료를 확보하여 성과 기반 관리(performance-based management)를 위한 객관적 근거를 마련한다. 이는 조직의 책임성을 제고하고, 향후 전략 수립을 위한 근거를 마련하는 데 도움이 된다. 둘째, 후원자 및 이해관계자에게 마케팅 결과를 투명하게 공유함으로써 조직의 신뢰성과 책무성을 제고한다. 셋째, 평가 결과를 토대로 제한된 자원을 전략적으로 재배분할 수 있는 근거를 마련한다. 넷째, 평가 결과에 따라 효과적인 수단은 확대하고 비효율적인 방식은 조정·중단하는 전략적 선택을 가능하게 하여, 마케팅 전략의 진화와 재설계를 위한 기초를 제공한다(Sargeant & Shang, 2010).

(3) 마케팅 평가의 유형

마케팅 평가는 시점과 목적에 따라 총괄평가(summative evaluation)와 형성평가(formative evaluation)로 구분된다(Buckmaster, 1999). 총괄평가는 마케팅 활동 종료 후 성과를 종합적으로 측정하는 방식이며, 형성평가는 캠페인 진행 중 지속적으로 마케팅 활동을 점검하여 실시간 개선을 가능하게 하는 방식이다. 이 두 가지 평가 접근은 상호 보완적으로 병행되어야 하며, 이를 통해 전략의 유연성과 실행 적합성을 동시에 확보할 수 있다.

(4) 주요 평가지표

모금 활동에 대한 평가지표는 정량적 지표와 정성적 지표를 통합적으로 활용하여 재무지표, 기부자 행동 지표, 브랜드 및 인식 지표, 관계 지표, 운영효율성 지표 등으로 구성될 수 있다.

첫째, 재무지표에는 총모금액, 평균 기부금, 기부자당 획득 비용(모금 활동에 투입된 비용 대비 모금된 금액) 등이 포함된다. 둘째, 기부자 행동 지표로는 신규 기부자 수, 기부자 유지율(기존 기부자 중 재기부한 비율), 기부자 참여도(기부자의 이벤트 참여, 자원봉사 등 활동 참여 수준) 등을 들 수 있다. 셋째, 브랜드 및 인식 지표에는 기관에 대한 인지도, 기관에 대한 신뢰도, 사회적 평판, 캠페인 메시지 수용도(캠페인 메시지가 대상 청중에게 도달한 비율) 등이 포함된다. 넷째, 관계 지표로는 기부자 대상 설문조사, 심층면접, 정성적 피드백을 통한 후원자 만족도 및 충성도, 후원 지속 의사 등을 들 수 있다. 다섯째, 운영효율성 지표에는 캠페인 운영 비용(캠페인 실행에 소요된 총 비용), 마케팅 실행률(계획된 마케팅 활동 중 실제로 실행된 비율) 등이 포함된다.

이러한 지표들은 단기성과와 장기성과를 함께 진단할 수 있도록 설계되어야 하며, 마케팅 활동이 단기적인 수익 창출뿐 아니라 조직의 미션 실현과 사회적 영향력 강화에 어떤 기여를 했는지를 총체적으로 분석하는 기준이 된다(Kaplan & Norton, 1996).

(5) 평가 결과의 활용

모금 마케팅의 평가는 단순한 활동 점검 차원을 넘어, 조직의 전략적 학습과 개선을 위한 출발점으로 기능해야 한다. 이를 위해 평가 결과는 첫째, 효과적인 마케팅 도구의 확대 적용 및 비효율적 수단의 정비, 둘째, 세분화된 표적 집단에 따른 메시지 조정 및 커뮤니케이션 전략 개선, 셋째, 자원 배분의 재배치 및 실행 역량의 강화, 넷째, 기부자 유형별 맞춤형 관리 전략의 정교화 등과 같은 실질적 변화로 연결되어야 한다.

무엇보다 중요한 점은 이와 같은 결과들이 다시 환경 분석과 전략 수립의 기준으로 순환되어야 한다는 점이다. 즉, 평가는 전략의 마지막 단계이자 동시에 새로운 전략 형성의 출발점으로 작용해야 하며, 이를 통해 마케팅 시스템은 지속적으로 갱신되고 진화할 수 있는 역동적 구조로 유지된다(Ebrahim & Rangan, 2014). 이러한 구조 속에서 조직은 단기 성과뿐만 아니라 장기적인 관계 형성, 지속 가능성, 사회적 사명 달성이라는 질적 성장을 동시에 도모할 수 있다.

사회복지조직의 재정관리

사회복지조직은 클라이언트의 욕구를 충족하고 공공의 가치를 실현하기 위해 운영되는 조직이지만, 그 실행은 자원을 확보하고 배분하며 관리하는 재정 운영 체계를 기반으로 이루어진다. 재정관리는 조직이 설정한 목적과 사업을 지속 가능하도록 뒷받침하는 필수적인 행정 기능이며, 단순한 회계 기술을 넘어 조직의 전략과 철학이 반영되는 핵심 영역이다. 특히 사회복지조직은 공공성과 책무성을 전제로 다양한 자원 제공자와 이해관계자의 신뢰를 제고해야 하므로, 재정의 합리성과 투명성 확보가 조직 운영의 근간이 된다.

본 장에서는 사회복지조직의 재정관리가 갖는 의의와 특성을 서두에서 정리한 뒤, 예산 편성부터 집행, 평가에 이르기까지 재정관리의 전 과정을 단계별로 설명한다. 또한 성과주의 예산, 계획예산체계, 영기준 예산 등 다양한 예산 형식의 비교를 통해 조직이 처한 환경과 목표에 따라 어떤 재정 운영 모델이 적합할지를 판단할 수 있도록 한다. 이를 통해 학습자는 재정관리의 기술적 측면뿐 아니라, 조직 운영의 전략성과 책임성을 함께 고려하는 통합적 관점을 갖추게 될 것이다.

1. 재정관리의 개념과 중요성

1) 재정관리의 개념

재정관리(financial management)는 조직 목표 달성을 위해 재원을 안정적으로 확보하고, 이를 계획·배분·운용·통제하는 전략적 활동을 의미한다. 이는 단순한 회계처리나 예산집행을 넘어 조직의 성과와 지속 가능성을 좌우하는 핵심 관리 기능으로 간주된다(Bowman, 2011; Worth, 2021). 특히 사회복지조직은 기부금, 정부 보조금 등 외부 재원에 대한 의존도가 높아, 자원의 안정적 확보와 책임 있는 사용이 조직 생존의 필수 조건이다(Young, 2007).

재정관리는 일반적으로 계획(Planning), 자원 동원(Resource Mobilization), 예산집행(Budget Execution), 재정 통제(Financial Control)의 네 단계를 포함한다. 계획은 미션과 전략을 반영해 자원 흐름의 방향성과 우선순위를 설정하는 단계이며, 자원 동원은 외부 커뮤니케이션과 모금 활동을 통해 재원을 확보하는 단계이다. 예산집행은 승인된 예산에 따라 재원을 배분하고 운용하는 실행 단계이며, 재징 통제는 예산집행 결과를 점검하고 계획과의 차이를 분석하며, 회계 절차와 외부 감사를 통해 투명성과 책무성을 확보하는 단계이다(Bryson, 2004).

한편, 재정관리는 접근 방식에 따라 좁은 의미와 넓은 의미로 구분된다. 좁은 의미는 자금 운용, 지출 통제 등 내부 재무 활동을 말하며, 넓은 의미는 예산 수립·집행, 성과 평가, 외부 감사까지 포괄하는 전략적 자원 운용 체계를 의미한다(Murray, 2017).

또한 조직 유형에 따라 재정관리의 지표와 운영 방식은 달라진다. 비영리조직은 공공성과 투명성, 기부자의 신뢰 확보, 성과 기반 책무성이 강조되며(Herman & Renz, 2008), 공공기관은 법적 책무성과 적법한 예산 사용, 사회적 가치 창출에 초점을 둔다. 반면, 영리조직은 수익성과 투자 효율성을 주요 지표로 삼는다(Anthony & Young, 2003).

2) 재정관리의 중요성

조직의 미션과 서비스는 이상적 가치만으로 실현되지 않으며, 이를 수행하기 위해서는 재정자원의 확보와 효율적 운용이 필수적이다. 특히 사회복지조직은 정부 보조금, 민간 기부 등 외부 재원에 대한 의존도가 높아 재정관리의 중요성이 더욱 강조된다. 재정이 뒷받침되지 않으면 대상자에게 서비스를 제공할 수 없고, 이는 조직 사명의 중단과 지속 가능성 위협으로 이어질 수 있다(Bryson, 2004).

오늘날 사회복지조직은 단순한 수혜구조를 넘어, 재원 제공자들로부터 투명성과 성과책임(accountability)을 요구받고 있다. 정부, 공공재단, 민간기부자 등은 자원의 사용처와 그 결과에 대한 명확한 정보를 기대한다(Herman & Renz, 2008). 이에 따라 조직은 체계적이고 신뢰할 수 있는 재정관리 체계를 갖추어야 하며, 이를 소홀히 할 경우 재정 지원 중단, 평판 저하, 신뢰 상실 등의 위기를 초래할 수 있다(Murray, 2017). 따라서 재정관리는 단순한 회계처리를 넘어, 조직의 미션 실현과 지속 가능성 확보, 그리고 성과 중심의 책임 경영을 뒷받침하는 핵심 수단으로 기능한다.

2. 사회복지조직의 재원 특성과 전략적 대응

1) 사회복지조직의 재원 특성

사회복지조직은 자체적으로 재원을 생산하거나 조달하기 어려운 구조를 지니며, 외부 자원에 대한 높은 의존성을 특징으로 한다(Hasenfeld, 1983). 이는 영리기업이나 자립형 공공기관과 구별되는 구조적 제약으로, 조직의 재정 전략에 본질적 영향을 미친다. 이러한 특성은 '재정 통제력의 제한'과 '재원 유형의 다변화'로 요약된다.

(1) 재정 통제력의 제한

재정 통제력의 제한성은 사회복지조직이 재정자원의 조달과 배분을 자율적으로 결정하기 어려운 구조적 조건에서 비롯된다. 이는 단순한 예산 부족의 문제가 아니라, 조직의 재정 운영이 외부의 제도적 및 정책적 환경에 의해 구조적으로 제약된다는 점에서 보다 본질적인 문제를 내포한다. 특히 정부나 지방의회 등 외부 주체가 예산을 편성하기 때문에, 사회복지조직은 예산 편성이나 증액 권한이 거의 없으며, 실질적 통제력을 확보하기 어렵다. 그 결과, 정권 교체, 정책 방향, 국가 재정 기조 변화 등에 따라 예산구조가 민감하게 영향을 받는다. 이 같은 제약은 사회복지조직의 지속 가능성과 책무성 확보에 중대한 영향을 미친다.

(2) 재원 유형의 다변화

재원 유형의 다변화는 사회복지조직이 단일 재원에 대한 의존을 줄이고 다양한 출처의 자원을 조합해 운영하는 전략이다. 이는 외부 환경 변화에 따른 위험을 분산하고, 재정적 안정성을 높이기 위한 핵심 수단이다.

사회복지조직의 주요 재원 유형은 다음과 같다. 첫째, 정부 보조금이다. 이는 중앙정부나 지방자치단체의 재정 지원으로, 사회복지조직의 가장 핵심적인 재원 기반이지만 정책 변화에 취약하다. 둘째, 민간기금이다. 이는 재단의 지원금이나 민간 공모형 보조금 등 특정 목적에 따라 제공되는 민간 재정자원이다. 민간기금은 조직의 자율성과 혁신적 프로그램 운영에 기여한다. 셋째, 후원금이다. 이는 개인 기부, 기업의 정기적 기부 및 일회성 협찬 등 자발적 민간 참여에 의해 조달되는 재원이다. 후원금은 조직의 사회적 신뢰와 투명성, 윤리적 책임성이 확보되어야 안정적으로 확보될 수 있다. 넷째, 수익사업 수입이다. 이는 교육, 프로그램, 상품 판매, 시설 대여 등을 통해 창출하는 자립형 수입원을 말한다. 다섯째, 특별수입이다. 이는 자산 기증, 일회성 행사 수익, 기금 운용 수익 등 비정기적으로 발생하는 일시적 자원으로, 특정 목적사업이나 비상시 재정 확보에 활용된다.

2) 사회복지조직의 재원 다변화 전략

사회복지조직은 외부 재원에 대한 높은 의존성과 복합적 재원구조 속에서, 지속 가능성과 환경 대응력을 확보하기 위해 전략적 자원 동원이 필수적이다(Martin & Kettner, 1996).

사회복지조직이 활용할 수 있는 재원 다변화 전략으로는 첫째, 대체 재원 확보 전략으로, 정부 보조금 외에 민간재단 기금, 기업 사회공헌, 자산 기부 등을 통해 보완적 재원을 확보한다. 이는 공공재정의 불확실성을 보완하고 재정 안정성을 높이는 데 기여한다. 둘째, 자조적 수익 창출 전략이다. 이는 조직이 보유한 역량과 자산을 활용해 교육비, 컨설팅 수수료, 제품 판매 등을 통해 수익을 창출하는 방식이며, 사회적기업 모델과의 결합을 통해 지속 가능성을 높일 수 있다(Andersson, 2010). 셋째, 지속 가능한 후원자 기반 형성 전략이다. 이는 일회성 기부 중심의 구조에서 벗어나 정기후원자 중심의 안정적 재정구조를 구축하는 방식이다. 이는 예측 가능성과 장기 전략 수립에 긍정적으로 작용한다.

안정적인 재원구조는 다음과 같은 효과를 갖는다.

첫째, 서비스의 질과 범위를 확장할 수 있다. 재정구조가 불안정한 경우에는 단기성과 중심의 사업 운영에 그치기 쉽지만, 안정적인 재정 기반은 장기 전략에 따라 질 높은 서비스를 지속적으로 제공할 수 있게 한다. 둘째, 핵심 인력의 유지와 전문성 제고가 가능해진다. 일관된 재정 확보는 우수한 인력의 장기 고용과 체계적인 역량 개발을 가능하게 하며, 이는 조직의 전문성과 사회적 신뢰도 향상으로 이어진다. 셋째, 이해관계자의 신뢰를 구축할 수 있다. 안정적인 재원 구조는 재정 운영의 투명성과 책임성을 기반으로 하며, 이는 정부, 기부자, 지역사회 등 외부 이해관계자의 신뢰를 강화하고, 다시 후속 재정 지원으로 연결되는 선순환 구조를 형성한다.

3) 사회복지조직의 재정위험 유형 및 대응 전략

사회복지조직은 외부 재원 의존성과 공공적 책무성이라는 이중적 특성으로 인해 다양한 재정위험(financial risk)에 노출되기 쉽다. 이러한 위험은 단순한 예산 부족이나 지출 통제를 넘어, 조직의 미션 수행, 이해관계자 신뢰, 지속 가능성에까지 영향을 미치는 전략적 리스크로 간주된다(Keating & Frumkin, 2003).

따라서 사회복지조직은 외부 환경 변화뿐 아니라 내부 자원 조달과 집행 구조에서 발생할 수 있는 재정위험을 체계적으로 인식하고, 사전 예방 및 대응 전략을 마련해야 한다. 이는 조직의 책임성과 투명성 확보, 장기적 안정성 확보를 위한 핵심 과제이다.

(1) 재정위험의 유형

재정위험은 재원의 조달 과정, 지출 및 운용 방식, 외부 환경 변화 등 다양한 경로를 통해 발생할 수 있으며, 〈표 10-1〉과 같이 구분할 수 있다. 이들 위험은 독립적으로 발생하기도 하지만, 상호 복합적으로 작용하여 조직의 재정 건전성에 중대한 영향을 미칠 수 있다.

표 10-1 사회복지기관 재정위험 유형

재정위험 유형	설명	예시
수입구조 기반 위험	정부 보조금, 특정 기부자 등 단일 재원에 과도한 의존 또는 외부 재원의 변동성으로 인해 수입 안정성이 저하되는 위험	정부 보조금 축소, 주요 기부자의 이탈, 일회성 재단 기금 종료 등
정책 및 제도 변화 위험	정부 정책, 법령 등의 변화로 인해 조직의 수입구조와 사업 범위가 제약받는 위험	복지예산 축소, 규제 강화, 수혜 대상 축소 등
외부 신뢰도 하락 위험	투명성 부족, 회계 오류, 정보 공개 지연 등으로 인한 이해관계자의 불신으로 재정 지원이 위축되는 위험	회계 부실로 인한 기부 철회, 공시 지연으로 인한 후원 감소 등
수익사업 실패 위험	자체 수익사업의 시장성 부족 또는 실행 전략의 부재로 인한 수익 창출 실패로 발생하는 위험	제품 판매 부진 등에 따른 재정 손실

재정 운영 통제 및 관리 실패 위험	예산 편성 · 집행 · 정산 과정에서 절차 미비, 회계 자료 누락, 감시체계 부재 등으로 인해 발생하는 위험	외부감사 지적, 행정처분 등
성과 미달에 따른 재정 불이익 위험	성과목표 미달성이나 성과관리 실패로 인해 성과 기반 예산이나 계약형 보조금이 삭감 또는 중단되는 위험	목표 달성률 저조로 인한 민간 공모사업 탈락, 보조금 환수 등
재정 전략 부재 및 계획 미흡 위험	중장기 재정 전략이나 자원 다변화 계획이 부재하여 외부 충격에 대응하지 못하고 재정 불안정이 심화되는 위험	재정 위기 시 대체 재원 확보 불가, 리스크 대응 계획 부재 등

(2) 재정위험 대응 전략

사회복지조직은 다양한 재정위험에 대응하기 위해 전략적 관리방안을 수립해야 하며, 이는 단기적 재정 안정은 물론 지속 가능성과 신뢰 확보를 위한 필수 요소이다. 재정위험 대응 전략으로는 첫째, 수익원 다변화 전략이다. 이는 정부 보조금, 민간재단 기금, 개인 기부, 서비스 수익 등 복수의 재원을 포트폴리오 방식으로 구성함으로써 특정 재원에 대한 과도한 의존도를 줄이는 전략이다. 성기후원 캠페인, 온라인 모금, 사회적기업 모델의 도입 등은 조직의 재정적 기반을 강화하고 안정적인 현금 흐름을 확보하는 데 기여할 수 있다. 둘째, 정책 모니터링을 통한 재정 조정 및 비상대응 전략이다. 이는 정부의 예산편성 방향, 사회복지 관련 법제 변화, 지방자치단체의 정책 동향 등을 조기에 파악하고, 이에 따라 예산 항목을 유연하게 조정하거나, 선택과 집중에 기반한 사업 재편, 긴급 운영자금 확보 계획 수립 등 구체적인 대응방안을 마련함으로써 재정위험을 최소화하는 전략이다. 이때 이해관계자와의 파트너십 및 정책 네트워크 참여는 정책 변화에 대한 공동 대응의 핵심적 기반이 된다. 셋째, 재정 투명성과 신뢰 관리 전략이다. 이는 예산 · 결산 내역, 기부금 수입 · 지출 등을 정기적으로 공개하고, 감사보고서와 성과기반 보고서를 통해 조직의 재정 운영이 미션과 전략에 부합함을 설명함으로써 신뢰를 강화하는 전략이다. 넷째, 재정 운영의 통제 및 관리 강화 전략이다. 이는 예산편성부터 보고에 이르는 전 과정에 내부 통제 시스템을 운영하고, 이사회 · 감사기구의 감시 기능과 정기 외부감사를 통해 재정 누락, 회계 오류 등 재정상의 리스크를 사전에 예방하는 것을 의미한다.

3. 예산의 개념과 원칙

1) 예산의 개념

예산(budget)은 조직이 일정 회계연도 동안 예상되는 수입과 지출을 사전에 계획하고 이를 문서화한 공식적인 관리 수단이다. 이러한 예산은 단순한 수입 · 지출의 목록을 넘어, 기관의 사명과 전략적 목표를 달성하기 위해 자원을 합리적으로 배분하는 핵심적인 관리도구라 할 수 있다. 즉 예산은 조직 운영의 방향을 구체화하고, 의사결정의 기준을 제공하며, 조직 구성원 간의 협업과 책임을 유도하는 기능을 수행한다. 이러한 측면에서 예산은 사회복지기관의 책무성, 투명성, 그리고 성과 중심의 경영을 실현하는 제도적 기반이 된다.

(1) 예산, 회계, 결산, 감사의 개념 비교

예산과 함께 조직의 재정을 구성하는 핵심 개념으로는 회계(accounting), 결산(closing), 감사(audit)가 있으며, 이들은 각각 상호 보완적인 역할을 수행한다. 먼저, 예산은 특정 회계연도에 편성된 수입과 지출의 계획을 의미하며, 사전적인 재정 운영 계획서라 할 수 있다. 회계는 실제로 발생한 수입과 지출을 체계적으로 기록하고 분류 · 요약하여 재무정보로 전환하는 사후적 관리 시스템이다. 결산은 회계연도 종료 후 실제 수입과 지출을 집계 · 분석하여 예산 대비 실적을 평가하는 과정으로, 조직의 재정 운영 성과를 공식적으로 정리하는 단계이다. 마지막으로, 감사는 회계 및 결산 자료가 관련 법령과 회계 기준에 따라 적정하게 처리되었는지를 검토 · 검증하는 절차로, 외부감사 또는 내부감사의 형태로 수행된다. 이 네 가지 요소는 예산의 편성부터 집행, 결과 분석, 감사 및 피드백에 이르기까지 재정관리를 구성하는 핵심 고리로 긴밀히 연결되어 있다.

(2) 회계연도 및 회계 분류

우리나라의 회계연도는 「국가재정법」 제5조에 따라 매년 1월 1일부터 12월 31일까지로 규정되어 있으며, 사회복지법인 및 사회복지시설의 경우에도 「사회복지법인 및 사회복지시설 재무 · 회계 규칙」 제3조에 따라 동일한 회계연도를 따른다. 이러한 제도적 일치는 공공재원에 대한 책임성과 일관된 보고체계 마련에 기여한다.

사회복지조직의 회계는 법령상 분류와 실무적 · 기능적 분류로 나눌 수 있다. 법령상 회계 분류는 법인 단위 및 사업 단위에 따라 구분되며, 일반적으로 다음 세 가지, 즉 법인회계(법인의 전반적 운영에 대한 회계), 시설회계(각 사회복지시설의 운영에 대한 회계), 수익사업회계(법인의 목적 외 수익 창출 활동에 대한 회계)로 구성된다.

이에 반해, 실무적 · 기능적 분류는 회계의 목적과 자금의 성격에 따라 구분되며, 일반적으로 다음과 같이 나눌 수 있다. 우선, 고유목적사업 회계는 복지서비스 제공 등 비영리적 본래 목적에 따라 수행되는 활동의 회계를 의미한다. 수익사업 회계는 시설 대관, 매점 운영, 제품 판매 등 수익 창출을 위한 사업에 관한 회계이다. 기금회계는 후원적립금 등 특정 목적을 위해 적립 · 운용되는 자금을 관리하는 회계이다. 마지막으로, 보조금 회계는 국가 또는 지방자치단체로부터 수령한 보조금의 집행과 정산에 관한 회계를 의미한다.

이러한 회계 분류는 재정의 성격과 활용 목적을 명확히 하여 책임 있는 재정 운영을 가능하게 하며, 보고 및 감사를 위한 체계적인 기반이 된다.

2) 예산의 기능

예산은 단순한 재정계획을 넘어 조직의 선략 실행과 운영 관리를 위한 핵심 도구로, 사회복지조직에서는 다음과 같은 여섯 가지 주요 기능을 수행한다.

첫째, 계획 기능이다. 예산은 조직의 전략적 목표를 구체적인 재정 운영 계획으로 전환하는 도구로 기능한다. 사회복지조직은 다양한 프로그램과 서비스를 제공하기 위해 필요한 자원을 사전에 식별하고, 이를 효율적으로 배분함으로써 조직의 미션 달성 가능성을 극대화할 수 있다.

둘째, 통제 기능이다. 예산은 계획된 수입과 지출 범위 내에서 재정 활동이 이루어지도록 관리 기준을 제공한다. 이를 통해 임의적 지출이나 예산 초과 집행을 예방하고, 조직 내부의 재정 활동에 대한 감시체계를 구축할 수 있다. 또한 회계연도 중 실제 집행 내역을 예산 계획과 비교 분석함으로써, 집행의 적정성을 점검하고 시정 조치를 유도할 수 있다.

셋째, 조정 기능이다. 예산은 조직 내 여러 부서 간의 자원 배분을 조율하고 전략적 우선순위에 따른 조화를 이루는 데 기여한다. 사회복지조직은 복합적인 서비스 영역을 다루는 특성상 부서 간 자원 경쟁이 빈번하게 발생하는데, 이때 예산은 조직 전체의 목표에 따라 제한된 자원을 합리적으로 분배함으로써 조직 운영의 일관성과 효율성을 확보하는 수단이 된다.

넷째, 의사소통 기능이다. 예산은 조직의 목표, 우선순위, 사업계획을 내부 구성원뿐 아니라 이사회, 정부, 기부자 등 외부 이해관계자에게 전달하는 공식 수단이 된다. 특히 외부 감시와 재정 지원 주체들은 예산서를 통해 조직의 재정 건전성과 운영 방향성을 파악하고, 이에 대한 평가 및 지원 여부를 판단하게 된다.

다섯째, 책무성 기능이다. 예산은 조직이 자원을 어떻게 사용할지에 대한 계획을 외부 이해관계자에게 명확히 제시함으로써, 책임성과 정당성을 부여하는 수단이 된다. 특히 공공재원을 사용하는 사회복지기관은 예산을 통해 운영의 정당성과 효과성을 투명하게 제시해야 하며, 이는 정부, 기부자, 이사회 등 감시 주체에 대한 기본적 책무 이행으로 이어진다(Anthony & Young, 2003).

여섯째, 성과 평가 기능이다. 이는 최근에 추가된 예산의 핵심 기능이다. 성과 평가 기능이란 예산이 사후적으로 회계와 결산을 통해 실제 집행 결과와의 비교가 가능하다는 점에서, 조직의 사업 성과를 측정하고 평가하는 기준 틀로 기능한다는 점을 의미한다. 예산 대비 실적 분석을 통해 특정 사업의 효율성, 비용 대비 효과성, 자원 활용의 적절성 등을 검토할 수 있다.

3) 예산의 원칙

사회복지조직에서 예산은 다양한 이해관계자에 대한 책임을 고려할 때, 다음의 기본 원칙 준수가 필수적이다(Anthony & Young, 2003).

- 공개성의 원칙(principle of publicity): 예산은 수립 및 집행 과정에서 이해관계자에게 공개되고 공유되어야 하며, 투명한 정보 제공을 통해 외부의 감시와 참여를 유도해야 한다. 이는 조직의 신뢰도와 정당성 확보에 직접적인 영향을 미치는 원칙이다.
- 사전 편성의 원칙(principle of prior authorization): 예산은 회계연도 시작 전에 편성 · 승인되어야 하며, 이는 무계획적 지출을 방지하고 예산의 법적 효력을 보장한다.
- 단일성의 원칙(principle of unity): 예산은 통합된 하나의 문서로 편성되어야 하며 모든 집행은 단일 회계 단위 내에서, 즉 하나의 통합된 회계체계 안에서 이루어져야 한다. 이는 전체 재정 흐름의 파악과 집행의 일관성을 담보한다.
- 한정성의 원칙(principle of specification or speciality): 예산은 지출 목적과 금액이 명확히 특정되어야 하며, 승인 외 사용은 제한된다. 이는 특히 보조금이나 지정 기부금 등 조건부 재원이 많은 사회복지조직에서 더욱 엄격히 요구되는 원칙이다.
- 완전성의 원칙(principle of comprehensiveness): 예산은 조직의 모든 수입과 지출을 빠짐없이 포함해야 하며, 은폐되거나 누락된 항목이 있어서는 안 된다. 이는 재정 투명성과 외부 감사 대응에 필수적인 원칙이다.

- 회계연도 일치의 원칙(annuality principle): 예산은 특정 회계연도(통상 1년)를 기준으로 수립되며, 해당 기간 내에 수입과 지출이 마무리되어야 한다. 사회복지기관은 「사회복지법인 및 사회복지시설 재무 · 회계 규칙」에 따라 정부 회계연도(1월 1일~12월 31일)를 따르며, 이는 보조금 정산, 결산보고, 회계 감사와도 밀접하게 연계된다.
- 균형재정의 원칙(principle of budgetary balance): 예산은 원칙적으로 수입과 지출이 균형을 이루도록 편성되어야 하며, 지속 가능한 재정 운영이 가능해야 한다. 사회복지기관은 수익 창출보다는 지출을 통한 사회서비스 제공이 본질이므로, 안정적 후원 기반과 외부 재원의 확보가 균형재정의 실현에 중요한 요소로 작용한다.

4) 회계 구분 및 예산 유형

(1) 회계 구분

사회복지조직의 회계는 일반적으로 정부의 회계체계를 준용하여 일반회계와 특별회계로 구분된다.

우선, 일반회계는 조직의 기본적인 고유 목적사업에 따른 수입과 지출을 포괄적으로 관리하는 기본 회계 단위이다. 사회복지조직에서는 인건비, 관리운영비, 프로그램 운영비 등 조직의 전반적 운영에 필요한 비용을 일반회계를 통해 집행한다. 이는 조직 운영의 안정성과 재정의 일관성을 확보하는 기반이 된다.

한편, 특별회계는 특정 목적에 따라 수입과 지출을 독립적으로 관리하기 위해 일반회계와 별도로 설치 · 운영되는 회계 단위이다. 이는 특정 기부금, 수익사업 수입, 정부 또는 민간 보조금 등 특정 용도에 제한된 재원을 별도로 구분하여 관리함으로써 자원의 목적 외 사용을 방지하고 투명성을 제고하는 기능을 수행한다. 특별회계는 필요에 따라 선택적으로 설치되며, 예산 편성과 결산도 독립적으로 이루어진다.

(2) 예산 유형

사회복지조직의 예산은 편성 방식, 회계 적용 단위, 용도, 운용 시기 등에 따라 다음과 같이 다양한 유형으로 구분된다.

첫째, 예산의 편성 시기와 승인 시점에 따라 본예산, 추가경정예산, 준예산으로 나뉜다. 본예산, 추가경정예산, 준예산은 아래에 따로 설명하였다.

둘째, 회계의 적용 단위에 따라 예산은 일반회계예산과 특별회계예산으로 구분된다. 일반회계예산은 조직의 전반적인 고유 목적사업 운영을 위한 수입·지출 계획이며, 특별회계예산은 특정 사업이나 기금 등 특정 목적을 위해 별도로 운용되는 예산이다.

셋째, 예산의 사용 목적에 따라 고유목적사업 예산, 관리운영비 예산, 수익사업 예산 등으로 구분할 수 있다. 고유목적사업 예산은 사회복지서비스 제공과 같이 조직의 정체성과 사명을 실현하는 데 사용되며, 관리운영비 예산은 인건비와 사무관리비 등 조직의 유지·관리에 필요한 비용이다. 수익사업 예산은 부대사업 또는 수익창출과 관련된 지출로 구성된다. 한편, 예산의 재원 출처에 따라서는 정부 보조금, 민간재단 기부금, 자체수익 등으로 구분하기도 한다.

넷째, 예산의 운용 시기에 따라 연간예산, 분기별예산, 월별예산 등으로 구분된다. 연간예산은 회계연도 전체를 단위로 편성되는 반면, 월별 또는 분기별 예산은 그 기간에 맞추어 세부적으로 분할하여 편성·관리함으로써 예산집행의 탄력성과 점검 기능을 높일 수 있다.

이와 같은 예산 유형 구분은 사회복지조직의 재정 계획 수립과 집행, 평가 과정에서 체계적이고 효율적인 운영을 가능하게 하며, 조직의 책무성과 투명성을 높이는 중요한 기초가 된다. 여기에서는 본예산, 추가경정예산, 준예산에 대해 추가로 설명한다.

① 본예산

본예산(original budget)은 회계연도 시작 전 편성되어 이사회의 승인으로 확정되는 기본 예산으로, 사회복지조직 재정 운영의 기준점이자 연간 수입·지출 방향을 제시하는 종합 재정계획이다. 이는 조직의 비전과 미션에 따라 고유 목적사업을 안정적으로 수행하기 위한 기반으로 기능한다.

일반적으로 본예산은 연간 사업계획 수립 후 전년도 결산과 재정 전망을 반영하여 편성되며, 「사회복지법인 및 사회복지시설 재무·회계 규칙」 제10조에 따라 대표이사나 시설장은 회계연도 개시 5일 전까지 예산을 편성하여 이사회 의결과 운영위원회 보고를 거쳐 시·군·구청장에게 제출해야 한다. 시설 운영의 경우, 운영위원회 보고 후 법인 이사회의 의결을 받는다.

본예산은 단순한 수치 계획을 넘어 조직의 사업 방향과 정책 우선순위를 재정에 반영하는 정책 실행 도구이며, 결산 및 성과 평가의 기준선으로 작동한다. 또한 집행의 정당성과 외부 신뢰 확보를 위한 책무성 수단이며, 수지 균형 유지와 돌발 지출 방지를 위한 재정안정성 확보 도구로 기능한다.

다만, 본예산은 연초에 확정되는 특성상, 연중 발생하는 재정 변화나 새로운 수요 반영에는 한계가 있어, 추가경정예산을 통한 보완이 필요하다.

② 추가경정예산

추가경정예산(supplementary budget)은 회계연도 중 본예산 편성 이후 발생한 수입 · 지출 변동사항을 반영하여 본예산을 수정 · 보완하는 예산이다. 이는 예기치 못한 외부 환경 변화나 신규 사업 수요에 대응하기 위한 보완적 재정 수단으로 기능한다.

사회복지조직에서는 정부 보조금 추가 배정, 대규모 기부금 유입, 수익사업 실적 변동, 사업 확대 등의 상황에서 추가경정예산을 통해 재정 탄력성과 사업 연속성을 확보한다. 「사회복지법인 및 사회복지시설 재무 · 회계 규칙」에 따라, 편성된 추가경정예산은 확정일로부터 7일 이내에 시 · 군 · 구청장에게 제출해야 한다.

이 예산의 주요 기능은 다음과 같다. 첫째, 환경 변화에 대한 신속 대응으로 재정 운용의 유연성을 높인다. 둘째, 사업 우선순위나 신규 과제를 반영하여 조직의 전략적 대응력을 강화한다. 셋째, 공식 절차를 통해 재정 집행의 책무성과 투명성을 확보한다.

다만, 추가경정예산의 잦은 편성은 본예산의 신뢰성을 저하시킬 수 있으며, 이사회 승인 없는 임의 집행은 감사 지적 대상이 될 수 있으므로 절차적 합법성과 문서화가 반드시 수반되어야 한다.

③ 준예산

준예산(準豫算, provisional budget)은 회계연도 개시 전까지 본예산의 편성과 승인 절차가 완료되지 못한 경우, 조직 운영의 중단을 방지하기 위해 한시적으로 전년도 예산에 준하여 집행되는 임시 예산을 말한다. 이는 예산 공백기에 조직의 기본적 기능과 필수 서비스를 유지하기 위한 일시적 조치로 기능한다.

사회복지조직에서는 이사회 승인 지연, 주무관청 보고 누락, 예산편성 일정 미준수 등의 사유로 본예산이 제때 성립되지 못한 경우, 임직원 급여, 임대료, 관리운영비 등과 같은 필수 지출을 준예산 형태로 집행할 수 있다. 즉, 회계연도 개시 전까지 법인의 예산이 성립되지 아니한 때에는 법인의 대표이사 및 시설의 장은 시장 · 군수 · 구청장에게 그 사유를 보고하고, 예산이 성립될 때까지 임직원의 보수, 임대료, 관리운영비 등 필수적인 경비, 법령상 지급의무가 있는 경비를 전년도 예산에 준하여 집행할 수 있다. 다만, 「사회복지법인 및 사회복지시설 재무 · 회계 규칙」에는 명시적으로 준예산이라는 용어가 규정되어 있지 않으며, 실무상으로는 잘 활용되지 않는 것이 현실이다.

4. 사회복지조직의 재정관리 과정

재정관리 과정이란 조직의 재정자원을 체계적으로 계획하고, 확보하며, 효과적으로 운용하는 일련의 관리 절차를 의미한다. 이는 조직의 목표 달성과 재정적 지속 가능성 확보를 위한 핵심 관리 기능으로 간주된다(이인정, 최해경, 2020). 사회복지조직의 경우, 공공성과 책무성이 강조되기 때문에 재정의 투명성과 적절한 집행이 특히 중요하며, 이에 따라 일련의 재정관리 과정이 제도적으로 규정되어 있다.

실제 사회복지실천 현장에서의 재정관리 절차는 「사회복지법인 및 사회복지시설 재무 · 회계 규칙」의 규정을 중심으로, [그림 10-1]에서 보는 바와 같이 6단계로 구성된다.

[그림 10-1] 사회복지조직의 재정관리 과정

1) 예산편성지침 결정

사회복지조직(사회복지법인 및 사회복지시설)의 재무 · 회계는 설립 목적에 부합하도록 건전하게 운영되어야 하며, 이를 위해 예산편성 과정의 객관성, 합리성, 통일성 확보가 필수적이다. 「사회복지법인 및 사회복지시설 재무 · 회계 규칙」 제9조에 따라, 대표이사는 매 회계연도 개시 1월 전까지 산하 법인 및 시설의 예산편성지침을 정해야 하며, 관할 시장 · 군수 · 구청장도 필요시 매 회계연도 2월 전까지 지침을 통보할 수 있다.

예산편성지침은 법인의 본부와 산하 시설이 예산을 편성할 때 공통적으로 준수해야 할 내부 기준으로, 자의적인 편성이나 기준 간 불일치를 방지하고 일관성을 확보하는 기능을 한다. 일반적으로 예산편성지침에는 예산편성의 기본 방향, 세입 · 세출 항목별 기준, 산출근거 작성 요령, 보조금 · 후원금 관리, 자체사업비 기준, 편성 일정 등이 포함된다.

예산편성지침은 예산 기준과 절차를 명확히 하여 일관된 예산 편성을 유도하고, 예산과 조직 목표 간 정합성을 높여 자원의 전략적 배분을 지원하며, 예산 심사의 효율성을 제고하고, 외부 감사와 행정 점검에 대비한 투명성과 책무성을 확보하는 데 기여한다.

2) 예산편성(예산안 작성)

(1) 예산편성의 개념

예산편성이란 조직이 일정 기간(보통 1개 회계연도) 동안 수행할 사업과 활동에 필요한 재원을 항목별로 배분하고 수치화하는 과정이다(남기민, 김태성, 2022). 이는 단순한 지출계획이 아니라, 사업 우선순위를 결정하고 자원을 전략적으로 배분하는 관리 수단이다.

실무에서는 예산수립과 예산편성이 혼용되나, 학문적으로는 구분된다. 예산수립은 목표와 사업계획에 따른 전체 재정 운용 방향을 계획하는 단계이고, 예산편성은 이를 바탕으로 각 사업에 구체적인 금액을 배정해 예산안을 작성하는 실행 단계이다. 예를 들어, 정부에서는 기획재정부가 국가재정운용계획을 통해 전체적인 재정 방향(예산수립 단계)을 설정한 뒤, 부처별 예산편성지침을 발간하여 각 부처가 세부 사업별 예산을 편성하도록 유도한다.

(2) 예산편성의 목적

예산편성의 주요 목적은 다음과 같다(현외성, 2022).

- 조직의 사업계획을 실행할 수 있는 재정적 기반을 확보한다.
- 조직 내 자원의 합리적이고 전략적인 배분을 촉진한다.
- 재정 운영의 투명성과 책임성을 강화한다.
- 자원의 낭비를 방지하고, 목표지향적 재정 운영을 가능하게 한다.
- 예산편성의 체계화는 외부 감사 및 성과 평가에 대한 대응력을 제고하며, 기관에 대한 사회적 신뢰를 강화한다.

(3) 예산편성의 원칙

예산편성은 다음과 같은 기본 원칙에 따라 수행되어야 한다(보건복지부, 2024).

- **사업계획과의 일관성 원칙**: 예산은 확정된 사업계획에 근거하여 편성되어야 하며, 사업계획에 포함되지 않은 지출은 원칙적으로 허용되지 않는다.
- **수입과 지출의 균형(수지균형의 원칙) 원칙**: 세입과 세출은 일치하여야 하며, 불균형이 발생할 경우 합리적 조정방안을 마련해야 한다.
- **명확성 및 구체성 원칙**: 모든 예산항목은 단가 및 수량 등의 산출근거를 명확히 제시하여야

더 알아보기 10-1 사회복지조직의 프로그램 예산수립

사회복지조직이 수행하는 특정 프로그램, 예를 들어 아동 · 청소년 심리상담 프로그램이나 노인 대상 방문 돌봄서비스 등의 사업은 해당 프로그램의 목표 달성과 활동 수행을 위해 필요한 자원을 사전에 계획하고 확보하는 것이 필수적이다. 이 과정에서 예산수립은 각 활동 항목별로 어느 정도의 비용이 소요될지를 예측하고, 이를 바탕으로 재원을 합리적으로 배분하는 데 목적이 있다(김범수, 2021).

프로그램 예산은 단순히 총비용을 산정하는 데 그치지 않고, 다음과 같은 기준을 충족해야 한다. 첫째, 예산은 프로그램의 궁극적 목표와 긴밀히 연계되어야 하고, 둘째, 수행되는 활동과 산출(outputs), 그리고 그로 인한 성과(outcomes)를 체계적으로 연결해야 하며, 셋째, 예산 항목의 타당성과 재정 배분의 효율성에 대해 명확한 근거를 제시할 수 있어야 한다(현외성, 2022).

일반적으로 사회복지조직의 프로그램 예산수립 과정은 다음과 같은 절차를 따른다(보건복지부, 2024).

① 프로그램 목표 설정: 프로그램이 해결하고자 하는 사회문제나 욕구를 정의하고, 달성하고자 하는 목적을 명확히 규정한다.
② 세부 활동 구성: 목표 달성을 위한 구체적인 활동과 서비스 단위를 설정한다.
③ 자원 분석: 각 활동 수행에 필요한 인력, 물품, 시설, 소요 시간 등 자원을 항목별로 파악한다.
④ 비용 산정: 자원별 단가와 수량을 근거로 항목별 예산을 산출한다.
⑤ 예산 검토 및 조정: 산출된 예산안을 사업의 중요도, 전체 예산규모, 기관 방침에 따라 검토하고 조정한다.
⑥ 최종 예산안 편성: 조정된 예산안을 형식에 맞춰 정리하고, 내부 결재를 거친다.
⑦ 예산 승인: 이사회 또는 관할 행정기관의 승인을 받아 예산을 확정한다.

이러한 예산수립 과정은 결과적으로 프로그램 기획 단계에서 설정한 목적 및 성과와의 정합성을 강화하고, 향후 평가 및 회계감사 시에도 중요한 기준으로 작용한다.

하며, 모호하거나 추상적인 항목은 배제되어야 한다.

- **합법성과 적정성 원칙**: 예산은 「사회복지법인 및 사회복지시설 재무 · 회계 규칙」 같은 관련 법령과 규정에 부합하여야 하며, 과다하거나 편파적인 편성은 금지된다.

(4) 예산편성 시 유의사항

예산편성은 단순한 재원 배분을 넘어 조직의 전략과 재정 건전성을 반영하는 행위이므로, 편성 시 다음 사항에 유의해야 한다(김수현, 2018; 보건복지부, 2024).

첫째, 예산 항목은 총액이 아닌 단가와 수량 등 구체적인 산출근거를 제시해 타당성과 예산

심사 과정의 효율성을 높여야 한다. 둘째, 보조금은 지정된 목적과 용도에 따라 예산 항목을 편성해야 하며, 목적 외 사용 소지가 없도록 세부 사용계획을 명확히 작성해야 한다. 셋째, 세입은 보수적으로, 세출은 최소화 원칙에 따라 편성해 재정의 안정성과 책임성을 확보해야 한다. 넷째, 예산은 반드시 관련 회계 규칙에 따라 편성되어야 하며, 항목 기준과 분류 방식에서 통일성과 적법성을 유지해야 한다.

(5) 예산 형식(예산체계의 모형)

예산 형식(budget format)은 예산 문서가 어떻게 구성되고, 항목이 분류되며, 내용이 제시되는지를 정하는 체계로서, 이는 정책결정자와 이해관계자의 재정계획 해석에 중요한 영향을 미친다(Lee et al., 2012; Rubin, 2016). 사회복지조직은 다양한 재원 제공자의 요구에 부응하고, 프로그램 예산의 설득력을 높이기 위해 예산 형식을 효과적인 의사소통 도구로 활용한다. 일반적으로 예산 형식은 편성 목적과 정보 구성 방식에 따라 항목별 예산, 성과주의 예산, 계획예산제도, 영기준 예산으로 구분된다.

① 항목별 예산(Line-Item Budgeting: LIB)

항목별 예산은 가장 기본적이고 전통적인 예산 형식으로, 품목별 예산이라고도 불린다. 이는 〈표 10-2〉에서 볼 수 있듯이 예산 항목을 인건비, 운영비, 물품비 등 세부 항목별로 구분하여

표 10-2 항목별 예산 예시

예산 항목	세부 내역	산출 근거	예산액(원)
인건비	기관장 급여	6,500,000×12개월	78,000,000
	사회복지사 급여(2명)	3,000,000×2명×12개월	72,000,000
운영비	전기 · 수도요금	300,000×12개월	3,600,000
	통신비(전화, 인터넷)	100,000×12개월	1,200,000
사업비	노인교육 프로그램 운영비	프로그램 재료비 및 강사비	5,000,000
	문화체험 프로그램비	입장료, 차량임차비 등	3,500,000
시설관리비	건물 임차료	1,500,000×12개월	18,000,000
기타 비용	보험료(시설재해보험 등)	연간 계약 금액	800,000
	회계 감사비	외부 감사 수수료	1,000,000
총계			183,100,000

편성하는 방식이다. 사회복지조직에서 가장 널리 사용되며, 지출 대상을 명확히 분류함으로써 통제와 집행의 명료성을 확보하는 데 목적이 있다. 일반적으로 전년도 예산을 기초로 일정 비율을 증액하는 점증주의적 특징을 지닌다(김수현, 2018).

이 방식의 장점은 예산 작성이 간편하고, 항목별 지출 내역이 명확하여 회계처리와 통제가 용이하다는 점이다. 또한 예산의 정당성과 책임성 확보에도 유리하며, 외부 감사나 행정적 검토에도 적합하다.

그러나 한계도 뚜렷하다. 우선, 지출 항목 중심이므로 해당 예산이 달성하고자 하는 정책 목표나 성과가 드러나지 않는다. 또한 사업의 효과성이나 필요성을 반영하지 못해 비효율적인 지출이 반복될 수 있다. 더욱이 전년도 예산을 기초로 편성되어 구조적 경직성을 초래할 수 있다. 마지막으로, 다양한 대안 간 비용-효과성을 비교하기 어려워 자원의 효율적 배분이 어렵다.

② **성과주의 예산**(Performance-Based Budgeting: PBB)

성과주의 예산은 단순한 지출 항목 중심이 아닌, 조직이 수행하는 활동과 그 성과에 초점을 맞춰 편성되는 예산 형식이다. 성과주의 예산은 〈표 10-3〉에서 보듯이 산출(output)과 성과(outcome)에 기반해 지출계획을 수립함으로써 예산의 효율성과 책임성을 제고한다(Lee, Johnson, & Joyce, 2012).

혹자는 성과주의 예산을 성과주의 예산제도(Performance Budgeting System, PBS)와 혼용하기도 하는데, 엄밀히 말해 성과주의 예산은 예산의 형식이지만, 성과주의 예산제도(PBS)는 성과주의 예산(PBB)을 제도적으로 실행하기 위한 체계적 운영 틀이므로 다른 개념이다.

성과주의 예산은 때때로 기능별 예산(functional budgeting)이나 프로그램 예산(program budgeting)과 유사한 개념으로 사용되기도 한다. 이들 모두는 예산을 단순한 지출통제 수단이 아니라, 정책 목표 달성과 성과관리를 위한 전략적 자원 배분의 도구로 간주한다는 공통점을 지닌다. 그러나 세 방식 간에는 다음과 같은 차이점도 존재한다. 기능별 예산은 조직의 주요 기능이나 활동 영역을 중심으로 자원을 배분하며 성과 측정에는 직접 초점을 두지 않는다. 프로그램 예산은 구체적인 사업 단위를 중심으로 예산을 편성하지만, 반드시 정량적 성과지표를 요구하지는 않는다. 반면, 성과주의 예산은 이러한 기능별 또는 프로그램별 편성 방식 위에 산출(output)과 결과(outcome) 중심의 성과지표를 명확히 설정하고, 이를 기준으로 예산 편성과 평가를 연계시킨다는 점에서 훨씬 엄격한 성과관리 체계를 지향한다.

성과주의 예산의 장점은, 첫째, 자원투입과 성과 간의 인과관계를 명확히 하여 전략적인 자원 배분이 가능하고, 둘째, 재원 제공자에게 투명하고 신뢰성 있는 정보를 제공하며, 셋째, 성과

표 10-3 성과주의 예산 예시

(단위: 원)

예산항목	전년도 예산	금년도 예산	
		제출	승인
서비스 제공 활동			
상담	71,400,000	80,000,000	80,000,000
입양	19,000,000	25,000,000	23,000,000
위탁보호	29,600,000	33,000,000	30,000,000
서비스 후원 활동			
일반 관리	10,000,000	12,000,000	10,000,000
모금	16,243,000	17,750,000	17,050,000
지출예산 총계	146,243,000	167,750,000	160,050,000

〈실행자료〉

1. 상담			
목표 클라이언트 수	340(명)	380(명)	400(명)
단위비용			
클라이언트당	210,000	210,000	200,000
시간당	21,000	21,000	20,000
2. 입양			
:			
:			

출처: 최성재, 남기민(2000) 수정.

가 우수한 사업에는 예산을 증액하고 비효율적인 사업에는 예산을 축소함으로써 자원의 효율적인 사용을 도모할 수 있고, 넷째, 프로그램 단위 원가를 분석함으로써 예산 편성과 집행에 있어 더 합리적이고 투명한 자원 배분이 가능하다. 예를 들어, 청소년 상담 프로그램에서 상담 한 건당 평균 비용을 산출하고 이를 다른 서비스와 비교하면, 동일 예산으로 어느 프로그램이 더 많은 효과를 내는지 분석할 수 있는 근거가 마련된다. 이는 사업 우선순위 결정과 비효율적 사업의 구조조정에도 유용하게 활용될 수 있다(최성재, 남기민, 2000; Rubin, 2016).

그러나 성과주의 예산은 질적 성과 측정을 위한 지표 개발이 어려우며, 재정 효율성만 중시되어 장기적 가치가 소외될 수 있고, 성과관리 시스템 운영에 비용과 인력이 많이 들며, 외부 환경 요인이 성과에 미치는 영향이 커 평가 공정성이 저해될 수 있고, '상담 건수' '시간' '대상자 수' 등 어떤 단위를 기준으로 삼을지에 대한 논쟁이 존재한다는 한계가 있다. 특히 마지막 한계에서의 논쟁은 특정 프로그램의 효과성을 무엇을 기준으로 측정할지를 결정하는 과정에서 생기는데, 예를 들어 상담 서비스의 경우 '상담 건수' '상담 시간' 또는 '상담 대상자 수' 등 어떤 항목을 성과 산출의 기준 단위(output unit)로 삼을지에 대한 명확한 합의가 어렵다. 또한 단위당 비용 산정 시 직접비용뿐 아니라 간접비용을 어디까지 포함할 것인지에 대한 기준 역시 불명확하여, 예산편성과 성과 평가의 타당성과 공정성을 저해할 수 있다(Lee et al., 2012).

결국, 사회복지조직은 성과주의 예산의 도입 필요성에는 인식하고 있으나, 성과지표의 타당도와 신뢰도 확보 어려움, 특히 정성적 성과를 반영할 수 있는 복합적 지표체계 부재, 예산분석 및 성과 평가 역량 부족 등으로 도입에 주저하는 것이 사실이다. 따라서 이러한 난제를 해결할 대안 마련이 우선되어야 사회복지조직에 성과주의 예산 도입이 가능할 것이다.

③ **계획예산제도**(Planning and Programming Budgeting System: PPBS)

계획예산제도는 1954년 미국 Rand 연구소에서 개발되어, 1965년 린든 존슨(Lyndon Johnson) 대통령의 행정명령에 따라 연방정부에 도입되었다(U.S. Bureau of the Budget, 1965). 이는 전통적 예산의 한계를 극복하고, 예산을 단순한 지출계획이 아닌 정책 목표 달성을 위한 전략적 수단으로 활용하려는 시도에서 비롯되었다. 계획예산제도는 기획(planning), 프로그램화(programming), 예산편성(budgeting)의 세 과정을 유기적으로 연계하여 예산과 정책을 통합적으로 관리하는 방식으로, 성과주의 예산의 확장된 형태이자 성과 중심의 효과성 지향 예산체계이다(Hitch & McKean, 1960; Schick, 1966).

계획예산제도는 단위사업의 설정에 있어 전통적 성과주의 예산과 유사하게 보이지만, 조직의 목표를 중심으로 목표-수단의 계층적 관계를 분석하여 연역적으로 사업구조를 설정한다는 점에서 차별화된다. 예를 들어, '저소득층 아동의 건강 증진'이라는 정책 목표가 설정되면, 이를 달성하기 위한 중간 목표로는 '학교급식의 질 개선' '정기 건강검진 강화' 등이 설정되고, 다시 이들 중간 목표는 '영양사 인력 확충' '건강검진 예산 확대' 등의 구체적 실행 수단으로 연결된다. 이처럼 상위 목표에서 하위 수단으로 단계적으로 분석해 나가면서 사업구조를 설정하는 접근이 계획예산제도의 핵심적 특징이다.

또한 계획예산제도는 비용-편익 분석(cost-benefit analysis)을 통해 각 대안의 비용과 편익을 체계적으로 분석하여, 다양한 대안 중 최선의 사업을 선정한다. 특히 성과주의 예산이 산출 중심의 효율성에 초점을 둔다면, 계획예산제도는 성과 중심의 효과성을 강조한다.

이러한 계획예산제도는 장기 목표와 최적의 프로그램을 체계적으로 연계하여 정책결정의 합리성을 높이고, 자원의 중복과 낭비를 줄이며 효율적인 배분을 가능하게 한다. 또한 부처 간 유사사업을 조정하고 협력을 유도함으로써 조정 기능을 강화하는 효과도 있다.

하지만 계획예산제도는 대안 분석에 많은 시간과 비용이 소요되고, 경제 · 사회 환경 변화에 취약하며, 목표 달성 중심 사고는 최고책임자 중심의 의사결정 구조를 강화할 수 있다는 단점도 지닌다. 특히 사회복지조직에 적용할 경우, 성과와 목표의 정량화가 어려워, 효과 분석이 쉽지 않아 제도의 실효성이 제한될 수 있다.

④ 영기준 예산(Zero-based Budgeting: ZBB)

영기준 예산제도는 전년도 예산을 기준으로 일정 비율을 증감하는 기존의 점증주의적 예산 편성 방식과 달리, 매 회계연도마다 모든 사업을 '제로(0)'의 상태에서 출발하여 그 필요성과 우선순위를 새롭게 검토하는 방식이다. 이 제도는 1970년대 지미 카터(Jimmy Carter) 대통령이 주정부와 연방정부에 도입하면서 널리 알려졌다(Williams, 1972). 이후 공공부문 전반에 영향을 미쳤으며, 우리나라에서도 예산개혁의 일환으로 논의되었다.

영기준 예산에서는 계획예산제도(PPBS)에서 사용하는 분석 도구인 비용–편익 분석 대신 '의사결정 단위(Decision Packagcs) 평가' '우선순위 평가' 등을 통해 사업의 존속 타당성과 상대적 우선순위를 평가한다. 즉, 각 단위는 하나의 독립된 사업을 의미하며, 해당 사업의 목적, 활동 내용, 최소 수행 수준, 여러 대안과 그 비용 등이 포함된다. 관리자는 이러한 단위들을 작성하여 조직 내에서 우선순위에 따라 비교 · 검토하고, 이를 통해 제한된 예산 내에서 어떤 사업을 유지하거나 확대할지, 어떤 사업을 축소하거나 폐지할지를 결정한다. 이때 비교 기준으로는 사업의 법적 · 정책적 필요성, 사회적 영향도, 비용 대비 효과성, 조직 전략과의 적합성 등이 고려된다(Lee, Johnson, & Joyce, 2012; Schick, 1978).

이러한 영기준 예산은 비효율을 제거하고 예산 낭비를 방지할 수 있으며, 합리적 자원 배분이 가능하고, 예산수립 과정에 하위 관리자의 참여가 증진됨으로써 예산편성이 민주적이며, 정책 환경 변화에 따라 기존 사업을 유연하게 조정할 수 있어 조직의 유연성과 대응력이 향상된다는 장점이 있다(Rubin, 2016).

하지만 영기준 예산은 막대한 시간 및 노력이 소요되며, 정보 부족 및 분석 능력 결여의 문제가 발생할 수 있고, 사업의 축소나 폐지가 필요한 경우 조직 내부의 저항이 있을 수 있으며, 편익의 합리적 산출 근거가 상실되는 단점이 있다. 특히 일선 사회복지사의 역량이나 분석 도구가 충분히 확보되지 않은 사회복지조직에서는 의사결정 단위 설정이나 평가 기준 설계 자체가 부담으로 작용할 수 있어 영기준 예산 도입 가능성은 크지 않다.

3) 예산결정 및 주무관청 제출

(1) 예산결정의 개념

예산결정은 사회복지법인의 대표이사 또는 사회복지시설의 장이 편성된 예산안을 법인의 이사회 의결이나 시설운영위원회 보고를 거쳐 최종적으로 확정하는 절차를 의미한다. 다시 말해, 예산결정이란 사회복지조직의 각 부서나 프로그램 단위에서 집계 · 통합된 예산안이 실제로 실행 가능한지, 사업 목표와의 적합성을 확보하고 있는지, 재정적 제약을 고려하여 합리적으로 구성되었는지를 검토한 후, 조직의 최고 의결기관이 이를 승인하는 과정이다. 따라서 예산결정은 단순한 행정적 절차가 아니라, 조직의 운영 방향 설정과 재정 건전성 확보를 위한 핵심 통제 수단으로 기능한다. 이 과정은 조직의 사명 달성과 수혜자의 권익 보호를 위한 재정적 기반을 확립하는 데 필수적인 단계로 평가된다(보건복지부, 2024).

(2) 예산결정의 절차

사회복지법인 및 시설의 예산결정 단계는 「사회복지법인 및 사회복지시설 재무 · 회계 규칙」에 명확하게 규정되어 있다. 즉, 이사회 의결 또는 시설운영위원회 보고를 통한 예산안 확정 → 주무관청 제출 → 예산 공시의 절차를 거치며, 각 단계는 기관의 재정 건전성과 투명성을 확보하는 데 중요한 역할을 한다.

(3) 예산결정의 주요 고려사항

예산결정 단계에서는 다음과 같은 요소를 중심으로 예산안을 심사 · 결정한다.

첫째, 예산의 적정성이다. 이 단계에서는 예산이 단순히 과거 지출에 근거한 편성이 아니라, 실제 사업 목표와 필요성을 반영했는지를 평가한다. 이를 위해 사업계획, 수혜자 규모, 프로그램 내용 등을 고려하여 예산 수요의 타당성을 검토한다. 예를 들어, 참여 아동이 30명인데 100명 기준으로 식비를 책정했다면 삭감 대상이 된다.

둘째, 자원의 효율적 배분 여부이다. 한정된 재원으로 모든 사업을 지원할 수 없기에, 사업의 중요도와 파급효과를 기준으로 우선순위를 설정하고, 중복 여부나 통합 가능성도 고려해야 한다. 이 과정에서 예산배분이 서비스의 질 제고에 기여하는지를 신중히 따져야 한다.

셋째, 재정 건전성 확보이다. 이 과정에서는 단기 타당성 외에도 기관의 장기 지속 가능성을 확보해야 하며, 수입 · 지출 균형, 재원 다변화, 고정비 부담 수준 등을 점검해야 한다.

넷째, 공공성과 투명성 확보 여부이다. 예산은 기관의 공익적 미션 및 법적 기준과 부합해야 하며, 외부 감사에 대비해 정당성을 입증할 수 있어야 한다. 이를 위해 예산편성이 고유 목적사업과 일치하는지, 항목별 산출 근거와 공정한 집행 절차가 마련되어 있는지를 확인해야 한다.

4) 예산집행

(1) 예산집행의 개념

예산편성이 아무리 적절하더라도 집행 과정에서 오류가 발생하면 예산수립의 목적은 무의미해지며 조직 목표 달성도 어렵다. 예산집행(budget execution)은 승인된 예산을 실제 지출하여 정책과 사업 목표를 실현하는 과정으로, 조직의 목적 달성에 핵심적인 단계이다.

계획된 자원이 제대로 배분 · 사용되지 않으면 재정관리의 목적은 실현되지 못한다. 전통적으로 예산집행은 예산안에서 제시된 목적과 금액의 한도 내에서 지출이 이루어지도록 통제하는 기능을 중심으로 이해되어 왔다. 그런 맥락에서 쉬크(Schick, 2007)는 예산집행을 "공공자원이 법적 절차에 따라 할당되고, 규율된 방식으로 사용되도록 보장하는 활동"이라고 정의하였다. 예산집행이 갖는 통제 기능은 수입과 지출에 관한 단순한 관리나 통제만이 아니라 회계 통제,[1] 프로그램 통제,[2] 인사관리 통제,[3] 산출(제공된 서비스) 통제,[4] 관리행위 통제[5] 등의 확상된 의미를 갖는다(Weiner, 1990).

하지만 현대적 관점에서 예산집행은 이러한 통제 기능 외에도 다음과 같은 전략적 기능도 수행한다. 첫째, 자원의 전략적 배분 기능으로 정책 우선순위에 따라 자원을 탄력적으로 운용하며, 둘째, 정책 실행 기능으로 실질적 추진 역할을 하고, 셋째, 성과관리 기능으로 실행 데이터를 축적 · 평가해 다음 예산에 반영하며, 넷째, 조정 기능으로 예기치 못한 변수에 따라 집행 방식을 유연하게 변경하는 역할을 한다.

1 회계 통제란 지출이 회계규칙과 법령에 부합하는지를 확인하는 절차를 의미한다.

2 프로그램 통제란 특정 프로그램의 집행이 계획된 일정, 예산, 범위 내에서 운영되고 있는지를 확인하는 절차를 의미한다.

3 인사관리 통제란 인건비 집행과 조직 단위별 인력 운용이 예산편성 시 승인된 범위를 벗어나지 않는지 확인하는 절차를 의미한다.

4 산출 통제란 투입된 예산 대비 산출된 서비스가 계획된 수준에 도달했는지 확인하는 절차로, 이는 성과지표와 연계되어 있다.

5 관리행위 통제란 관리자나 실무자가 규정과 절차에 따라 공적 자원을 집행하는 절차로, 책임성 확보와 관련이 깊다.

(2) 예산집행의 과정

사회복지조직의 예산집행 과정은 다음과 같은 단계로 진행된다.

첫째, 예산배정 단계로 편성 및 승인된 예산 중 실제로 집행 가능한 금액을 부서별 · 사업별로 세분화하여 구체적으로 할당하는 과정을 의미한다.

둘째, 사업계획 승인 단계로 각 부서가 예산배정에 근거하여 구체적인 사업 실행계획을 수립하고, 이를 기관의 장 또는 이사회 등 승인권자의 승인을 받는 과정을 말한다.

셋째, 지출원인행위 단계로 기관이 법적 또는 사실상의 채무를 부담하는 행위를 말한다. 예컨대, 물품 구매계약 체결, 고용계약 체결, 서비스 용역 발주 등이 이에 해당한다. 지출원인행위는 반드시 사전에 적법한 내부 결재를 받아야 하며, 승인된 예산 범위 내에서만 수행되어야 한다.

넷째, 지출결의 및 지급 단계로 지출원인행위가 완료된 후 실제 자금의 이동이 발생하는 단계를 말한다. 지출결의서에는 지출 목적, 금액, 상대방, 증빙서류 등이 첨부되어야 하며, 기관의 내부 결재 규정에 따른 결재를 득한 후 지급이 가능하다.

다섯째, 실적보고 및 환류 단계로 사업이 완료되거나 회계연도가 종료된 이후, 각 사업부서가 예산집행 실적을 정리하여 보고하는 절차를 의미한다. 실적보고에는 예산집행 결과, 잔액(미사용 예산), 사업 성과 등이 포함되어야 하며, 이는 차기 연도의 예산편성과 사업계획 수립에 반영되기 위한 환류(feedback) 과정으로 이어진다.

(3) 지출 관리상의 유의사항

사회복지 기관이나 시설의 장(長)은 예산에 따른 지출계획과 실제 지출의 일치를 지속적으로 확인해야 하며, 이는 시산표(trial balance) 및 회계장부의 체계적 관리 역량과 직결된다. 특히 지출정보 관리의 책임은 조직장에게 있으며, 회계에 대한 기본 이해가 필수적이다.

지출관리에서 유의할 사항으로는 첫째, 사업목적 중심의 지출이 우선되어야 한다. 수혜자 지원과 직접적으로 관련된 지출이 강조되며, 간접비 비중은 최소화해야 한다. 둘째, 법규 및 보조 · 후원금 규정 준수가 필요하다. 특히 보조금은 용도 외 사용이 금지되며, 관련 법령에 따른 집행이 필수이다. 셋째, 공시 및 공개 의무를 철저히 이행해야 한다. 예산 · 결산 자료, 후원금 내역은 정기적으로 공개하여 외부 신뢰를 확보해야 한다. 넷째, 절차적 정당성을 갖춘 탄력적 집행이 요구된다. 긴급 상황에 유연하게 대응하되, 사전 승인과 증빙 구비 등 회계 절차를 철저히 따라야 한다. 다섯째, 예산 변경은 성과 달성 가능성을 기준으로 판단해야 하며, 보조금 변경 시에는 행정기관 승인 및 보고가 필요하다. 여섯째, 지출 불균형은 조기 식별 후 신속히 조정해야 한다. 사업별 자원 소요가 상이할 수 있으므로 지속적인 점검과 적시 개입이 중요하다. 일곱째, 내부 통제 체계 및 윤리적 책임성 강화가 필요하다. 예산의 부정 집행은 공공 신뢰를 훼손하는 중대한 문제이므로, 내부감사와 윤리 기준 준수가 병행되어야 한다.

더 알아보기 10-2 **회계(Accounting)**

회계는 조직의 재정 상태와 운영 결과에 관한 정보를 체계적으로 기록하고 보고함으로써, 재정관리를 지원하는 핵심 도구이다. 이는 경제적 사건을 인식 · 측정 · 기록 · 요약하여 다양한 이해관계자에게 유용한 정보를 제공하는 과정으로 정의된다(Horngren, Sundem, & Elliott, 2013). 사회복지기관에서 회계는 단순한 수치 기록을 넘어, 기관의 책임성과 투명성을 확보하고 자원의 합리적 배분을 입증하는 수단으로 기능한다. 기부자, 행정기관, 이사회 등 다양한 이해관계자에게 신뢰를 제공하는 역할도 수행한다(Anthony & Young, 2003).

회계는 예산집행과 결산 · 보고 단계에서 중심 역할을 한다. 예산집행 시에는 모든 수입 · 지출을 회계 기준에 따라 정확히 기록하며, 이는 외부감사 대비 자료로 활용된다. 결산 단계에서는 세입세출결산서, 기부금 수시명세서, 재무상태표 등 공식 보고서를 통해 연간 재정 활동을 종합하며, 이 자료는 내부 분석은 물론 주무관청 보고와 재정공시에 활용된다.

이에 사회복지조직은 회계처리에 있어 다음 원칙을 준수해야 한다. 첫째, 적정성으로, 회계상의 모든 거래는 적법하고 정당해야 한다. 둘째, 정확성으로, 모든 금액과 계정 처리는 정확하게 반영되어야 한다. 셋째, 투명성으로, 재정정보는 명료하게 기록 · 보고되어야 한다. 넷째, 책임성으로, 재정 운용 결과에 대해 책임을 질 수 있어야 한다. 다섯째, 일관성으로, 회계처리 기준은 일정 기간 동안 일관되게 적용되어야 한다.

5) 결산 및 보고

(1) 결산의 개념

결산은 회계연도의 종료에 따라 해당 회계기간 동안 이루어진 모든 수입과 지출 내역을 종합적으로 정리하고, 기관의 재무 상태와 운영 성과를 공식적으로 확정하는 절차이다. 사회복지기관이나 시설은 예산의 편성과 집행 이후, 실제 집행된 재정 결과를 재무자료로 집계하고 분석함으로써 예산 대비 실적을 점검하고, 재정 건전성을 평가하며, 향후 재정 운영의 방향을 설정한다. 결산은 단순한 회계 마감이 아니라, 기관 운영의 책임성과 투명성을 증명하는 관리 도구로 기능한다. 특히 사회복지기관은 공공예산 또는 기부금 등 사회적 자원을 수탁 · 집행하는 역할을 수행하므로, 결산의 엄정성과 객관성 확보는 조직의 신뢰성을 유지하는 데 필수적인 요소이다(Anthony & Young, 2003).

(2) 결산의 절차

사회복지기관의 결산은 「사회복지법인 및 사회복지시설 재무 · 회계 규칙」에 따라 체계적으로 진행되며, 주요 절차는 다음과 같다.

첫째, 수입 · 지출 마감 단계에서는 회계연도 종료일인 12월 31일 현재의 모든 수입과 지출 내역을 마감한다. 이때 회계상 발생주의[6] 원칙에 따라, 해당 연도에 실제 발생한 수익이나 비용이 현금 수수 여부와 무관하게 인식되도록 미수수익, 미지급비용 등의 항목을 조정하여 기록해야 한다(Horngren, Datar, & Rajan, 2015).

둘째, 결산서류 작성 단계에서는 재무자료를 토대로 다음의 결산서류를 작성한다. 이에는 전체 회계 단위별 실적을 요약한 결산총괄표, 세입 · 세출 결산서, 자산과 부채 및 순자산의 상태를 나타내는 재무상태표, 수익과 비용 흐름을 반영하는 운영성과표(또는 수지계산서), 그리고 기부금 집행 현황 등 세부 내용을 담은 부속명세서가 포함된다. 모든 서류는 관련 회계 기준과 증빙자료에 근거하여 작성되어야 하며, 수치와 근거자료 간 불일치가 없어야 한다.

셋째, 내부 심의 절차에서는 작성된 결산서류를 사회복지법인의 경우 이사회, 사회복지시설의 경우 운영위원회에 제출하여 적정성을 심의받는다. 심의 항목에는 결산의 객관성, 관련 법령 준수 여부, 예산 대비 실적의 합리성 등이 포함되며, 이 과정을 통해 재정 운영의 내부 책임성을 강화하게 된다.

넷째, 주무관청 제출 및 공시 단계에서는 심의를 통과한 결산서를 회계연도 종료 후 3개월 이내, 즉 다음 해 3월 말까지 관할 시장 · 군수 · 구청장에게 제출하여야 한다. 동시에, 결산서는 20일 이상 기관의 게시판과 홈페이지 등에 공시되어야 하며, 이를 통해 일반 국민과 지역사회에게도 정보 접근이 가능하도록 보장해야 한다. 이와 같은 제출 및 공시 과정은 실질적으로 다음에 다룰 '보고'의 기능을 포함한다.

(3) 보고

결산 및 보고 단계에서 말하는 보고(reporting)란, 회계연도 동안 집행된 모든 수입과 지출 내

6 발생주의(accrual basis)란 수익과 비용을 실제 현금의 수입 · 지출 시점이 아니라, 그 경제적 사건이 발생한 시점에 인식하는 회계 방식을 말한다. 이에 반해 현금주의(cash basis)는 실제로 현금이 들어오고 나간 시점에 수입과 지출을 인식한다. 예를 들어, 사회복지시설이 12월 한 달 동안 난방비로 100만 원어치의 전기를 사용했지만, 실제 요금 청구서가 1월에 도착하고 그때 돈을 지불했더라도, 발생주의 회계에서는 실제 사용(경제적 효익 소모)이 12월에 발생했기 때문에 12월에 이미 그 비용(지출)을 인식해야 한다.

역을 정리하여, 관련 기관이나 이해관계자에게 공식적으로 제출하고 공시하는 행위를 의미한다. 결국 보고는 예산집행 결과를 종합적으로 문서화하고, 내부 및 외부 이해관계자에게 책임 있게 공개하는 공식 절차를 말한다.

이러한 보고는 책임성을 확보하기 위한 도구이며, 투명성과 신뢰성을 증진하는 수단이자, 성과 평가의 근거가 되며, 차기 연도 계획의 기초 자료로서의 역할을 한다.

6) 감사

(1) 감사의 개념과 목적

감사(監査)는 사회복지조직의 재무관리 과정에서 재정 운영의 적정성과 투명성을 확보하기 위한 핵심 절차로, 재무·회계 업무 전반에 대해 독립적인 시각에서 검토하고 평가하는 활동이다. 즉, 지출과 수입에 대한 회계관리의 전반적인 검사를 통해 오류 및 부정행위 여부를 확인하고 정확성을 확보하려는 행위이다. 따라서 감사의 수요 목적은 기관의 재정 운영이 법적 기준과 내부 규정에 부합하는지를 확인하고, 부정행위나 비효율적인 운영을 방지함으로써 재정 건전성을 유지하며, 이해관계자들에게 신뢰를 제공하는 데 있다.

사회복지조직은 결산과 관련한 재무제표의 검토와 평가를 외부 전문가인 공인회계사에게 위임할 수 있으며, 이는 기관의 독립적 감사(independent audit) 형태로 이해될 수 있다. 이러한 외부감사기관이 작성한 재무제표의 신뢰성과 타당성을 제고함으로써 이해관계자, 특히 재정 지원 기관이나 후원자에게 정확한 재무정보를 제공하는 의사소통 수단으로 작용한다. 또한 재무제표의 오류나 부정 가능성을 독립적인 시각에서 점검하고, 회계처리에 대한 개선 의견을 제공함으로써 기관의 회계투명성과 책임성을 높이는 데 기여한다. 더욱이 외부감사는 세무, 회계, 재무관리 전반에 대한 전문성을 바탕으로 기관이 재정 운영에서 직면할 수 있는 위험 요인을 사전에 식별하고, 효율적인 자원배분과 재정통제 방안을 제시한다. 마지막으로, 외부감사는 세금납부와 같은 각종 세무 활동에 대한 회계 전문가의 기술적 지원을 통해 재정관리의 효율성을 높여 준다.

그러나 재정관리를 회계 전문가에게 모두 위임해서는 안 된다. 즉, 회계장부의 기록과 같은 재무제표의 작성은 조직의 관리자 또는 회계담당자의 몫이며, 회계전문가의 역할은 기관이 작성한 재무제표에 대한 전반적인 검토와 수정에 국한되는 것이 바람직하다.

(2) 감사의 유형 분류

감사는 그 수행 주체, 실시 시기 및 상황, 실시 범위, 실시 목적, 평가 대상 등 다양한 기준에 따라 다음과 같이 유형을 분류할 수 있다.

① 수행 주체에 따른 구분

감사는 수행 주체에 따라 내부감사(Internal Audit)와 외부감사(External Audit)로 구분된다.

내부감사는 조직 내부의 감사 담당자 또는 감사부서에 의해 자율적으로 수행되는 감사로서, 회계처리의 적정성, 예산집행의 합법성, 사업 수행의 효율성 등을 점검한다. 이는 경영의 합리화와 자원 남용 방지, 내부 통제 기능 강화를 목적으로 정기적 또는 수시로 시행될 수 있다.

한편, 외부감사는 공인회계사나 회계법인 등 독립적인 외부 전문가에 의해 수행되며, 재무제표가 일반적으로 공인된 회계 기준에 따라 공정하게 작성되었는지를 검증한다. 외부감사는 주로 재무제표의 신뢰성, 회계처리의 적정성 등을 검증하는 데 목적이 있으며, 감사인의 객관성과 독립성이 보장될 때 이해관계자의 신뢰를 높일 수 있다. 일정 규모 이상의 사회복지 법인 및 시설은 관련 법령에 따라 외부감사를 의무적으로 실시해야 한다(보건복지부, 2023).

② 실시 시기 및 상황에 따른 구분

감사는 시행 시점과 상황에 따라 정기감사와 수시감사로 나눌 수 있다.

정기감사는 회계연도 종료 후 일정한 시점에 계획적으로 시행되는 감사로, 일반적으로 결산 완료 후 예산집행 및 회계 전반을 점검하기 위해 실시된다.

반면, 수시감사는 회계 부정, 민원, 비위 의혹 등 긴급한 상황이나 특정 사안이 발생했을 때, 그에 대한 사실 확인과 신속한 대응을 목적으로 불시에 실시된다.

③ 실시 범위에 따른 구분

감사의 범위따라 종합감사와 부분감사로 구분할 수 있다.

종합감사는 회계 및 재정뿐 아니라 조직 운영, 인사관리, 사업 수행 등 조직 전반을 포괄하는 형태의 감사로, 복합적이고 구조적인 문제를 진단하고 개선책을 도출하는 데 중점을 둔다.

반면, 부분감사는 특정 항목 또는 기능, 예를 들어 시설운영비 집행이나 특정 보조금 사용 등 한정된 범위를 대상으로 하는 감사로, 특정 문제 영역을 집중적으로 점검하는 데 유용하다.

④ 실시 목적에 따른 구분

감사는 목적에 따라 일반 감사와 회계감사로 구분할 수 있다.

일반감사는 보건복지부나 지방자치단체 등 주무관청이 감독기관으로서 행정지도를 목적으로 실시하는 감사로, 사회복지시설의 법령 및 지침 준수 여부, 사업의 적정성 등을 점검한다.

한편, 회계감사는 공인회계사가 주체가 되어 재무보고의 신뢰성을 확보하기 위한 목적으로 수행되며, 주로 재무제표의 적정성과 회계처리의 타당성을 검토하는 데 초점을 둔다(한국공인회계사회, 2023).

⑤ 평가 대상에 따른 구분

감사는 평가 대상에 따라 규정 순응감사와 운영감사로 구분할 수 있다.

규정 순응감사는 기관이 관련 법령, 규칙, 계약조건, 정책, 내부규정을 적법하게 준수하고 있는지를 점검하는 감사를 말한다(보건복지부, 2023). 예컨대, 사회복지기관이 「사회복지사업법」, 「사회복지법인 및 사회복지시설 재무 · 회계 규칙」, 보조금 관리지침, 시설운영지침에서 규정된 요건과 절차를 충실히 이행하고 있는지를 중점적으로 확인한다.

한편, 운영감사는 기관의 조직 운영, 사업수행, 자원관리 등이 효율성, 효과성, 경제성 관점에서 적절하게 이루어지고 있는지를 평가하는 감사를 말한다. 운영감사는 단순한 법령 준수 여부를 넘어서, 기관의 경영 활동 전반을 분석하여 사업 성과의 향상 가능성과 경영 개선 방향을 제시하는 데 주안점을 둔다. 운영감사의 주요 감사 항목은 자원의 배분 및 활용의 효율성, 사업 목표의 달성 여부, 조직 구조의 적절성, 서비스 전달 과정에서의 수혜자 만족도 등이 포함된다.

사회복지조직의 정보관리

사회복지조직은 복잡하고 다변화된 환경 속에서 다양한 이해관계자와 자원을 효과적으로 연결하고, 대상자에게 적절한 서비스를 제공하기 위해 수많은 정보를 수집·처리·활용해야 한다. 특히 현대 사회복지실천은 단순한 경험적 판단에 의존하기보다는 객관적인 데이터와 근거에 기반한 의사결정이 강조되는 방향으로 나아가고 있다. 이러한 맥락에서 정보관리는 더 이상 선택적인 기능이 아니라, 조직의 책무성과 효율성, 대응력을 확보하는 핵심 행정 기능으로 자리 잡고 있다.

본 장에서는 정보의 정의와 유형을 시작으로, 정보의 획득·처리·활용·보관·폐기에 이르는 전 과정을 단계별로 살펴본다. 또한 정보기술의 활용, 정보보호 체계, 개인정보 관리 등 사회복지조직의 특수성을 반영한 정보관리 전략을 함께 다룬다. 이를 통해 학습자는 정보가 단순한 기록이나 통계가 아니라, 서비스 품질과 조직 역량을 결정짓는 전략적 자원이라는 점을 이해하게 될 것이다.

1. 정보관리의 개념과 기능

1) 정보관리의 개념

정보관리는 조직이 목표를 효과적으로 달성하기 위해 전략적 자원으로서의 정보를 수집, 저장, 처리, 분석, 배포 및 보호하는 일련의 과정을 의미한다(McNabb, 2007). 정보관리는 데이터를 유의미한 정보로 전환해 조직의 가치 창출에 기여하는 데 초점을 둔다. 여기서 '데이터(data)'는 구조화되지 않은 사실이나 수치이며, '정보(information)'는 이를 해석해 의미 있는 형태로 가공한 결과이다(Laudon & Laudon, 2020).

정보는 의사결정의 질 향상, 자원 배분의 효율성, 서비스 제공의 효과성 등을 높이는 핵심 동력으로 작용한다. 디지털화와 빅데이터의 확산은 정보관리 시스템에 새로운 기회와 도전을 제공하며, 개인정보 보호와 보안성 확보는 이러한 시스템의 효과적 운영을 위한 필수적 과제로 부상하고 있다(Büzeli & Stadelmann-Steffen, 2015).

이러한 환경 변화 속에서 정보는 생성부터 폐기에 이르기까지 전 과정에서 체계적으로 관리되어야 하며, 특히 민감한 정보를 다루는 사회복지조직에서는 정보관리의 전문성과 신뢰성이 더욱 중요하다. 정보관리 실패는 조직 운영에 심각한 영향을 줄 수 있으나, 이를 강화하면 조직 경쟁력의 핵심 자산이 될 수 있다.

2) 정보관리의 기능

정보관리는 조직의 운영과 의사결정에 필요한 정보를 효율적으로 확보하고 활용하기 위한 일련의 기능적 과정을 포함한다. 이 기능은 일반적으로 다음과 같이 다섯 가지로 구분된다.

첫째, 정보의 획득 기능이다. 이는 외부 환경 또는 조직 내부의 다양한 자원으로부터 필요한 데이터를 식별하고 체계적으로 수집하는 과정을 의미한다. 사회복지조직의 경우, 클라이언트의 서비스 이용 이력, 지역사회 자원 정보, 정책 변화 등 다양한 정보를 지속적으로 탐색하고 확보하는 활동이 이에 해당된다(Kettunen & Kallio, 2020a).

둘째, 정보의 저장 및 보관 기능이다. 수집된 데이터는 조직 내 정보시스템 또는 데이터베이스에 안전하게 저장되어야 하며, 접근성과 보안성이 모두 확보되어야 한다. 이는 향후 자료 활용을 위한 기초 인프라를 제공하며, 정보의 지속성과 무결성을 유지하는 데 핵심적인 역할을 한다(McNabb, 2007).

셋째, 정보의 처리 및 분석 기능이다. 원자료(raw data)는 통계적 분석, 패턴 인식, 통합적 분류 등의 과정을 통해 유의미한 정보로 가공된다. 이 기능은 단순히 정보를 해석하는 수준을 넘어, 예측 분석이나 의사결정 지원 도구로 활용되는 데 중요한 역할을 한다(Laudon & Laudon, 2020).

넷째, 정보의 배포 및 공유 기능이다. 분석된 정보는 필요로 하는 부서나 개인에게 적시에 전달되어야 하며, 이를 통해 업무 수행을 지원하고 조직 내 의사소통을 강화한다. 특히 사회복지조직에서는 클라이언트 사례회의, 프로그램 조정, 행정보고 등에 있어 정보의 공유가 핵심적인 기반이 된다.

다섯째, 정보의 폐기 및 보안 유지 기능이다. 더 이상 활용되지 않거나 법적 보존기간이 경과한 정보는 안전하고 합법적인 방식으로 폐기되어야 한다. 이는 개인정보 보호와 조직의 법적 책임 준수를 위해 필수적인 절차이며, 정보 수명주기 관리의 마지막 단계로 간주된다.

요컨대, 정보관리의 각 기능은 서로 유기적으로 연결되어 있으며, 단절 없이 연속적으로 수행되어야 조직 운영과 서비스 품질 향상에 실질적인 기여를 할 수 있다.

2. 경영정보시스템의 개념과 발달 과정

1) 경영정보시스템의 개념

정보시스템(information system)은 조직이 목표를 효율적으로 달성할 수 있도록 데이터를 수집하고, 저장 · 처리하며, 필요한 정보를 사용자에게 제공하는 일련의 통합적 구성요소를 말한다. 이러한 시스템은 조직의 운영, 통제, 의사결정 및 전략적 기획을 지원하는 데 필수적인 역할을 수행한다(Laudon & Laudon, 2020).

경영정보시스템(Management Information System, 이하 MIS)은 특히 경영관리층의 의사결정 및 계획 수립을 지원하기 위한 정보시스템을 의미한다. 초기에는 중간 및 고위 관리자에게 보고용 정보를 제공하는 컴퓨터 기반 시스템을 지칭하였으나, 오늘날에는 경영자뿐 아니라 조직 전반의 효율성과 효과성을 제고하기 위한 광범위한 정보시스템으로 개념이 확장되었다. 다시 말해, MIS는 단순한 정보 제공 기능을 넘어, 조직 내외의 다양한 데이터를 통합하고 분석함으로써, 전략 수립, 자원 배분, 운영 통제 등 경영 활동 전반에 걸쳐 의사결정의 질을 향상시키는 데 기여한다(Rainer, Prince, & Watson, 2020).

사회복지조직에서도 MIS는 점차 중요한 역할을 차지하고 있다. 클라이언트 정보, 프로그램 실적, 재무 자료, 인력배치 등의 데이터를 통합하여 실시간으로 모니터링하고 분석할 수 있기 때문에, 보다 효과적인 서비스 제공과 자원 활용이 가능해지고 있다.

2) 경영정보시스템의 발달 과정

경영정보시스템의 발전은 정보기술의 진화와 조직의 경영 환경 변화에 따라 단계적으로 이루어져 왔다. 다음은 경영정보시스템의 대표적인 세대별 발달 과정을 요약한 것이다.

(1) 1세대: 전자자료처리시스템(EDPS)의 도입기(1950년대)

1950년대는 컴퓨터가 막 도입되기 시작한 시기로, 주로 급여 계산, 회계 처리 등 단순 반복적인 업무에 전자자료처리시스템(Electronic Data Processing System: EDPS)이 활용되었다. 이 시기의 정보시스템은 경영관리보다는 기술 중심의 자동화 수단에 가까웠다. 당시 컴퓨터의 높은 비용과 낮은 처리 성능은 MIS 도입에 큰 제약으로 작용하였다.

(2) 2세대: 경영정보시스템(MIS)의 등장기(1960년대)

1960년대에는 조직 내 다양한 부서의 경영 활동을 지원하기 위한 MIS가 본격적으로 도입되었다. MIS는 데이터를 통합적으로 관리하고 경영진의 의사결정을 지원하는 시스템으로 정의되었다. 그러나 이 시기의 MIS는 지나치게 포괄적이고 일괄적인 설계를 지향한 탓에, 유연성이 부족하고 실제 운영에서의 적응력이 낮아 많은 실패 사례를 남겼다.

(3) 3세대: 의사결정지원시스템(DSS)의 부상기(1970년대)

1970년대 들어 MIS의 한계를 보완하기 위해 특정 상황에서의 의사결정을 지원하는 도구로서 의사결정지원시스템(Decision Support System: DSS)이 등장하였다. DSS는 분석모형과 시뮬레이션 기법을 기반으로 복잡한 문제에 대한 대안을 제시하며, 보다 실용적인 정보 제공을 지향하였다.

(4) 4세대: 전략정보시스템과 사무자동화의 확산기(1980년대)

1980년대는 개인용 컴퓨터의 대중화와 정보통신기술의 발달로 인해 사무자동화(Office Automation: OA)가 확산되었고, 조직의 전략적 목표 달성을 위한 전략정보시스템(Strategic Information System: SIS)이 부각되었다. 이 시기를 기점으로 정보기술은 단순한 관리 도구에서 조직 경쟁력 확보를 위한 핵심 수단으로 인식되기 시작하였다.

(5) 5세대: 인터넷 기반 정보시스템의 도입기(1990년대)

1990년대는 인터넷의 폭발적인 확산과 함께 전자상거래, 온라인 업무 시스템 등이 본격적으로 도입되면서 정보시스템의 역할이 조직 전반으로 확대되었다. 특히 기업 간(B2B)·기업-소비자 간(B2C) 정보 연계와 디지털화가 조직 운영 방식에 근본적인 변화를 초래하였다.

(6) 6세대: 지식관리 및 스마트 정보시스템의 시대(2000년대 이후)

2000년대 이후에는 지식관리시스템(Knowledge Management System)이 등장하여 조직 구성원 간의 지식 축적과 공유가 중시되었고, 모바일 기술과 클라우드 컴퓨팅의 발전으로 스마트워크, 애플리케이션 기반 업무 환경이 정착되었다. 최근에는 인공지능, 빅데이터, 사물인터넷 등의 기술이 융합된 지능형 정보시스템이 부상하고 있다(Sharda, Delen, & Turban, 2020).

3. 사회복지조직의 정보 유형

사회복지조직은 다양한 이해관계자와 복잡하게 얽혀 있으며, 다기능적 목표를 수행하는 과정에서 방대한 양의 정보를 생성하고 활용한다. 따라서 정보의 유형을 체계적으로 구분하고 관리하는 것은 조직의 전략적 목표 달성, 클라이언트의 권익 보호, 그리고 서비스 품질 향상에 필수적이다.

사회복지조직이 보유하고 있는 주요 정보 유형은 다음과 같이 구분할 수 있다.

- 클라이언트 정보

클라이언트 정보는 사회복지조직의 핵심 자산이자 가장 민감하게 다루어져야 할 정보로, 이용자의 이름, 생년월일, 주소, 성별 등의 기본 인적 사항뿐 아니라 건강 기록, 심리사회적 평가, 경제상태, 가족구성, 사회적 지지망 등 개인의 삶 전반에 관한 내용이 포함된다.

특히 클라이언트 중심 실천(client-centered practice)에서는 이러한 정보가 클라이언트의 욕구 사정과 개별화 서비스 계획(Individualized Service Plan: ISP)을 수립하는 핵심 기초자료로 사용된다. 예를 들어, 아동보호기관은 아동의 학대 이력, 보호자의 양육 능력 평가, 심리검사 결과 등을 종합적으로 고려하여 보호계획을 수립한다.

이처럼 민감한 개인정보를 다루는 특성상, 클라이언트 정보는 「개인정보 보호법」 및 기관 내부 윤리 강령에 따라 엄격히 관리되어야 한다. 이에 따라 데이터 암호화, 접근 권한 제한, 정보

파기 절차 등 구체적인 보안 조치가 병행되어야 한다(Büzeli & Stadelmann-Steffen, 2015).

• 서비스 제공 및 프로그램 운영 정보

서비스 제공 정보 및 프로그램 운영 정보는 사회복지조직이 수행하는 각 서비스나 프로그램의 목적, 대상자 선정 기준, 서비스 내용, 운영 절차, 성과지표 등을 포함한다(Kettner, Moroney, & Martin, 2017). 예를 들어, 노인복지관의 급식 프로그램은 급식 횟수, 대상자 만족도, 영양 평가 결과 등의 정보를 체계적으로 기록 · 관리한다. 또한 이러한 정보는 내부 평가뿐 아니라 정부 보조금 신청, 평가보고서 제출 등 외부 보고를 위한 근거자료로 활용된다. 최근에는 이러한 정보의 수집 · 분석이 클라우드 기반 정보시스템을 통해 실시간으로 이루어지면서 서비스의 투명성과 질 관리가 한층 강화되고 있다(Laudon & Laudon, 2020).

• 재정 및 물적자원 정보

사회복지조직의 지속 가능성은 재정 건전성과 자원의 효율적 운영에 크게 좌우된다. 이에 따라 예산 편성 및 집행 내역, 회계 감사 결과, 기부금 수입 · 지출 기록, 정부 보조금 관리 등 재정 관련 정보는 철저히 기록 · 관리되어야 한다. 또한 물적자원에 대한 관리도 중요한데, 물적자원 정보에는 시설, 차량, 장비 등 자산 목록과 함께 감가상각 기록, 정기 점검 및 유지보수 이력 등이 포함된다. 이러한 정보는 자원의 효율적 배분과 비용 절감을 위한 기초자료로 활용된다(Laudon & Laudon, 2020).

• 인적자원 및 조직 운영 정보

사회복지조직은 다양한 전문 인력(사회복지사, 상담사, 간호사 등)과 자원봉사자의 참여를 촉진하고 역할 수행을 지원한다. 인적자원 관련 정보에는 직원의 채용 이력, 자격증 및 교육 이수 현황, 성과 평가 자료, 근로 계약서 등이 포함되며, 자원봉사자의 활동 내역 또한 기록된다.

특히 현대 사회복지조직에서는 인사정보시스템(Human Resource Information System: HRIS)을 도입하여 인력 운영의 효율성을 제고하고, 인적자원의 교육훈련 계획, 경력개발 경로 설정 등을 체계화하고 있다. 아울러 조직의 운영 전반에 관한 정보, 예를 들어 조직 규정, 정책 매뉴얼, 회의록, 운영 보고서 등도 조직의 주요 지식자산으로 관리된다.

• 외부 협력 및 네트워크 정보

사회복지조직은 공공기관, 비영리단체, 민간기업 등 다양한 외부 기관과 협력관계를 구축하고 운영한다. 이에 따라 협약서, 양해각서(MOU), 공동 프로그램 운영 기록, 네트워크 회의록 등은 중요한 정보로 취급되며, 체계적으로 관리된다. 이러한 정보는 서비스 연계성과 지역사회 내 협력 기반을 강화하며, 클라이언트에게 통합적인 서비스를 제공하는 데 기여한다.

• 법적 · 윤리적 준수 정보

사회복지조직은 관련 법률과 윤리 기준을 충실히 준수해야 하며, 이를 위해 관련 정보의 체계적인 관리가 필요하다. 개인정보 보호 방침, 법률 컴플라이언스 문서(법규와 규제를 준수하기 위해 작성, 관리하는 일련의 문서), 위험관리 계획, 감사 기록 등을 법적 · 윤리적 준수 정보에 해당한다(Büzeli & Stadelmann-Steffen, 2015). 이러한 정보는 각종 분쟁이나 외부 점검 시 조직의 법적 책임을 최소화하는 근거자료로 활용되며, 조직의 책임성을 제고하고, 윤리적 정당성을 확보하는 데 기여한다.

• 평가 및 연구 정보

사회복지조직은 프로그램에 대한 평가 및 연구를 수행하면서 프로그램 평가보고서, 클라이언트 만족도 조사 결과, 서비스 이용 실태조사 자료 등 다양한 정보를 생산해 내는데, 이들 정보를 평가 및 연구 정보라 일컫는다(Kettner et al., 2017). 이러한 정보는 근거기반 실천(evidence-based practice)의 토대가 되며, 프로그램의 질 향상과 성과 중심 행정을 위한 핵심 자료로 활용된다.

4. 사회복지조직의 정보관리 과정

사회복지조직의 정보는 클라이언트에 대한 이해를 심화시키고, 프로그램의 효과성을 점검하며, 정책 수립과 전략적 의사결정의 근거를 제공하는 데 핵심적 역할을 한다. 정보가 이러한 기능을 효과적으로 수행하기 위해서는 정보의 생성부터 폐기에 이르기까지 전 과정을 포괄하는 일련의 절차적 관리가 요구되는데, 이를 일반적으로 '정보관리 과정(information management process)'이라고 지칭한다(McNabb, 2007).

정보관리를 설명하는 기존의 학문적 논의에 따르면, 정보는 단순한 수집이나 저장 단계를 넘어서 분석, 공유, 활용, 그리고 폐기의 과정을 거치는 전 주기적(whole lifecycle) 흐름으로 이해되어야 한다(Stair & Reynolds, 2019; Laudon & Laudon, 2020). 예를 들어, 스테어와 레이놀즈(Stair

& Reynolds, 2019)는 정보시스템의 운영 단계를 '정보의 식별—획득—처리—보관—공유—활용—폐기'로 설명하였으며, 라우돈과 라우돈(Laudon & Laudon, 2020)은 '정보의 수집—처리—저장—배포—활용—폐기 또는 재활용'으로 정리하면서, 정보가 의사결정에 실질적으로 활용되기 위해 반드시 저장과 공유 단계를 거쳐야 한다고 강조한다. 이러한 논의는 정보가 단지 기술적 자산이 아닌, 조직 전략의 실행을 뒷받침하는 핵심 수단임을 시사한다.

본서에서는 이러한 이론적 배경을 바탕으로 사회복지조직의 실천적 특성을 고려하여, 정보관리 과정을 다음과 같은 일곱 가지 단계, 즉 정보의 식별, 획득, 처리 및 분석, 저장 및 관리, 배포 및 공유, 활용 및 적용, 유지 및 폐기로 구분하여 설명한다. 이는 기존의 정보 생애주기 이론을 사회복지조직의 행정과 서비스 환경에 맞게 재구성한 것이며, 각 단계는 고립적으로 작동하는 것이 아니라 조직의 목표와 서비스 운영과 긴밀하게 통합되어야 한다.

사회복지조직의 정보관리 과정은 다음과 같은 세 가지 특징을 지닌다. 첫째, 정보관리는 전 생애주기적 접근을 요구한다. 정보는 단순히 수집되는 데 그치지 않고, 조직의 전략과 연계되어 지속적으로 분석되고 활용되며, 최종적으로는 폐기까지 이르는 흐름 속에서 관리되어야 한다. 따라서 각 단계는 상호 연계되어 유기적으로 작동해야 하며, 이를 통해 조직의 전략적 목표와 클라이언트의 삶의 질 향상을 동시에 달성할 수 있다.

둘째, 정보관리 전 과정은 윤리적·법적 규범에 기반하여 수행되어야 한다. 사회복지조직은 민감한 개인정보를 다루는 특성상 「개인정보 보호법」「사회복지사업법」 등 관련 법령을 준수해야 하며, 조직 내부적으로도 윤리 강령 및 정보보호 지침을 수립하고 실천해야 한다. 이러한 체계는 단순한 법적 의무를 넘어, 클라이언트의 권리와 존엄을 보호하는 조직의 핵심 책무로 간주된다(Büszeli & Stadelmann-Steffen, 2015).

셋째, 최근 정보기술의 급격한 발전은 사회복지조직의 정보관리 방식에도 구조적인 변화를 요구하고 있다. 클라우드 기반 데이터 저장, 빅데이터 분석, 인공지능 기반 정보처리 자동화 등은 정보의 취급 방식은 물론, 관리 책임자의 역량 요건까지 변화시키고 있다. 이에 따라 정보관리 담당자는 단순한 행정 기술자가 아닌, 전략적 사고와 기술 역량을 겸비한 전문가로서의 역

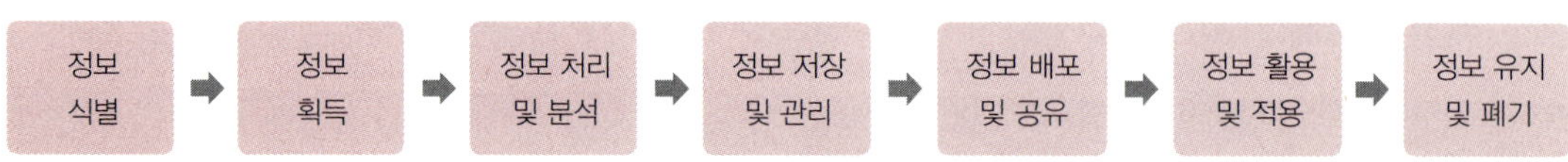

[그림 11-1] 사회복지조직의 정보관리 과정

할이 요구된다(Laudon & Laudon, 2020).

이와 같은 관점에서 [그림 11-1]은 사회복지조직의 정보관리 과정을 시각적으로 제시하고 있다. 정보의 식별에서부터 시작하여 폐기에 이르는 일련의 과정은 단선적 흐름이 아니라 유기적으로 연결된 생애주기적 구조를 형성한다. 이 구조는 조직의 전략적 의사결정을 지원할 뿐 아니라, 서비스의 질 향상과 책무성 강화를 위한 필수적 기반이 된다.

1) 정보 식별(identification of information) 단계

사회복지조직의 정보관리 과정에서 가장 먼저 이루어지는 단계는 정보 식별이다. 이는 조직의 목표 달성을 위한 핵심적인 정보를 체계적으로 파악하고 정의하는 과정이다. 이 단계는 정보관리 체계 구축의 기초를 형성하며, 이후 단계인 정보의 수집, 저장, 분석, 활용 등의 전 과정에 영향을 미친다. 특히 복합적인 서비스를 수행하는 사회복지조직에서는 정보 식별 단계가 전체 정보관리 체계의 방향성과 품질을 좌우하는 핵심적 역할을 한다.

(1) 정보 식별의 개념과 중요성

정보 식별이란 조직이 필요로 하는 정보를 명확히 정의하고, 그 활용 목적과 연계를 고려하여 정보를 선별하는 일련의 과정을 뜻한다. 사회복지조직에서는 클라이언트의 욕구, 서비스 이용 현황, 자원 배분 등의 다양한 정보를 정확히 식별하여 효과적인 서비스 제공과 개선 및 정책 수립에 실질적으로 활용할 수 있어야 한다.

이러한 정보 식별이 중요한 이유는 조직의 전략적 의사결정을 지원하며, 자원 배분의 효율성을 높일 수 있고, 클라이언트의 욕구를 정확히 파악하여 맞춤형 서비스를 제공할 수 있으며, 조직의 투명성과 책무성을 제고하는 데 기여하기 때문이다(Alter, 1996; Barker, 2003).

(2) 정보 식별의 절차

정보 식별은 일반적으로 다음과 같은 절차를 통해 수행된다. 첫째, 조직의 목표와 전략을 분석하고, 둘째, 어떤 정보가 필요한지를 도출하며, 셋째, 정보 출처를 파악하고 수집 방법을 결정하는 전략을 수립하며, 넷째, 각 정보의 중요도와 긴급성을 고려하여 우선순위를 정하고, 다섯째, 정보를 어떻게 저장, 보호, 활용할 것인지에 대한 기본계획을 수립함으로써 정보관리 체계의 구조를 마련한다.

(3) 정보 식별의 도전과제

정보 식별 단계는 정보관리 과정의 출발점으로, 이후 모든 활동의 방향과 질을 좌우하는 핵심적 역할을 한다(Alter, 1996). 그러나 사회복지조직은 이 단계에서 다음과 같은 다양한 도전과제에 직면한다.

첫째, 식별할 정보의 범위 설정과 우선순위 도출이 어렵다. 다양한 이해관계자와 복합적 서비스를 다루는 사회복지조직은 어떤 정보를 우선 식별할지 판단하기 어렵고, 정보의 범위가 협소하면 필수 정보를 놓치고 과도하면 비효율을 초래할 수 있다(Barker, 2003).

둘째, 필요로 하는 정보가 환경 변화에 따라 빠르게 변화한다는 점이다. 법제도, 정책 방향, 지역사회 특성 등의 변화에 따라 정보 식별의 시점과 실제 활용 시점 간의 불일치를 초래할 수 있는 문제점을 내포한다.

셋째, 암묵지의 형식지 전환이 어렵다. 사회복지조직은 직원들의 경험과 직관에 의존해 업무를 수행하는 경우가 많으며, 이러한 경험적 지식은 대부분 암묵지(tacit knowledge) 형태로 존재한다(Nonaka & Takeuchi, 1995). 이러한 암묵지를 명확히 구조화하여 활용 가능한 명시적인 정보, 즉 형식지(形式知, explicit knowledge)로 전환하기 위해서는 높은 수준의 분석 역량과 소통 능력이 요구되기에 결코 쉬운 일이 아니다. 이를 체계화하지 못하면 중요한 지식이 활용되지 못하고 사장될 수 있다.

넷째, 정보 식별의 기준과 절차의 부재로 인해 정보 선정의 일관성이 저해된다. 명확한 프로토콜 없이 수행되는 정보 식별은 개인의 주관에 의존하게 되어 조직 내 부서 간 불일치가 발생할 수 있다.

다섯째, 시간과 인적 자원의 제약은 구조적 한계로 작용한다. 정보 식별은 단순 목록 작성이 아니라 조직 목표와 환경을 반영해야 하는 복잡한 작업이기에, 시간과 인력의 제약은 정교한 과업 수행을 어렵게 한다.

이러한 도전과제를 극복하기 위해서는 전략적 기획과 명확한 정보 식별 절차의 수립, 직원 교육 강화, 정보 환경 변화에 대한 지속적 모니터링이 필요하다. 정교하고 일관된 정보 식별은 이후 정보관리 전반의 신뢰성과 서비스 품질을 결정짓는 기반이 된다.

2) 정보 획득(acquisition of information) 단계

사회복지조직의 정보관리 과정에서 두 번째 단계인 정보 획득은 조직의 목표 달성과 효율적인 서비스 제공을 위해 필요한 정보를 체계적으로 수집하는 과정이다. 이 단계에서는 정보의 정확성, 신뢰성, 그리고 적시성 확보가 핵심 과제로 제시된다.

(1) 정보 획득의 개념과 중요성

정보 획득은 사회복지조직이 필요로 하는 정보를 실제로 수집하는 과정을 의미한다. 이 단계는 이전의 정보 식별 단계에서 도출된 정보 요구사항을 충족하기 위한 활동으로, 필요한 정보를 다양한 출처로부터 실제로 수집하는 실행적 과정이다. 정보 획득은 단순히 정보를 수집하는 것을 넘어, 정보의 신뢰성, 정확성, 적시성 확보를 목표로 하며, 수집 이후 단계인 정보 처리 및 분석(processing and analysis of information)을 위한 기초 데이터를 제공한다(박정란, 이현경, 2013).

특히 정보 획득 활동은 사회복지조직의 전략적 의사결정, 서비스 개선, 정책 개발의 토대가 된다. 실제로 수집된 정보가 부정확하거나 시의성을 상실할 경우, 사회복지조직이 수립한 정책은 현실과 동떨어지고, 서비스는 클라이언트의 욕구를 충족시키지 못하며, 조직의 책임성과 투명성 역시 심각하게 훼손될 수 있다. 따라서 정보 획득은 단순한 행정 활동이 아니라, 조직의 성과와 신뢰성을 좌우하는 핵심 기능으로 간주된다(한국사회보장정보원, 2019b).

(2) 정보 획득 단계의 절차

정보 획득은 일반적으로 다음과 같은 절차를 따른다.

첫째, 정보 요구사항 재확인 단계이다. 이는 정보 식별 단계에서 도출된 정보 요구사항을 재검토하여 수집 대상 정보를 구체화하고 누락이나 과잉 수집을 방지하는 과정이다.

둘째, 정보의 출처와 수집 방법 결정 단계이다. 이 단계에서는 어떤 출처에서 정보를 수집할 것인지, 어떤 방법(예: 설문, 인터뷰, 행정자료 활용 등)으로 수집할 것인지를 구체화한다. 이는 정보 식별 단계에서 수립된 전략적 계획을 토대로 한 실행 준비 과정이라 할 수 있다. 예컨대, 정보 식별 단계에서는 '아동복지기관 데이터'라고 설정했다면, 획득 단계에서는 '2025년 4월, 부산광역시 부산진구 소재 아동복지기관 5곳의 운영현황'과 같이 명시적으로 설정하여 구체화하는 것이다.

셋째, 정보 수집 도구 및 절차 설계 단계이다. 이는 정보 수집을 위한 표준화된 도구를 채택하거나 필요한 경우 설문지, 인터뷰 가이드, 관찰 체크리스트 등을 개발하는 과정이다. 이 단계에서는 수집 대상, 기간(일정), 방법(온라인/오프라인), 담당자 등을 명확히 한다.

넷째, 정보 수집 실행 단계이다. 이는 계획에 따라 실제로 정보를 수집하고, 품질 관리를 병행하여 오류, 중복, 누락을 최소화하는 과정이다.

다섯째, 수집된 정보의 검토 및 저장 단계이다. 이는 수집된 데이터의 기본적인 검토를 통해 오류를 파악하고 수정하는 과정으로, 다음의 정보 처리 및 분석 단계를 대비하여 안전하고 체계적으로 데이터를 저장하고, 후속 단계에서 활용될 수 있도록 한다.

(3) 정보 획득 방법

정보 획득 방법은 수집의 직접성과 기술 활용 여부에 따라 크게 1차 자료(primary data) 수집, 2차 자료(secondary data) 활용, 정보기술(IT)을 활용한 자동 수집 등 세 가지로 구분된다.

우선, 1차 자료 수집은 조직이 직접 클라이언트를 대상으로 인터뷰, 설문조사, 관찰 등을 수행하여 필요한 정보를 확보하는 방식이다. 이는 맞춤형 정보 제공에 유리하지만, 시간과 비용의 소요가 크다는 단점이 있다.

한편, 2차 자료 활용은 다른 기관이나 연구자가 이미 수집한 기존 통계자료, 연구보고서, 행정 데이터 등을 재활용하는 방식이다. 예를 들면, 보건복지부 통계, 한국보건사회연구원의 조사자료, 사회보장정보시스템 데이터 등을 활용할 경우, 이는 2차 자료에 해당한다. 2차 자료는 시간과 비용을 절감할 수 있고 자원이 제한된 조직에 유용하지만, 수집 목적이 다를 경우 활용에 제한이 있을 수 있다는 단점이 있다(추병주, 박선미, 2017).

마지막으로, 정보기술(IT)을 활용한 자동 수집 방식은 전자기록, 클라우드 플랫폼, 사회보장정보시스템 등을 통해 실시간으로 데이터를 획득하는 것을 말하며, 정보화 시대에 필수적인 방법으로 주목받고 있다. 이는 과거의 수작업을 기반으로 한 정보 수집 방식과 달리, 시스템이 자동으로 데이터를 추출하고 축적함으로써, 정확성과 신속성이 크게 향상된다는 장점이 있다. 이러한 자동 수집 방식은 단순한 기록 저장을 넘어, 복지수요 예측이나 서비스 품질 향상에도 적극적으로 활용되고 있다. 이에 따라 정보기술 기반의 자동 수집은 현대 사회복지행정의 필수 역량이자, 데이터 기반 의사결정을 위한 핵심적 도구로 자리매김하고 있다(한국사회보장정보원, 2019a).

(4) 정보 획득 단계에서 고려해야 할 윤리적 · 법적 사항

정보 획득 단계는 클라이언트의 민감한 개인정보를 다루는 과정으로, 사회복지조직에는 엄격한 윤리적 · 법적 기준이 요구된다. 특히 취약계층을 주 대상으로 하는 사회복지 분야는 고지된 동의, 개인정보 보호, 법적 준수, 정보 정확성 등의 요소를 충실히 고려해야 한다.

먼저, 고지된 동의(informed consent)는 정보 수집의 출발점으로, 클라이언트에게 정보의 수집 목적, 방법, 활용 범위 등을 충분히 설명하고 자발적으로 동의받는 과정이다. 이는 자기결정권 보호와 윤리적 개입 정당성 확보를 위한 필수 절차이며, '정보 제공' '이해 가능성' '자발성'이 핵심 조건이다. 특히 정보 이해력이 낮은 취약계층일 경우, 더욱 명확한 안내가 요구된다.

다음으로, 개인정보 보호와 비밀보장은 민감한 정보를 수집하는 사회복지조직에 반드시 요구되는 사항이다. 정보는 수집 목적 내에서만 사용되어야 하며, 보관 · 폐기 시에도 안전한 절차를 따라야 한다. 사회복지사는 비밀보장의 범위와 예외를 명확히 고지하고, 기술적 · 물리적 보안조치를 강구해야 한다.

한편, 법적 준수와 책임은 「개인정보 보호법」 등 관련 법령 준수를 포함하여, 정보 수집 · 활용 전반에 적용되어야 할 중요한 원칙이다. 이는 단순한 법 준수의 의무를 넘어 사회복지의 핵심 가치인 클라이언트의 권익 보호와 인권 존중이라는 사회복지의 기본 가치 실현을 위한 실천윤리로 이해되어야 한다.

마지막으로, 정보의 정확성과 공정성 확보도 간과해서는 안 될 기준이다. 사회복지조직에서 수집되는 정보가 왜곡되거나 편향될 경우 클라이언트에게 심각한 불이익을 초래할 수 있다. 정보 오류는 자원 배분의 왜곡, 부적절한 서비스 계획 수립, 클라이언트 권리 침해 등으로 이어질 수 있기 때문에 각별한 주의가 요구된다(김수영, 2016; Kettner, Moroney, & Martin, 2017).

이를 위해 사회복지사는 무엇보다도 다양한 출처로부터 정보를 수집하고 상호 검증을 실시함으로써 단일 출처 의존에 따른 사실 누락이나 주관적 해석의 가능성을 최소화해야 한다. 또한, 정보 수집과 기록 과정에서 클라이언트가 동의하지 않거나 부정확하다고 느끼는 진술은 별도로 명시하여, 당사자의 입장과 맥락이 균형 있게 반영될 수 있도록 해야 한다. 특히 정보 활용 과정에서는 객관성과 윤리성을 유지해야 하며, 개인의 가치관이나 조직의 압력에 의해 정보를 왜곡하거나 편향되게 해석하지 않도록 유의해야 한다(이윤로, 2020).

3) 정보 처리 및 분석(processing and analysis of information) 단계

사회복지조직의 정보관리 과정에서 수집된 원자료(raw data)는 단순히 축적하는 것만으로는 실질적인 가치나 활용 가능성을 확보하기 어렵다. 정보가 의사결정이나 서비스 향상에 유의미하게 기여하기 위해서는 반드시 체계적인 처리와 분석의 과정을 거쳐야 한다. 다시 말해, 가공되지 않은 상태의 원자료는 단순한 사실의 집합에 불과하며, 이 자체로는 실천적 판단이나 정책적 방향을 세우는 데 직접적으로 활용될 수 없다. 그러므로 이러한 원자료가 실제로 활용 가능한 의미 있는 정보로 전환되기 위해서는, 반드시 정제, 변환, 통합, 분석, 해석에 이르는 일련의 체계적인 절차를 거쳐야 한다. 이러한 정보 처리 및 분석을 통해 조직은 비로소 데이터에 맥락과 의미를 부여할 수 있고, 실천의 효과성과 행정의 전략성을 확보하게 된다. 이러한 과정을 통해 정보의 해석 가능성과 신뢰성이 확보될 때, 수집된 정보는 단순한 기록이 아닌 근거기반 실천(evidence-based practice)을 가능하게 하는 핵심 자원이 된다.

(1) 정보 처리 및 분석의 개념

정보 처리 및 분석 단계는 사회복지조직이 수집한 다양한 원자료를 정제하고 가공하여, 조직의 의사결정과 서비스 향상에 실질적으로 기여할 수 있는 유용한 정보로 변환하는 과정을 말한다(박정란, 이현경, 2013). 이 단계는 단순한 데이터의 정리 수준을 넘어, 정보에 가치를 부여하고 실천적 의미를 도출하는 핵심적 단계라 할 수 있다. 만약 이 단계가 생략된다면, 아무리 많은 데이터를 수집하더라도 그것은 실천과 행정에 활용되지 못하는 쓸모없는 데이터로 남게 된다. 반면, 정제되고 분석된 정보는 클라이언트의 욕구를 명확히 파악하고, 서비스 효과를 평가하며, 자원 배분의 타당성을 분석하고, 더 나아가 정책 수립을 지원하는 데까지 다양하게 활용될 수 있다. 따라서 정보 처리 및 분석은 단순한 기술적 활동이 아니라, 정보의 품질을 결정하고 조직의 전략 수립, 서비스의 책임성과 투명성 확보에 직결되는 결정적인 단계로 이해되어야 한다.

이러한 정보의 가공과 분석을 가능하게 하는 도구로는 여러 가지 정보시스템이 활용된다. 대표적으로 관리정보시스템(Management Information System: MIS), 의사결정지원시스템(Decision Support System: DSS), 지식기반시스템(Knowledge-Based System: KBS) 등이 있다. 이 중 지식기반시스템(KBS)은 전문가의 지식을 체계화된 데이터베이스로 저장하고, 이를 기반으로 문제해결이나 의사결정을 지원하는 시스템이다. 사회복지조직에서는 이 시스템을 복잡한 사례 관리, 서비스 적격성 판단, 클라이언트 맞춤형 개입 설계 등에 유용하게 활용할 수 있다.

(2) 정보 처리 및 분석의 필요성

정보 처리 및 분석은 무엇보다도 의사결정의 질을 향상해 주기 때문에 중요한 과정이다. 즉, 정보를 정확히 가공함으로써 조직의 관리자나 사회복지사, 정책입안자들이 근거에 기반한 합리적인 의사결정을 내릴 수 있다.

또한 정보 처리 및 분석은 서비스 품질을 개선할 수 있기 때문에 필요하다. 즉, 데이터 분석을 통해 서비스 이용자에 대한 잠재적 욕구를 파악하고, 서비스 사각지대를 발견하며, 프로그램 개선 방안을 도출함으로써 사회복지조직의 서비스 질을 높이는 데 기여한다.

마지막으로, 정보 처리 및 분석이 필요한 이유는 책임성과 투명성을 제고할 수 있기 때문이다. 즉, 분석된 정보는 정부, 외부 기관, 후원자 등 이해관계자에게 조직 활동의 결과를 명확히 설명할 수 있는 근거가 되므로, 조직의 책임성과 투명성을 제고하는 데 중요한 역할을 한다.

(3) 정보 처리 및 분석의 절차

정보 처리 및 분석 절차는 다음과 같은 세부 단계로 구분할 수 있다.

첫째, 데이터 정제(data cleaning) 단계이다. 이는 수집된 원자료에서 오류, 중복, 불일치 항목을 제거하고 수정하여 분석의 신뢰성을 확보하는 과정이다.

둘째, 데이터 변환 및 통합(data transformation & integration) 단계이다. 이는 다양한 형식의 데이터를 분석 가능한 공통 포맷으로 변환하고, 필요에 따라 여러 데이터 소스를 통합하여 하나의 분석 데이터셋(data set)을 구성하는 단계를 말한다. 즉, 데이터 변환은 모양이 제각각인 데이터를 같은 규칙으로 맞추어 주는 작업이라 할 수 있다. 예를 들면, A기관은 주민등록번호를 'YYMMDD-1234567'로 저장하고, B기관은 '19YYMMDD1234567'로 저장한다고 하자. 이 두 기관의 데이터를 합쳐서 분석하려면, 서로 포맷(모양)이 달라 그냥은 비교할 수 없다. 그래서 둘 다 'YYYY-MM-DD-1234567' 형태로 바꾼다든지 하여 같은 모양으로 바꾸는 변환작업이 필요하다. 한편, 데이터 통합은 여러 기관이나 시스템에 흩어져 있는 데이터를 하나로 합치는 작업을 말한다. 예를 들면, A기관은 '아동복지 대상자' 명단을 관리하고 있고, B기관은 '아동복지서비스 이력'을 관리하고 있다고 하자. 두 데이터를 따로따로 보면, '누가 서비스를 이용했는지' '서비스를 얼마나 받았는지' 알 수 없다. 이럴 때 A기관의 명단과 B기관의 이력정보를 '주민등록번호' 같은 공통된 기준(key)으로 연결해서 한 데이터셋으로 합치는 것이 데이터 통합이다.

셋째, 코딩(coding) 단계이다. 이는 개방형 설문 응답과 같은 정성적 데이터를 체계적으로 정량화하여 분석할 수 있도록 하는 과정이다. 예를 들어, 응답 내용을 특정 코드 번호로 변환한다. 다시 말해, 설문 문항이 "당신은 제공받은 복지서비스에 얼마나 만족하십니까?"라면, 응답 가능한 답변들은, '매우 만족한다' '만족한다' '보통이다' '불만족한다' '매우 불만족한다'일 수 있다. 이 경우 이 응답들을 그냥 놔두면 분석이 어려우므로, 각각의 응답을 1, 2, 3, 4, 5로 코드번호를 부여하여 코딩하면, 어떤 응답을 했든, 모두 숫자(1~5)로 깔끔하게 정리할 수 있고, 이 숫자를 평균내거나, 만족도 점수를 비교하거나, 통계 분석하는 것이 가능해진다.

넷째, 통계 분석(statistical analysis) 단계이다. 이는 앞의 세 단계의 절차를 거친 정보를 활용하여 기술통계(descriptive statistics: 평균, 중앙값, 표준편차 등의 정보 제공), 추론통계(inferential statistics: 가설 검증, 상관분석, 회귀분석 등을 통해 관계성 및 인과성 탐색) 등의 분석을 실시하는 과정을 의미한다. 사회복지조직에서는 SPSS, R, Excel 등의 프로그램을 활용한 분석이 일반적이다.

다섯째, 데이터 해석(data interpretation) 단계이다. 이는 통계 분석의 결과를 해석하고, 의미를 부여하며, 수치 너머의 사회복지적 함의를 도출하는 과정이다. 이 단계는 정보의 정책적·실천적 활용을 위한 필수 절차라 할 수 있다.

4) 정보 저장 및 관리(storage and management of information) 단계

정보관리 과정의 네 번째 단계는 정보 저장 및 관리로, 이는 이전 단계인 정보 처리 및 분석 과정을 거쳐 생성된 유의미한 정보를 조직이 지속적이고 전략적으로 활용할 수 있도록 체계적으로 보존하는 절차이다. 이 단계는 단순한 데이터 보관의 개념을 넘어서, 조직이 축적한 지식과 실천 경험을 조직 자산으로 전환하기 위한 핵심적인 활동으로 간주된다.

사실상 정보는 수집과 분석을 통해 가치가 부여되었더라도, 이를 효과적으로 저장·관리하지 않으면 시간의 경과에 따라 훼손되거나 망실되어 궁극적으로 조직의 의사결정과 실천에 기여하지 못하게 된다. 특히 사회복지조직은 다양한 정보자원을 생성·활용하며, 이러한 정보는 반복적 업무 수행은 물론, 정책 대응, 서비스 개선, 대외 보고 등의 활동에 필수적으로 활용된다. 따라서 정보를 정확하게 보존하고, 필요할 때 즉시 활용 가능한 상태로 유지하는 정보 저장 및 관리 활동은 조직 역량의 지속성과 대응성 확보를 위한 전략적 자산 운영의 핵심 기반이라 할 수 있다.

(1) 정보 저장 및 관리의 개념

정보 저장 및 관리는 앞선 정보 처리 및 분석 단계를 통해 생성된 유의미한 정보를 정확하고 안전하게 보존하며, 필요시 즉시 접근하고 활용할 수 있도록 체계화하는 일련의 과정을 의미한다(Laudon & Laudon, 2020). 이때 저장되는 정보는 분석된 결과뿐만 아니라, 수집 당시의 원자료도 함께 포함되며, 이는 향후 정보의 재해석, 후속 분석, 오류 검증 등을 위한 기초자료로 활용될 수 있다. 사회복지조직은 각종 사례기록, 서비스 이력, 욕구조사 결과, 통계자료 등 다양한 형태의 데이터를 지속적으로 생성하기 때문에, 이러한 정보들이 조직 전체에서 일관되고 통합적으로 저장·관리되는 체계를 갖추는 것이 필수적이다. 또한 저장된 정보는 단순 보관 대상이 아닌, 조직의 의사결정, 서비스 계획 수립, 정책개발, 외부 감사 대응 등 다양한 맥락에서 전략적 자원으로 기능하므로, 이 단계에서는 정보 자체의 정확성뿐 아니라 보안성, 접근성, 활용성의 확보가 핵심 요건으로 강조된다.

(2) 정보 저장 및 관리의 주요 목적

정보 저장 및 관리 단계의 주요 목적은 정보의 단순한 보관을 넘어서, 정보가 조직의 전략과 실천을 뒷받침하는 지속 가능한 자원으로 기능할 수 있도록 구조화, 즉 주제별 분류, 메타데이터 부여, 포맷 표준화 등을 통해 일관된 체계를 갖춘 방식으로 정리하고 유지하는 데 있다.

이러한 맥락에서 정보 저장 및 관리의 주된 목적은 정보를 안전하게 보호함으로써 조직 자산의 손실을 방지하고, 사이버 공격, 시스템 오류, 자연재해 등 다양한 위기 상황에서도 정보의 연속성을 확보하는 데 있다. 또한, 정확하고 일관된 정보를 장기적으로 보존함으로써, 신뢰도 높은 행정 기반과 의사결정 체계를 구축하는 데 있다. 마지막으로, 정보 저장 및 관리는 신속하고 용이한 정보 접근을 가능하게 하여 조직의 운영 효율성과 서비스 대응력을 제고하는 데 그 목적이 있다.

결론적으로, 정보 저장 및 관리는 단지 데이터를 쌓아 두는 절차가 아니라, 정보의 안전성·신뢰성·활용 가능성을 종합적으로 보장하는 행정 전략의 일환이다. 이를 통해 사회복지조직은 보다 투명하고 효과적인 실천을 수행할 수 있는 구조적 기반을 마련하게 된다.

(3) 정보 저장 및 관리의 세부 절차

정보 저장 및 관리는 조직의 정보 자산 가치를 극대화하기 위한 절차로, 품질 유지와 보안 확보가 핵심이다.

우선, 정보는 저장되기 전 정확성·완전성·일관성 등의 품질 검증을 거친다. 이 과정은 정보의 활용성과 신뢰성을 보장하는 필수 절차이다(Stair & Reynolds, 2019). 이후, 정보는 주제·작성일·보안등급 등 기준에 따라 체계적으로 분류되며, 메타데이터(metadata) 부여를 통해 정보의 맥락과 속성을 명확히 한다. 이는 검색의 용이성과 자원 활용의 효율성을 높이는 역할을 한다.

정리된 정보는 보안이 확보된 서버나 클라우드 시스템 등에 저장되며, 정기적인 백업과 함께 재해 복구 계획도 마련되어야 한다(Alter, 1996). 저장된 정보에 대해서는 사용자별 접근 권한 설정, 암호화·방화벽 등과 같은 기술적 보호조치와 출입통제 등 물리적 보안 수단이 함께 마련되어야 하며, 보안 취약점에 대한 지속적 점검과 개선도 병행되어야 한다. 특히 개인정보는 「개인정보 보호법」에 따라 엄격한 기술·관리적 보호조치를 시행해야 한다(김수영, 2016).

마지막으로, 저장된 정보는 정기 점검 및 업데이트를 통해 최신성과 유효성을 유지해야 하며, 보존 기간이 경과한 정보는 적절히 폐기 또는 이관함으로써 정보관리의 효율성과 법적 준수성을 동시에 달성해야 한다(Stair & Reynolds, 2019).

5) 정보 배포 및 공유(Distribution and Sharing of Information) 단계

사회복지조직의 정보관리 과정에서 '정보 배포 및 공유'는 단순히 수집한 정보를 외부에 전달하는 소극적인 개념을 넘어서, 조직 간 협력과 자원의 효율적 사용, 서비스 통합, 책임성과 투명성 제고를 위한 전략적 의사소통 단계로 이해되어야 한다. 사회복지조직은 정부, 지방자치단체, 민간기관, 후원자, 그리고 클라이언트를 포함한 다양한 이해관계자와 긴밀히 소통해야 하며, 이러한 정보 흐름을 통해 클라이언트 맞춤형 서비스를 실현하고 조직의 전략 목표를 달성할 수 있다. 따라서 정보의 배포 및 공유는 단순한 행정 절차가 아니라, 정보가 적절한 시점에, 적절한 방식으로, 적절한 대상에게 도달할 수 있도록 체계화된 과정으로 운영되어야 한다.

(1) 정보 배포 및 공유의 개념

정보 배포 및 공유란 사회복지조직이 다양한 이해관계자에게 목적에 부합하는 정보를 적시에 제공함으로써, 해당 정보의 활용 가치를 높이고 조직의 효과성과 신뢰성을 증진시키는 활동을 의미한다(박정란, 이현경, 2013). 여기서 말하는 이해관계자는 정부 및 지자체뿐 아니라, 자원을 제공하는 후원자, 협력 파트너 기관, 나아가 서비스 수혜자인 클라이언트까지 포함된다. 특히 사회복지조직에서의 정보 공유는 단순한 자료 전달을 넘어, 클라이언트 중심의 통합서비스 제공을 가능하게 하는 핵심 촉진 기제로 작용한다.

(2) 정보 배포 및 공유의 중요성

사회복지조직에서 정보 배포 및 공유가 중요한 이유는, 우선, 기관 간 협력과 통합서비스 제공의 기반이 되기 때문이다. 사회복지조직은 클라이언트의 복합적 욕구에 대응하기 위해 타 기관과 협력해야 하며, 이 과정에서 정보의 공유는 상호 이해와 공동 대응을 가능하게 한다. 또한 정보 배포 및 공유는 자원의 효율적 사용을 가능하게 한다. 예컨대, 사회복지기관 간의 문서 공유 시스템을 활용하면 각 기관이 운영 매뉴얼이나 표준 문서를 일일이 새로 작성하지 않아도 되어, 시간과 비용을 절감할 수 있다. 특히 정보 배포 및 공유는 의사결정의 근거 제공을 통해 책임성과 투명성을 제고한다. 공유된 정보는 정책 수립, 프로그램 기획, 자원 배분 등 조직의 전략적 의사결정에 중요한 데이터로 활용된다. 이는 단순히 효율성 향상에 그치지 않고, 외부 이해관계자에게 조직의 책임성과 투명성 입증을 통해 신뢰를 제공하는 효과도 함께 갖는다.

(3) 정보 배포 및 공유 시 유의사항

정보 배포 및 공유 시에는 다음과 같은 몇 가지 중요한 사항을 고려해야 한다. 우선, 클라이언트의 개인정보나 민감한 정보는 반드시 사전 동의를 얻은 후 공유되어야 하며, 법적 규정을 준수하고 필요 최소한의 정보만을 제공하는 것이 바람직하다. 또한 공유 대상에게 제공되는 정보는 신뢰성, 최신성, 정확성 측면에서 검증된 것이어야 하며, 부정확한 정보는 클라이언트의 권익을 침해하거나 조직에 대한 신뢰를 훼손할 수 있으므로 각별한 주의가 필요하다. 아울러 정보를 공유할 때는 그 목적과 공유 대상이 명확히 설정되어야 한다. 정보가 누구에게 왜 전달되는지에 대한 설명 없이 무분별하게 배포될 경우, 정보 과잉이나 혼란을 초래할 수 있기 때문이다.

(4) 정보 배포 및 공유 단계에서의 문제점

정보 배포 및 공유는 조직 간 협력과 서비스 통합을 위한 필수적인 매개체이지만, 이 과정에서 다음과 같은 문제가 존재한다(최창무, 고강호, 2003).

첫째, 정보 공유에 대한 조직 간 신뢰 부족 문제이다. 사회복지조직 간 정보 공유는 상호 신뢰를 기반으로 이루어져야 한다. 그러나 조직 간의 경쟁, 정보 유출에 대한 우려, 과거의 부정적 경험 등으로 인해 상호 신뢰가 부족한 경우에는 정보 공유를 저해하고, 협력 네트워크의 형성을 어렵게 만든다.

둘째, 정보 공유를 위한 표준화된 시스템 부재의 문제이다. 사실상 정보를 효과적으로 공유하기 위해서는 표준화된 시스템과 절차가 필요하다. 그러나 정보의 형식, 내용, 전달 방식 등이 사회복지조직마다 달라 정보의 중복, 누락, 왜곡이 발생하는 경우가 적지 않다.

셋째, 개인정보 유출 및 윤리적 기준 미준수 문제이다. 정보 공유 과정에서는 클라이언트의 개인정보 보호와 윤리적 기준을 준수하는 것이 매우 중요하다. 정보의 오용, 유출, 비인가 접근 등은 클라이언트의 권리를 침해하고, 조직의 신뢰를 저하시키는 치명적인 문제가 될 수 있다.

넷째, 조직 내 정보 공유에 대한 인식 부족 문제이다. 실제로 조직 내에서 정보 공유에 대한 인식이 부족한 경우, 정보 공유가 원활하게 이루어지지 않는다. 이는 정보의 사일로(silo)화[1]를 초래하고, 조직 간 협력과 통합서비스를 방해한다. 따라서 정보 공유의 필요성, 기대효과, 중요

1 사일로(silo)란 원래 가축의 먹이인 풀 · 곡물 따위를 저장하기 위해 돌 · 벽돌 따위로 지은 창고, 즉 곡물 저장고를 뜻한다. 이 용어가 조직이론에 적용되면서 '고립된 저장공간'으로 해석되었고, 이에 따라 '정보의 사일로화'란 조직 내 부서나 팀, 기관 간에 정보가 단절되어 서로 자유롭게 공유되지 않고, 각 부서나 기관이 자신만의 정보에 접근하고 이를 외부와 차단하거나 제한하는 현상을 의미한다.

성 등을 조직 구성원들에게 교육하고, 공유 문화를 조성하는 것이 필요하다.

다섯째, 기술적 인프라(infrastructure) 부족 문제이다. 여기서 말하는 기술적 인프라란 전산 시스템, 클라우드 기반 저장소, 보안 서버, 내부 네트워크, 암호화 시스템, 접근 통제 장치, 백업 시스템, 전자문서 관리 솔루션 등 정보의 안전한 저장·전송·공유를 가능하게 하는 하드웨어와 소프트웨어를 모두 포함한다. 그러나 많은 사회복지조직, 특히 소규모 기관은 이러한 기반 시설이 충분히 갖추어져 있지 않아 정보보호에 구조적 취약성을 가진다.

결국 사회복지조직이 이러한 문제들을 해결하기 위해서는 조직 간 신뢰 구축, 표준화된 정보 공유 시스템의 개발, 개인정보 보호와 윤리적 기준의 준수, 정보 공유에 대한 조직 내 인식 제고, 기술적 인프라의 확충 등이 필요하다. 이를 통해 사회복지조직은 더 효과적이고 효율적인 정보 배포 및 공유 체계를 구축할 수 있다.

6) 정보 활용 및 적용(utilization and application of information) 단계

사회복지조직에서 정보는 단지 수집되고 저장되는 것으로 그 기능이 종결되지 않는다. 정보가 진정한 가치를 갖기 위해서는 궁극적으로 조직의 전략적 의사결정과 실천적 활동에 활용되어야 한다. 이러한 관점에서 '정보 활용 및 적용'은 정보관리 과정 전반을 실천으로 연결시키는 핵심적인 고리라 할 수 있다.

(1) 정보 활용 및 적용 단계의 개념 및 중요성

정보 활용 및 적용 단계는 정보 처리 및 분석, 저장 및 관리 과정을 통해 확보된 신뢰성 높은 정보를 조직의 의사결정, 서비스 개선, 정책 수립, 조직 운영 등에 실제로 활용하는 단계를 말한다. 이 단계에서 정보는 더 이상 단순한 기록물이 아니라, 조직의 성과를 높이고 사회적 책무를 수행하기 위한 전략적 자원으로 기능한다. 특히 사회복지조직에서는 이를 통해 클라이언트 중심의 맞춤형 서비스 제공, 최적화된 자원 배분, 프로그램의 효과성 평가, 정책 제언 등이 가능해진다.

정보 활용 및 적용 단계의 중요성은 정보관리의 전체 과정 중에서도 특히 실천적 의미가 가장 크다는 점에서 강조된다. 정보가 실제 조직 운영에 활용되지 않는다면, 이전의 정보 수집·분석·저장에 들인 모든 시간과 노력은 사실상 무의미해진다. 따라서 조직은 정보 활용을 위한 명확한 전략을 수립하고, 이를 실제 업무에 자연스럽게 접목시킬 수 있는 체계적인 시스템을 갖추는 것이 필수적이다. 이러한 시스템의 유무는 곧 조직의 전문성과 지속 가능성을 좌우하는 결정적 요소로 작용한다(Laudon & Laudon, 2020).

(2) 정보 활용 및 적용 단계의 주요 활동

정보 활용 및 적용 단계는 조직 운영의 효율성과 서비스 질 향상에 직접적으로 연결된다. 이 단계에서 정보는 관리자와 실무자의 합리적 의사결정을 지원하는 데 사용되며, 이는 자원 배분, 프로그램 설계 등에서 객관성과 정당성을 확보하는 데 기여한다. 또한, 사례관리 데이터나 만족도 조사 등의 분석을 통해 클라이언트 중심의 맞춤형 서비스 설계가 가능해진다. 더욱이 이 단계에서 정보는 프로그램 성과 평가에도 활용된다. 축적된 자료는 목표 달성도, 자원 효율성 등을 판단하는 기준이 되며, 프로그램 유지 또는 개선에 실질적인 근거를 제공한다. 특히 정보는 정책 제안의 근거자료로서 특정 지역의 서비스 격차나 새로운 사회문제 대응에도 활용된다. 마지막으로, 정보는 조직 외부와의 커뮤니케이션 수단이자 신뢰 구축의 기반으로도 기능한다. 실제로 성과보고서나 기관 평가자료 등과 같은 정보는 외부 이해관계자에게 조직 운영의 투명성을 보여 주며, 사회적 책무성을 강화하는 역할을 한다.

이처럼 정보 활용 및 적용 단계는 조직 내부 운영의 효율성을 제고할 뿐 아니라, 클라이언트의 삶의 질 향상과 정책 변화까지 아우르는 폭넓은 영향을 미친다. 따라서 사회복지조직은 이 단계를 정보관리의 '목표 지점'으로 설정하고, 정보가 실제로 의미 있는 방식으로 활용될 수 있도록 제도적 · 기술적 · 문화적 기반을 다져 나가야 한다.

7) 정보 유지 및 폐기(retention and disposal of information) 단계

정보관리 과정의 마지막 단계는 단순히 정보의 활용 이후를 처리하는 수동적 절차가 아니라, 조직이 보유한 정보를 책임 있게 관리하고, 정보 환경을 체계적으로 정비하는 데 있어 중추적인 기능을 수행하는 과정이다. 정보는 조직의 의사결정과 서비스에 활용되기도 하지만, 일정 시간이 지난 후에는 더 이상 실질적인 가치를 갖지 못하거나, 오히려 조직에 부담이 되는 정보로 전환될 수 있다. 이러한 정보는 방치될 경우 저장공간의 낭비는 물론, 보안 위협과 법적 책임의 소지도 발생시킬 수 있다. 이에 따라 정보 유지 및 폐기 단계에서는 정보의 유효성, 법적 기준, 보안성, 조직 운영의 효율성 등을 종합적으로 고려하여 보존할 가치가 있는 정보는 적절히 유지하고, 불필요하거나 보존 기한이 경과한 정보는 안전하게 폐기하는 과정을 체계적으로 수행해야 한다. 이는 곧 정보관리 전(全) 과정의 윤리성과 완결성을 보장하는 정리 및 마무리 단계이자, 정보의 지속적 활용과 체계적 순환을 가능하게 하는 준비 과정이다.

(1) 정보 유지 및 폐기의 개념

정보 유지 및 폐기란 조직이 보유하고 있는 정보자산을 그 활용도, 유효성, 법적·윤리적 기준에 따라 주기적으로 점검하고, 보존 가치가 있는 정보는 지속적으로 관리하는 활동을 말한다. 또한 더 이상 필요하지 않거나 법적 보존 기한이 종료된 정보를 유출 위험이 없고 복구가 불가능한 방식으로 안전하게 폐기하는 활동도 포함한다.

이 단계는 단순히 물리적인 데이터 삭제나 저장공간의 확보만을 목적으로 하는 것이 아니라, 정보의 과잉 축적을 예방하고, 정보 품질을 지속적으로 유지하며, 보안과 법적 책임을 다하는 데 목적이 있다. 특히 사회복지조직과 같이 민감한 개인정보를 다루는 조직에서는 이 과정이 기관의 책무성과 투명성을 보여 주는 중요한 척도로 작용한다(Stair & Reynolds, 2019).

(2) 정보 유지 및 폐기의 중요성

정보 유지 및 폐기 단계는 조직의 전략적 정보관리에서 핵심적인 기능을 수행한다. 시간이 지나면서 정보는 정확성과 적합성을 잃기 쉬우며, 환경 변화에 따라 과거의 정보가 무용지물이 되는 경우도 많다. 따라서 조직은 정보를 정기적으로 점검하고 필요시 업데이트하여 정보의 최신성과 활용 가능성을 유지해야 한다. 예컨대, 사례관리 기록은 클라이언트의 변화에 맞춰 갱신되어야 하며, 이는 서비스의 연속성과 개별화에 기여한다.

또한 이 단계는 법적·윤리적 책임과 직결된다. 「개인정보 보호법」 등은 정보 수집 목적이 달성되면 지체 없이 파기할 것을 요구하며, 유형별 보존 기간도 명시하고 있다. 이를 지키지 않으면 법적 제재나 신뢰 저하의 위험이 발생할 수 있다. 정보의 생애주기를 적절히 관리하는 것은 조직의 책임성과 정당성을 뒷받침하는 중요한 과업이다. 특히 보안 측면에서도 정보 폐기는 필수적이다. 민감 정보를 오래 보관하면 해킹이나 내부 유출 위험이 커지므로, 보존 기한이 지난 정보는 신속히 폐기하여 시스템 보안을 강화해야 한다.

아울러, 불필요한 정보의 폐기는 저장공간 절약, 관리 인력의 부담 경감, 운영 비용 절감에도 기여하며, 이는 조직 자원의 최적화로 이어진다. 마지막으로, 정보 유지 및 폐기 절차의 일관된 실행은 외부 감사나 평가 시 조직의 투명성과 사회적 책무성을 입증하는 근거가 된다. 특히 사회복지조직에 있어 정보 유지 및 폐기 절차의 일관된 실행은 대외 신뢰 구축의 핵심 기반이 된다.

(3) 정보 유지 및 폐기 단계의 주요 활동

정보 유지 및 폐기 단계에서 가장 먼저 수행되어야 할 활동은 정보의 정기적 점검과 갱신이다. 사회복지조직은 정책 변화나 클라이언트 상황 변화에 대응하여 클라이언트 기록, 서비스 이력, 운영 데이터 등을 주기적으로 검토하고 갱신하거나 폐기 여부를 판단해야 한다.

이와 함께, 정보의 법적 보존 기간을 명확히 관리하는 체계도 갖추는 것이 필수적이다. 정보 유형별로 보존 기간을 분류하고, 보존 기한 도래 시 자동 식별이 가능한 점검체계를 구축함으로써 법적 책임 이행과 폐기 시기의 적절성을 확보할 수 있다.

정보 폐기 시에는 정보 형태에 따라 안전한 처리 방식이 적용되어야 한다. 전자정보는 디가우징,[2] 덮어쓰기, 완전 삭제 프로그램 등을 통해 복구 불가능하게 해야 하며, 종이 정보는 파쇄를 통해 완전히 폐기해야 한다.

이러한 정보 폐기 과정은 문서화된 정책과 절차에 따라 수행되어야 하며, 여기에는 폐기 대상의 선정, 방식과 일시, 책임자 지정, 개인정보 여부에 따른 구분 등의 항목이 포함되어야 한

더 알아보기 11-1 사회보장정보시스템(범정부)의 구축과 운영

사회보장정보시스템(범정부)은 대한민국 정부가 복지서비스의 효율성과 투명성을 높이기 위해 구축한 통합 정보관리 시스템이다. 이 시스템은 중앙부처와 지방자치단체의 복지사업 정보를 연계하여, 복지대상자의 자격 정보와 수급 이력 등을 통합 관리함으로써 맞춤형 복지서비스 제공을 지원한다. 사회보장정보시스템(범정부)은 '행복e음'이라는 명칭으로도 널리 알려져 있으나, 공식 명칭은 '사회보장정보시스템(범정부)'이다.

사회보장정보시스템(범정부)의 연혁은 다음과 같다. 2010년 1월, 기존 시 · 군 · 구별 '새올행정시스템'의 31개 업무 지원시스템 중 복지 분야를 분리하여 개인별 · 가구별 데이터베이스를 구축한 '사회복지통합관리망(행복e음)'이 중앙에 통합 구축되었다. 이후 2011년 1월부터 사회복지통합관리망의 기능을 확대하여, 중앙부처와 지자체의 복지사업 정보를 연계하는 범정부 차원의 복지정보 통합체계 구축사업이 추진되었다.

그에 따라 2012년 8월, 11개 부처의 198종 복지사업 정보를 연계하여 통합 관리하는 '사회보장정보시스템(범정부) 1단계'가 개통되었고, 2013년 2월에는 16개 부처의 296종 복지사업 정보를 연계한 '사회보장정보시스템(범정부) 2단계'가 개통되었다. 이를 통해 보다 포괄적이고 일관된 복지정보 통합관리 체계가 완성되었다.

사회보장정보시스템(범정부)은 복지사업별 대상자 선정, 수급 이력 관리, 소득 및 재산 정보의 실시간 연계를 가능하게 하였으며, 복지 행정의 중복 수급 방지, 자원의 효율적 배분, 복지 전달체계의 전산화를 통해 공공복지의 신뢰성과 성과를 높이는 데 기여하고 있다.

2 디가우징(degaussing)이란 저장매체에 기록된 데이터를 강력한 자기장(magnetic field)을 이용하여 물리적으로 소거하는 기술을 의미한다. 이는 데이터를 복구할 수 없도록 완전히 제거하는 방식으로, 특히 하드디스크 드라이브(HDD), 자기테이프 등 자기기록(magnetic recording) 방식에 기반한 저장매체에 적용된다.

다. 이는 단순한 절차가 아니라, 폐기의 정당성과 조직의 책임성을 입증하는 핵심 근거로 작용한다(Laudon & Laudon, 2020).

5. 사회복지조직의 정보관리 최적화 조건

정보관리의 최적화란 조직이 정보의 수집, 저장, 처리, 분석, 공유, 활용, 폐기 등 정보의 전(全) 생애주기를 효율적이고 효과적으로 운영하여, 정보의 가치와 활용도를 극대화하는 상태를 의미한다(Laudon & Laudon, 2020). 정보관리가 최적화되면 조직은 정보에 기반한 정확한 의사결정을 내릴 수 있으며, 대내외 이해관계자들과의 신뢰를 공고히 하고, 지속 가능한 발전 기반을 마련할 수 있다. 반대로, 정보관리가 비효율적이면 정보의 중복, 누락, 왜곡이 발생하여 조직의 효율성과 대외 신뢰성 모두 심각한 타격을 입게 된다(Stair & Reynolds, 2019). 따라서 정보관리를 최적화할 수 있는 조건을 마련하는 것은 사회복지조직의 필수 조건이라 할 수 있다.

정보관리의 최적화를 달성하기 위해서는 다음과 같은 조건들이 충족되어야 한다.

첫 번째 조건은 사회복지조직이 수집하고 저장한 정보의 정확성과 신뢰성을 보장하는 것이다. 실제로 정보의 오류, 중복, 불일치 등은 분석과 활용 단계에서 치명적인 문제를 유발하므로, 정보의 정확성과 신뢰성을 보장하기 위해서는 초기 수집 단계에서부터 정제(cleansing) 및 검증 과정을 철저히 수행해야 한다. 또한 정보는 시간이 지남에 따라 그 유효성이 저하될 수 있으므로, 정기적인 정보 업데이트를 통해 최신성을 유지하는 것이 중요하다. 이와 같은 품질 관리 활동은 정보에 기반한 의사결정의 신뢰도를 제고하며, 조직의 전략 수행력을 강화한다.

정보관리 최적화의 두 번째 조건은 데이터의 통합성과 표준화를 구축하는 것이다. 사실상 정보가 조직 내 여러 부서 또는 여러 기관 간에 분산되어 존재할 경우, 정보의 활용성이 떨어지고 관리 비용이 증가한다. 따라서 정보관리 최적화를 위해서는 데이터의 통합성(integration)과 표준화(standardization)를 확보해야 한다. 데이터 통합성은 부서별, 시스템별로 분산되어 있는 데이터를 하나의 통합 플랫폼에서 관리하는 체계를 구축하는 것을 의미하며, 표준화는 데이터 형식, 명칭, 코드체계를 일관되게 적용함으로써 정보의 상호 운용성을 보장하는 것이다. 이러한 기반이 마련되어야 정보의 중복 입력을 방지하고, 고차원의 복합적인 분석이 가능해지며, 결과적으로 조직의 정보 활용 역량이 크게 향상된다.

세 번째로 정보관리의 최적화를 달성하기 위해서는 효율성만큼이나 정보의 보안성과 개인정보 보호가 필수적으로 보장되어야 한다. 특히 사회복지조직에서는 민감한 개인정보를 다루기 때문에 정보 보안과 보호는 최우선 과제이다. 이를 위해 조직은 정보보호 관리체계(ISMS)를 구축하고, 암호화, 접근 통제, 로그 기록, 침입 탐지 시스템 등을 도입하여 정보 유출과 변조를 방지해야 한다. 또한 정보 폐기 시에는 물리적 파쇄 등 복구 불가능한 방식으로 정보를 처리하여야 한다.

또한 정보관리 최적화를 위해서는 적절한 권한을 가진 사용자들이 적시에 필요한 정보를 활용할 수 있도록 접근성과 활용성을 확보해야 한다. 정보에 대한 접근은 권한에 따라 통제되어야 하지만, 합법적이고 합리적인 범위 내에서는 사용자가 신속하고 용이하게 접근할 수 있어야 한다. 이를 위해서는 권한 기반의 접근 통제 체계는 물론, 직관적인 검색 시스템, 대시보드, 시각화 도구 등의 기술 인프라를 갖추고, 사용자의 정보 탐색 능력을 제고해야 한다.

마지막으로, 정보관리 최적화는 기술적 인프라뿐 아니라, 이를 운영·활용하는 구성원의 역량과 인식에 달려 있다. 따라서 조직은 정보관리와 관련된 정기적인 교육 프로그램을 운영하고, 개인정보 보호, 정보 윤리, 시스템 활용 역량 등을 강화시켜야 한다. 나아가 정보 공유와 협력을 장려하는 조직문화를 형성함으로써, 정보가 부서 간 벽을 넘어 조직 전체의 자산으로 기능할 수 있도록 해야 한다. 이러한 문화적 기반은 정보의 전사적 활용을 유도하고, 조직의 집단지성을 활성화하는 기반이 된다(Davenport & Prusak, 1998).

6. 사회복지조직의 정보보호 체계

사회복지조직은 고도로 민감한 개인정보를 다룰 수밖에 없는 특수한 업무 환경에 놓여 있다. 특히 클라이언트의 경제적 상태, 건강과 장애 관련 정보, 가족관계, 정신건강 이력 등은 민감정보로 분류되며, 정보가 유출될 경우 개인의 사생활 침해를 넘어 일상생활의 중대한 위기를 초래할 수 있다. 나아가 이러한 사고는 조직에 대한 신뢰를 심각하게 훼손하며, 사회적 책임이 강조되는 사회복지조직의 존립 기반 자체를 위협할 수 있다. 이러한 점에서 사회복지조직은 일반적인 정보보호 수준을 넘어, 조직의 고유한 특성과 대상자의 취약성을 고려한 맞춤형 정보보호 체계를 마련해야 한다.

1) 사회복지조직 정보보호 체계 구축의 기본 원칙

정보보호 체계의 구축은 단순히 기술적 장비를 갖추는 것이 아니라, 무엇을 우선 보호할 것인지에 대한 가치 판단에서 출발해야 한다. 특히 사회복지조직은 다양한 개인정보 중에서도 민감도와 위험도가 높은 정보의 비중이 매우 크기 때문에, 보호 대상의 우선순위를 명확히 설정하는 것이 필수적이다. 이를 위해 조직은 정보 유형별 위험 분석을 통해 보호 전략을 차별화하고, 내부규정과 실무 절차 전반에 이를 반영해야 한다. 또한 실제 업무 현장에서 정보가 수집되고 처리되는 흐름을 고려하여, 형식적인 기준이 아닌 실행 가능한 원칙 중심의 보호체계를 수립하는 것이 중요하다.

사회복지조직이 정보보호 체계를 구축하는 데 있어 수립하고 준수해야 할 기본 원칙으로는 민감정보 우선 보호 원칙, 최소 수집 및 최소 활용 원칙, 정보주체 권리 강화 원칙이 있다.

우선, 사회복지조직에서 정보보호 체계를 구축할 때 가장 먼저 고려해야 할 원칙은 민감정보의 우선적 보호이다. 사회복지조직이 다루는 정보 가운데는 단순한 인적사항이나 연락처를 넘어, 건강정보, 수급 자격, 정신건강 이력 등 고위험 민감정보가 포함되어 있다. 따라서 사회복지조직은 보유하고 있는 모든 정보 중에서 민감정보를 별도로 분류하고, 보호 우선순위를 설정해야 한다. 이러한 정보는 별도로 분류해 저장하고, 암호화와 접근통제, 분리 보관 등 강화된 보안 조치를 적용하여 외부 침해뿐 아니라 내부 유출 가능성에도 선제적으로 대응해야 한다.

다음으로 준수해야 할 원칙은 최소 수집 및 최소 활용 원칙, 즉 최소한의 정보만을 수집하고 활용하는 것이다. 사회복지업무에 필수적인 범위를 넘어서지 않는 선에서 개인정보를 수집하여 처리하고, 불필요한 정보는 수집하거나 보관하지 않는 것이 정보 위험을 원천적으로 차단하는 핵심 전략이다(Stair & Reynolds, 2019). 특히 불필요하게 수집된 정보는 오히려 조직의 법적 · 윤리적 부담을 증가시킬 수 있으므로, 주기적인 점검과 삭제 절차가 필요하다.

사회복지조직의 정보보호 체계 구축의 마지막 원칙은 정보주체 권리 강화 원칙이다. 사회복지조직의 주요 대상자는 고령자, 장애인, 저소득층 등 정보취약계층인 경우가 많으며, 이들에게는 자신의 개인정보에 대한 권리를 행사하는 과정에서 실질적인 지원이 필요하다. 즉, 이들 정보 주체가 자신의 정보에 대해 열람, 정정, 삭제, 처리 중지 등을 쉽고 명확하게 요청할 수 있는 절차를 마련하고, 이를 적극적으로 지원해야 한다. 정보 주체의 권리 보장은 법적 준수를 넘어서 윤리적 책무에 해당한다(Hossain, Xu, & Ali, 2022).

2) 사회복지조직 특성에 맞춘 정보보호 체계 설계 방안

앞에서 설명한 정보보호 체계 구축의 기본 원칙을 바탕으로, 사회복지조직은 조직구조, 기술적 · 관리적 보안 조치, 법적 준수 체계 등 여러 측면에서 정보보호 체계를 통합적으로 설계할 필요가 있다.

우선, 조직구조 측면에서는 규모와 관계없이 개인정보 보호를 총괄할 전담 책임자(Chief Privacy Officer: CPO)를 지정해야 한다. 또한 정보보호 관련 정책 수립, 사고 대응책 마련, 직원에 대한 정보보호 교육 계획 등 정보보호 관련 사항을 심의하고 결정할 수 있는 위원회를 구성하는 것이 바람직하다. 이 위원회는 사회복지사, IT 전문가, 법률가 등 다양한 전문 인력으로 구성되어야 하며, 정보보호 정책 수립, 사고 대응 전략, 내부 교육 계획 등을 주기적으로 논의해야 한다.

다음으로, 기술적 보안 조치도 매우 중요하다. 민감정보는 저장 시 AES-256[3] 알고리즘과 같은 고도화된 암호화 기술을 적용해야 하며, 사용자별 최소 권한 원칙에 따라 역할을 맡은 담당자(복지담당공무원, 사회복지사 등)에게 필요한 정보만 접근 가능하게 하는 접근통제 시스템을 운영하고, 대량 다운로드나 비정상 접근 등 이상 행위를 실시간으로 탐지하고 대응할 수 있는 보안 시스템을 갖추는 것이 필수적이다.

이러한 기술적 보안 조치와 더불어 관리적 측면에서도 보안 조치가 필요하다. 즉, 정보의 수집, 저장, 이용, 파기 등 전 과정에 대한 정보보호 정책을 수립하고, 관련 법령 변화에 따라 정보보호 정책을 지속적으로 갱신해야 한다. 또한 이를 조직 내에서 정기적으로 교육함으로써 실무자들의 보안 인식을 향상시켜야 한다. 더불어 개인정보 유출이나 해킹 등 비상 상황에 대비하여 위기 대응 매뉴얼을 작성하고, 정기적인 모의훈련을 통해 실효성을 점검하는 것도 요구된다.

마지막으로, 법적 준수 체계를 강화해야 한다. 사회복지조직은 「개인정보 보호법」 「사회보장급여의 이용 · 제공 및 수급권자 발굴에 관한 법률」 등 관련 법령을 철저히 준수해야 하며, 이를 위해 상시 모니터링 체계를 갖추고 시스템 접속기록, 비정상 접근 탐지 등을 자동화하는 것이 필요하다. 특히 새로운 시스템을 도입하거나 사업을 추진할 경우에는 개인정보 영향평가(Privacy Impact Assessment: PIA)[4]를 실시하여 사전 위험 요소를 식별하고, 적절한 보호 대책을 수립해야 한다. 이처럼 사회복지조직은 정보 주체의 보호와 조직의 신뢰 확보를 위해 정보보호 체계를 종합적이고 체계적으로 설계해야 할 책무를 지닌다.

3 AES(Advanced Encryption Standard)는 미국 국립표준기술연구소(National Institute of Standards and Technology: NIST)가 2001년에 공식 표준으로 채택한 대칭키 기반 블록 암호화 방식으로, AES 암호화 방식 중에서도 256비트 길이의 키를 사용하면서 가장 높은 수준의 보안성을 제공하는 암호화 기술이다.

4 개인정보 영향평가(PIA)란 조직이 새로운 정보시스템을 구축하거나 기존 시스템을 변경할 때, 그 과정에서 개인정보 침해 위험이 발생할 가능성을 사전에 분석하고 평가하여, 이를 예방하거나 최소화할 수 있는 보호 조치를 마련하는 제도이다. 이러한 개인정보 영향평가의 실시를 통해 사회복지조직은 사전 개인정보 침해 위험요소를 사전에 식별 · 제거할 수 있다.

사회복지조직의 품질관리

사회복지조직은 대상자의 삶의 질에 직접적인 영향을 미치는 서비스를 제공하는 만큼, 그 운영과 서비스의 품질에 대한 지속적인 점검과 개선이 필수적이다. 사회적 책임성과 공공성을 기반으로 하는 사회복지조직은 단기적 성과뿐 아니라, 장기적인 신뢰와 효과성을 동시에 달성해야 하며, 이를 위해 품질관리는 조직 운영 전반에 내재화되어야 할 핵심 전략이 된다. 특히 복잡한 행정구조와 다양한 이해관계자가 얽힌 사회복지현장에서는 품질관리의 개념을 단순한 결과 평가나 사후 조치로 국한하기보다는 전 과정에 걸친 체계적 접근으로 확장해 이해할 필요가 있다.

본 장에서는 먼저 사회복지조직의 품질관리에 대한 기본 개념을 정리하고, TQM 등 관련 이론들을 고찰한 뒤, 전략 수립 시 고려해야 할 핵심 요소들과 이를 뒷받침하는 조직문화의 역할을 다룬다. 또한 품질관리 체계의 실질적인 효과를 평가하고 지속적으로 개선해 나가기 위한 방법적 접근도 함께 제시한다. 이를 통해 학습자는 품질관리가 행정의 부수적 기능이 아닌, 조직 역량 강화와 이용자 중심의 서비스 실현을 위한 필수 운영 원리임을 이해하게 될 것이다.

1. 사회복지조직 품질관리의 개념과 특성

1) 사회복지조직 품질관리의 개념

사회복지조직에서 품질관리는 단순히 서비스 제공 과정의 절차적 완성이나 이용자의 일시적 만족을 뜻하는 것이 아니다. 사회복지조직의 품질관리는 조직이 제공하는 서비스가 이용자의 다양한 기대를 충족하고, 서비스 제공의 전문성과 효과성을 지속적으로 유지하며, 나아가 사회적 가치 실현에 기여할 수 있도록 체계적으로 점검하고 개선하는 활동을 의미한다.

사회복지조직 품질관리의 핵심은 무엇보다 '이용자 중심성'에 있다. 이는 조직 내부의 기준이나 단순한 서비스 제공 절차의 준수 여부만을 평가하는 것이 아니라, 실제 서비스 이용자의 경험과 기대 충족 여부를 중심으로 평가하고 개선해야 함을 의미한다. 따라서 효과적인 품질관리를 위해서는 프로그램 참여율이나 성과 달성률과 같은 정량적 지표뿐만 아니라, 삶의 변화와 같은 질적 조사 등 정성적 평가가 병행되는 다층적 평가체계를 갖추는 것이 필수적이다.

한편, 사회복지서비스는 본질적으로 무형(intangible)의 특성을 가지며, 서비스 결과(성과)가 즉각적으로 가시화되지 않는 경우가 많다. 따라서 사회복지조직의 품질관리는 단순히 결과 지표에 의존하기보다는, 서비스 제공의 전(全) 과정을 종합적으로 관리하고 지속 가능성을 확보하는 데 중점을 두어야 한다. 나아가, 프로그램을 운영하고 서비스를 제공하는 데 그치는 것이 아니라, 이용자의 삶의 질을 실질적으로 향상시키는 것을 품질관리의 최종 목표로 삼아야 한다.

품질관리는 단지 관리기술이나 평가도구의 적용을 넘어서, 조직의 전문성과 책무성을 실현하는 중요한 수단이며, 동시에 조직의 사명(mission)을 실현하기 위한 전략적 도구로 작동한다. 특히 현대의 사회복지실천은 과학적 근거에 기반한 체계적이고 효과적인 서비스 제공을 요구하고 있으며, 이에 따라 조직은 지속적인 품질관리와 개선을 통해 전문성을 제고해야 한다. 이는 사회복지조직이 공공재원을 활용하는 특성상, 점점 더 강화되고 있는 사회적 감시와 서비스 평가 요구에 효과적으로 대응하는 기반이 된다.

결과적으로, 품질관리는 사회복지조직의 외부 신뢰성을 제고하는 동시에, 서비스 제공에 대한 내부적 책임성을 강화하는 핵심 전략이다. 이는 초기 기획 단계에서 명확한 목표 설정으로부터 시작하여, 실행 과정의 체계적 관리, 그리고 결과에 대한 지속적 모니터링과 개선으로 이어지는 순환구조를 통해 실현된다. 이러한 구조적 접근을 통해 사회복지조직은 변화하는 사회적 요구에 능동적으로 대응하고, 이용자의 기대를 충실히 반영할 수 있는 기반을 마련하게 된다.

2) 사회복지조직 품질관리의 특성

사회복지조직에서의 품질관리는 일반 기업의 품질관리와는 구별되는 고유한 특성을 지닌다. 이러한 차이는 사회복지서비스가 지니는 본질적 속성과 밀접하게 연관되어 있으며, 특히 서비스 대상, 결과 측정의 난이도, 공공성과 같은 요소에서 뚜렷하게 나타난다.

무엇보다 사회복지조직은 매우 이질적이고 다양한 특성과 욕구를 지닌 이용자들을 대상으로 서비스를 제공한다는 점에서 특수성을 갖는다. 고령자, 장애인, 아동, 다문화가정 등 각 대상 집단은 상이한 욕구와 기대를 지니며, 이로 인해 획일적인 서비스 제공이나 단일한 품질 기준으로는 효과적인 대응이 어렵다. 따라서 품질관리는 이용자의 개별 특성과 상황을 반영한 맞춤형 접근을 바탕으로, 이용자 중심의 서비스 설계와 실행을 지향해야 한다.

또한 사회복지서비스는 단기간 내 가시적인 성과를 확인하기 어렵다는 특성을 지닌다. 삶의 질 향상, 사회적 통합, 자립 역량 강화 등과 같은 결과는 오랜 시간이 경과한 이후에야 점진적으로 드러나며, 이로 인해 서비스 효과를 객관적으로 측정하는 데 한계가 존재한다. 이에 따라 품질관리는 단기 성과 위주의 관리에서 벗어나, 장기적이고 질적인 변화를 포착할 수 있는 체계를 갖추어야 한다. 특히, 이용자의 주관적 만족도나 생활의 변화와 같은 정성적 요소를 병행하여 고려하는 것이 바람직하다.

나아가 사회복지조직은 영리 추구가 아닌 공익 실현을 목적으로 하는 조직이라는 점에서 품질관리의 지향점 역시 사회적 가치 실현에 있다는 특성이 있다. 단순한 효율성 제고를 넘어 형평성 보장, 사회적 약자에 대한 권리 보호, 서비스 제공의 윤리성 확보 등 공공적 책임을 실천하는 방향으로 관리 기준이 설정되어야 한다. 이는 사회복지조직이 공공 자원을 활용하여 운영된다는 점에서 더욱 중요한 필수 과제로 부각된다.

이러한 특성을 고려할 때, 사회복지조직의 품질관리는 서비스 결과의 우수성을 확보하는 데 그치지 않고, 제공 과정 전반의 정당성과 전문성을 동시에 담보하는 포괄적 관리체계로 기능해야 한다. 예를 들어, 노인복지시설에서는 서비스 제공 횟수의 증가보다 노인의 삶의 만족도를 실질적으로 향상시키는 질적 목표에 기반한 품질관리 노력이 필요하다.

결론적으로, 사회복지조직의 품질관리는 조직의 지속 가능한 성장을 위한 기반을 마련하는 핵심 수단으로 작용하며, 단순한 효율성 향상을 넘어서 이용자 권리 보장, 조직의 책무성 실천, 그리고 사회적 가치 구현이라는 다층적 목표를 실현하기 위한 필수적 관리체계라 할 수 있다.

2. 품질관리이론

사회복지조직에서 품질관리를 효과적으로 실천하려면, 경영학과 품질관리 분야에서 확립된 이론적 틀을 이해하는 것이 선행되어야 한다. 특히 공공성과 전문성이 동시에 요구되는 사회복지조직의 특성을 반영하여, 다양한 조직 유형에 적용 가능한 품질관리 접근을 비판적으로 수용할 필요가 있다. 본 절에서는 대표적인 품질관리이론인 총체적 품질경영(Total Quality Management)과 지속적 품질개선(Continuous Quality Improvement)을 중심으로 고찰하고자 한다.

1) 총체적 품질경영(Total Quality Management, 이하 TQM)

(1) TQM의 개념

총체적 품질경영(이하 TQM)은 1950~1980년대 미국과 일본 기업에서 발전된 품질관리이론으로, 조직의 전 구성원이 품질 향상에 지속적으로 참여하여 고객 만족을 극대화하고 조직의 전반적인 성과를 향상하는 것을 목표로 하는 경영 철학이자 관리 접근법이다(Deming, 1986). 이는 단순한 관리 기법이나 절차를 넘어, 조직의 철학과 운영 전반에 내재화된 품질 중심 문화의 형성이 핵심이라 할 수 있다. 특히 TQM은 품질을 결과물에 국한하지 않고, 조직 내 모든 활동 과정에서 품질이 구현되어야 한다는 점을 강조한다.

(2) TQM의 역사적 배경과 발전

TQM은 20세기 중반 미국에서 품질관리운동으로 시작되었으며, 이후 일본에서 데밍(W. E. Deming)과 주란(J. M. Juran)의 이론을 적극 수용한 기업들이 이를 체계적으로 발전시켰다. 특히 제2차 세계대전 이후 일본 기업들은 품질을 경쟁력 강화의 핵심 수단으로 인식하고 전사적 차원에서 품질경영을 실천함으로써 일본 제품의 품질이 세계적으로 인정받게 되었고, TQM은 글로벌 경영 전략으로 확산되었다(Feigenbaum, 1991). 이에 자극받은 미국은 1980년대 후반부터 서비스 산업과 비영리부문에까지 TQM을 확산시키기 시작하였다. 이러한 흐름은 공공조직과 사회복지조직으로도 이어지면서 품질경영의 적용 가능성이 다양한 조직 맥락에서 재조명되었다.

(3) TQM의 핵심 원칙

단순한 절차나 기술적 도구의 집합을 넘어, 조직의 철학과 운영 전반에 걸쳐 품질을 핵심 가치로 내면화하고자 하는 전사적 전략인 TQM은 조직 구성원 모두가 품질 향상에 참여해야 하며, 이를 실현하기 위해 다음과 같은 핵심 원칙들을 중심으로 구성된다(Deming, 1986; Juran, 1988).

① 고객 중심주의

고객 중심주의는 TQM의 가장 핵심적인 원칙으로, 조직의 모든 활동과 의사결정은 고객의 요구와 기대를 충족시키는 데 목적을 두어야 한다는 입장을 전제로 한다(Deming, 1986). 여기서 고객은 단순한 서비스 수혜자만을 의미하는 것이 아니라, 조직의 모든 이해관계자를 포괄하는 개념으로 확장된다.

특히 고객 중심주의 원칙은 고객의 기대를 수동적으로 반영하는 수준을 넘어서, 충족되지 않은 욕구와 변화하는 욕구를 능동적으로 파악하고, 이에 선제적으로 대응할 것을 강조한다. 이를 위해 조직은 고객의 의견을 체계적으로 수집하고 분석할 수 있는 다양한 메커니즘을 갖추어야 하는데, 예를 들어 이용자 만족도 조사, 심층면접, 포커스 그룹 인터뷰, 서비스 이용 패턴 분석 등이 이에 해당한다.

사회복지조직에서는 고객 중심주의가 더욱 심화된 의미를 갖는다. 단순히 만족도를 측정하는 것이 아니라, 이용자의 권리를 보장하고 주체적 참여를 촉진하는 데 초점이 맞추어져야 한다. 즉, 이용자를 수동적인 수혜자가 아니라 자신의 삶을 능동적으로 설계하고 선택할 수 있는 존재로 존중하며, 서비스 제공 과정과 의사결정 과정에 참여할 수 있도록 지원하는 체계를 구축하는 것이 중요하다.

② 전사적 참여

전사적 참여는 품질 향상이 일부 관리자나 품질 담당 부서의 몫이 아니라, 조직 구성원 모두가 품질 향상 활동에 적극적으로 참여해야 한다는 원칙이다(Juran, 1988). 실제로 조직의 품질은 개별 전문가의 역량만으로 확보될 수 없으며, 모든 부서와 직무 수준에서 각자가 품질을 자신의 책임으로 인식하고 실천할 때 비로소 달성된다.

전사적 참여를 구현하기 위해서는 단순한 참여 독려를 넘어, 품질개선에 필요한 기본 교육의 제공, 정기적 참여 기회의 보장, 참여 결과에 대한 공정한 보상체계 구축이 필수적이다. 또한 참여가 형식적 활동에 그치지 않도록 하기 위해서는 심리적 안전성이 확보된 조직문화가 뒷받침되어야 한다. 즉, 상명하달식 명령구조가 아니라 직원들이 자유롭게 개선점을 제안하고 실험할 수 있어야 하며, 실패가 개인의 책임이 아니라 조직의 학습 기회로 인식될 수 있어야 한다.

사회복지조직에서는 다양한 직무를 수행하는 실천가들의 경험이 품질 문제를 조기에 발견하고, 실질적 개선을 이루는 데 중요한 역할을 한다. 특히 현장 서비스 제공자의 관찰과 제안은 조직의 품질관리 시스템을 더욱 현실성 있게 만드는 데 결정적인 자원이 된다.

③ 프로세스(과정) 중심

프로세스(process: 과정) 중심은 품질을 최종 결과에만 주목하는 것이 아니라, 그 결과를 만들어 내는 일련의 과정을 중심으로 이해하고 관리해야 한다는 원칙이다(Feigenbaum, 1991). TQM은 품질의 결과가 우연히 만들어지는 것이 아니라, 일관성 있게 설계되고 관리된 프로세스에서 비롯된다고 보고, 조직의 활동을 각 과정 단위로 구조화하여 상호 연계성과 흐름을 면밀히 관리할 것을 요구한다.

이는 단순히 절차를 형식적으로 나열하거나 정리하는 것이 아니라, 어떤 활동이, 누구에 의해, 어떤 순서로, 어떤 기준에 따라 수행되는지를 명확히 규정하고 표준화하는 작업이다. 이와 같은 프로세스 분석은 비효율성과 병목 현상을 조기에 발견할 수 있게 하고, 오류 가능성을 줄이며, 책임과 권한을 명확히 분배함으로써 조직의 혼선을 줄이고 서비스 품질을 유지하는 데 효과적이다.

특히 사회복지조직에서는 사례관리, 프로그램 기획·운영, 행정 지원 등 다양한 부분에서 이러한 프로세스 기반 관리가 중요하다. 예를 들어, 사례관리 과정을 표준화하면 사례 개입의 일관성, 목표 설정의 명확성, 서비스 연계의 체계성이 크게 향상될 수 있다. 또한 프로세스 중심 관리체계는 신입직원이나 외부 평가자에게도 조직의 운영 시스템을 명확하게 이해시키는 데 도움이 된다.

④ 데이터 기반 품질관리

품질관리는 직관이나 경험에만 의존해서는 안 되며, 객관적이고 신뢰성 있는 데이터를 바탕으로 진행되어야 한다. 직관은 상황 인식에 유용할 수 있으나 편향될 수 있고, 경험은 개인의 해석에 따라 달라질 위험이 있기 때문이다.

따라서 품질개선을 위한 활동은 보다 신뢰할 수 있는 객관적 근거를 바탕으로 이루어져야 한다. 이를 위해 사회복지조직은 서비스 제공 과정과 그 결과를 수치화하고, 이를 통계적으로 분석하여 문제의 원인을 진단하고 개선 방향을 도출할 수 있는 데이터 기반의 검증구조를 갖춰야 한다. 이러한 데이터에 기반한 품질관리 체계는 조직 내 주관적 판단의 편향을 줄이고, 의사결정의 일관성을 높이며, 품질개선 활동의 지속적인 추진을 가능하게 한다.

⑤ 지속적 개선

지속적 개선이란 품질을 일회성 성과로 보지 않고, 조직 전반에 걸쳐 끊임없이 향상시켜야 할 가치로 간주하는 원칙을 말한다(Deming, 1986). 이는 '완성된 품질'이라는 개념은 존재하지 않으며, 모든 시스템, 서비스, 과정은 개선의 여지가 항상 존재한다는 가정에 기반한다.

중요한 점은 이러한 지속적 개선이 크고 획기적인 변화가 아닌, 일상 업무 과정에서 발생할 수 있는 작은 개선 사항들을 지속적으로 찾아내고 실행하는 데 중점을 둔다는 것이다. 이를 통해 조직은 급격한 변화를 강요받지 않고 큰 저항 없이도 점진적으로 서비스 품질을 향상시킬 수 있으며, 사전 예방적 접근을 통해 품질 저하를 방지할 수 있다.

특히 사회복지조직에서 지속적 개선은 서비스 이용자의 피드백, 사례관리 과정에서의 점검, 내부 평가 결과 등을 통해 정기적으로 품질개선 활동을 설계하고 실행하는 방식으로 이루어질 수 있다. 이 과정은 조직 전체에 학습조직(learning organization)의 문화를 확산시키는 데에도 기여한다.

⑥ 리더십

TQM의 성공은 조직의 최고경영자가 품질 향상을 조직의 핵심 가치로 인식하고 이를 지속적으로 지원할 때 가능하다(Juran, 1988). 리더십은 단순한 방침 제시에 그치지 않고, 실제 품질관리 회의에 참여하고 개선 성과를 점검하며 필요한 자원을 아낌없이 제공하는 실천을 수반해야 한다.

리더는 품질이 조직 미션의 중심이라는 비전을 전 직원에게 명확히 제시해야 하며, 모범적 역할 수행을 통해 품질 향상 문화를 직접 이끌어야 한다. 또한 교육, 훈련, 회의 등 모든 품질 활동에 대한 리더의 관심과 참여는 구성원들의 동기부여와 참여 수준을 높이는 핵심 요소가 된다.

특히, 사회복지조직에서는 리더가 단순히 경영적 성과에만 초점을 맞추지 않고, 이용자 권리보장, 윤리성 준수, 공공적 가치 실현을 품질개선의 핵심 목표로 설정하고, 이에 대한 적극적 헌신을 보여야 한다. 이는 품질관리가 단순한 행정 절차가 아니라, 조직의 사명과 직결된 활동임을 구성원들에게 인식시키는 데 결정적인 역할을 한다.

(4) TQM 구현 단계

TQM을 조직 내에 성공적으로 정착시키기 위해서는 단순한 철학적 수용을 넘어, 실제 실행 가능한 구체적 절차가 수반되어야 한다. TQM은 조직 전체가 품질 중심의 운영체계를 갖추도록 유도하는 실천적 접근이기 때문에, 다음과 같은 실행 단계를 거쳐 점진적이고 체계적으로 내재화되어야 한다.

① 품질 교육과 훈련

TQM의 출발점은 조직 구성원들의 의식 변화이다. 품질 향상 활동은 단순한 지시나 열의만으로는 달성되지 않으며, 관련 지식과 기술의 체계적 학습을 전제로 한다(Deming, 1986). 따라서 전 직원에게 품질관리의 개념, 원칙, 도구에 대한 교육을 실시하고, 이를 실제 업무에 적용할 수 있도록 훈련하는 과정이 선행되어야 한다. 이러한 교육은 단순한 지식 전달을 넘어, 품질에 대한 공감과 조직 전체의 방향성 공유로 이어져야 한다.

② 고객 욕구 파악

조직이 내부적으로 아무리 잘 운영된다고 하더라도, 고객의 기대에 부응하지 못하면 품질 혁신은 실패할 수밖에 없다. 따라서 조직은 서비스 제공의 출발점으로서 고객의 요구와 기대를 체계적으로 파악해야 한다. 이를 위해 설문조사, 심층면접, 포커스 그룹 인터뷰 등 다양한 정성적·정량적 기법을 활용하여 고객의 기대와 경험을 다각도로 분석할 필요가 있다. 이러한 과정을 통해 조직은 실제 고객의 요구에 부합하는 품질 목표를 설정하고, 서비스 개선 방향을 명확히 할 수 있다.

③ 프로세스 시각화 및 개선

이미 전술한 바와 같이 TQM에서는 품질을 결과로만 평가하지 않고, 그 결과를 만들어 내는 프로세스(과정)를 중심으로 관리한다(Feigenbaum, 1991). 따라서 조직의 주요 서비스 흐름을 시각화(mapping)하고, 각 단계에서의 책임, 절차, 상호작용을 분석하는 과정이 필요하다. 프로세스 맵핑은 조직 내의 병목현상이나 중복된 업무, 그리고 비효율적인 절차를 조기에 식별할 수 있도록 도와준다. 이러한 문제점을 구체적으로 파악함으로써 실질적이고 효과적인 개선 조치를 마련하고, 서비스 품질을 일관되게 향상시킬 수 있다.

④ 팀 기반 문제해결

TQM은 품질 향상이 특정 관리자나 전문가의 책임이 아닌, 조직 구성원 모두의 집단적 노력으로 이루어져야 한다고 본다. 이에 따라 부서 간, 직급 간 협업이 가능한 팀 기반 접근이 강조된다. 다양한 구성원이 참여하는 팀은 각자의 관점과 전문성을 결합해 보다 창의적이고 실천 가능한 해결책을 도출할 수 있으며, 품질개선 과정에서의 협업은 조직 구성원 간 소통과 책임감, 주인의식을 동시에 증진시키는 효과를 지닌다.

⑤ 성과 모니터링과 피드백

TQM의 품질개선 활동은 실행에 그치는 것이 아니라, 그 결과를 체계적으로 모니터링하고 평가하는 과정이 반드시 뒤따라야 한다. 이를 통해 설정한 품질 목표의 달성 여부를 점검하고, 필요시 즉각적인 수정과 보완이 가능해진다. 또한 모니터링 결과를 조직 구성원과 투명하게 공유함으로써, 지속적인 학습과 품질 중심 조직문화의 정착을 유도할 수 있다. 이러한 순환적 관리체계는 TQM의 지속 가능성과 실효성을 뒷받침하는 핵심 기반이 된다.

(5) 사회복지조직에서 TQM 적용 시 유의사항

TQM을 사회복지조직에 적용할 때는 일반 영리조직과는 다른 사회복지조직의 고유한 특성과 가치지향을 고려해야 한다. 즉, TQM의 원칙과 도구를 일률적으로 적용하기보다는 사회복지조직이 지닌 서비스의 특수성과 공공적 책무성에 부합하도록 조정하는 접근이 필요하다. 사회복지조직에 TQM을 적용하는 데 있어 유념해야 할 사항은 다음과 같다.

우선, 고객(이용자) 정의의 확장성이다. 사회복지조직에서 고객은 단순한 서비스 이용자에 한정되지 않는다. 클라이언트 외에도 그 가족, 지역사회 구성원, 후원자, 자원봉사자, 심지어 행정기관이나 공공재정 제공자 등 다양한 이해관계자가 서비스의 직·간접적 수혜자이자 영향력 행사 주체가 될 수 있다. 따라서 고객 만족이나 요구 분석의 대상을 좁게 한정할 것이 아니라, 다양한 이해관계자의 기대를 균형 있게 반영할 수 있는 다중 고객 관점을 품질관리의 기초로 설정해야 한다.

다음으로는 서비스의 무형성이다. 사회복지서비스는 제조업의 물리적 상품과 달리, 눈에 보이지 않고 생산과 동시에 소비되는 무형적 특성을 지닌다. 이로 인해 서비스 품질의 기준 설정과 성과 측정이 상대적으로 복잡하고 주관적일 수밖에 없다. 따라서 사회복지조직은 양적 지표뿐 아니라 질적 평가도구를 적극적으로 활용할 필요가 있으며, 특히 이용자의 만족도, 삶의 변화, 자립 수준 등을 측정할 수 있는 정성적 지표를 정교하게 설계하고 반영해야 한다. 서비스 결과의 가시성(可視性)이 낮은 만큼, 그 과정과 성과를 체계적으로 기록하고 설명할 수 있는 품질관리 역량이 요구된다.

한편, TQM을 사회복지조직에 적용하는 데 유념해야 할 또 다른 조직의 속성은 윤리성과 공익성이다. 사회복지조직은 이윤 극대화를 추구하는 기업과 달리, 공익 실현과 사회적 가치 창출을 근본적인 목적으로 한다. 따라서 TQM의 적용에 있어서도 단순한 효율성 향상이나 성과 중심 운영에 머무르지 않고, 서비스 제공 과정에서의 윤리성, 이용자 권리 보장, 형평성과 접근성, 사회적 책임의 이행 등을 함께 고려해야 한다. 특히 품질개선이 '성과 압박'으로 전환되지 않도록, 평가와 개선 기준에는 인권 감수성과 공공적 책임성이 반영되어야 한다.

마지막으로, 사회복지조직이 TQM을 성공적으로 정착시키기 위해서는 위계적 통제 중심의 경직된 조직문화를 넘어서야 한다. TQM은 구성원의 자율적 참여, 팀 기반 문제해결, 현장 중심의 피드백 순환구조를 전제로 하기 때문이다. 이를 위해 조직은 구성원이 자신의 역할 안에서 개선 의견을 자유롭게 제안하고, 협력적으로 문제를 해결할 수 있도록 심리적 안정감을 보장해야 한다. 이러한 문화는 단순히 '분위기' 차원이 아니라, 품질을 실현하는 조직구조와 제도의 핵심 전제가 된다.

2) 지속적 품질개선(Continuous Quality Improvement, 이하 CQI)

(1) CQI의 개념

CQI는 품질을 고정된 상태로 유지하려는 것이 아니라, 환경의 변화와 고객의 새로운 요구에 유연하게 대응하여, 조직 전체의 품질 수준을 지속적으로 향상시키려는 조직적 노력을 의미한다(Batalden & Stoltz, 1993). 즉, CQI는 품질을 유지하는 데 그치지 않고, 반복적인 문제 분석과 개선 활동을 통해 업무와 서비스의 품질을 지속적으로 향상시키는 순환적 학습체계로 정의된다.

CQI는 전통적인 품질관리와 달리, 품질 문제 발생 시 개인의 책임을 묻기보다는 조직의 시스템과 프로세스에 내재된 구조적 한계를 진단하고 개선하려는 접근을 지향한다. 따라서 오류나 실패는 처벌의 대상이 아니라 학습과 성장의 기회로 인식되어야 하며, 이를 수용할 수 있는 개방적이고 신뢰를 바탕으로 한 조직문화가 CQI의 토대가 된다.

(2) CQI의 핵심 원칙

CQI가 실효성 있는 품질관리 체계로 기능하기 위해서는 그 운영을 뒷받침하는 핵심 원칙들에 대한 명확한 이해가 선행되어야 한다. CQI는 단순한 기술이나 방법론의 문제가 아니라, 조직 전체의 사고방식과 운영 문화를 근본적으로 전환하는 철학적 접근이다. 다음에서 제시하는 네 가지 원칙은 CQI가 조직 내에서 지속 가능하게 뿌리내릴 수 있도록 하는 이론적 기반이 된다.

우선, 시스템 중심적 사고(system thinking)이다. 이는 조직 내 품질 문제의 대부분이 개별 구성원의 실수가 아닌, 보다 구조적인 수준에서 발생하는 시스템의 결함에 기인한다는 관점에서 출발한다(Deming, 1986). 이러한 접근은 단순한 문제해결을 넘어, 문제의 근본 원인을 파악하고 장기적 관점에서의 구조적 개선을 도모하는 데 중점을 둔다. 즉, 오류가 반복되는 원인을 개인의 태도나 역량에 귀속시키기보다, 업무 흐름, 절차, 자원 배분 등 시스템 차원에서 분석함으로써 보다 지속적이고 재현 가능한 품질개선이 가능하다는 관점을 강조한다.

다음은 데이터 기반 관리(data-driven management)로, 이는 조직이 직관이나 개인의 경험에만 의존해서는 안 되며, 체계적으로 수집된 데이터를 바탕으로 문제를 진단하고 근거 있는 개선 방향을 설정해야 한다는 원칙이다. 이러한 데이터 기반 접근은 문제의 실체를 정확하게 파악할 수 있게 해 줄 뿐만 아니라, 조직 내 주관성과 감정적 판단으로부터 개선 활동을 보호하고 일관된 기준을 유지하게 해 준다.

CQI의 세 번째 원칙은 팀 기반 개선 활동(team-based improvement)의 강조이다. 이는 다양한 부서와 직무 간 협업을 통해 보다 창의적이고 실현 가능한 개선안을 도출할 수 있도록 한다. 개별 부서나 전문가의 판단에만 의존하는 것이 아니라, 각기 다른 관점과 경험을 가진 구성원들이 공동으로 문제를 분석하고 해결책을 논의함으로써, 결과의 실천 가능성과 실행력이 높아진다. 또한 이 과정은 구성원 간의 상호 신뢰와 공동책임 의식을 형성하고, 품질 향상 활동이 조직 전체의 책무라는 인식을 공유하게 만드는 데 기여한다.

마지막으로, 순환적 개선(cyclic improvement)의 강조인데, 이는 품질개선을 단발적인 성과 향상으로 보지 않고, 반복적인 학습과 변화 과정을 통해 점진적인 발전을 이루어 가는 과정으로 이해한다. 이 원칙은 '계획–실행–점검–조치(Plan-Do-Check-Act)'이라는 PDCA 사이클을 핵심 도구로 활용하며, 개선 활동이 일회성 조치가 아닌 구조화된 순환 과정으로 정착되도록 유도한다. 이처럼 품질개선은 종료 시점이 정해진 과업이 아니라, 끊임없이 재점검되고 재설계되는 살아 있는 관리 활동으로 기능해야 한다.

(3) CQI와 PDCA 사이클

CQI가 조직 내에서 체계적이고 지속 가능한 방식으로 정착되기 위해서는, 그 실행을 구체화할 수 있는 실천 메커니즘이 필요하다. 이러한 역할을 수행하는 대표적인 도구가 바로 PDCA 사이클이다. PDCA는 계획(Plan)–실행(Do)–점검(Check)–조치(Act)의 네 단계로 구성되며, 이를 반복적으로 순환함으로써 점진적인 품질 향상을 도모할 수 있도록 설계된 구조적 틀이다.

우선, 계획 단계에서는 개선이 필요한 문제 영역을 구체적으로 식별하고, 그 원인을 분석한 뒤 실현 가능한 목표와 실행 전략을 수립한다. 이 단계는 개선 활동의 방향성과 실행 가능성을 결정짓는 가장 중요한 기초 단계로, 문제에 대한 정확한 진단과 명확한 목표 설정이 요구된다.

다음으로 실행 단계는 계획된 전략을 실제 조직 운영에 적용하는 단계이다. 구성원들은 설정된 목표에 따라 행동하고, 업무 현장에서 계획된 절차의 실행 가능성과 효과를 점검하며, 관련 자원과 협업체계를 효율적으로 활용해야 한다.

세 번째 점검 단계는 실행 결과를 체계적으로 점검하고 평가하는 단계이다. 이 과정에서는 개선 활동이 설정한 목표에 도달했는지를 확인하며, 부작용이나 예기치 못한 결과가 발생했는지도 함께 점검한다. 이를 통해 개선의 효과성과 타당성을 객관적으로 검증할 수 있다.

마지막 단계인 조치(개선, 조정)는 점검(평가) 결과를 바탕으로 성공적인 개선 활동은 표준화하고, 미흡한 부분은 수정 · 보완하거나 새로운 계획을 수립하는 과정이다. 이를 통해 조직은 단발성 개선에 그치지 않고, 품질 향상의 문화를 조직 전반에 확산시킬 수 있다.

이러한 PDCA 사이클은 단순한 기술적 절차를 넘어, 조직 내 지속적 학습과 체계적 혁신을 촉진하는 핵심 메커니즘으로 작동한다(Batalden & Stoltz, 1993). CQI는 이러한 순환적 개선 과정을 끊임없이 반복함으로써, 변화하는 외부 환경과 이용자 요구에 유연하고 능동적으로 대응하는 조직 역량을 구축할 수 있도록 지원한다.

(4) 사회복지조직에서의 CQI 적용

CQI를 사회복지조직에 적용할 경우, 해당 조직의 운영 철학과 서비스 특성, 가치체계를 충분히 고려한 접근이 필요하다.

우선, 사회복지조직의 서비스는 단기적 수치로 환산되는 성과보다, 이용자의 삶의 질 변화, 사회적 관계망의 회복, 자립 능력의 증진 등 장기적 · 질적 성과를 중심으로 구성된다. 따라서 CQI는 서비스 효율성 개선에 그치지 않고, 장기적이고 정성적인 성과를 평가할 수 있는 다층적 평가체계를 수립해야 한다.

또한 사회복지조직은 공공성, 형평성, 권리 보장이라는 가치를 핵심 사명으로 삼고 있다. CQI는 이러한 가치 실현을 제도적으로 뒷받침하는 품질관리 체계로 작동해야 하며, 단순한 서비스 질 향상이 아닌 사회적 약자의 권리 실현이라는 방향성을 명확히 해야 한다.

마지막으로, CQI는 구성원과 서비스 이용자의 참여를 기반으로 할 때 실효성을 높일 수 있다. 현장 실천가들은 제도와 정책이 포착하지 못하는 문제를 가장 빠르게 인식할 수 있으며, 이용자 역시 자신의 경험을 바탕으로 서비스 개선 방안을 제시할 수 있다. 이처럼 CQI가 다양한 주체의 목소리를 반영하는 개방적 체계로 작동할 때, 조직은 현실에 기반한 품질개선을 안정적으로 추진할 수 있다.

결과적으로, CQI는 사회복지조직이 전문성을 강화하고 공공성과 윤리성을 내실화하며 이용자 중심의 서비스를 구조적으로 정착시키는 데 핵심적 전략이 된다.

3. 사회복지조직의 품질관리 전략

사회복지조직이 그 역할을 충실히 수행하기 위해서는 단순한 서비스 제공을 넘어서, 전체 운영 시스템의 품질을 체계적으로 관리하고 개선하는 전략이 필요하다. 품질관리 전략은 조직의 사명과 비전을 실질적인 실행체계로 연결하며, 서비스의 일관성과 신뢰성을 유지하고, 자원을 효과적으로 활용할 수 있도록 하는 핵심 수단이다. 특히 현대 사회에서 사회복지조직은 점점 더 복잡해지는 정책 환경과 다층적인 이해관계자의 요구 속에서 운영되기 때문에, 명확한 품질관리 전략은 조직의 전문성, 책임성, 지속 가능성을 담보하는 기반이 된다(Young, 2006).

본 절에서는 사회복지조직이 품질관리 전략을 왜 수립해야 하며, 그것이 조직의 지속 가능성과 이용자 중심의 운영에 어떤 기여를 하는지에 대해 심층적으로 고찰하고자 한다.

1) 사회복지조직 품질관리 전략의 중요성

사회복지조직은 다양한 이해관계자와 협력하며 복잡한 서비스를 제공해야 하는 다기능 조직이므로, 운영의 효과성과 책임성을 확보하려면 명확하고 체계적인 품질관리 전략이 필요하다. 이는 단순한 업무 지침이나 일회성 평가로는 지속적인 품질 확보가 어렵기 때문이다. 품질관리 전략은 단지 서비스 수준을 개선하는 데 그치지 않고, 조직의 철학과 방향성을 구체적인 실행계획으로 전환하는 구조적 장치로 작용한다.

품질관리 전략은 조직의 비전과 가치체계를 중심에 두고, 이용자의 권익 증진, 서비스 형평성 확보, 조직 운영의 투명성과 효과성 향상 같은 공공적 가치를 실현하는 수단이 된다(Padgett, 2009). 특히 외부 자원 제공자나 감독 기관은 단순한 활동 실적이 아니라, 실질적인 성과와 변화에 관심을 갖고 평가를 진행하기 때문에, 체계적으로 수립된 품질관리 전략은 조직의 신뢰성과 책임성을 입증하는 핵심 근거가 된다(Kettner, Moroney, & Martin, 2017).

또한 사회복지조직을 둘러싼 외부 환경은 급변하고 있다. 정책 변화, 인구구조의 변화, 기술 발전 등은 조직이 기존의 방식만으로는 대응하기에 부족하다는 점을 시사한다. 이와 같은 상황에서 품질관리 전략은 변화에 유연하게 대응하면서도, 조직의 본질적 사명과 서비스를 유지할 수 있도록 방향성을 제시해 주는 이정표 역할을 한다(Young, 2006).

아울러, 품질관리 전략은 단지 조직 내부의 효율성을 높이는 데서 그치는 것이 아니라, 외부 이해관계자 및 지역사회로와의 신뢰 구축에도 기여한다. 품질 목표를 명확히 설정하고, 실행

경로를 투명하게 관리하며, 결과를 공유하는 전략은 조직의 사회적 책임을 실질적으로 실현하는 경영 기반으로 작용한다(O'Neill, 2005).

결국 사회복지조직에 있어 품질관리 전략은 부수적인 관리 수단이 아니라, 조직의 정체성과 지속 가능한 발전을 뒷받침하는 핵심 요소라 할 수 있다. 따라서 품질관리는 외부 평가에 일시적으로 대응하기 위한 일시적 조치가 아니라, 조직 전반에 걸쳐 일관되게 설계되고 실행되어야 할 핵심 전략이다.

2) 사회복지조직의 구조적 특성과 품질관리 전략의 정합성

사회복지조직은 일반 기업이나 행정기관과는 다른 고유한 구조와 정체성을 지니며, 이러한 특성은 품질관리 전략의 수립과 실행에 직접적인 영향을 미친다. 따라서 조직의 사명, 운영 환경 등을 반영한 체계적인 품질관리 접근이 요구된다. 본 절에서는 사회복지조직의 특수성을 중심으로 품질관리 전략 수립 시 핵심적으로 고려해야 할 주요 과제들을 다음과 같이 제시하고자 한다.

(1) 복합적 정체성에 부합하는 품질관리 전략의 균형 설계

사회복지조직은 공익을 추구한다는 점에서 공공성과 책무성을 지니는 동시에 민간부문의 자율성과 전략적 유연성도 요구받는 이중적 정체성을 가진다. 이러한 특성은 품질관리 전략 수립에 있어 단순한 행정 요건 충족을 넘어서, 조직의 실질적 목적과 운영 실태를 반영한 종합적인 접근을 요구한다(Hasenfeld, 2010). 즉, 공공기관의 지침이나 표준화된 기준에 부합하면서도, 조직 고유의 전략 기획력과 경영 효율성을 함께 고려한 품질관리 체계가 필요하다. 이는 사회복지조직이 정형화된 행정조직을 모방하는 것이 아니라, 복합적 정체성에 기반한 독자적인 품질관리 철학을 수립해야 함을 의미한다.

(2) 공공재원 의존 구조에 대응한 기관 주도 품질관리 체계 수립

우리나라의 사회복지조직은 대부분 민간에서 운영되지만, 운영 예산의 상당 부분을 중앙정부 또는 지방자치단체의 보조금에 의존한다. 이러한 재정구조는 사회복지조직의 안정성을 확보하는 긍정적 요소이지만, 동시에 공공기관의 표준화된 평가 기준에 종속될 가능성도 내포한다.

실제로 많은 사회복지기관이 프로그램 참여자 수, 프로그램 실행률, 예산 집행률, 만족도 조사 결과 등의 정량적 지표를 중심으로 품질을 평가받고 있으며, 여기에 더해 매월 사업보고서 제출, 연간 자체평가 보고서 작성, 회계보고 등 구체적인 행정 요구사항이 병행된다. 이로 인해 사회복지조직은 본래의 사명이나 비전보다는 외부 평가 기준을 충족시키는 데 주력하게 되고, 조직 고유의 창의적인 품질관리 전략은 후순위로 밀리는 경향을 보인다.

따라서 사회복지조직은 공공기관의 요구를 수용하는 동시에, 조직의 비전과 지역사회 특수성을 반영한 자율적 품질 목표를 병행적으로 설정해야 한다. 예를 들어, '프로그램 실행률 90%'라는 공적 기준과 함께, '돌봄 서비스의 정서적 만족도 향상'과 같은 조직 내적 목표를 병렬로 설정하고 이를 전략적으로 관리하는 방식이 필요하다.

(3) 이해관계자들의 상이한 요구에 대한 품질관리 전략의 조정과 통합

사회복지조직은 하나의 고객 집단만을 상대하는 것이 아니라, 정부 및 지자체, 후원자, 클라이언트와 가족, 지역사회 등 다양한 이해관계자와 긴밀하게 연결되어 있다. 이들 모두는 사회복지조직의 품질에 영향을 미치는 핵심 주체인데, 사회복지조직에 대해 서로 상이한 요구와 기대를 지닌다.

이러한 상황에서 단일 이해관계자만을 만족시키는 전략은 오히려 다른 이해관계자의 불만을 초래할 수 있다. 따라서 사회복지조직의 품질관리 전략은 다양한 이해관계자의 이질적인 기대를 종합적으로 반영하고, 가능한 공통 목표를 중심으로 조정된 전략을 개발하는 데 집중해야 한다. 예를 들면, 품질관리 평가지표를 개발할 때, 이용자 만족도, 프로그램 효과성, 직원 직무만족도, 지역사회 기여도를 모두 반영하는 다차원적 평가시스템(multi-dimensional evaluation system)을 설계하는 것이다. 이렇게 다양한 이해관계를 반영한 품질관리 전략은 조직의 갈등을 최소화하고, 장기적인 신뢰 기반을 강화하는 데 기여한다.

(4) 변화하는 환경에 대응한 품질관리 전략의 유연성 확보

사회복지조직이 직면한 환경은 급격히 변화하고 있다. 고령화, 다문화 확대, 디지털 격차, 권리 인식의 증대 등은 품질관리 전략의 내용과 방식에 근본적인 유연성을 요구한다(Bryson, 2004). 예를 들어, 과거에는 고령자를 위한 서비스가 신체 지원 중심이었다면, 오늘날에는 디지털 기기 활용 교육, 문화적 감수성 기반 프로그램 등으로의 전환이 요구된다. 이러한 변화에 대응하기 위해 사회복지조직의 품질관리 전략은 정해진 틀에 갇힌 경직된 계획이 아니라, 변화 예측 기능을 포함하고, 필요시 전략 목표와 실행방안을 신속히 수정할 수 있는 구조를 갖추어야 한다.

이를 위한 구체적 방법으로는 PEST 분석 등을 통해 환경 변화를 체계적으로 검토하고, 필요시 새로운 품질지표를 도입하거나 기존 전략을 탄력적으로 수정하는 체계를 마련하는 것이 효과적이다. 이를 통해 사회복지조직은 변화에 소극적으로 반응하는 조직이 아니라, 미래를 선도적으로 준비하는 전략적 주체로서의 위치를 확립할 수 있다.

3) 사회복지조직 품질관리 전략 수립의 기본 요소

사회복지조직이 실질적인 품질 향상을 달성하기 위해서는 단발적인 시도나 개별 사업의 성과에 의존하는 방식으로는 충분하지 않다. 품질관리란 조직 전반의 체계적인 전략과 일관된 실행 구조 위에서 작동할 때 지속 가능하고 가시적인 성과를 도출할 수 있다. 따라서 품질관리 전략의 수립은 단순한 실무 수준의 조치가 아닌, 명확한 가치 기반과 구조적 원칙을 따르는 경영전략 차원의 기획 활동으로 접근해야 한다. 특히 품질관리는 조직 내부 구성원의 적극적인 참여와 실행 역량에 의해 구체화되므로, 전략 수립 과정 전반에서 직원 교육과 피드백 문화, 참여기반 조직 운영 방식이 함께 고려되어야 한다. 또한 이용자, 지역사회, 행정기관 등 주요 이해관계자의 의견을 체계적으로 반영하고, 이들과의 협력관계를 전략적으로 설계하는 과정 역시 전략 수립의 중요한 축이 된다.

사회복지조직이 품질관리 전략을 수립할 때 핵심적으로 고려해야 할 구성요소는 다음과 같다.

(1) 품질관리 핵심 가치의 전략적 구현 방안

사회복지조직이 품질관리 전략을 수립할 때 가장 먼저 고려해야 할 것은 조직이 지향하는 핵심 가치이다. 이러한 가치는 단순히 선언적인 수준에 머물러서는 안 되며, 전략적 목표와 실행계획 전반에 일관되게 반영되어야 한다.

사회복지조직 품질관리의 주요 핵심 가치로는 이용자 중심성(서비스 이용자의 권리와 욕구의 최우선화), 지속적 품질개선(품질 향상을 위한 지속적인 점검과 보완 추구), 성과지향성(결과 중심의 목표 달성과 사회적 영향 창출 지향) 등을 들 수 있다. 결국, 이러한 핵심 가치를 조직의 전략과 실행 구조 속에서 어떻게 구체적으로 구현하느냐에 따라 품질관리 전략의 실효성이 좌우된다.

① 이용자 중심성 구현 전략

이용자 중심성 구현 전략에는 '이용자 참여 프로세스 제도화' '이용자 만족도 기반 품질지표 설정' 등이 있다.

우선, 이용자 참여 프로세스 제도화란 프로그램 기획, 서비스 설계, 평가 과정에 이용자를 공식적으로 참여시키는 제도를 수립하는 것을 의미한다. 예를 들어, 연 2회 이상 이용자 간담회를 정례화한다든지, 주요 개선사항에 대한 피드백을 직접 수렴하여 반영하는 방식이 해당한다.

한편, 이용자 만족도 기반 품질지표 설정이란 내부 품질평가 체계에 이용자 만족도를 핵심 지표로 반영하고, 목표치를 설정하여 관리하는 것이다. 이때 단순히 서비스 제공 건수나 이용 횟수만 측정하는 데 그치지 않고, 이용자의 삶의 질 향상이나 서비스 이용 경험의 질적 수준 등을 평가하는 구체적 지표를 포함해야 한다. 예를 들어, "프로그램 참여 후 사회적 관계망이 얼마나 확대되었는가" 또는 "서비스 이용 절차가 얼마나 친절하고 편리했는가" 등과 같은 항목을 설문조사나 인터뷰를 통해 정량·정성적으로 측정할 수 있다.

② 지속적 품질개선 구현 전략

지속적 품질개선 구현 전략은 품질 향상을 위한 반복적 점검과 학습을 제도화하는 실천체계를 의미한다. 구체적으로는 '정기적인 품질 진단 및 피드백 주기 운영'과 '조직 학습 문화 조성' 등이 핵심 전략으로 제시될 수 있다.

우선, 정기적 품질진단 및 피드백 주기 운영은 분기별 또는 반기별로 프로그램과 서비스에 대한 품질 점검을 실시하고, 그 결과를 토대로 개선안을 도출·반영하는 체계를 말한다. 품질 진단을 위해 내부 자체평가뿐 아니라 이용자 피드백과 외부 전문가 컨설팅도 병행하는 것이 효과적이다.

한편, 조직 학습 문화 조성은 실패나 오류를 숨기지 않고, 오히려 조직 내에서 공유하고 학습하는 문화를 조성함으로써 개선 역량을 강화하는 방식이다. 예컨대, 연 1회 '품질혁신 사례 발표회'를 개최하여 성공사례는 물론 개선사례와 문제해결 경험을 조직 전반에 공유함으로써 조직 전반의 품질개선 역량을 강화하는 것이 해당한다.

③ 성과지향성 구현 전략

성과지향성 구현 전략에는 '성과 중심 계획–평가 연계체계 구축' '성과 분석 결과의 전략적 활용' 등이 있다.

우선, 성과 중심 계획–평가 연계체계란 조직이 설정한 성과 목표를 중심으로 사업계획을 수립하고, 사업 실행과 평가가 모두 이 성과 목표를 기준으로 일관되게 연결되도록 구성된 체계를 말한다(Herman & Renz, 2008). 즉, 단순히 '활동'이나 '노력'만을 관리하는 것이 아니라, 처음부터 달성하고자 하는 최종 결과(outcome)를 명확히 설정하고, 모든 계획, 실행, 평가 단계가 이 결과를 향해 체계적으로 연동되도록 설계하는 방식이다. 따라서 사업계획 수립 시, 단순히 '몇

건을 수행할 것인가'가 아니라, '어떤 변화를 만들어 낼 것인가'를 성과 목표로 설정해야 한다. 또한 프로그램별 성과지표를 미리 정하고, 계획서와 실행 과정, 평가보고서가 모두 해당 지표와 일관되게 연계되어야 한다. 특히 평가 단계에서는 단순히 참여자 수나 활동 횟수만 보는 것이 아니라, 실제로 이용자의 삶의 변화, 지역사회에 미친 영향 등을 중점적으로 분석한다. 예를 들어, 아동복지관의 경우, 단순히 '방과후 프로그램 30회 운영'을 목표로 삼는 것이 아니라, '방과후 프로그램 참여 아동의 학교 적응력 향상 비율 20% 증가'를 목표로 설정하고, 프로그램 운영과 평가는 이 결과지표를 중심으로 진행하는 방식이다.

한편, 성과 분석 결과의 전략적 활용이란, 연간 또는 주기별 품질관리 성과 평가 결과를 단순히 사후보고에 그치지 않고, 향후 조직의 경영 전략, 사업계획, 자원 배분, 인력개발 등 핵심 의사결정 과정에 적극 반영하는 것을 의미한다. 즉, 품질 평가는 단순히 조직의 과거를 되돌아보는 도구를 넘어, 앞으로 조직이 어디를 향해 어떻게 나아갈지를 결정하는 전략적 나침반으로 활용되어야 한다. 예를 들어, 장애인복지관이 연간 평가 결과, 장애인 취업률이 낮은 것으로 나타났다면, 해당 프로그램의 구조를 전면 개편하거나 취업 연계기관과의 협력 강화를 추진하고, 필요시 전문 인력을 충원하는 방식으로 대응할 수 있다. 또한 성과 평가 결과를 지역사회나 행정기관 등 외부 이해관계자와도 공유하여 조직의 책무성과 투명성을 높이는 데 활용할 수 있다.

(2) 품질관리 전략 수립의 과정

사회복지조직이 효과적인 품질관리 전략을 수립하기 위해서는 논리적으로 체계적인 절차를 따라야 한다. 일반적으로 품질관리 전략 수립은 상황분석 → 목표 설정 → 실행계획 수립 → 품질관리 실행 → 평가 및 수정의 단계로 구성된다. 이러한 과정은 단순한 절차를 넘어서, 조직의 핵심 가치, 이해관계자의 요구, 실천 가능성을 통합적으로 반영할 때, 비로소 실질적인 품질 향상을 이끌어 낼 수 있다.

① 상황분석: 현재 상태와 문제점의 명확한 진단

전략 수립의 출발점은 조직이 처한 현재 상황을 객관적으로 진단하는 데 있으며, 이때 내부 환경과 외부 환경을 종합적으로 분석해야 한다. 내부 분석에서는 서비스 품질 수준, 종사자 역량, 조직문화, 행정관리 체계 등을 점검하고 분석하며, 외부 분석에서는 지역사회 변화, 정책·법제도 변화, 복지 수요 트렌드 변화 등을 파악하고 분석해야 한다. 또한 이용자 및 지역사회 주민, 유관기관 등 이해관계자의 의견을 체계적으로 수렴하는 것도 필수적인 절차이다. 예를 들어, 장애인복지관에서 이용자 욕구조사를 통해 '이동 편의성 개선'에 대한 욕구가 높은 것으로 파악되었다면, 이는 곧 품질개선의 핵심 과제로 설정되어야 한다.

② 목표 설정: 구체적이고 측정 가능한 목표 수립

이전 단계에서 실시한 상황분석을 바탕으로 구체적이고 측정 가능한 품질관리의 목표를 설정한다. 목표는 조직의 비전 및 전략 방향과 일치하도록 수립되어야 하며, 달성하고자 하는 품질 수준과 기대 성과가 명확히 드러나야 한다. 이때 목표는 SMART(Specific, Measurable, Attainable, Relevant, Time-bound) 원칙[1]에 기반하여 설정하며, 이를 통해 향후 실행과 평가의 기준점을 마련한다. 예를 들면, '6개월 이내에 프로그램 이용자의 만족도 평균을 90점 이상으로 향상' 또는 '1년 내 지역사회 네트워크 협력 기관 수 20% 확대' 등처럼 구체적인 정량 목표를 설정한다.

③ 실행계획 수립: 목표 달성을 위한 체계적 실행방안 마련

목표를 구체화한 이후에는 이를 달성하기 위한 실행계획을 수립해야 한다. 실행계획 수립 시에는 활동 내용(구체적으로 어떤 업무를 수행할 것인가?), 책임자 지정(누가 담당하여 추진할 것인가?), 일정 수립(언제까지 완료할 것인가?), 자원 확보(어떤 인적 · 물적 자원이 필요하며, 어떻게 확보할 것인가?), 리스크 관리(예상되는 장애 요소는 무엇이며, 대응 방안은 무엇인가?) 등을 체계적으로 고려해야 한다. 예를 들어, "이용자 만족도 조사를 반기별로 실시하고, 분석 결과를 토대로 프로그램 개선 워크숍을 연 2회 개최한다. 워크숍 결과 및 개선사항은 프로그램 담당 부서가 정리하여 다음 이사회 회의 시 공식 보고하며, 필요한 추가 조치는 이사회 승인을 거쳐 실행한다." 이처럼 실행계획은 활동의 구체성, 책임의 명확화, 일정 및 자원 계획, 리스크 대응을 포함하여 일관성 있게 수립되어야 하며, 이를 통해 실행의 완성도와 성과 달성 가능성을 높일 수 있다.

④ 품질관리 실행: 수립한 실행계획에 따라 실제 품질관리 활동 이행

실행계획이 수립되었으면, 이를 토대로 실제 품질관리 활동을 이행한다. 이 단계에서는 계획한 대로 활동을 추진하는 동시에, 각 과정과 결과를 체계적으로 기록하고 관리하는 것이 중요하다. 주요 활동에는 계획된 품질관리 업무 수행, 업무 진행 상황에 대한 주기적 점검, 문제 발생 시 즉각적인 조치 및 보완, 주요 활동 및 이슈에 대한 문서화 등이 포함된다. 특히 이 단계에

1 SMART 원칙은 '제3장 사회복지행정 이론과 조직관리기법'–'5. 현대 조직관리법의 이론적 배경과 실천적 적용'의 '1) 목표관리이론(MBO)'을 참조하기 바란다.

서 주의할 점은 실행 과정에서 발생하는 작은 문제조차도 빠짐없이 기록하고 분석해야 한다는 점이다. 이는 이후 평가 단계에서 정확한 진단과 개선안을 도출하는 핵심적 근거로 활용되기 때문이다.

⑤ 평가 및 수정: 성과 모니터링과 전략의 유연한 조정

전략 수립의 마지막 단계는 평가 및 수정이다. 품질관리 활동이 완료되거나 일정 주기가 도래하면, 수립된 전략이 제대로 이행되고 있는지, 그리고 어떤 성과를 내고 있는지를 지속적으로 평가해야 한다. 성과 측정은 사전에 설정한 목표 및 지표를 기준으로 진행하며, 그 결과에 따라 전략을 조정하거나 개선안을 마련한다. 평가 항목에는 목표 달성도(성과지표 달성 여부), 활동의 효과성 및 효율성, 실행 과정에서 발생한 문제점 및 성공 요인 등이 포함된다. 또한 평가 결과는 단순한 보고서로 끝나는 것이 아니라, 전략을 실질적으로 개선하고 향후 방향을 조정하는 데 활용되어야 한다. 예를 들어, 미흡한 영역에 대해서는 원인을 분석하고, 이에 따라 실행계획을 수정하거나 조직 차원의 자원 배분을 재조정하는 등 후속 조치를 실시해야 한다.

(3) 품질관리 전략의 핵심 기반 요소

사회복지조직의 품질관리 전략을 효과적으로 수립하고 실행하기 위해서는 명확하고 실천 가능한 기반이 필요하다. 특히, 서비스 제공의 일관성과 효과성을 보장하고 품질개선 활동의 객관성을 확보하기 위해 서비스 표준화, 근거기반 실천, 데이터 기반 품질평가 등 세 가지 핵심 기반 요소를 체계적으로 구축하는 것이 필수적이다. 각 요소는 품질관리 전략의 실효성을 높이는 핵심적인 토대를 이룬다.

① 서비스 표준화(service standardization)

서비스 표준화는 사회복지조직이 제공하는 서비스의 내용, 절차, 결과에 대해 명확하고 구체적인 기준을 설정하고, 이를 조직 내·외부에서 일관되게 적용하는 것을 의미한다. 표준화는 다양한 제공자와 상황에 따라 서비스 품질이 변동되는 것을 방지하고, 수혜자에게 일관되고 신뢰할 수 있는 서비스를 제공하기 위한 필수적인 요건이다.

서비스 표준화의 주요 목표인 서비스 품질의 일관성(consistency)을 확보하기 위해, 조직은 서비스 프로토콜, 업무 매뉴얼, 평가 기준 등을 체계적으로 마련하고, 정기적인 교육과 모니터링을 통해 서비스 표준의 준수 여부를 점검해야 한다. 또한 서비스 표준화는 업무 프로세스를 명확히 함으로써 신입직원의 빠른 적응을 돕고, 조직 내 지식의 전수를 용이하게 하는 효과도 지

닌다.

그러나 지나치게 경직된 서비스 표준화는 개별 수혜자의 다양성과 특수성을 반영하는 데 한계를 가져올 수 있으므로, 일정 수준의 유연성을 내포해야 하며, 현장의 상황에 맞게 조정 가능한 형태로 설계되어야 한다.

② **근거기반 실천**(evidence-based practice)

서비스 표준화가 서비스의 일관성과 효율성을 보장하는 데 중점을 둔다면, 근거기반 실천(증거기반 실천)은 서비스 내용의 질적 수준을 높이는 데 주안점을 둔다. 즉, 근거기반 실천은 과학적 연구 결과와 실증된 경험적 자료를 바탕으로 최상의 사회복지서비스를 설계하고 제공하는 접근을 의미한다. 이는 전통적인 직관이나 관습에 의존하는 서비스 제공 방식과 달리, 실증적 근거에 기초하여 수혜자에게 가장 효과적인 서비스를 제공하려는 노력을 의미한다.

근거기반 실천은 다음 세 가지 핵심 요소의 통합을 기반으로 한다.

첫째, 현재 이용 가능한 최선의 연구 증거이다. 이는 특정 서비스나 개입이 효과적임을 뒷받침하는 과학적 근거를 제공한다. 이는 무분별한 직관이나 전통적 관행에 의존하는 것을 방지하고, 실천의 객관성과 신뢰성을 높이는 데 필수적인 요소이다.

둘째, 사회복지사의 전문적 역량과 경험이다. 이는 연구 결과를 실제 현장에 적절히 적용하고, 수혜자의 개별적 상황을 고려하여 서비스 제공을 조정하는 역할을 한다. 연구 결과는 보편적인 경향을 보여 줄 수 있으나, 개별 사례에 적용할 때는 실천가의 판단과 조정이 필수적이기 때문이다.

셋째, 클라이언트의 가치와 선호이다. 이는 서비스의 수용성과 효과성을 결정짓는 핵심 요소이다. 아무리 과학적으로 입증된 서비스라 할지라도 클라이언트의 기대, 신념, 문화적 맥락을 무시한다면 실제 효과는 제한될 수밖에 없다.

근거기반 실천은 이 세 가지 요소를 각기 개별적으로 사용하는 것이 아니라, 상호 보완적으로 통합하여 서비스 제공의 모든 과정에 반영하는 것을 목표로 한다. 즉, 실천가는 과학적 근거를 기반으로 하되, 자신의 전문적 판단을 통해 개별 상황에 맞게 이를 조정하고, 클라이언트의 가치와 선호를 존중하여 서비스를 제공함으로써, 서비스의 질과 효과를 극대화할 수 있다.

③ **데이터 기반 품질평가**(data-driven quality evaluation)

데이터 기반 품질평가는 사회복지조직이 서비스 제공 과정과 결과를 체계적으로 평가하고 개선하기 위하여, 다양한 형태의 데이터를 지속적으로 수집 · 분석하며 이를 의사결정에 반영하는 과정을 의미한다. 단순히 프로그램이나 서비스 결과를 일회성으로 점검하는 차원을 넘어, 데이터에 근거하여 서비스 품질을 지속적으로 관리하고 향상시키는 체계를 구축하는 데 목적이 있다. 앞에서 설명한 서비스 표준화와 근거기반 실천이 조직의 품질관리 실행 기반을 다지는 역할을 한다면, 데이터 기반 품질평가는 이 실행 결과를 체계적으로 점검하고 개선하는 데 핵심적인 역할을 수행한다.

품질평가에 활용되는 데이터는 서비스 이용자의 만족도, 개입 효과를 측정하는 결과지표(outcome indicators), 서비스 제공 과정의 효율성을 나타내는 프로세스 지표(process indicators), 직원 성과와 업무 이행 수준 등 다양한 평가 요소를 포함할 수 있다. 이를 통해 조직은 서비스의 강점과 약점을 명확히 파악하고, 문제 영역에 대한 실질적인 개선 방안을 도출할 수 있다.

데이터 기반 품질평가는 단순히 성과를 평가하는 데 그치는 것이 아니라, 수집된 데이터를 바탕으로 문제를 체계적으로 진단하고, 개선계획을 수립하여 실행하며, 그 결과를 다시 평가하는 일련의 과정을 반복하는 품질개선주기(Quality Improvement Cycle)를 가능하게 한다. 이러한 주기적인 품질개선 과정을 통해 조직은 서비스의 질 향상뿐만 아니라, 전반적인 운영체계의 지속적인 개선을 도모할 수 있다. 이러한 접근은 품질관리 활동의 객관성과 신뢰성을 높이는 데 기여할 뿐만 아니라, 외부 평가나 인증 심사 시에도 신뢰할 수 있는 근거자료를 제공하는 역할을 한다. 특히 근거기반 실천과 연계될 경우, 데이터는 개입 효과의 실증적 검증과 피드백 메커니즘 구축에도 중요한 기반이 된다.

그러나 데이터 기반 품질평가의 효과적 수행을 위해서는 몇 가지 전제 조건이 필요하다. 우선, 데이터 수집과 분석을 위한 체계적인 시스템 구축이 필수적이며, 수집된 데이터의 질(정확성과 적절성)이 보장되어야 한다. 즉, 수집된 데이터는 사실과 일치해야 하고, 품질평가의 수행에 부합하는 적절한 정보여야 한다. 또한 데이터를 해석하고 개선 전략으로 전환할 수 있는 분석 역량과 전문성이 조직 내에 충분히 확보되어야 한다. 무분별한 데이터 수집은 오히려 행정적 부담을 초래할 수 있으므로, 평가목적과 연계된 핵심 지표 중심의 데이터 관리가 요구된다.

결국, 데이터 기반 품질평가는 사회복지조직이 변화하는 환경 속에서 서비스 질을 지속적으로 향상시키기 위한 전략적 도구로 작용하며, 품질관리 문화를 조직 전반에 내재화하는 데 중추적인 역할을 수행한다.

4. 품질관리와 조직문화

사회복지조직에서 품질관리를 성공적으로 추진하기 위해서는 단순히 절차적 시스템을 구축하는 것만으로는 충분하지 않다. 조직 내부의 가치관, 신념, 행동양식이 품질개선 활동을 수용하고 지속적으로 발전시키는 토양을 제공해야 하며, 이는 곧 조직문화의 역할을 의미한다. 품질관리 전략이 아무리 정교하게 설계되었더라도, 그것을 실천하고 뒷받침할 수 있는 조직문화가 부재할 경우, 실제 현장에서는 기대한 성과를 얻기 어려운 경우가 빈번하다.

따라서 본 절에서는 사회복지조직에서 품질관리가 효과적으로 작동하기 위한 핵심 환경 요인인 조직문화에 주목하고자 한다. 먼저, 조직문화의 개념과 이론적 배경을 살펴봄으로써, 품질관리 전략과 조직문화 사이의 긴밀한 상호작용을 이해하는 토대를 마련할 것이다. 이를 바탕으로 긍정적 조직문화가 품질 향상에 어떻게 기여할 수 있는지, 반대로 부정적 조직문화가 품질개선을 어떻게 저해하는지를 구체적으로 분석하고, 사회복지조직에 적합한 조직문화 형성 전략을 모색할 것이다.

1) 조직문화의 개념과 유형

(1) 조직문화의 개념

조직문화(organizational culture)란 조직 내 구성원들이 공유하는 가치관, 신념, 규범, 행동양식, 기대 등을 포괄하는 개념으로, 조직의 정체성과 운영 방식에 지대한 영향을 미친다(Schein, 2010). 이러한 조직문화는 구성원들이 조직 내에서 어떤 행동이 바람직한지를 판단할 수 있도록 도움을 주는 보이지 않는 규범적 틀이며, 이는 공식적 규칙이나 제도 이상의 영향력을 발휘한다. 특히 의사결정, 대인관계, 갈등 해결, 업무 수행 방식 등 일상적 행위 전반에 스며들어 조직 운영의 기저를 형성한다.

사회복지조직과 같이 비영리적이고 가치지향적인 조직에서는 조직문화가 내부 효율성뿐 아니라, 서비스 품질, 클라이언트 만족도, 조직의 사회적 책임 실현에도 직결되는 중요한 요소이다. 또한 조직문화는 변화관리의 관점에서도 결정적 변수로 작용하며, 품질개선 전략이 성공적으로 실행되기 위해서는 조직문화와의 정합성이 반드시 고려되어야 한다.

(2) 조직문화의 주요 이론과 유형

조직문화에 대한 체계적인 이론적 탐구는 다양한 학자에 의해 이루어져 왔다. 이 가운데 딜과 케네디(Deal & Kennedy, 1982), 그리고 샤인(Schein, 2010)의 이론은 조직문화의 구조와 유형을 이해하는 데 널리 인용되는 고전적 접근이다.

① 딜과 케네디의 조직문화 유형

딜과 케네디는 조직문화를 '위험 수준'과 '피드백 속도'의 조합에 따라 다음과 같이 네 가지 유형으로 분류하였다.

첫째, 도전문화(tough-guy, macho culture)이다. 이는 높은 위험과 빠른 피드백이 특징인 환경에서 발전하며, 주로 경쟁과 위험 감수가 강조되는 금융·투자회사, 광고회사, 스포츠 산업, 엔터테인먼트 산업, 경쟁 스타트업 조직 등에서 나타난다. 둘째, 근면문화(work hard, play hard culture)이다. 이는 위험은 낮지만 피드백이 빠른 환경을 기반으로 하며, 고객 중심의 판매조직 등에서 흔히 관찰된다. 셋째, 배팅문화(bet-your-company culture)이다. 이는 고위험, 느린 피드백 환경에서 나타나며, 장기적인 결과가 중시되는 항공우주 산업이나 대형 프로젝트 조직에서 흔히 발견된다. 넷째, 절차문화(process culture)이다. 이는 위험과 피드백 속도가 모두 낮은 환경에서 형성되며, 규범과 절차가 강조되는 관료조직에서 주로 관찰된다(Deal & Kennedy, 1982).

사회복지조직은 위험 수준이 상대적으로 낮고, 서비스의 효과가 단기간에 명확히 나타나기 어려워 피드백 속도 역시 느린 조직이기에 딜과 케네디의 조직문화 유형 중 절차문화의 특성을 강하게 지닌다. 다만, 지역사회복지관이나 청소년지원기관 등은 상대적으로 빠른 피드백을 요구하는 단기 프로그램 성과를 중요시하기에 절차문화를 기반으로 하면서도, 근면문화(Work Hard, Play Hard Culture)적 요소가 혼재되어 나타날 수도 있다. 따라서 사회복지조직의 조직문화는 하나의 유형으로 단정하기보다는 조직의 특성과 환경에 따라 다양한 문화가 혼합된 다층적 성격을 지닌다고 할 수 있다.

② 샤인의 조직문화 유형: 조직문화 3단계 모형

샤인(2010)은 조직문화를 보다 심층적으로 설명하기 위해 가시적 인공물, 명시적 가치, 기본 가정 등 세 가지 수준으로 구성된 3단계 모형을 제시하였다. 이는 조직문화를 구성하는 다양한 요소를 표면에서부터 깊은 무의식적 차원까지 체계적으로 설명한 모형으로, 조직 내 문화 현상을 분석하고 변화시키는 데 중요한 이론적 틀을 제공한다.

첫 번째 수준은 가장 표면적인 수준으로, 가시적 인공물(artifacts)이다. 이는 건물의 구조, 사무실의 배치, 복장 규정, 공식 언어, 조직의 의례나 상징 등 쉽게 관찰할 수 있는 물리적이고 행동적인 요소들을 의미한다. 가시적 인공물은 조직의 특징을 외부인이나 신입 구성원이 처음 접하는 접촉면이긴 하지만, 그 자체로 조직의 심층적 가치나 신념을 완전히 설명해 주지는 않는다.

두 번째 수준은 한층 깊은 수준으로 명시적 가치(espoused values)이다. 이는 조직이 공식적으로 표방하는 신념, 목표, 전략, 이념을 포함한다. 예를 들어, "우리는 이용자 중심의 서비스를 최우선한다."는 선언이나 "효율성과 공정성을 중시한다."는 조직철학이 이에 해당한다. 명시적 가치는 조직이 지향하는 방향성을 보여 주지만, 실제 구성원들의 행동과 일치하지 않을 수도 있다.

세 번째 수준은 가장 심층적인 수준으로 암묵적인 기본 가정(basic assumptions)이다. 이는 오랜 시간 동안 조직 구성원들 사이에 자연스럽게 내면화되어, 의식적 인식 없이도 행동을 이끌어내는 깊은 신념체계를 말한다. 예를 들어, "변화는 위험하다."거나 "클라이언트는 도움을 받아야 하는 존재이다."와 같은 기본적 믿음이 이에 해당할 수 있다. 이러한 기본 가정은 조직문화를 형성하는 데 가장 근본적인 역할을 하며, 동시에 변화시키기 가장 어려운 요소이기도 하다.

샤인은 조직문화를 변화시키고자 할 때 단순히 외형적 변화나 표방된 가치를 수정하는 것만으로는 충분하지 않으며, 가장 심층적인 층위에 자리한 기본 가정에 도달하여 의식화하고 재구성하는 과정이 필요하다고 강조하였다(Schein, 2010).

사회복지조직의 경우에도 이 같은 틀은 유용하게 적용될 수 있으나, 조직의 비영리성과 가치지향성, 자원 제약성, 다층적 이해관계자 환경 등의 특수성을 함께 고려해야 한다(Schmid, 2002). 따라서 사회복지조직에서는 인간 중심의 수평적 조직문화, 공동체적 가치 공유, 변화 수용성을 촉진하는 문화 형성이 품질관리 기반으로서 중요하게 부각된다.

2) 품질관리와 조직문화의 상호작용 원리

사회복지조직에서의 품질관리는 단지 기술적 절차나 행정적 시스템의 문제로 국한되지 않는다. 오히려 그것은 조직 내부에 형성된 가치, 신념, 행동양식과 밀접한 연관을 맺고 있으며, 이러한 문화적 기반 위에서 품질관리의 설계와 실행 가능성이 결정된다. 다시 말해, 조직문화는 품질관리 전략이 조직에 뿌리내릴 수 있는 토양이자, 동시에 품질관리 과정 속에서 점차 변화하는 환경이기도 하다.

조직문화는 조직 구성원들이 공유하는 가치와 의미체계로 정의되며, 이는 공식화된 제도나 지침보다 훨씬 더 깊숙이 구성원들의 사고방식과 행동양식에 영향을 미친다(Schein, 2010). 따라서 아무리 정교하고 체계적인 품질관리 전략이 수립되었더라도, 그 전략이 조직문화와 부합하지 않거나 구성원의 무관심 속에 방치될 경우, 실행력은 현저히 저하될 수밖에 없다. 예를 들어, 관리 중심의 위계적 문화가 강한 조직에서는 품질관리 지표나 피드백 시스템이 상부의 통제 수단으로만 인식되어, 실무자들이 이를 소극적으로 수용하거나 형식적으로 대응하는 데 그칠 수 있다. 반면, 참여와 협력을 중시하는 문화가 정착된 조직에서는 구성원들이 품질 향상에 대한 주인의식을 바탕으로 자발적인 개선 활동에 적극적으로 참여할 가능성이 높다.

이와 같이 조직문화는 품질관리 시스템이 실질적으로 작동할 수 있는 수용 기반을 형성한다. 하지만 이 관계는 일방적인 것이 아니라 상호작용적이다. 즉, 품질관리 전략 역시 조직문화에 영향을 미치고 변화의 동력을 제공한다. 예컨대, 정기적인 내부 품질평가 회의나 피드백 워크숍, 이용자 만족도 조사 결과에 따른 정책 조정 절차는 기존의 폐쇄적 의사결정 구조를 점차 개방적으로 변화시키고, 조직 내에서 학습과 소통을 강조하는 문화를 강화하는 계기가 된다. 특히 지속적 품질개선(CQI)이나 PDCA(Plan-Do-Check-Act) 사이클과 같은 품질관리 체제는 구성원 간 협업, 실천적 성찰, 데이터 기반 의사결정 등의 행동양식을 촉진시키며 조직문화의 변화로 이어질 수 있다(Hackman & Wageman, 1995).

결과적으로, 품질관리와 조직문화는 상호작용의 선순환 또는 악순환 구조를 형성하게 된다. 긍정적인 조직문화는 품질관리 전략의 정착과 성과 창출을 가능하게 하며, 이는 다시 조직 내에서 품질에 대한 조직 구성원의 관심과 신뢰를 높이는 방향으로 문화적 강화 효과를 불러일으킨다. 반대로, 부정적이거나 수동적인 조직문화는 품질관리 활동을 단순한 형식적 절차로 왜곡시키고, 이는 다시 변화에 대한 냉소와 저항을 낳는 악순환을 초래할 수 있다. 따라서 사회복지조직이 실질적 품질 향상을 이루기 위해서는 품질관리 전략을 기술적으로 정교하게 설계하는 것만으로는 충분하지 않으며, 그 전략이 조직문화 속에서 수용되고 내면화될 수 있도록 문화적 접근을 병행하는 것이 필수적이다.

3) 품질 향상을 이끄는 긍정적 조직문화의 핵심 요소

앞에서는 조직문화와 품질관리 간의 상호작용 원리를 통해 두 요소가 서로 영향을 주고받는 구조적 관계에 대해 살펴보았다. 특히 조직문화는 품질관리 전략의 수용성과 실행 가능성을 결정짓는 기저 요인으로 작용하며, 동시에 품질관리의 실행이 조직문화에 변화를 가져올 수 있다는 점에서 쌍방향적 역동성을 가진다는 점을 확인하였다. 이번에는 이와 같은 이론적 원리를 바탕으로 품질 향상에 긍정적 영향을 미치는 조직문화의 구체적인 세 가지 요소, 즉 학습지향성, 심리적 안전감, 참여 기반의 책임구조에 대해 살펴보고자 한다.

첫째, 학습지향성은 품질 향상을 촉진하는 핵심적 문화 요인이다. 품질관리는 계획, 실행, 점검, 조치(개선 또는 조정)의 반복적 순환 속에서 작동하기 때문에, 구성원들이 실수를 두려워하지 않고 학습과 개선의 기회로 받아들이는 태도가 매우 중요하다. 이러한 학습지향적 문화가 자리 잡은 조직은 내부 평가 결과를 단순히 형식적으로 수용하지 않고, 문제해결의 출발점으로 삼으며 끊임없이 서비스를 개선하려는 실천력을 보여 준다(Senge, 2006).

둘째, 심리적 안전감은 구성원들의 품질개선과 혁신 노력을 지속적으로 유도하는 또 하나의 문화적 기반이다. 구성원들이 자신의 의견이나 문제 인식을 자유롭게 표현할 수 있고, 그 의견이 실제 변화로 이어질 수 있다는 신뢰가 존재하는 조직에서는 품질관리 과정이 단방향적 지시 체계가 아니라 쌍방향적 소통과 피드백 구조로 정착된다. 이러한 심리적 안전감은 특히 실무자 주도의 내부 품질개선 활동이 활성화되는 데 결정적인 역할을 한다(Edmondson, 1999).

셋째, 참여 기반의 책임구조는 단순히 위임된 권한의 문제가 아니라, 구성원 스스로가 품질을 관리 대상이 아니라 공동의 가치로 인식하고 자발적으로 품질개선에 기여하도록 유도하는 문화적 기반이다. 예를 들어, 프로그램 평가 회의에 실무자들이 직접 참여하여 지표 설정에 관여하고, 이용자 의견을 바탕으로 개선안을 제시하는 구조는 품질관리 전략이 조직 내에 내면화되는 과정을 촉진한다. 이러한 구조는 상하 간 통제 중심의 문화에서 벗어나 수평적 협업과 공동책임의 문화를 형성한다.

결론적으로, 학습지향성, 심리적 안전감, 참여 기반의 책임구조와 같은 긍정적 조직문화의 요소들은 품질관리 전략이 일회성 과업이 아닌 조직의 철학과 가치로 자리 잡도록 하는 토대가 된다. 사회복지조직이 지속 가능한 품질 향상을 추구하고 실현하려면 무엇보다 구성원들의 사고와 행동을 지배하는 문화적 토양을 풍요롭게 다듬는 데서 출발해야 할 것이다.

4) 품질저해를 유발하는 부정적 조직문화의 양상과 사례

품질관리는 조직 내부의 기술이나 절차에 의해 작동하는 시스템이 아니라, 구성원들이 공유하는 일상적 문화 속에서 실질적인 동력을 얻는다. 따라서 부정적인 조직문화가 자리 잡고 있는 사회복지조직에서는 품질관리 체계가 제대로 작동하지 않거나, 형식적인 절차로 전락할 가능성이 높다. 이러한 문화적 장애 요인은 다양하지만, 그중에서도 다음의 세 가지 유형이 대표적으로 관찰된다.

첫째, 형식주의 문화이다. 이는 품질관리를 외부 평가에 대응하기 위한 수단으로만 인식하게 하여, 실질적 개선 활동을 문서 작업 중심으로 축소시킨다. 형식주의 문화가 자리 잡은 조직에서는 품질 지표가 있더라도 실무자들이 이를 현장 서비스 개선과 연계하기보다는, 정량적 수치 채우기에 집중하게 된다. 그 결과, 품질관리 활동은 '서류용 품질관리'에 머물게 되며, 실질적 성과 향상과는 괴리된다.

이러한 경향은 단일사례에 그치지 않고, 실무자들의 전반적인 인식 속에 구조화되어 있다는 점에서 더욱 심각하다. 실제로 이선영과 김미경(2018)의 연구에 따르면, 한국의 사회복지기관 실무자들은 반복되는 행정 보고와 외형 중심의 성과지표 작성이 실제 서비스 품질 향상과는 유리되어 있으며, 주로 외부 평가 대응에 치중된 '형식적 품질관리'로 기능한다고 인식하고 있다. 또한 내부 회의와 피드백 구조 역시 실질적 개선보다는 형식적 절차로 유지되는 경우가 많다고 응답하였다. 이들은 특히 평가문화가 '이용자 경험과 무관한 수치 경쟁'으로 전락하고 있다고 지적하며, 이는 품질관리의 본래 목적이 흐려지고 제도적 평가에 종속되는 문제로 이어진다.

둘째, 책임 회피 문화이다. 책임 회피 문화는 품질 향상의 기반이 되는 환류(feedback) 시스템을 무력화시키며, 품질 향상을 위한 조직 내 학습과 개선을 원천적으로 차단하는 심각한 장애 요인이다. 이러한 문화에서는 실무자들이 문제나 오류를 공유하기보다는 숨기거나 회피하게 되며, 결과적으로 개선의 기회를 상실하게 된다. 에드먼슨(Edmondson, 1996)은 이러한 조직에서 문제 제기는 책임 전가나 처벌로 이어질 수 있다는 두려움 때문에, 직원들이 침묵하거나 오류를 공유하지 않는 현상이 발생한다고 지적하였다. 우리나라의 사회복지조직에서도 평가나 관찰이 '비난'이나 '징계'로 연결된다고 인식되는 환경에서는 실무자들이 변화를 제안하거나 성찰하기보다는 최소한의 기준만을 충족시키는 방향으로 소극적으로 움직이는 경향을 보인다. 이와 같은 환경에서는 품질관리가 외부 기준 충족에는 일정한 기여를 할 수 있을지언정, 조직 내부의 혁신 동력으로 작동하기는 어렵다.

셋째, 소통 단절과 부서 이기주의이다. 이는 품질관리를 조직 전체 시스템으로 통합하는 데 있어 가장 큰 장애 요인 중 하나로 작용한다. 사회복지조직은 본래 부서 간 협업을 전제로 설계되어 있으나, 수직적 구조나 부서 간 경쟁이 강한 조직에서는 협력보다는 성과 독점, 책임 전가, 정보 은폐와 같은 행태가 강하게 나타난다. 그 결과, 품질 관련 정보의 흐름이 단절되고, 서비스의 연계성과 통합성 또한 약화된다. 예를 들어, 복지사업팀과 행정팀, 사례관리팀이 클라이언트 문제 발생 시 서로 책임을 전가하고 개선 방안을 논의하지 않는 구조에서는 어떤 품질관리 지표도 실효성을 갖기 어렵다. 이 같은 조직에서는 지표를 채우는 활동은 존재해도, 그것이 통합적 서비스 개선으로 이어지는 연결고리가 부재하게 된다.

이처럼 부정적 조직문화는 단순히 서비스 질을 떨어뜨리는 데 그치지 않고, 조직의 책무성과 신뢰도, 구성원의 몰입도까지 저해하는 복합적인 문제를 야기한다. 사회복지조직이 품질관리를 실질적으로 구현하기 위해서는 이러한 문화적 병목 요인을 정확히 인식하고, 조직 차원의 진단과 변화 노력이 병행되어야 할 것이다.

5) 사회복지조직의 특성과 조직문화 형성 전략

사회복지조직은 다양한 외부 요구와 내부 실천 사이에서 고유한 운영 방식을 정립해 온 조직이다. 이러한 조직이 지속 가능한 품질 향상과 서비스 혁신을 달성하기 위해서는 단순한 제도 구축이나 평가체계를 넘어, 조직의 일상 속에 내면화된 가치와 행동양식을 구성하는 조직문화를 전략적으로 설계해야 한다. 특히 사회복지조직은 행정적 통제와 서비스의 자율성이 교차하는 복합적 환경에 놓여 있기 때문에, 구성원의 참여와 몰입을 유도하는 문화적 기반 없이는 품질관리 전략도 형식에 그칠 가능성이 크다. 따라서 본 절에서는 조직문화가 단지 저절로 형성되는 것이 아니라, 조직이 설계하고 조정해 나가야 할 전략적 자산임을 전제로, 사회복지조직에 적합한 조직문화 형성 전략을 살펴보고자 한다.

사회복지조직의 조직문화 형성 과정에는 사실상 몇 가지 구조적 한계가 존재한다. 우선, 재정의 상당 부분을 정부 보조금에 의존하는 구조이기에 행정 보고나 사업성과 관리 등 외형적 기준을 우선시하는 분위기가 형성되기 쉽다. 또한 실무자가 클라이언트와 직접 접촉하는 1차 서비스 제공자인 동시에 정량지표와 예산 집행을 관리해야 하는 복합적 역할 수행자라는 점에서, 조직문화가 일관성을 갖기보다 서로 다른 가치와 기준 사이에서 균열을 경험할 가능성이 높다(김용환, 2016). 이러한 구조적 특수성은 사회복지 조직문화의 형성 과정에서 실무자들의 피로감과 방어적 태도를 유발하며, 조직의 핵심 가치가 일상 속에 내재화되기 어렵게 만든다.

따라서 사회복지조직에서는 일반 기업이나 행정조직과는 다른 차원의 조직문화 형성 전략이 요구된다. 첫째, 조직의 사명과 핵심 가치를 명확히 언어로 구체화하고, 이를 일관되게 공유하는 구조가 마련되어야 한다. 많은 사회복지기관에서 비전이나 미션은 존재하지만, 그것이 구성원들의 일상 실천에 어떻게 연결되는지에 대한 체계적 설명이나 교육은 부족한 경우가 많다. 따라서 조직의 철학이 선언에 머무르지 않고 실천 원칙으로 정착되기 위해서는 핵심 가치 기반의 의사결정 체계와 교육 시스템이 필요하다.

둘째, 사회복지조직은 클라이언트, 가족, 지역사회, 후원자, 행정기관, 민간 협력기관 등 다양한 이해관계자의 요구와 기대가 복합적으로 얽혀 있는 구조를 지니고 있으며, 동시에 정부의 보조금, 평가 기준, 규정된 사업 지침 등에 의해 조직 운영이 엄격히 통제되는 위계적 행정 환경에 놓여 있다. 이러한 특성은 조직 내부의 의사소통 흐름을 경직시키고, 실무자들이 자율적으로 의견을 개진하거나 문제를 제기하는 데 제약을 초래할 수 있다.

따라서 사회복지조직에서는 구성원 간의 심리적 안전감과 수평적 소통구조를 제도적으로 보장하는 것이 무엇보다 중요하다. 특히 행정 중심의 위계적 구조와 형식주의가 뿌리내린 조직 환경에서는 구성원들이 자유롭게 의견을 제시하고, 그 의견이 존중받는다는 '문화적 신뢰'가 조직 내에 정착되어야 한다. 품질관리 회의나 내부 평가는 이러한 신뢰를 구축하고, 조직문화를 재편하는 참여적 실천의 장으로 기능해야 한다.

셋째, 구성원의 자율성과 전문성을 존중하는 기반 위에서 작은 성공 경험을 축적할 수 있는 기회를 제공해야 한다. 변화는 선언이 아니라 경험을 통해 이루어진다. 따라서 조직문화의 변화도 구성원들이 "이 방식이 실제로 작동하더라."는 신뢰를 쌓아 가는 과정을 통해 가능하다.

결국 사회복지조직에서 바람직한 조직문화를 형성하기 위한 전략은 단순한 규범 강조가 아니라, 구성원의 실천 기반과 일치하는 구조적·정서적 환경을 조성하는 일이다. 제도는 문화로 이어져야 하고, 문화는 제도를 통해 실현되어야 한다. 따라서 조직문화는 형성되는 것이 아니라, 설계되고 조정되어야 할 전략적 요소임을 인식하는 것이 중요하다.

Part 4 사회복지행정의 가치 실현과 미래 대응

사회복지행정의 윤리와 책무성

사회복지조직은 클라이언트의 삶에 직접적으로 영향을 미치는 공공서비스 기관으로서, 운영 전반에 걸쳐 윤리성과 책무성을 핵심 가치로 삼아야 한다. 사회복지실천이 점점 복잡하고 다층화되는 현실 속에서, 행정적 판단과 조직 운영의 모든 단계는 단순한 절차적 정당성에 머물지 않고, 윤리적 타당성과 공공적 책임을 동반해야 한다. 이는 사회복지조직이 외부 환경에 수동적으로 대응하는 존재가 아니라, 지역사회에서 신뢰관계를 주도적으로 형성하고 유지해 가는 윤리적 주체로 기능해야 함을 뜻한다.

본 장에서는 먼저 사회복지행정의 윤리적 기반과 개념을 설명하고, 사회복지행정가가 갖추어야 할 윤리적 정체성과 실천 책임을 고찰한다. 이어서 실제 조직 운영에 요구되는 윤리 기준과 행동 강령의 구체적 요소, 관리자 차원의 윤리적 리더십과 윤리 시스템 구축 전략을 제시한다. 이러한 내용을 바탕으로 윤리적 책무성을 조직 운영의 전략으로 구체화하는 방안을 모색하며, 학습자는 사회복지조직에서 윤리성과 책무성이 단지 규범적 이상을 넘어, 조직의 정체성과 지속 가능성을 결정짓는 전략적 기반임을 인식하게 될 것이다.

1. 사회복지행정에서의 윤리적 기반과 개념

사회복지행정은 단순한 관리와 기술의 영역을 넘어, 공공성과 인간 존엄의 가치를 실현하는 실천적 과정이라는 점에서 윤리적 성격을 강하게 지닌다. 일반 행정이 주로 효율성과 절차적

합리성을 중시한다면, 사회복지행정은 '누구를 위한, 어떤 목적의 행정인가'에 대한 질문에서 출발한다. 이 같은 특성은 사회복지행정가가 단순한 자원 관리자가 아니라, 사회적 약자를 위한 공익과 도덕적 책임을 실현하는 전문가로 기능해야 함을 의미한다.

사회복지실천 현장에서 윤리는 종종 사회복지사 개인의 직업윤리로 축소되곤 하지만, 행정 운영 전반에 걸쳐 윤리는 조직 수준의 가치 판단과 깊이 연결된다. 예를 들어, 사회복지조직의 예산 배분, 대상자 선정, 서비스 우선순위 결정 등의 과정은 단순한 기술적 판단을 넘어, 어떤 필요를 우선시할 것인지에 대한 윤리적 선택을 요구한다. 이러한 차원에서 사회복지조직은 효율성이라는 행정 원칙만으로 운영될 수 없으며, 공익이라는 가치에 근거한 윤리적 기준을 반드시 내면화해야 한다.

1) 행정윤리와 사회복지윤리의 차이와 접점

사회복지행정은 공공부문 행정으로서의 속성과 동시에 인간 중심 실천의 특성을 함께 지니므로, 행정윤리와 사회복지윤리의 접점에서 복합적인 윤리적 사고가 요구된다. 이는 두 윤리체계의 조화로운 적용을 통해 조직의 정당성과 실천의 정당성을 동시에 확보해야 함을 의미한다.

행정윤리는 공공조직의 구성원이 직무를 수행함에 있어 따라야 할 윤리적 기준을 의미하며, 주로 법적 정당성, 절차적 투명성, 권한 남용 방지, 부패 금지, 이해충돌 회피 등을 포함한다. 이러한 기준은 공공행위의 일관성과 예측 가능성, 그리고 시민에 대한 책임성을 보장하는 제도적 장치로 기능한다. 따라서 행정윤리는 정책집행 과정에서 특정 개인의 권리보다 사회 전체의 질서와 안정, 그리고 공공성의 확보를 주요 목적으로 한다.

반면, 사회복지윤리는 사회복지사가 클라이언트와 맺는 실천관계에 기반한 가치체계로, 인간 존엄성, 자기결정권, 사회정의, 권한 부여, 차별 금지 등을 중심 원리로 삼는다(NASW, 2021). 사회복지사는 행정적 규범이나 제도적 한계보다는 개별 클라이언트의 욕구와 권리를 우선시하는 입장을 취한다. 예컨대, 위기 상황에 놓인 클라이언트가 자격 요건에서 소폭 벗어난 경우, 사회복지사는 규정보다 대상자의 긴급성과 보호 필요성을 우선 고려하게 된다.

이처럼 두 윤리는 지향점에서 뚜렷한 차이를 보인다. 즉, 행정윤리는 제도적 정당성과 질서를, 사회복지윤리는 실천적 정의와 인간 중심의 가치를 각각 중시한다. 이러한 차이는 사회복지행정가가 단순한 절차 집행자가 아니라, 행정의 윤리성과 실천의 도덕성 사이에서 조화를 이루는 가치 판단자로서의 역할을 수행해야 한다는 사실을 보여 준다.

그러나 이 둘이 결코 충돌만 하는 것은 아니다. 실제 현장에서는 행정윤리와 사회복지윤리가 서로 보완적으로 작용하며 조직의 신뢰성과 실천의 정당성을 동시에 확보하는 기반이 된다. 행정윤리가 제도적 안정성과 공공성을 담보한다면, 사회복지윤리는 인간 중심의 실천과 개별 욕구에 대한 민감성을 조직 안에 불어넣는다. 예를 들어, 복지서비스 신청 과정에서 표준화된 절차(행정윤리)를 따르면서도, 클라이언트의 문화적 배경이나 긴급성을 고려한 융통성 있는 판단(사회복지윤리)이 병행될 수 있다면, 이는 보다 공정하면서도 실질적인 서비스 제공으로 이어질 수 있다.

오늘날 사회복지조직은 공공기관이든 민간기관이든 관계없이 외부 정책 압력, 성과 중심 평가, 민원 대응 등 복합적인 윤리적 도전에 직면해 있다. 이러한 환경에서는 단순히 규정을 준수하는 차원을 넘어, 법적 책임과 도덕적 책임 간의 균형, 제도적 정의와 실천적 정의 사이에서 조직의 윤리적 정체성을 세워야 한다. 결국 사회복지행정가는 제도의 합법성과 실천의 정당성을 동시에 고려하는 윤리적 중재자로서의 전문 역량을 갖추어야 한다(김영종, 2023).

따라서 사회복지행정에서 윤리란 선택적 요소가 아니라, 행정의 모든 과정에 내재되어야 할 필수적 기준이다. 행정윤리와 사회복지윤리 간의 균형과 조화를 모색하는 노력은 조직의 윤리적 책무성을 강화하고, 실천 현장에서의 신뢰와 정당성을 확보하는 데 핵심적인 과제라 할 수 있다.

2) 사회복지행정의 윤리적 책임 주체

사회복지행정은 조직 차원의 기획과 집행, 평가를 통해 공공의 이익을 실현하는 복합적인 실천 과정이기 때문에, 그 윤리적 책임도 단순히 사회복지사 개인에게 국한되지 않는다. 사회복지현장에서 윤리는 종종 사회복지사 개인의 도덕성 혹은 직업윤리로 좁게 이해되지만, 실제로는 조직 전체가 공유하고 실현해야 할 구조적 책무이다. 특히 관리자와 정책 결정자의 역할은 조직 윤리 구현에 있어 결정적인 영향력을 행사한다.

사회복지조직의 윤리적 실천은 개별 사회복지사의 태도와 실천윤리, 관리자와 리더십 차원의 운영윤리, 그리고 조직 차원의 제도와 문화로서의 윤리적 책무성이라는 세 층위에서 동시에 이루어진다. 여기서 조직 차원의 윤리적 책무성이란 윤리규범을 단지 문서화하는 데 그치지 않고, 그것이 서비스 실천과 의사결정 전반에 자연스럽게 작동하도록 제도와 문화를 정비하는 것을 의미한다.

먼저, 개별 사회복지사는 클라이언트와의 1차적 접점을 형성하고, 인권 존중, 자기결정권 보장, 비밀보장, 차별 금지 등 클라이언트와의 관계에서 윤리 원칙을 가장 먼저 직접 실천하는 주체이다. 그러나 사회복지사는 자신이 속한 조직의 정책이 이러한 윤리와 충돌할 경우, 문제를 제기하고, 개선을 촉구해야 할 책임이 있다(NASW, 2021). 예를 들어, 서비스 이용 기준이 클라이언트의 욕구를 충분히 반영하지 못할 경우, 사회복지사는 이를 단지 집행하는 역할에 머무르지 않고, 클라이언트를 대변할 윤리적 의무가 있다.

한편, 관리자와 리더는 조직 내 윤리 기준을 수립하고 조정하는 핵심 역할을 수행한다. 서비스 대상, 자원 배분, 직원 배치 등 운영 전반에 실질적 결정권을 갖고 있는 이들은 모든 결정이 클라이언트의 권리와 어떻게 연계되는지를 성찰해야 한다. 예컨대, 효율성을 이유로 특정 취약계층의 참여 기회를 제한하거나, 민원 가능성을 우려해 특정 클라이언트군을 배제하는 결정은 윤리적으로 심각한 문제를 야기할 수 있다. 따라서 관리자는 이러한 윤리적 판단을 제도화하고 실천으로 전환할 수 있는 내부 시스템을 마련해야 하며, 구성원들이 윤리적 고민을 자유롭게 토론할 수 있는 환경을 조성해야 한다.

마지막으로, 조직 전체는 하나의 윤리적 행위 주체로서 사회적 책임을 져야 한다. 특히 사회복지조직은 공공재를 기반으로 운영되는 기관인 만큼, 재정의 투명성, 서비스의 정당성, 지역사회와의 도덕적 관계 유지 등 모든 운영 과정에서 윤리성을 요구받는다(박용순, 2023). 이는 단지 회계 투명성이나 서비스 성과 보고에 그치지 않고, 클라이언트와 지역사회의 눈높이에 부합하는 도덕적 정당성 확보까지 포함하는 개념이다.

이처럼 사회복지행정에서 윤리의 책임 주체는 단일하지 않다. 개별 사회복지사가 현장에서 책임을 다하더라도, 관리자와 조직이 구조적으로 윤리적 기준과 절차를 마련하지 않으면 실질적인 개선은 불가능하다. 반대로, 조직이 아무리 윤리 강령을 갖추고 있더라도, 개별 구성원이 이를 체화하지 못하면 제도는 공허한 선언에 그치게 된다. 따라서 윤리는 개인과 조직, 규범과 문화, 규칙과 감수성이 함께 작동하는 집합적 시스템으로 이해되어야 하며, 각 주체는 자신의 권한과 위치에 맞는 윤리적 책무를 다해야 비로소 윤리적 행정이 실현될 수 있다.

사회복지행정의 윤리적 책임은 클라이언트의 삶에 직·간접적으로 영향을 미친다. 그러므로 조직의 모든 결정은 단지 '무엇이 합법적인가'가 아니라, '무엇이 윤리적으로 옳은가'를 중심에 두고 이루어져야 하며, 이는 사회복지조직이 사회적 신뢰를 구축하고 유지하는 핵심 조건이 된다.

3) 윤리적 조직문화의 중요성

사회복지행정에서 윤리는 단지 강령이나 규칙으로 존재하는 것이 아니라, 조직 내부의 분위기와 상호작용, 리더십, 일상적 실천의 흐름 속에 내재되어야 한다. 다시 말해, 윤리는 문서로만 존재하는 추상적 원칙이 아니라, 조직문화로 체화되고 작동할 때 비로소 실질적인 힘을 발휘하게 된다. 윤리적 조직문화는 구성원이 외부의 규제나 감독 없이도 자율적으로 윤리적 판단을 내리고 실천할 수 있는 내부 동력이며, 이는 조직의 신뢰성과 지속 가능성을 결정짓는 핵심 요소로 작용한다.

조직의 윤리 수준은 실제로 강령의 내용보다 윤리적 조직문화의 형성 수준, 즉 구성원들 사이에 형성된 분위기와 무언의 규범, 그리고 관리자들의 언행에 의해 더 강하게 드러난다. 예를 들어, 윤리교육이 정기적으로 이루어지고, 직원 간의 피드백이 개방적으로 오가는 조직은 윤리적 기준이 문화 속에 자연스럽게 자리 잡을 가능성이 크다. 반대로, 윤리 강령이 존재하더라도 관리자들이 결과 위주로 업무를 독려하고, 부정행위에 대한 제재가 없거나 침묵으로 일관한다면 구성원들은 이를 통해 '윤리는 보여 주기용'이라는 인식을 갖게 된다. 결국 조직문화는 윤리를 '실천 가능한 기준'으로 만들기도 하고, '무의미한 선언'으로 만들기도 한다.

윤리적 조직문화를 구성하는 주요 요소는 여러 가지가 있으나, 다음과 같은 측면에서 구체적으로 살펴볼 수 있다.

무엇보다 중요한 것은 윤리적 리더십의 실현이다. 조직의 리더는 단지 운영을 총괄하는 관리자가 아니라, 조직의 가치와 방향을 제시하고 실현하는 윤리적 기준점이 되어야 한다. 리더가 결정 과정에서 공정성과 투명성을 유지하고, 결과보다 과정과 책임을 중시하는 태도를 지속적으로 보일 때, 구성원들은 이를 실천모델로 인식하게 된다. 연구에 따르면, 윤리적 리더십이 강한 조직일수록 구성원의 직무 만족도와 윤리 감수성이 높게 나타나는 경향이 있다(강욱모, 2023). 다시 말해, 리더의 언행은 조직 전체의 분위기를 규정하는 데 결정적인 영향을 미친다.

또한 자유롭고 수평적인 의사소통 구조는 윤리적 조직문화 정착의 필수적 조건이다. 윤리적 문제는 겉으로 쉽게 드러나지 않는 경우가 많으며, 구성원이 느끼는 불편함이나 의심이 조직 내에서 자연스럽게 이야기되지 못하면, 문제를 인식할 기회 자체가 사라질 수 있다. 반대로, 구성원이 관리자에게 윤리적 우려를 제기했을 때, 그것이 무시되지 않고 진지하게 검토되고 적절한 대응이 이루어진다면, 조직은 '윤리를 실천하는 곳'이라는 신뢰를 얻게 된다. 이는 윤리를 조직문화 속에서 살아 숨 쉬는 원칙으로 만드는 핵심 기제가 된다.

윤리적 조직문화를 구성하는 또 다른 주요 요소는 지속적인 윤리교육과 감수성 향상 훈련이다. 조직문화는 반복적 학습을 통해 형성되므로, 윤리적 기준도 교육과 훈련을 통해 내면화되어야 한다. 특히 강의식 규범 교육보다는, 실제 현장에서 발생 가능한 윤리적 딜레마를 바탕으로 한 사례 토론, 역할극, 동료 피드백 등의 상호작용적 학습이 효과적이다. 이러한 방식은 구성원들이 단순히 윤리를 암기하는 것이 아니라, 구체적인 상황에서 스스로 판단하고 실천할 수 있는 능력을 기르는 데 초점을 맞춘다. 따라서 윤리적 판단은 단일한 정답을 요구하기보다는 다양한 관점을 존중하고 함께 고민할 수 있는 학습 환경 속에서 더욱 강화된다.

마지막으로, 윤리 문제를 구조적으로 다룰 수 있는 제도적 장치의 마련도 윤리적 조직문화를 조성하는 데 필수적인 요소이다. 윤리위원회의 설치, 내부 고충접수 창구, 제보자 보호 시스템 등은 조직이 윤리를 일시적 캠페인이 아니라 지속적 과제로 인식하고 있다는 상징이 된다. 이들 제도는 단지 사건 발생 시 문제해결의 수단일 뿐 아니라, 구성원들에게 "이 조직은 윤리를 중요하게 생각하고, 책임질 준비가 되어 있다."는 메시지를 전달한다. 실효성 있는 윤리 시스템은 구성원에게 안정감을 제공하고, 윤리 실천에 대한 확신을 높여 준다.

결론적으로, 윤리적 조직문화는 일시적 캠페인이나 외부 평가를 통해 형성되는 것이 아니라, 조직 구성원들이 일상에서 겪는 경험과 상호작용, 리더십, 지속적 학습과 피드백의 축적을 통해 구축되는 문화적 성과물이다. 이러한 문화가 정착된 사회복지조직은 일상적인 판단에서도 가치 기준이 분명하며, 위기 상황 속에서도 공공성과 클라이언트 중심성을 잃지 않는 행정 실천을 지속할 수 있다.

4) 사회복지행정 윤리의 미래 과제

사회복지행정은 시대의 변화 속에서 끊임없이 새롭게 등장하는 문제와 가치를 다루어야 하며, 이에 따라 윤리적 기준 역시 고정된 규범이 아니라 진화하는 기준으로 작동해야 한다. 과거에는 클라이언트의 자기결정권 보장이나 비밀보장, 공정한 자원 분배 등이 윤리의 핵심 영역이었다면, 오늘날에는 기술 변화, 정책 환경의 복잡성, 사회구조의 다원화로 인해 더욱 다양한 윤리적 도전이 등장하고 있다.

(1) 디지털 기술 환경에서의 윤리 과제

현대 사회복지행정은 정보기술을 적극적으로 도입하면서 서비스 전달 효율성을 높이고 있다. 하지만 이러한 정보기술의 도입은 동시에 개인정보 보호, 알고리즘 편향, 디지털 접근성 문제와 같은 새로운 윤리 이슈를 부각시키고 있다. 예컨대, 클라이언트의 사례정보가 통합전산망에 기록되고 타 기관과 공유될 경우, 당사자의 사전 동의 범위와 정보 활용의 투명성은 반드시 윤리적으로 검토되어야 할 사안이 된다. 또한 인공지능(AI)을 활용한 위기예측 모델이나 자원배분 알고리즘이 클라이언트에 대한 편향된 판단을 내릴 가능성도 제기된다. 따라서 사회복지조직의 관리자는 이러한 기술의 도입이 효율성을 강화하는 동시에, 누구를 배제하거나 낙인찍는 방식으로 작동하지 않는지 비판적으로 검토할 책임이 있다. 기술은 도구일 뿐이며, 이를 어떻게 설계하고 사용하는지는 궁극적으로 윤리의 문제이다.

(2) 성과 중심 환경 속에서의 윤리 갈등

최근 사회복지행정의 운영 환경은 성과 중심의 평가 압력과 서비스 표준화의 요구가 점차 강화되는 방향으로 변화하고 있다. 이러한 상황은 단기성과를 중시하는 분위기를 만들고, 윤리적으로는 과잉 개입, 불필요한 서비스 중복 제공, 사각지대 회피와 같은 왜곡을 초래할 수 있다. 예컨대, 프로그램 평가지표를 만족시키기 위해 서비스 이용자를 실제 필요보다 더 많이 동원하거나, 평가 점수가 낮게 나올 수 있는 고위험군 대상자를 회피하는 일은, 소위 '크리밍 효과(creaming effect)'로 지칭되는 대표적 윤리 왜곡 현상이다.

이는 사회복지조직이 정량적 실적을 달성하는 기관이 아니라, 인간 존엄과 사회정의를 구현하는 공공조직이라는 본래의 존재 이유를 흐릴 수 있는 심각한 위험을 내포한다. 따라서 사회복지행정가는 행정 실천 전반에서 성과 중심 관리와 윤리 기준 간의 균형을 적극적으로 모색해야 하며, 실적 평가는 단순 수치가 아닌 서비스의 질적 영향과 도덕적 정당성까지 함께 고려하는 방향으로 재설계해야 한다. 이는 사회복지행정의 신뢰성과 공익성을 동시에 확보하는 데 필수적인 윤리적 과제라 할 수 있다.

(3) 복잡하고 다원화된 클라이언트 환경

현대 사회는 다양한 삶의 양식과 정체성을 가진 클라이언트 집단이 증가하고 있으며, 이에 따라 사회복지행정의 윤리적 판단도 점점 더 복합적이고 민감한 접근을 요구받고 있다. 다문화가정, 이주민, 성소수자, 노숙인, 정신질환자 등 사회적 소수 집단의 등장과 확대는 기존의 획일적인 행정 기준만으로는 이들의 다양한 욕구와 권리를 충분히 반영하기 어렵다는 인식을 강화시키고 있다. 이러한 맥락에서 사회복지행정가는 단순히 법령과 규정을 기계적으로 적용하는 수준을 넘어, 문화적 이해와 포용성, 그리고 차별 감수성을 바탕으로 한 윤리적 판단 역량을 갖추어야 한다.

특히 동일한 서비스 기준이 모든 사람에게 동일한 결과를 보장하지 않는 현실에서, 형식적 평등(모든 사람에게 동일한 절차와 기준을 적용하는 것)과 실질적 정의(개인의 상황과 필요에 따라 차등적으로 접근하는 것) 사이의 윤리적 조율은 더욱 핵심적인 과제로 부상하고 있다. 예를 들어, 동일한 수급 자격 기준이 문화적 배경이나 제도 접근성의 차이로 인해 일부 소수자 집단에게는 배제의 기제로 작용할 수 있다는 점에서, 사회복지행정가는 기준의 형평성과 적용 방식의 유연성을 함께 고려해야 한다.

결국 사회복지행정가는 제도 운영자로서의 역할을 수행함과 동시에, 다양한 사회적 배경을 지닌 이용자들의 권리를 옹호하고 이들을 제도 안으로 포섭하는 '다양성의 대변자'로서의 역할도 함께 수행해야 한다.

(4) 윤리 기준의 유연성과 체계화

전통적인 윤리 강령은 사회복지실천 전반에 적용될 수 있는 보편적 원칙을 담고 있지만, 오늘날의 복잡하고 변화무쌍한 실천 현장 환경에서는 이러한 원칙들이 단일한 방식으로 적용되기 어려운 경우가 많다. 윤리란 고정된 선언이나 규범에 머무는 것이 아니라, 사회복지사가 일상 업무에서 직면하는 다양한 상황과 가치 갈등 속에서 상황에 맞게 적용되고 판단되어야 할 기준이다.

이러한 실천적 윤리 구현을 위해서는 각 조직이 처한 맥락에 적합한 방식으로 윤리 기준을 구체화할 필요가 있다. 예를 들어, 내부 업무 지침에 윤리 판단의 고려 요소를 명시하거나, 실제 현장에서 발생했던 사례를 기반으로 한 윤리교육을 정기적으로 실시하며, 개별 사회복지사들이 자신의 판단을 되돌아보고 피드백을 받을 수 있는 구조적 장치를 마련하는 것이 효과적이다. 이를 통해 윤리는 단지 준수해야 할 외부의 규율이 아니라, 사회복지사 스스로가 내면화하고 일상적으로 실천하는 행동 원칙으로 자리매김할 수 있다.

또한 윤리 기준의 유연성은 조직 내부에서만 해결될 문제가 아니다. 지역 간, 기관 간의 실천 환경이 상이한 만큼, 동일한 윤리 기준이라 하더라도 해석과 적용에 있어 편차가 발생할 가능성이 있다. 이러한 불균형을 방지하기 위해서는 중앙 차원의 통합적 지침과 각 기관의 자율적 판단이 유기적으로 연결될 수 있는 윤리체계의 설계가 요구된다. 즉, 국가나 중앙 전문기관이 제공하는 윤리 가이드라인은 각 조직의 현장 적용에 참고 가능한 기준점이 되어야 하며, 동시에 각 기관은 그 기준을 바탕으로 자율적 판단을 존중받는 운영 시스템을 갖출 수 있어야 한다.

결국 윤리 기준의 체계화란 단지 일률적인 규범을 정립하는 데 그치는 것이 아니라, 사회복지사가 스스로 성찰하고 타인의 조언을 수용하며, 상황에 맞는 윤리적 결정을 내릴 수 있도록 돕는 유연하고 구조화된 환경을 조성하는 일이다. 이는 윤리를 통제의 도구가 아닌, 지원의 기반으로 인식하고, 조직 전체가 윤리적 실천을 가능하게 하는 환경을 함께 조성해 나가야 함을 의미한다.

2. 사회복지행정가의 윤리적 책무와 리더십

앞서 살펴본 바와 같이, 사회복지조직의 윤리적 실천은 조직 차원의 가치 기반과 제도적 시스템을 토대로 형성된다. 즉, 조직은 윤리적 분위기를 조성하고, 정책과 절차를 통해 윤리 기준을 체계화함으로써 구성원 모두가 윤리적 책임을 공유하도록 유도한다. 이는 윤리를 조직의 문화로 정착시키기 위한 구조적 접근이라 할 수 있다.

특히 사회복지행정가는 조직의 정책을 단순히 집행하는 기술 관료가 아니라, 조직의 가치와 방향을 설정하고 조율하며, 실천 현장에서 사회복지의 공공성과 윤리성을 구현해 가는 전문가이다. 사회복지행정가는 클라이언트의 삶에 중대한 영향을 미치는 정책과 자원을 설계하고 집행하는 역할을 수행함과 동시에, 조직 구성원 간의 관계와 외부 이해관계자와의 소통을 조정하는 다층적 책임을 갖는다. 이러한 이중성과 다중적 책임 속에서 행정가는 끊임없이 윤리적 판단을 요하는 복잡한 상황에 직면하게 된다. 이에 따라 행정가는 단순히 실적을 관리하거나 사회복지서비스를 전달하는 기능적 역할에 머무르지 않고, 윤리적 리더십과 자기 성찰을 바탕으로 실천의 방향을 주도하는 핵심적인 실천 주체로 기능해야 한다.

이에 본 절에서는 전문직 윤리의 개념을 검토하고, 사회복지행정가가 실천 과정에서 마주하는 윤리적 갈등을 분석하며, 궁극적으로 지속 가능한 윤리 실천을 위한 학습과 성찰 전략을 제시하고자 한다. 이는 사회복지행정가가 단지 제도 속의 집행자에 머무르지 않고, 윤리적 전문직 실천가로 성장해 가기 위한 내적 기반을 강화하는 데 중요한 이론적 토대가 될 것이다.

1) 전문직 윤리의 개념

사회복지행정가는 사회복지의 이념과 철학을 바탕으로, 다양한 행정적 결정과 조직 운영을 통해 사회적 약자의 권리를 옹호하고 사회정의를 구현하는 실천적 주체이다. 이 역할은 일반적인 행정기술자와 구별되는 전문직 실천가로서의 정체성을 요구하며, 바로 이 지점에서 전문직 윤리의 중요성이 강조된다.

전문직 윤리란 특정 직업이 단순한 고용관계를 넘어서, 사회로부터 일정한 권한과 책임을 위임받은 전문 분야 종사자들이 공유해야 할 가치와 행동 기준을 의미한다(Banks, 2012; Reamer, 2006). 이러한 윤리는 구성원 개개인의 선의나 도덕성에만 의존하는 것이 아니라, 해당 직업이 수행하는 사회적 기능과 그에 대한 공공의 신뢰를 전제로 한 윤리적 책무라 할 수 있다. 의사,

교사, 변호사, 언론인 등 전통적 전문직들이 각기 고유의 윤리 강령과 전문 규범을 갖고 있는 것처럼, 사회복지행정가 역시 자신의 판단과 행동이 단순한 법적 합법성을 넘어, 사회적 정당성과 도덕적 책임성을 충족해야 한다는 요구를 받는다(박용순, 2023; Dolgoff et al., 2005).

사회복지행정에서 전문직 윤리가 특히 중요한 이유는, 이 분야가 인간의 복잡한 삶의 조건과 문제를 다루며, 그 실천이 클라이언트의 존엄성과 권리에 직접적인 영향을 미치기 때문이다. 따라서 사회복지행정가의 윤리는 단지 오류나 위법을 예방하는 수단이 아니라, 서비스 대상자의 권익을 보호하고 공공의 신뢰를 유지하기 위한 실천의 핵심 원리로 작동해야 한다.

이런 점에서 전문직 윤리는 복잡하고 모호한 상황에서 사회복지행정가가 윤리적 판단을 내릴 수 있는 기준점이 되며, 동시에 직무 수행의 전문성과도 긴밀하게 연결되어 있다. 이는 단순히 주어진 업무를 잘 수행하는 것을 넘어서, 자기결정력과 책임감을 바탕으로 독립적 실천이 가능한 태도를 포함한다. 사회복지행정가는 단순한 정책집행자가 아니라, 실행 과정에서 발생하는 가치 충돌과 현실적 문제를 스스로 해석하고 판단할 수 있어야 하며, 이를 위해서는 전문직 윤리가 지속적으로 내면화되어야 한다.

결국 전문직 윤리는 자율성과 책임성의 균형을 가능하게 하는 실천 기반이며, 이는 곧 행정가가 윤리적 전문직 실천가로 자리매김하기 위한 핵심 조건이다. 이를 위해 사회복지행정가는 전문직 윤리에 대한 지속적인 학습과 성찰을 통해 자신의 실천 기준을 정립하고, 그 판단과 행동에 책임을 지는 자세를 갖추어야 한다. 아울러 조직 차원에서도 이러한 실천을 뒷받침할 수 있는 윤리적 문화와 환경이 함께 조성되어야 한다(Brookfield, 1995).

2) 사회복지행정가의 윤리적 갈등

사회복지행정가는 전문직 실천가로서 고유의 윤리적 기준과 책임 의식을 갖추어야 한다. 그러나 실제 사회복지행정의 실천 현장에서는 이러한 정체성이 구조적 제약, 직무에 대한 외부 기대, 정책 환경의 요구와 충돌하는 상황에 자주 직면하게 된다. 이러한 충돌은 사회복지행정가가 자신의 전문직 정체성을 확립하고 유지하는 데 지속적인 긴장과 윤리적 딜레마를 유발한다. 특히 행정가는 정책 집행자로서의 역할과 동시에 조직 리더, 실천가, 관리자, 그리고 공공성과 책무성을 갖춘 윤리적 판단 주체로서 다중적인 역할을 수행해야 한다는 점에서 다양한 수준의 갈등에 노출된다.

대표적인 갈등 중 하나는 조직의 행정적 요구와 전문직 윤리 기준 사이의 충돌이다. 예를 들어, 예산의 효율적 집행이라는 조직의 목표는 실적 중심의 서비스 운영을 요구하게 되며, 이는 정형화된 절차와 빠른 처리 속도를 강조하게 된다. 반면, 클라이언트의 복잡한 욕구는 이러한 방식으로 충분히 반영되기 어려우며, 개별 상황을 고려하지 못한 획일적 서비스는 오히려 부적절한 개입으로 이어질 수 있다. 이때 사회복지행정가는 조직의 성과 기준을 우선할 것인지, 아니면 클라이언트 중심의 윤리적 실천 원칙을 고수할 것인지에 대한 깊은 딜레마에 놓이게 된다 (Congress, 2000; Munson, 2002).

또한 행정가는 정책 및 사업 기획 과정에서 한정된 자원을 어떻게 배분할 것인지, 또는 어떤 대상자에게 우선적으로 서비스를 제공할 것인지에 대한 판단을 내려야 한다. 이 과정에서 사회적 취약성과 서비스 필요도, 제도상 자격 기준이 충돌할 경우, 형식적 평등과 실질적 정의 사이의 윤리적 균형을 요구받는다. 예컨대, 동일한 기준을 적용했음에도 불구하고 일부 집단이 체계적으로 배제되는 결과가 초래될 경우, 행정가는 제도의 정당성과 실천의 정당성 사이에서 복합적인 윤리적 고민에 직면하게 된다.

이 외에도 사회복지조직의 리더로서 행정가는 내부 인력 배치, 팀 구성, 리더십 발휘와 관련된 의사결정에서도 윤리적 갈등에 놓인다. 예를 들어, 한정된 인력과 자원 속에서 어떤 부서에 우선적으로 인력을 배치할지, 어떤 기준으로 승진과 역할 분담을 정할지에 따라 조직 내 공정성과 신뢰, 그리고 서비스 품질에까지 영향을 미칠 수 있다. 특정 직원에게 과도한 업무를 집중시키거나, 상급자의 판단만으로 주요 결정을 내리는 방식은 구성원 간 불신을 초래하고, 결과적으로 조직 윤리를 훼손할 수 있다. 이처럼 행정가의 리더십 결정은 단순한 운영상의 문제가 아니라, 조직문화와 윤리 기반을 형성하는 핵심적 지점이 된다.

나아가, 외부 평가 기관이나 지방정부로부터 강도 높은 성과 목표 달성 압박을 받는 상황에서는 실적을 맞추기 위해 서비스의 질을 희생하거나 보고 수치를 조작하는 유혹에 직면할 수 있다. 예산 삭감으로 특정 프로그램을 폐지하거나 인력을 감축해야 하는 경우, 조직의 재정적 안정성과 서비스 이용자의 권익 보호 사이의 가치 충돌이 발생하기도 한다. 이처럼 행정가는 기술적 효율성과 윤리적 정당성이라는 이중의 잣대 아래에서 끊임없는 판단을 요구받는다 (Banks, 2012; Garrow & Hasenfeld, 2012).

이러한 윤리적 갈등 상황은 단일한 정답을 요구하기보다, 복잡한 판단과 선택을 필요로 하는 다층적 실천의 장이다. 사회복지행정가의 윤리적 정체성은 고정된 것이 아니라, 이러한 갈등 상황 속에서 지속적으로 조정되고 재구성되는 동적인 과정에 의해 형성된다. 따라서 행정가는 급변하는 정책 환경과 현장의 요구 속에서 자신의 윤리 기준을 수시로 점검하고, 각 상황에 적합한 판단 전략을 스스로 정립해 나가야 한다.

이를 가능하게 하기 위해서는 개인적 성찰만으로는 충분하지 않다. 윤리적 갈등을 논의하고 조율할 수 있는 동료 간의 성찰적 대화, 자문 기구, 조직 차원의 윤리지지 구조 등이 제도적으로 뒷받침되어야 한다. 나아가 장기적으로는 이러한 갈등을 은폐하거나 회피하는 문화가 아니라, 이를 공론화하고 전문직 정체성을 존중하는 윤리 중심의 행정 문화를 정착시켜야 할 것이다.

3) 학습과 성찰 기반의 윤리 전문성 개발 전략

사회복지행정가는 다양한 이해관계와 제도적 제약이 복합적으로 얽힌 환경에서 끊임없이 윤리적 판단을 요구받는 존재이다. 따라서 단 한 번 정립된 윤리 의식이나 직업 가치만으로는 변화하는 행정 현실에 효과적으로 대응하기 어렵다. 전문직 실천가로서 윤리를 일관되게 실현하기 위해서는 지속적인 학습과 반성적 성찰이 반드시 수반되어야 한다. 이는 단순히 윤리 강령을 반복 학습하거나 형식적으로 교육받는 차원을 넘어, 자신의 판단과 행동을 비판적으로 되돌아보고, 변화하는 사회적 맥락에 능동적으로 반응할 수 있는 윤리적 자기갱신 능력을 기르는 과정이다(Brookfield, 1995).

이러한 자기갱신이 실제로 작동하려면, 행정 실천 과정에서 윤리를 체계적으로 학습하고 성찰할 수 있는 구체적인 전략들이 마련되어야 한다. 다음은 윤리적 전문성을 향상시키기 위한 네 가지 주요 접근 방식이다.

첫째, 윤리적 감수성을 높이기 위한 정기적인 학습 기회가 제도적으로 보장되어야 한다. 이는 단순한 규정 교육을 넘어, 실제 사례를 중심으로 다양한 시각과 판단을 공유하는 참여형 교육이 되어야 한다. 특히 관리자나 리더급 사회복지사의 경우, 윤리적 리더십에 대한 교육도 병행되어야 하며, 스스로의 경험을 분석하고 통찰로 전환하는 경력 기반 학습(career-based learning)[1]이 중요하다.

둘째, 반성적 성찰(reflective practice)을 통해 자신의 실천 과정을 윤리적으로 재검토하는 전략이 필요하다. 자신이 내린 결정이 어떤 가치에 기반했는지, 누구에게 어떤 영향을 미쳤는지를 자문하고, 그 판단이 정당했는지 판단하는 과정은 실천의 질을 결정짓는 핵심이다. 이러한 성찰은 개인 차원에서 수행될 수도 있지만, 더 효과적인 접근은 조직 차원에서 이를 정례화하

1 경력 기반 학습(career-based learning)은 전문직 교육과 성인학습 영역에서 자주 등장하는 개념으로, 실무자가 자신이 쌓아 온 실제 경험과 현장 경력을 반성적으로 돌아보며, 거기서 의미를 추출하고 새로운 실천적 통찰을 얻는 학습 방식을 말한다. 브룩필드(1995)는 경력 기반 학습을 "성인이 자신의 직무나 사회적 역할에서 겪은 실제 경험을 비판적으로 성찰하고, 그 결과로 더 나은 실천 전략을 구성하는 과정"으로 정의하고 있다.

는 구조적 장치를 마련하는 것이다. 예컨대, 사례회의나 내부 정책 논의 과정에서, 결과 중심의 평가뿐 아니라 의사결정 과정에 포함된 윤리적 고민과 갈등 조정 방식까지 함께 공유하고 검토하는 문화가 필요하다(Banks, 2012).

셋째, 동료 관리자 간 피드백과 윤리 자문 체계를 통해 자신의 판단을 타인과 비교 · 검토하는 기회를 마련해야 한다. 사회복지행정은 고립된 개인의 판단이 아니라, 조직과 외부 이해관계자 간의 집단적 조율 속에서 정당성을 확보해 나가는 과정이다. 따라서 유사한 직무를 수행하는 관리자 간의 경험 공유, 윤리적 딜레마에 대한 토론, 윤리 자문기구의 활용 등은 행정가의 윤리적 판단력을 심화하는 데 기여할 수 있다. 특히 의사결정에 어려움을 느낄 때 공식적 · 비공식적 윤리 지원 구조를 통해 상호 검토를 받는 과정은 행정가의 윤리적 자신감과 책임 의식을 증진시키는 데 효과적이다.

마지막으로, 윤리 학습과 실천은 단절적인 사건 대응이 아니라 일상 속 실천문화의 일부로 자리 잡아야 한다. 윤리는 업무와 별개의 활동이 아니라, 행정 실천의 매 순간에 내재된 가치 판단이기 때문이다. 조직은 구성원이 학습하고 성찰할 수 있는 시간과 분위기, 자율적 공간을 마련해야 하며, 윤리를 실천하는 힘은 외부의 통제나 형식적 제재가 아니라, 스스로 올바른 결정을 내리고자 하는 내적 동기와 전문성에서 비롯된다는 점을 인식해야 한다(Banks, 2012; Kolb, 1984).

결론적으로, 지속적인 학습과 성찰은 사회복지행정가가 단순한 역할 수행자에 머무르지 않고, 자기 판단과 책임을 갖춘 윤리적 전문직 실천가로 성장해 가는 핵심 경로이다. 윤리는 정해진 정답을 반복하는 것이 아니라, 더 나은 판단을 내리기 위해 스스로를 끊임없이 갱신하는 실천의 과정임을 인식할 필요가 있다.

3. 사회복지조직의 윤리 시스템 구축 전략

오늘날 사회복지조직은 단순히 행정 업무를 집행하는 기구가 아니라, 시민의 권익을 보호하고 사회적 약자를 옹호하며, 궁극적으로 사회정의를 구현하는 공적 실천 주체로서의 역할을 요구받고 있다. 이러한 변화는 조직에 요구되는 윤리적 수준과 구조의 범위를 크게 확장시키고 있으며, 윤리는 이제 선택적 가치가 아니라, 제도 운영과 서비스 제공의 기초 인프라로 기능해야 하는 시대적 요청이 되었다(Banks, 2012).

특히 사회복지행정은 서비스 이용자, 정책 결정자, 민간 위탁기관, 지역사회의 다양한 이해관계자들 사이에서 자원과 정보를 조율하는 특성을 가지므로, 조직 내부에서 작동하는 윤리 기준과 판단 체계는 일관되고 체계적으로 설계될 필요가 있다. 그러나 현실에서는 여전히 윤리의 실천이 개별 사회복지사의 양심과 태도에 의존하거나, 조직이 제시한 윤리 강령이 선언적 수준에 머무는 경우가 적지 않다. 이로 인해 동일한 상황에서도 판단이 흔들리거나, 구조적 지원이 부족한 상태에서 사회복지행정가가 윤리적 부담을 단독으로 감당해야 하는 사례도 발생한다(Reamer, 2006).

이러한 한계를 극복하기 위해, 최근에는 윤리 강령이나 규정 자체보다는 그것이 어떻게 조직 내에서 작동하고 실천으로 이어지도록 설계되어 있는지에 주목하는 경향이 강해지고 있다. 즉, 윤리 시스템을 단순한 형식적 지침이 아니라, 조직 운영의 핵심 체계로 이해하고 이를 실질적으로 구축하려는 시도가 확산되고 있다. 실제로 미국 사회복지사협회(NASW)는 윤리 강령뿐 아니라 윤리적 의사결정을 위한 자문 프로세스, 교육체계, 내부 통제 장치 등을 조직 차원의 시스템으로 통합 운영할 것을 권고하고 있다(NASW, 2021).

이를 위해 먼저 윤리 시스템의 개념과 등장 배경을 이해하고, 이후 조직 차원의 구성요소, 윤리 리더십의 역할, 그리고 실천 현장에서 윤리적 기준이 일관되게 작동할 수 있도록 조직이 갖추어야 할 핵심 조건들을 중심으로 논의하고자 한다.

1) 윤리 시스템의 개념과 등장 배경

사회복지조직은 사회적 약자를 위한 서비스를 설계하고 집행하는 실천기관으로서 필연적으로 윤리적 책임을 수반한다. 그러나 사회복지행정은 단순히 선한 의지를 실천하는 과정이 아니며, 자원 배분, 정책 해석, 이해관계 조정 등 복잡한 윤리적 판단을 요구받는 과정이기도 하다. 이러한 구조적 특성 때문에 사회복지행정의 실천에서 마주하는 윤리 문제를 단지 사회복지사 또는 사회복지행정가 개인의 가치관이나 도덕성에만 의존해 해결하기에는 한계가 있다(Banks, 2012).

이러한 현실 인식 속에서 등장한 개념이 바로 윤리 시스템(ethical system)이다. 이는 조직이 윤리적 판단과 실천을 지속적이고 일관되게 수행할 수 있도록 마련해야 할 제도적 장치를 포괄하는 개념이다. 윤리 시스템은 단순한 지침이나 규범의 수준을 넘어, 윤리적 의사결정 절차, 교육훈련 체계, 피드백 구조, 윤리적 문화 조성 등, 윤리 실천을 제도적으로 뒷받침하는 총체적 장치를 포함한다(Schwartz, 2001).

기업 분야에서는 이미 오래전부터 '윤리경영(ethical management)'의 일환으로 윤리 시스템이 도입되었으며, 최근에는 공공 및 민간사회복지조직에서도 이 개념을 본보기 삼아 제도화하려는 움직임이 확대되고 있다(Trevino & Nelson, 2016). 특히 국제표준화기구의 ISO 26000은 조직이 사회적 책임을 이행하기 위한 체계적 기준을 제시하며, 국내 사회복지기관들 또한 이를 참고하여 윤리 실천을 공식화하려는 노력을 강화하고 있다(ISO, 2010).

윤리 시스템의 필요성은 다음과 같은 흐름 속에서 더욱 부각된다. 우선, 사회복지행정가는 일상적으로 윤리적 딜레마에 직면하지만, 공식적인 상담체계나 판단 기준이 부재할 경우 기관 간, 혹은 실무자 간 대응의 편차가 심화될 수 있다. 또한 최근의 행정 환경에서는 외부 평가와 감사에서 윤리성 역시 중요한 평가지표로 간주되고 있으며, 이에 따라 투명하고 일관된 윤리 기준은 조직 운영의 신뢰성을 높이는 핵심 수단이 된다(Congress, 2000). 아울러 사회복지조직은 계층구조와 권한의 차이가 존재하는 집단이기 때문에, 윤리적 실천이 단순한 개별 사회복지행정가의 양심에만 맡겨질 경우, 오히려 내부 권력에 의해 왜곡되거나 침해될 가능성도 존재한다(Banks, 2012).

결국, 사회복지조직이 신뢰받는 윤리적 기관으로 기능하고, 일선 사회복지사를 비롯한 사회복지행정가가 지속 가능한 실천을 수행하기 위해서는 조직 차원의 윤리 시스템 구축이 더 이상 선택이 아니라 필수 조건으로 자리해야 한다. 이는 윤리적 판단을 위한 이론이나 이상이 아니라, 실제 행정 현장에서 실천가들이 자신의 판단에 책임을 지고 조직적 지원을 받을 수 있도록 돕는 제도적 기반이라 할 수 있다.

2) 조직 차원의 윤리 시스템 구성요소

윤리 시스템이 추상적 선언을 넘어서 실질적으로 작동하기 위해서는 조직이 갖추어야 할 구체적인 구성요소들이 제도화되어야 한다. 단순히 윤리 강령을 게시하거나 교육을 일회성으로 실시하는 것만으로는 윤리적 조직문화가 자리 잡기 어렵다. 따라서 사회복지조직은 구조적 차원에서 윤리 판단이 일상적으로 작동할 수 있도록 다음과 같은 요소들을 체계적으로 설계해야 한다(Schwartz, 2001; Trevino & Nelson, 2016).

(1) 윤리 강령 및 실천 지침

윤리 시스템의 가장 기본이 되는 요소는 명확한 윤리 강령과 실천 지침의 수립이다. 윤리 강령은 조직이 추구하는 핵심 가치와 윤리 기준을 선언하는 문서이며, 실천 지침은 이를 실제 행정과 서비스 상황에 어떻게 적용할지를 안내하는 구체적인 기준이다(Banks, 2012). 이러한 문서는 추상적 선언에 그쳐서는 안 되며, 직무 유형별 · 상황별 사례를 포함한 세분화된 지침으로 구성되어야 한다. 예를 들어, 미국 사회복지사협회(NASW)의 윤리 강령은 전자기술 활용, 전문가 간 협업, 개인정보 보호 등 구체적 사안에 대한 기준을 제공하고 있다(NASW, 2021).

(2) 윤리적 의사결정 구조

사회복지조직에서 윤리적 판단은 사회복지사나 행정가의 주관에 의존하기보다는 조직 차원의 집단적 · 절차적 판단을 통해 이루어져야 한다. 이를 위해서는 윤리위원회, 사례회의 내 윤리 검토 절차, 의사결정 체크리스트 등의 구조가 필요하며, 다양한 이해관계자의 의견을 반영할 수 있는 제도적 장치도 병행되어야 한다(Congress, 2000). 이러한 구조는 조직의 관리자가 윤리적 딜레마 상황에서 고립되지 않도록 도와주며, 판단 기준의 일관성과 책임성을 확보하는 데 기여한다.

(3) 윤리 교육 및 학습 체계

윤리적 실천 능력은 일회성 교육이나 규범 숙지로 완성되지 않는다. 지속적 학습과 성찰, 사례 중심 토론과 같은 학습 환경이 병행되어야 한다(Brookfield, 1995). 따라서 조직은 정기적인 윤리 교육을 제도화하고, 단순 강의식 전달을 넘어 실제 사례 분석, 역할극, 동료 피드백 등의 실천 중심 학습 방식을 도입할 필요가 있다. 특히 관리자와 중간 리더급 실무자에게는 윤리적 리더십을 주제로 한 심화 교육이 요구된다.

(4) 환류 시스템

윤리 시스템이 실제로 기능하려면, 의사결정의 결과에 대한 환류(feedback) 절차가 필요하다. 이는 실천 이후 발생한 윤리적 쟁점이나 의도치 않은 부작용을 검토하고, 향후 대응 방향을 수정하기 위한 체계이다. 예를 들어, 평가보고서 내 윤리 항목 점검, 사례 종결 회의 내 윤리 평가 항목 삽입, 민원 또는 내부 고발에 대한 제도적 응답구조 등이 포함될 수 있다(Trevino & Nelson, 2016). 이러한 환류 시스템은 조직이 윤리적으로 작동하는지를 스스로 점검할 수 있게 하며, 의사결정과 행동의 간극을 줄여 주는 조정 메커니즘으로 기능한다. 또한 환류 결과는 향후 윤리교육이나 지침 개선의 근거자료로 활용될 수 있다.

(5) 조직문화 및 비공식 윤리 분위기

관리자와 동료의 윤리적 태도, 문제 제기에 대한 수용 여부, 회의에서의 발언 분위기 등은 실천가들의 윤리적 판단에 실질적인 영향을 미친다(Schwartz, 2001). 특히 상급자의 윤리 감수성과 공정한 태도는 조직 전반의 윤리 기조를 형성하는 데 핵심적인 역할을 한다.

이와 같이 윤리 시스템은 상호 독립적인 요소들의 단순 집합이 아니라, 유기적으로 작동하는 통합구조로 기능해야 한다. 윤리 강령, 의사결정 체계, 교육 · 학습, 피드백, 조직문화가 상호 연계되어야만 윤리적 실천이 조직 전반에 자연스럽게 내재될 수 있으며, 사회복지실천가들이 보다 안정적이고 책임감 있게 윤리적 판단을 수행할 수 있는 환경이 조성된다.

3) 윤리 리스크 예방 전략

사회복지조직은 서비스의 제공 과정에서 다양한 이해관계자와 접촉하며, 그 속에서 예상치 못한 윤리적 문제나 갈등에 노출되기 쉽다. 특히 클라이언트의 권익 침해, 개인정보 유출, 내부 직원 간의 권력 남용, 부적절한 자원 배분 등의 사안은 단순한 실수 차원을 넘어 조직 전체의 신뢰도와 책무성에 영향을 미치는 윤리 리스크(ethical risk)로 발전할 수 있다(Argandoña, 2003). 그럼에도 불구하고 대부분의 조직은 문제가 발생한 이후에야 이를 수습하려는 사후적 대응에 머무는 경우가 많다.

이에 따라 최근 사회복지조직 내에서는 '사전 예방적 관점의 윤리관리'가 중요한 전략으로 부각되고 있다. 이는 발생 가능한 윤리 리스크를 예측하고, 미리 감지하여, 제도적으로 차단하거나 완화하는 시스템을 조직 내에 내재화하려는 접근이다. 기업이나 공공기관에서도 이와 같은 흐름에 따라 '윤리 리스크 관리(Ethical Risk Management: ERM) 체계'를 도입하는 사례가 늘고 있으며, 사회복지조직도 이에 준하는 구조 설계가 필요하다(Lewis, 2012).

윤리 리스크 예방 전략은 다음과 같은 방식으로 구체화될 수 있다.

(1) 윤리적 취약 지점의 정기적 식별과 점검

사회복지조직은 조직 내 업무 흐름이나 서비스 제공 단계에서 윤리적으로 민감한 영역을 파악하고, 이를 정기적으로 점검하는 절차를 마련해야 한다. 예컨대, 자격심사 과정에서의 편향 가능성, 후원금 집행의 불투명성, 직원 간 위계와 부당 지시, 퇴소자에 대한 과도한 개입 등 조직별로 다양한 위험 포인트가 존재한다. 이를 체계화하여 매년 위험군 목록을 갱신하고, 사회복지사와 관리자 모두가 공유할 수 있어야 한다(Hamilton & Brammer, 2012).

(2) 리스크 예측 및 대응 시나리오의 설계

윤리 리스크는 항상 비일상적인 상황에서 발생하므로, 가능한 시나리오 기반 대응 매뉴얼을 갖추는 것이 필요하다. 가령, 클라이언트의 의사결정 능력 저하 상황, 위기 상황 중 직원의 권한 남용, 외부 민원 제기 시 대처 절차 등을 시뮬레이션 형태로 설계하고 사전에 훈련해야 한다. 이러한 방식은 공공 위기관리에 적용되는 시뮬레이션 훈련 모델과 유사한 구조이며, 윤리적 판단에 있어서도 충분히 응용 가능하다(Lewis & Gilman, 2012).

(3) 현장 중심의 윤리 리스크 경보체계 구축

조직 내부에서 윤리 문제가 발생했거나 발생 우려가 있을 때, 이를 실시간으로 탐지하고 조기에 대응할 수 있는 구조도 필요하다. 예를 들어, 익명 제보 시스템, 윤리 모니터링 지표(윤리교육 이수율, 윤리적 의사결정 절차 준수율, 리더의 윤리 준수 태도 평가, 클라이언트 권익 침해 사례 건수 등), 이상 행동 조기 알림 시스템 등을 통해 민감 영역에서 발생할 수 있는 윤리 침해 징후를 조기에 파악하고, 그에 따른 조치를 신속하게 취하는 체계적인 대응이 요구된다(Argandoña, 2003).

(4) 전사적 윤리 리스크 인식 훈련

관리자를 포함한 조직 구성원 전체가 윤리 리스크를 단순한 개인의 실수가 아닌, 구조적 관리 대상이라는 인식을 공유해야 한다. 이를 위해서는 정기적인 교육 외에도 윤리 리스크 워크숍, 사례 기반 리스크 분석 훈련, 리스크 대응 게임 기반 학습 등을 통해 참여형·문제해결형 학습이 조직 전반에 스며들 수 있도록 해야 한다(Banks, 2012).

결론적으로, 윤리 리스크 예방 전략은 사회복지조직이 문제 발생 후 수습이라는 후진적 윤리 운영을 넘어, 선제적이고 체계적인 윤리관리로 나아가기 위한 핵심 수단이다. 조직의 규모나 특성과 무관하게 윤리 리스크는 실천의 전 영역에 내재되어 있으며, 이를 예측하고 대비하는 문화와 시스템을 갖추는 것이 바로 지속 가능한 윤리경영의 출발점이라 할 수 있다.

4. 디지털 전환 시대의 사회복지행정 윤리

디지털 전환은 사회복지행정의 구조와 방식, 그리고 실천 현장의 운영 원리에 심대한 영향을 미치고 있다. 사례관리 시스템의 전산화, 모바일 기반의 서비스 연계, 인공지능을 활용한 위험군 예측, 빅데이터 기반 정책 수립 등은 그 가능성과 효율성에서 긍정적인 평가를 받는다. 그러나 동시에, 기술에 의해 중개되는 사회복지실천은 단순한 도구적 차원을 넘어, 클라이언트의 권리와 존엄, 사생활 보호, 정보 주권 등에 직결되는 복합적인 윤리적 쟁점들을 수반한다.

특히 사회복지 영역은 취약계층을 대상으로 민감한 정보를 다루는 특수성을 갖기 때문에 디지털 기술의 도입이 가져오는 비가시적 위험과 통제 불가능성에 더욱 민감하게 반응해야 한다. 본 절에서는 디지털 환경 속에서 제기되는 사회복지행정의 윤리적 과제를 분석하고, 그에 대한 실천적 대응 방향을 제시하고자 한다.

1) 디지털 전환과 사회복지행정의 변화

21세기 정보통신기술(ICT)의 발전은 사회복지행정의 구조와 방식에 중대한 전환을 가져왔다. 인공지능(AI), 빅데이터, 클라우드 기반 행정 시스템 등은 단순한 보조 기술을 넘어, 사회복지서비스의 기획, 실행, 평가 전반에 관여하는 핵심 기반으로 자리매김하고 있다. 이러한 변화는 사회복지행정의 효율성, 표준화, 투명성을 강화하는 긍정적 측면이 있지만, 동시에 윤리적 쟁점과 실천 현장의 긴장도 유발하고 있다.

(1) 디지털 복지행정의 실현: 정책과 시스템 중심 변화

디지털 전환은 사회복지행정의 형식뿐만 아니라 기능과 목적, 책임구조 자체를 변화시키고 있다. 특히 행정 효율성 제고와 복지정보의 체계적 연계를 중심으로 구축된 전자 기반 행정 시스템은 단순한 기록 도구를 넘어 사회복지 전달체계의 주요한 기반 구조로 자리 잡고 있다. 이는 '기술 기반 복지행정'의 새로운 현실을 보여 주는 대표적인 흐름이다.

정부는 2010년대 이후 '정부 3.0' '공공데이터 개방' '디지털 뉴딜' 등의 정책을 추진하며 사회복지 영역의 정보화 전략을 본격화하였다. 그 핵심은 전국의 공공복지 전달체계를 하나의 정보시스템에 통합하고, 이를 통해 정책 수립에서부터 예산 배분, 서비스 제공, 행정 모니터링에 이르는 전 과정을 데이터 기반으로 운영하는 데 있었다(보건복지부, 2022). 이 가운데 가장 대표적인 시스템은 사회보장정보시스템(행복e음)으로, 이 플랫폼은 국민기초생활보장, 기초연금, 장애인연금, 긴급복지, 자활, 지역사회서비스 투자사업 등 다양한 복지급여 사업의 신청, 처리, 관리 기능을 통합 제공하고 있다.

이 시스템은 중앙정부와 지방자치단체 간 정보 공유와 업무 협업을 실시간으로 가능하게 했으며, 실무자의 행정처리 과정에서 중복지원 방지, 자원 배분의 효율성, 정책 사각지대 모니터링이라는 점에서 효과를 발휘하였다. 더불어, '사회서비스 전자바우처 시스템' '노인맞춤돌봄서비스 통합관리시스템' '복지로' 포털 등 다양한 하위 플랫폼은 클라이언트가 직접 신청하고 서비스 현황을 확인할 수 있도록 하여 복지행정의 이용자 중심성을 강화하는 방향으로 발전하고 있다(한국정보화진흥원, 2020).

이러한 기술 기반 시스템들은 '복지행정의 기계화' 혹은 '전산화'로서 단순화된 업무 편의성 확보의 논리를 넘어, 복지의 정의 구현과 사회적 책무성 제고라는 측면에서 윤리적 함의를 지닌다. 실제로 디지털 행정 시스템은 정책결정자와 실무자, 클라이언트 간의 권력관계를 재구조화하며, 서비스의 접근성과 투명성을 향상시키는 동시에 정보 불균형, 기록 중심 행정, 기계적 판단 강화라는 새로운 위험도 내포하고 있다(Eubanks, 2018). 예를 들어, 행복e음 시스템은 행정업무의 실시간 통계화와 업무 추적을 가능하게 하여 효율성과 표준화를 높이는 데 기여하고 있다. 그러나 동시에 실무자의 자율적인 의사결정과 창의적 대응의 여지는 줄어들었으며, 클라이언트 개인의 복잡한 상황이나 개별적인 욕구는 시스템이 요구하는 정형화된 항목 안에서만 입력되기 때문에 충분히 반영되기 어려운 문제가 발생하였다.

또한 기술 도입 과정에서 특정 소프트웨어 또는 민간 플랫폼에 대한 과도한 의존성, 예산의 비효율적 집행, 실무자 대상 교육의 미비 등은 시스템의 운영 실효성을 떨어뜨리는 요소로 작용한다. 특히 노인, 장애인, 디지털 접근이 어려운 취약계층은 클라이언트 중심 플랫폼에서도 실질적인 접근성과 이해력이 낮아 정보 격차에 놓이는 이중배제를 경험하기 쉽다.

이러한 점에서 디지털 복지행정시스템은 단순히 도입 여부의 문제가 아니라, 어떻게 설계되었고, 누구를 기준으로 작동하며, 어떤 원칙에 기반을 두고 관리되는가를 중심으로 하여 윤리적으로 재검토되어야 한다. 기술은 공공행정의 도구이자 동시에 복지권 보장의 조건이기 때문이다.

(2) 실무자의 경험과 윤리적 긴장

디지털 기술이 사회복지행정의 구조를 재편하면서, 실무자들은 눈에 보이지 않는 방식으로 윤리적 긴장을 일상적으로 경험하게 된다. 이는 시스템의 기능적 문제 때문만이 아니라, 새로운 조직문화와 직무 규범의 변화 속에서 실무자가 감당해야 하는 내적 갈등과 압박 때문이다. 실무자는 이제 단지 업무의 수행자가 아니라, 기술과 윤리 사이의 모순을 중재해야 하는 이중 책무자로서의 위치에 놓이게 되었다.

무엇보다 두드러지는 긴장은 감정노동의 심화와 윤리적 침묵의 내면화이다. 디지털 시스템은 처리 속도와 정확성을 강조하면서, 실무자에게 공손하지만 신속한 대응자로서의 이상적 역할을 요구한다. 그러나 실제 현장에서 클라이언트는 디지털 시스템에 대한 불만, 절차 복잡성, 정보 접근의 어려움 등으로 인해 실무자에게 직접 감정을 표출하는 경우가 많다. 이에 실무자는 조직 방침을 유지하면서도 정서적 완충 역할까지 수행해야 하며, 때로는 '감정을 느끼지 않는 듯 행동하라'는 압박을 받는다(Hochschild, 1983).

또한 실무자들은 시스템의 윤리적 모순을 인지하고 있으면서도, 비판을 공론화하기 어려운 구조에 놓여 있다. 예컨대, 특정 알고리즘이 사회적 약자를 불이익으로 분류하는 오류를 반복하거나, 표준화된 서비스가 특정 집단의 특성을 반영하지 못하는 상황이 발생하더라도, 실무자는 이를 문제로 제기하기 어렵다. 즉, 문제 제기가 비효율적인 행동 또는 개인적 불만으로 간주될 수 있는 조직 분위기 속에서, 실무자들은 점점 윤리적 판단을 침묵 속에 억누르는 태도에 익숙해진다(Bowen, 2000).

이러한 침묵은 결국 윤리적 자기효능감의 약화로 이어진다. 사회복지실천 현장에서 윤리적 민감성과 판단력은 실무자의 핵심 전문 역량 중 하나이다. 그러나 디지털화된 업무 흐름과 규칙 중심의 절차화는 실무자에게 '생각하지 말고 따르라'는 신호를 반복적으로 전달하며, 이는 직무에 대한 소명의식, 판단 주체로서의 자긍심을 훼손하게 만든다. 시간이 지날수록 실무자는 자신이 지향하던 가치와 현실 업무 간의 괴리를 받아들이고, 점점 윤리적으로 무감각한 방어적 태도를 채택하게 된다(Tenbrunsel et al., 2003).

실무자들 사이의 관계적 갈등과 고립감도 윤리적 긴장을 심화시키는 요소이다. 디지털 시스템은 의사결정을 자동화하거나 문서 중심의 협업을 장려하면서, 팀 간의 대면 상호작용은 줄어들고 있다. 이로 인해 사례에 대한 동료와의 공동 논의가 줄어들고, 실무자는 윤리적으로 혼자 판단하고 책임지는 구조에 놓이게 된다. 동료와 의견을 나누고 의심을 공유하던 문화가 사라진 자리에는 책임 회피와 개인화된 업무 스트레스가 자리 잡는다(Edmondson & Lei, 2014).

결국 실무자의 윤리적 긴장은 단순한 직무 스트레스를 넘어서, 기술 중심의 조직문화 속에서 윤리적 인간으로서 존중받지 못하는 구조적 고립감으로 이어질 수 있다. 이러한 상황에서 조직은 윤리 강령의 제정만으로는 부족하며, 실무자들이 자신의 판단을 표현하고 논의할 수 있는 문화적 토대와 구조적 장치를 함께 마련해 줘야 한다. 윤리적 리더십, 심리적 안전감, 윤리 사례 회의, 내부 고발 보호체계는 실무자가 윤리적 주체로 회복될 수 있는 실천 기반이다.

(3) 디지털 기술과 사회복지행정의 책무성

디지털 기술은 사회복지행정의 투명성과 응답성, 그리고 공공성을 강화할 수 있는 수단이 될 수 있다. 예컨대, 클라이언트 스스로 서비스 신청 과정을 온라인으로 확인하고, 처리 현황을 직접 열람할 수 있는 '복지로' 시스템은 민원 처리 과정의 공개성과 결과 책임성을 높이는 긍정적 효과를 낳았다. 또한 실시간 모니터링 체계와 자동화된 사례 보고 시스템은 정책 결정자에게 즉각적인 현장 정보를 제공함으로써 더 정확하고 신속한 행정 판단을 가능하게 하였다(보건복지부, 2022).

그러나 이러한 기술 기반 행정은 동시에 '책무성의 재정의(再定義)' 문제를 제기한다. 다시 말해, 전통적으로 사회복지조직의 책무성은 대상자의 권리 보장, 공정한 자원 배분, 현장 실천의 질적 향상과 같은 가치 중심에 기초해 구성되었다. 하지만 디지털 기술이 주도하는 행정체계에서는 책무성이 성과지표 위주의 관리체계로 축소되거나 통계 수치를 우선하는 방식으로 왜곡될 수 있고, 본래의 인간 중심성과 윤리적 책임이라는 의미는 점차 희석될 위험이 있다. 이는 특히 비계량적 가치, 예컨대 인간 존중, 문화적 적절성, 관계적 신뢰 등을 행정 목표에서 밀어내는 결과를 낳을 수 있다.

또한 기술이 만들어 내는 책무성은 누구에게 책임을 지우는가에 따라 그 윤리적 함의가 달라진다. 자동화된 서비스 분류나 AI 기반 의사결정 모델이 클라이언트에게 불이익을 초래했을 경우, 그 책임 주체가 불분명해지는 '책임 회피 구조'가 발생한다. 이는 시스템 설계자, 행정관리자, 실무자 모두가 자신의 책임이 아니라는 입장을 취할 수 있게 만들며, 결국 조직 전체의 윤리적 신뢰 기반을 약화시키는 결과로 이어질 수 있다(Binns, 2018).

나아가 디지털 기술은 행정 내부의 감시체계를 강화함으로써 실무자의 행동을 정량적으로 평가·통제하는 도구로 활용되기도 한다. 전자기록 시스템은 기록 시간, 수정 이력, 업무 처리 속도 등을 자동으로 추적하여 관리자에게 보고하며, 이는 실무자의 책무성을 '정확히 기록하는지' '입력 속도는 빠른지' 등으로 평가하는 결과를 낳는다. 이러한 책무성 구조는 실무자의 윤리적 자율성과 가치 판단보다 절차적 형식성과 규범 준수 여부만을 강조하게 만드는 문제를 발생시킨다(Edmondson & Lei, 2014).

이처럼 사회복지조직의 디지털 전환은 양면성을 지닌다. 즉, 기술은 업무 효율성과 정보 정확성을 향상시키는 동시에 사회복지 고유의 인간 중심 가치와 윤리적 판단 여지를 제약할 수 있다. 결국 중요한 것은 기술의 도입 여부를 넘어, 그 기술이 어떤 원칙과 가치에 따라 설계되고 관리되며 평가되는가이다.

사회복지행정의 책무성은 이제 단지 서비스 전달의 결과만이 아니라, 그 과정이 얼마나 투명하고, 공정하며, 인간 중심적이었는지를 함께 묻는 복합적 윤리 개념으로 재정의되어야 한다. 이를 위해 기술 도입 시 윤리 검토 절차를 내재화하고, 기술 설계 단계부터 이해관계자의 참여를 보장하며, 예측 가능한 윤리 리스크에 대비한 준칙체계 수립 및 실천 가능한 대응방안 마련이 필요하다.

2) 기술 활용의 윤리적 딜레마

디지털 기술은 사회복지행정의 효율성과 접근성을 높이는 데 기여하고 있지만, 동시에 기술의 활용 방식과 효과, 그 한계에 대한 윤리적 반성과 성찰을 동반하지 않을 경우 다양한 문제를 초래할 수 있다. 특히 기술은 가치 중립적 도구가 아니라, 그것을 설계하고 적용하는 방식에 따라 특정 가치를 강화하거나 약화시키는 구조를 갖고 있다는 점에서 윤리적 고려가 필수적이다(Feenberg, 1999). 대표적인 예는 알고리즘에 기반한 의사결정의 확산이다. 최근 공공복지 영역에서 시범 도입되고 있는 위기 예측 알고리즘, 복지 사각지대 발굴 시스템, AI 사례관리 지원 도구 등은 행정의 신속성과 자원 분배의 객관성을 높인다는 명분하에 활용되고 있다. 그러나 이러한 시스템은 기본적으로 과거 데이터를 학습하고 이를 통해 미래 위험을 예측하는 방식이므로, 데이터 자체에 내재된 편향(bias)이나, 사회구조적 불평등이 반영된 변수 구성이 반복적으로 차별을 재생산할 위험이 있다. 예컨대, 미국 펜실베이니아주의 앨러게니 카운티(Allegheny County)에서는 아동보호서비스에 AI 예측 모델을 도입했는데, 흑인 가정이 백인 가정보다 일관되게 높은 위험 점수를 받는 결과가 나타나 논란이 되었다. 즉, 흑인 가정의 아동이 아동학대, 방임, 위험 환경에 처해 있을 가능성이 높아 사회복지국이 개입할 필요가 더 크다는 것이다. 이는 데이터 입력 과정에서 가족구조, 빈곤 경험 등의 이력이 과도하게 반영되면서 생긴 결과로, 알고리즘이 가진 비가시적 편향과 차별의 구조를 보여 주는 대표적 사례였다(Eubanks, 2018).

또한 기술 결정에 대한 투명성 부족 역시 심각한 딜레마이다. 실무자나 클라이언트는 알고리즘이 어떤 기준으로 판단했는지를 알 수 없고, 오류가 발생하더라도 그 책임의 소재가 모호하다. 이로 인해 AI에 기반한 판단이 마치 객관적이고 불가항력적인 것처럼 받아들여지고, 윤리적 판단 주체로서의 실무자 권한이 축소되며, 클라이언트의 정당한 이의제기 권리 또한 제한된다(Binns, 2018).

기술의 또 다른 윤리적 딜레마는 사회복지의 디지털화가 오히려 사회복지 접근의 불평등을 심화시킬 수 있다는 점이다. 실제로 디지털 기기 사용에 어려움을 겪는 고령자, 장애인, 저소득층은 온라인 신청 절차나 정보 접근에서 소외되기 쉽다. 이러한 기술 소외는 단순한 정보 격차를 넘어, '복지권의 박탈'로 이어질 수 있는 구조적 문제를 야기한다. 특히 2020년 이후 급속히 확산된 원격상담 시스템은 고령자나 외국인 이주민, 문해력 낮은 이용자들에게 사회복지서비스를 제한하거나 형식화된 의사소통을 강요하는 결과를 낳았다. 사회복지서비스가 디지털화될수록, 기술을 잘 다루는 사람만이 제대로 된 서비스를 받게 되는 역설적 상황이 발생하는 것이다.

따라서 기술을 활용한 사회복지행정은 단순히 도입 자체를 긍정하거나 부정할 문제가 아니다. 기술의 설계, 운용, 평가 전 과정에서 윤리적 검토체계와 사람 중심적 판단 기준을 어떻게 내재화할 것인가가 핵심적인 문제이다. 기술은 윤리를 대체할 수 없으며, 오히려 윤리적 판단과 설계가 뒷받침될 때에만 공정성과 정의의 도구로 작동할 수 있다.

3) 개인정보 보호와 데이터 윤리

디지털 전환 시대의 사회복지행정에서 가장 근본적인 윤리 쟁점 중 하나는 개인정보의 보호와 데이터의 윤리적 처리 문제이다. 사회복지조직은 본질적으로 민감한 개인정보를 다루는 기관이며, 클라이언트의 건강, 가족관계, 재산 상태, 심리 상태, 생활 이력 등에 대한 정보는 사회복지서비스 제공에 필수적인 기초자료인 동시에 윤리적 보호의 대상이다. 그러나 디지털화된 정보시스템과 데이터 기반 행정이 확대되면서, 이와 같은 정보들이 기록되고 공유되고 분석되는 방식은 클라이언트의 권리와 존엄성에 심대한 영향을 미치게 되었다.

(1) 개인정보의 디지털화와 새로운 윤리적 위협

기존의 문서 기반 기록은 접근성과 활용성이 제한되어 있었기 때문에 오히려 자연스러운 보호 장치가 되기도 하였다. 반면, 전산화된 정보는 즉각적인 조회와 다자 간 공유, 장기적 저장, 재가공 분석이 가능하다는 점에서, 기술적 편의성과 동시에 윤리적 위험을 동시에 내포한다. 특히 사회복지행정에서 사용되는 정보는 일반적인 주민등록정보나 수급 이력만이 아니라, 사생활의 깊은 층위에 있는 정성적 진술, 위기 이력, 심리적 평가 결과 등을 포함하기 때문에 정보 유출이나 오용 시 클라이언트가 받게 되는 피해는 심각할 수 있다.

정보 유출의 위험은 해킹이나 외부 공격에만 국한되지 않는다. 예를 들어, 기관 간 정보 연계 과정에서의 관리 부주의, 실무자의 접근 권한 오남용, 시스템 오류로 인한 정보 노출 등은 국내 사회복지기관에서도 반복적으로 발생해 온 문제이다. 특히 실무자 간 공용 계정 사용이나 로그아웃 미실시, 퇴직자 계정 미삭제 등의 기초 보안 관리 미비는 디지털 윤리를 정보 보안의 영역에만 한정해서는 안 된다는 점을 보여 준다.

(2) 동의 기반과 정보 주권의 실질적 보장 문제

개인정보 보호의 기본 원칙 중 하나는 '사전 동의'와 '목적 외 이용 금지'이다. 그러나 실제 행정 현장에서는 동의가 형식화되거나, 동의 없는 정보 공유가 관행처럼 굳어진 사례도 발견된다. 예를 들어, 클라이언트가 동의서에 서명했다고 하더라도, 실제로 어떤 기관이 어떤 정보를 얼마나 열람하고 활용할 수 있는지 명확히 설명받지 못한 경우가 많다. 이는 동의가 정보주권을 행사하는 실질적 절차가 아니라, 단지 행정적 서류 처리 절차로 전락하고 있다는 비판을 가능케 한다.

더 나아가, 클라이언트는 자신의 정보가 어디에 저장되어 있고, 누가 접근했는지 확인할 수 있는 '정보 열람권', 잘못된 정보에 대해 수정 또는 삭제를 요청할 수 있는 '정보 정정권', 활용 중지를 요청할 수 있는 '처리 제한권' 등을 갖고 있어야 하지만, 이러한 권리는 형식적으로만 존재할 뿐, 현장에서는 제대로 보장되지 않고 있다(Greenwood et al., 2014). 디지털 윤리란 단지 정보의 안전한 보관 여부에 국한된 문제가 아니라, 정보의 주체가 자신의 정보에 대해 능동적으로 통제할 수 있는 권리를 보장하는 구조를 마련하는 데에서 출발한다.

(3) 실무자와 관리자의 데이터 윤리 책임

실무자는 정보 입력자이자 처리자로서 클라이언트의 정보를 다루는 윤리적 1차 책임자이다. 그러나 실무자 혼자만의 윤리적 감수성에 의존하는 방식은 위험하다. 조직은 실무자들이 개인정보를 어느 범위까지 다룰 수 있는지를 정확히 이해하고, 실제 상황에서 윤리적 판단을 할 수 있도록 교육과 기준을 명확히 제공해야 한다. 특히 "클라이언트의 정보를 얼마나 자세히 입력해야 하는가?" "심리적 내용까지 기록하는 것이 도움이 되는가?" "조금 모호한 사안은 어디까지 기록해야 하는가?"와 같은 실무적 질문에 대해 사례 중심의 교육과 내부 토론 시스템이 병행되어야 한다.

한편, 관리자는 실무자보다 더 광범위한 윤리 거버넌스를 책임져야 한다. 데이터 접근 권한을 업무 범위에 따라 차등 설정하고, 정보 접근 이력 로그를 상시적으로 확인할 수 있는 시스템을 마련해야 하며, 개인정보 유출 사고 발생 시 조직 차원의 대응 프로토콜과 피해 복구 절차를 사전에 갖추도록 해야 한다. 또한 내부 고발자 보호체계, 익명 제보 창구 등도 함께 운영될 수 있도록 해야 실질적인 윤리체계가 작동할 수 있다(Floridi & Taddeo, 2016).

(4) 기술에 기반한 데이터 행정의 한계와 개선 방향

최근에는 인공지능 기반 사례예측 시스템, 빅데이터 기반 복지정책 분석 도구 등이 확대되면서, 데이터를 중요한 자산으로 여기는 경향이 강해지고 있다. 그러나 이 과정에서 각 클라이언트가 처한 구체적인 상황이나 관계의 맥락은 무시되기 쉬우며, 클라이언트는 단지 통계 수치, 위험 점수, 분류 코드로 단순화되어 인식된다. 이는 결국 인간 중심의 복지 실현이라는 윤리적 이상과 충돌한다. 예를 들어, 동일한 빈곤지표를 가진 사람이라도 그 맥락과 경험은 전혀 다를 수 있으며, 이를 고려하지 않은 데이터 기반 행정은 의도하지 않은 배제와 차별을 초래할 수 있다.

이러한 문제를 해결하기 위해서는 데이터 기반 행정의 기술적 발전과 함께, 윤리적 설계 원칙을 제도화하는 노력이 병행되어야 한다. 유럽연합의 「일반개인정보보호법(GDPR)」은 '최소 수집' '투명성' '정보주체 권리 강화' '프라이버시 중심 설계' 등을 핵심 원칙으로 제시하고 있다. 이러한 원칙은 사회복지 영역에서도 개인정보 보호의 새로운 기준으로 자리 잡을 수 있다. 이에 따라 국내에서도 사회복지 영역의 특수성을 반영한 데이터 윤리 기준 정립을 위해 개인정보보호위원회와의 협력이 중요한 과제로 부상하고 있다.

4) 디지털 복지 환경에서의 관리자 역할

디지털 전환은 사회복지행정의 기술적 진화를 가져왔을 뿐 아니라, 그 조직 운영의 규범과 문화까지 바꾸고 있다. 이 변화 속에서 관리자의 역할은 기술 도입을 지시하는 사람의 수준을 넘어서, 디지털 기술이 조직 내에서 어떤 가치를 담고 어떻게 작동해야 하는지를 설계하고 조정하는 윤리적 조율자의 위치로 확장되고 있다. 특히 개인정보 보호, 알고리즘 결정, 내부 시스템 접근 권한 등 윤리적 고려가 필요한 사안이 다층적으로 얽혀 있는 만큼, 관리자에게는 전문적 식견과 실천적 리더십이 동시에 요구된다.

(1) 디지털 기반 윤리 거버넌스의 설계자

사회복지조직의 관리자는 디지털 시스템이 단순히 효율을 추구하는 도구로만 작동하지 않고, 조직의 핵심 윤리 가치, 즉 인간 존중, 공정성, 투명성 등을 반영할 수 있도록 설계되어야 함을 인식해야 한다. 시스템 도입 초기부터 기술 개발자, 실무자, 클라이언트 등 다양한 이해관계자의 의견을 수렴하고, 기술이 조직 목표와 윤리 기준에 부합하는지 검토하는 절차를 마련하는 것은 관리자 고유의 책무이다(Floridi & Taddeo, 2016).

이때 중요한 것은 기술 자체의 성능만이 아니라, 그 기술이 사회복지실천의 질을 어떻게 변화시킬 것인가에 대한 가치 판단이다. 예를 들어, 클라이언트의 심리 정보나 생활사 기록을 시스템에 어느 수준까지 입력하도록 할 것인지, 입력 항목 중 민감 정보의 접근권한을 누구에게 부여할 것인지 등의 문제는 조직 차원의 원칙 수립이 없다면 실무자의 개별적 판단에 맡겨질 수밖에 없다. 따라서 관리자는 이와 같은 기술 활용의 윤리 경계를 명확히 설정하고, 그에 따른 기준과 책임구조를 함께 설계해야 한다.

(2) 실천 기반 형성자로서의 관리자 역할

디지털 복지 환경은 실무자에게 끊임없는 정보 입력, 시스템 관리, 정량적 성과 요구를 가하는 반면, 윤리적 판단이나 정성적 실천의 공간은 점차 축소시키는 경향이 있다. 이러한 실천 기반의 왜곡은 관리자에 의해 조정되지 않으면 조직문화로 고착될 수 있다. 관리자는 실무자들이 기술적 도구를 넘어 클라이언트와의 관계 형성과 윤리적 판단을 병행할 수 있도록 환경을 조성해야 하며, 이를 위해서는 기록의 절차적 완성보다 상담의 질과 정서적 지원이 중시되는 평가기준, 업무구조 재설계, 실무자 자율성 보장 등의 조치가 필요하다.

또한 실무자가 직면하는 윤리적 딜레마에 대해 혼자 책임지거나 침묵하는 구조가 아니라, 동료나 관리자와 함께 토론하고 판단을 모색할 수 있는 윤리 사례회의, 내·외부 자문체계, 심리적 지지 구조를 마련하는 것이 중요하다. 이러한 구조는 관리자 개인의 자비나 열린 태도만으로 가능하지 않으며, 조직적으로 제도화된 일상 실천으로 정착되어야 한다(Bowen, 2000).

(3) 디지털 역량과 윤리적 감수성의 병행 리더십

디지털 복지 환경에서 관리자는 기술에 대한 거부감이나 무지로부터 조직을 보호하는 동시에 기술의 무비판적 수용을 경계하는 이중적 감각을 갖추어야 한다. 즉, 단순히 시스템 사용법이나 AI 기반 분석 결과를 숙지하는 것을 넘어, 그 기술이 현장의 의미를 어떻게 재편하고 있는지를 비판적으로 해석할 수 있는 윤리적 감수성이 필요하다. 이는 기술과 윤리 간의 관계를 "윤리가 기술의 효율을 방해한다."는 이분법이 아니라, "윤리가 기술을 안내하고 교정하는 힘이다."라고 인식하는 태도를 필요로 한다(Feenberg, 1999).

이를 위해 조직은 관리자에게도 지속적인 교육, 외부 전문가와의 연계, 조직 간 비교 학습 등의 기회를 제공해야 하며, 디지털 기술 변화에 발맞춰 윤리적 리더십을 전문화하는 제도적 기반을 갖추어야 한다. 예컨대, 데이터 윤리와 알고리즘 편향, 「개인정보 보호법」 실무, 정보보안 훈련 등을 포함한 관리자 대상 정기 교육이 필수적으로 마련되어야 한다.

(4) 관리자의 책무성과 조직 윤리의 제도화

관리자는 실무자뿐 아니라 조직 전체의 윤리성을 대표하는 위치에 있다. 따라서 내부고발 보호체계, 개인정보 유출 시 대응 매뉴얼, 기술 도입 시 윤리 검토 회의 등은 관리자의 책임 아래 실행되어야 한다. 윤리적 실천은 관리자 개인의 철학이나 태도에만 의존해서는 안 되며, 조직 차원의 시스템으로 내재화되어야만 지속 가능하다. 나아가 사회복지조직은 스스로의 윤리 수준을 정기적으로 점검할 수 있는 윤리 감사 체계나 외부 피드백 메커니즘을 도입함으로써 관리자와 조직이 공동의 책임을 나눌 수 있도록 해야 한다(McDonald & Donleavy, 1995).

5) 미래 사회복지행정 윤리의 과제

디지털 전환은 사회복지행정에 새로운 가능성을 열어 주었지만, 동시에 과거의 윤리체계로는 설명하거나 대응하기 어려운 미래지향적 윤리 과제를 던지고 있다. 인공지능, 자동화, 사물인터넷, 감정 분석 시스템, 생체 정보 활용 등 기술의 발전 속도는 사회복지행정의 실천 속도와 규범체계를 앞지르고 있으며, 그로 인해 윤리적 진공지대가 발생하고 있다. 여기에서는 향후 사회복지행정이 직면할 수 있는 주요 윤리적 과제들을 전망하고, 그에 대한 실천적 대응 방향을 제시하고자 한다.

(1) 기술의 비가시성과 윤리적 불확실성

가장 먼저 고려해야 할 과제는 기술이 지닌 비가시성(invisibility)이다. 알고리즘이 데이터를 수집하고 분석하는 과정, 자동화 시스템이 결정을 내리는 방식은 대부분 사용자나 실무자가 직접 확인하거나 통제할 수 없는 구조이다. 이는 윤리적 판단의 전제가 되는 '이해 가능성' '책임 소재' '이의 제기 가능성'을 심각하게 제약한다. 미래의 윤리체계는 단순한 규범 제시를 넘어, 기술의 작동 원리와 결과를 설명할 수 있는 투명한 설계 원칙을 포함해야 하며, 이러한 정보는 실무자와 클라이언트 모두에게 제공되어야 한다.

또한 인공지능이 내리는 판단은 학습된 데이터와 설계자의 가치관이 결합된 결과이며, 본질적으로 중립적일 수 없다. 예컨대, 클라이언트 위험 예측 시스템이 특정 행태를 문제로 간주하도록 훈련되었다면, 해당 기준은 사회문화적 편견이나 알고리즘 설계자의 가치 판단을 반영할 수 있다. 이 경우, 클라이언트는 자신에게 불리하게 작용한 기준의 타당성을 인식하거나 반박할 기회조차 가지기 어렵다. 이러한 맥락에서 미래의 사회복지행정은 기술 판단의 윤리성과 해석 가능성에 대한 지속적인 검토체계를 반드시 갖추어야 한다.

(2) 사회적 신뢰와 디지털 복지권의 보장

기술이 사회복지에 깊이 통합될수록, 시민들이 디지털 기반 사회복지서비스를 얼마나 신뢰하고 이용할 수 있는가는 매우 중요한 윤리적 문제로 부상한다. 디지털 소외계층은 단지 기술 활용 능력이 낮다는 이유로 사회복지로부터 배제되는 경험을 할 수 있으며, 이는 복지권의 침해이자 사회적 신뢰의 붕괴로 이어진다(Eubanks, 2018). 미래의 윤리체계는 단지 정보보호를 넘어서, 모든 시민이 차별 없이 기술 기반 복지에 접근할 수 있도록 보장하는 디지털 복지권(digital welfare rights) 개념을 정립하고 제도화할 필요가 있다. 특히 고령자, 장애인, 이주민 등 디지털 취약계층을 위한 별도의 설계 원칙, 예를 들면 접근성 우선 설계, 이해 가능한 언어 사용, 대체 경로 제공 등이 윤리 기준에 포함되어야 하며, 이를 실천하는 데 있어서는 법적 권리 보장과 행정 실천의 연계가 중요하다.

(3) 기존 윤리 원칙의 재정립과 확장

사회복지행정의 윤리 원칙, 예를 들어 인간 존엄, 사생활 보호, 자기결정권 존중 등은 여전히 유효하지만, 디지털 환경에서는 그 적용 방식이 다르게 구성되어야 한다. 예컨대, 자기결정권은 단순히 동의서에 서명하는 것이 아니라, 정보가 어떻게 처리되고 예측되며 어떤 영향을 미칠 수 있는지에 대해 충분히 설명을 듣고 이해한 상태에서 결정하는 것을 포함해야 한다(Greenwood et al., 2014).

또한 '무해성의 원칙(do no harm)'도 단지 고의적 피해를 피하는 것을 넘어서, 기술 시스템이 장기적으로 어떤 영향을 미칠 수 있는지를 예측하고 대비하는 행정의 책임성을 포함해야 한다. 이처럼 미래의 윤리 원칙은 정보 중심성, 기술 적용의 형평성, 알고리즘 편향 감지, 설명 가능성, 거버넌스 투명성 등을 새로운 구성요소로 삼아야 한다.

(4) 법 · 제도적 대응과 윤리적 인프라 구축

현재의 법과 제도는 기술 발전의 속도를 따라가지 못하는 경우가 많으며, 이는 실천 현장에서 윤리적 회색지대를 만들어 내고 있다. 예를 들어, AI 판단에 대한 이의 제기 절차가 부재하거나, 데이터 기반 의사결정의 정당성을 평가할 기준이 부족한 상황이 그 예이다. 따라서 미래 사회복지행정은 기술적 의사결정을 검토하고 교정할 수 있는 제도적 장치를 법률적으로 마련해야 하며, 실천 현장과 정책 당국 간의 소통 채널을 정례화해야 한다.

나아가 조직 내부에는 윤리 감수성을 높이고 논의할 수 있는 문화적 기반이 필요하다. 관리자와 실무자 모두가 윤리적 판단의 주체로 성장할 수 있도록, 디지털 윤리교육, 시뮬레이션 훈련, 사례 기반 워크숍 등을 제도화해야 하며, 이는 단기적 대응이 아니라 지속 가능한 윤리 인프라의 일부로 인식되어야 한다.

5. 윤리적 책무성을 구현하는 조직 운영 전략

사회복지조직은 공공의 이익과 인권 보호를 직접적으로 다루는 특수한 기관으로서, 조직 차원의 윤리적 책무성 구현이 필수적이다. 그러나 복잡한 의사결정 환경과 다양한 이해관계가 얽힌 실천 현장에서는 개별 구성원의 윤리의식만으로 일관된 윤리적 판단과 실천을 유지하기 어렵다. 따라서 조직 차원에서 이를 제도적으로 뒷받침할 수 있는 구조와 시스템의 마련이 요구된다. 특히 내부 감시체계의 정비, 윤리위원회의 설치 및 실질적 운영, 클라이언트와 종사자의 목소리를 반영할 수 있는 피드백 구조 등은 조직이 윤리 기준을 실제로 구현하고 유지하기 위해 필수적인 운영 전략이다. 이러한 장치는 윤리적 판단을 개인의 가치관에만 의존하지 않고, 조직 차원의 규범과 절차에 근거하여 정당화할 수 있도록 해 준다.

한편, 오늘날 성과 중심의 행정 패러다임하에서 사회복지조직은 윤리성과 효율성 간의 균형을 어떻게 확보할 것인지에 대한 전략적 고민을 피할 수 없다. 윤리적 실천이 효율성을 저해하는 제약이 아니라, 오히려 조직의 지속 가능성과 신뢰성을 높이는 기반이라는 인식 전환이 필요하다.

결과적으로, 사회복지조직은 윤리적 책무성을 제도화하고 내재화하기 위한 다층적 운영 전략을 설계해야 하며, 이는 단지 규범의 선언을 넘어, 실질적 실천과 조직문화로 확산되어야 한다. 이러한 전략은 조직의 신뢰성과 공공책무를 강화하는 핵심 기반이며, 궁극적으로 조직이 사회적 사명을 지속적으로 수행할 수 있도록 하는 필수 요건이다.

1) 내부 감시체계의 구축

앞서 언급했듯이 윤리적 책무성은 조직 구성원 개개인의 자발적 윤리의식만으로 유지되기 어렵다. 특히 사회복지조직은 서비스 대상자의 삶에 중대한 영향을 미치는 결정을 내리는 기관으로서, 클라이언트의 권익 보호와 공공의 신뢰 확보를 위해 지속적으로 높은 윤리 기준을 준수할 책무를 지닌다. 이에 따라 윤리 원칙을 선언적 차원에 머무르게 하지 않고, 이를 실제 조직 운영에 적용·점검할 수 있는 제도화된 내부 감시체계의 구축이 요구된다(Lipsky, 2010). 이러한 감시체계는 단순히 위반 행위를 적발·처벌하기 위한 수단을 넘어서, 조직의 윤리 문화를 내면화하고 윤리적 위험을 사전에 예방하며, 책임 있는 의사결정 구조를 유지하는 기반으로 작동해야 한다.

내부 감시체계를 실질적으로 작동 가능하게 만들기 위해서는 다음과 같은 네 가지 핵심 요소들이 조직 현실에 맞게 설계되고, 제도적으로 정착되어야 한다.

첫째, 내부 감시체계의 핵심은 윤리 기준을 명문화하고, 이를 제도화된 규범체계로 정착시키는 데 있다. 이를 위해 가장 먼저 필요한 것은 윤리 강령과 행동지침의 구체화이다. 예컨대, '클라이언트 존중' '개인정보 보호' '이해충돌 회피' 등의 원칙은 추상적 슬로건에 그쳐서는 안 되며, 다양한 실천 장면에서 적용 가능한 판단 기준으로 구체화되어야 한다(Carnegie & Napier, 2010). 이를 위해 강령 제정 시 실무자의 현장 경험을 반영하고, 조직의 철학과 지역사회 맥락을 고려한 실질적 참여 과정을 수반하는 것이 바람직하다.

둘째, 감시체계는 사전 예방과 사후 감독 기능이 병행되는 이중 구조로 구성되어야 한다. 사전 예방적 장치로는 윤리적 위험 영역을 정기적으로 식별하고 평가하는 '윤리 리스크 진단 도구', 새로운 정책이나 프로그램 실행 전 윤리적 영향을 검토하는 '윤리영향평가(Ethics Impact Assessment) 제도' 등이 있다(Banks, 2016). 한편, 사후 감독을 위한 주요 장치로는 내부고발자 보호제도(whistleblower protection), 비밀보장 시스템, 독립적인 조사위원회 설치 등이 있으며, 실질적 감사 기능을 통해 위반 행위의 조기 발견과 신속한 대응이 가능하도록 해야 한다. 특히 사회복지조직은 권력관계에 취약한 서비스 이용자를 대상으로 하므로, 익명성과 비보복성에 대한 강력한 보장이 필수적이다.

셋째, 감시체계의 실효성을 높이기 위해서는 윤리교육과 피드백 메커니즘의 체계화가 필수적이다. 윤리교육은 단순한 규정 전달이 아닌, 사례 중심 학습, 역할극, 도덕적 판단력 강화 훈련 등 실천 중심 방식으로 설계되어야 하며, 관리자와 실무자 간 인식 격차 해소를 위한 계층별 맞춤형 접근이 요구된다. 또한 윤리적 문제 제기 이후의 조직 대응에 대한 피드백 고리를 정비함으로써, 구성원이 조직의 윤리 시스템에 신뢰를 갖고 적극적으로 참여할 수 있도록 해야 한다(Frederickson & Ghere, 2005).

넷째, 내부 감시체계는 조직문화와의 정합성 속에서 작동해야 하며, 과도한 통제나 감시가 오히려 불신과 회피를 유발하지 않도록 주의해야 한다. 감시는 단순한 통제수단이 아니라, 자율성과 책임을 조율하는 윤리적 거버넌스 도구로 인식되어야 한다. 따라서 경영진은 내부 감시체계를 관리 기제가 아닌 윤리적 조직 운영의 철학적 기반으로 간주하고, 이를 바탕으로 조직 전반의 운영 시스템을 유기적으로 조율해야 한다(Maesschalck, 2004).

결국 내부 감시체계의 성패는 그 제도의 정교함이나 형식적 존재 여부보다도, 구성원의 신뢰와 자발적 참여 여부에 달려 있다. 효과적인 내부 감시체계는 단지 위반 행위를 적발하는 도구가 아니라, 조직의 투명성 · 책임성 · 윤리성을 종합적으로 증진시키는 핵심 기반이며, 사회복지조직의 공공성 강화와 지속 가능성 확보를 위한 윤리적 인프라로 기능한다.

2) 윤리위원회의 설치 및 운영

윤리적 책무성을 조직 수준에서 제도화하기 위한 핵심 전략 중 하나는 윤리위원회의 설치 및 체계적인 운영이다. 윤리위원회는 조직 내에서 발생할 수 있는 다양한 윤리적 문제를 공식적으로 논의하고, 윤리적 판단 기준을 명확히 하며, 구성원들의 윤리 의사결정을 지원하는 기능을 수행한다. 특히 사회복지조직처럼 다양한 이해관계자와 밀접하게 작용하며 복잡한 윤리적 딜레마가 빈번히 발생하는 환경에서는 윤리위원회가 조직의 윤리적 나침반 역할을 수행해야 한다(Bowen, 2005).

윤리위원회의 주요 역할은 우선, 윤리적 의사결정에 대한 자문과 검토 기능이다. 조직 내 특정 사례나 의사결정 과정에서 윤리적 문제가 제기될 경우, 윤리위원회는 이를 공식 안건으로 상정하고, 관련 자료 검토와 논의를 통해 판단을 내리거나 권고안을 제시한다. 이는 단순한 규정 적용을 넘어서, 구체적 맥락에 맞는 윤리 해석을 제공함으로써 관리자 및 실무자의 책임 부담을 분산시키고 윤리적 의사결정의 정당성을 높이는 효과가 있다. 특히 윤리적 기준이 모호하거나 법적 기준만으로는 충분하지 않은 상황에서 위원회의 판단은 중요한 방향타 역할을 한다(Martin et al., 2009).

또한 윤리위원회는 조직의 윤리 문화 정착과 지속적 윤리관리 체계를 유지하는 중심축으로 기능한다. 윤리위원회는 정기 회의를 통해 윤리 현안을 점검하고, 이슈를 구성원과 공유하며, 신규 구성원이나 외부 협력 기관에 대한 윤리 기준 적용을 명확히 하기 위한 교육 및 커뮤니케이션 활동을 주도한다. 일부 선진 사회복지기관에서는 윤리위원회가 신규 정책 또는 프로그램 도입 시 사전 윤리검토 절차를 운영하거나, 클라이언트의 불만 제기를 중립적으로 중재 · 심의하는 기능까지 수행하고 있다(Clark, 2010).

이러한 윤리위원회의 역할이 실질적으로 작동하려면, 먼저 윤리위원회의 독립성과 다학제성이 실효성의 핵심 조건으로 작용한다. 즉, 윤리위원회 위원 구성의 다양성과 자율성이 반드시 보장되어, 행정 실무자뿐 아니라 법률 전문가, 윤리학자, 사회복지실천가, 외부 시민대표 등이 참여하여 다양한 가치와 관점이 반영되어야 한다(Rhodes, 2019). 또한 윤리위원회의 운영 투명성과 피드백 체계의 확립도 중요하다. 회의록 공개, 주요 결정사항에 대한 요약 공지, 정책 반영 경로의 설명 등은 위원회가 폐쇄적 심의기구가 아닌, 개방적 윤리 거버넌스 기구로 기능하도록 만든다. 특히 위원회의 권고나 판단이 실제 조직 운영에 어떻게 반영되었는지에 대한 사후 피드백은 구성원들에게 윤리적 참여의 의미와 효과를 체감하게 하는 중요한 수단이 된다.

사회복지조직은 이처럼 윤리위원회의 기능과 원칙을 제도적으로 정립함으로써, 조직 전반의 윤리 인프라를 강화하고 윤리적 책무성을 실질적으로 구현할 수 있는 기반을 마련할 수 있다.

3) 피드백 및 고충처리 구조

윤리적 책무성을 조직 내에서 실질적으로 구현하기 위해서는 일방향적인 규율체계만으로는 한계가 있다. 특히 현장에서 발생하는 다양한 윤리적 문제와 갈등 상황은 표준화된 매뉴얼만으로는 포착되기 어렵기 때문에, 구성원과 서비스 이용자들이 자발적으로 의견을 제시하고 문제를 제기할 수 있는 쌍방향 소통 기반의 피드백 시스템과 고충처리 메커니즘이 반드시 병행되어야 한다. 이러한 구조는 조직 내 윤리 수준을 감지하고 개선을 유도하는 '현장 기반 감각기관'으로 기능하며, 공식적 위계나 절차에서 벗어난 비공식적인 문제들까지도 윤리 시스템의 영역 안으로 포섭할 수 있게 해 준다.

이를 효과적으로 실현하기 위해서는 다음과 같은 핵심 요소들을 조직의 실정에 맞게 구체화하고 제도화할 필요가 있다(Banks, 2012; Edmondson & Lei, 2014).

우선, 조직 내 구성원 간의 수평적 피드백 채널이 체계적으로 구축되어야 한다. 상향식 의사소통 구조가 부재한 조직에서는 관리자나 상급자의 판단에 윤리적 오류가 있더라도 하위 실무자가 문제를 제기하기 어렵고, 결과적으로 침묵의 문화가 자리 잡을 우려가 있다. 따라서 정기적인 윤리 인식 조사, 익명 피드백 시스템, 실시간 의견 제출 창구 등을 도입하여 누구든지 자유롭고 안전하게 의견을 제시할 수 있는 구조를 갖추는 것이 중요하다.

또한 외부 이해관계자, 특히 클라이언트를 포함한 일반 시민의 고충 제기 통로와 참여 경로가 명확히 마련되어야 한다. 사회복지조직은 지역사회와 클라이언트, 협력기관 등 외부 이해당사자들과 밀접하게 상호작용하기 때문에, 이들의 윤리적 문제 제기가 조직 내에서 공식적으로 다루어질 수 있어야 한다. 이를 위해 독립적인 고충처리위원회, 제3의 중립기구, 클라이언트 옴부즈퍼슨(ombudsperson) 제도[2] 등이 운영될 수 있으며, 디지털 민원 시스템을 통한 접근성 제고 또한 유용하다.

마지막으로, 고충 제기 이후의 절차적 정의와 환류(feedback) 시스템의 확립이 뒷받침되어야 한다. 즉, 고충처리 구조가 단지 문제 제기만 허용하고 그 이후 과정을 조직이 일방적으로 통제한다면, 제도의 실효성은 급격히 약화된다. 따라서 문제 접수부터 조사, 판단, 조치, 결과 통보까지의 전 과정을 투명하게 공개하고, 사안별 처리기한 및 절차 기준을 명확히 해야 한다. 특히 민감한 사안에 대해서는 피해자 보호와 비밀보장을 전제로 하되, 관계자들이 결과에 대한 설명을 들을 수 있도록 하는 책임구조가 필요하다. 또한 고충 처리 결과는 단순히 통보되는 데 그치지 않고, 그 결과가 향후 유사 상황에서 어떻게 반영되었는지에 대한 조직 차원의 설명과 교육이 병행되어야 한다. 이러한 환류체계는 피드백의 실효성을 높이고, 구성원에게 조직의 윤리 기준이 실제로 살아 움직이고 있다는 신뢰를 제공하는 기반이 된다.

결과적으로, 피드백 및 고충처리 구조는 단순한 의견 수렴 장치 이상의 의미를 지닌다. 이는 조직이 스스로 윤리성을 지속적으로 점검하고, 변화에 능동적으로 대응하며, 실천적 기준을 재구성해 나갈 수 있도록 돕는 윤리 거버넌스의 핵심 회로이다. 사회복지조직의 책무성은 이러한 구조적 기반 위에서만 실질적인 신뢰와 지속 가능성으로 이어질 수 있다.

4) 성과와 윤리성 간의 균형

현대 사회복지조직은 끊임없는 성과 요구와 행정 효율성의 압박 속에서 운영되고 있다. 공공성과 투명성을 강조하는 외부 평가, 성과지표 기반의 예산편성, 민간위탁 경쟁구조 등은 조직의 운영이 점차 결과 중심의 성과지향적 구조로 재편되도록 압력을 가한다. 이러한 흐름은 조직의 책임성과 생산성을 높이는 데 일정 부분 기여할 수 있으나, 동시에 윤리적 기준이 후퇴하거나 왜곡되는 부작용을 초래할 위험도 함께 내포하고 있다(Darling-Hammond, 2015). 실제로 사회복지조직이 '더 많은 사람에게, 더 빠르게, 더 적은 비용으로' 서비스를 제공해야 한다는 구조적 압력에 놓이면서, 개별 클라이언트의 존엄성과 권리 보호, 차별적 대응의 가치가 희생될 수 있는 윤리적 긴장 상황이 발생하고 있다.

이러한 맥락에서 사회복지조직은 성과와 윤리의 관계를 단순한 이분법적 대립으로 보지 않고, 조화로운 통합을 위한 전략적 접근 방식을 마련해야 한다. 성과 중심의 운영이 속도와 양적 결과를 강조한다면, 윤리 중심의 접근은 절차의 정당성과 서비스의 질을 중시한다. 문제는 조직이 이

2 원래 옴부즈만(Ombudsman) 제도는 스웨덴에서 시작된 제도로, 정부나 공공기관의 부당한 행정처분이나 권리 침해에 대해 시민이 고충을 제기하면 이를 독립적으로 조사·시정하도록 하는 제도인데, '-man'이라는 표현이 성별 편향적이라는 지적에 따라, 성 중립적 표현인 'ombudsperson'이라는 용어가 사용되기 시작하였다.

둘 중 어느 하나에 일방적으로 편향될 때 발생하며, 특히 외부 성과 압력이 클수록 윤리적 기준은 조직 내부에서 침묵하거나 무력화되기 쉽다. 따라서 사회복지조직은 성과를 추구하되, 그것이 윤리적 원칙의 기반 위에서 정당하게 구성되도록 제도적으로 보장할 필요가 있다(Bozeman, 2007).

이를 위해 성과와 윤리성 간의 균형을 유지하기 위해 다음과 같은 구체적 전략이 필요하다.

첫째, 성과 평가지표 자체에 윤리적 요소를 통합하는 방식이 고려되어야 한다. 단순한 서비스 수혜자의 수나 처리 건수뿐 아니라, 클라이언트 만족도, 권리 보장 수준, 맞춤형 서비스 제공 여부 등 윤리적 민감성을 내포한 지표가 함께 반영되어야 한다.

둘째, 실무자가 윤리적 기준을 실천에 옮길 수 있으려면, 조직의 리더십과 윤리적 조직문화가 함께 구축되어야 한다. 업무량과 성과 압박 속에서도 구성원들이 윤리적 판단을 우선할 수 있도록 하기 위해서는, 관리자 스스로 윤리적 가치의 준수를 모델링하고, 실천 과정에서 발생하는 갈등 상황에 대해 적극적으로 지지하는 리더십이 요구된다(Johnson, 2020).

셋째, 조직문화 차원에서 윤리와 성과의 긴장관계를 공론화하고, 균형에 대한 조직적 학습이 이루어질 수 있도록 지원하는 것이 필요하다. 구성원 스스로가 윤리적 판단이 존중받고, 성과 또한 정당한 기준 아래 이루어지고 있다는 신뢰를 갖게 되면, 이는 조직의 지속 가능성과 혁신 역량으로 이어진다(Roberts, 2012). 조직 내에서는 정기적인 토론회, 사례 공유, 윤리적 갈등에 대한 집단학습구조 등을 마련함으로써, 윤리와 성과의 균형에 대한 조직 전체의 감수성을 높여야 한다.

결론적으로, 성과와 윤리는 사회복지조직의 목적과 과정, 결과를 연결하는 세 축으로 이해되어야 하며, 어느 하나의 극단에 의존하는 조직은 장기적으로 신뢰를 상실하거나 운영의 정당성이 훼손될 수 있다. 따라서 윤리적 책무성과 성과지향성의 균형 있는 통합은 단지 기술적 관리의 문제가 아니라, 조직의 철학과 가치, 운영 원리의 핵심으로 자리매김되어야 한다.

사회복지조직의 변화관리와 혁신

사회복지조직은 급변하는 사회 환경 속에서 이용자의 욕구, 정책 방향, 기술 변화 등에 지속적으로 노출된다. 이 같은 변화는 조직의 존립과 서비스의 적절성을 위협하는 요소일 수 있으나, 동시에 발전과 혁신의 기회가 되기도 한다. 따라서 사회복지조직은 환경의 변화를 단지 수동적으로 수용하는 데 그치지 않고, 능동적으로 해석하고 대응하는 체계를 갖추어야 한다. 변화에 유연하게 적응하고 이를 전략적으로 활용하는 조직만이 장기적으로 지역사회에서 신뢰받는 기관으로 자리매김할 수 있다.

이러한 인식에 따라 본 장에서는 사회복지조직의 변화관리와 혁신에 관한 주요 이론과 실제 적용 방안을 단계적으로 살펴본다. 먼저, 변화의 개념과 변화관리이론을 정리하고, 조직 변화의 유발 요인과 외부 환경 분석의 도구 및 적용 전략을 다룬다. 이어서 효과적인 변화 대응을 위한 조직 차원의 전략 수립 방안을 제시하며, 변화와 혁신을 촉진하는 조직문화와 리더십의 역할을 중점적으로 고찰한다. 마지막으로, 조직 혁신의 성과를 평가하고 이를 지속 가능한 조직 역량으로 정착시키기 위한 방법을 함께 제시한다.

본 장을 통해 학습자는 조직 변화와 혁신이 일회성 조치나 선택적 과제가 아니라, 사회복지조직이 스스로의 사명과 책임을 지속적으로 실현하기 위한 핵심 운영 원리임을 인식하게 될 것으로 기대한다.

1. 조직 변화와 혁신의 개념

현대 사회복지조직은 끊임없이 변화하는 환경 속에서 존재의 정당성과 효과성을 지속적으로 입증해야 하는 과제에 직면해 있다. 복지정책의 방향 전환, 클라이언트의 욕구 다변화, 디지털 기술의 확산, 행정 환경의 복잡성 증대 등은 기존의 운영 방식만으로 조직을 유지하기 어려운 조건을 형성한다. 특히 사회복지조직은 취약계층을 대상으로 고위험 서비스를 수행하는 책무성 높은 조직으로서, 변화에 수동적으로 대응하는 방식으로는 조직의 정체성과 신뢰를 유지하기 어렵다.

이러한 맥락에서 조직 변화와 혁신은 선택이 아닌 필수 과제이다. 이는 단순한 유행이나 경영 기법을 의미하는 것이 아니라, 조직이 지속 가능성을 확보하고 공공적 책무를 실현하기 위한 핵심 전략이자 역량이다. 그러나 여전히 일부 조직에서는 변화와 혁신을 추상적인 구호나 특정 관리자에 한정된 과업으로 오해하는 경우가 많다. 더 나아가 변화와 혁신에 저항하는 모습도 보인다. 따라서 변화관리와 조직 혁신이라는 두 개념을 명확히 이해하고, 그 상호관계와 사회복지조직 특유의 맥락 속에서 그 의미를 해석하는 일이 중요하다.

본 절에서는 먼저 변화관리와 조직 혁신의 개념을 구분하여 살펴본다. 또한 사회복지조직의 특수성을 반영하여, 왜 이러한 변화와 혁신이 더욱 중요하게 요구되는지를 분석함으로써, 이후 절에서 논의될 구체적인 전략의 이론적 기반을 마련하고자 한다.

1) 변화관리(change management)의 개념과 정의

사회복지조직은 급변하는 외부 환경 속에서 서비스의 질을 유지하고, 조직의 정체성을 지켜내며, 구성원의 전문성과 참여를 이끌어야 하는 복합적인 과제를 안고 있다. 정책 변화, 기술 발전, 클라이언트의 욕구 다변화, 재정 압력 등은 기존 운영 방식을 고수한 채로 조직이 지속되기 어려움을 보여 준다. 이러한 맥락에서 변화관리는 단순한 조직 운영을 위한 수단이 아니라, 조직의 생존과 성장을 위한 핵심적인 행정 역량으로 간주된다.

변화관리란 조직이 외부 또는 내부의 자극에 반응하여 기존의 구조, 절차, 문화, 행동양식 등을 의도적이고 체계적으로 조정해 나가는 일련의 전략적 과정을 의미한다(Burnes, 2017). 이는 단순히 문제를 해결하거나 위기에 대응하는 차원을 넘어, 조직이 새로운 방향성을 설정하고, 구성원의 협력을 이끌어 내며, 변화된 상태를 조직 내에 안정적으로 정착시키는 전 과정을 포괄한다.

특히 변화관리의 핵심은 변화가 성공적으로 실행되기 위한 전략적 조건을 설정하고, 이를 실제로 수행할 수 있는 조직 역량에 있다. 변화의 필요성을 명확하게 설명하고, 구성원들이 심리적으로 이를 수용할 수 있도록 돕는 의사소통과 정서적 지지가 마련되어야 한다. 또한 변화를 주도할 리더십 그룹의 형성과 구성원들이 참여할 수 있는 추진체계 마련, 변화 이후의 제도화와 조직문화에의 내면화를 위한 후속 과정까지 모두 포함된다. 이처럼 변화관리는 기술적 조정뿐 아니라 사람, 구조, 감정, 조직문화 전반에 걸친 통합적 접근이 요구되는 복합적인 과정이다.

그러나 많은 조직은 변화를 설계하고 실행은 하지만, 구성원의 공감과 참여 없이 상층부 주도로만 추진하는 오류를 범한다. 변화관리의 본질은 변화라는 사건 자체가 아니라, 그것이 조직 내에서 어떻게 받아들여지고 실행되며 정착되는가에 있다. 이는 변화관리가 심리적 안전감, 신뢰, 수평적 소통구조를 전제로 한다는 점을 시사한다.

일부 조직이론에서는 변화를 계획적 변화(planned change)와 우발적 변화(emergent change)로 구분하기도 한다(Bamford & Daniel, 2005). 계획적 변화는 목표와 절차를 사전에 설정한 뒤 이를 조직적으로 실행하는 유형이며, 우발적 변화는 외부 환경의 급격한 변동에 조직이 자율적으로 조정하는 과정에서 발생하는 변화이다. 그러나 현실에서는 이러한 구분이 명확하게 적용되기 어렵고, 대부분의 변화는 두 유형이 혼합된 형태로 나타난다. 특히 다양한 이해관계자와 복잡한 서비스 환경을 다루는 사회복지조직의 경우, 변화의 유형보다도 그 변화에 어떻게 대응하고 조율하느냐가 훨씬 중요한 성공 요인으로 작용한다. 결국 변화관리는 단순한 기획이나 제도 개편의 문제가 아니라, 조직의 가치, 인간관계, 리더십, 문화에 이르기까지 포괄적인 행정 역량이 작동하는 총체적 과정이다.

2) 대표적인 변화관리 모델: 르윈과 코터

변화관리이론은 조직이 변화의 필요를 인식하고, 이를 효과적으로 설계하며 실행해 나가기 위한 실천적 지침을 제공한다. 다양한 이론가가 조직 변화에 대한 모델을 제시해 왔으나, 그중에서도 커트 르윈(Kurt Lewin)의 3단계 변화모델과 존 코터(John P. Kotter)의 8단계 변화관리 모델은 변화의 핵심 메커니즘을 설명하면서도 실제 조직 운영에 폭넓게 적용할 수 있는 대표적인 이론으로 널리 활용되고 있다. 이 두 모델은 상호 보완적 성격을 가지며, 사회복지조직에서도 변화관리 전략 수립 시 실질적인 참고가 될 수 있다.

(1) 르윈의 3단계 변화 모델

사회심리학자 커트 르윈은 1940년대 후반, 조직 변화의 과정을 '해빙 → 변화 → 재동결'이라는 세 단계로 설명하였다(Burnes, 2004). 이 모델은 복잡한 조직 변화를 간결하고 직관적인 흐름으로 이해할 수 있도록 제시함으로써 교육적 효과와 적용성이 높은 프레임으로 평가받고 있다.

첫 번째 단계인 해빙(unfreezing)은 변화에 앞서 기존의 태도, 행동, 규범을 유연하게 풀어내는 단계이다. 이는 변화의 필요성을 구성원에게 인식시키고, 변화에 대한 심리적 저항을 해소하며, 기존 체계에 대한 집착에서 벗어날 수 있도록 준비시키는 과정이다.

두 번째 단계인 변화(change)는 새로운 제도, 행동양식, 가치 등을 실제로 도입하고 실행하는 과정으로, 조직 전체의 조정과 학습이 진행된다. 이 과정에서는 명확한 방향 설정과 리더십, 실험과 피드백, 학습이 동시에 요구된다.

마지막 단계인 재동결(refreezing)은 변화된 내용을 조직의 새로운 규범과 문화로 정착시키는 과정으로, 평가체계 정비, 보상제도 조정, 지속적 교육 등을 통해 변화가 안정적으로 유지되도록 관리한다.

르윈의 모델은 구조가 단순하여 교육적 효과와 적용성이 높지만, 변화 이후의 안정을 강조하는 특성으로 인해 오늘날처럼 지속적이고 순환적인 변화가 일상화된 환경에서는 유연성이 부족하다는 비판도 제기된다(Burnes, 2017). 그럼에도 불구하고 이 모델이 제시하는 변화 이전의 준비 → 실행 → 정착이라는 3단계 흐름은 여전히 변화관리의 핵심 논리를 간결하게 제시하는 유용한 틀로 인정된다.

(2) 코터의 8단계 변화관리 모델

존 코터는 르윈의 모델을 토대로 하여 더욱 실천 중심의 변화관리 프로세스를 제안하였다(Kotter, 1996). 그는 조직 변화의 실패 원인과 성공 사례를 분석하여, 변화의 각 단계를 체계화된 절차로 제시하였다. 이 모델은 리더십, 커뮤니케이션, 구성원 참여의 중요성을 강조하며 다음과 같이 여덟 가지 단계로 구성된다.

첫째, 위기의식 고취 단계로, 변화의 필요성을 조직 구성원 전체가 인식하도록 하는 과정이다. 둘째, 변화 연합체 형성 단계로, 변화를 주도할 핵심 리더십 집단인 변화 연합체를 형성하고, 권한을 부여하는 과정이다. 셋째, 비전과 전략 개발 단계로, 조직의 가치와 사명을 기반으로 변화의 방향을 설정하고, 그 목표를 실현하기 위한 실행 전략을 설계하는 과정이다. 넷째, 비전 전달 단계로, 변화의 비전을 조직 구성원에게 지속적으로 공유하며, 공감대를 형성하는 과정이다. 다섯째, 장애 요인 제거 단계로, 변화를 가로막는 제도적·문화적 장벽을 제거하고, 구성원이 변화를 실현할 수 있도록 지원하는 과정이다. 여섯째, 단기성과 창출 단계로, 초기 단계에서 가시적인 변화의 성과를 도출하여 구성원의 신뢰를 높이는 과정이다. 일곱째, 성과 기반 확대 단계로, 초기 성과를 발판 삼아 보다 넓은 영역으로 변화를 확산시키는 과정이다. 여덟째, 변화된 가치와 문화의 조직 내 정착 단계로, 변화가 일시적인 사건이 아니라 조직의 가치와 문화로 자리 잡도록 유도하는 과정이다.

코터의 모델은 단계별로 구체적인 실행지침을 제시하여, 변화 추진 시 발생할 수 있는 시행착오를 줄이는 데 유용하다. 특히 사회복지조직과 같이 공공성, 가치지향성, 참여성이 강조되는 조직에서는 비전 공유, 참여 유도, 단기성과의 창출이 변화 성공의 핵심 요소로 작용할 수 있다.

(3) 사회복지조직에의 적용 시사점

이 두 모델은 변화관리의 전통적 접근이지만, 오늘날에도 사회복지조직에 유효한 실천적 통찰을 제공한다. 다만, 사회복지조직의 특수성을 고려할 때 다음과 같은 조정과 해석이 필요하다.

우선, 사회복지조직 구성원의 변화에 대한 '심리적 준비도'는 일반 기업보다 더 중요하다. 강한 윤리적 책무성과 공공성을 가진 조직일수록 변화가 정당성을 획득하지 못하면 내부 저항이 커질 수 있기 때문이다. 따라서 르윈의 '해빙', 코터의 '위기의식 고취' 단계는 단순한 논리적 설득을 넘어 감정적 · 윤리적 공감대 형성이 병행되어야 한다.

또한 변화의 성공은 명확한 비전이나 전략 못지않게 구성원 참여구조의 설계에 달려 있다. 사회복지조직은 수직적 지시체계보다는 수평적 소통과 현장 사회복지사의 참여를 촉진하는 구조를 통해 더 효과적인 변화를 이끌 수 있다. 코터의 '변화 연합체'나 '장애 요인 제거' 단계는 이러한 구조적 유연성을 반영할 때 더욱 실효성을 가진다.

마지막으로, 변화의 '정착' 단계는 곧 조직 가치와 문화의 내면화를 의미한다. 사회복지조직은 단순히 제도와 절차를 바꾸는 것을 넘어서, 조직 정체성과 윤리적 철학을 반영한 변화를 이루어야 한다. 단기성과에 치중하기보다는 장기적 가치와 조직 윤리의 통합을 추구해야만 진정한 변화관리의 성과로 이어질 수 있다.

3) 조직 혁신의 개념과 사회복지조직의 특수성

조직이 외부 환경 변화에 단순히 적응하는 것을 넘어, 스스로 새로운 질서를 만들어 가는 과정을 조직 혁신(organizational innovation)이라 한다. 변화가 외부 자극에 대한 수동적 대응이라면, 혁신은 조직 내부로부터 출발하는 능동적이고 창의적인 재구성의 흐름이다. 이는 조직의 프로세스, 문화, 전략, 기술, 서비스 등을 포괄하여 근본적인 개선과 가치 재정의를 수반하는 행위이다. 특히 사회복지조직에서 혁신은 복잡한 욕구를 지닌 서비스 대상자에게 적절한 대응을 제공하고, 조직의 공공성과 책무성을 강화하며, 궁극적으로 지속 가능성을 확보하기 위한 전략적 접근이다.

(1) 조직 혁신의 정의와 핵심 요소

조직 혁신은 기존의 구조, 기능, 절차, 문화 등을 조직이 자발적으로 검토하고, 이를 창의적이고 효율적인 방식으로 재설계하는 전환 과정이다. 이는 단순한 개선이나 부분적 조정과 달리, 조직의 정체성이나 운영 기반에 대한 본질적 전환과 새로운 가치 창출을 목표로 하는 보다 능동적이고 전략적인 개입이다(Sørensen & Torfing, 2011). 혁신은 변화의 한 유형이기는 하지만, 외부 변화에 반응하는 일반적 변화와는 달리, 조직 내부의 동력에 의해 새로운 기회를 탐색하고 구조화해 가는 과정을 의미한다.

일반적으로 조직 혁신의 핵심 요소는 세 가지로 요약할 수 있다(Birkinshaw et al., 2008; Damanpour & Aravind, 2012).

첫 번째는 새로움(novelty)이다. 이는 기존 방식과 관행에서 탈피하여 전례 없는 방식이나 대안을 시도하는 것으로, 혁신은 본질적으로 일정 수준의 불확실성과 실험성을 수반한다. 두 번째는 가치 창출(value creation)이다. 혁신은 단순히 새로운 시도를 하는 것이 아니라, 조직 구성원이나 외부 이해관계자에게 실질적인 효용과 영향을 제공하는 성과를 도출해야 한다. 세 번째는 의도성(intentionality)과 체계성(systemness)이다. 혁신은 우연히 발생하는 사건이 아니라, 조직이 문제를 인식하고 전략적으로 자원을 재배분하며, 이를 해결하기 위해 체계적으로 과정을 설계하는 계획적 개입이다.

이러한 혁신은 기술, 서비스, 조직구조, 문화 등 다양한 영역에서 실현될 수 있다. 예를 들어, 사회복지조직이 클라이언트 사례관리 체계를 디지털 기반으로 전환하거나, 부서 간 수평적 의사결정 구조를 도입하거나, 정책 설계 과정에 서비스 이용자의 참여를 제도화하는 방식 등이 모두 혁신의 예가 될 수 있다.

중요한 점은 혁신이 단순히 외부로부터 새로운 기술이나 자원을 도입하는 기술적 변화에 한정되지 않는다는 것이다. 혁신은 기존의 자원을 새로운 방식으로 재조합하거나 조직 내부에 존재하던 아이디어를 새롭게 조명하여 실행하는 과정을 통해 실현되기도 한다. 이는 슘페터(Schumpeter, 1934)의 고전적 정의에서도 강조되듯, 혁신이란 '무에서 유를 창출하는 행위'가 아니라, 기존 자원과 요소의 조합을 통해 새로운 질서를 창출하는 능동적 구성 행위로 이해된다.

(2) 조직 혁신의 유형과 필수 조건

조직 혁신은 그 형태에 따라 다양한 유형으로 분류될 수 있으며, 각 유형은 조직의 전략적 목표와 환경 맥락에 따라 다르게 적용된다. 일반적으로 혁신은 기술 혁신, 서비스 혁신, 조직구조 혁신, 과정 혁신, 문화 혁신 등의 범주로 나뉜다(Crossan & Apaydin, 2010).

우선, 기술 혁신(technological innovation)은 조직이 활용하는 도구, 시스템, 플랫폼 등을 새로운 기술로 대체하거나 개선(업그레이드)시키는 것을 의미한다. 예를 들어, 사회복지조직이 클라이언트 사례관리를 클라우드 기반 시스템으로 전환하거나, AI 기반을 활용한 행정 자동화를 도입하는 경우가 기술 혁신에 해당한다. 이러한 유형의 혁신은 업무 효율성과 데이터 기반 의사결정 역량을 크게 향상시킬 수 있다.

다음으로, 서비스 혁신(service innovation)은 기존 서비스의 제공 방식이나 내용, 수혜자와의 관계를 새롭게 구성하는 방식이다. 예를 들어, 다문화 가정을 위한 사회복지서비스를 단순 통역 지원에서 문화 통합형 사례관리로 전환하거나, 대면 서비스 중심에서 디지털 접속형 원격 지원 체계로 변화시키는 것이 이에 해당한다.

한편, 조직구조 혁신(organization structural innovation)은 위계 중심의 조직구조를 수평적 팀 구조로 전환하거나, 기능별 조직구조에서 클라이언트 중심의 통합적 서비스 조직구조로 재편하는 등의 권한구조, 의사결정 방식, 책임체계를 변화시키는 혁신을 의미한다. 이는 조직의 유연성과 민첩성, 구성원의 참여도를 제고하는 데 기여한다.

네 번째로, 과정 혁신(process innovation)은 서비스 전달 또는 행정 업무 수행 과정의 흐름을 개선하는 것이다. 반복적인 행정 절차의 자동화, 부서 간 협업 절차의 간소화, 업무 흐름 최적화 등은 모두 과정 혁신에 해당하며, 이를 통해 조직 내부의 효율성과 자원 활용의 합리성이 증진된다.

마지막으로, 문화 혁신(cultural innovation)은 조직 구성원의 가치관, 태도, 상호작용 방식, 공동체 의식 등 심층적 요소를 변화시키는 혁신이다. 기술이나 제도의 변화만으로 조직이 실질적으로 변화하지 않으며, '항상 그렇게 해 왔기 때문에'라는 관성의 문화를 해소하는 것이야말로 진정한 변화의 출발점이 된다.

조직 혁신은 이처럼 다양한 유형으로 나타나지만, 모든 혁신이 공통적으로 갖추어야 할 요건들이 있다. 크로산과 아파이딘(Crossan & Apaydin, 2018)은 혁신을 가능하게 하는 핵심 조건으로 리더십, 조직문화, 학습 역량, 외부 네트워크, 자원 배분 체계 등 다섯 가지를 제시한다. 리더십은 변화의 방향과 우선순위를 설정하고 구성원의 참여를 유도하며, 조직문화는 혁신을 수용할 수 있는 심리적 안전감과 협력 기반을 제공한다. 학습 역량은 조직이 변화 과정에서 지속적으로 적응하고 성장할 수 있는 능력을 말하며, 외부 네트워크는 새로운 자원과 정보가 조직에 유입될 수 있도록 하는 통로가 된다. 마지막으로, 자원 배분 체계는 혁신이 실질적으로 실행되기 위해 필요한 인적·물적 자원을 적절히 확보하고 배치하는 구조를 의미한다.

사회복지조직의 경우, 이 다섯 가지 요소 중에서도 특히 리더십과 조직문화의 영향력이 매우 크다. 이 두 요소는 실무자의 자발적 참여를 유도하고 서비스 이용자와의 신뢰, 공감, 협력 관계를 형성하는 데 핵심적인 기반이 된다. 이러한 관계적 기반은 단순한 기술적·구조적 혁신보다 더 큰 조직의 변화를 만들어 낼 수 있으며, 결국 혁신의 실제 가능성과 성패를 좌우한다.

결론적으로, 조직 혁신은 단일한 방식으로 접근할 수 없는 복합적인 과제이며, 각 조직의 특성과 문화에 따라 맞춤형 전략이 요구된다. 특히 사회복지조직은 윤리성과 공공성을 내면화해야 하는 특수성을 지니므로, 기술적·구조적 접근만으로는 충분하지 않다. 진정한 혁신은 관계적 변화와 문화적 재구성을 병행할 때 가능하며, 이것이 지속 가능한 성과로 이어진다.

(3) 사회복지조직에서 혁신이 갖는 특수성

조직 혁신은 모든 조직에서 중요한 과제이지만, 사회복지조직에서는 그 적용 양상과 실현 조건이 매우 다르게 나타난다. 사회복지조직은 일반 기업과 달리 공공성, 윤리성, 사회적 책임성을 핵심 가치로 삼기 때문에, 이러한 가치지향은 혁신의 방향과 실행 방식, 적용 범위에 고유한 제약과 과제를 형성한다.

무엇보다 사회복지조직은 이윤 극대화가 아닌, 사회적 가치 실현을 우선하는 조직이다. 따라서 혁신을 추진할 때 단순히 비용 효율이나 생산성 제고를 목표로 하기보다는, 서비스의 질, 형평성, 접근성, 그리고 인간 존엄성의 보장과 같은 가치 기준이 중심에 놓여야 한다. 예컨대, 인공지능기술을 활용한 클라이언트 분류 시스템을 도입할 경우에도, 정확성과 효율성뿐 아니라 차별 발생 가능성, 개인정보 보호 수준, 수요자의 수용 가능성 등을 함께 고려해야 한다.

또한 사회복지조직은 다층적 이해관계자에 의해 운영되는 구조를 갖는다. 정부, 지방자치단체, 후원자, 이용자, 지역사회 주민 등 다양한 행위자가 조직 운영과 서비스 내용에 직·간접적으로 영향을 미친다. 이는 혁신을 추진할 때 단일한 이해관계자만을 만족시키는 방식이 효과를 거두기 어렵고, 다양한 이해관계자와의 협의·공감·조정의 절차가 필수적임을 의미한다. 실제로 새로운 프로그램이나 기술을 도입할 경우, 실무자와 현장 책임자, 행정기관 사이의 관점 차이로 인해 시행이 지연되거나 무산되는 사례도 적지 않다.

특히 사회복지조직이 위치한 법적·제도적 환경도 혁신의 자율성을 제한하는 요인이 된다. 대부분의 사회복지조직은 정부 보조금이나 공공재원을 바탕으로 운영되기 때문에, 법령, 지침,

회계 기준 등의 강한 규제하에 놓여 있으며, 실험적 혁신을 시도할 수 있는 여지는 상대적으로 협소하다. 더욱이 성과에 대한 평가 기준이 정량적 지표에 집중되면, 혁신이 단기성과 중심의 보여 주기식 변화로 오인되거나 실질적인 구조 개선을 위한 변화는 외면되는 경우도 발생할 수 있다.

그럼에도 불구하고, 사회복지조직은 다른 조직에서는 찾기 어려운 고유한 혁신 기반을 보유하고 있다. 즉, 실무자와 클라이언트 간의 신뢰관계, 협력 중심의 조직문화, 지역사회와의 지속적인 파트너십은 단순한 제도나 기술로는 확보할 수 없는 문화적 자산이며, 이는 변화 수용성과 구성원의 자발적 참여를 이끌어 내는 핵심적 자원이 된다. 이러한 자산은 사회복지조직이 지속 가능한 방식으로 혁신을 추구할 수 있는 내재적 기반이 된다(Sørensen & Torfing, 2011).

또한 사회복지조직은 위기 대응력과 회복탄력성 면에서도 강점을 보인다. 예컨대, 코로나19 팬데믹 당시, 일부 사회복지기관은 기존 서비스 전달 방식을 신속히 온라인 체계로 전환하거나, 돌봄 공백을 메우기 위해 지역사회 네트워크를 재조직하는 방식으로 유연하게 대응하였다. 이는 사회복지현장에서 활동하는 사회복지사를 비롯한 행정가들이 지닌 상황 적응력과 현장 중심의 문제해결 역량이 혁신의 실제 동력으로 작용할 수 있음을 보여 주는 사례이다.

결과적으로, 사회복지조직에서의 혁신은 단순히 기술이나 구조의 전환을 넘어, 어떻게 조직이 지닌 공공성과 윤리성이라는 가치를 유지하면서도 효과성을 제고할 수 있는가를 중심으로 접근되어야 한다. 혁신은 '무엇을 바꾸는가'보다는 '어떻게, 누구와 함께, 어떤 가치를 실현하며 바꾸는가'에 관한 복합적 과제이다(Moore, 1995). 이러한 맥락에서 사회복지조직의 혁신은 기술적 도입이 아니라, 가치 중심 실천의 재구성과 확장으로 이해되어야 한다.

2. 변화 유발 요인과 외부 환경 분석

조직은 고정된 구조물이 아니라, 끊임없이 변화하는 외부 환경에 반응하고 적응하며 진화하는 동적인 체계이다. 특히 사회복지조직은 정책 변화, 기술 발전, 인구사회학적 전환, 클라이언트 욕구 다변화 등 다양한 외부 환경 요인에 의해 영향을 받으며, 그 환경에 얼마나 민감하게 반응하고 선제적으로 대응하느냐에 따라 조직의 지속 가능성이 결정된다. 변화는 예고 없이 도래하기도 하고 점진적으로 스며들기도 하며, 때로는 조직 내부 혁신의 기회를 제공한다. 그러나 외부 변화에 무비판적으로 반응하거나 정량적 성과지표에만 몰두할 경우, 조직의 본질적 가치와 실천윤리는 심각하게 훼손될 수 있다(Bailey & Peck, 2013). 따라서 사회복지조직은 외부 변화의 근원이 되는 요인을 분석하고, 그것이 조직의 사명, 문화, 역량에 미치는 영향을 진단할 수 있는 환경 감지력(environmental sensitivity)과 분석 도구의 실질적 활용 역량을 갖추어야 한다.

본 절에서는 먼저 조직 변화를 촉발하는 주요 외부 요인을 살펴본 뒤, 환경 분석의 필요성과 실제 분석 틀을 소개하고, 이를 사회복지조직에 어떻게 적용할 수 있을지를 검토한다.

1) 변화 유발 요인

조직이 변화를 추진하는 경우, 그 배경에는 외부 환경의 변화나 내부적 필요와 같은 구체적인 유발 요인이 존재한다. 특히 사회복지조직은 공공재정에 기반을 두고 있고, 정책 변화와 사회구조적 압력에 민감하게 반응하는 특성을 지니고 있다. 따라서 환경 변화에 대한 민감한 감지와 전략적 해석은 조직 운영의 핵심 역량이라 할 수 있다(Bailey & Peck, 2013). 사회복지조직의 변화를 유발하는 외부 요인은 크게 네 가지 범주로 정리할 수 있다.

(1) 정책 및 제도 변화

사회복지조직은 중앙정부와 지방자치단체의 정책 변화에 매우 지대한 영향을 받는다. 복지예산의 증감, 사업 지침의 개정, 법·제도의 신설이나 폐지 등은 조직 운영 방향을 직접적으로 재조정하게 만든다. 예를 들어, 노인장기요양보험 제도의 확대는 민간요양기관의 설립 증가와 함께 서비스 표준화, 평가체계 강화 등 다층적 변화를 촉발하였다. 이러한 정책 변화는 때때로 예상보다 빠르게 진행되며, 조직은 유연성과 예측력을 갖추지 못할 경우, 생존 자체가 위협받을 수 있다.

(2) 기술 및 정보 환경의 변화

디지털 전환, 인공지능, 빅데이터 등의 기술 및 정보 환경의 변화는 업무 방식 자체의 근본적 전환을 요구하고 있다. 실제로 전자사례관리시스템, 빅데이터 기반 욕구 분석, 비대면 플랫폼 등은 단지 업무의 효율화 수단이 아니라, 조직의 서비스 철학과 운영구조를 재구성하는 계기가 되기도 한다(Clarke & Brudney, 2020). 다만, 기술은 빠르게 발전하고 있지만, 실무자의 디지털 활용 역량은 그 속도를 따라가지 못해 조직 내 적용과 활용 사이에는 뚜렷한 격차가 존재한다. 이러한 간극은 기술 변화의 성격을 단지 기회의 원천이 아니라 조직 내부 변화에 대한 압박으로 변화시키는 주요 요인으로 작용하고 있다.

(3) 클라이언트 욕구와 서비스 수요의 다변화

사회복지서비스의 대상은 점차 세분화되고, 서비스 수요도 복잡·다층화되고 있다. 다문화가정, 1인가구, 청년고립층, 기후취약계층 등 새로운 서비스 대상이 등장하고 있으며, 단순 지원이 아닌 개별화된 맞춤형 접근이 요구된다. 이는 사회복지조직이 기존 프로그램의 유지에 머물러서는 안 되며, 새로운 내용과 방식을 기획하고 통합하는 조직 역량의 전환을 요구하는 변화 압력으로 작용한다. 특히 이용자의 권리의식 강화, 참여 욕구 증대는 단지 서비스 수혜를 넘어 정책 설계·평가 과정에도 영향을 미치는 중요한 요인이다.

(4) 사회적 가치와 윤리 기준의 변화

현대 사회는 공공 영역 전반에 걸쳐 투명성, 책임성, 참여, 포용 등의 가치를 강조하고 있다. 이러한 사회적 가치와 윤리 기준의 변화는 사회복지조직에 대한 기대 수준 자체를 전환시킨다. 즉, 사회복지조직이 단순히 '좋은 일'을 하는 곳이라는 인식을 넘어서, 어떻게 의사결정을 내리고, 어떤 기준으로 서비스를 수행하는지에 대한 감시와 평가 대상이 되고 있다(Brandsen & Honingh, 2016). 특히 정보 공개, 개인정보 보호, 윤리적 딜레마 대응, ESG 경영 등은 더 이상 민간 기업만의 이슈가 아니며, 사회복지조직이 이러한 이슈들에 적절히 대응할 수 있는 변화를 창출하지 못한다면 신뢰 기반이 무너질 수 있다.

이러한 변화 유발 요인들은 독립적으로 작동하기보다는, 상호작용하며 복합적 변화의 압력을 형성한다. 사회복지조직이 이들 요인을 단순한 외부 변수로만 인식할 것이 아니라, 자체 진단과 전략 수립의 출발점으로 삼아야 하는 이유가 여기에 있다.

2) 외부 환경 분석의 필요성

외부 변화가 불가피한 조건이라면, 이에 대한 민감한 감지와 전략적 해석은 선택이 아니라 생존의 문제이다. 사회복지조직은 자율성과 전문성을 갖춘 조직이지만, 동시에 그 운영의 상당 부분을 공공정책, 지역사회 환경, 기술 인프라, 사회문화적 조건 등에 의존하는 조직이기도 하다(Mintzberg, 1983). 따라서 변화에 단지 수동적으로 반응하는 것이 아니라, 변화의 징후를 조기에 감지하고 예측 가능한 방식으로 분석·해석하며, 이를 바탕으로 전략적 대응력을 갖추는 것이 필수적이다.

외부 환경 분석이 필요한 이유는 크게 세 가지로 설명할 수 있다. 우선, 변화에 대한 조직의 예측 가능성과 대응 적합성을 확보하기 위함이다. 사회복지정책이 어떻게 변화할지, 서비스 수요가 어떤 방향으로 이동할지, 기술이 어느 지점에서 적용될 수 있을지를 선제적으로 파악해야, 자원을 낭비하지 않고 적절한 시점에 변화에 착수할 수 있다. 특히 정부 재정이나 법령, 평가지표와 같은 환경은 사회복지조직의 운영 지속성과 직접 연결되므로 환경 분석은 곧 위험 회피와 기회 포착의 수단이 된다.

또한 환경 분석은 조직 내부 진단과 전략 수립을 연결해 주는 다리 역할을 한다. 내부 강점이나 약점은 외부 기회나 위협과 결합될 때 비로소 실천 전략으로 전환된다. 예컨대, 사회복지조직이 보유한 디지털 인프라는 단독으로는 단순한 강점일 수 있지만, 지역사회에서 고령 이용자의 스마트 접근성이 높아지는 추세와 결합될 때, 구체적인 서비스 혁신의 기회로 전환된다.

마지막으로, 환경 분석은 단지 정보 수집이 아니라 조직 구성원 전체의 인식과 감수성을 변화시키는 학습의 과정이다. 구성원들이 함께 외부 정보를 해석하고, 그 의미를 토론하며, 변화를 조직의 언어로 풀어내는 과정을 통해 조직은 변화에 강한 내적 역량을 축적하게 된다(Senge, 2006). 이는 단기 대응이 아닌, 장기적 변화관리 체계의 토대가 된다.

이처럼 외부 환경 분석은 사회복지조직이 복잡하고 역동적인 환경 속에서 자신의 정체성을 지키면서도 유연하게 대응하기 위한 전략적 전제 조건이다.

3) 환경 분석 도구

조직이 외부 환경을 체계적으로 이해하고 예측 가능한 방식으로 진단하기 위해서는 논리적 틀을 갖춘 분석 도구의 활용이 필요하다. 단순한 직관이나 경험이 아니라, 논리적 틀을 바탕으로 다양한 환경 요인을 구조화하는 분석이 조직 전략의 출발점이 된다. 대표적인 도구로는 PEST 분석과 SWOT 분석이 있다. 이 중 SWOT 분석은 이미 본서의 [더 알아보기 6-2]에서 상세히 설명하였기 때문에 여기에서는 재설명하지 않는다.

PEST 분석(P.E.S.T Analysis)은 외부 환경을 정치(Political), 경제(Economic), 사회(Social), 기술(Technological) 네 가지 범주로 나누어 분석하는 도구이다. 이는 복잡하게 얽힌 환경 요인을 논리적으로 구분하여 판단할 수 있게 해 주며, 특히 정책과 제도 변화에 민감한 사회복지조직에서 매우 유용하게 적용된다(Baligh, 2006).

4개의 분석 범주를 사회복지조직에 적용하면, 정치적 요인으로는 사회복지 관련 법·제도 변화, 규제의 강화나 완화 등이 해당하며, 경제적 요인으로는 경기 침체나 호황, 실업률, 인플레이션, 기부 및 민간 후원 증감 등을 들 수 있다. 사회적 요인으로는 고령화, 가족구조의 변화, 기부문화에 대한 인식 등이 해당되며, 기술적 요인으로는 정보통신기술 발전, 온라인 서비스 플랫폼, 데이터 기반 행정, IT 기반 서비스 변화 등이 대표적인 분석 대상이 된다. PEST 분석은 현재의 환경 조건뿐 아니라, 미래에 영향을 줄 수 있는 외생적 변화 요인을 식별하고 전략에 반영할 수 있도록 돕는다. 특히 정책 변화나 기술 도입에 대한 선제적 감지와 조직 내 적용 가능성 검토에 적합하다.

PEST, SWOT 등의 분석 도구들은 단지 형식적 절차가 아니라, 조직 내 의사결정과 전략 수립에 실질적인 통찰을 제공하는 실천 도구로 이해되어야 한다. 또한 분석의 정확성과 효용성은 도구 자체보다도 조직 구성원들의 참여와 해석 역량, 그리고 결과를 반영하려는 리더십의 의지에 달려 있음을 주지할 필요가 있다.

4) 사회복지조직에 적합한 분석 적용 전략

분석 도구 자체의 유용성보다 더 중요한 것은, 분석 결과를 실제 조직 운영에 어떻게 반영하고, 구성원들이 이를 어떻게 공유하며 학습하느냐 하는 점이다. 특히 사회복지조직은 공공성과 윤리성을 중심에 두고 움직이는 조직인 만큼 외부 환경을 분석하는 방식과 그 활용 전략에서도 형식적 절차가 아닌, 다음과 같은 실천적 맥락에의 통합이 중요하다.

우선, 분석 결과는 단기 계획은 물론 중장기 전략 수립에 반영되어야 한다. 사회복지조직은 연간 예산과 사업계획 중심의 단기적 운영에 익숙한 경향이 있지만, 외부 환경의 변화는 점진적 축적을 통해 중장기적 영향을 미친다. 따라서 분석 결과를 내부 회의나 연례 워크숍을 통해 정기적으로 반영하고 갱신하는 체계가 필요하다.

또한 분석 결과는 조직 전체가 공유하고 해석하는 과정을 거쳐야 한다. 특정 부서나 소수 관리자만이 정보를 독점할 경우, 분석은 단순한 보고서로 전락하기 쉽다. 반면, 실무자와 현장 종사자가 함께 참여해 분석 결과를 해석하고, 현장 경험을 반영해 전략을 수립할 때 조직의 실행력과 수용성이 높아진다. 이러한 참여적 해석과 공유의 과정은 공통의 방향성으로 기능할 수 있도록 만드는 핵심 조건이다(Senge, 2006).

한편, 분석은 정량 정보뿐 아니라 비정형적·정성적 정보까지 포괄해야 한다. 지역사회 내 미묘한 분위기 변화, 이용자의 감정 반응, 실무자의 현장 감각 등은 수치로 환산되기 어렵지만, 실제 전략 수립에 있어 매우 유효한 단서가 된다. 이러한 정보는 공식 보고서보다는 면담, 사례회의, 내부 피드백 체계 등을 통해 포착된다. 따라서 환경 분석을 보고서 작성이 아니라 조직 내 학습과 대화의 구조로 운영해야 한다.

특히 분석 결과는 실행 가능성 있는 전략적 선택지로 전환되어야 한다. 즉, 분석이 지나치게 광범위하고 추상적일 경우 실제 기획에 반영되지 못한다. 분석 이후에는 전략 수립 단계에서 우선순위를 명확히 설정하고, 대응 방식(회피, 적응, 공략 등)을 구체화하는 전략적 사고 전환이 필요하다. 예를 들어, 기술 변화가 빠르게 진행되는 상황에서 단지 위험 요소로만 평가할 것이 아니라, 조직이 일정 수준의 디지털 전환을 감당할 수 있는 역량은 무엇인지, 어떤 영역부터 적용할 것인지 등 실행 단위로 세분하여 분석해야 한다.

마지막으로, 분석은 일회성 활동이 아닌 순환구조로 자리 잡아야 한다. 사회복지조직이 외부 환경에 선제적으로 대응하고 지속적으로 변화할 수 있으려면, 분석 → 적용 → 점검 → 수정의 루틴을 정례화할 필요가 있다. 이를 통해 분석은 더 이상 연초에 한번 하는 업무가 아니라, 조직 전체가 변화에 민감하게 반응할 수 있는 체계적 감각기관으로 작동하게 된다.

3. 변화에 대한 조직 내부의 반응

조직이 외부의 변화 압력이나 내부의 혁신 요구에 직면하면, 구성원들은 기대, 혼란, 불안, 저항 등 다양한 정서적 · 행동적 반응을 보이게 된다. 변화는 조직 전체에 기회이기도 하지만 개인에게는 위협으로 다가올 수 있으며, 특히 익숙한 방식과 안정된 관계, 내면화된 조직문화에 대한 도전으로 받아들여지기 쉽다(Oreg, 2006). 사회복지조직처럼 공공성과 지속성이 중시되고, 관계 기반의 실천이 핵심인 조직에서는 이러한 심리적 저항과 정체성 위기의식이 더욱 강하게 나타날 수 있다.

변화에 대한 조직 내부의 반응은 단순한 '저항'이나 '수용'이라는 이분법으로는 설명하기 어렵다. 구성원마다 변화에 대한 인식 수준과 기대, 불안, 회피, 협력의 태도는 다르게 나타나며, 이로 인해 조직 내에서도 무관심, 냉소, 수동적 순응, 적극적 참여 등 다양한 반응 스펙트럼이 동시에 존재할 수 있다. 이러한 반응을 이해하지 못한 채 변화만을 밀어붙일 경우, 표면적 실행은 이루어지더라도 변화가 내면화되지 못하고 실행력도 뒷받침되지 않아, 결국 실질적 성과로 이어지지 못하는 형식적인 변화에 그칠 수 있다.

본 절에서는 조직 내부에서 발생하는 변화 반응의 주요 양상을 이해하고, 그 원인과 조직저항의 구조를 분석하며, 효과적인 수용과 조율 전략을 함께 탐색하고자 한다. 이를 통해 단순한 변화 대응을 넘어, 변화 과정을 조직의 성장과 역량 강화로 연결 지을 수 있는 기반을 이해하도록 한다.

1) 변화에 대한 조직 내부의 심리적 · 행동적 반응

조직의 변화는 구조나 절차의 재편을 넘어, 구성원 개인의 인식과 정서, 행동에 지대한 영향을 미친다. 변화가 요구되는 상황에서 구성원들이 보이는 반응은 단순히 변화의 내용 때문이 아니라, 그 변화가 자신에게 어떤 의미로 다가오는지에 따라 달라진다(Oreg, 2006). 이러한 반응은 사회복지조직처럼 사람 중심의 실천이 중요한 조직에서는 더욱 예민하게 나타나며, 특히 변화로 인해 신뢰 기반 관계, 업무의 지속성, 실천 윤리 등이 흔들릴 수 있다는 우려는 조직 구성원들의 정서적 방어기제를 크게 자극할 수 있다.

변화에 대해 가장 흔하게 나타나는 반응은 심리적 저항이다. 이는 변화 그 자체보다는 변화로 인해 기존의 익숙한 질서가 무너지고 예측 가능성이 낮아진다는 불안감에서 비롯된다. 특히 새로운 시스템이나 역할 변경에 대해 '왜 지금 바꿔야 하는지'에 대해 충분한 납득이 이루어지지 않을 경우, 변화에 대한 수용보다는 회피나 무관심으로 반응할 가능성이 훨씬 크다. 이때 겉으로는 순응하는 듯 보이지만 실제로는 변화 내용을 따르지 않거나, 형식적으로만 참여하여 실질적인 변화를 지연시키는 수동적 저항이 나타나기도 한다(Piderit, 2000).

이러한 심리적 저항 외에도, 구성원들은 변화로 인해 정체성 혼란을 경험할 수 있다. 특히 오랫동안 일정한 업무 방식과 실천 철학을 고수해 온 조직일수록, 급격한 전략 변화나 운영 방식의 전환은 실무자들로 하여금 "이곳이 과연 내가 몸담아 온 조직인가?" "내가 실천가로서 지켜 온 원칙은 이제 어디로 향하는가?"와 같은 내적 혼란과 가치 충돌을 유발할 수 있다. 이는 단순한 변화 저항을 넘어서, 조직의 정체성과 개인의 역할 사이에 깊은 균열을 초래할 수 있다.

한편, 변화에 대한 반응은 조직 내 위치, 역할, 경력 연차, 그리고 개인의 성향에 따라 다양하게 나타난다. 관리자나 중간 리더들은 변화의 주도적 역할을 부여받은 만큼, 성과에 대한 압박과 실패에 대한 두려움을 동시에 경험하며, 변화의 속도와 범위를 바라보는 인식에서도 차이를 드러내곤 한다. 반면, 일선 실무자들은 변화 과정에서 소외감을 느끼거나, 변화 자체를 현장을 이해하지 못하는 간부들의 일방적 지시로 받아들이는 경우가 적지 않다. 이러한 차이는 동일한 변화 상황에서도 조직 구성원 간 인지와 감정의 간극이 상당할 수 있음을 보여 준다(Kotter & Schlesinger, 2008).

결론적으로, 조직 구성원들의 심리적 · 행동적 반응은 변화의 성공 여부를 좌우하는 핵심 변수라 할 수 있다. 따라서 변화에 대한 반응을 단지 저항으로 간주하고 관리의 대상으로만 다루기보다는 그 이면에 내재된 감정, 동기, 가치, 관계의 맥락을 깊이 있게 해석하려는 노력이 선행되어야 한다. 이는 조직이 변화를 추진함에 있어 구성원을 단순한 수단이 아닌 이해와 존중의 주체로 바라보는 감수성과, 실천에 기반한 윤리적 출발점을 형성하는 데 기여할 수 있다.

2) 조직 저항의 원인과 유형

조직에서 변화가 추진될 때 나타나는 저항은 단순히 개인의 심리적 불안만으로 설명되지 않는다. 이는 구성원 간 이해관계의 충돌, 정보의 비대칭, 조직문화의 관성, 권한구조의 재편 등 다양한 구조적 요인이 복합적으로 작용한 결과로 이해되어야 한다(Lawrence, 1969). 변화는 조직에 새로운 가능성과 기회를 열어 줄 수 있지만, 동시에 일부 구성원에게는 기존 권한의 약화, 지위의 재조정, 평가 기준의 변화 등으로 인식되어 위협으로 받아들여지기도 한다. 이로 인해 조직 내에서는 의도하지 않았던 반발과 긴장이 발생할 수 있으며, 이는 변화 추진의 중요한 장애 요인이 될 수 있다.

코터와 슐레징어(Kotter & Schlesinger, 2008)는 이러한 조직 저항의 원인을 다음의 네 가지 범주로 분류하여 정리하고 있다.

(1) 이해 부족(lack of understanding)

변화의 필요성, 목표, 절차 등에 대한 명확한 설명이 결여될 경우, 구성원들은 변화의 방향성과 목적을 충분히 인식하지 못하게 되며, 이로 인해 불안과 의심이 증폭된다. 이러한 심리적 반응은 방어적 태도는 물론, 변화에 대한 소극적 저항으로 이어질 가능성이 높다. 특히 관리자와 실무자 간 정보 접근의 격차가 클수록 변화가 일방적으로 통보되었다는 인식이 자리 잡기 쉬우며, 이는 변화에 대한 수용성을 더욱 약화시킨다.

(2) 이익 충돌(conflicting interests)

조직 변화가 특정 부서나 개인의 자율성, 영향력을 축소하는 방향으로 추진될 경우, 당사자들은 명시적 반대 없이도 암묵적 저항을 나타낼 수 있다. 이러한 반응은 단순한 개인 감정 차원을 넘어, 부서 간 갈등, 예산 배분 경쟁, 권한 재조정 등 조직 내 구조적 이해관계로부터 기인한다. 변화의 정당성과 타당성이 충분히 확보되어 있더라도, 이러한 이익 충돌은 실행 과정에서 저항과 마찰을 불러일으키며 변화 추진력을 저하시킬 수 있다.

(3) 문화적 관성(cultural inertia)

조직은 공식적인 규칙이나 절차뿐만 아니라, 오랜 시간에 걸쳐 형성된 비공식적 문화, 관행,

기대 등에 뿌리내린 문화적 관성에 의해서도 작동한다. 구성원들은 변화가 이러한 조직문화와 충돌하거나, 자신이 중요하게 여겨 온 가치체계와 맞지 않는다고 느낄 때, 직관적으로 거부감을 갖고 저항하게 된다. 흔히 나타나는 "이건 우리가 해 오던 방식이 아니다."라는 반응은 단순한 보수적 태도가 아니라, 기존 정체성에 대한 위협에 맞서는 심리적 방어일 수 있다(Argyris, 1990).

(4) 변화 피로(change fatigue)

조직 내 변화가 지나치게 잦거나 실행력이 부족한 채 반복적으로 시도될 경우, 구성원들은 변화에 대한 기대보다는 냉소적 태도로 반응하게 된다. 이들은 '이번에도 결국 흐지부지될 것'이라는 인식을 갖게 되며, 변화에 대한 신뢰를 상실한다. 이러한 변화 피로는 무관심, 형식적 순응, 상황 관망 등의 형태로 나타나며, 실질적인 변화 실행력과 몰입도를 현저히 떨어뜨리는 요인으로 작용한다.

이러한 조직 저항은 종종 개인의 고정관념이나 능력 부족에서 비롯된 것으로 간주되기도 하지만, 실제로는 변화 과정을 어떻게 설계하고, 소통하며, 실행해 나가는지에 대한 조직의 접근 방식과 더욱 밀접한 관련이 있다. 변화의 당위성을 충분히 설명하지 않거나, 구성원들의 감정에 대한 공감 없이 변화를 일방적으로 추진할 경우, 겉으로는 정당한 계획처럼 보이더라도 실질적으로는 조직 내부로부터 실패를 자초하는 결과를 낳을 수 있다(Ford, Ford, & D'Amelio, 2008).

따라서 변화에 대한 저항을 단순히 부정적 현상이나 극복해야 할 장애물로만 바라볼 것이 아니라, 그것이 조직 내부의 어떤 구조적 맥락에서 비롯된 것인지를 면밀히 분석하고, 이를 조율 가능한 쟁점이자 전략적 기회로 인식하려는 태도가 요구된다. 조직 저항은 때때로 변화의 필요성과 방향성을 재점검하라는 내부의 성찰 신호일 수 있으며, 이를 섬세하게 다루는 과정 자체가 조직의 성숙과 학습 능력을 키우는 중요한 경험이 될 수 있다.

3) 변화 수용 곡선과 정서적 전이 관리

앞서 살펴본 바와 같이, 조직의 변화는 단순히 시스템이나 절차의 수정에 그치지 않으며, 구성원들이 변화 상황을 어떻게 인식하고 받아들이는지에 따라 그 성패가 결정된다. 변화에 대한 저항은 일시적이고 피상적인 반응이 아니라, 개인의 정서와 정체성에 깊이 관련된 의미 있는 과정이다. 이러한 심리적 맥락을 간과한 채 변화 추진에만 몰두할 경우, 조직은 내부적으로 정서적 소진과 실행력 저하라는 이중의 부담을 겪게 될 수 있다(Hiatt, 2006).

이러한 맥락에서 변화에 대한 수용 과정을 설명할 때 자주 인용되는 이론 중 하나는 퀴블러-로스(Kübler-Ross)의 '5단계 모델'이다. 본래 이 모델은 말기 환자가 죽음을 받아들이는 심리적 과정을 설명하기 위해 제시된 것이지만, 이후 조직 변화나 개인의 위기 상황에서 나타나는 정서적 반응을 이해하는 틀로도 폭넓게 활용되어 왔다(Bridges, 2009). 특히 이러한 활용 과정에서 변화 경험을 단계별로 시각화한 '변화 수용 곡선(Change Curve)'이라는 개념이 등장하여 널리 사용되고 있다.

변화 수용 곡선은 다음과 같이 '부정 → 분노 → 협상 → 우울 → 수용'의 다섯 단계로 구성된다.

(1) 부정(denial)

변화의 초기 단계에서 구성원들은 변화가 실제로 일어나고 있다는 사실을 받아들이지 않거나, 그 영향이 자신에게까지 미치지 않을 것이라 생각하며 현실을 축소하거나 회피하려는 경향을 보인다. 이러한 반응은 변화에 대한 정서적 방어기제로서, '부정' 단계로 분류된다. 예컨대, "이번엔 그냥 지나갈 거야." "우리 팀은 해당 없을 거야."와 같은 반응은 불확실성에 대한 방어적 기제이며, 특히 오랜 시간 동일한 운영 방식에 익숙해진 사회복지조직일수록 이러한 부정 반응은 더욱 강하게 표출되는 경향이 있다.

이 단계에서 조직은 변화의 필요성과 목적, 구체적인 진행 방식 등에 대해 반복적이고 일관된 방식으로 설명하는 것이 중요하다. 특히 비공식적 소문보다 공식적이고 일관된 메시지를 신속하고 명확하게 전달함으로써 구성원들의 불안과 회피를 줄여야 한다.

(2) 분노(anger)

변화가 더 이상 회피할 수 없는 현실로 인식되는 시점에 이르면, 구성원들은 변화로 인해 발생할 수 있는 심리적 부담과 상실감에 직면하게 되고, 좌절이나 분노의 감정을 강하게 표출하는 경향을 보인다. 이러한 반응을 '분노' 단계라 하며, 조직 변화에 따른 심리적 저항의 중요한 징후로 간주된다. 예를 들어, "왜 우리만 이 고생을 해야 하지?" "위에서는 현실을 몰라."와 같은 반응은 단순한 감정의 분출처럼 보이지만, 실제로는 정보 부족, 의사결정에서의 참여 배제, 실천가로서의 정체성 위협 등에 대한 항의로 해석될 수 있다.

이 단계에서 조직은 구성원의 감정을 억제하려 하기보다 변화에 대한 우려와 불만을 자유롭게 표현할 수 있는 심리적으로 안전한 공간을 마련해 줄 필요가 있다. 또한 구성원의 비판적 피드백도 수용하려는 열린 자세를 갖는 것이 중요하다. 이러한 대응은 감정의 격화를 완화하고,

궁극적으로 조직과 구성원 간 신뢰를 회복하고 강화하는 계기가 될 수 있다.

(3) 협상(bargaining)

이 단계에 이른 구성원은 변화를 전면적으로 수용하기보다는 특정 영역에 대한 조정이나 예외 적용을 요청하며 변화 수용의 조건을 설정하려는 태도를 보인다. "그렇다면 다음 분기부터 적용하면 안 될까요?" "이 절차만은 유지할 수 없나요?"와 같은 반응은 표면적으로는 유예 요청처럼 보이지만, 실제로는 변화 상황 속에서도 일정 수준의 통제력을 확보하고자 하는 심리적 시도라고 볼 수 있다. 즉, 이는 변화를 거부하기 위한 회피가 아니라, 변화 과정에서 자기 영향력을 확인하고자 하는 정서적 반응이다.

조직은 이러한 협상적 반응을 단순한 저항이나 방해 요인으로 해석하기보다, 구성원이 변화에 내적으로 다가가고 있다는 신호로 이해할 필요가 있다. 따라서 이 단계에서는 일부 요구에 대해 현장 중심의 유연성을 검토하거나, 협상이 어렵다면 그 이유를 충분히 설명함으로써 구성원과의 관계를 조율하고 신뢰를 유지하는 것이 중요하다.

(4) 우울(depression)

변화가 이제 돌이킬 수 없는 현실이라는 인식이 자리 잡히고, 협상을 통해 조정할 수 있는 여지마저 줄어들게 되면, 일부 구성원은 점차 의욕 저하와 냉소, 무기력감에 빠지는 '우울' 단계에 접어든다. 이 단계에서 구성원이 보이는 "이젠 뭐든 해도 달라질 게 없겠지." "내 역할이 이제 의미 없어진 것 같아."라는 식의 반응은 단순한 부정적 태도가 아니라, 자기효능감의 저하와 직무 정체성의 침식을 나타내는 정서적 신호로 해석할 수 있다.

이 시기에 조직은 이러한 상태에 있는 구성원이 다시 변화 맥락 속에서 자신의 의미를 회복할 수 있도록 다층적 지지를 제공해야 한다. 이를 위해 변화 과정에서 나타난 작은 성과나 긍정적인 움직임을 조명하고, 구성원이 직접 참여할 수 있는 기회를 마련하며, 팀 차원에서 상호 정서적 지지가 가능한 분위기를 형성하는 것이 중요하다. 이러한 회복 기반이 마련될 때 구성원은 변화 상황 속에서도 점차 자신의 역할과 의미를 재구성해 나가기 시작한다.

(5) 수용(acceptance)

시간이 지나며 구성원은 변화가 더 이상 회피할 수 없는 현실이며, 동시에 새로운 질서로 자리를 잡아 가고 있다는 사실을 점차 받아들이게 되는 '수용'의 단계에 들어선다. 이 단계에 이르면 구성원은 단지 변화에 수동적으로 순응하는 수준을 넘어서, 자신의 역할을 재정립하고 변화의 의미를 능동적으로 해석하며, 행동양식과 조직 기여 방식에도 구체적인 변화를 나타내기 시작한다.

이 단계에서 조직은 변화 수용을 단순한 일시적 반응이나 표면적 순응으로 간주하지 않고, 변화가 실제로 내면화되고 장기적으로 지속될 수 있도록 지원해야 한다. 이를 위해 새로운 운영 방식의 효과성을 측정하고 그 결과를 구성원들과 공유하며, 변화 과정에서의 긍정적 경험이 제도화될 수 있도록 피드백 체계와 보상 시스템을 정비해야 한다. 이러한 노력은 단지 변화의 정착에 그치지 않고, 조직문화가 변화 이후 새롭게 재구성되는 기반이 된다.

퀴블러-로스의 5단계 모델의 핵심은 구성원이 변화를 받아들이는 과정을 단일한 선형 경로로 통과하지 않는다는 데에 있다. 즉, 모든 구성원이 동일한 단계와 속도로 반응하는 것이 아니라, 각자의 정서적 경험과 상황에 따라 서로 다른 방식으로 변화에 반응한다는 점이다. 따라서 변화 관리자는 단순히 변화의 메시지와 절차를 전달하는 데 그치지 말고, 그에 수반되는 정서적 전이 과정을 함께 이해하고 세심하게 관리할 필요가 있다(Heathfield, 2017). 궁극적으로, 변화는 제도의 문제가 아니라 사람의 문제이며, 정서적 리듬을 이해하는 관리자가 조직 변화의 진정한 설계자가 될 수 있다.

4) 효과적인 커뮤니케이션과 참여 전략

조직 변화의 성공은 전략의 정교함이나 시스템의 완성도만으로 결정되지 않는다. 무엇보다 중요한 것은 그 변화가 구성원에게 어떻게 전달되고, 어떠한 방식으로 내면화되는가에 달려 있다. 특히 사회복지조직은 관계 중심의 운영 특성과 사회복지사의 자율성이 중시되는 조직적 특성으로 인해, 변화에 대한 수직적 지시보다 수평적 설득과 협력 기반의 커뮤니케이션 전략이 더욱 중요하다(Lewis, 2011).

효과적인 커뮤니케이션 전략은 단순한 정보 전달을 넘어, 변화의 의미를 공유하고 정서적 동조를 형성하는 소통구조를 포함해야 한다. 변화의 목적과 필요성은 추상적 슬로건이 아니라, 구성원이 이해할 수 있는 언어와 실제 업무 맥락에 부합하는 사례 중심 설명을 통해 전달되어야 한다. 특히 변화 추진자는 전문 용어나 기술적 논리를 중심으로 설득하기보다 "이 변화가 당신의 업무에 어떤 영향을 주며, 왜 지금 필요한가"를 중심으로 설명해야 한다. 또한 일방적 전달보다는 질의응답, 피드백 수용이 자연스럽게 이루어지는 상호작용적 커뮤니케이션 구조가 설계되어야 한다.

이와 함께 조직은 공식적인 전달 채널뿐만 아니라, 비공식적 경로를 활용한 신뢰 기반의 정보 흐름을 적극적으로 활성화해야 한다. 변화 과정에서 발생하는 혼란, 불확실성, 불안을 완화하기 위해서는 비공식 리더, 중간 관리자, 동료 간의 비공식적 네트워크를 활용한 정서적 지지와 해석의 공간이 필요하다. 특히 공식적인 직책은 없더라도, 구성원들 사이에서 신뢰와 영향력을 갖춘 비공식적 영향자(비공식 리더)가 변화에 대해 긍정적 메시지를 전달하고 모범을 보이는 경우, 구성원의 수용 속도는 더욱 가속화될 수 있다.

더욱이 변화의 내면화를 촉진하기 위해서는 구성원의 실질적 참여를 보장하는 구조적 장치가 필수적이다. 여기서 말하는 참여란 단지 회의에 초대받는 수준을 의미하지 않는다. 구성원이 자신의 의견을 자유롭게 표현하고, 그 의견이 실제 전략과 실행계획에 반영되는 과정을 통해 조직의 변화에 영향을 미쳤다고 느끼는 경험이 포함되어야 한다(Gilley et al., 2009). 이를 위해 조직은 변화 초기부터 실무자의 목소리를 반영하고, 중간 점검 과정에서 참여 피드백을 공식적으로 수렴할 수 있는 시스템을 구축해야 한다.

마지막으로, 변화 과정에서는 초기의 작은 성과를 조기에 포착하고 이를 공개적으로 공유하는 것이 중요하다. 이는 변화가 추상적인 계획이 아닌, 현실에서 성과를 내고 있다는 구체적 증거를 구성원에게 제공함으로써 신뢰와 긍정 정서를 강화하는 계기가 된다. 특히 사회복지조직처럼 성과가 장기적이고 모호하게 나타날 수 있는 조직에서는, 단기성과의 공유가 동기 저하를 방지하는 효과적인 전략이 될 수 있다.

결론적으로, 효과적인 변화 커뮤니케이션과 참여 전략은 정보의 명확한 전달, 감정 수용과 공감, 의사결정 참여의 보장, 성과의 공유라는 네 가지 축이 유기적으로 결합될 때 실현될 수 있다. 이러한 통합 전략은 구성원의 심리적 안전감과 주인의식을 강화하고, 변화를 조직의 일상 문화로 정착시키는 핵심 기반이 된다.

4. 사회복지조직의 혁신 전략

조직이 변화에 효과적으로 적응하기 위해서는 단순한 조정이나 미세 조정 수준의 대응을 넘어서, 보다 근본적이고 구조적인 혁신 전략의 설계와 실행 능력이 요구된다. 특히 사회복지조직은 공공성과 가치 중심성을 동시에 추구해야 하는 특수한 조직으로, 서비스 수요의 다변화와 복잡성 증대 속에서 기존의 운영 방식과 서비스 모델만으로는 대응에 한계를 가질 수 있다. 오늘날 사회복지조직의 혁신은 더 이상 선택의 문제가 아니라, 조직의 생존과 지속 가능성을 결정짓는 핵심 조건이 되었다. 이에 따라 서비스 제공 방식, 정보 활용 체계, 조직문화와 리더십

구조 전반에 걸친 통합적이고 체계적인 접근이 필요하다(Moore, 1995).

본 절에서는 사회복지조직이 실제 운영과 실천 현장에서 적용할 수 있는 혁신 전략을 네 가지 축으로 구분하여 제시한다. 첫째는 서비스 혁신, 둘째는 정보통신기술 및 데이터 기반 혁신, 셋째는 다기관 협업구조와 네트워크 기반 혁신, 마지막으로는 조직문화와 리더십의 재구성을 통한 내면적 혁신 전략이다. 이러한 전략은 단순히 나열된 개별 영역이 아니라, 서로 유기적으로 연결되고 상호 촉진되는 구조로 이해되어야 하며, 이를 통합적으로 구현할 때에야 비로소 지속 가능한 혁신 성과로 이어질 수 있다.

1) 서비스 혁신

서비스 혁신은 사회복지조직의 혁신 전략 중에서도 가장 직접적으로 클라이언트의 삶의 질에 영향을 미치는 핵심 영역이다. 이는 복잡해지는 사회문제와 다변화되는 욕구에 능동적으로 대응하기 위한 실천 기반의 전략적 접근으로, 최근 더욱 중요성이 부각되고 있다. 전통적인 서비스 모델이 공급자 중심의 고정형 프로그램에 의존해 왔다면, 오늘날에는 이용자의 생애사, 생활환경, 문화적 배경을 통합적으로 고려한 맞춤형 서비스 설계가 요구된다(Kettunen & Kallio, 2020b).

이러한 변화는 단순히 기존 서비스를 개선하는 수준을 넘어, 서비스 제공의 철학과 구조 자체를 전환하는 근본적인 실천 전략으로 확장되어야 한다. 이를 실현하기 위해서는 클라이언트의 복합적 욕구를 통합적으로 다루는 다음과 같은 전략이 필요하다.

(1) 통합적 서비스 접근 강화

복합적 욕구를 가진 대상자를 위한 통합서비스 접근을 강화하는 획기적인 변화가 필요하다. 예를 들어, 독거노인의 경제적 어려움, 정서적 고립, 건강 저하와 같은 다차원적 문제는 단일 프로그램으로는 효과적인 대응이 어렵다. 따라서 사례관리자 중심의 연계형 서비스 설계와 함께, 클라이언트의 생활 주기와 변화 흐름을 반영한 유연한 개입 전략이 필요하다. 이는 기존의 정형화된 프로그램 중심 운영 방식에서 벗어나, 맞춤형·플렉서블(flexible) 모델로의 전환을 의미하는 중요한 변화이다.

(2) 이용자 참여 제도화

서비스 설계 초기 단계에서부터 이용자 참여를 제도화하는 구조가 필요하다. 사회복지조직은 클라이언트를 수동적 수혜자가 아닌, 서비스의 공동 생산자(co-producer)로 인식해야 하며,

이를 위해 욕구사정, 프로그램 기획, 평가에 이르는 과정 전반에 이용자 참여 메커니즘을 내재화해야 한다(Bovaird & Loeffler, 2012). 이러한 접근은 서비스의 실효성을 높일 뿐 아니라, 조직의 책무성과 신뢰성 또한 제고하는 전략이 된다.

(3) 서비스 제공 방식의 혁신

서비스 내용뿐 아니라 제공 방식의 혁신도 중요하다. 즉, 대면 중심 전달체계에서 디지털 기반의 비대면 또는 하이브리드 방식으로의 전환, 복지 · 문화 · 건강을 아우르는 융합형 프로그램 모델의 도입 등은 모두 서비스 접근성과 효과성 제고를 위한 실질적 전략이다. 특히 팬데믹 이후, 지역 기반 사회복지서비스의 공간적 한계가 드러나면서, 물리적 제약을 뛰어넘는 유연한 전달모델에 대한 수요는 더욱 높아지고 있다.

결론적으로, 서비스 혁신이란 단지 프로그램을 새로 개발하거나 형식을 바꾸는 문제가 아니라, 조직이 문제를 정의하고 클라이언트와 관계를 맺는 방식 자체를 재구성하는 일이다. 이러한 혁신은 실천가의 창의성, 현장 데이터의 축적, 다양한 협업 기반이 유기적이고 통합적으로 작동할 때 비로소 실현 가능하다. 서비스 혁신은 클라이언트의 삶의 질 향상을 그 출발점으로 삼고, 다시 그것을 궁극적 목표로 지향하는 가장 본질적이며 가치 중심적인 혁신 영역이라 할 수 있다.

2) 정보통신기술 및 데이터 기반 혁신 전략

정보통신기술의 발달과 데이터 기반 의사결정 체계는 오늘날 조직 혁신의 핵심 인프라로 자리 잡고 있다. 사회복지조직 역시 행정의 효율성, 서비스 품질의 향상, 클라이언트 대응의 신속성과 정밀도를 높이기 위해 디지털 기반의 업무 혁신 전략을 점차 강화해 나가고 있다. 특히 팬데믹 이후 비대면 중심의 행정 절차와 원격 서비스 전달이 일상화되면서, 정보통신기술의 활용능력은 선택이 아닌, 필수 조직 역량으로 인식되기 시작하였다(Clarke & Brudney, 2020).

이러한 흐름 속에서 사회복지조직은 기술 도입 자체보다도, 기술이 어떻게 조직의 가치와 맞물려 작동할 수 있는지를 중심에 두는 전략적 사고가 요구된다. 이를 위해 다음과 같은 정보통신기술 및 데이터 활용 기반 혁신 전략을 수립할 필요가 있다.

(1) 사례관리 및 행정 프로세스의 디지털 전환

사례관리 및 행정 프로세스의 디지털 전환은 업무 효율성 제고와 오류 방지, 정보 축적의 기반이 된다. 실제로 전자사례관리시스템(Electronic Case Management System: ECMS),[1] 클라우드 기반 기록 관리, 모바일 앱을 통한 실시간 정보 입력 등은 단순한 기록의 수단이 아니라, 실천 기반 데이터를 축적하여 전략적 판단을 가능하게 하는 자산으로 작용한다. 특히 반복적 행정 업무나 문서 작업을 자동화할 경우, 실무자는 클라이언트와의 관계에 더욱 집중할 수 있는 환경을 확보할 수 있다.

(2) 데이터 기반 의사결정 구조 도입

데이터 기반 의사결정 구조의 도입은 조직의 전문성과 신뢰성을 높이는 중요한 전략이다. 이를 통해 이용자 특성, 서비스 이용 패턴, 평가 결과 등의 축적된 데이터를 기반으로 프로그램 개편, 자원 재배분, 성과 평가를 정량적으로 수행할 수 있다. 이러한 구조는 조직이 직관이나 경험에만 의존한 기획 방식에서 벗어나, 근거기반 실천을 정착시키는 토대가 된다(Lopez Pelaez et al., 2021).

나아가 데이터 분석을 통해 나타난 경향성과 상관관계는 정책적 결정을 위한 시사점을 제공하며, 반복적으로 등장하는 문제의 유형을 조기에 감지함으로써 예방 중심의 개입 전략을 설계할 수 있는 기반이 된다. 예를 들어, 특정 집단의 서비스 이탈률이 지속적으로 높게 나타나는 경우, 그 원인을 구조적으로 파악하고 서비스 설계에 반영함으로써 이용자 유지율을 높일 수 있다. 이러한 분석과 활용의 순환은 단순한 성과 측정을 넘어서, 조직이 학습하는 구조로 진화하는 데 핵심 역할을 한다. 데이터 기반 구조는 결국 의사결정의 정당성을 강화하고, 외부 이해관계자와의 신뢰 형성을 위한 투명한 근거를 제공하는 수단이기도 하다.

(3) 기술 도입에 따른 윤리적 고려

정보통신기술의 도입은 언제나 정보 윤리와 기술 감수성의 문제를 수반한다. 기술은 가치 중립적인 수단이 아니라, 설계자의 관점과 사회적 맥락을 반영하기 때문에, 기술이 어떤 방식으로 작동하는지를 넘어, 그것이 어떤 기준과 판단 틀에 따라 운영되는지를 성찰하는 것이 필수

1 전자사례관리시스템(ECMS)은 사회복지 및 보건의료 영역에서 클라이언트와 관련된 정보 수집, 평가, 서비스 계획, 기록, 모니터링 및 평가 활동을 디지털 기반에서 통합적으로 관리할 수 있도록 설계된 시스템을 말한다.

적이다. 예컨대, 인공지능을 활용한 위험 예측 시스템이 클라이언트의 행동을 판단하고 우선순위를 결정하는 기준이 되었을 때, 그 알고리즘이 누구에 의해, 어떤 데이터를 바탕으로, 어떤 가치 기준에 따라 설계되었는지를 검토해야 한다. 특정 계층이나 배경을 가진 이용자가 부당하게 불이익을 받을 가능성은 없는지, 데이터 입력과 해석 과정에 편향이 내재되어 있지는 않은지를 끊임없이 점검할 필요가 있다.

개인정보 보호, 민감정보의 사전 동의, 알고리즘의 투명성 확보, 데이터 오용 방지 등의 기준은 기술 적용 과정 전반에 걸쳐 엄격히 준수되어야 할 윤리적 요건이다. 이러한 원칙이 간과되거나 임의로 축소될 경우, 기술의 효율성은 일시적으로 확보될 수 있을지라도, 조직에 대한 신뢰와 이용자의 권리는 근본적으로 훼손될 수 있다. 결국 기술 기반 혁신은 윤리적 성찰과 함께 추진될 때에만, 진정한 사회복지적 가치에 부합하는 지속 가능한 혁신이 될 수 있다.

(4) 디지털 역량 격차 해소 전략

디지털 전환 과정에서의 역량 격차 해소 또한 간과할 수 없는 과제이다. 이는 단순한 기술 습득의 문제가 아니라, 조직의 포용성과 학습 문화 전반을 재설계하는 과제로 접근해야 한다. 구성원의 기술 활용 능력은 개인의 연령, 직무 유형, 경력 수준, 디지털 경험 유무에 따라 상당한 차이를 나타내므로, 획일적인 시스템 도입은 오히려 일부 구성원을 소외시키거나 조직 내 긴장을 유발할 수 있다. 이러한 문제의식에 기반하여, 영국의 Age UK는 고령 사회복지 종사자의 디지털 역량 강화를 위해 맞춤형 교육 프로그램을 도입하고, 디지털 도우미를 지정하여 현장 내 기술 격차를 완화한 바 있다(Age UK, 2021). 이처럼 현장 친화적이며 관계 기반의 지원체계는 역량 강화뿐 아니라 구성원 간 협력 문화를 조성하는 데에도 기여할 수 있다.

사회복지조직은 구성원의 디지털 역량 수준을 진단하고, 역량 수준별 교육 모듈과 실시간 피드백 체계를 병행함으로써 학습의 지속성과 효과성을 높일 수 있다. 또한 교육은 단기성 워크숍보다 업무에 밀착된 상황 중심 학습(on-the-job learning)으로 설계되는 것이 바람직하다.

궁극적으로, 디지털 역량 격차 해소는 기술 활용 능력의 단순한 평균치를 끌어올리는 것뿐 아니라, 모든 구성원이 변화에 능동적으로 참여할 수 있는 심리적·문화적 기반을 조성하는 일이다. 이는 기술 기반 혁신의 지속 가능성과 조직 내부의 사회적 신뢰를 동시에 확보하는 핵심 조건이라 할 수 있다.

결론적으로, 정보통신기술과 데이터 활용체계는 단순한 도구가 아니라, 사회복지조직의 실천 철학과 성과구조를 재편하는 수단이다. 기술을 어떻게 활용할 것인가보다도 무엇을 위해 어떤 가치에 기반하여 활용할 것인가를 먼저 질문하는 접근이야말로 사회복지조직에 적합한 디지털 혁신 전략을 수립하기 위한 선행 조건이다.

3) 다기관 협업구조와 네트워크 기반 혁신

현대의 사회복지조직은 더 이상 고립된 단위 조직으로서 기능하지 않는다. 복잡하고 다차원적인 사회문제는 어느 하나의 기관이나 전문 영역만으로 해결할 수 없으므로, 조직 간 협력, 영역 간 통합, 자원의 공유와 조율을 기반으로 한 네트워크 구조의 혁신이 필수 전략으로 대두되고 있다. 특히 돌봄, 주거, 고용, 정신건강 등 다양한 영역이 상호 얽혀 있는 현실에서, 협업구조는 단순한 운영 방식이 아니라 조직의 문제해결 역량을 재정의하는 구조적 기초가 된다(Keast et al., 2007).

이러한 관점에서 사회복지조직은 기존의 단독 수행 중심 운영 방식에서 벗어나, 다음과 같은 다기관 협력 기반의 혁신 전략을 실천 수준에서 구체화할 필요가 있다.

(1) 지역사회 기반의 협업 모델의 제도화

다기관 협력 기반의 실천 전략 중에서도, 지역사회 기반의 협업 모델을 제도화하는 노력은 가장 기본적이며 핵심적인 구조 전환으로 간주된다. 이는 단일 기관이 사회복지 문제를 전담하기 어려운 현실 속에서, 지역 내 다양한 주체가 공동의 문제 인식과 대응체계를 형성하는 출발점이 되기 때문이다.

구체적으로는 읍·면·동 주민센터, 지역사회보장협의체, 의료기관, 학교, 민간 복지기관 등 다양한 조직이 참여하는 지역 단위의 네트워크 구조가 중심이 된다. 이러한 네트워크는 복지대상자의 복합적이고 다차원적인 문제, 즉 건강·경제·정서·교육 문제 등을 개별 기관이 아닌 공동체 차원에서 진단하고 해결할 수 있는 기반을 제공한다.

또한 이러한 협업 모델은 단순한 정보의 교환 수준에 머물러서는 안 되며, 공동 개입계획의 수립, 사례회의의 정례화, 자원의 유기적 매칭과 배분이 이루어지는 실질적 연계구조로 설계되어야 한다. 그래야만 협력의 효과가 일시적 조율을 넘어, 일상적 운영체계 속에 제도화된 협업구조로 자리매김할 수 있다.

(2) 공공–민간–시민사회 간의 거버넌스 기반 협력

지역사회 기반의 협업을 보다 구조화하고 지속 가능한 형태로 정착시키기 위해서는 공공–민간–시민사회 간의 거버넌스 기반 협력체계를 강화하는 것이 필수적이다. 이는 단순한 역할 분담을 넘어, 정책 수립과 실행 과정 전반에 다양한 주체가 대등한 책임과 권한을 가지고 참여하는 협치구조를 의미한다.

특히 사회복지서비스의 전달 과정에서 행정기관, 민간 사회복지조직, 서비스 이용자, 시민단체가 수직적 위계가 아닌 수평적 파트너십을 기반으로 상호 협력할 때, 정책은 실현 가능성과 정당성을 동시에 확보할 수 있다. 이러한 협력구조는 정책 결정의 현장 적합성을 높이는 데 기여할 뿐 아니라, 다양한 이해관계자의 경험과 지식을 통합하여 새로운 해결 방식을 공동으로 창출할 수 있는 토대가 된다. 실제로 지역사회의 복합적인 문제를 다루는 정책 실험이나 시범사업에서는 이 같은 협치 거버넌스가 제도 밖의 창의적 해결책을 공공 시스템에 통합하고 제도화하는 데 효과적임이 반복적으로 입증되어 왔다(Sørensen & Torfing, 2011). 따라서 사회복지조직은 자율성과 전문성을 보유한 민간부문과 실제 삶의 경험을 가진 시민사회와의 협력관계를 일시적 수단이 아닌 지속 가능한 파트너십으로 발전시켜야 한다.

(3) 상호 신뢰 기반의 관계관리

협업구조가 단지 형식적인 파트너십으로 머물지 않고 실질적으로 작동하기 위해서는 무엇보다도 수평적 소통체계와 상호 신뢰 기반의 관계가 전제되어야 한다. 기관 간의 협력이 실패하거나 지지부진해지는 가장 흔한 이유는 기술적 한계보다는 관계적 요인, 특히 신뢰 부족과 권한 불균형에서 비롯된다. 예를 들어, 역할의 중복, 정보의 독점, 성과나 평가 기준의 불일치는 협업의 과정에서 빈번히 발생하는 갈등의 요인이며, 이는 각 기관이 자율성을 잃지 않으려는 방어적 태도와 상호 간 기대의 불명확성에서 기인한다. 이러한 문제는 단순히 커뮤니케이션 수단의 확보로 해결되지 않으며, 지속적이고 제도화된 관계관리 노력이 병행되어야 한다. 이러한 관계적 기반이 마련될 때, 조직 간 협력은 단기적 성과를 넘어 지속 가능한 네트워크 운영체계로 발전할 수 있으며, 각 참여기관의 신뢰와 책임성도 함께 증진될 수 있다.

(4) 공유 자원의 효율적 활용과 공동의 성과 평가체계 구축

네트워크 기반의 조직 혁신이 지속 가능한 성과로 이어지기 위해서는 단순한 협업 의지를 넘어 공유 자원의 효율적 활용과 공동의 성과 평가체계 구축이 병행되어야 한다. 오늘날 대부분의 사회복지조직은 인력, 예산, 시설, 정보 등 자원을 한정된 범위 내에서 운영하고 있으며, 이러한 제약으로 인해 기관 간의 역할 중복, 자원 낭비, 서비스 사각지대가 발생하는 경우가 적지 않다.

이러한 문제를 해소하려면 기관별로 분산된 인적·물적 자원을 상호 연결하고 통합하는 체계가 필요하다. 예를 들어, 유사한 대상군을 지원하는 복수의 기관이 각각 프로그램을 운영하는 대신, 정보시스템을 연계하여 클라이언트의 욕구를 통합적으로 진단하고, 중복 없이 맞춤형 자원 배분이 이루어질 수 있도록 하는 방식이다.

또한 네트워크 내에서의 협업이 효과를 발휘하려면 공동의 성과를 어떻게 정의하고 측정할 것인지에 대한 기준 정립이 중요하다. 이를 위해서는 공동 성과지표의 설정, 결과 기반 평가체계, 참여형 예산구조 등이 제도적으로 뒷받침되어야 한다. 이러한 구조는 단순히 각 기관의 성과를 합산하는 방식이 아니라, 서비스의 총체적 효과성과 체계적 책임성을 확인하는 기준이 되며, 성과에 기초한 협력의 동기를 강화하는 역할도 수행한다.

결국 공유 자원의 효율적 활용과 공동의 성과 평가체계를 정착시키는 일은, 협업이 단발성 이벤트나 일회성 사업에 그치지 않고, 정기적 조정과 피드백이 내재된 장기 운영 구조로 발전하기 위한 핵심 기반이 된다. 공유와 평가가 체계적으로 이루어지지 않으면, 네트워크 기반의 혁신은 지속성과 확장성을 확보하기 어렵다.

결론적으로, 협업구조와 네트워크 기반 혁신은 조직 간의 좋은 관계 형성만으로 성립하지 않는다. 그것은 공유된 목적과 역할의 명확화, 구조적 조정력, 그리고 제도화된 연계체계를 바탕으로 실현되며, 궁극적으로는 개별 기관이 아니라 공공복지 생태계 전체의 역량을 확장하는 전략이라 할 수 있다.

4) 혁신을 촉진하는 조직문화와 리더십

조직의 구조와 전략이 아무리 정교하더라도 구성원들이 그것을 어떻게 받아들이고 실행하느냐는 조직문화와 리더십의 작동 방식에 크게 좌우된다. 특히 사회복지조직은 기술이나 자원보다도 사람과의 관계, 가치에 기반한 실천을 중심축으로 하기 때문에 혁신의 지속 가능성은 구성원의 인식과 상호작용을 형성하는 조직 내부의 문화와 리더십 유형에 달려 있다고 해도 과언이 아니다(Schein, 2010). 이러한 관점에서 혁신을 촉진하기 위해 조직이 내면적으로 정비해야 할 문화적 요소와 리더십 전략은 다음과 같다.

(1) 심리적 안전 기반의 수평적 소통문화 조성

내면적 혁신 역량의 출발점은 수평적 소통과 심리적 안전이 보장되는 조직문화의 정착이다. 조직 내에서 새로운 시도나 변화는 필연적으로 불확실성과 실패의 가능성을 동반하기 때문에, 구성원들이 실수를 두려워하지 않고 자신의 아이디어를 자유롭게 제안할 수 있는 심리적 안전

기반이 마련되어야 한다. 특히 위계적 문화가 강한 사회복지조직에서는 현장 실무자의 목소리나 문제의식이 위로 전달되지 못하고 억제될 가능성이 높기 때문에 상하 간 권력 간극을 줄이고 의견이 자유롭게 오가는 개방적 커뮤니케이션 구조가 정착될 필요가 있다. 이러한 구조는 단순히 소통 채널을 여는 것을 넘어, 의견 제시와 비판을 학습과 성찰의 기회로 수용하는 조직 분위기와 결합되어야 하며, 이는 구성원 간 신뢰 형성과 지속적 혁신의 토대를 마련하는 핵심 요소가 된다(Edmondson, 1999).

(2) 학습 중심의 실험 문화 조성

조직 내에서 지속 가능한 혁신을 실현하기 위해서는 일회성 성과에 집착하기보다 실험과 학습을 일상화하는 분위기를 조성하는 것이 중요하다. 건강한 조직은 문제를 완전히 회피하는 곳이 아니라, 문제를 시도하고 검토하며 배우는 과정을 허용하는 곳이다. 실패에 대한 과도한 처벌보다는 실험의 의도와 학습의 기회를 존중하는 태도가 구성원의 자발적 참여와 창의성을 유도한다. 예를 들어, 소규모 팀 단위의 시범사업을 장려하거나 일정 기간 동안 성과보다 실행 과정에서의 학습 경험을 중시하는 탐색적 프로젝트를 도입하는 방식은 구성원이 보다 자유롭게 새로운 시도를 해 볼 수 있도록 돕는다. 이러한 분위기는 궁극적으로 혁신이 조직의 일상에 스며들도록 하는 중요한 기제가 된다.

(3) 변혁적 리더십의 실천과 조직 정체성의 확장

조직의 변화를 견인하는 핵심 동력 중 하나는 단순한 통제와 관리가 아닌, 구성원 내면의 자발성을 이끌어 내는 리더십이다. 이러한 맥락에서 변혁적 리더십(transformational leadership)의 역할은 특히 강조될 필요가 있다. 변혁적 리더는 관리자라는 역할을 넘어, 조직의 비전과 핵심 가치, 전략적 목표를 구성원과 능동적으로 공유하고, 그들을 성장과 변화의 주체로 이끄는 존재이다(Bass & Riggio, 2006).

사회복지조직의 특성을 고려하면, 이러한 리더십의 중요성은 더욱 부각된다. 조직의 사명은 단순한 서비스 제공을 넘어서 인간 존엄, 사회정의, 상호 돌봄 등의 가치 실현에 있으며, 구성원들은 이 같은 가치에 대한 실천적 공감과 연결감을 바탕으로 활동한다. 따라서 관리자나 기관장이 풍부한 실천 경험과 공동체적 소명을 바탕으로 신뢰 기반의 관계를 구축할 수 있을 때, 조직 구성원은 변화와 혁신을 외부의 지시나 압박이 아니라, 조직 정체성과 비전의 자연스러운 확장으로 받아들이게 된다. 이러한 리더십은 혁신의 지속성과 정착 가능성을 높이는 정서적 · 문화적 기반이 된다.

결론적으로, 사회복지조직의 혁신은 정책, 예산, 기술이라는 외재적 자극보다도 조직 내부에서 어떤 문화와 리더십이 작동하느냐에 따라 실현 가능성과 지속성이 결정된다. 변화에 대응하는 조직의 체질을 만드는 데 있어, 조직문화와 리더십은 혁신의 토양이자 연료라 할 수 있다.

5. 미래지향적 사회복지조직의 조건

사회복지조직은 본질적으로 사회적 약자의 권익을 보호하고 공공의 가치를 실현하기 위해 존재하는 공익지향적 조직이다. 그러나 그 사명이 아무리 정당하고 숭고하더라도 조직이 급변하는 사회적 환경에 능동적으로 대응하지 못할 경우, 그 실천적 영향력은 점차 축소될 수밖에 없다. 특히 최근에는 기술 발전, 제도 개편, 사회구조의 다변화, 인구구성의 급격한 변화, 행정환경의 복잡성 등이 조직 운영 전반에 중대한 변화를 촉구하고 있다. 이러한 맥락에서 과거처럼 정형화된 프로그램을 반복 운영하거나 단기 성과 중심의 관리 방식에만 의존하는 접근은 더 이상 조직의 지속 가능성을 담보하지 못한다.

이러한 흐름 속에서 미래지향적 사회복지조직은 단순히 변화에 수동적으로 적응하는 수준을 넘어, 변화의 방향을 선제적으로 설계하고 실천할 수 있는 역량을 갖추어야 한다. 동시에 고유한 조직의 정체성과 핵심 가치를 훼손하지 않으면서도, 이를 다양한 방식으로 확장해 나갈 수 있는 문화적 · 구조적 토대를 확보할 필요가 있다. 다시 말해, 미래지향적 조직이란 외부 환경의 흐름을 통찰하고 그에 걸맞은 혁신을 주도할 수 있는 내적 역량을 갖춘 조직이며, 변화와 지속성의 균형을 실현할 수 있는 구조적 조건을 구비한 조직이라 할 수 있다.

본 절에서는 이러한 관점을 바탕으로, 사회복지조직이 미래 사회에서 갖추어야 할 주요 조건들을 네 가지 측면에서 고찰하고자 한다. 즉, 조직의 유연성과 적응성, 학습조직으로의 진화, 지속 가능성과 사회적 책임성, 정체성과 가치 중심성의 네 영역은 변화의 시대 속에서 사회복지조직이 정체성과 지속 가능성을 동시에 확보하기 위한 핵심적인 기준으로 주목되고 있다. 각 항목은 구조적 · 문화적 차원에서 조직이 어떠한 방향으로 나아가야 할지를 제시해 주는 이정표의 역할을 한다.

1) 유연성과 적응성

오늘날의 사회는 빠르게 변화할 뿐 아니라, 변화의 방향조차 예측하기 어려운 불확실성의 시대에 접어들었다. 인구 고령화, 기술 융합, 정책 기조의 급변, 복합재난과 같은 다양한 외부 요인은 사회복지조직의 실천 환경에도 지속적으로 영향을 미치고 있다. 이러한 환경 속에서 사회복지조직이 본연의 역할을 안정적으로 수행하기 위해서는 조직이 고정된 운영 방식에 머무르지 않고 변화에 민감하게 반응할 수 있는 유연성과 적응성을 갖추는 것이 핵심 과제로 부상하고 있다.

유연성(flexibility)은 조직 내부의 구조, 운영 방식, 서비스 전달체계, 자원 배분 방식 등이 환경 변화에 따라 탄력적으로 조정될 수 있는 내적 체계를 의미한다. 단순히 외부 충격에 대한 일시적 대응이 아니라, 예상치 못한 상황에서도 조직의 핵심 기능을 지속적으로 수행할 수 있는 구조적 여유와 대안적 실행력을 포함한다. 예컨대, 감염병 확산과 같은 사회적 위기 상황에서 일부 사회복지기관은 비대면 기반의 온라인 상담, 모바일 앱을 활용한 기록체계, 자원봉사자와 연계한 비접촉형 물품 지원 등의 새로운 서비스를 신속히 도입하며 조직 운영의 연속성을 유지하였다. 이러한 경험은 유연성이 단지 '위기 회피 수단'이 아니라, 위기 속에서도 조직의 목적과 가치를 실현할 수 있는 핵심 역량임을 보여 준다(McDonald, 2020).

한편, 적응성(adaptability)은 환경 변화에 단순히 반응하는 수준을 넘어서, 그 변화의 의미를 해석하고 조직 내부의 구조와 문화를 재조정하는 능동적 역량을 의미한다. 적응성이 높은 조직은 변화하는 정책 방향이나 이용자의 욕구를 수용하는 것을 넘어, 내부의 사업 방향이나 서비스 모델 자체를 재구성하고, 새로운 기획과 실행 전략을 도출할 수 있다. 이는 결국 조직이 외부 변화에 종속된 수용자에 머무르지 않고, 변화의 흐름을 공동으로 기획하고 주도하는 실행 주체로 전환되는 과정을 뜻한다(Ebrahim, 2010).

이러한 유연성과 적응성은 개별 실무자나 관리자의 역량만으로 확보될 수 없다. 오히려 조직 전체의 구조와 문화, 리더십 체계, 운영 철학이 유기적으로 뒷받침될 때 비로소 작동할 수 있는 집합적 역량이다. 예산 항목이 경직되어 있고, 의사결정이 일방적이며, 실패에 대한 관용이 부족한 조직에서는 실무자의 창의성과 민첩성이 구조적으로 차단되기 쉽다. 반대로, 실패를 학습 기회로 인정하고, 현장 의견을 수렴하여 유연하게 제도를 조정할 수 있는 문화와 시스템을 갖춘 조직은 변화 속에서도 안정적인 실행 기반을 유지할 수 있다. 따라서 유연성과 적응성은 조직 운영의 부차적인 가치가 아니라, 미래지향적 사회복지조직이 반드시 갖추어야 할 구조적이고 전략적인 핵심 조건이다.

2) 학습조직으로의 진화

급변하는 환경 속에서 사회복지조직이 단기 목표 달성에만 매몰될 경우, 변화의 흐름에 뒤처지고 점차 구조적으로 경직될 위험이 크다. 이에 따라 오늘날의 조직은 단순한 운영의 효율성을 넘어, 스스로를 학습하고 성찰하며 지속적으로 재구성할 수 있는 내적 능력을 갖추어야 한다. 이러한 성격을 갖춘 조직을 일반적으로 학습조직(learning organization)이라 부른다. 이는 피터 센게(Peter Senge, 2006)가 체계적으로 제시한 개념으로, 구성원이 공동의 목적 아래 학습을 통해 개인적 역량을 확장하고, 조직 전체가 변화에 능동적으로 적응하는, 살아 있는 체계로 기능할 수 있도록 지원하는 조직 형태를 의미한다.

사회복지조직의 경우, 공공성과 제도 중심의 운영구조로 인해 변화 대응 속도가 더딘 경향이 있으며, 실천 현장에 기반한 지식이 조직 전체로 전이되지 못하는 문제가 빈번히 발생한다. 평가 이후 피드백 체계가 미비하거나 일회성 교육훈련에만 의존하는 구조는 내부 혁신의 동력을 약화시킬 수 있다. 이러한 한계를 극복하기 위해서는 학습 자체가 조직문화의 일부로 내면화되어야 하며, 개별 실천 경험이 집단의 지식으로 전환되는 순환구조를 형성할 필요가 있다.

학습조직으로의 전환은 단지 교육의 확대나 정보 전달 방식의 개선만으로는 충분하지 않다. 조직 내부에서 학습이 자연스럽게 일어날 수 있도록 구조적 · 문화적 기반이 조성되어야 하며, 그 핵심은 다음과 같은 조건에서 비롯된다. 우선, 조직 구성원 사이의 지식과 경험이 수평적으로 공유될 수 있는 체계를 갖추는 것이 중요하다. 이를 위해 사례회의, 실천일지 공유, 동료 간 피드백 활동 등은 개별 실천을 조직의 학습 자원으로 확장시킬 수 있는 실질적 매개가 된다.

또한 실천 과정에서 발생하는 오류나 시행착오를 비난하거나 회피의 대상으로 보는 것이 아니라, 개선과 혁신을 위한 자원으로 환대하는 조직 분위기가 형성되어야 한다. 실패를 두려워하는 조직에서는 구성원이 변화 시도를 주저하게 되며, 이는 결과적으로 혁신의 흐름을 차단하게 된다.

더 나아가 형식적 교육에 그치지 않고, 실천 현장에서 반복되는 문제 상황 속에서 학습이 일어나는 구조를 내재화하는 것이 바람직하다. 예를 들어, 변화관리 기법이나 사례관리 전략은 단순한 이론적 전달보다는 실제 적용 경험을 중심으로, 이후 성찰과 집단 피드백을 거쳐 다시 실행으로 연결되는 학습 사이클이 마련될 때 진정한 학습 효과를 낳는다. 이처럼 실천 속 학습이 축적되고 재구성되는 과정을 통해 조직은 변화에 대한 준비성을 높이고, 새로운 지식을 스스로 창출하는 역량을 갖추게 된다.

결국 학습조직은 조직의 경직성을 해체하고, 변화에 대한 민감성과 대응력을 높이는 전략적 기반이 된다. 특히 인간 중심의 가치와 신뢰관계를 핵심 자산으로 삼는 사회복지조직일수록, 외부의 일방적 지시에 의존하기보다는 내부의 학습과 집단 지성에 기반한 자생적 변화구조를 갖추는 것이 더욱 중요하다. 학습은 단순한 정보 축적이 아니라, 조직 구성원 모두가 변화를 내면화하고 공동의 의미를 부여하는 과정이다. 따라서 학습조직은 변화에 단순히 적응하는 조직이 아니라, 변화를 설계하고 이끌어 가는 조직으로 나아가는 출발점이 된다.

3) 지속 가능성과 사회적 책임성

사회복지조직이 단기 성과 중심 운영을 넘어 장기적인 생존과 발전을 도모하기 위해서는 지속 가능성(sustainability)을 핵심 운영 원칙으로 삼아야 한다. 여기서 지속 가능성은 단순히 예산 확보나 외형 유지에 머무르지 않고, 재정적 안정성, 서비스 일관성, 실천 가치의 지속성, 그리고 사회적 신뢰 확보까지 포함하는 총체적 개념이다(Robbins & Barnwell, 2006).

최근에는 기업의 책임경영 지표였던 ESG(Environment, Social, Governance)가 공공・비영리 조직에도 확산되며, 사회복지조직은 이 중 특히 '사회(social)' 영역에서 핵심 실천 주체로 인식된다. 이해관계자의 권리 보호, 공정한 자원 분배, 투명한 운영은 사회복지조직이 실현해야 할 주요 책임 요소이며, 이는 단지 철학적 지향이 아니라 구조적 기반, 특히 안정적인 재정 운영에 의해 뒷받침되어야 한다.

이와 연관된 개념으로는 사회적 책임경영(Social Responsibility Management, 이하 SRM)이 있으며, 이는 조직이 법적 의무를 넘어 공공적 사명과 윤리적 감수성을 실현하는 경영 철학이다(Maon, Lindgreen, & Swaen, 2009). SRM 관점에서 사회복지조직은 단순한 서비스 제공자가 아니라 사회문제 해결의 적극적 주체로 기능해야 하며, 지역사회 연대, 거버넌스 활동, 정책 대응 등의 실천을 통해 조직의 정당성과 지속 가능한 신뢰 기반을 구축할 수 있다.

이러한 맥락에서 조직의 재정 다원화, 전문 인력 확보, 운영의 일관성 유지는 지속 가능성과 사회적 책임을 동시에 실현하기 위한 핵심 조건이다. 사회복지조직은 공공성과 윤리성을 기반으로 한 실천을 지속하는 동시에, 내부 역량과 자원체계를 안정적으로 구축함으로써 책무성 있는 조직 운영과 지역사회 신뢰 형성이라는 두 가지 과제를 함께 수행해 나가야 한다.

4) 정체성과 가치 중심성

급속한 외부 변화와 지속적인 환경 압력 속에서도 사회복지조직이 방향을 잃지 않고 나아가기 위해서는 무엇보다 조직의 존재 이유와 고유한 가치체계, 즉 정체성이 뚜렷하게 유지되어야 한다. 정체성은 조직이 왜 존재하는가, 누구를 위한 조직인가, 무엇을 실현하려 하는가에 대한 핵심 철학과 실천 원칙의 총체이며, 변화에 대응하는 과정에서도 조직 운영의 기준점이자 윤리적 나침반으로 기능한다.

사회복지조직은 서비스의 수혜자를 단순한 고객이 아닌 존엄성과 권리를 가진 주체로 바라보는 시각, 공공의 이익을 실현하려는 의지, 인간 중심의 실천 철학 등 전통적으로 공유되어 온 가치 기반을 내면화해 왔다. 하지만 최근에는 행정 효율, 성과 중심 평가, 수익 기반 운영 등이 강화되면서, 조직의 정체성이 시장 논리나 정책 흐름에 종속되는 경향이 나타나고 있다. 이러한 상황은 실무자들로 하여금 일관된 실천 기준을 상실하게 하거나, 내부적 정체성 혼란을 유발할 수 있다.

따라서 미래지향적 사회복지조직은 외부 요구나 제도 변화가 어떠하든 간에 핵심 가치를 흔들림 없이 유지해야 하며, 그 가치를 중심으로 제도를 재해석하고 조직 전략을 수립하는 능력을 갖추어야 한다. 예를 들어, 디지털 기술을 도입하더라도 인간관계 기반의 서비스 본질을 훼손하지 않도록 조율하거나 정책적 압력 속에서도 취약 집단에 대한 우선순위를 명확히 설정하는 방식이 그 예이다.

정체성과 가치 중심성은 단지 선언적 사명문이나 문서상의 구호에 머물러서는 안 된다. 조직문화와 일상 실천, 평가와 의사결정 구조 속에 실제로 녹아들어 있어야 한다. 이를 위해 관리자와 리더는 조직 내 철학을 명확히 공유하고 지속적으로 환기해야 하며, 실무자는 자신이 수행하는 업무가 조직의 가치체계와 어떻게 연결되어 있는지를 성찰할 수 있는 기회를 가져야 한다. 이러한 구조는 단지 이상론에 그치는 것이 아니라, 사회복지조직의 일관성과 신뢰성을 유지하고 궁극적으로 사회적 신임을 확보하기 위한 가장 현실적인 전략이다.

결국 변화와 혁신의 시기일수록 사회복지조직은 외부 환경의 속도에만 휘둘리지 않고, 스스로 설정한 가치의 나침반을 통해 중심을 유지할 수 있어야 한다. 이러한 힘은 선언적 철학만으로는 형성되지 않는다. 사회복지조직은 정기적인 가치 기반 성찰 훈련을 실시하고, 의사결정 과정에 윤리적 기준을 반영하는 심의구조를 마련해야 하며, 구성원이 조직의 사명과 실천 경험을 연결해 해석할 수 있는 대화의 장을 조직 내에 지속적으로 조성해야 한다. 특히 관리자나 리더는 조직의 핵심 가치를 전략과 실무 사이에서 조율하는 '가치 해석자'로서의 역할을 자각해야 하며, 실무자는 자신의 업무가 조직 사명과 어떻게 연결되는지 성찰할 수 있어야 한다. 이와 같은 구조가 작용할 때, 사회복지조직은 변화 속에서도 고유한 방향성을 지켜 낼 수 있다.

참고문헌

권승(2024). 사회복지학개론(제2판). 피와이메이트.

강욱모(2023). 사회복지 프로그램 기획과 평가. 학지사.

고재욱, 전선영, 황선영, 박성호, 이용환(2016). 사회복지행정론. 정민사.

구인회, 양난주, 이원진(2009). 참여정부 복지분권화에 대한 비판적 고찰. 한국사회복지학, 61(2), 61-84.

권석균(2024). 새로운 시대의 경영학(제2판) 시대가치.

기획재정부(2023a). 2024년도 예산안 편성지침.

기획재정부(2023b). 예산회계운영지침.

기획재정부(2024). 2025년도 예산안 및 2024~2028년 국가재정운용계획. https://www.moef.go.kr

김경호, 이정애(2019). 후원자의 심리적 만족과 후원 지속 의향에 관한 연구. 한국복지행정학회 학술논문집, 34(1), 89-107.

김미혜(2012). 사회복지정보관리론. 학지사.

김수영(2016). 사회복지정보화의 윤리적 쟁점: 사회보장정보시스템을 통한 데이터감시를 중심으로. 한국사회복지학, 68(1), 193-224.

김수현(2018). 사회복지조직의 재정관리. 학지사.

김연희, 정민석(2016). 교육 수준과 기부 참여 간의 관계 연구. 한국사회학연구, 23(2), 58-81.

김영종(2013). 프로그램 개발과 평가. 학지사.

김영종(2016). 사회복지행정. 학지사.

김영종(2023). 사회복지행정(제5판). 학지사.

김용환(2016). 사회복지조직의 책무성과 조직문화. 사회복지정책, 43(4), 35-60.

김정희(2001). 상담자의 소진 예방을 위한 자기관리. 학지사

김지영, 이태희(2014). 세제 혜택이 기부 행동에 미치는 영향. 경제사회연구, 25(2), 45-67.

김태성, 성경륭(2005). 복지국가론. 나남출판.

김태성, 성경륭(2015). 사회복지정책론. 나남출판.

김통원(2005). 사회복지 프로그램 개발과 평가. 학지사.

김형식, 이영철, 신준섭(2002). 사회복지행정론. 동인

남기민, 김태성(2022). 사회복지행정론(개정판). 나남출판.

박경일, 김경호, 서화정, 윤숙자, 이명현, 이상주, 이재모, 전광현, 조수경(2010). 사회복지학강의. 양서원.

박병현(2008). 노무현 정부의 복지재정분권정책에 따른 지방정부 사회복지재정 실태 분석 밑 정책적 개선방안. 한국사회복지학, 60(1), 159-185.

박성경, 김미진(2013). 기부 활동에 영향을 미치는 인구통계적 요인 분석. 사회복지연구, 14(1), 21-44.

박연호, 이동호, 임영제(2015). 행정학개론. 박영사.

박용순(2023). 사회복지행정론. 학지사.

박원우(2014). 가상조직의 특성과 운영상 문제점. 노사관계연구, 25, 41-60.

박정란, 이현경(2013). 사회복지조사론. 학지사.

박준영, 김상우(2014). 소득 수준이 기부 행동에 미치는 영향. 한국경제사회연구, 21(3), 33-57.

박찬수(2023). 마케팅 원리(제7판). 법문사.

박태영(2020). 사회복지행정론. 학지사.

백기복(2003). 이슈리더십. 창민사.

백종만(2005). 지방분권과 사회복지전달체계의 변화. 보건복지포럼, 11, 7-22.

백종만, 김광혁(2003). 정부와의 협력이 비영리민간조직(NPO)에 미친 영향: 자활사업 참여기관을 중심으로. 한국사회복지행정학, 5(3), 137-167.

보건복지부(2019). 사회보장 정보전달체계 개편 기본방향.

보건복지부(2022). 사회보장정보시스템 고도화 종합계획 보고서.

보건복지부(2023). 제1차 사회서비스 기본계획(2024~2028). https://www.mohw.go.kr

보건복지부(2024). 사회복지시설 운영지침.

서상목, 최일섭, 김상균(1988). 사회복지 전달체계의 개선과 전문인력 활용방안. 한국개발연구원.

서재호(2008). 기초자치단체의 사회복지서비스 전달체계 개편에 대한 평가. 한국거버넌스학회보, 15(1), 139-166.

서정민, 신연숙(2018). 후원자와의 관계 강화 방안에 대한 연구. 한국사회복지학, 70(1), 65-92.

성규탁(1988). 사회복지행정론. 법문사.

성규탁(1992). 사회복지서비스 전달체계의 개념적 틀과 분석방법의 예. 사회복지, 115, 73-102.

신복기, 박경일, 이명현, 윤기혁, 권진아(2023). 사회복지행정론. 공동체.

신준섭, 최은미(2004). 사회복지조직의 마케팅 활성화 방안에 관한 연구: 아동복지시설의 후원사업을 중심으로. 한국정책과학학회보, 8(2), 91-110.

심재호(2004). 한국 사회복지에서의 민 · 관 파트너십-시, 군을 중심으로. 한국사회복지학회 춘계학술대회.

심재호(2005). 지역복지네트워크 구축에 관한 연구-주민자치센터와 사회복지관을 중심으로. 한국사회복지행정학, 7(3), 151-168.

양옥경, 이현주, 고현경(2018). 사회복지행정론. 나남출판.

예종석, 김명수(1998). 마케팅. 한영사.

오세영(2017). 사회복지행정론(제3판). 신정.

오연천, 곽채기, 김상현, 오영균, 이원희(2007). 경기도 재정운용정책 개선방안 연구. 서울대학교.

우수명(2005). 사회복지 프로그램 평가실무 교육 교재-만족도 조사를 중심으로. 서울특별시 사회복지협의회.

우종모, 김재호, 조당호(2004). 사회복지행정론. 양서원.

원석조(2018). 사회복지행정론. 양서원.

윤재풍(2014). 조직론. 대영문화사.

윤찬영(2017). 사회복지행정론. 학지사.

이동훈(2017). 4차 산업혁명시대의 경영정보시스템. 한빛아카데미.

이봉수, 김길평, 김영국, 이윤철(1997). 경영학 원론. 명경출판사.

이선영, 김미경(2018). 행정업무 부담이 사회복지사의 직무만족에 미치는 영향: 조직지원인식의 매개효과를 중심으로. 한국사회복지연구, 60, 29-58.

이승엽(2020a). 사회복지사의 소진 예방을 위한 인지행동적 접근. 사회복지연구, 51(2), 101-123.

이승엽(2020b). 소진증후군의 이해와 대처. 신경정신의학, 59(2), 105-114.

이인재, 박용순, 김범수(2019). 사회복지행정론. 나남출판.

이인재, 변재관(2010). 복지전달체계의 이론적 접근. 이태수 편저, 사회복지전달체계의 개편과 민관협력. 학지사.

이인정, 최해경(2020). 사회복지개론(5판). 나남출판.

이호선, 윤종우(2011). 변혁적 리더십과 거래적 리더십의 영향력 비교 연구- 조직몰입에 미치는 팀/직무/개인 특성의 조절효과. 산업연구, 35(1), 1-26.

이희영, 황인철(2013). 기부행동에 영향을 미치는 요인 연구: 기부자의 인식을 중심으로. 사회복지연구, 14(2), 25-50.

이희정, 박수연(2015). 성별에 따른 기부 행동 및 후원 참여 동기 차이 연구. 한국사회복지학회 학술대회 논문집, 30(1), 45-72.

임병우(2019). 사회복지행정에서의 접근성과 책임성 고찰. 한국사회복지행정학, 21(3), 45-68.

정무성(2000). 비영리기관의 모금: 비영리부문의 혁신과 투자를 위한 새로운 전략. 나눔의 집.

정무성(2005). 사회복지 프로그램 개발론. 학현사.

정무성(2018). 사회복지행정의 이해. 학지사.

정정길(2003). 행정학의 새로운 이해. 대명출판사.

정정길(2005). 행정학개론. 대명출판사.

정홍원, 김보영, 민효상, 이정은(2019). 사회복지사업 지방이양 추진의 쟁점과 제도적 보완. 한국보건사회연구원, 연구보고서(수시) 2019-15.

조영희, 신재성(2012). 종교와 기부 행동 간의 관계 연구. 한국종교학회 학술발표논문집, 34(2), 67-89.

천정웅, 김용환, 김승돈(2015). **사회복지행정론**. 신정.

최성재, 남기민(2000). **사회복지행정론**(개정증보판). 나남.

최영호, 이규만(2013). 감정노동과 감정고갈 및 직무태도간의 관계: 리조트 종사자를 중심으로. **관광레저연구**, 25(2), 115-134.

최원규(1998). 초기 사회사업 개념 형성에 미친 외원단체 활동의 영향: 카나다 유니테리안 봉사회의 사례를 중심으로. **사회복지연구**, 11, 161-203.

최정민, 김상규(2016). 사회적 책임의식이 기부행동에 미치는 영향에 관한 연구. **한국비영리학회 학술발표논문집**, 22(3), 32-54.

최창무, 고강호(2003). 사례분석을 통한 지역사회복지의 연계 · 협력에 관한 연구. **복지행정논총**, 13(2), 1-20.

최항순(2018). **신 행정조직론**. 대명출판사.

추병주, 박선미(2017). 사회보장정보시스템의 운영 경과 및 과제. **보건복지포럼**, **제253호**, 74-87.

한국사회보장정보원(2019a). 사회보장정보시스템 소개. Retrieved from https://www.ssis.or.kr

한국사회보장정보원(2019b). 사회복지관 공유플랫폼 운영보고서.

한국정보화진흥원(2020). 사회복지 정보시스템 통합과 이용자 중심성 향상 방안 연구.

한혜경, 김미숙(2015). 기부와 자원봉사 활동 참여에 영향을 미치는 요인에 관한 연구. **한국행정학보**, 49(3), 57-83.

현외성(2022). **사회복지개론**(개정판). 양서원.

황성철(2005). **사회복지프로그램 개발과 평가**. 공동체.

황성철, 정무성, 강철희, 최재성(2014). **사회복지행정론**. 정민사.

Adams, J. S. (1963). Toward an Understanding of Inequity. *Journal of Abnormal and Social Psychology*, *67*(5), 422-436. https://doi.org/10.1037/h0040968

Adams, J. S. (1965). Inequity in Social Exchange. In L. Berkowitz (Ed.), *Advances in Experimental Social Psychology* (Vol. 2, pp. 267-299). Academic Press.

Adler, M., & Ziglio, E. (1996). *Gazing into the Oracle: The Delphi Method and its Application to Social Policy and Public Health*. Jessica Kingsley Publishers.

Age UK. (2021). *Digital Inclusion Support for Older Workers: Lessons from Community-Based Interventions*. Age UK Research Briefing.

Ahituv, N., & Neumann, S. (1986). *Principles of Information Systems for Management*. W.C. Brown.

Akao, Y. (1991). *Hoshin Kanri: Policy Deployment for Successful TQM*. Productivity Press.

Alderfer, C. P. (1969). An Empirical Test of a New Theory of Human Needs. *Organizational Behavior & Human Performance*, *4*(2), 142-175.

Aldrich, H. E. (1979). *Organizations and Environments*. Prentice Hall.

Allen, L. A. (1958). *Management and Organization*. McGraw-Hill.

Alter, S. (1996). *Information Systems: A Management Perspective* (2nd ed.). Benjamin/Cummings.

American Marketing Association. (2017). *Definition of Marketing*. https://www.ama.org

Anderson, C., & Vincze, J. (2004). *Strategic Marketing: Creating Competitive Advantage*. Houghton Mifflin.

Andersson, F. O. (2010). Organizational Strategies for Generating Earned Income in Nonprofit Organizations. *Nonprofit Management and Leadership*, *20*(3), 331-345.

Andreasen, A. R., & Kotler, P. (2008). *Strategic Marketing for Nonprofit Organizations* (7th ed.). Pearson Prentice Hall.

Andrews, M. (2004). Authority, Acceptance, Ability and Performance-based Budgeting Reforms. *The International Journal of Public Sector Management*, *17*(4), 332-344.

Anthony, R. N., & Young, D. W. (2003). *Management Control in Nonprofit Organizations* (7th ed.). McGraw-Hill Education.

Argandoña, A. (2003). Fostering Values in Organizations. *Journal of Business Ethics*, *45*(1-2), 15-28.

Argyris, C. (1990). *Overcoming Organizational Defenses: Facilitating Organizational Learning*. Allyn & Bacon.

Arjoon, S. (2005). Corporate Governance: An Ethical Perspective. *Journal of Business Ethics*, *61*(4), 343-352.

Armstrong, G., & Kotler, P. (2017). *Marketing: An Introduction* (13th ed.). Pearson.

Armstrong, M., & Taylor, S. (2014). *Amstrong's Handbook of Human Resource Management Practice* (13th ed.). Kogan Page.

Arvidsson, I., Leo, U., Larsson, A., Håkansson, C., Persson, R., & Björk, J. (2019). Burnout Among School Teachers: Quantitative and Qualitative Results from a Follow-Up Study in Southern Sweden. *BMC Public Health*, *19*, 655.

Austin, D. M. (2000). Social Work and Social Work Administration: A Historical Perspective. In R. J. Patti (Ed.), *The Handbook of Social Welfare Management*. Columbia University Press.

Austin, M. J. (2000). *Administrating Social Services*. Longman.

Austin, M. J. (2002). *Managing Human Service Organizations* (3rd ed.). Sage Publications.

Auten, G. E., & Rudney, G. (1990). The Variability of Individual Charitable Giving in the US. *Voluntas: International Journal of Voluntary and Nonprofit Organizations*, *1*(2), 80-97.

Azim, A. N., & Boseman, F. G. (1975). An Empirical Assessment of Etzioni's Topology of Power and Involvement within a University Setting. *The Academy of Management Journal*, *18*(4), 680-689.

Bailey, D., & Peck, E. (2013). *Managing Change in the Public Services*. Routledge.

Baligh, H. H. (2006). *Organization Structures: Theory and Design, Analysis and Prescription*.

Springer.

Ballou, R. H. (2007). *Business Logistics/Supply Chain Management* (5th ed.). Pearson Education.

Bamford, D. R., & Daniel, S. (2005). A Case Study of Change Management Effectiveness within the NHS. *Journal of Change Management*, *5*(4), 391-406. https://doi.org/10.1080/14697010500359250

Banks, S. (2012). *Ethics and Values in Social Work* (4th ed.). Palgrave Macmillan.

Banks, S. (2016). *Ethics in Professional Life: Virtues for Health and Social Care*. Palgrave Macmillan.

Barker, M. (1993). *Perspectives on Marketing Management* (3rd ed.). John Wiley & Sons Ltd.

Barker, R. L. (2003). *The Social Work Dictionary* (5th ed.). NASW Press.

Bass, B. M. (1985). *Leadership and Performance Beyond Expectation*. Free Press.

Bass, B. M. (1990). *Bass & Stogdill's Handbook of Leadership: Theory, Research, and Managerial Applications* (3rd ed.). Free Press.

Bass, B. M., & Avolio, B. J. (1994). *Improving Organizational Effectiveness through Transformational Leadership*. Sage.

Bass, B. M., & Riggio, R. E. (2006). *Transformational Leadership* (2nd ed.). Psychology Press.

Batalden, P. B., & Stoltz, P. K. (1993). A Framework for the Continual Improvement of Health Care: Building and Applying Professional and Improvement Knowledge to Test Changes in Daily Work. *The Joint Commission Journal on Quality Improvement*, *19*(10), 424-447.

Beetham, D. (1987). *Bureaucracy*. Open University Press.

Bekkers, R., & Wiepking, P. (2011). A Literature Review of Empirical Studies of Philanthropy: Eight Mechanisms that Drive Charitable Giving. *Nonprofit and Voluntary Sector Quarterly*, *40*(5), 924-973.

Bennett, R. (2003). Factors Underlying the Inclination to Donate to Particular Types of Charity. *International Journal of Nonprofit and Voluntary Sector Marketing*, *8*(1), 12-29.

Bernier, N. (2022). Compensation Practices in Nonprofit Organizations: Balancing Mission and Market. *Nonprofit Management & Leadership*, *32*(3), 345-361. https://doi.org/10.1002/nml.21462

Berry, L. L., Lefkowith, E. F., & Asch, D. A. (2002). Enhancing Service Delivery through Information Technology. *Academy of Management Executive*, *16*(4), 122-131.

Berry, L. L., Seiders, K., & Grewal, D. (2002). Understanding Service Convenience. *Journal of Marketing*, *66*(3), 1-17. https://doi.org/10.1509/jmkg.66.3.1.18505

Bertalanffy, L. von. (1968). *General System Theory: Foundations, Development, Applications*. George Braziller.

Bianchi, R. (2018). Burnout is more Strongly Linked to Neuroticism than to Work-Contextualized Factors. *Psychiatry Research*, *December 270*, 901-905.

Binns, R. (2018). Fairness in Machine Learning: Lessons from Political Philosophy. *Proceedings of the 2018 Conference on Fairness, Accountability, and Transparency*, 149–159.

Birkinshaw, J., Hamel, G., & Mol, M. J. (2008). Management Innovation. *Academy of Management Review, 33*(4), 825–845. https://doi.org/10.5465/amr.2008.34421969

Biron, M., Boon, C., & Veld, M. (2020). Perceived Human Resource Management and Employee Well-Being: The Role of Organizational Justice. *The International Journal of Human Resource Management, 31*(7), 899–919. https://doi.org/10.1080/09585192.2017.1314315

Blake, R. R., & Mouton, J. S. (1964). *The Managerial Grid: The Key to Leadership Excellence*. Gulf Publishing.

Blanchard, K. H., Zigarmi, P., & Nelson, R. B. (1985). Situational Leadership II: The Article. *Training and Development Journal, 39*(5), 43–47.

Blau, P. M., & Scott, W. R. (1962). *Formal Organizations: A Comparative Approach*. Chandler Publishing Company.

Boehm, W. (1959). *Objectives for the Social Work Curriculum of the Future, 1*. Council on Social Work Education.

Bogo, M., & Dill, K. (2008a). Reflective Supervision in Social Work: Revitalizing Practice through Peer Learning. *The Clinical Supervisor, 27*(2), 163–193. https://doi.org/10.1080/07325220802490805

Bogo, M., & Dill, K. (2008b). Walking the Tightrope: Using Power and Authority in Child Welfare Supervision. *Child Welfare, 87*(6), 141–157.

Bolman, L. G., & Deal, T. E. (2017). *Reframing Organizations: Artistry, Choice, and Leadership* (6th ed.). Jossey-Bass.

Booms, B. H., & Bitner, M. J. (1981). Marketing Strategies and Organization Structures for Service Firms. In J. Donnelly, & W. R. George (Eds.), *Marketing of Services* (pp. 47–51). American Marketing Association.

Borden, N. H. (1964). The Concept of the Marketing Mix. *Journal of Advertising Research, 4*(2), 2–7.

Bovaird, T., & Loeffler, E. (2012). From Engagement to Co-production: The Contribution of Users and Communities to Outcomes and Public Value. *International Journal of Voluntary and Nonprofit Organizations, 23*(4), 1119–1138. https://doi.org/10.1007/s11266-012-9309-6

Bowen, G. L. (2004). Social Organization and Social Structure in Social Work Practice. *Journal of Sociology and Social Welfare, 31*(3), 69–86.

Bowen, S. A. (2000). A Theory of Ethical Issues Management: Contributions of Kantian Deontology to Public Relations' Ethics and Decision Making. *Journal of Public Relations Research, 12*(1), 65–92.

Bowen, S. A. (2005). A Practical Model for Ethical Decision Making in Issues Management and Public Relations. *Journal of Public Relations Research, 17*(3), 191–216. https://doi.org/10.1207/

s1532754xjprr1703_1

Bowman, E. H., & Singh, H. (1993). Corporate Restructuring: Reconfiguring the Firm. *Strategic Management Journal*, *14*(S1), 5-14. https://doi.org/10.1002/smj.4250140904

Bowman, W. (2011). *Finance Fundamentals for Nonprofits: Building Capacity and Sustainability*. John Wiley & Sons.

Bowonder, B., Gupta, V., & Singh, A. (1997). Developing a Scenario Matrix for Exploring Alternative Energy Futures in India. *Technological Forecasting and Social Change*, *56*(1), 13-37.

Bozeman, B. (2007). *Public Values and Public Interest: Counterbalancing Economic Individualism*. Georgetown University Press.

Brabeck, M., Rogers, L. A., Sirin, S., Henderson, J., Benveniste, T., Weaver, M., & Ting, K. (2002). Increasing Ethical Sensitivity to Racial and Gender Intolerance in Schools: Development of the Racial Ethical Sensitivity Test. *Ethics & Behavior*, *12*(2), 183-200.

Brandsen, T., & Honingh, M. (2016). Distinguishing Different Types of Coproduction: A Conceptual Analysis Based on the Classical Definitions. *Public Administration Review*, *76*(3), 427-435. https://doi.org/10.1111/puar.12465

Breeze, B. (2013). *How Donors Choose Charities*. Policy Press.

Bridges, W. (2009). *Managing Transitions: Making the Most of Change* (3rd ed.). Da Capo Press.

Brookfield, S. D. (1995). *Becoming a Critically Reflective Teacher*. Jossey-Bass.

Brown, M. E., Treviño, L. K., & Harrison, D. A. (2005). Ethical Leadership: A Social Learning Perspective for Construct Development and Testing. *Organizational Behavior and Human Decision Processes*, 97(2), 117-134.

Brown, M. E., & Mitchell, M. S. (2010). Ethical and Unethical Leadership: Exploring New Avenues for Future Research. *Business Ethics Quarterly*, *20*(4), 583-616.

Bryson, J. (2004). *Strategic Planning for Public and Nonprofit Organizations: A Guide to Strengthening and Sustaining Organizational Achievement* (3rd ed.). Jossey-Bass.

Buckmaster, N. (1999). Associations between Outcome Measurement, Accountability and Learning for Non-Profit Organisations. *International Journal of Public Sector Management*, *12*(2), 186-197. https://doi.org/10.1108/09513559910263405

Bunker, D. R., & Wijnberg, M. H. (1988). *Supervision and Performance: Managing Professional Work in Human Service Organizations*. Jossey-Bass Inc.

Burnes, B. (2004). Kurt Lewin and the Planned Approach to Change: A Re-appraisal. *Journal of Management Studies*, *41*(6), 977-1002. https://doi.org/10.1111/j.1467-6486.2004.00463.

Burnes, B. (2017). *Managing Change* (7th ed.). Pearson Education.

Burnett, K. (2002). *Relationship Fundraising: A Donor-Based Approach to the Business of Raising*

Money. Jossey-Bass.

Burns, J. M. (1978). *Leadership*. Harper & Row.

Burns, T., & Stalker, G. M. (1961). *The Management of Innovation*. Travistock.

Büzeli, M., & Stadelmann-Steffen, I. (2015). Strengthening Privacy Protection in Social Welfare Administration. *Journal of Social Policy*, *44*(2), 305-326.

Cameron, K. S. (1994). Strategies for Successful Organizational Downsizing. *Human Resource Management*, *33*(2), 189-211. https://doi.org/10.1002/hrm.3930330204

Cameron, K. S., & Quinn, R. E. (2006). *Diagnosing and Changing Organizational Culture: Based on the Competing Values Framework*. Jossey-Bass.

Camp, R. C. (1989). *Benchmarking: The Search for Industry Best Practices that Lead to Superior Performance*. ASQC Quality Press.

Carnegie, G., & Napier, C. (2010). Traditional Accountants and Business Professionals: Ethical Reflections on the Accounting Profession in Australia. *Accounting, Auditing & Accountability Journal*, *23*(7), 744-767. https://doi.org/10.1108/09513571011080107

Cavoukian, A. (2011). *Privacy by Design: The 7 Foundational Principles*. Information and Privacy Commissioner of Ontario, Canada.

Chandler, A. D. Jr. (1962). *Strategy and Structure: Chapters in the History of Industrial Enterprise*. MIT Press.

Child, J. (1972). Organizational Structure, Environment and Performance: The Role of Strategic Choice. *Sociology*, *6*(1), 1-22.

Clark, C. (2010). *Social Work Ethics: Politics, Principles and Practice*. Palgrave Macmillan.

Clarke, M., & Brudney, J. L. (2020). The Adoption and Consequences of New Technologies in Human Services: A Review and Research Agenda. *Human Service Organizations: Management, Leadership & Governance*, *44*(5), 381-396. https://doi.org/10.1080/23303131.2020.1810583

Clegg, S., & Dunkerley, D. (1980). *Organization, Class and Control*. Routledge and Kegan Paul.

Cohen, M. D., March, J. G., & Olsen, J. P. (1972). A Garbage Can Model of Organizational Choice. *Administrative Science Quarterly*, *17*(1), 1-25.

Cole, G. A. (2004). *Management Theory and Practice* (6th ed.). Thomson Learning.

Conger, J. A., & Kanungo, R. N. (1987). Towards a Behavioral Theory of Charismatic Leadership in Organizational Setting. *Academy of Management Review*, *12*(4), 637-647.

Conger, J. A., & Kanungo, R. N. (1998). *Charismatic Leadership in Organizations*. Sage Publications.

Congress, E. P. (2000). What Social Workers should Know about Ethics: Understanding and Resolving Practice Dilemmas. *Advances in Social Work*, *1*(1), 1-25.

Crossan, M. M., & Apaydin, M. (2010). A Multi-Dimensional Framework of Organizational Innovation:

A Systematic Review of the Literature. *Journal of Management Studies*, *47*(6), 1154-1191. https://doi.org/10.1111/j.1467-6486.2009.00880.x

Crozier, M. (1964). *The Bureaucratic Phenomenon*. University of Chicago Press.

Daft, R. L. (2016). *Organization Theory and Design* (12th ed.). Cengage Learning.

Damanpour, F., & Aravind, D. (2012). Organizational Structure and Innovation. In M. D. Mumford (Ed.), *Handbook of Organizational Creativity* (pp. 301-325). Academic Press.

Darling-Hammond, L. (2015). Can Value-Added Add Value to Teacher Evaluation? *Educational Researcher*, *44*(2), 132-137. https://doi.org/10.3102/0013189X15575346

Davenport, T. H., & Prusak, L. (1998). *Working Knowledge: How Organizations Manage What They Know*. Harvard Business Press.

Davis, K. (1976). *Human Behavior at Work* (4th ed.). McGraw-Hill.

Day, P. J. (2000). *A New History of Social Welfare*. Allyn & Bacon.

Deal, T. E., & Kennedy, A. A. (1982). *Corporate Cultures: The Rites and Rituals of Corporate Life*. Addison-Wesley.

Dees, J. G., & Anderson, B. B. (2003). Sector-Bending: Blurring Lines between Nonprofit and For-Profit. *Society*, *40*(4), 16-27.

Delbecq, A. L., Van de Ven, A. H., & Gustatson, D. H. (1975). *Group Techniques for Program Planning*. Scott, Foresman.

Deming, W. E. (1986). *Out of the Crisis*. MIT Center for Advanced Engineering Study.

DeSanctis, G., & Monge, P. (1999). Introduction to the Special Issue: Communication Processes for Virtual Organizations. *Organization Science*, *10*(6), 693-703.

Dessler, G. (2020). *Human Resource Management* (16th ed.). Pearson.

Dickinson, T. L., & Zellinger, P. M. (1980). A Comparison of the Behaviorally Anchored Rating and Mixed Standard Scale Formats. *Journal of Applied Psychology*, *65*(2), 147-154.

Dill, W. R. (1958). Environment as an Influence on Managerial Autonomy. *Administrative Science Quarterly*, *2*, 409-443.

DiMaggio, P. J., & Powell, I. W. (1983). The Iron Cage Revisited: Institutional Isomorphism and Collective Rationality in Organizational Fields. *American Sociological Review*, *48*, 147-160.

Dodge, C. (2016). Compliance Theory of Organizations. In A. Farazmand (Ed.), *Global Encyclopedia of Public Administration, Public Policy, and Governance*. Springer. https://doi.org/10.1007/978-3-319-31816-5_3000-1

Dolgoff, R., Lowenberg, F. M., & Harrington, D. (2005). *Ethical Decisions for Social Work Practice* (8th ed.). Brooks/Cole.

Donaldson, L. (2001). *The Contingency Theory of Organizations*. Sage Publications, Inc.

Doran, G. T. (1981). There's a S.M.A.R.T. Way to Write Management's Goals and Objectives. *Management Review*, *70*(11), 35-36.

Downs, A. (1967). *Inside Bureaucracy*. Little, Brown.

Dror, Y. (1971). *Ventures in Policy Sciences: Concepts and Applications*. American Elsevier Publishing.

Drucker, P. F. (2007). *The Practice of Management* (Revised ed.). Routledge.

Duan, W., Wang, Y., & Jiang, Y. (2019). Workplace Bullying and Turnover Intention: The Mediating Role of Psychological Capital and the Moderating Role of Job Autonomy. *Frontiers in Psychology*, *10*, 1-10.

Duncan, B. (2004). A Theory of Impact Philanthropy. *Journal of Public Economics*, *88*(9-10), 2159-2180.

Duncan, T., & Moriarty, S. E. (1998). A Communication-Based Marketing Model for Managing Relationships. *Journal of Marketing*, *62*(2), 1-13.

Dunham, A. (1939). The Administration of Social Agencies. *In Social Work Yearbook, 16*. Russel Sage Foundation.

Dunn, W. N. (2017). *Public Policy Analysis: An Introduction* (6th ed.). Routledge.

Ebaugh, H. R., Chafetz, J. S., & Pipes, P. (2005). Funding Good Works: Funding Sources of Faith Based Social Service Coalitions. *Nonprofit and Voluntary Sector Quarterly*, *34*, 448-472.

Ebrahim, A. (2003). Accountability in Practice: Mechanisms for NGOs. *World Development*, *31*(5), 813-829. https://doi.org/10.1016/S0305-750X(03)00014-7

Ebrahim, A. (2010). The Many Faces of Nonprofit Accountability. In D. O. Renz & Associates (Eds.), *The Jossey-Bass Handbook of Nonprofit Leadership and Management* (3rd ed., pp. 101-121). Jossey-Bass.

Ebrahim, A., & Rangan, V. K. (2014). What Impact? A Framework for Measuring the Scale and Scope of Social Performance. *California Management Review*, *56*(3), 118-141.

Edelwich, A., & Brodsky, D. (1983). *Stages of Disillusionment in the Helping Professions*. Pergamon Press.

Edelwich, J., & Brodsky, A. (1980). *Burn-Out: Stages of Disillusionment in the Helping Professions*. Human Sciences Press.

Edmondson, A. (1996). Learning from Mistakes is Easier Said than Done: Group and Organizational Influences on the Detection and Correction of Human Error. *Journal of Applied Behavioral Science*, *32*(1), 5-28. https://doi.org/10.1177/0021886396321001

Edmondson, A. (1999). Psychological Safety and Learning Behavior in Work Teams. *Administrative Science Quarterly*, *44*(2), 350-383. https://doi.org/10.2307/2666999

Edmondson, A. C., & Lei, Z. (2014). Psychological Safety: The History, Renaissance, and Future of an Interpersonal Construct. *Annual Review of Organizational Psychology and Organizational Behavior, 1*, 23-43.

Edwards, R., & Austin, D. (1991). Managing effectively in an environment of competing values. In R. Edwards & J. Yankey (Eds.), *Skills for Effective Human Service Management*. NASW Press.

Ehlers, W. H., Austin, M. J., & Prothero, J. C. (1976). *Administration for the Human Services: An Introductory Programmed Text*. Harper Collins Publishers.

Etzioni, A. (1961). *A Comparative Analysis of Complex Organizations: On Power, Involvement, and Their Correlates*. Free Press.

Etzioni, A. (1964). *Modern Organizations*. Prentice-Hall,

Etzioni, A. (1967). Mixed-Scanning: A 'Third' Approach to Decision-Making. *Public Administration Review, 27*(5), 385-392.

Eubanks, V. (2018). *Automating Inequality: How High-Tech Tools Profile, Police, and Punish the Poor*. St. Martin's Press.

Feenberg, A. (1999). *Questioning Technology*. Routledge.

Feigenbaum, A. V. (1991). *Total Quality Control* (3rd ed.). McGraw-Hill.

Fiedler, F. E. (1967). *A Theory of Leadership Effectiveness*. McGraw-Hill.

Fiedler, F. E. (1978). The Contingency Model: A Review and Evaluation. *Academy of Management Review, 3*(1), 27-44.

Fiedler, F. E., & Chemers, M. M. (1984). *Improving Leadership Effectiveness: The Leader Match Concept*. Wiley.

Fleishman, E. A. (1973). Twenty Years of Consideration and Structure. In E. A. Fleishman & J. G. Hunts (Eds.), *Current Developments in the Study of Leadership*.Southern Illinois University.

Flippo, E. B. (1984). *Personnel Management* (6th ed.). McGraw-Hill.

Floridi, L., & Taddeo, M. (2016). What is Data Ethics? Philosophical Transactions of the Royal Society A: Mathematical. *Physical and Engineering Sciences, 374*(2083), 20160360.

Ford, J. D., Ford, L. W., & D'Amelio, A. (2008). Resistance to Change: The Rest of the Story. *Academy of Management Review, 33*(2), 362-377. https://doi.org/10.5465/amr.2008.31193235

Fraser, N., & Gordon, L. (1994). A Genealogy of Dependency: Tracing a Keyword of the U.S. Welfare State. *Signs: Journal of Women in Culture and Society, 19*(2), 309-336. https://doi.org/10.1086/494886

Frederickson, H. G., & Ghere, R. K. (2005). *Ethics in Public Management*. M.E. Sharpe.

French, W. L. (1987). *The Personnel Management Process: Human Resources Administration and Development* (Subsequent edition). Houghton Mifflin School.

Friedlander, W. A., & Apte, R. Z. (1980). *Introduction to Social Welfare* (5th ed.). Prentice Hall.

Friedman, I. A. (2000). Burnout in Teachers: Shattered Dreams of Impeccable Professional Performance. *Journal of Clinical Psychology*, *56*(5), 595-606. https://doi.org/10.1002/(SICI)1097-4679(200005)56:5〈595::AID-JCLP2〉3.0.CO;2-Q

Friedman, I. A. (2002). Burnout in School Principals: Role Related Antecedents. *Social Psychology of Education: An International Journal*, *5*(3), 229-251.

Gal, J., & Weiss-Gal, I. (2015). *Social Welfare, Policy, and Social Work: Critical Issues and the Future of the Profession*. Springer.

Ganster, D.C., Fox, M. L., & Dwyer, D. J. (2001). Explaining Employees' Health Care Costs: a Prospective Examination of Stressful Job Demands, Personal Control, and Physiological Reactivity. *Journal of Applied Psychology*, *86*(5), 954-964.

Ganster, D. C., Fusilier, M. R., & Mayes, B. T. (2001). Role of Social Support in the Experience of Stress at Work. *Journal of Applied Psychology*, *71*(1), 102-110.

Garrow, E. E., & Hasenfeld, Y. (2012). Institutional Logics, Moral Frames, and Advocacy: Explaining the Purpose of Advocacy among Nonprofit Human-Service Organizations. *Nonprofit and Voluntary Sector Quarterly*, *41*(6), 1015-1039.

Gates, L. W. (1980). *Delivering Human Services: A Learning Approach to Practice*. Macmillan.

Gibelman, M. (2000). Structural and Fiscal Characteristics of Social Service Agencies. In R. J. Patti (Ed.), *The Handbook of Social Welfare Management*. Sage.

Gibelman, M. (2000). The Nonprofit Sector and Government: Expectations and Realities. *Administration in Social Work*, *24*(3), 5-21.

Gilbert, N., & Specht, H. (1977). *Planning for Social Welfare: Issues, Models and Tasks*. Prentice Hall, Inc.

Gilbert, N., & Terrell, P. (2004). *Dimensions of Social Welfare Policy* (6th ed.). Prentice Hall, Inc.

Gilley, A., Gilley, J. W., & McMillan, H. S. (2009). Organizational Change: Motivation, Communication, and Leadership Effectiveness. *Performance Improvement Quarterly*, *21*(4), 75-94. https://doi.org/10.1002/piq.20039

Goffman, E. (1961). *Asylums: Essays on the Social Situation of Mental Patient and other Inmates*. Anchor Books.

Goh, S. C. (2003). Improving Organizational Learning Capability: Lessons from Two Case Studies. *The Learning Organization*, *10*(4), 216-227. https://doi.org/10.1108/09696470310476981

Goldberg, L. R. (1993). The Structure of Phenotypic Personality Traits. *American Psychologist*, *48*, 26-34.

Goldman, S. L., Nagel, R. N., & Preiss, K. (1995). *Agile Competitors and Virtual Organizations:*

Strategies for Enriching the Customer. Van Nostrand Reinhold.

Gómez-Mejía, L. R., Balkin, D. B., & Cardy, R. L. (2016). *Managing Human Resources* (8th ed.). Pearson.

Graeff, C. L. (1997). Evolution of Situational Leadership Theory: A Critical Review. *Leadership Quarterly*, *8*(2), 153-170.

Graham, J. W. (1991). Servant Leadership in Organizations: Inspirational and Moral. *Leadership Quarterly*, *2*(2), 105-119.

Grasty, W., & Sheinkopf, K. (1982). *The Annual Fund: How to Grow Perennial Rewards from an Annual Campaign?*. The Granstmanship Center.

Greenfield, J. M. (2007). *Fundraising Fundamentals: A Guide to Annual Giving for Professionals and Volunteers*. John Wiley & Sons.

Greenleaf, R. K. (1977). *Servant Leadership: A Journey into the Nature of Legitimate Power and Greatness*. Paulist Press.

Greenwood, D., Perrin, A., Duggan, M., & Rainie, L. (2014). *Privacy and Information Sharing*. Pew Research Center.

Grønbjerg, K. A. (1993). *Understanding Nonprofit Funding*. Russel Sage Foundation.

Grønbjerg, K. A. (1994a). Contracting Out Welfare Services: Early Implementation Experiences. *Nonprofit Management & Leadership*, *4*(2), 177-195.

Grønbjerg, K. A. (1994b). Using NTEE to Classify Non-Profit Organizations: An Assessment of Human Service and Regional Applications. *International Journal of Voluntary and Nonprofit Organizations*, *5*(3), 301-328.

Gulick, L. H., & Urwick, L. (1937). *Papers on the Science of Administration*. Institute of Public Administration, Columbia University Press.

Gürel, E., & Tat, M. (2017). SWOT Analysis: A Theoretical Review. *The Journal of International Social Research*, *10*(51), 994-1006. https://doi.org/10.17719/jisr.2017.1832

Hackman, J. R., & Wageman, R. (1995). Total quality management: Empirical, conceptual, and practical issues. *Administrative Science Quarterly*, *40*(2), 309-342. https://doi.org/10.2307/2393640

Hall, H. (2012). *Fundraising Management: Analysis, Planning and Practice* (3rd ed.). Routledge.

Hall, R. H. (1991). *Organization: Structure and Process and Outcomes* (5th ed.). Prentice Hall.

Hamilton, J., & Brammer, S. (2012). Managing Ethical Risk in the Public Sector. *Public Money & Management*, *32*(2), 135-142.

Hammer, M. (1990). Reengineering Work: Don't Automate, Obliterate. *Harvard Business Review*, *July-August*, 104-112.

Hammer, M., & Champy, J. (1993). *Reengineering the Corporation*. Harper Business.

Hannan, M. T., & Freeman, J. (1977). The Population Ecology of Organizations. *American Journal of Sociology*, *82*(5), 929-964.

Hannan, M. T., & Freeman, J. (1984). Structural Inertia and Organizational Change. *American Sociological Review*, *49*(2), 149-164.

Hasenfeld, Y. (1972). People Processing Organizations: An Exchange Approach. *American Sociological Review*, *37*(Juneberry), 256-263.

Hasenfeld, Y. (1983). *Human Service Organizations*. Prentice Hall.

Hasenfeld, Y. (1992). The Nature of Human Service Organizations. In Y. Hasenfeld (Ed.), *Human Services as Complex Organizations* (pp. 3-23). Sage Publications.

Hasenfeld, Y. (2010). *Human Services as Complex Organizations* (2nd ed.). Sage Publications.

Hawkins, P., & Shohet, R. (2012). *Supervision in the Helping Professions* (4th ed.). McGraw-Hill Education.

Hawley, A. H. (1968). *Human Ecology: A Theoretical Essay*. University of Chicago Press.

Healy, K. (2005). *Social Work Theories in Context: Creating Frameworks for Practice*. Palgrave Macmillan.

Heathfield, S. M. (2017). *How to Manage Organizational Change*. The Balance Careers. Retrieved from https://www.thebalancemoney.com

Hemphill, J. K., & Coons, A. E. (1957). Development of the Leader Behavior Description Questionnaire. In R. M. Stogdill & A. E. Coons (Eds.), *Leader Behavior: Its Description and Measurement*. Bureau of Business Research, Ohio State University.

Henry, N. (2016). *Public Administration and Public Affairs* (13th ed.). Routledge.

Herman, R. D., & Renz, D. O. (2008). Advancing Nonprofit Organizational Effectiveness Research and Theory: Nine theses. *Nonprofit Management and Leadership*, *18*(4), 399-415. https://doi.org/10.1002/nml.195

Hersey, P., & Blanchard, K. H. (1969a). Life Cycle Theory of Leadership. *Training and Development Journal*, *23*(5), 26-34.

Hersey, P., & Blanchard, K. H. (1969b). *Management of Organizational Behavior: Utilizing Human Resources*. Prentice Hall.

Hersey, P., & Blanchard, K. H. (1982). *Management of Organizational Behavior: Utilizing Human Resources* (4th ed.). Prentice Hall.

Herzberg, F. (1968). One More Time: How Do You Motivate Employees? *Harvard Business Review*, *46*, 53-62.

Herzberg, F., Mausner, B., & Snyderman, B. B. (1959). *The Motivation to Work* (2nd ed.). Wiley.

Hiatt, J. (2006). *ADKAR: A Model for Change in Business, Government, and Our Community*. Prosci Research.

Hill, T., & Westbrook, R. (1997). SWOT Analysis: It's Time for a Product Recall. *Long Range Planning*, *30*(1), 46–52. https://doi.org/10.1016/S0024-6301(96)00095-7

Hitch, C. J., & McKean, R. N. (1960). *The Economics of Defense in the Nuclear Age*. Harvard University Press.

Hochschild, A. R. (1983). *The Managed Heart: Commercialization of Human Feeling*. University of California Press.

Hoefer, R. (2012). *Advocacy Practice for Social Justice*. Oxford University Press.

Hogan, R., & Hogan, J. (1992). Changing the Way We Manage Change. *Human Resource Management*, *31*(1–2), 211–234.

Hollis, E. V., & Taylor, A. L. (1951). *Social Work Education in the United States*. Columbia University Press.

Hom, P. W., Lee, T. W., Shaw, J. D., & Hausknecht, J. P. (2017). One Hundred Years of Employee Turnover Theory and Research. *Journal of Applied Psychology*, *102*(3), 530–545. https://doi.org/10.1037/apl0000103

Horngren, C. T., Datar, S. M., & Rajan, M. V. (2015). *Cost Accounting: A Managerial Emphasis* (15th ed.). Pearson.

Horngren, C. T., Sundem, G. L., Elliott, J. A., & Philbrick, D. R. (2013). *Introduction to Financial Accounting* (11th ed.). Pearson Education.

Hossain, M. S., Xu, C., & Ali, A. (2022). Privacy Protection in Information Systems: Ethical Challenges and Solutions. *Journal of Information Ethics*, *31*(2), 45–60. https://doi.org/10.xxxx/jie.2022.31.2.45

House, R. J. (1971). A Path-Goal Theory of Leader Effectiveness. *Administrative Science Quarterly*, *16*, 321–339.

House, R. J. (1974). Path-Goal Theory of Leadership: Lessons, Legacy, and a Reformulated Theory. *Leadership Quarterly*, *15*(6), 675–716.

House, R. J., & Mitchell, T. R. (1975). Path-Goal Theory of Leadership. In J. G. Hunt & L. L. Larson (Eds.), *Leadership Frontiers* (pp. 87–107). Kent State University Press.

House, R. J. (1977). A 1976 Theory of Charismatic Leadership. In J. G. Hunt & L. L. Larson (Eds.), *Leadership: The Cutting Edge* (pp. 189–207). Southern Illinois University Press.

Hudson, R. B. (1990). *Public Policies for an Aging Society: A Guide to Evaluation*. Johns Hopkins University Press.

Hughes, P., & Luksetich, W. (2004). Nonprofit Arts Organizations: Do Funding Sources Influence

Spending Patterns? *Nonprofit and Voluntary Sector Quarterly*, *33*, 203-220.

International Federation of Social Workers (IFSW) & International Association of Schools of Social Work (IASSW). (2018). *Global Social Work Statement of Ethical Principles*. Retrieved from https://www.ifsw.org/global-social-work-statement-of-ethical-principles/

ISO. (2010). *ISO 26000: Guidance on Social Responsibility*. International Organization for Standardization.

ISO/IEC. (2017). *Information Technology—Security Techniques—Code of Practice for Personally Identifiable Information Protection (ISO/IEC 29151:2017)*. International Organization for Standardization.

Janis, I. L. (1982). *Grooupthink: Psychological Studies of Policy Decisions and Disasters*. Houghton-Mifflin.

Jayaratne, S., & Chess, W. A. (1979). Job Satisfaction, Burnout, and Turnover: A National Study. *Social Work*, *24*(5), 448-453.

Johnson, R. A. (2020). *Decision Making in Social Work: Contexts and Practice Frameworks*. Oxford University Press.

Jones, G. (2010). *Organizational Theory, Design and Change*. Pearson Education, Inc.

Juran, J. M. (1988). *Juran's Quality Control Handbook* (4th ed.). McGraw-Hill.

Kadushin, A. (1992). *Supervision in Social Work* (3rd ed.). Columbia University Press.

Kaplan, R. S. (2001). Strategic Performance Measurement and Management in Nonprofit Organizations. *Nonprofit Management & Leadership*, *11*(3), 353-370.

Kaplan, R. S., & Norton, D. P. (1996). *The Balanced Scorecard: Translating Strategy into Action*. Harvard Business School Press.

Kast, F. E., & Rosenzweig, J. E. (1973). *Contingency Views of Organization and Management*. Science Research Associates.

Katz, D., Gutek, B., Kahn, R., & Barton, E. (1975). *Bureaucratic Encounters*. Institute for Social Research.

Katz, D., & Kahn, R. (1978). *The Social Psychology of Organizations*. John Wiley.

Katz, D., Maccoby, N., & Morse, N. C. (1950). *Productivity, Supervision and Morale in an Office Situation*. Institute for Social Research, University of Michigan.Keast, R., Brown, K., & Mandell, M. (2007). Getting the Right Mix: Unpacking Integration Meanings and Strategies. *International Public Management Journal*, *10*(1), 9-33. https://doi.org/10.1080/10967490601185716

Keating, E. K., & Frumkin, P. (2003). Reengineering Nonprofit Financial Accountability: Toward a More Reliable Foundation for Regulation. *Public Administration Review*, *63*(1), 3-15. https://doi.org/10.1111/1540-6210.00257

Keith, K. (2009). *An Ethical, Practical, and Meaningful Way to Lead*. 경기복지미래재단.

Kerzner, H. (2017). *Project Management: A Systems Approach to Planning, Scheduling, and Controlling* (12th ed.). John Wiley & Sons.

Kettl, D. F. (2015). *The Politics of the Administrative Process* (6th ed.). CQ Press.

Kettner, P. M., Moroney, R. M., & Martin, L. L. (2017). *Designing and Managing programs: An Effectiveness-Based Approach* (5th ed.). Sage Publications.

Kettunen, P., & Kallio, J. (2020a). Data-Based Decision-Making in Public Service Organizations: From Data Acquisition to Utilization. *Government Information Quarterly*, *37*(4), 101505.

Kettunen, P., & Kallio, J. (2020b). Innovation in Public Social Services: Co-Creation and the Challenge of Hierarchy. *Public Management Review*, *22*(9), 1353-1378. https://doi.org/10.1080/14719037.2019.1632924

Kiazad, K., Holtom, B. C., Hom, P. W., & Newman, A. (2015). Job Embeddedness: A Multifoci Theoretical Extension. *Journal of Applied Psychology*, *100*(3), 641-659. https://doi.org/10.1037/a0038919

Kidneigh, J. C. (1950). Social Work Administration: An Area of Social Work Practice? *Social Work Journal*, *31*(2), 57-61.

Kim, Y., Lee, E., & Lee, H. (2019). Association between Workplace Bullying and Burnout, Professional Quality of Life, and Turnover Intention among Clinical Nurses. *PLoS One*, *2019 Dec 20*, *14*(12):e0226506.

Kingdon, J. W. (1984). *Agendas, Alternatives, and Public Policies*. Little, Brown.

Kirkpatrick, D. L., & Kirkpatrick, J. D. (2006). *Evaluating Training Programs: The Four Levels* (3rd ed.). Berrett-Koehler.

Kirschner, D. S. (1986). *The Paradox of Professionalism: Reform and Public Service in Urban America, 1900-1940*. Greenwood.

Kirschner, S. R. (1986). The Role of Boards in Voluntary Social Agencies. *Social Service Review*, *60*(3), 415-432.

Kolb, D. A. (1984). *Experiential Learning: Experience as the Source of Learning and Development*. Prentice Hall.

Kotler, P. (1982). *Marketing for Nonprofit Organizations*. Prentice Hall, Inc.

Kotler, P., & Andreasen, A. R. (1987). *Strategic Marketing for Nonprofit Organizations*. Prentice-Hall.

Kotler, P., & Armstrong, G. (2022). *Principles of Marketing* (18th ed.). Pearson Education.

Kotler, P., & Keller, K. L. (2016). *Marketing Management* (15th ed.). Pearson Education Inc.

Kotler, P., & Levy, S. J. (1969). Broadening the Concept of Marketing. *Journal of Marketing*, *33*(1), 10-15.

Kotler, P., Roberto, N., & Lee, N. (2006). *Social Marketing: Improving the Quality of Life* (2nd ed.). Sage Publications.

Kottler, J. A. (1993). *On Being a Therapist*. Jossey-Bass.

Kotter, J. P. (1996). *Leading Change*. Harvard Business School Press.

Kotter, J. P., & Schlesinger, L. A. (2008). Choosing Strategies for Change. *Harvard Business Review*, *86*(7/8), 130-139.

Krueger, R. A., & Casey, M. A. (2015). *Focus Groups: A Practical Guide for Applied Research* (5th ed.). Sage Publications.

Larrivee, B. (2000). Transforming Teaching Practice: Becoming the Critically Reflective Teacher. *Reflective Practice*, *1*(3), 293-307. https://doi.org/10.1080/713693162

Laudon, K. C., & Laudon, J. P. (2020). *Management Information Systems: Managing the Digital Firm* (16th ed.). Pearson.

Lauterborn, R. F. (1990). New Marketing Lita4P's Passe: C-Words Take Over. *Advertising Age*, *61*(41), 26.

Lawless, D. (1972). *Effective Management: Social Psychological Approach*. Prentice Hall.

Lawrence, P. R. (1969). How to Deal with Resistance to Change. *Harvard Business Review*, *47*(1), 49-57.

Lawrence, P. R., & Lorsch, J. W. (1967). *Organization and Environment: Managing Differentiation and Integration*. Harvard University Press.

Leavitt, H. J., Dill, W., & Eyring, H. (1973). *The Organizational World*. Harcourt Brace Jovanovich.

Lee, R. D., Johnson, R. W., & Joyce, P. G. (2012). *Public Budgeting Systems* (9th ed.). Jones & Bartlett Learning.

Lee, R. T., & Ashforth, B. E. (1996). A Meta-Analytic Examination of the Correlates of the Three Dimensions of Burnout. *Journal of Applied Psychology*, *81*(2), 123-133. https://doi.org/10.1037/0021-9010.81.2.123

Levitt, T. (1960). Marketing Myopia. *Harvard Business Reviews*, *38*(4), 45-56.

Lewin, K., Lippitt, R., & White, R. K. (1939). Patterns of Aggressive Behavior in Experimentally Created "Social Climates". *The Journal of Social Psychology*, *10*, 271-299.

Lewis, C. (2012). *Ethical Governance: A Citizen Perspective*. Palgrave Macmillan.

Lewis, C. W., & Gilman, S. C. (2012). *The Ethics Challenge in Public Service: A Problem-Solving Guide* (3rd ed.). Jossey-Bass.

Lewis, J. A., Lewis, M. D., Packsrd, T., & Souflee, F. Jr. (2001). *Management of Human Services Programs* (3rd ed.). Brooks & Cole.

Lewis, L. K. (2011). *Organizational Change: Creating Change through Strategic Communication*.

Wiley-Blackwell.

Liket, K. C., & Maas, K. (2015). Nonprofit Organizational Effectiveness: Analysis of Best Practices. *Nonprofit and Voluntary Sector Quarterly*, *44*(2), 268-296. https://doi.org/10.1177/0899764013510064

Lindblom, C. E. (1959). The Science of Muddling Through. *Public Administration Review*, *19*(Spring), 79-88.

Lipsky, M. (2010). *Street-Level Bureaucracy: Dilemmas of the Individual in Public Services* (30th annirersary ed.). Russell Sage Foundation.

Locke, E. A. (1968). Toward a Theory of Task Motivation and Incentives. *Organizational Behavior and Human Performance*, *3*(2), 157-189. https://doi.org/10.1016/0030-5073(68)90004-4

Locke, E. A., & Latham, G. P. (1990). *A Theory of Goal Setting and Task Performance*. Prentice Hall.

Lovelock, C., & Wirtz, J. (2011). *Services Marketing: People, Technology, Strategy* (7th ed.). Pearson.

Lunenburg, F. C. (2012). Compliance theory and organizational effectiveness. *International Journal of Scholarly Academic Intellectual Diversity*, *14*(1), 1-6. https://www.nationalforum.com/Electronic%20Journal%20Volumes/Lunenburg%2C%20Fred%20C%20Compliance%20Theory%20and%20Organizational%20Effectiveness%20IJSAID%20V14%20N1%202012.pdf

Maesschalck, J. (2004). The Impact of New Public Management Reforms on Public Servants' Ethics: Towards a theory. *Public Administration*, *82*(2), 465-489. https://doi.org/10.1111/j.0033-3298.2004.00403.x

Manefee, D. (2009). What Human Services Managers Do and Why They Do It. In R. Patti (Ed.), *Handbook of Human Service Management* (2nd ed.). Sage.

Mangold, W. G., & Faulds, D. J. (2009). Social Media: The New Hybrid Element of the Promotion Mix. *Business Horizons*, *52*(4), 357-365.

Maon, F., Lindgreen, A., & Swaen, V. (2009). Designing and Implementing Corporate Social Responsibility: An Integrative Framework Grounded in Theory and Practice. *Journal of Business Ethics*, *87*(1), 71-89.

March, J. G., & Simon, H. A. (1958). *Organizations*. Wiley.

Martin, L. L., & Kettner, P. M. (1996). *Measuring the Performance of Human Service Programs*. Sage Publications.

Martin, W. E., Shepard, L. A., & Gardner, R. E. (2009). *Ethics for the Social Sciences and Humanities: Issues in Research and Practice*. Rowman & Littlefield.

Maslach, C., & Jackson, S. E. (1981). The Measurement of Experienced Burnout. *Journal of Occupational Behavior*, *2*(2), 99-113.

Maslach, C., & Pines, A. (1977a). The Burn-Out Syndrome in the Day Care Setting. *Child Care Quarterly*, *6*(2), 100-113.

Maslach, C., & Pines, A. (1977b). The Burnout Syndrome: Causes and Cures. *Public Welfare*, *36*(2), 56-58.

Maslach, C., Schaufeli, W. B., & Leiter, M. P. (2001). Job Burnout. *Annual Review of Psychology*, *52*, 397-422. https://doi.org/10.1146/annurev.psych.52.1.397

Maslow, A. H. (1954). *Motivation and Personality*. Harper and Row.

Maslow, A. H. (1970a). *Motivation and Personality* (2nd ed.). Harper and Row.

Maslow, A. H. (1970b). *Religions, Values, and Peak Experiences*. Penguin.

Mayo, E. (1933). *The Human Problems of an Industrial Civilization*. Macmillan.

McCarthy, J. E. (1960). *Basic Marketing: A Managerial Approach*. Richard D. Irwin, Inc.

McClelland, D. C. (1961). *The Achieving Society*. Van Nostrand.

McClelland, D. C., & Burnham, D. H. (1976). Power is the Great Motivator. *Harvard Business Review*, *54*(2), 100-110.

McConnell, C. R. (2011). *Human Resource Management in Health Care: Principles and Oractice* (2nd ed.). Jones & Bartlett Learning.

McDavid, J. C., Huse, I., & Hawthorn, L. R. L. (2019). *Program Evaluation and Performance Measurement: An Introduction to Practice* (3rd ed.). Sage Publications.

McDonald, D., & Donleavy, G. (1995). Obedience or Pragmatism: The Role of Codes of Ethics in Decision-Making. *Journal of Business Ethics*, *14*(4), 273-284.

McGregor, D. (1960). *The Human Side of Enterprise*. McGraw-Hill.

McNabb, D. E. (2007). *Knowledge Management in the Public Sector: A Blueprint for Innovation in Government*. M.E. Sharpe.

Meredith, J. R., & Mantel, S. J. (2017). *Project Management: A Managerial Approach* (9th ed.). Wiley.

Merton, R. K. (1957). *Social Theory and Social Structure* (Rev. & enl. ed.). Free Press.

Meyer, J. P., & Allen, N. J. (1997). *Commitment in the Workplace: Theory, Research, and Application*. Sage Publications.

Meyer, J. W., & Rowan, B. (1977). Institutionalized Organizations: Formal Structure as Myth and Ceremony. *American Journal of Sociology*, *83*(2), 340-363.

Middleman, R. R., & Rhodes, G. B. (1985). *Competent Supervision: Making Imaginative Judgments*. Prentice-Hall.

Mikolajczak, M., Menil, C., & Luminet, O. (2007). Explaining the Protective Effect of Trait Emotional Intelligence regarding Occupational Stress: Exploration of Emotional Labour Processes. *Journal of Research in Personality*, *41*(5), 1107-1117.

Milakovich, M. E. (1991). Total Quality Management in the Public Sector. *National Productivity Review*, *10*(2), 195-213. https://doi.org/10.1002/npr.4040100209

Miles, R. E., & Snow, C. C. (1986). Organizations: New Concepts for New Forms. *California Management Review*, *28*(3), 62-73.

Mintzberg, H. (1979). *The Structuring of Organizations: A Synthesis of the Research*. Prentice Hall, Inc.

Mintzberg, H. (1983). *Structure in Fives: Designing Effective Organizations*. Prentice-Hall Inc.

Mizuno, S., & Akao, Y. (1994). *Quality Function Deployment: Integrating Customer Requirements into Product Design*. Productivity Press.

Monroe, K. B. (2003). *Pricing: Making Profitable Decisions* (3rd ed.). McGraw-Hill.

Moore, M. H. (1995). *Creating Public Value: Strategic Management in Government*. Harvard University Press.

Mor Barak, M. E., Levin, A., Nissly, J. A., & Lane, C. J. (2006). Why do They Leave? Modeling Child Welfare Workers' Turnover Intentions. *Children and Youth Services Review*, *28*(5), 548-577. https://doi.org/10.1016/j.childyouth.2005.06.003

Morgan, D. L. (1997). *Focus Groups as Qualitative Research* (2nd ed.). Sage Publications.

Mosher, F. C. (1982). *Democracy and the Public Service*. Oxford University Press.

Munson, C. E. (2002). *Handbook of Clinical Social Work Supervision* (3rd ed.). Haworth Press.

Murray, V. (2017). *Managing Nonprofit Organizations*. Jossey-Bass.

Nagle, T. T., & Müller, G. (2018). *The Strategy and Tactics of Pricing: A Guide to Growing More Profitably* (6th ed.). Routledge.

National Association of Social Workers, Colorado Chapter. (2018). *Social Work Practice Definition*. 12-43-403, Retrieved at https://www.naswco.org/page/48/Social-Work-Practice-Definition.htm.

National Association of Social Workers, New York City Chapter. (2018). *Social Work Practice*. Retrieved at https://www.naswnyc.org/page/420.

National Association of Social Workers. (2021). *Code of Ethics of the National Association of Social Workers*. https://www.socialworkers.org/About/Ethics/Code-of-Ethics/Code-of-Ethics-English

National Institute of Standards and Technology (NIST). (2014). *Guidelines for Media Sanitization* (Special Publication 800-88 Revision 1). U.S. Department of Commerce.

National Institute of Standards and Technology (NIST). (2020). *Zero Trust Architecture* (Special Publication 800-207). U.S. Department of Commerce.

Netting, F. E., Kettner, P. M., & McMurtry, S. L. (1993). *Social Work Macro Practice*. Longman.

Neugeboren, B. (1985). *Organization, Policy and Practice in the Human Services*. Longman.

Noe, R. A., Hollenbeck, J. R., Gerhart, B. G., & Wright, P. M. (2019). *Human Resource Management: Gaining a Competitive Advantage* (11th ed.). McGraw-Hill Education.

Nonaka, I., & Takeuchi, H. (1995). *The Knowledge-Creating CompaHow Japanese Companies Create the Dynamics of Innovation*. Oxford University Press.

Noone, C. (2018). Job Satisfaction, Burnout, and Work Engagement: A Comparative Study of Social Workers and Nurses. *Social Work Review*, *65*(3), 51-67.

OECD. (2019). *Budgeting and Public Expenditures in OECD Countries 2019*. OECD Publishing.

O'Neill, M. (2005). How to Apply Standards of Evidence for Evidence-Based Practices. *Evaluation and Program Planning*, *28*(2), 163-169.

Oreg, S. (2006). Personality, Context, and Resistance to Organizational Change. *European Journal of Work and Organizational Psychology*, *15*(1), 73-101. https://doi.org/10.1080/13594320500451247

Orosz, A., Federspiel, A., Haisch, S., Seeher, C., Dierks, T., & Cattapan, K. A. (2017). Biological Perspective on Differences and Similarities between Burnout and Depression. *Neuroscience & Biobehavioral Reviews*, *73*, 112-122.

Osborn, A. F. (1963). *Applied Imagination: Principles and Procedures of Creative Problem-Solving* (3rd ed.). Scribner.

Osborne, D., & Gaebler, T. (1992). *Reinventing Government: How the Entrepreneurial Spirit is Transforming the Public Sector*. Addison-Wesley.

Ouchi, W. G. (1981). *Theory Z: How American Business can Meet the Japanese Challenge*. Addison-Wesley.

Parasuraman, A. P., Berry, L. L., & Zeitham, V. A. (1991). Refinement and Reassessment of the SERVQUAL Scale. *Journal of Retailing*, *67*(4), 420-450.

Padgett, D. K. (2009). *Qualitative Methods in Social Work Research* (2nd ed.). Sage Publications.

Patti, R. J. (1983). *Social Welfare Administration: Managing Social Programs in a Developmental Context*. Prentice Hall, Inc.

Patti, R. J., Rapp, C. A., & Poertner, J. (1989). *Managing for Service Effectiveness in Social Welfare Organizations*. Haworth Press.

Pecora, P. J., & Austin, M. J. (1987). Managing Human Services: Organizational and Program Issues. *Social Work*, *32*(4), 293-301.

Perlman, H. (1957). *Social Casework: A Problem-Solving Process*. The University of Chicago Press.

Perry, J. L., & Hondeghem, A. (2008). *Motivation in Public Management: The Call of Public Service*. Oxford University Press.

Peter, L. J., & Hull, R. (1969). *The Peter Principle: Why Things Always Go Wrong*. William Morrow.

Pfeffer, J., & Salancik, G. R. (1978). *The External Control of Organizations: A Resource Dependence Perspective*. Harper & Row.

Pfiffner, J. M., & Sherwood, F. P. (1960). *Administrative Organization*. Prentice Hall, Inc.

Piderit, S. K. (2000). Rethinking Resistance and Recognizing Ambivalence: A Multidimensional View of Attitudes toward an Organizational Change. *Academy of Management Review*, *25*(4), 783-794. https://doi.org/10.5465/amr.2000.3707722

Project Management Institute. (2017). *A Guide to the Project Management Body of Knowledge (PMBOK® guide)* (6th ed.). Author.

Pugh, D. S., & Hickson, D. J. (2007). *Great Writers on Organizations*. Gower.

Quinn, R. (1988). *Beyon Rational Management: Mastering the Paradoxes and Competing Demands of High Performance*. Jossey-Bass.

Quinn, R. E., Faerman, S. R., Thompson, M. P., & McGrath, M. R. (1996). *Becoming a Master Manager: A Competing Values Approach*. Wiley.

Rainer, R. K., Prince, B., & Watson, H. J. (2020). *Management Information Systems: Moving Business Forward* (4th ed.). Wiley.

Rankine, M. (2017). Supervision as a Form of Professional Support in Social Work: A Review of the Literature. *Aotearoa New Zealand Social Work*, *29*(3), 59-71.

Rapp, C., & Poertner, J. (1992). *Social Administration: A Client-Centered Approach*. Longman Publishing Group.

Rapp, C. A., Saleebey, D., & Sullivan, W. P. (2008). The Future of Strengths-Based Social Work Practice. In D. Saleebey (Ed.), *The Strengths Perspective in Social Work Practice* (5th ed., pp. 395-408). Allyn & Bacon.

Reamer, F. G. (2006). *Social Work Values and Ethics* (3rd ed). Columbia University Press.

Resick, C. J., Hanges, P. J., Dickson, M. W., & Mitchelson, J. K. (2006). A Cross-Cultural Examination of the Endorsement of Ethical Leadership. *Journal of Business Ethics*, *63*(4), 345-359.

Rhodes, R. (2019). Ethical Review and Social Work: Struggles with Diversity, Power, and Responsibility. *Ethics and Social Welfare*, *13*(1), 42-58. https://doi.org/10.1080/17496535.2018.1540363

Robbins, S. P. (1990). *Organization Theory: Structure, Design, and Applications* (3rd ed.). Prentice Hall.

Robbins, S. P. (2003). *Organizational Behavior* (10th ed.). Prentice Hall.

Robbins, S. P., & Barnwell, N. (2006). *Organization Theory: Concepts and Cases* (5th ed.). Pearson Education Australia.

Roberts, R. (2012). *Ethics for Public Service: Philosophical Foundations and Practical Applications*. CQ Press.

Robinson, V. (1936). *Supervision in Social Casework*. University of North Carolina Press.

Rosenbloom, D. H., Kravchuk, R. S., & Clerkin, R. M. (2015). *Public Administration: Understanding Management, Politics, and Law in the Public Sector* (8th ed.). McGraw-Hill Education.

Rossi, P. H., Lipsey, M. W., & Freeman, H. E. (2004). *Evaluation: A Systematic Approach* (7th ed.). Sage Publications.

Rosso, H. A. (1991). *Achieving Excellence in Fund Raising*. Jossey-Bass.

Rubin, A., & Babbie, E. R. (2016). *Empowerment Series: Research Methods for Social Work* (9th ed.). Cengage Learning.

Rubin, I. S. (2016). *The Politics of Public Budgeting: Getting and Spending, Borrowing and Balancing* (8th ed.). Sage.

Rubin, R. S. (2002). Will the Real SMART Goals Please Stand Up? *The Industrial-Organizational Psychologist*, *39*(4), 26-27.

Saijo, Y., Yoshioka, E., Kawanishi, Y., Nakagi, Y., Itoh, T., & Yoshida, T. (2014). Relationships of Job Demand, Job Control, and Social Support on Intention to Leave and Depressive Symptoms in Japanese Nurses. *Industrial Health*, *52*(6), 498-506.

Saloner, B., Wherry, L. R., & Bandara, S. (2022). Nonprofit Health and Social Service Organizations in the United States: A Resource Guide. *Health Affairs*, *41*(12), 1798-1804. https://doi.org/10.1377/hlthaff.2022.01062

Sargeant, A., & Lee, S. (2004). Trust and Relationship Commitment in the United Kingdom Voluntary Sector: Determinants of Donor Behavior. *Psychology & Marketing*, *21*(8), 613-635.

Sargeant, A., & Shang, J. (2010). *Fundraising Principles and Practice*. Jossey-Bass.

Schein, E. H. (2010). *Organizational Culture and Leadership* (4th ed.). Jossey-Bass.

Schick, A. (1966). The Road to PPB: The Stages of Budget Reform. *Public Administration Review*, *26*(4), 243-258.

Schick, A. (1973). A Death in the Bureaucracy: The Demise of Federal PPB. *Public Administration Review*, *33*(2), 146-156.

Schick, A. (1978). *Budget Innovation in the States: Policy Consequences of Zero-Based Budgeting*. The Brookings Institution.

Schmid, H. (2002). Relationships Between Organizational Properties and Organizational Effectiveness in Three Types of Nonprofit Human Service Organizations. *Public Personnel Management*, *31*(3), 377-395.

Schon, D. A. (1983). *The Reflective Practitioner: How Professionals Think in Action*. Basic Books.

Schumpeter, J. A. (1934). *The Theory of Economic Development*. Harvard University Press.

Schwartz, M. S. (2001). The Nature of the Relationship between Corporate Codes of Ethics and Behavior. *Journal of Business Ethics*, *32*(3), 247-262.

Scott, W. R. (2003). *Organizations: Rational, Natural, and Open Systems*. Prentice Hall.

Scott, W. R., & Davis, G. F. (2007). *Organizations and Organizing: Rational, Natural, and Open*

System Perspectives (9th ed.). Pearson Prentice Hall.

Scriven, M. (1991). *Evaluation Thesaurus* (4th ed.). Sage Publications.

Senge, P. M. (2006). *The Fifth Discipline: The Art and Practice of the Learning Organization*. Currency Doubleday.

Sewell, K. (2009). *Counselling Skills for Social Work* (2nd ed.). Sage Publications.

Shafritz, J. M., Ott, J. S., & Jang, Y. S. (2016). *Classics of Organization Theory* (8th ed.). Cengage Learning.

Shamir, B., House, R. J., & Arthur, M. B. (1993). The Motivational Effects of Charismatic Leadership: A Self-Concept Based Theory. *Organization Science*, *4*(4), 577–594.

Sharda, R., Delen, D., & Turban, E. (2020). *Analytics, Data Science, & Artificial Intelligence: Systems for Decision Support* (11th ed.). Pearson.

Shier, M. L., & Handy, F. (2012). Understanding Donor Relationships: An Examination of Female Fundraising Professionals' Perceptions of Donor Motivations in Canada. *Voluntas: International Journal of Voluntary and Nonprofit Organizations*, *23*(1), 105–128.

Siegrist, J. (2017). Work Stress and Health Risk Behavior. *Scandinavian Journal of Work, Environment & Health*, *43*(6), 473–475.

Siegrist, J., & Li, J. (2017). Work Stress and Altered Biomarkers: a Synthesis of Findings based on the Effort-Reward Imbalance Model. *International Journal of Environmental Research and Public Health*, *14*, 1373.

Sigmund, K. A. (2006). United Way: America's Community Response to Human Need. *Nonprofit and Voluntary Sector Quarterly*, *35*(4), 684–687.

Simon, H. A. (1945). *Administrative Behavior*. The Free Press.

Simon, H. A. (1960). *The New Science of Management Decision*. Harper & Row.

Simon, H. A. (1987). Making Management Decisions. *National Productivity Review*, *6*(1), 67–75.

Skidmore, R. A. (1990). *Social Work Administration: Dynamic Management and Human Relationships* (2nd ed.). Prentice Hall.

Smith, D. (1965). Front Line Organization of the State Mental Hospital. *Administrative Science Quarterly*, *10*, 381–399.

Smith, G. (1979). *Social Work and the Sociology of Organizations* (2nd ed.). Routledge & Paul.

Smith, P. C., & Kendall, L. M. (1963). Retranslation of Expectations: An Approach to the Construction of Unambiguous Anchors for Rating Scales. *Journal of Applied Psychology*, *47*(2), 149–155.

Solomon, M. R., Marshall, G. W., & Stuart, E. W. (2012). *Marketing: Real People, Real Choices* (7th ed.). Pearson.

Sørensen, E., & Torfing, J. (2011). Enhancing Collaborative Innovation in the Public Sector.

Administration & Society, *43*(8), 842-868. https://doi.org/10.1177/0095399711418768

Stair, R., & Reynolds, G. (2019). *Principles of Information Systems* (13th ed.). Cengage Learning.

Steers, R. M., Mowday, R. T., & Shapiro, D. L. (2004). The Future of Work Motivation Theory. *Academy of Management Review*, *29*(3), 379-387.

Stein, M. (1970). Social Work Administration. In Harry A. Schatz (Ed.), *Social Work Administration: A Resource Book*. CSWE.

Stillman, R. J. (2010). *Public Administration: Concepts and Cases* (9th ed.). Cengage Learning.

Stogdill, R. M. (1948). Personal Factors Associated with Leadership: A Survey of the Literature. *The Journal of Psychology*, *25*(1), 35-71. https://doi.org/10.1080/00223980.1948.9917362

Stogdill, R. M. (1974). *Handbook of Leadership*. The Free Press.

Sun, L. Y., & Pan, W. (2011). Market Orientation, Intrapreneurship Behavior, and Organizational Performance: Test of a Structural Contingency Model. *Journal of Leadership and Organizational Studies*, *18*(2), 274-285.

Swiss, J. E. (1992). Adapting Total Quality Management(TQM) to Government. *Public Administration Review*, *52*(4), 356-362. https://doi.org/10.2307/976928

Taylor, F. W. (1911). *The Principles of Scientific Management*. Harper & Brothers.

Tempel, E. R., Seiler, T. L., & Dwight, F. B. (2016). *Achieving Excellence in Fundraising* (4th ed.). Wiley.

Tenbrunsel, A. E., Smith-Crowe, K., & Umphress, E. E. (2003). Building Houses on Rocks: The Role of Ethical Infrastructure in Organizations. *Social Justice Research*, *16*(3), 285-307.

Thompson, J. D. (1967). *Organizations in Action*. McGrew-Hill.

Toffler, A. (1970). *Future Shock*. Random House.

Towel, C. (1963). Role of Supervision in the Union of Cause and Function in Social Work. *Social Service Review*, *36*, 396-411.

Trattner, W. I. (1999). *From Poor Law to Welfare State: A History of Social Welfare in America* (6th ed.). Free Press.

Trecker, H. B. (1971). *Social Group Work: Principles and Practices* (3rd ed.). Association Press.

Trevino, L. K., Hartman, L. P., & Brown, M. (2000). Moral Person and Moral Manager: How Executives Develop a Reputation for Ethical Leadership. *California Management Review*, *42*(4), 128-142.

Trevino, L. K., & Nelson, K. A. (2016). *Managing Business Ethics: Straight Talk about How to Do It Right* (6th ed.). Wiley.

Trevino, L. K., Weaver, G. R., & Reynolds, S. J. (2006). Behavioral Ethics in Organizations: A Review. *Journal of Management*, *32*(6), 951-990.

Trevithick, P. (2011). *Social Work Skills and Knowledge: A Practice Handbook* (3rd ed.). Open University Press.

Tuckett, A. G. (2006). On Paternalism, Autonomy and Best Interests: Telling the (competent) Aged-Care Resident What They Want to Know. *Bioethics*, *20*(4), 186–196.

Urwick, L. F. (1943). *The Elements of Administration*. Pitman Publishing.

U.S. Bureau of the Budget. (1965). *Introduction to PPB: A Memorandum to Agency Heads*.

van Waterschoot, W., & Van den Bulte, C. (1992). The 4P-Classification of the Marketing Mix Revisited. *Journal of Marketing*, *56*(4), 83–93.

Van Riper, P. P. (1958). *History of the United States Civil Service*. Row, Peterson.

Vinter, R. D. (1963a). Analysis of Treatment Organizations. *Social Work, July*, 3–15.

Vinter, R. D. (1963b). Staffing of Community Mental Health Centers. *Social Work*, *8*(1), 3–12.

Vroom, V. H. (1964). *Work and Motivation*. Wiley.

Waldo, D. (1948). *The Administrative State: A Study of Political Theory of American Public Administration*. Roland Press Company.

Watson, K. (1973). Differential Supervision. *Social Work*, *18*, 83–86.

Weber, M. (1978). *The Theory of Social and Economic Organization* (A. M. Henderson & T. Parsons, Trans.). Oxford University Press. (Original work published 1922).

Weihrich, H., & Koontz, H. (1993). *Management: A Global Perspective* (10th ed.). McGraw-Hill, Inc.

Weinbach, R. W. (1990). *The Social Worker as Manager: Theory and Practice*. Longman.

Weiner, M. E. (1990). *Human Services Management: Analysis and Applications* (2nd ed.). Wadsworth Publishing Co. Inc.

Wenocur, S., & Reisch, M. (1989). *From Charity to Enterprise: The Development of American Social Work in a Market Economy*. University of Illinois Press.

Wilensky, H. L., & Lebeaux, C. N. (1965). *Industrial Society and Social Welfare State*. Russel Sage Foundation.

Williams, R. T. (1972). ZBB: A New Way to Budget. *Public Administration Review*, *32*(6), 590–594.

Willis, P. (1977). *Learning to Labor: How Working Class Kids Get Working Class Jobs*. Columbia University Press.

Willis, R. J. (1977). A New Approach to the Human Service Organization. *Human Relations*, *30*(4), 311–328.

Wilson, J. M. (2003). Gantt charts: A Centenary Appreciation. *European Journal of Operational Research*, *149*(2), 430–437. https://doi.org/10.1016/S0377-2217(02)00769-3

Woodward, J. (1965). *Industrial Organization: Theory and Practice*. Oxford University Press.

Worth, M. J. (2016). *Fundraising: Principles and Practice*. Sage Publications.

Worth, M. J. (2021). *Nonprofit Management: Principles and Practice* (6th ed.). Sage Publications.

Wren, D. A., & Bedeian, A. G. (2009). *The Evolution of Management Thought* (6th ed.). Wiley.

Wymer, W., Knowles, P., & Gomes, R. (2006). *Nonprofit Marketing: Marketing Management for Charitable and Nongovernmental Organizations*. Sage Publications.

York, R. O. (1982). *Human Service Planning: Concepts, Tools, & Methods*. University of North Carolina Press.

Young, D. R. (2006). Complementary, Supplementary, or Adversarial? Nonprofit-Government Relations. In E. T. Boris & C. E. Steuerle (Eds.), *Nonprofits and Government: Collaboration and Conflict* (pp. 37-79). Urban Institute Press.

Young, D. R. (2007). *Financing Nonprofits: Putting Theory into Practice*. AltaMira Press.

Zaccaro, S. J., Foti, R. J., & Kenny, D. A. (1991). Self-Monitoring and Trait-Based Variance in Leadership: An Investigation of Leader Flexibility across Multiple Group Situations. *Journal of Applied Psychology*, *76*, 308-315.

Zammuto, R. F. (1988). Organizational Adaptation: Some Implications of Organizational Ecology for Strategic Choice. *Journal of Management Studies*, *25*(2), 105-120.

Zeithaml, V. A., Bitner, M. J., & Gremler, D. D. (2018). *Services Marketing: Integrating Customer Focus across the Firm* (7th ed.). McGraw-Hill Education.

Zeithaml, V. A., Parasuraman, A., & Berry, L. L. (1990). *Delivering Quality Service: Balancing Customer Perceptions and Expectations*. Free Press.

찾아보기

ㅇ

저자 소개

권승(Kwon Seung)

Columbia University, School of Social Work, Ph.D.

Ohio State University, School of Social Work, MSW

연세대학교, 정치외교학과, 학사

동의대학교 사회복지학과 교수

한국청소년상담복지개발원 초대 이사장

여성가족부 정책자문위원

국가공무원 5급 및 7급 공채 1차 시험 출제위원장(운영위원)

국가공무원 5급 공채 2차 논술 시험 및 3차 면접시험 출제(선정)위원

국가공무원 9급 사회복지학개론 출제(선정)위원

전포복지관 관장

사회복지행정론

Social Welfare Administration

2025년 9월 5일 1판 1쇄 인쇄
2025년 9월 15일 1판 1쇄 발행

지은이 • 권승
펴낸이 • 김진환
펴낸곳 • (주) 학지사
04031 서울특별시 마포구 양화로 15길 20 마인드월드빌딩
대표전화 • 02-330-5114 팩스 • 02-324-2345
등록번호 • 제313-2006-000265호

홈페이지 • http://www.hakjisa.co.kr
인스타그램 • https://www.instagram.com/hakjisabook

ISBN 978-89-997-3504-2 93330

정가 26,000원

저자와의 협약으로 인지는 생략합니다.
파본은 구입처에서 교환해 드립니다.